总主编 ◎ 楼宇烈

羊皮卷珍藏版

中|华|优|秀|传|统|文|化|经|典|丛|书

周易通解

张其成 著

【上】

中国出版集团

中 译 出 版 社

图书在版编目（CIP）数据

周易通解：羊皮卷版 / 张其成著． -- 北京：中译
出版社，2024.1
ISBN 978-7-5001-7675-6

Ⅰ．①周... Ⅱ．①张... Ⅲ．①《周易》－研究 Ⅳ．
① B221.5

中国国家版本馆 CIP 数据核字 (2023) 第237143号

周 易 通 解
ZHOUYI TONGJIE

策　　划： 善品堂 藏书
责任编辑： 张　旭　王　滢
特约编辑： 刘守根
封面设计： 宋徽因
出版发行： 中译出版社
地　　址： 北京市西城区新街口外大街 28 号普天德胜大厦主楼 4 层
电　　话： 010-68003527
邮　　编： 100088
印　　刷： 唐山玺鸣印务有限公司
规　　格： 889mm×1194mm　　1/32
印　　张： 41.625
字　　数： 800 千字
版　　次： 2024 年 1 月第 1 版
印　　次： 2024 年 1 月第 1 次
书　　号： ISBN 978-7-5001-7675-6
定　　价： 256.00 元（全 3 册）

中 译 出 版 社

中华优秀传统文化经典丛书

编委会

总主编

楼宇烈

副总主编

聂震宁　王　杰

编　委

成中英　李中华　王守常　冯天瑜　钱宗武

陈　来　朱小健　林安梧　曹洪欣　张其成

董　平　鲍鹏山　齐善鸿　姚春鹏　任俊华

吴言生　钱文忠　丁万明　杨朝明　肖志军

中华优秀传统文化经典丛书

编委会秘书处

何德益　江　力　于　始　邹德金

出版缘起

文化是一个国家、一个民族的灵魂。泱泱华夏，五千年文明历史所孕育的中华优秀传统文化，是中华民族生生不息、发展壮大的丰厚土壤。

党的十八大以来，以习近平同志为核心的党中央高度重视中华优秀传统文化的传承与发展。2013 年 11 月 26 日，习近平总书记在山东曲阜孔府和孔子研究院考察时强调："要大力弘扬中国传统文化。"2022 年 6 月 8 日，习近平总书记在四川眉山三苏祠考察时指出："要善于从中华优秀传统文化中汲取治国理政的理念和思维。"2017 年 1 月，中共中央办公厅、国务院办公厅印发《关于实施中华优秀传统文化传承发展工程的意见》，系统部署传承发展中华优秀传统文化的战略任务，把传承中华优秀传统文化提升到新的历史高度。2022 年 4 月，中共中央办公厅、国务院办公厅印发《关于推进新时代古籍工作的意见》，明确指出，要完善古籍工作体系、提升古籍工作质量，"挖掘古籍时代价值"，"促进古籍有效利用"，"做好古籍普及传播"。

中华传统文化是中华民族的"根"与"魂"。文化兴则国家兴，文化强则民族强。没有高度的文化自信，没有文化的繁荣兴盛，就没有中华民族的伟大复兴。党的十九届六中全会强调，要"推动中华优秀传统文化创造性转化，创新性发展"。为适应全民阅读、共读经典的时代需求，我们组织出版《中华优秀传统文化经典丛书》，以展示古籍研究领域的成果，推广、普及中华优秀传统文化经典，传承、弘扬中华优秀传统文化，提振当代中国人的文化自信。

激活经典，熔古铸今。丛书精选中华优秀传统文化经典，既选取广为人知的历史沉淀下来的传世经典，也增选极具价值但多部大型丛书未曾选入的珍稀出土文献（如诸多竹简、帛书典籍），充分展示中华传统文化的历史脉络与宏富多元。丛书由众多学识渊博的专家学者担任编委，遴选各领域杰出研究者与传承人担任解读（或译注）作者，切实保证作品品质。

丛书定位为中华优秀传统文化经典普及读物，力求能让广大读者亲近经典、阅读经典，充分领略和感受中华优秀传统文化的魅力，并从中获益。为此，解读者（或译注者）以当代价值需求为切入点解读古代典籍，全方位解决古文存在的难读难解、难以亲近的问题，让中华优秀传统文化贴近现实生活，走进人们的心中，最大限度地发挥以文化人的作用。

"问渠那得清如许？为有源头活水来。"博大精深的中华文化源远流长，五千年文脉绵延不绝，中华优秀传统文化是中华儿女奋发图强、继往开来、实现民族伟大复兴的强大精神来源。"洒扫应对，莫非学问。"读者诸君若能常读经典、读好经典，真正把传统文化的精义、真髓切实融入生活和工作，那各位的知与行也一定能让生活充满希望，让工作点亮未来，让国家昌盛，让世界更美好！

丛书编委会

2022 年 6 月 9 日

序

　　《周易》可谓是中国传统文化的原点。翻开历代官修和私撰目录，《周易》都是第一篇。官私目录可溯源自刘歆父子的《七略》，班固以此为依据撰写了《汉书·艺文志》。其中对《周易》评论说，"六艺之文"中《乐经》《诗经》《礼经》《书经》《春秋》犹如仁、义、礼、智、信"五常之道，相须而备，而《易》为之原"。六艺就是六经，是中国文化的元典，而在六经中，其他五经都是《易经》阐述的天地之道的变通呈现。班固在阐述六经的历史时有四种以引述《易经》为开端，分别是《易经》《书经》《礼经》《乐经》。而对于诸子百家，班固引述《易经》"天下同归而殊涂，一致而百虑"后说："今异家者各推所长，穷知究虑，以明其指，虽有蔽短，合其要归，亦六经之支与流裔。"六经是源，诸子百家则是流。如此一来，则可推导出《易经》是中国元典和诸子百家的共同源头。也就是说，对中华文化各家各派产生奠基影响的就是《易经》，即现在的《周易》。

　　《周易》对中国文化的奠基作用，反映在中国传统文化的各个方面。就思维方式而论，《周易》蕴涵的象数思维是传统中国最基本的方法论，其中的阴阳五行系统观贯串于中国传统学术的方方面面，包括哲学、文学、史学、农学、天文、历算等领域。就具体学术流派而言，如班固所言，诸子百家都可以从《周易》找到思想的源头，择要而论，《周易》是儒家的五经之首，孔子更是直接为《周易》经文作传；《周易》也是道家的基本经典，是道家"三玄之冠"（在《老子》《庄子》之前），道教的内外丹道也都以《周易》为模型；佛教则从中找到了中国化的凭借。无怪乎《四库全书总目》说："《易》之为书，推天道以明人事者也。……又《易》道广大，无所不包，旁及天文、地理、乐律、兵法、韵学、算术，以逮方外之炉火，皆可援《易》以为说。"在宇宙论、天人关系、人生观念、历史观等规律性认识上，《周易》无疑规定了中国传统思想的基本方向和内容。而且，作为文字系统与符号系统共存的经典，《周易》在世界文化史上也产生了重要的影响。具体内容，导读部分已备述，文繁不赘。

　　《周易》对中国文化的影响是全面、深入的，是其他经典所不可比拟的。而全面客观地呈现《周易》的这些思想内涵，深入浅出地剖析其对传统文化的具体浸润，则是我们解读《周易》的任务所在。由于《周易》是先秦时期的文献，言深旨远，有必要首先对易学背景知识进行简明扼要的介绍，以免在解读原文时令人如坠云雾之中。所以，本书第一部分是导读，带领大家打好易学基础。在具体经传的解读中，我们将逐字逐句进行分析阐释，不仅要读得懂，更要知其所以然，探究背后的义理所在。既然《周易》是各家思想的共同源头，本书的解读也力图立体呈现这种综合性影响，会广泛征引多个流派的观点。概言之，既有象数的解读，也有义理的分析；既有儒家易学观点，也有道家易学观点。王弼、韩康伯的注，孔颖达的疏，是理解《周易》的基本文献，所以他们的注释是我们首先要参考的。而儒家道统从孔孟之后主要由二程、朱熹来接续，所以在文本上我们采用朱熹确定下来的本子。而在思想阐发方面，朱熹的《周易本义》言简意赅，不如程颐《伊川易传》的注解详赡，方便现代人理解，所以《伊川易传》也是我们重点参考的文献。有关道家易学，王弼的注中有所体现。此外，俞琰《周易集说》也是本书经常征引的文献。当然，在呈现历史上的丰富注解的基础上，给出评判，做出自己的理解，乃是本书全部解说的最终目的。如此一来，透过对《周易》文本的层层剖解，将使《周易》的深奥秘密一步一步呈现出来。让我们共同走进易学的奥妙世界！

是为序。

目 录

第一部分 《周易》导读

一、《周易》解题 ……………………………… （1）

  1.何谓"易" ………………………………… （1）

  2.何谓"三易" ……………………………… （4）

  3.何谓"周易" ……………………………… （8）

二、《周易》的成书过程与内容构成 ……………（9）

  1.伏羲与八经卦 …………………………（10）

  2.周文王与《易经》 ………………………（20）

  3.孔子与《易传》 …………………………（36）

三、如何运用和解读《周易》 …………………（44）

  1.揲蓍法 ……………………………………（45）

  2.爻位分析 …………………………………（51）

　　3.象数与义理 …………………………………………（57）

　　四、如何评价《周易》………………………………（62）

第二部分　上经通解

乾卦第一……………………………………………………（73）

坤卦第二……………………………………………………（132）

屯卦第三……………………………………………………（167）

蒙卦第四……………………………………………………（182）

需卦第五……………………………………………………（197）

讼卦第六……………………………………………………（211）

师卦第七……………………………………………………（225）

比卦第八……………………………………………………（239）

小畜卦第九…………………………………………………（253）

履卦第十……………………………………………………（267）

泰卦第十一…………………………………………………（281）

否卦第十二…………………………………………………（297）

同人卦第十三………………………………………………（313）

大有卦第十四………………………………………………（327）

谦卦第十五…………………………………………………（340）

豫卦第十六…………………………………………………（354）

随卦第十七…………………………………………………（369）

蛊卦第十八…………………………………………………（384）

临卦第十九…………………………………………………（397）

观卦第二十 ……………………………………………（410）

噬嗑卦第二十一 ………………………………………（427）

贲卦第二十二 …………………………………………（441）

剥卦第二十三 …………………………………………（453）

复卦第二十四 …………………………………………（466）

无妄卦第二十五 ………………………………………（480）

大畜卦第二十六 ………………………………………（493）

颐卦第二十七 …………………………………………（508）

大过卦第二十八 ………………………………………（523）

坎卦第二十九 …………………………………………（538）

离卦第三十 ……………………………………………（553）

第三部分　下经通解

咸卦第三十一 …………………………………………（568）

恒卦第三十二 …………………………………………（582）

遁卦第三十三 …………………………………………（595）

大壮卦第三十四 ………………………………………（608）

晋卦第三十五 …………………………………………（621）

明夷卦第三十六 ………………………………………（635）

家人卦第三十七 ………………………………………（647）

睽卦第三十八 …………………………………………（660）

蹇卦第三十九 …………………………………………（677）

解卦第四十 ……………………………………………（690）

损卦第四十一·····················（705）

益卦第四十二·····················（721）

夬卦第四十三·····················（738）

姤卦第四十四·····················（752）

萃卦第四十五·····················（764）

升卦第四十六·····················（778）

困卦第四十七·····················（790）

井卦第四十八·····················（805）

革卦第四十九·····················（818）

鼎卦第五十·······················（833）

震卦第五十一·····················（846）

艮卦第五十二·····················（858）

渐卦第五十三·····················（873）

归妹卦第五十四···················（886）

丰卦第五十五·····················（900）

旅卦第五十六·····················（913）

巽卦第五十七·····················（927）

兑卦第五十八·····················（939）

涣卦第五十九·····················（951）

节卦第六十·······················（963）

中孚卦第六十一···················（975）

小过卦第六十二···················（989）

既济卦第六十三 ……………………………………（1006）

未济卦第六十四 ……………………………………（1019）

第四部分　《易传》通解

《彖传》《象传》《文言传》串讲 ………………（1032）

 《彖传》：对卦辞的解说 …………………（1032）

 《象传》：大象与小象的区分 …………（1035）

 《文言传》：乾卦和坤卦的蕴含 …………（1037）

系辞传上 ……………………………………………（1040）

 第一章 ……………………………………（1041）

 第二章 ……………………………………（1050）

 第三章 ……………………………………（1053）

 第四章 ……………………………………（1055）

 第五章 ……………………………………（1061）

 第六章 ……………………………………（1067）

 第七章 ……………………………………（1069）

 第八章 ……………………………………（1072）

 第九章 ……………………………………（1085）

 第十章 ……………………………………（1092）

 第十一章 …………………………………（1098）

 第十二章 …………………………………（1109）

系辞传下 ……………………………………………（1119）

 第一章 ……………………………………（1119）

第二章……………………………………………（1125）

第三章……………………………………………（1137）

第四章……………………………………………（1139）

第五章……………………………………………（1140）

第六章……………………………………………（1161）

第七章……………………………………………（1165）

第八章……………………………………………（1176）

第九章……………………………………………（1180）

第十章……………………………………………（1186）

第十一章…………………………………………（1189）

第十二章…………………………………………（1191）

说卦传……………………………………………（1201）

第一章……………………………………………（1201）

第二章……………………………………………（1207）

第三章……………………………………………（1212）

第四章……………………………………………（1216）

第五章……………………………………………（1217）

第六章……………………………………………（1224）

第七章……………………………………………（1229）

第八章……………………………………………（1231）

第九章……………………………………………（1233）

第十章……………………………………………（1235）

第十一章…………………………………………（1238）

序卦传·······································（1264）

　　上篇·······································（1265）

　　下篇·······································（1281）

杂卦传·······································（1300）

第一部分　《周易》导读

一、《周易》解题

开宗明义，必须先交代《周易》名称的含义。《论语·子路》中说："名不正，则言不顺。"孔子是在同子路谈论卫出公应当如何治理国家时谈到这句话的，本义是说首先需要确定和摆正诸侯国君和臣下的等级名分，也就是摆正各自的社会角色和明确各自的社会责任，然后才能去谈论社会治理的问题。抛除政治伦理方面的含义，在通俗的意义上，孔子的这句话告诉我们，在认识一个事物之前首先需要知道事物名称的含义。

1. 何谓"易"

"易"，从文字学来讲，主要有六种含义。

首先，从字形来看，（1）"易"为蜥蜴。

东汉许慎《说文解字》说："易，蜥蜴、蝘蜓，守宫也。象形。"就是说"易"即是"蜴"的本字，比拟蜥蜴之形。蜥蜴（即四脚蛇）一类的小动物，善变，故被古人视为测知刚柔消长、阴阳屈伸的神物。从这个含义，引申出两层意思。一是"难易"的"易"，段玉裁注："易本蜥易。语言假借而难易之义出焉。"

许慎的说法，是从象形字的角度解释的。如果从会意字的角度来看，则有另一种解释，也可以说是从象形含义引申出的另一层含义，《说文解字》引《秘书》说："日月为易，象阴阳也。"这就是：（2）"易"为日月。

《易纬·乾坤凿度》说："易名有四义，本日月相衔。"郑玄《易论》说："易者，日月也。"东汉魏伯阳《周易参同契》说："日月为易，刚柔相当。"虞翻注云："字从日下月。象会易也。"龡易，即阴阳二字的古字。从字形上看，"易"字是"日"和"月"的相合。"悬象莫大乎日月"，"日月之道，贞明者也"（《周易·系辞传下》）。日是阳气最精者，月是阴气最精者，"易"象征阴阳的推移变化，带有抽象的哲学意味。

从象形、会意再发展，"易"又发展出三层含义，即（3）"易"为变易、易简、不易。

《易纬·乾凿度》说："易一名而含三义，所谓易也，变易也，不易也。"郑玄《易赞》与《易论》说："易一名而含三义，易简一也，变易二也，不易三也。"段玉裁引述这段句话后说"皆古以语言假借立名"。三义联系起来理解：易简，说明易卦阴阳变化规律本质的非神秘性和简明性；变易，体现宇宙万物永恒的运动本质；不易，说明事物运动可感知可认识的相对静止状态以及宇宙发展规律的相对稳定性。

"易"所包含的变易、易简，与"易经"的名称就比较接近了。

在变易这一层面，可以发展出两层含义，即易为逆数（交易）和易为卜筮。

（4）易为逆数。《周易·说卦传》说："《易》逆数也。"对此理解不一。三国虞翻注："易谓乾，故逆数。"《乾凿度》云："易气从下生。"郑玄注："易本无形，自微及著。气从生，以下爻为始，故曰逆数也。"晋韩康伯注："作易以逆睹来事，以前民用。"朱熹《周易本义》引邵雍语："自乾至坤，皆得未生之卦，若逆推四时之比也。"李道平《周易集解纂疏》说："乾坤初索震巽，再索坎离，三索艮兑，是逆数也。"从《易经》的卦爻看，每卦六爻为六个阶段，是从下往上发展的，这是"逆数"，同时卦爻是用来逆推万物过去和未来的，这也是"逆数"。

（5）易为卜筮。郑玄《周礼·春官·太卜》注："易者，揲蓍变易之数可占也。"《管子·山权》说："易者，所以守成败吉凶者也。"贾谊《新书·道德说》说："易者，察人之精德之理，与弗循而占其吉凶。"可以看出，（4）和（5）是一个论点的两种解释。

明代喻国人认为："先儒解易为变易、为交易，总不如《系辞》'生生之谓易'五字为最确。"这就是"易"字的第六层含义，即（6）易为生生不息。如前文所示，"易"是要表示事物的发展变化态势，《周易·系辞传上》概括为"生生之谓易"。易言宇宙万物生生不息，变动不居，易为生命哲学。

概括来讲，"易"从字形上看是蜥蜴，因蜥蜴善变，故引申为"变易"，此后"易"就专指"变易"。郑玄的三义说、毛奇龄的五义说（变易、交易、反易、对易、移易，载《仲氏易》）均是对"变易"的引申、发挥，是对变易形式的概括。

2. 何谓"三易"

作为卜筮之"易"，一共有三种。《周礼·春官宗伯·大卜》里面就记载了：太卜"掌三易之法，一曰《连山》，二曰《归藏》，三曰《周易》"。《三字经》也记载："有《连山》，有《归藏》，有《周易》，三易详。"历史上的《易经》不是只有一部，而是有三部，叫"三易"。

"三易"的作者又有两种说法。

第一种说法认为，"三易"是三皇所作。"三皇"起源于中国上古传说，但是三皇究竟指谁则众说纷纭。西汉司马迁写的《史记》里记载的是天皇、地皇、泰皇，或是天皇、地皇、人皇；《尚书大传》里记载的是燧人氏、伏羲氏、神农氏；《风俗通义》里记载的是伏羲氏、女娲氏、神农氏；晋代的《帝王世纪》里记载的是伏羲氏、神农氏（炎帝）和轩辕氏（黄帝）。从此之后，三皇主要是指伏羲、神农和黄帝。伏羲作八卦，神农氏作《连山易》，轩辕黄帝作《归藏易》。传说早在六七千年以前，伏羲就作了八卦，从《周易·系辞传》到司马迁的《史记·太史公自序》，再到班固的《汉书·艺文志》都说是伏羲作了八卦。而到了距今五千年以前，神农炎帝和轩辕黄帝分别作了《连山易》和《归藏易》，所以神农氏也被称为连山氏，轩辕氏也被称为归藏氏。

第二种说法认为，"三易"是夏商周三代的"易"。比如，东汉郑玄的《易赞》《易论》认为三易分别是三代的《易经》：夏代作《连山易》，商代作《归藏易》，周代作《周易》。

那么究竟是三皇作的《易经》，还是三代的《易经》呢？可能是这样的：三皇作了《易经》，可是他们没有写下来，一开始是口耳相传，到了三代的时候才汇编成书。具体地说，就是伏羲创造了八卦以后，神农炎帝作了《连山易》，然后口耳相传到了夏代把它汇编成书；轩辕黄帝作了《归藏易》，然后口耳相传到了商代把它汇编成书；而伏羲创造的八卦，后来到了周代由周文王发展为六十四卦，后来又有发展。下面分别介绍一下。

先看伏羲氏作八卦。根据《周易·系辞传下》的记载，上古伏羲氏通过仰观天文，俯察地理，中通人事，于是始作八卦。司马迁《史记·太史公自序》："伏羲至纯厚，作《易》八卦。"班固《汉书·律历志》："伏羲画八卦。"古人多持此说。传说上古之时，伏羲氏因风而生，草生月、雨降日、河汛时，龙马负图，"伏羲坐于方坛之上，听八风之气，乃画八卦"（《太平御览》卷九）。

再说炎帝神农氏与《连山易》。炎帝神农氏作耒耜以兴农业，尝百草而为医药，并作《连山易》，所以神农氏又称"烈山氏""连山氏"。传说神农炎帝出生在距今五千年以前，是牛首人身。他教人农耕，是农业的发明者，被尊称为"五谷之王，神农大帝"。《连山易》后代没有传承下来，不过 2004 年底，贵州三都水族自治县传出当地一位叫谢朝海的老人收藏了《连山易》，有五册。后来谢朝海把自己家里收藏的完整的水书《连山易》捐给了贵州省民族图书馆，现藏于荔波县档案局。这部水书《连山易》大概有三个方面的内容：一是以各种动物为象征，以图画、形象的符号为表现形式，主要记载了日月星辰、二十八星宿等天文历法的情况；二是以天文历法为基础，推演出阴阳五行、天干地支之间的关系、法则、原理；三是根据这些原理来预测指导各类活动，标明什么日期是吉的，什么日期是凶的。东汉学者桓谭在《新论·正经》中说："《连山》八万言。"《连山易》有八万字，而水书《连山易》恰好就是八万字。

这部水书《连山易》有一张非常奇妙的图——太极八卦图。图上有八个方位，每个方位都有两个字，其中的一个字都是"山"。可想而知，是山连着山，正是"连山"的含义。而且水书《连山易》中有二十二个符号和偃师二里头出土的陶器符号完全一样，这种符号是一种原始文字，比殷商甲骨文还古老。水书《连山易》年代肯定在商代之前。

　　然后是轩辕黄帝与《归藏易》。轩辕氏（黄帝）败炎帝，战蚩尤，命大桡作甲子、容成造历法、伶伦造律吕、隶首作算数，令羲和占日、常仪占月、鬼臾区占星，并作《归藏易》，所以黄帝又称为"归藏氏"。黄帝不仅是三皇之一，而且是五帝之首，是中国远古时代华夏民族的共主，是华夏部落联盟的首领。传说他是少典与附宝的儿子，本姓公孙，后改姬姓，居轩辕之丘，所以号轩辕氏。中华文明五千年就是从黄帝算起的。《归藏易》，从书名上看，大地能收藏万物，万物回归大地，能归藏，所以《归藏易》的第一卦是坤卦，坤卦代表大地。黄帝的"黄"是土地的颜色，说明黄帝崇尚大地，具有包容、宽广、稳重、公正的美德。桓谭在《新论·正经》中又说："《归藏》四千三百言。"宋代学者家铉翁说："《归藏》之书作于黄帝。"但是《归藏易》在汉代应该就消失了，《汉书·艺文志》上没有著录。《隋书·经籍志》也说《归藏易》在汉初就消亡了。幸运的是，1993年3月，湖北江陵王家台15号秦墓中出土了三百九十四字的竹简，是用《易经》来占卜的简，专家经考证，认为这些竹简就是《归藏易》。所以，有的学者称为秦简《归藏易》，有的学者认为它是《归藏易》中的一部分。

　　总之，《易经》有《连山易》《归藏易》以及《周易》，是三种。

3. 何谓"周易"

首先,"周"有四种解释。

第一种,周为周代,是朝代名。

这是"三易"中的第二种观点。郑玄《易赞》说:"夏曰《连山》,殷曰《归藏》,周曰《周易》。"唐代孔颖达《周易正义》说:"又文王作《易》之时,正在羑里,周德未兴,犹是殷世也,故题周,别于殷,以此文王所演,故谓之《周易》。其犹《周书》、《周礼》,题周以别余代。"朱熹《周易本义》说:"周,代名也。"

第二种,周为周地,是地名。

孔颖达《周易正义》又说:"连山、归藏并是代名,则《周易》称周取岐阳地名。《毛诗》云'周原膴膴'是也。""周"地即岐阳(今陕西省岐山县)。

第三种,周为周普。

郑玄《易论》说:"周易者,言易道周普,无所不备。"唐人陆德明《经典释文》说:"周,代名也。周,至也,遍也,备也,今名书,义取周普。"清人姚配中《周易姚氏学》以郑说为是,并举《周易·系辞传》"《易》与天地准,故能弥纶天地之道""知周乎万物""周流六虚"等语句为佐证。

第四种,周为周期、周环。

从上古三易的名称看,"连山"和"归藏"二名中都没有出现朝代名称，而是以内容特征命名的（"连山"首为艮卦，象山出内气，山连山；"归藏"首为坤卦，为地藏万物，万物归于地）。由此可推知"周"也许不是朝代名或地名，"周"当为周环、周旋、周期之义。"周易"就是周而复始的变易规律。从《周易》卦爻象与卦爻辞中可以得到证明。六十四卦从乾、坤开始到既济、未济结束，是个运动周期（既济为本次周期的完结，未济为下次周期的开始）。又如卦爻辞中的复卦说"反复其道，七日来复"。循环、周期是《周易》揭示的宇宙生命的最根本规律。

以上四种解释，第二种与第一种是联系在一起的，第四种与第三种是联系在一起的。综合"易"的含义和"周"的含义，可以得出"周易"的含义。首先除去不能组合在一起的情况，如易为日月，放在"周易"名称中就与书中的内容不相符合了；又如周代或周地与变易、不易、易简也不能组合。如此一来，就得出两种组合。

一是周代或周地的占筮。

二是周环或周期的宇宙规则（变易、不易、易简）。

综合来看，"周易"表层的含义是"周代或周地的占筮"，深层的含义是"周环或周期的宇宙规则"。

二、《周易》的成书过程与内容构成

经过上一节的解说，可知《周易》与周代有关，但不完全是周代的。这与《周易》的内容结构及其衍变历程有关。

《周易》由两部分组成。

一是经文部分，即狭义的《易经》，与上一节广义的"三易"相区别。经文由六十四卦卦符（又称卦画）、卦名、卦辞、三百八十六条爻辞组成。

二是传文部分，称为《易传》。传文由《彖》上、下，《象》上、下，《文言》，《系辞》上、下，《说卦》，《序卦》，《杂卦》等七种十篇构成，故又称"十翼"。

一般所称的《易经》都是包括了经文和传文，是对《周易》的尊称，因为《周易》是经典。如前所述，经文与伏羲和周文王有关，传文则与孔子有关，这就是《周易》作者的三圣说。比如班固《汉书·艺文志》就说："人更三圣，世历三古。"具体地说就是伏羲氏作八卦，周文王作《易经》，孔夫子作《易传》。

1.伏羲与八经卦

（1）创作八卦

八卦创作的年代确实很早。近人通过对殷墟遗址甲骨、四盘磨甲骨、张家坡甲骨、丰镐遗址甲骨以及商周金文和陶文的考察，发现其上即有数字卦的样式。这一点从《易经》的文字也可反映出来。《易经》的占筮很原始，提到的都是上古先民所关心的事情，没有哲理化，只有吉凶预测；文字古奥，和甲骨卜辞很相似，如卜辞有"贞我旅吉"，《易经》爻辞也有"旅，贞吉"；卜辞有"其弗克""贞其克乎"，《易经》爻辞里也有"乘其墉，弗克攻，吉"。这都说明《易经》的起源很早，据现代学者专家考证，不晚于公元前11世纪。不过，对于在丰镐、周原遗址上发现的契刻于卜骨、卜甲、骨镞、陶器等器物上的奇字，张政烺先生等人指出，这种奇字即契数，就是原始的易卦，或者说原始易卦是一种数字卦。张亚初、刘雨等人收集了关于这方面的大量材料。但这种"数字卦"是《周易》的卦符，还是《连山》《归藏》的卦符，还不能确定。

如前所论，伏羲是中华民族的人文始祖，也是三皇之首。伏羲生活在距今七千年前后的时代，出生在成纪，今甘肃天水秦安。传说伏羲人首蛇身，和女娲是兄妹，两人结婚并生儿育女。伏羲有很多发明创造，历史上记载他创造了文字，结束了结绳记事的历史。他把绳子编成渔网，用来打鱼，还可以捕猎、狩猎，还发明了一种叫瑟的乐器。在他所有的发明创造中，最重要的就是八卦。《系辞》传上记载："古者包牺氏（伏羲氏）之王天下也……于是始作八卦。"司马迁在《史记·太史公自序》中也说："伏羲至纯厚，作易八卦。"

传说上古的时候，伏羲在卦台山上创造了八卦。卦台山在距天水十五公里左右的三阳川西北端，地貌奇特，好像一条巨龙在山峰中突然探出头来。登临卦台山山顶，俯瞰三阳川，会发现古老的渭河从东向西弯曲成一个"S"形，把椭圆形的三阳川盆地一分为二，形成了一个天然的太极图。与卦台山隔河相望处，有一个龙马洞。伏羲当年看到龙马洞的河里出了一张图，就按照这张图画了八卦。

在甘肃天水秦安，发现了距今八千年到五千年的大地湾遗址，这和伏羲所处的时代是一样的。大地湾遗址中出土的陶器上发现了十多个刻画符号，有的像水波的波纹，有的像生长的植物，还有的是直线和曲线相交的样子，这些符号介于图画和文字之间，是一种彩色的符号，与八卦的画法有某种类似。

伏羲在天水画了八卦以后，走出渭河流域，沿着黄河南岸往东走，经过长途跋涉，最后来到了黄河下游的黄淮大平原上，融合了东方强大的太昊部落，形成了太昊伏羲部落。太昊伏羲建都在陈，就是今天的河南淮阳。

在淮阳城东南边四公里左右的地方，有一座平粮台古城址，属于龙山文化。2006 年 5 月，在平粮台古城址的东北角，采集到了一件黑陶的纺轮，上面就刻画了一个符号：上面一横，下面一横，中间像个"人"字。李学勤先生认为这就是八卦当中的离卦。不过这件文物距今有四千三百年的历史，距离伏羲时代已很远，这说明最初的八卦稳定使用了很长的历史时期，演变很慢。

自从伏羲作了八卦，就有了中华文化。

（2）八卦的含义

根据史料记载，伏羲创作的八卦，都是三爻卦，即八个单卦，又称为经卦、单卦、小成之卦，是《周易》的基本符号，是组成《易经》的基本图像。

在形式上，八卦由两种符号组合三次而成。两种符号就是阳爻"▬"和阴爻"▬▬"。阳爻和阴爻由下而上组合三次就是八卦：乾☰、坤☷、震☳、巽☴、坎☵、离☲、艮☶、兑☱。为方便记忆，南宋理学家朱熹编了一句八卦歌：乾三连，坤六断，震仰盂，艮覆碗，离中虚，坎中满，兑上缺，巽下断。

八个经卦为何取三爻呢？

《说卦传》认为："立天之道，曰阴与阳；立地之道，曰柔与刚；立人之道，曰仁与义。"清代学者阮元说："圣人初画八卦，设刚柔两画，象二气也；布以三位，象三才也。"宇宙由天、地、人三才构成，易之道包括天道、地道、人道。八卦之上爻为天，下爻为地，中爻为人。一卦蕴含天、地、人"三才"之道。

《系辞传》说："古者包牺氏（伏羲氏）之王天下也，仰则观象于天，俯则观法于地，观鸟兽之文与地之宜，近取诸身，远取诸物，于是始作八卦，以通神明之德，以类万物之情。"意思是说当年伏羲统治天下的时候，他观察了天文、地理、鸟兽、大地、自己的身体等万事万物，才作出了八卦。总结一下，他主要观察了三个事物：天、地、人。天上最重要的是太阳和月亮。地上最重要的是山和水。人分男人和女人。当年伏羲就是观察了日月（天）、山水（地）、男女（人）这三对东西，然后画出了八卦中的两个基本符号：阳爻和阴爻。

而伏羲画出了这两个符号的原因则在于中国人的思维方式。当采用整体思维去看事物，看到这三对东西以后，不是把它们分开，而是把它们整合起来，使用统一的理念加以辨识，于是有了阴爻和阳爻的概念。卦由阳爻、阴爻组成，爻是《周易》最基本的符号。从考古资料来看，爻的观念的产生可能与龟甲卜兆裂纹有关，兆纹虽有多种形状，但从总体上来说线条较直，一般没有曲线，从兆线的断连情况看，也只有断或连两种。

《说卦传》说，"观变于阴阳而立卦"。近代有人认为：卦为土圭，即以泥筑成的土堆，做测日影之用。长一尺五寸，立八尺之表以致日影；画其影而测之，以定方向、地位、时间。卦画是根据土圭测影而来。

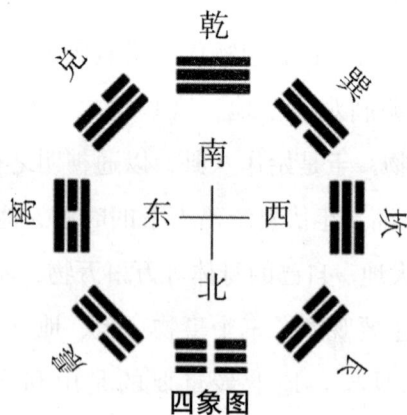

四象图

《道德经》说："道生一，一生二，二生三，三生万物。"" 一" 为太极，" 二" 为阴阳，" 三" 为阴阳交和，也就是一卦三爻，三爻八卦产生宇宙万物。现代哲学认为：宇宙本体不外乎由时间、空间、物质三者组成。一卦三爻是时、空、物三位一体。

（3）八卦的取象

《说文解字注》："卦，所以筮也，从卜，圭声。"《周易正义》孔颖达引《易纬·乾坤凿度》说："卦者，挂也。言悬挂物象，以示于人，故谓之卦。"所以说，卦主要是以"象"向人们传达信息。

八卦就是把自然万物分为八类。分类的一个原则，是"异类不比"。即不同类的事物不能放在一起比较，比如自然界的事物和人为的事物不能放在一起比较。

先看自然事物的八卦取象。自然界有两个最大的事物，那就是天、地。八卦当中两个最主要的卦就是乾卦、坤卦。乾卦就代表天，坤卦就代表地。这是从功能出发来总结的，因为乾卦主导着坤卦，天主导着地。

再看兑卦，它下面两根爻是实的，是阳爻，上面一根爻是虚的，是阴爻。大地上面一种虚的东西，就是沼泽，所以兑为沼泽。

离卦的卦象是外面两根爻是实的，中间一根爻是空的，也就是外边两根阳爻，中间一根阴爻。自然界中外面实中间空的就是火。离卦就代表火。

震卦是下面实、上面空。上面两根阴爻，下方一根阳爻，好像大地下方有一团阳气。古人认为，这团阳气每到春天就要从地底下冒出来，当它冒出来的时候就会发出"轰"的一声，就是打雷，所以震卦是雷，把冬眠的动物惊醒了，节气就是惊蛰。如果这团阳气在春天的时候没有从地下冒出来，它冒不出来是被阴气压住了，会发生地震，所以《国语》中记载地震就是"阳伏而不能出，阴迫而不能蒸"。也就是说阳气被压在那里出不来，阴气也被压在那个地方，阴阳二气交错了，就会地震。

巽卦是乾卦最下面的一根阳爻换成阴爻。乾卦是天，巽卦就是天下面有个虚的东西，就是云；云再虚掉就是风，所以巽可以为云、为风。

坎卦和离卦恰好相反，坎卦中间是实的，两边是空的，或者叫虚的、柔的。自然界中外面看起来柔弱，但内在刚强的，就是水。《道德经》里说："天下之至柔，驰骋天下之至坚。"天地间至柔的东西是水，至坚的东西是石头，可是水可以把石头滴穿，但石头不能把水斩断，所以坎卦代表水。除了水，自然界中外面是柔弱的（或缺掉的）、中间是实的，那就是月亮，它有阴晴圆缺，所以坎卦也可以表示月亮。离卦为太阳，坎卦为月亮；离卦为火，坎卦为水。

艮卦是坤卦最上面的一根阴爻换成阳爻，坤卦是地，地上面有一个实的东西，那就是山。

八卦之名为何称乾、坤、震、巽、坎、离、艮、兑，而不直接称天、地、雷、风、水、火、山、泽？

这是因为八卦卦符象征性极广、极强，只有用象征性广、概括力强、包容量大，而且字形较为复杂的词才能满足卦象的需要。《周易·系辞传下》说：伏羲氏"作八卦，以通神明之德，以类万物之情"。说明伏羲作卦的目的在于垂教百姓，通神明，类万物。所以不采用天、地……这种字形简单、含义浅显的名称，而选用乾、坤这种概括性强、包容量大、象征性广的名称。

《六艺论》说："易者，阴阳之象，天地之所变化，政教之所由生。自人皇（即燧人氏）初起，历六纪九十一代，至伏羲始作十言之教——乾、坤、震、巽、坎、离、艮、兑、消、息。"

八卦不是只代表这八种具体事物或者现象，而是代表这八类现象。详见《说卦传》。质言之，八卦可以推导出自然界和人类生活中的所有事物、所有现象，我们可以用八卦来表示卦象、卦位、卦序、卦时、卦数等诸要素（见下表）。

八卦要素表

卦名	乾	坤	震	巽	坎	离	艮	兑
卦象	天	地	雷	风	水	火	山	泽
卦序	父	母	长男	长女	中男	中女	少男	少女

卦位	先天	南	北	东北	西南	西	东	西北	东南
	后天	西北	西南	东	东南	北	南	东北	西
卦时	先天	夏至	冬至	立春	立秋	秋分	春分	立冬	立夏
	后天	立冬	立秋	春分	立夏	冬至	夏至	立春	秋分
卦	先天	一	八	四	五	六	三	七	二
	后天	六	二	三	四	一	九	八	七

（4）先天八卦次序

伏羲创作出来的八卦次序是：乾一、兑二、离三、震四、巽五、坎六、艮七、坤八。这就是先天八卦的次序。

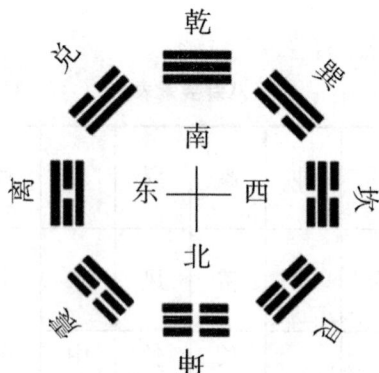

先天八卦方位图

先天八卦的次序是按照两仪、四象、八卦的顺序推演出来的。按照宇宙自然、万事万物生成的规律，从下往上、先阳后阴，加以推演，生成三次就得到八卦了。

从太极开始，第一次生是在太极的基础之上按照从下往上、先阳后阴的法则生出两仪。两仪就是阳和阴：在符号上就是阳爻和阴爻。

第二次生是在两仪的基础之上按照从下往上、先阳后阴的法则生出四象。在阳爻的基础上先生阳，后生阴，也就是阳上面加阳得到太阳（⚌）、阳上面加阴得到少阴（⚎）；在阴爻的基础上先生阳，后生阴，也就是阴上面加阳得到少阳（⚍）、阴上面加阴得到太阴（⚏）。太阳两根都是阳爻，是阳中之阳；太阴两根都是阴爻，是阴中之阴；少阳下面是阴上面是阳，是阴中之阳；少阴下面是阳上面是阴，是阳中之阴。

第三次生是在四象的基础之上按照从下往上、先阳后阴的法则生出八卦。具体说就是在太阳的基础上先生阳，后生阴，也就是在太阳上面生阳得到乾卦、生阴得到兑卦；在少阴的基础上先生阳，后生阴，也就是在少阴上面生阳得到离卦、生阴得到震卦；在少阳的基础上先生阳，后生阴，也就是在少阳上面生阳得到巽卦、生阴得到坎卦；在太阴的基础上先生阳，后生阴，也就是太阴上面生阳得到艮卦、生阴得到坤卦。这样就得到八个符号，也就是八卦。

2. 周文王与《易经》

（1）后天八卦次序

伏羲八卦是八卦的一种排列，另一种是后天八卦，也就是文王八卦。先天伏羲八卦、后天文王八卦，是北宋邵雍明确提出来的，他根据《说卦传》中关于八卦方位的两个不同说法，认为"天地定位"一节说明伏羲八卦的四个正位是乾南坤北、离东坎西，而"帝出乎震"一节说明文王八卦的方位。八卦的这两种次序、两种方位，各有其蕴藏的秘密。

《说卦传》第五章说："帝出乎震，齐乎巽，相见乎离，致役乎坤，说言乎兑，战乎乾，劳乎坎，成言乎艮。万物出乎震，震，东方也。齐乎巽，巽，东南也，齐也者，言万物之絜齐也。离也者，明也，万物皆相见，南方之卦也。圣人南面而听天下，向明而治，盖取诸此也。坤也者，地也，万物皆致养焉，故曰致役乎坤。兑，正秋也，万物之所说也，故曰说言乎兑。战乎乾，乾，西北之卦也，言阴阳相薄也。坎者，水也，正北方之卦也，劳卦也，万物之所归也，故曰劳乎坎。艮，东北之卦也，万物之所成终而所成始也，故曰成言乎艮。"这里先说了后天八卦的次序，然后说了震卦在东方、巽卦在东南等每个卦的方位。

一开始说"帝出乎震"，震居正东，于时为正春，"帝"是喻指，借北极天帝指代万物的元气、创生力，这句话是说万物的元气、生机从东方开始萌发；"齐乎巽"，巽居东南，于时为春末夏初，表示万物出于地上，一片新鲜整齐；"相见乎离"，离居正南，于时为正夏，表示万物彼此见面，互相接触；"致役乎坤"，坤居西南，于时为夏末秋初，表示万物得到养分而茁壮成长；"说言乎兑"，兑居正西，于时为正秋，表示万物成熟，人们因而喜悦；"战乎乾"，乾居西北，于时为秋末冬初，表示万物由成熟而枯老，阴阳相搏；"劳乎坎"，坎居正北，于时为正冬，表示万物极度疲劳衰竭；"成言乎艮"，艮居东北，于时为冬末春初，表示万物的旧生命停止，新生命开始。

后天八卦次序配上洛书九数，有个很好记的口诀："一数坎兑二数坤，三震四巽数中分；五为中宫六乾是，七兑八艮九离门。"

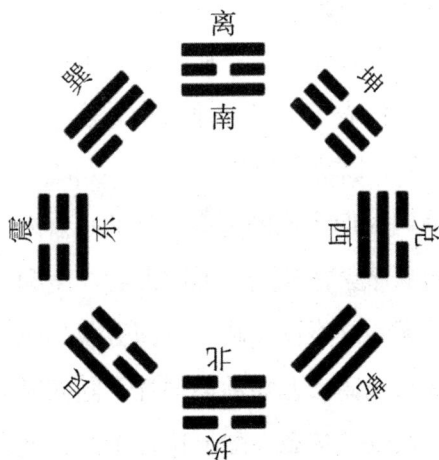

后天八卦方位图

后天八卦的空间方位排列，完全就是中国大地八个空间方位。中国大地以中原（河南）为中央，像上海、山东南部、江苏北部这一带都属于正东方。东方是太阳上升的地方，震卦表示雷，所以这个地方先打雷。中国大地从东到西是有时差的。古人认为打雷是春天到了的标志，是阳气从大地上生发出来。太阳从东边先升起，所以东边先打雷。东南边福建沿海一带，这个地方多台风，所以巽卦为风。南边是离卦，离为火，所以南方热，温度高。坤卦是大地，大地属土。西南方，比如四川、云南、西藏都是多山高原地区，土积厚实，所以西南方属土，是坤卦。西边和西北边的金属矿物很多。西边是兑卦，兑卦五行属金。西北是乾卦，乾卦三根阳爻，代表阳刚。西边和西北边都属金。中国北方寒冷，所以为水，是坎卦，坎卦为水。东北有大兴安岭、长白山，所以东北边是艮卦，艮卦是山。东北和西南两个方位都属土，因为艮卦为山，土积成山，石化为土，而坤卦是大地，也是土。后天八卦的方位实际代表了中华大地八个方位的气候特征、地理特征、物产特征，以及人文特征。

至迟在战国时期形成的离南、坎北、震东、兑西的方位布局与时间的顺序紧密相配，说明万物产生和发展的时空合一的规律。后天八卦不仅反映了空间方位的规律，而且还反映了时间流变的规律。万物周期循环，随四时的推移，万物春生、夏长、秋收、冬藏，配上这八个卦，就很清楚了。一年又分二十四个节气，每年360天有余（准确地说是365又1/4天），八卦每一个卦主45天。每卦有三爻，每根爻主一个节气，就是二十四节气。如果按照卦来说，东方的震卦为春分，东南方的巽卦为立夏，南方的离卦为夏至，西南方的坤卦为立秋，西方的兑卦为秋分，西北方的乾卦为立冬，北方的坎卦为冬至，东北方的艮卦为立春。

虽然先天、后天八卦都可以看时间、看空间，但使用的时候还是有区别的。关于时间的变化规律，一般是用先天八卦。伏羲先天八卦说的是自然的本然原则，说明天地起源、自然演化的必然规律，而文王后天八卦是人用之位，是"王者之法"，是人为的规定。也就是，先天八卦看时间，后天八卦看空间。要看时间问题就看先天八卦，要看方位布局就看后天八卦。

（2）创作六十四卦

周文王不仅发展出了后天八卦方位，而且创作了六十四卦的《周易》，这有史料记载。司马迁在《报任安书》里说过"文王拘而演《周易》"（文王被囚禁以后演算了《周易》）。班固《汉书·艺文志》也说周文王作《周易》。

周文王姬昌是商纣王时期的西伯侯，是商朝当时的诸侯国周的首领，周国在今天陕西省宝鸡市岐山县。西伯侯施行仁政，而当朝天子商纣王行的是暴政。于是天下很多小的诸侯国纷纷归附于西伯侯，这引起了商纣王的嫉恨。

商纣王有一个大臣鬼侯，他把自己漂亮的女儿献给了商纣王。但是鬼侯的女儿不喜欢商纣王荒淫无度，不讨商纣王的欢心，所以商纣王一怒之下就把鬼侯和他女儿都杀了。西伯侯听说这件事后，就叹了一口气。崇侯虎把这件事夸大其词地报告给了商纣王，商纣王就把西伯侯囚禁在了羑里（今河南省安阳市汤阴县北）。

西伯侯姬昌被关进羑里时八十二岁，放出来的时候八十九岁。因为这里只长了蓍草，所以他就用观天象地理、玩草来打发时间。先把草拔下来，折断成一根根的草棍，然后把它们排列起来。这样，西伯侯就在八卦的基础上推演，得出了六十四卦。推演出六十四卦以后，西伯侯悟出六十四卦蕴含着宇宙万事万物运行的大规律，就把它写了下来，这就是现在《周易》的经文部分。

西伯侯被放出来后，礼请姜尚（姜太公），拜他为军师。在姜尚的辅佐下，西伯侯分化瓦解了商朝的许多附属国，所以当时有句话叫"天下三分，其二归周"。后来西伯侯把政治中心迁到丰邑这个地方，也就是现在的西安。西伯侯在位五十年，享寿九十七岁。他去世以后，他的第二个儿子姬发继续与商纣王抗争。十年以后，也就是公元前1046年，姬发和商纣王打了最后一仗——牧野之战。商纣王打败了，在鹿台自焚了。姬发打胜了，建立了周朝，之后追尊他的父亲西伯侯姬昌为周文王。

周文王推演的六十四卦都是重卦，由八卦相互组合而成。推演重卦，除了文王推重卦，传统上也有伏羲重卦、神农重卦、夏禹重卦等说法。因为《归藏易》也有六十四卦，宋代家铉翁称："《归藏》之书作于黄帝。而六十甲与先天六十四卦并行者，乃《中天归藏易》也。"

其实《周易》经文里面没有三根爻的八卦，只有六根爻组成的六十四卦。每一个卦都有一个名称，然后是卦辞。卦辞是解释每一卦总的含义的。每一爻则有爻辞。

（3）六十四卦的卦名与卦辞

六十四卦，亦称别卦、重卦、六爻卦、大成之卦。

六十四卦都由阴爻、阳爻自下而上叠六次而成。《说卦传》说："《易》六画而成卦……《易》六位而成章。"

一说六十四卦是由八卦"重卦"而得。重卦就是以某一经卦（三爻卦）为内卦，在其上再加以一经卦为外卦的原则，可得出重卦图。

全部口诀如下：

乾为天、天泽履、天火同人、天雷无妄、天风姤）（gòu）、天水讼、天山遯、天地否（pǐ）。

兑为泽、泽天夬（guài）、泽火革、泽雷随、泽风大过、泽水困、泽山咸、泽地萃（cuì）。

离为火、火天大有、火泽睽、火雷噬（shì）嗑（hé）、火风鼎、火水未济、火山旅、火地晋。

震为雷、雷天大壮、雷泽归妹、雷火丰、雷风恒、雷水解、雷山小过、雷地豫。

巽为风、风天小畜（xù）风泽中孚、风火家人、风雷益、风水涣、风山渐、风地观。

坎为水、水天需、水泽节、水火既济、水雷屯（zhūn）、水风井、水山蹇（jiǎn）、水地比。

艮为山、山天大畜（xù）、山泽损、山火贲（bì）、山雷颐、山风蛊、山水蒙、山地剥。

坤为地、地天泰、地泽临、地火明夷、地雷复、地风升、地水师、地山谦。

上卦 / 下卦	乾 天 7	兑 泽 6	离 火 5	震 雷 4	巽 风 3	坎 水 2	艮 山 1	坤 地 0
乾 天 7	乾为天 63	泽天夬 62	火天大有 61	雷天大壮 60	风天小畜 59	水天需 58	山天大畜 57	地天泰 56
兑 泽 6	天泽履 55	兑为泽 54	火泽睽 53	雷泽归妹 52	风泽中孚 51	水泽节 50	山泽损 49	地泽临 48
离 火 5	天火同人 47	泽火革 46	离为火 45	雷火丰 44	风火家人 43	水火既济 42	山火贲 41	地火明夷 40
震 雷 4	天雷无妄 39	泽雷随 38	火雷噬嗑 37	震为雷 36	风雷益 35	水雷屯 34	山雷颐 33	地雷复 32
巽 风 3	天风姤 31	泽风大过 30	火风鼎 29	雷风恒 28	巽为风 27	水风井 26	山风蛊 25	地风升 24
坎 水 2	天水讼 23	泽水困 22	火水未济 21	雷水解 20	风水涣 19	坎为水 18	山水蒙 17	地水师 16
艮 山 1	天山遁 15	泽山咸 14	火山旅 13	雷山小过 12	风山渐 11	水山蹇 10	艮为山 9	地山谦 8
坤 地 0	天地否 7	泽地萃 6	火地晋 5	雷地豫 4	风地观 3	水地比 2	山地剥 1	坤为地 0

以上六十四卦构成《周易》的符号体系。

卦有名称，即卦名。卦名是对卦符的初次解读，体现特定的义理和思维方式。六十四卦大部分是一个字的卦名，比如"乾""坤""屯""蒙"都是一个字。有的是两个字构成一个卦名，带大中小的构成修饰关系，比如"大过""小过""大畜""小畜""大有""中孚"；也有个别的是由词组构成一个卦名，比如"噬嗑""同人""归妹""家人""明夷""既济""未济"。

有关卦名的来由，传统认为主要有两种考虑。一是取象，认为易卦来源于对物象的观察，因而以某种物象之名命名。如乾卦之象为天，乾本义为天，坤卦之象为地，坤本义为地，故名。二是取义，认为卦象代表事物之理，取其义理为卦名，如乾皆为阳爻，主刚健，乾即有刚健之义，故名。

近代又提出两种新说。一是筮辞说。近人高亨认为先有六十四卦的爻辞，后从爻辞中取出某一字或两字，作为该卦之名。如乾卦，取名于九三爻辞中的"乾"字。二是占事说。认为卦名同所占问的事件即卦爻辞的内容有关。近人闻一多考证，"乾"本为"斡"，是北斗星的别名。龙象即龙星。龙星的出没表示四时节气的变化。此卦为占问节气变化，筮得"三"象，故取名为乾。

每卦有一条卦辞。卦辞即说明某一卦卦义的文辞。一般认为是卜筮者的记录，与甲骨文辞同类。共有六十四条卦辞，内容主要有：自然现象变化、历史人物事件、人事行为得失、吉凶断语。或分为象占之辞、叙事之辞、占兆之辞三类。

其通例为先举出暗示意义的形象，或举出用于譬喻的事例，然后写出吉凶的断语。具体可分为：先叙事而后断吉凶；单断吉凶而不叙事；叙事，断吉凶，再叙事，再断吉凶等不同体例。

内容上涉及行猎、旅行、经商、婚姻、争讼、战争、饮食、享祀、孕育、疾病、农牧等方面。还记载了西周初期以前的历史事件，如"高宗伐鬼方""帝乙归妹""康侯用锡马蕃庶"等故事。

卦在《易经》中主要用于占卜，后用以象征自然现象和人事变化，成为描述宇宙万物的模式符号。

（4）六爻与爻辞

每一重卦有六根爻，就有六个名称。爻的名称由两部分组成，一部分表示位置，一部分表示性质。两部分都用数字表示。爻的位置有六种，一个卦六根爻从下往上数，分别为初、二、三、四、五、上。爻的性质只有两种，阳爻和阴爻，阳爻叫"九"，阴爻叫"六"。这两部分一结合就是爻的名称了。比如既济卦是"䷾"，从下往上的名称就是"初九""六二""九三""六四""九五""上六"。

为什么阳爻记为"九"，阴爻记为"六"呢？

一种观点认为，这取法于"大衍之数"揲蓍法，"大衍之数"揲蓍的结果为六、七、八、九，"九"为老阳（太阳）、"六"为老阴（太阴）。

另一种认为，九为河图中五个生数中的三个奇数之和，六为两个偶数之和。朱熹说："其九者，一、三、五之积也。""其六者，生数二、四之积也。"

也有的认为，阳之体（☰）为三画，阴之体（☷）为六画。阳可兼阴，故阳爻记为"九"；阴不可兼阳，故阴爻记为"六"。

我们认为，"九"与"六"源于大衍揲蓍法之七、九、八、六四营之数。此四营之数分别对应四时之春、夏、秋、冬，对应四象之少阳、老阳、少阴、老阴。"七"为春、为少阳，过渡到"九"为夏、为老阳，阴阳性质未变，为不变之数；"九"为夏、为老阳，过渡到"八"为秋、为少阴，阴阳性质发生了变化，为可变之数；"八"为秋、为少阴，过渡到"六"为冬、为老阴，阴阳性质未发生变化，为不变之数；"六"为冬、为老阴，过渡到"七"为春，为少阳，阴阳性质发生了变化，为可变之数。《易》讲变易，故取"九""六"两个可变之数代表阳爻、阴爻。

每一个爻有一个名称，对应一条爻辞。爻辞是解释每一根爻的含义的，从下而上一一解释每一爻的意义。六十四别卦，共三百八十四爻，加上乾、坤两卦各有一用爻，总为三百八十六爻，故有三百八十六条爻辞。

爻辞是组成各卦内容的主要部分，其体例、内容、取材范围与卦辞类似，合称卦爻辞。有一种观点认为卦名即是对卦爻辞的高度概括。

周人发明占筮时，最初只有八卦，以八种不同的形象判断所占之事的吉凶。判断占问某事吉凶的辞句，称为筮辞，是占问某事时的原始记录。六十四卦卦辞和三百八十六爻爻辞，皆来源于筮辞。掌卜筮之人将多次占卜的结果（包括所得兆象和占断辞句）记录下来，然后加以整理、统计，将应验的兆象、辞句挑选出来，进行重新加工、编排。有的卦辞经反复修改、安排，仿若一首诗歌，并能体现出一个中心思想。如渐卦、剥卦、复卦、临卦、明夷卦等。这种加工是为了占筮系统性的需要。不过，大多数卦辞、爻辞仍属于筮辞的堆砌，卦、爻辞之间并没有必然的联系。

传统的看法认为，卦爻象和卦爻辞之间有着必然的联系，有着对应的逻辑关系。从春秋至清末民国，易学家们都在极力寻找这种逻辑关系，或通过对卦象的解释，或通过对卦爻辞的注释，将二者统一起来。由此产生不同的解易流派，体现了各自的学术思想。

近代有人指出卦爻象和卦爻辞之间没有必然的联系。理由是占筮时筮得的卦象与卜问的事件、结果，完全是偶然的。如果认为每一卦的卦爻辞同其卦爻象都存在着逻辑的联系的话，则无法说明爻辞的重复问题，也无法解释其中的矛盾现象。本人认为完全割裂卦爻象与卦爻辞的联系过于武断，象辞之间的关系是复杂的、深刻的，蕴藏一定的哲理性。

（5）六十四卦次序

六十四卦怎么排列呢？据说当年周文王花了七年的时间，排成了《易经》六十四卦的现在这个次序。这个次序从乾卦开始，一直到未济卦结束。

南宋伟大的理学家朱熹，在《周易本义》中写了一首卦序歌，把六十四卦编成了一首歌，便于大家记忆。这首歌把六十四卦分成上经和下经，上经三十卦，下经三十四卦。上经为"乾坤屯蒙需讼师，比小畜兮履泰否。同人大有谦豫随，蛊临观兮噬嗑贲。剥复无妄大畜颐，大过坎离三十备"。下经为"咸恒遁兮及大壮，晋与明夷家人睽。蹇解损益夬姤萃，升困井革鼎震继。艮渐归妹丰旅巽，兑涣节兮中孚至。小过既济兼未济，是为下经三十四"。

周易六十四卦顺序表

乾 天	坎 水	艮 山	震 雷	巽 风	离 火	坤 地	兑 泽
1 乾为天	2 坤为地	3 水雷屯	4 山水蒙	5 水天需	6 天水讼	7 地水师	8 水地比
9 风天小畜	10 天泽履	11 地天泰	12 天地否	13 天火同人	14 火天大有	15 地山谦	16 雷地豫
17 泽雷随	18 山风蛊	19 地泽临	20 风地观	21 火雷噬嗑	22 山火贲	23 山地剥	24 地雷复
25 天雷无妄	26 山天大畜	27 山雷颐	28 泽风大过	29 坎为水	30 离为火	31 泽山咸	32 雷风恒
33 天山遁	34 雷天大壮	35 火地晋	36 地火明夷	37 风火家人	38 火泽睽	39 水山蹇	40 雷水解
41 山泽损	42 风雷益	43 泽天夬	44 天风姤	45 泽地萃	46 地风升	47 泽水困	48 水风井
49 泽火革	50 火风鼎	51 震为雷	52 艮为山	53 风山渐	54 雷泽归妹	55 雷火丰	56 火山旅
57 巽为风	58 兑为泽	59 风水涣	60 水泽节	61 风泽中孚	62 雷山小过	63 水火既济	64 火水未济

　　为什么要从乾、坤一直排到既济、未济呢？这个排列次序实际上就是宇宙万事万物排列、变化的大规律。

　　《道德经》说："反者，道之动。"就是反向的规律是运动变化的一个大规律。我们把六十四卦的六十四个符号分成三十二组，就可以发现这个秘密：后面一卦是前面一卦的反卦，即后面一卦是把前面一卦颠倒过来的。直接说出这个秘密的是唐代的孔颖达，他第一次明确地提出六十四卦符号排列次序的法则是八个字："二二相耦，非覆即变。""二二相耦"就是两个为一组，六十四卦就是三十二组。比如，乾和坤是一组，屯和蒙是一组，需和讼是一组。每一组后面这个卦就是前面这个卦颠倒过来的卦，也就是反卦。比如，屯卦反过来就是蒙卦。但是有的卦反不过来，乾卦的六根爻都是阳爻，把它颠倒过来，六根爻还都是阳爻，这个时候就要采用"变"的方法，比如乾卦六根都是阳爻，就变成六根都是阴爻，就是坤卦了。六十四卦当中有八个卦，也就是四组，它们反过来是不变的，就要采用变的方法。其实这反映了一个大规律：万事万物颠倒、反向运动的规律。

　　《序卦传》解释了六十四卦排列的次序。"有天地，然后万物生焉"，先有天，后有地，然后产生万物。所以，先有乾卦，后有坤卦，因为乾为天，坤为地。第三卦"盈天地之间者唯万物，故受之以屯"，屯卦表示一种艰难的局面，就是天地交合产生万物那一刻的艰难局面。万事万物的产生，刚开始的时候都是艰难的，所以第三卦就是屯卦。譬如乾卦为父亲，坤卦为母亲，父母生子女，孩子刚生出来那一刻就是第三卦屯卦。第四卦是蒙卦。想象一下，孩子刚生出来时蒙昧无知，这个时候就要发蒙、启蒙。所以《序卦传》说蒙是"物之稚也"，就是幼小的时候蒙昧，所以"不可不养也"，所以要养育、启蒙他。要怎样养育他呢？接着第五卦，也就是需卦。"需"就是"饮食之道"，就是要用食物来喂养他。"饮食必有讼"，食物太少了，吃的又不够了，会怎么样呢？产生争讼。大家都在争抢，所以接下来这一卦就是讼卦。

讼卦之后"必有众起"，你一拨、我一拨，一拨一拨地争，这就到了第七卦师卦。"师"就是众人的意思。争的结果要么我多你少，要么我少你多，就有了比较和选择依附，所以第八卦就是比卦。

最后两个卦是既济卦和未济卦，第六十三卦是既济，"济"表示渡过河流，"既"是已经的意思，表明已经渡过河流了，表示这一个周期已经结束了。但是最后一个卦又说未济，没有渡过河流，怎么理解呢？很简单，就是下一个周期又开始了。于是，周而复始。

六十四卦就被解说为宇宙自然万物消长、推摩、运动变化的一个大过程、大周期。"天地盈虚，与时消息，而况于人乎，况于鬼神乎。"这种盈虚、消息是一个循环往复的过程："复，其见天地之心乎。"反复之道，是天地的本性。"一阖一辟谓之变，往来不穷谓之通"，六十四卦代表了阴阳阖辟、往来的大规律，每一卦六爻的上下往来、"相攻"和"相取"、相互排斥和相互融合（"氤氲"）代表了具体事物发生、发展、变化的法则。

（6）整体把握《易经》各要素

至此，我们已经知道，《易经》的符号基础是阳爻和阴爻，它们交互组合，形成八卦；八卦相互组合，成为六十四卦。每一卦六个爻。如此《周易》的符号系统就是六十四个卦象、三百八十四个爻象。这个演化过程就是《系辞传》所说："《易》有太极，是生两仪，两仪生四象，四象生八卦。"大易是虚空的，如果用数字来表示，就好比是0；大易生出太极，太极用数字来表示，就好比是1，其实太极就是气，但这个气还是混沌合一的、没有分开的；太极的气一分开就分出了两仪，也就是生出了阴阳，两仪（阴阳）用数字来表示，就好比是2；两仪生出了四象，四象用数字来表示，就好比是4；四象生出了八卦，八卦用数字来表示，就好比是8。如果用数字来表示这个过程就是：0→1→2→4→8；如果从太极算起，从太极到产生万事万物的过程就是：太极→两仪（阴阳）→四象→八卦。按照几何级数，由八卦推演出六十四卦，整个过程就是0→1→2→4→8→64。

而爻与卦的关系是"体"与"用"的关系，卦是物之体，爻是物之用。卦自静态的角度观察，重在反映阴阳之物，反映物之象，物之形；爻自动态的角度观察，重在反映阴阳之动，反映物之变，物之化。

《系辞传上》说："易有圣人之道四焉：以言者尚其辞，以动者尚其变，以制器者尚其象，以卜筮者尚其占。"后世由此认为《易经》由"象""数""理""占"四要素组成，也有人认为《易经》由"象""数""辞""义"或"象""数""辞""占"四要素组成。归纳起来，《易经》主要有两大要素，一是"象"，一是"辞"。"数"可以归入"象"，因为《易经》的"数"特指爻数，而爻数就是爻象，如"九四"就是指第四爻是阳爻，"六三"就是指第三爻是阴爻。"义"可归入"辞"，因为《易经》的"义"是通过卦爻辞表现出来的。至于"占"和"变"，则是就《易经》的用途而言的，与"象""辞"不在同一个层面上。因而从构成内容的层面看，《易经》的两大要素是"象"和"辞"，具体地说就是卦爻象与卦爻辞。

六十四卦是周文王推演的，但卦爻辞不一定都是周文王所作。因为卦辞里面出现了一个叫康侯的人物，康侯是卫康叔，是周武王的弟弟，周文王的儿子，这个事件发生在周武王之后，所以有人认为卦爻辞不是文王写的。有人说它是周公姬旦（周文王的第四个儿子）写的。不管怎么说，《易经》是周文王和周公父子写的，成书于西周初期，也就是说《易经》距今有三千年了。这本书对后世的影响是巨大的，尤其是对春秋战国时期的影响，它促使了诸子百家的形成。很多古代史书都提到或引用过它，像《左传·襄公九年》引用过随卦的爻辞，《昭公十二年》引用过坤卦的爻辞。

3. 孔子与《易传》

（1）撰作十翼

《史记·孔子世家》："孔子晚而喜《易》……读《易》，韦编三绝。"就是说孔子晚年喜欢《易经》，他读《易经》的时候"韦编三绝"。"韦"就是牛皮绳，当时还没有纸，书都是竹简做的。竹简是一片片的，所以要用"韦"（牛皮绳）把它编连起来。"绝"就是断了，"三"不是三次，而是多次，"韦"（牛皮绳）断掉了多次。

我们知道，孔子说自己"五十而知天命"。他是怎么知的天命呢？就是看懂了《易经》而知的天命，这也是孔子说的："加我数年，五十以学《易》，可以无大过矣。"孔子五十岁知道了天命、天道，他发现《易经》六十四卦讲的就是天道规律，于是就把这些天道规律写了下来，写了十篇，叫"十翼"。《史记·孔子世家》："孔子晚而喜《易》，序象、系、象、说卦、文言。"《史记正义》说："夫子作十翼，谓上象、下象、上象、下象、上系、下系、文言、序卦、说卦、杂卦也。"

"十翼"也叫《易传》。"传"是解释的意思，是对经文的解释，如《左传》是左丘明给《春秋经》作的解释，《易传》就是孔子给《易经》作的解释。

《易传》究竟是不是孔子写的，一开始人们并不怀疑，但到宋代，欧阳修在《易童子问》中第一个提出了怀疑，他说《系辞传》可能不是孔子写的。到后来怀疑的人越来越多，到清代时，大家基本都否定《易传》是孔子作的。比如，清代崔述不仅认为《系辞传》不是孔子作的，甚至《彖传》《象传》都不是孔子作的。到近代，多数人认为"十翼"都不是孔子作的。

直到 1973 年，湖南长沙马王堆挖掘了西汉初期长沙王丞相利苍及其家属的陵墓。马王堆三号汉墓出土了帛书《周易》。这本《周易》是在公元前 168 年抄写的，是先秦的文献，比现在通行的版本要早。它和现在通行的版本有两大不同：一是六十四卦的排列次序不同；二是《易传》除《系辞传》部分，很多内容是现今通行版本所没有的，如《二三子问》《易之义》《要》《缪和》《昭力》等篇章。马王堆出土的帛书《易经》里的"子曰"很多地方明确写作"孔子曰"或"夫子曰"。古人否定孔子作《易传》的理由之一就是《易传》里的"子曰"不一定是孔子说。当然，我们也不能就此臆断《易传》是孔子一个字一个字写出来的，但是它反映了孔子的思想，这些思想也可能是孔子的弟子或其弟子的弟子写成的。其实，《易传》每一篇的成书时间也是不一样的，从战国早期到后期都有。

"翼"有附翼、辅佐之义，"十翼"之名最早见于《易纬·乾坤凿度》卷下，说孔子"五十究《易》，作十翼"。孔颖达《周易正义序》："若夫龙出于河，则八卦宣其象；麟伤于泽，则十翼彰其用。"就是说，十翼是解读阐发经文含义的。通过十翼，《易经》完成了从巫术到理性，从巫术到哲学这一质的伟大飞跃。

最后，我们把《易经》的成书历史和作者做一个总结：《易经》这本书经过三位圣人的创作，伏羲作八卦，周文王作《易经》的经文部分，孔子作《易经》的传文部分。《易经》成书的历史和中华文明早期形成的历史是同步的，也就是说《易经》是中华民族最早的原创著作，是中国先民的智慧结晶，承载着中华文明的基因。

（2）阐发阴阳

虽然六十四卦的符号是以阴爻和阳爻作为基础，《易经》中并没有明确提出"阴阳"这一概念。明确阐发这一对概念的是《易传》。

据近人梁启超考证，《易经》六十四卦卦爻辞中只有中孚卦的九二爻辞提到了"阴"字："鸣鹤在阴，其子和之。"但此处的"阴"借为"荫"，并不是"阴阳"的"阴"的意思。此外，梁启超还考证出：《仪礼》全书无"阴""阳"二字，《尚书》言"阴""阳"者各三处，《诗经》中言"阴"者八处，言"阳"者十四处，言"阴阳"者一处。梁氏认为这些典籍中提到的"所谓阴阳者，不过自然界中一种粗浅微末之现象，绝不含何等深邃之意义"。这种评价是基本符合史实的。

不过，"阴阳"观念的产生确实可上溯到上古三代，"阴""阳"二字在殷墟甲骨文中有明确使用。卦名中也出现了"乾"—"坤"，"泰"—"否"，"剥"—"复"，"损"—"益"

等对立、对待的概念范畴。《易经》以广泛的对立、矛盾现象和实际经验为认识源泉，以吉凶祸福的矛盾转化为研究对象，认识到万事万物存在着对立、对待的普遍现象，反映了当时人们在生产实践、社会实践中的认识水平。当时人们在农业生产实践中，认识到向阳者丰收、背阴者减产，总结出"相其阴阳"的经验，在社会生活中发现君臣、主奴、贵贱、贫富、治乱、兴衰的矛盾；在自然现象中更是体认到天地、日月、昼夜、寒暑、阴晴、水火、男女等对立、对待的现象。这一切在《易经》中均有反映。《易经》的两仪符号、对立卦名以及爻辞用语，说明《易经》已经有了"阴阳"的观念，只是还没有明确地提出来。

"阴阳"哲学概念在西周末年正式出现，《国语·周语上》里有记载，当时阴阳被用来解释一些奇异现象和事物运动变化的原因。到了春秋末期，道家创始人老子对前代的阴阳思想做了发展，老庄学派和黄老学派都以阴阳说明万物的性质及变化规律。

《易传》第一次系统地以"阴阳"解《易经》，明确提出了"一阴一阳之谓道"的命题，把阴阳看成"易道"，将阴阳提升为说明宇宙万物变化运动和自然界普遍联系的基本范畴。《易传》将阴阳上升为"范围天地""曲成万物"的最高范畴，甚至整部《易经》都被解读为"阴阳"二字。《易传》认为天地万物存在着既吸引又排斥、既对立又统一，既矛盾又和谐的关系，事物的对立面可以相互转换，一切事物的复杂性和变动性都受到这种阴阳规律的制约。

《庄子·天下》篇说"《易》以道阴阳"。阴阳思想是《易传》哲理体系的基本内核，阴阳是《易传》阐释卦爻象、说明万事万物属性规律的基本范畴。在《易传》七篇中，《彖传》在泰、否两卦中以阴阳解卦，《小象传》《文言传》在乾、坤两卦中以阴阳解卦，《小象传》以阴阳解乾初九、坤初六爻辞，《文言传》以阴阳解乾初九、坤上六爻辞，《大象传》则未以阴阳解卦。《系辞传》是对《彖传》《象传》《文言传》阴阳说的总结、提升，以阴阳解卦爻是最全面、最系统的。《系辞传》将八卦区分为阳卦、阴卦，"阳卦多阴，阴卦多阳"，"阳卦奇，阴卦偶"，按阳爻、阴爻数量的多少确定本卦的阴阳性质，又以此比拟人类社会的政治生活，"阳一君而二民，君子之道也；阴二君而一民，小人之道也"。

阴阳就是《系辞传》所说的"两仪"，"阴阳"的另一同义范畴则是"乾坤"，因为在六十四卦中，只有乾、坤二卦是纯阳卦、纯阴卦，被《易传》当成阳、阴的象征，被看成"《易》之门"。《系辞传下》认为，"阴阳合德而刚柔有体，以体天地之撰，以通神明之德"。乾坤还是"《易》之蕴"，"乾坤成列，而《易》立乎其中矣"。可以说，没有乾坤阴阳就没有《易》。就乾坤阴阳性质而言，"乾道成男，坤道成女。乾知大始，坤作成物。乾以易知，坤以简能"。乾性质为男（阳、雄），坤性质为女（阴、雌），乾主管万事万物的开始，坤辅助万事万物的成长；乾以平易为智，坤以简单为能。

于是，"乾坤"被《易传》视为二"元"，即"乾元"与"坤元"。《彖传》说："大哉乾元，万物资始，乃统天。""至哉坤元，万物资生，乃顺承天。"将"乾元""坤元"看成万物的开始和生成的本原。"元"也被视为宇宙万物的本原，成为一个本体论范畴。

就乾坤的"德"而言，《系辞传下》说"夫乾，天下之至健也"，"夫坤，天下之至顺也"，乾的德行是"恒易以知险"，坤的德行是"恒简以知阻"《系辞传》还将乾坤的性能与天地、四时、万物的生化相类比，从而将乾坤阴阳提升到形而上的高度。

正是《易传》以阴阳解读卦爻，《周易》完成了由筮法巫术转变为理性哲学，是一次革命性的大转变、大飞跃，从此使《易》学成为阐释宇宙生命规律的科学哲学。

阴阳二爻的错综变化即阴阳二气的运动变化，从而"效天下之动""通神明之德""类万物之情"。

爻的本质特征在于"效"和"动"。《系辞传下》说："爻也者，效天下之动者也"，"爻象动乎内，吉凶见乎外"。《系辞传上》说："爻者，言乎变者也。"三国虞翻注："动，发也，谓两三才为六画，则发挥刚柔而生爻也。"唐孔颖达疏："每卦六爻，皆仿效天下之物而发动也。""言爻者，效此物之变动也。"阴阳爻是古人综合考察宇宙万事万物而提炼、抽象出来的符号，是仿效天下万物的变化运动而产生的。

《系辞传下》一方面强调"分阴分阳，迭用柔刚"，重视差别、对立、对待在错综变化中的作用，表明阴阳的差别、对立是错综变化的基础；另一方面又强调"阴阳合德而刚柔有体"，重视统一、综合、互补在物体形成中的作用，表明阴阳的综合、统一形成了物体的运动变化。《易传》认为万事万物运动变化的原因就是阴阳的分与合，表现为阴阳两种势力的相推、相摩、相荡，这就是所谓的"刚柔相推而生变化"。

《易传》对阴阳相推变化的解释是从筮法角度出发的，与爻位说一致，以爻象在六位中的上下往来解释卦爻辞的吉凶悔吝，认为卦爻象变化的根本原因就在于爻的刚柔推移。这就是《系辞传下》中说的："八卦成列，象在其中矣。因而重之，爻在其中矣。刚柔相推，变在其中矣；系辞焉而命之，动在其中矣。吉凶悔吝者，生乎动者也。"

《系辞传上》进而以阴阳的推摩解说宇宙万物的变化，"六爻之动，三极之道也"，阴阳爻的相互推移不仅是昼夜、得失的原因，而且是天地人三极、三才的变化规律，是宇宙的普遍法则。"是故刚柔相摩，八卦相荡，鼓之以雷霆，润之以风雨，日月运行，一寒一暑。"风雨、雷霆、日月、寒暑等宇宙中一切自然现象都是由阴阳对立面的摩荡、消长造成的。阴阳、动静、刚柔、进退、吉凶之间的对待统一、变动不居表现为分合、辟阖、往来等运动形式，这是宇宙生命"生生不息"的根本原因。

阴阳是互相依存的，各自以对方为生存条件。这早在

《道德经》中已有表述。《道德经》第四十二章说："万物负阴而抱阳，冲气以为和。"阴阳是相互抱合的，孤阴和独阳都不能生长，也不可能存在。朱熹《朱子语类》卷七十七说"阳中之阴，阴中之阳，互藏其根之意"，张介宾《类经图翼》说"阴根于阳，阳根于阴，阴阳相合，万象乃生"，都说明阴阳的互根互存、交替变化之意。阴阳的互根与转化就是对待互补律。

阴阳的变化体现为阴阳双方的盛衰消长。阴阳双方在正常情况下是相对平衡的，即一方对另一方起到正常的制约作用。若一方对另一方的制约力量太过，此方就表现为亢盛，另一方就表现为衰弱，若一方对另一方的制约力量不及，此方就表现为衰弱，另一方表现为亢盛。这就是阳盛则阴衰，阴盛则阳衰；阳衰则低盛，阴衰则阳盛。阳盛阴衰则阳长阴消，阴盛阳衰则阴长阳消，反之亦然。

阴阳的盛衰、消长、转化，在六十四卦的次序中得以反映，阴阳爻的上下往来构成了六十四卦"非覆即变"的关系，显示了"天地盈虚，与时消息"的规律。六十四卦无一不在论述阴阳消息之理、刚柔变化之道。汉以后的卦变说，系统、自觉地反映了阴阳变易的思想。阴阳变易的思想可用来观察、描述日月、潮水、草木、人体、社会、历史、时空等万事万物必然发展和兴盛衰亡的总体规律。

阴阳就是宇宙最基本的构成。宇宙的一切事物都可以分为阴阳，每一事物也可分为阴阳。阴阳是从功能和属性上对万物所做的分类。阳代表光明、正向、运动、白色、刚强、外在、奇数、正数、俯下、实际、左边、德生、开放等一系列含义；阴代表阴暗、反向、安静、黑色、柔和、内在、偶数、负数、仰上、空虚、右边、刑杀、关闭等一系列含义。当然，阴阳分类是有前提的，那就是必须是有关联的事物或者是同一事物。有关联的事物如日和月，都是天体星球，日为阳，月为阴。而日和人、月与鸟就没有什么内在关联性，因而无法分阴分阳。

阴阳变易的极致则是，在一定条件下，事物阴阳两方面可以互相转化，阴可以转化为阳，阳可以转化为阴。

总之，阴与阳是世界万物的最大的两个类别，两种爻实际上归纳代表了宇宙万物的运动变化。而且，这种对世界万物的模拟不是静态的，是动态的。

与阴阳相关的概念是五行。《周易》中没有明确说到五行，实际上四象八卦就是五行。四象可看成四行，即水、火、木、金。八卦可看成水（坎）、火（离）、木（巽阴木、震阳木）、金（兑阴金、乾阳金）、土（坤阴土、艮阳土）。阴阳和五行具有互换的关系，五行由阴阳所化生，是两对阴阳（水与火、木与金）加一个中土。阴阳是五行的简化，五行是阴阳的细化。由于《周易》中没有明确说五行，我们也不做过多解释。

三、如何运用和解读《周易》

从卦爻辞的内容看，《易经》是部占筮书，是周人占筮的典籍。《易传》将"圣人之道"归纳为四种"以言者尚其辞，以动者尚其变，以制器者尚其象，以卜筮者尚其占"，可见占卜是《周易》四大内容之一。不用讳言，《易经》主要是占筮的记录。据《左传》记载，春秋时期的人占筮时，筮得某一卦便查阅《周易》中该卦的卦爻辞，按其所讲的事情，推测所问之事的吉凶。不过，怎样对待《周易》的占卜，历代都有争议。孔子提出学易"不占而已矣"，荀子更是说了一句名言"善为易者不占"。先圣的"不占"是不要拘泥于占卜小术，既不要拘泥于各种占筮起卦法，又不要执着于卦爻辞的占断语，而是要"观其德义""观象玩占"，要去玩味《周易》所讲的天命、天道。

1. 揲蓍法

揲蓍法是影响最大的一种筮法。"筮"也叫数卜，是以记数组成卦的方式来预测吉凶的方法。

蓍是生长在我国北方的一种多年生直立草本植物，多茎，茎和叶中含有芳香油，可以入药。据说蓍长到一百年后会长出百茎。蓍长到百茎，上面便会有云气覆盖，下面便会有神龟守护。古人占筮用的蓍草，天子九尺，诸侯七尺，大夫五尺，士三尺。由于蓍草难得，民间常用竹枝、竹根、金钱、圆石等物替代。

揲蓍法是《周易·系辞传》里记载的一种筮法，经唐宋人整理而发掘出来，即用五十根蓍草，去一不用，经分二、挂一、揲四、归奇的四营十八变后得出卦象，然后用卦爻辞判定吉凶。

古人在占卦之前，要先沐浴斋戒，以示虔诚，然后请出事先准备好的五十根蓍草（或竹签），向神灵说明占卜的事由，不能隐瞒，不能诓骗，这叫"命筮"。命筮完毕，恭敬地将五十根蓍草拿起来，进行下面的占卦步骤。

第一步：从五十根蓍草中，抽出一根来放在一旁不用，以象征太极，太极是不可用的，但是无用谓之大用，我们用的四十九就是一（太极）的体现（此即《系辞传上》说的"大衍之数五十，其用四十有九"）。

第二步："分二。"就是任意地把四十九根蓍草一分为二，分成两堆。左边的一堆象征天，右边的一堆象征地（此即《系辞传上》说的"分而为二以象两"，"两"就是两仪，就是阴阳、天地）。

第三步："挂一。"是从任意一堆里，抽出一根来，挂在左手无名指和小指之间以象征人（此即《系辞传上》说的"挂一以象三"，"三"就是三才，即天地人）。

第四步："揲四。"揲，多音字，此处念蛇音。用手成束地分数蓍草，就是把第二步分开的其中一堆蓍草，四根四根地分数出来，分到最后剩下来的蓍草，必须等于或小于四，把此剩下的蓍草夹于左手无名指和中指之间。另一堆同样也是四根四根地分数出来，最后剩下的也是等于或小于四，把此剩下的蓍草夹于左手中指和食指之间。为什么要四根四根地分呢？这个"四"就代表春夏秋冬四时（此即《系辞传上》说的"揲之以四以象四时"）。

第五步："归奇。"把两堆剩下的少于或等于四的夹在手指间的蓍草合到一起，放在一旁，这代表闰月（此即《系辞传上》说的"归奇于扐以象闰"）。

上述的"分二""挂一""揲四""归奇"四个步骤在《系辞传上》中称为"四营"，即四次经营，一个"四营"称为"一变"。

再进行一次"四营"的步骤。第二遍当然不是用四十九根蓍草，而是用第一遍最后剩下的多的那一堆蓍草，就是四根四根分数出来再合起来的那堆蓍草，同样要经过"分二""挂一""揲四""归奇"四个步骤再演算一遍。

第二遍之后再来第三遍，就是把第二遍归奇后剩下的多的那一堆蓍草，也就是四根四根分数出来再合起来的那一堆蓍草，同样要经过"分二""挂一""揲四""归奇"四个步骤再演算一遍。

这样一共演算了三遍，每一遍都要经过"四营"即四步，三遍共十二步，就得出一个爻。

经过这三遍演算也就是三个"四营"之后，清点最后剩下的多的这堆蓍草，结果只能是四个数（36、32、28、24）中的一个，不可能有第五个数。把这个数除以四，结果就得出了这四个数（九、八、七、六）中的一个。

每次肯定只能得出其中的一个数，按照这个数就可以确定一根爻。九就是阳爻，它叫老阳，或者叫太阳,它是要变的,用"▅▅"表示；七也是阳爻，它是少阳，是不变的,用"▅▅"表示；八是阴爻，它是少阴，是不变的，用"▅ ▅"表示；六也是阴爻，它叫老阴，或者叫太阴，太阴也是要变的，用"▅ ▅"表示。《周易》是讲变的，所以取了它的变数，以九和六这两个数来代表它的阳爻和阴爻。因此在演算的时候，得到九或者六时，因为它是可变的,就在"▅▅"旁边做一个"○"或"▅ ▅"旁边做一个"×"的记号。

重复五轮，便可依次得到二爻、三爻、四爻、五爻、六爻，一共要这么演算十八遍，才能得出一个完整的卦。这就是《系辞传上》说的"十有八变而成卦"。

得到一个完整的卦后，如何利用它来预测吉凶呢？《周易》认为万事万物处于运动变化之中，因为有变化，所以就会产生吉凶祸福的事，《周易》的占卜就是要预测这种变化的趋势，以及会产生什么样的结果，从而给预测者提供趋吉避凶的方法。所以《周易》重视的是变爻，就是上面九与六两个数代表的老阳与老阴。所谓的老阳与老阴，是表示阳气与阴气这两种东西发展到极点，根据阳极阴生、阴极阳生的法则，即将发生阴阳的相互转化，这时候会发生吉凶祸福的事。七与八两个数代表的就是少阳与少阴，所谓的少阳与少阴，表示阴气与阳气尚未充盈，暂时还不会发生阴阳的相互转化，仍保持在平衡的状态，不会发生吉凶祸福的事，所以不用去管它。所以，《周易》占筮的原则是占变爻，而不占不变爻。

动爻要变，阳爻要变阴爻，阴爻要变阳爻。未变之前的卦是本卦或称遇卦，变后的卦就是之卦或称变卦。问卦的占断在本卦的变爻爻辞。举个例子来说，假如筮得这样一个卦。

第一个三遍的结果，也就是一演的结果，得数32。以4除之，商数为8。也就是营数为八。八是少阴，记卦时应当记作八（━━）。

第二演的结果，得数32，营数为八，为少阴（━━）。

第三演的结果，得数32，营数为八，为少阴（━━）。

第四演的结果，得数24，营数为六，为老阴（━━ ×）。

第五演的结果，得数28，营数为七，为少阳（━━）。

第六演的结果，得数28，营数为七，为少阳（━━）。

将以上六次演算的结果由下至上重叠起来，就构成下面的图式。

爻位	营数	阴阳	单卦	重卦	变数阴阳	之卦
上九	七（少阳）	━━	巽	观	━━	否
九五	七（少阳）	━━			━━	
六四	六（老阴）	━━ ×			━━	
六三	八（少阴）	━━	坤		━━	
六二	八（少阴）	━━			━━	
初六	八（少阴）	━━			━━	

从上面的图式可以得知，八卦不能直接用来占筮，只有六十四卦才可以用来占筮。此次演算所得的卦为观卦。其中只有第四爻的营数为六，为老阴，是变爻，其他的均为少阴、少阳，为不变爻。变爻向它的反面变化，阴变为阳，这样第四爻的六四变九四（爻的位置不变），于是坤下巽上的观卦变成了坤下乾上的否卦。观卦就是本卦或遇卦，否卦就是之卦或变卦，此次演算的结果就是"遇观之否"。

在整个占卜过程中，占卦只是按照固定程序进行的机械操作，破解才是一种合逻辑、入情理、有说服力的推论和解释。凡是一爻变的卦，破解一般以本卦变爻的爻辞为占断的依据。那么上面观卦的变爻是六四，其爻辞说："观国之光，利用宾于王。"在这里，"利"是占断之辞，占卦如果占到本卦本爻，就是晋谒的最好时机。

朱熹在《易学启蒙》中提出了变占法，因为每占一卦，根据变爻的情形，可以分为七种情况：一个爻变，两个爻变，三个爻变，四个爻变，五个爻变，六个爻全变，六个爻都不变。一般原则是：六爻都不变，就用卦辞去占断；有一根变爻，就以这一根变爻的爻辞做判断；有两根变爻，就用这两根变爻的爻辞去占断，但要以上爻为主；有三根变爻，就用本卦的卦辞结合变卦的卦辞去占断；有四根变爻，就用变卦的两根不变之爻的爻辞去占断，而以下爻的爻辞为主；有五根变爻，就用变卦的不变的那根爻的爻辞去占断；六爻全变，如果是乾、坤二卦就用"用九"或"用六"去占断，其余卦就用变卦的卦辞去占断。按此七条原则去占断的方法叫"变占法"。

当然不可太拘泥，一般来说，在判断时，本卦和变卦都要结合着看，本卦看现在的情况，变卦看未来的结果。变爻可作为重点，一定要整体来看。千万不能不看整个卦，只去看变爻。

2. 爻位分析

变占法是占著中通过查对卦爻辞来判断吉凶，至于其中所以然的道理，则需要结合爻位分析。爻位分析是《易传》解读六十四卦所采用的重要方法。《彖传》继承春秋时期的取义说，又吸取战国时期的刚柔说，以刚柔区分乾坤两卦和奇偶两画（阴阳二爻），作为说明卦象和爻象的范畴，以此概括卦象和爻象的对立，使卦爻象的解释进一步抽象化。《彖传》及《象传》（主要是"小象"）从爻位组合关系、所处地位等方面来解释卦爻辞，认为卦象、爻象同卦爻辞之间存在必然的联系。

爻位是六十四卦各爻所处的位置，六爻分处六级高低不同的等次，象征事物发展过程中所处的或上或下、或贵或贱的地位、条件、身份等。

其基本特征为：初位象征事物发端萌芽，主潜藏勿用；二位象征事物崭露头角，主适当进取；三位象征事物功业小成，主慎行防凶；四位象征事物新进高层，主警惕审时；五位象征事物圆满成功，主处盛戒盈；上位象征事物发展终尽，主穷极必反。

在具体的卦爻中，又各有其复杂的变化及含义。汉易多取人的社会地位譬喻爻位。历代依其不同的属性、功用又做了各种分类。

爻位的分析重在数。爻数其实就是爻位的另一种表达方式。从爻位（爻数）的刚柔比应、承乘得失来理解《易经》，以爻象在全卦中所处的地位说明一卦之吉凶。

六爻之中，初、三、五为阳位，二、四、上为阴位。五、上爻为天位，三、四爻为人位，初、二爻为地位，称为"三才之位"。

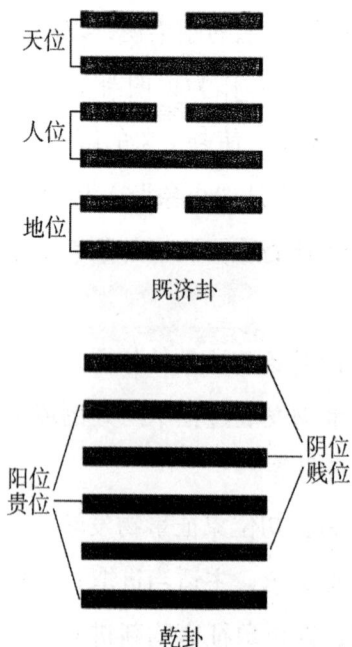

既济卦

乾卦

五位为贵位（尊位），二位为贱位，或一、三、五为贵位，二、四、六为贱位。

每一爻在卦象中所处的地位及同各爻的关系主要有以下几方面。

一是，当位与失位——正与不正。

当位，又称"得位""得正"。失位，又称"不当位""失正"。阳爻居一、三、五阳位，阴爻居二、四、六阴位，称为"当位"，如阳爻居阴位，阴爻居阳位，则称为"失位"。一般情况下，"当位"为吉，"不当位"为凶。如中孚卦 ䷼，六三以阴爻居阳位，为不当位，故《象传》说："或鼓或罢，位不当也。"而九五以阳爻居阳位，为当位，故《象传》说："有孚挛如，位正当也。"

九五阳爻居阳位，为当位

六三阴爻居阳位，为不当位

中孚卦

当位之爻，象征事物的发展遵循正道，符合规律。不当位之爻，象征事物的发展背离正道，违背规律。

但当位、不当位并非判断吉凶利弊的绝对标准，其标准还会受到各种因素的影响，得正之爻有可能转向不正，不得正之爻有可能转化为正。虞翻创"之正"说，王弼创"无阴阳定位"说，均是对"当位"的阐释和补充。

二是，得中与失中——中与不中。

"中"为中位，源自单卦，六十四卦中指二、五爻的爻位。第二爻为下卦之"中"，第五爻为上卦之"中"，象征事物守持中道、行为不偏。

"中"德优于"正"德。《彖传》《象传》认为，一般情况下，虽不当位，如居中位，亦吉。《系辞传下》说，"二多誉""五多功"，如噬嗑䷔，六五爻并不当位，但居上卦之中，故《彖传》说："柔得中而上行，虽不当位，利用狱也。"未济卦䷿，六爻皆不当位，《彖传》解释其卦辞说："未济亨，柔得中也。"因六五爻居中位，故吉。《象传》解此卦九二爻辞说："九二贞吉，中以行正也。"中位是对当位的补充，与先秦儒家的中庸思想相合。

如阴爻居于二位，阳爻居于五位，二、五为中位，又分别为阴位和阳位，六二（阴爻居二位）、九五（阳爻居五位）则是既"中"且"正"，在《易》爻中尤为美善，称为"中正"

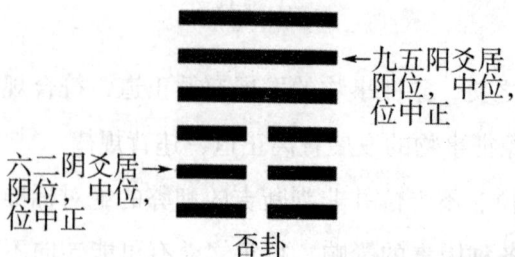

←九五阳爻居阳位，中位，位中正

六二阴爻居→阴位，中位，位中正

否卦

三是，相应与无应——和与不和。

六爻之间，有相互比应的关系。上下卦之间，初与四比应，二与五比应，三与上比应。阴爻与阳爻相比，谓之"有应""相应"，也称"和"。阴爻同阴爻，阳爻同阳爻相比，谓之"无应"，也称"不和"。

如既得位又相应，则为得位相应，如：初九同六四、六二同九五、九三同上六。反之则为失位相应，如：初六同九四，九二同六五，六三同上九。

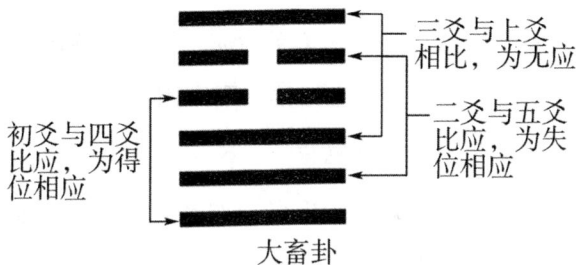

大畜卦

一般情况下，有应为吉，无应为凶。此说是对当位说的补充，是对一些用当位说解释不了的卦爻辞的重新认识。如未济卦 ䷿ 六爻皆不当位，卦爻辞却说"亨"，《象传》解释说："虽不当位，刚柔应也。"大有卦 ䷍，六五爻辞说："厥孚交如，威如之吉。"此卦不当位，当为凶，反言吉，《象传》解释说："大有，柔得尊位，大中而上下应之。"五爻虽为阴爻，然与二爻阳爻相应，虽不当位，亦吉。

二爻、五爻阴阳得位称为"中"，二爻、五爻阴阳相应称为"和"，既当中位又相比应，即六二与九五，则谓之"中和"。这种"中和"状态为最佳态势。"中和"思想是儒家推崇的思想。

四是，相承与不相承——顺与逆。

"承"和"乘"，表明了爻与爻的相邻关系，属于"比"的两种不同状态。上爻对下爻而言，为"乘"，下爻对上爻而言，为"承"。爻位的互比关系，象征事物处在相邻环境时的作用与反作用，往往影响爻义的吉凶。

《象传》《象传》认为阴承阳、阳乘阴，此关系为顺、为吉；阴乘阳，阳承阴，此关系为逆，为凶。韩康伯说："凡两爻相比，在下曰承，在上曰乘。阴承阳则顺，阳承阴则逆；阳得阴应，则吉。此常例也。"

承乘说是对中位说的补充。如小过卦 ䷽ 上卦爻象中六五乘九四，下卦爻象中六二承九三，故《象传》说："不宜上，宜下，大吉。上逆而下顺也。"

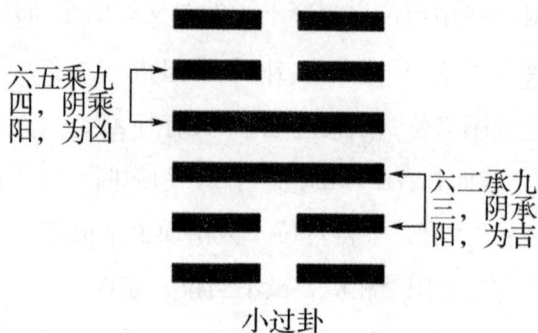

六五乘九
四，阴乘
阳，为凶

六二承九
三，阴承
阳，为吉

小过卦

五是，上下往来。

以上四种情形都是静态的，其实爻也是动态的。

《易传》认为，六十四卦各爻可以上下往来，所谓"往"即由下往上，所谓"来"即由上往下。往来说的目的是解释卦义与卦辞的吉凶。如泰和否两卦，卦辞分别为"小往大来""大往小来"，《象传》分别解释为："君子道长，小人道消也。""小人道长，君子道消也。"将大小往来与刚柔消长结合在一起。另如随卦䷐，震刚居下，兑柔居上，《象传》解释说："刚来而下柔，动而说。"上卦阳爻下来居于下卦二阴爻之下，成为震卦，震为动，兑为悦。

《易传》还提出了爻位吉凶的观念："二多誉""四多惧""三多凶""五多功"。认为二爻爻位属阴，又居中位，当位又得中，且离尊位的五爻远，不造成干扰，故多美誉。四爻离五爻尊位近，迫近至尊而不能自安，故多恐惧。三爻处阳位，居下卦的偏位，为卑贱，所以多凶险。五爻处阳位，居上卦中位，是六位中至尊至贵之位，所以多功绩。

3. 象数与义理

对于卦辞、爻辞之间的关系，一个重要的理解方向就是取象。《系辞传》说："《易》者，象也。象也者，像也。"从某种意义上说《易》就是"象"。八卦是仰观天文之象、俯察地理之象、近取人身之象、远取事物之象而制作的。《系辞传》又说："圣人设卦观象，系辞焉而明吉凶。"认为卦爻符号与卦爻辞之间有内在的逻辑联系，卦爻辞是根据卦爻符号确定的。

而将卦爻所象征的各种事物之象寻找出来，然后用这种事象、物象解释卦爻辞，以此证明卦爻辞（文字）与卦爻象（符号）之间有必然的联系，此即所谓取象的方法。六十四卦卦象及三百八十四爻爻象和体现卦爻象的数字，以至《易传》之间的种种内在联系，则是所谓"象数"。《左传·僖公十五年》："龟，象也；筮，数也。物生而后有象，象而后有滋（滋生），滋而后有数。"是为"象数"两字的起源。《系辞传上》："参伍以变，错综其数，通其变遂成天下之文，极其数遂定天下之象。""象"指卦象和爻象，即卦、爻所象之事物及其位置关系。"数"指爻数和大衍之数等，其中爻数可以归入"象"，因为爻数就是爻象。

人们可以通过卦象进行类比思考，用自己的经验解释卦象。易卦能诱发人们的想象力，使之得以充分的发挥。《易经》《易传》继承了春秋时期《左传》《国语》从"象"的角度解《易》的传统，在分析六十四卦卦象时，是将它分解为两个八卦（三爻卦），然后取这两个八卦之象来解说的。《象传》就是采用这种因象明理、启发类比的方法来分析卦象的。

在汉代，取象的角度和方法有所创新。孟喜、京房从节气、物候的角度创立了"卦气"说，京房又从干支、五行角度创立了"纳甲"说、"世应游归"说、"互体"说，《易纬》、郑玄等从年月、时间角度创立了"爻辰"说。京房易学以六十四卦卦爻象的结构说明一年四季、十二月及二十四节气变化的过程，开启了严格意义上的象数学。汉代以后各种学说进一步发展，至北宋，理学家邵雍融合《周易》和道家思想，制定了一种烦琐而神秘的象数学体系，称为"先天学"。象数学形成了各自固定的程式，是专门化、定向化的取象，跟《周易》放射、不定向的取象不同。

与取象相对待而言的，是另一种理解方向，即取义分析法。不是从具体的物象、事象出发，而是从抽象的德行、性能出发，解说卦爻辞与卦爻象，这就是取义的方法。

《左传》《国语》中已采用了取义的方法。如《国语·晋语》记载，重耳流亡时，占得屯和豫两卦，筮史以为不吉，但司空季子以为大吉，理由是：屯为厚，豫为乐，屯的下卦与豫的上卦为震，震为动；屯的上卦为坎，坎为劳，豫的下卦为坤，坤为顺。屯、豫两卦表示顺路而行，泉水劳养，土地丰厚，结果终使人快乐，因而重耳一定会赢得晋国。这是从取义角度来解卦。取义法往往与取象法并用。如司空季子对屯、豫两卦的解释还有：震为车、为雷，坎为水、为众，坤为土、为地；主震与车，尚水与众。

《易传》在解释《易经》时，从卦的德行、功能、属性、意义出发，是对春秋战国时期取义说的发展和总结。《说卦传》以取义的方法，将八卦的功能、属性作了总结：

乾，健也；坤，顺也；震，动也；巽，入也；坎，陷也；离，丽也；艮，止也；兑，说（悦）也。

"健""顺"等指称的是性情，是不可见、无形无象的。

《易传》中逐句解经的《彖传》《象传》《文言传》三篇，大量地运用了取义的方法。上述八卦性情说是其主要依据，此外还引申出一些相关的义项。

如乾、坤二卦，《彖传》解释为：

大哉乾元，万物资始，乃统天。

至哉坤元，万物资生，乃顺承天。

乾主"始"，坤主"生"，乾为统领，坤为顺承。这些都是从取义角度解释的。

《象传》的解释为：

天行健，君子以自强不息。

地势坤，君子以厚德载物。

乾为"健"，坤为"顺"，乾主"自强不息"，坤主"厚德载物"。这也是用了取义的方法，是就解卦象而言的。在解卦爻辞时，也广泛地采用了取义的方法。如对乾卦卦辞"元亨利贞"，《彖传》解释为：

乾道变化，各正性命，保合大和，乃利贞。

这是说乾之道在于变化，万物各得变化的乾道而使性和命得以端正，只有保特天地阴阳最高和谐的"太和"状态，才能有利于正固，这就足"利贞"。从义理上发挥"利贞"的意义，《文言传》说：

元者，善之长也。亨者，嘉之会也。利者，义之和也。贞者，事之干也。

这是将"元、亨、利、贞"解释为"四德"。"元"为美善之首,"亨"为美嘉之会聚,"利"为义之相和,"贞"为事物之主干。《文言传》进一步将"元、亨、利、贞"与仁、礼、义、事(智)相联系,这是以义理解释乾卦卦辞的典型例子。

《文言传》解坤卦卦爻辞说:

坤至柔而动也刚,至静而德方……直其正也,方其义也。君子敬以直内,义以方外,敬义立而德不孤。

以柔静解释坤卦的本体,以动刚、德方解释"利牝马之贞",即坤卦的功用。以"正"释"直",以"义"释"方",说明坤卦为直内方外,论说人的道德修养应该内怀正直、处事有方而合于义。

《象传》在解释卦爻辞时也采用了取义明理的方法,如解释乾卦初九至上九爻辞"潜龙勿用""见龙在田""终日乾乾""或跃在渊""飞龙在天""亢龙有悔",分别为:"阳在下也""德施普也""反复道也""进无咎也""大人造也""盈不可久也",也是从义理上进行发挥。

《彖传》也以取义法解释卦爻辞,如对坤卦卦辞"元亨,利牝马之贞"解释说:"牝马地类,行地无疆。柔顺利贞,君子攸行。"将牝马解为"地"类,是运用取象法,而将"牝马"解为"柔顺",则是运用取义法。

《易传》的取义说成为义理学派形成的先驱。汉初的帛书本《易传》也是直接阐发卦爻辞中的义理。费直解经,注重义理的阐发，不讲卦气和阴阳灾变，后来发展为义理学派。曹魏时期的经学家王肃解《易》，继承费直易学的传统，重视义理，略于象数，也不谈占候术。他的后人王弼反对取象、互体、卦变、五行等体例，认为只有取义才符合《周易》体例的本义，从而创立了严格意义的义理学，使《周易》成为"三玄"之一。不过，正如上面所分析的，《文言传》《象传》《象传》在解释卦爻象与卦爻辞时往往是取义与取象兼用的，变占法和爻位分析的基础都是象数，但取义分析法中象数和义理是结合的。

四、如何评价《周易》

明确了以上内容后，便可以来谈一个高屋建瓴的话题。这就是：如何看待《易经》的文化地位。

宋代理学家朱熹说过："《易》本卜筮之书。"现当代的许多学者如郭沫若、高亨等都指出，《易经》卦爻辞是远古巫术资料的汇编。但是，经过《易传》的取义说和后来的义理学，《周易》已转变为一本哲学书。1984 年，中国召开了第一届中国《周易》学术讨论会，冯友兰先生给学术讨论会发了一封贺信，他说："《周易》是中国古代一部真正的哲学著作，至少是儒家最有哲学意义的经典，是一部辩证的宇宙代数学。"冯先生说的"宇宙代数"其实就是"宇宙哲学"的概念。朱伯崑先生花一辈子研究《易经》的哲学，代表作是《易学哲学史》。《易经》《易传》构成了易学的哲学内涵。

朱先生曾说："《周易》是一种文明的创造，这是世界上其他民族的文化没有的，它体现了中国古圣先贤的忧患意识和生活智慧。"当然现在还有一些易学家，如李景春、黄寿祺都说过《易经》是中国现存最古老的一本哲学专著。《易经》不仅是中国最早的、最系统的哲学著作，而且也是世界最早的、最系统的哲学著作之一，是中华第一经典，是世界元典之一。

经过三圣，《周易》成书于轴心时代。所谓世界文化的"轴心时代"，指的是公元前 500 年前后，是德国哲学家雅斯贝尔斯提出来的。这个时代是世界文化史的高峰，可以说到今天为止还没有出现第二个高峰。世界上各个民族的文化几乎都是在这个时期达到了辉煌的顶峰。

西方在公元前 500 年前后，是古希腊时期，这个时代出现了一批巨人和一批巨著：苏格拉底、柏拉图、亚里士多德；古希腊神话、"荷马史诗"（《伊利亚特》《奥德赛》）；古希腊的悲剧，埃斯库罗斯、索福克勒斯、欧里庇得斯，三大悲剧家。这时还形成了犹太教，犹太教的《圣经》即是后来基督教的《旧约全书》。可见西方文化的高峰就在公元前 500 年前后。东方，在印度，公元前 565 年四月初八，乔达摩·悉达多即释迦牟尼降世了，他给世界带来了人生解脱的新的启示，他是释迦族的圣人，是世界文化史上的圣人。再看中国，公元前 500 年前后是春秋战国时期。这个时代中国出现了一批古圣先贤，其中有老子和孔子，老子出生于公元前 585 年农历二月十五日，孔子出生在公元前551年阴历八月二十七日，阳历的9月28日。老子和孔子分别创立了道家和儒家两大思想体系。儒家经典是"四书五经"，"五经"是《易》《书》《诗》《礼》《春秋》，《周易》是"五经"第一经。道家讲"三玄"，"三玄"是指《道德经》《庄子》《周易》这三本书，其中也有《周易》。所以儒家讲《周易》，道家也讲《周易》，两家共同信奉。历代大儒、高道都是精通易学的，甚至往往都是通过《周易》来阐发自己的观点的。

譬如汉代董仲舒就按照易理来建构天人感应、阴阳五行的儒家系统。北宋时候有"道学五子"：周、二程、张、邵。这五个人的学术思想与《周易》是密不可分的。"周"是周敦颐，他著有两本著作，一本叫《太极图说》，一共只有260多个字，另外一本书叫《易通》，只有3000多个字。通过解《易》，他建构了理学的体系，成了宋明理学的宗主。二程就是程颢和程颐两兄弟，大程没有专门解《易》的书，但是散见在他的书的内容中有相当部分是解《易》的。小程，其理学的地位比大程还要高，他有一本哲学专著就叫《伊川易传》，也叫《程氏易传》，解《周易》的。"张"是张载，张载的哲学代表作叫《正蒙》。"蒙"就是"蒙卦"，本书也是通过解《易》来说理的。他还著有《横渠易说》。"邵"是邵雍，邵康节，他有一本著作叫《皇极经世》，完全是按照《周易》六十四卦来写的。到南宋的时候，朱熹写了《周易本义》，还写了大量的论易的著作。到了明代，心学大师王阳明的心学就是从易学里面来的，所以他把自己的住所叫"玩易窝"，就是在易学里面玩味出了心学的思想。

道家也是这样，比如汉代的《淮南子》、严君平的《老子指归》等，都和易学有关系。东汉时期，有一本非常著名的书，叫《周易参同契》，这本书是讲怎么炼丹的，它就是把《易经》、老子和炉火这三者结合起来讲丹道的学说。后来道教中无论是全真道还是正一道，都跟《易经》有关系。宋末元初道士俞琰撰《周易集说》也是朱熹之后重要的一部解易文献。

轴心期的经典是各个民族、文化的原创经典，奠定了其民族的文化精神，各个民族都在按照这种文化精神持续发展。就中国而言，《周易》影响了诸子百家，尤其是儒、道的源头，所以有儒家易、道家易之分。佛教从西汉末年传到中国之后，与中国本土文化相结合形成了中国化的佛教。它主要是与《易经》《道德经》《庄子》及儒家的先秦典籍相结合，其中《易经》的作用非常大。《周易》对中国化的佛教产生重要影响，中国的佛家也有借易说佛的，又有佛家易之说，所以《周易》是贯穿儒道禅的红线。

《周易》不仅具有哲学的内涵，还是一本历史书。

章太炎先生认为《易经》这本书是讲人类文化发展历史的，他还用这个观点解释了《易经》的前十二个卦。近代还有一位历史学家胡朴安，他系统地论证了《易经》是一本历史书，他写了一本书叫《周易古史观》。《易经》六十四卦前面两个卦叫乾卦和坤卦，第六十三卦叫既济卦，第六十四卦叫未济卦，他认为这就是一部历史。因为人类是从天地开创后才有的，先有天（乾卦），后有地（坤卦），然后天地交合产生万事万物，再然后有了人类，继而进入了人类文明。就我们中国的历史而言，先是有了三皇五帝，然后到了夏商周。《易经》这本书就是写从天地开创到周朝初年这样一段历史，其中从屯卦到离卦，就是从蒙昧时代一直到商代末年的历史；从咸卦到小过卦，就是周朝初年（周文王、周武王、周成王）这个时代的历史。从卦爻辞记载的内容来看，所反映的历史事件确实没有晚于周代晚期的。另外，还有一位学者李平心也提出："《易经》基本是用隐喻的文体和卜筮的外形写成的一部特殊的历史书。"

也有人认为《易经》是讲管理的书，尤其是它里面每一卦的《象传》里都有一句话："君子以……""先王以……"意思是我们做君子、先王、管理者要按照这个卦来做，这就是讲管理。

《周易》不仅对汉代以及之后的政治、伦理、宗教、文学、艺术乃至经济、军事等都有重要的影响，而且对中国传统的自然科学（比如天文学、数学、历法学、化学、物理学等）也都有重要的影响。

认为《周易》是一本科学书的观点一开始是国外的科学家提出的。比如，德国著名哲学家、数学家莱布尼茨看到《易经》先天六十四卦图，写了一篇论文，讲到了先天六十四卦和二进制数学的关系。莱布尼茨在 1679 年完成了《论二进制》的初稿，但是一直没有发表。1701 年 2 月 15 日，他致信给他在北京的好朋友、传教士白晋，介绍了自己的二进制原理。11 月 4 日，白晋给莱布尼茨回信，告之他发现了六爻易卦与二进制之间有关系，并寄给他两张易图：伏羲六十四卦次序图与伏羲六十四卦方位图。这封信几经周转，一直到 1703 年 4 月 1 日莱布尼茨才收到。莱布尼茨看到八卦符号以后特别惊讶，他用二进制一换算，一下子惊呆了，没想到伏羲八卦和二进制完全吻合。

如果我们用二进制的 0 和 1 替换一下伏羲八卦的阴阳爻，那么阴爻就是 0，阳爻就是 1。伏羲八卦第一卦乾卦是阳阳阳，用二进制表示就是 111；第二卦兑卦是阳阳阴，就是 110；第三卦离卦是阳阴阳，也就是 101；第四卦震卦阳阴阴，就是 100……如果把二进制换算成十进制，就会发现一个奇迹！二进制换算成十进制很简单，二进制的 0 换算成十进制仍然是 0，二进制个位数的 1 换算成十进制是 $2^0=1$，二进制十位数的 1 换算成十进制是 $2^1=2$，二进制百位数的 1 换算成十进制是 $2^2=4$。所以，乾卦 111 换算成十进制就是 $2^0+2^1+2^2$，也就是 1+2+4=7；兑卦 110 换算成十进制等于 6；离卦换算成十进制等于 5；震卦换算成十进制等于 4。伏羲八卦是乾一、兑二、离三、震四、巽五、坎六、艮七、坤八，换算之后刚好就是 7、6、5、4、3、2、1、0。所以，当时莱布尼茨一下子就惊呆了，顿时升起无限崇敬的心情。于是他在 4 月

7日完成了一篇论文，论文题目是《关于仅用0与1两个符号的二进制算术的说明，并附其应用以及据此解释古代中国伏羲图的探讨》，这篇论文后来发表在《法国科学院学报》上。这就是二进制的第一篇论文。

　　还有一位诺贝尔奖获得者玻尔，他是丹麦的一位量子力学科学家。他从太极图里看出了《周易》的原理和量子力学的互补原理是相通的。所以他自己的徽章就选了太极图的图案，图案上面刻了一句话，翻译过来就是：对立即互补。互补的也就是可以变化的，白的可以变成黑的，黑的可以变成白的。

　　一位大家都很熟悉的西方科学家，英国科学家李约瑟，他用自己毕生的精力写了一部《中国科技史》，里面充满了对《易经》的赞美之词。

　　在中国也有一大批研究科学的人，他们用科学的方法研究《易经》的内涵，并形成了一个派别、学派，叫"科学易"派。

　　生命科学方面，主要是对中医学有重大的影响。可以说中医学就是直接从《易经》的思维方式上产生出来的，有句话叫"医源于《易》"（中医源于《易经》）。所以，《易经》是唯一影响中国人文科学、社会科学、自然科学和生命科学的经典。

　　《四库全书总目提要》里就提到"易道广大，无所不包"，易道非常广大，包括了天文学、地理学、兵法、数学、历法学、音律学、医学、农学、化学（炼丹）、物理学等。这些都可以"援《易》以为说"，就是说都可以引用《易经》来解说；而"好异者又援以入《易》"，喜欢《易经》的人把多学科的知识都放到《易经》里面去，形成了易学这门学说，叫"易说愈繁"。

《周易》还是日本、韩国等民族所共同推崇的经典，是东亚文化的重要经典。

总而言之，《周易》在内容上讲三才之道，讲天地万物的规律，讲人生的指南，作为天人之学，广大悉备、带有哲学色彩，有很多符合现代科学原理的知识，是唯一对中国人文科学、社会科学、自然科学、生命科学都产生了重要影响的书，是中华文化的元典、第一经典。如果把中华文化比喻成一条河流，《周易》就是这条长河的源头。它是一泓清泉，以奔腾不息的生命之水流汇成了悠悠五千年的中华文明。

第二部分　上经通解

　　《周易》是世界各民族元典中唯一由符号系统和文字系统共同构成的书，在形式上独立于世界文化之林。从版本来看，《周易》主要有三个版本。历史上有一个通行版本——三国时期王弼作的注本以及在此基础上东晋时期韩康伯的补注，这个注本在唐代时又被孔颖达作了注释，李鼎祚做了集解，宋代朱熹形成《周易本义》。现代，1973年，湖南长沙马王堆挖出了一个西汉初期长沙王丞相利苍及其家属的陵墓。其中三号汉墓出土了帛书《易经》。这本《易经》是在公元前168年抄写的，和现在通行版本中六十四卦的排列次序不同。过了二十来年，1993年，湖北荆门郭店和荆州江门一带出土了一批战国时期的简书，被称为楚简。1994年，在香港发现了一批战国的楚简，上海博物馆花重金买回了绝大部分的楚简，其中有一本就是《易经》。这个《易经》的版本比马王堆的版本还要早，它里面只有经文没有传文，经文六十四卦的次序和现在通行版的排列次序是一样的。下文讲《易经》主要按照通行版本，采用朱熹《周易本义》的文本顺序，同时参考王弼、孔颖达、李鼎祚的注解，还要比

对上博本和马王堆本。需要说明的是，王弼《周易注》包括
《经》的部分，即六十四卦的卦爻辞及《传》的《文言》《象
辞》《象辞》等，晋韩康伯继承王弼思想续注《系辞》《说卦》
《序卦》《杂卦》等，唐修《五经正义》时以韩注合于王注
刊行。

乾卦第一

▤ 乾下乾上

[解读]

《周易》的第一卦就是乾卦，上下卦都是乾卦，用六根阳爻表示纯阳。取象为天等阳性物质，性质为刚健。乾卦作为《周易》六十四卦之首，以健动不息、高高在上的"天"为象征，揭示了阳气刚健永动、积极向上的本性，勉励人效法"天"的刚健精神，自强不息，奋发向上。

乾[1]，元、[2]亨、[3]利、[4]贞[5]。

[注释]

1 乾：卦名。

2 元：开头、元首。

3 亨：亨通、通畅。

4 利：有利的。

5 贞：正道；又指所问的问题。

[译文]

乾卦,元始亨通利物贞正。

[解读]

"乾,元、亨、利、贞"是卦辞,"元、亨、利、贞"是对卦名的解释。从字面来看,事情一开头就亨通,就通顺,有利于守持正道,或有利于征问的事情。可解释为乾卦的四种基本性质:"元",为大、为始,引义为善长;"亨"为通,引义为嘉会;"利"为美利,引义为义和;"贞"为正,引义为干事。在人事上,"元、亨、利、贞"分别代表仁、礼、义、智。孔颖达疏:"元,始也;亨,通也;利,和也;贞,正也。言此卦之德,有纯阳之性,自然能以阳气始生万物,而得元始、亨通,能使物性和谐,各有其利,又能使物坚固贞正得终。"《周易本义》:"元,大也。亨,通也。利,宜也。贞,正而固也。文王以为乾道大通而至正,故于筮得此卦,而六爻皆不变者,言其占当得大通,而必利在正固,然后可以保其终也。""元"可以引申为宇宙万物的本原,对一个人来说,那就是这个人的最根本的价值观,最终极的人生目标。高亨、李镜池等训元为大,亨为享即享祭,利为利益或有利,贞为占问或卜问。

初[1]九,潜[2]龙勿[3]用[4]。

[注释]

1 初：表示第一根爻。

2 潜：隐藏在水下。

3 勿：否定词，不。

4 用：行使、施行。

[译文]

初九爻，潜隐的龙无所施行。

[解读]

此下七句都是爻辞。阳爻叫作九，阴爻叫作六。第一根爻是阳爻，叫初九；最上面一根爻也是阳爻，叫上九。中间四根阳爻从下往上叫九二、九三、九四、九五。

中国文化是龙的文化。龙代表了宇宙生命原始的伟大功能。自黄帝时候开始，政治制度上分官，以龙为官名，如龙师、龙帝，都以龙为代表。龙是中华民族最伟大的文化符号。中国文化的龙，就是一种意象。它由驼头、兔眼、鹿角、蛇颈、蜃腹、鱼鳞、鹰爪、虎掌、牛耳、马尾组成，实际上反映了中华文化是一种多元的、和谐统一的文化。而且"神龙见首不见尾"，龙从来没有给人现过全身的，这就是"变化无常，隐现不测"的意思。李镜池《周易通义》等则解释为龙星。《说文解字注》："龙，鳞虫之长，能幽能明，能细能巨，能短能长，春分而登天，秋分而潜渊。""潜龙"即秋分时的龙星。

　　乾卦实际上描述的是龙的六个状态，第一个状态是潜伏在深渊里。《周易本义》："初阳在下，未可施用，故其象为'潜龙'。""潜龙"不是单指潜伏的那条龙，而是指这一类事物，潜意识就好比是潜龙。"勿用"就是不要乱动，要静。不论儒家、道家，还是中国化的佛家，获得智慧的时候都要求"静"。《大学》里说止、定、静、安、虑、得："大学之道，在明明德，在亲民，在止于至善。知止而后有定，定而后能静，静而后能安，安而后能虑，虑而后能得。"《道德经》里也说"致虚极，守静笃"，要静到极点才能获得智慧，静能生慧。佛家也说戒、定、慧，戒就是五戒，定就是心灵的虚静，在禅定的情况下才能开般若智慧。但是无论如何都要符合天道，因为天的运行本来就是刚健的，所以人也应该模仿天道来做，这就形成了中华民族自强不息的精神，也就是龙马精神。

　　九二，见¹龙在田，利²见大人³。

[注释]

1 见：读 xiàn，显现。

2 利：有利于，适宜。

3 大人：大德之人或有君德之人。

[译文]

九二，龙浮现在田野，有利于见到大人。

[解读]

这个龙可以表现出来，可以从深渊里往上出来一点，可以浮现出水面出现在地平线、田野上了，但还不能飞。龙在母腹中孕育成熟，终于呱呱坠地，见到了天日，迈出了新生命的第一步。然而，这个时候新生命还十分稚嫩，不能贪多求大，还只能在田野上小试身手，不能飞得过高。如果比喻一个人的话，到这个时候，就开始崭露头角了，但还不能太妄动。从天文学来讲，"田"为天田，即龙星左角的一个星。如此就是星占学了。

"利见大人"这四个字在乾卦里出现了两次，一次是二爻，一次是五爻。有两种解释：一种解释是有利于出现一个大人；第二种解释"见"字作"于"字讲，就是有利于做一个大人。《周易本义》："九二，刚健中正，出潜离隐，泽及于物，物所利见……虽未得位，而大人之德已著，常人不足以当之，故值此爻之变者，但为利见此人而已。盖亦谓在下之大人也。"总之，对大人来说是有利的。"大人"为大德之人或有君德的人，是《周易》的最高理想人格。圣人是儒家的最高理想人格，仙人是道家的最高理想人格，佛是佛家的最高理想人格。"大人"可以说是综合了后来的"圣人、仙人与佛"的人格特点，是圣、仙、佛三者合一的人格。《周易》叫我们做一个"大人"。龙出现在田野上，正是大德之人行德的好时机。

九三，君子终日乾乾，夕惕[1]若[2]，厉[3]无咎[4]。

[注释]

1 惕：谨慎，警觉。

2 若：相当于"然"，某某样子。

3 厉：危险。

4 咎：灾祸。

[译文]

九三，君子整日刚健自强，彻夜警惕谨慎，貌似有危险，没有灾祸。

[解读]

九三叫惕龙，这个"君子"就是指龙，是具有道德修养的人。"乾乾"有两种解释：一种是君子整天地前进又前进，刚健又刚健，"乾"字当"健"字讲；第二种是警惕又警惕。这两个解释都可以。它要前进两次，前进一次是四爻，第四爻还不行，再前进一次才到了第五爻"飞龙"，是最佳之爻。

"夕惕若，厉无咎"，有的断句是"夕惕若厉，无咎"。"夕"就是傍晚，傍晚的时候要反思反省。曾子曰："吾日三省吾身。"只有这样，虽然危险但没有灾祸。孔颖达疏："言每恒终竟此日，健健自强，勉力不有止息。'夕惕'者，谓终竟此日后，至向夕之时，犹怀忧惕。'若厉'者，若，如也；

厉，危也。言寻常忧惧，恒如倾危，乃得无咎。谓既能如此戒慎，则无罪咎，如其不然，则有咎。"

《周易本义》："重刚不中，居下之上，乃危地也。然性体刚健，有能乾乾惕厉之象……能忧惧如是，则虽处危地而无咎也。"到第三爻这个时位时，要警惕，要有忧患意识。因为三爻是下卦的最上一爻，意味着人生或事物发展第一个阶段到头了，很快就要进入下一个阶段。三爻就是处在这么一个节点。"厉"在《周易》的爻辞吉凶判断中排在倒数第三位，仅稍强于"凶"和"咎"，表示一种潜在的危险。处在这样的情形下，自然需要谨言慎行，每日反省，关键是得"终日乾乾"。不管是前进又前进，还是警惕再警惕，总之一直在努力进取。

九四，或¹跃²在³渊，无咎。

[注释]

1 或：有的，可以指有的人，有的事，有的物，这里是指有时。

2 跃：跳。

3 在："从"的意思。

[译文]

九四，有时从深渊跳脱出来，也无大患。

[解读]

到了第四爻，这条龙可以跃起来，比"见"要高。"在"通"自"，"自"就是"从"。"或跃在渊"意为有时候可以从深渊里跃出来，跃出来这个位置要比前面的九三爻高一些，高于田，但比九五爻的天要低一些，在半空中。这里的"或"字很重要，它说明此时的龙虽然可以"跃"出来，但仍然要伺机行事，不可莽撞，或腾越上进，或退处在深渊，要找准时机前进，这样才没有什么灾祸。《周易本义》："或者，疑而未定之辞。跃者，无所缘而绝于地，特未飞尔。渊者，上空下洞，深昧不测之所。龙之在是，若下于田，或跃而起，则向乎天矣。九阳四阴，居上之下，改革之际，进退未定之时也。故其象如此，其占能随时进退，则无咎也。"

九五，飞龙在天，利见大人。

[注释]

参见九二。

[译文]

九五，龙飞到天上，对大人有利。

[解读]

到了九五爻，它是最好的位置，龙不仅可以跃出来，而且可以飞起来了。"飞"是最快的，达到的高度最高，那就是天上。说明这条龙已经彻底挣脱羁绊和束缚，升到了最高的位置，自由自在地享受腾飞四海的快乐，已经大有力量，能够大有作为了。龙腾飞于天上，是说龙德已成。以龙比喻大德之人，以天比喻至尊。龙飞到天上的时候，就是比喻大德之人登上君王宝座之时。所以"飞龙"就是天子，天子又称"九五至尊"。

"利见大人"四个字又出现了。九五爻和九二爻都有"利见大人"，九二、九五分别居在上下卦的中间，所以二五爻是比较吉利的。"利见大人"的意思是说对大人是吉利的，言下之意对小人是不利的。不过，第二爻的"利见大人"指有利于出现一个大人，偏于讲别人；而第五爻的"利见大人"偏于讲自己，就是自己要做一个大人。《周易本义》："刚健中正以居尊位，如以圣人之德，居圣人之位。故其象如此，而占法与九二同，特所利见者在上之大人耳。"九五居上卦的中位，又是阳爻居阳位，既中又正，只有持守中正之道的君子、大人居于此位，才能造福天下百姓，若是小人们窃居此位，带来的就是灾祸。

上九，亢[1]龙有悔[2]。

[注释]

1 亢：太过，过了头。

2 悔：后悔，悔过。

[译文]

上九，龙飞得太高，难免后悔。

[解读]

这条龙太过亢奋，还要往上飞，飞太高了，总有一天会掉下来的，所以有悔过。这里也没说凶，从初九到上九也没说一个"吉"字。亢龙有悔过，反过来说有悔过了就没有太多凶险了，就有希望了。孔颖达疏："此自然之象，以人事言之，似圣人有龙德，上居天位，久而亢极，物极则反，故有悔也。纯阳虽极，未至大凶，但有悔吝而已。"《周易本义》："亢者，过于上而不能下之意也。阳极于上，动必有悔。"

《周易》中的爻辞吉凶情况共有九种，按从坏到好的程度依次为：凶、咎、厉、吝、悔、无咎、利、亨、吉。吉和凶是最基本的判断。"吉"是吉利，是成功或有所收获；"凶"是无法回避的凶险，是失败或有所损失。"咎"比"凶"程度稍好一些，但是过失已经出现，灾祸无法避免。"厉"代表一种潜在危险，只要按照爻辞的指示规避就可趋吉避凶。"吝"，表示一种羞辱，虽然还不太凶险，但灾祸已经在潜滋暗长，如果不及时反省，及时遏制灾祸的发展势头，转化为"厉"之后，往往就会一发而不可收。"悔"正是代表悔过之意，已经认识到错误所在，需要做的就是接受失败的教训，进而及时改正，这样就能回到平平淡淡的"无咎"状态。"悔"和"吝"都指小的失误和危险，但两者的发展趋势不同，一吉一凶。朱熹说："吉凶在两头，悔吝在中间。悔自凶而趋吉，吝自吉而趋凶。""利"指有利，适宜。"亨"就是畅通和顺利。"悔"在爻辞九种判词中正好排在中间，往凶的方向走是"吝"，往吉的方向走是"无咎"。这条龙飞得太过了，就要反悔、后悔。因为第五爻已经是最好的，不是说越往上就越好，而是不能再高了。如果此时反悔、后悔了，那就吉了。

九五爻是最好的，可是物极必反、盛极则衰是颠扑不破的真理。没有任何事物能够永远保持强劲的前进势头，强盛到一定程度后，随之而来的必然是平稳的守成期，原先遗留的问题、埋下的隐患在该时期开始冒头，事物由此一步步走向衰落。不过也用不着担心，只要坦然面对，尽力解决有能力解决的问题。况且，万事万物的发展消亡自有一定之规，水满则溢，月盈还亏，明天一定会更好。

再说，上九爻并不仅仅意味着一切已经结束，更预示着一个全新时代的开始。上九为最上一爻，只代表着一个周期、一个轮回的完结，只要能悔过，能改正，并且尽了力，一时的成败得失原本就不必在意，新的一轮拼搏还需要我们满怀信心去迎接。"悔"说到底只是一种心态，一种渴求成功、永不言败的心态，单单"悔"并不能解决实质性问题，最重要的还是要积极付诸行动。

用九¹，见²群龙无首，吉。

[注释]

1 用九：通观六根阳爻。用：《广韵》"通也"。

2 见：显现，出现。

[译文]

六爻皆九，出现群龙无首，吉祥。

[解读]

通观这六个阳爻，来做一个总结，出现"群龙无首"，吉。群龙无首，现在用来形容一种混乱的、没有领导者的局面，这里是指在平等的秩序里，每个人都刚健有为，都能实现自我的价值。所以，这里说了一个"吉"字。而且其他地方都没有说"吉"，唯独在这里说"吉"，"群龙无首"是最好的。王弼注："夫以刚健而居人之首，则物之所不与也。以柔顺而为不正，则佞邪之道也。故乾吉在无首。"

也有的理解为象征乾卦六爻皆变刚而能柔。《周易本义》："圣人因系之辞，使遇此卦而六爻皆变者，即此占之。盖六阳皆变刚而能柔，吉之道也。故为群龙无首之象，而其占为如是，则吉也。"俞琰《周易集说》卷一："乾为首。乾六爻皆九，则变而为坤，是为群龙无首之象。吉，善也。占者见此象而处后，则善不可为首也。刚太过则折，非善道也。故上九亢龙有悔，六阳变为六阴，则刚而能柔吉之道也，故用九见群龙无首吉。"

《彖》[1]曰：大[2]哉乾元，万物资[3]始，乃统天。云行雨施，品[4]物流形[5]。大明[6]终始[7]，六位时[8]成，时乘[9]六龙以御[10]天。乾道[11]变化，各正性命，保[12]合[13]太和，乃利贞。首出[14]庶[15]物，万国咸[16]宁[17]。

[注释]

1 彖：判断。

2 大：赞美，称扬。

3 资：依靠。

4 品："类"的意思。

5 流形：变化成形。

6 大明：泛指日、月。

7 终始：周而复始。

8 时：因时。

9 乘：驾，引义为运用。

10 御：驾驭。

11 乾道：天道。

12 保：保持。

13 合：相合。

14 出：产生。

15 庶：众。

16 咸：都。

17 宁：安宁，平安。

[译文]

《彖传》说，伟大啊，乾元，您是万物取资的始祖，您统领着天道。云气流行，雨水布施，各种事物流布成形。日月之行，终而复始，成就了乾卦六爻的时位，而乾阳正是按照这六个时位驾驭天道。天道变化，使各自的性和命都归于正位，保全聚合了太和元气，乃利物贞正。乾为首，生出众物，万国皆安宁。

[解读]

孔子作的《易传》一共有七种十篇。因为七种里面有三种分为上篇和下篇，加起来就是十篇。这十篇也叫作十翼。这七种里面，有三种是随文解释的，分别是《彖传》《象传》《文言传》，有四种是独立成篇的，分别是《系辞传》《说卦传》《序卦传》《杂卦传》。这三种随文解释的传文里面，第一种叫《彖传》，《彖传》只对卦辞进行判断、解释，不解释爻辞。

乾卦的卦辞是"元、亨、利、贞"，在此《彖传》就解释这四个字。

　　孔子将"元"解释为万事万物的本原，意义上有了质的提升，这个"元"已经变成哲学本体、本原了。乾使万物"始"，坤使万物"生"。《说文解字》说："始，女之初也。"就是女人刚刚生下来，就是童女。这是说，乾卦好比童女，后一卦坤卦主宰生育，也就是成熟的女人，是母亲。这是孔子的解释，在孔子看来乾是第一位的，坤是第二位的。抓住了这个"元"，就抓住了事物的根本，这才是最重要的。

　　"云行雨施"，指的是象。直接来看，乾卦代表天，天道就是万事万物的开始、本源，天上有云，云密集了之后，就要下雨，雨下到地上，万事万物就流动成形了，就滋润着万物；"品物"就是众多的事物，各类事物流动成形了就有了形体。程颐《伊川易传》卷一说："云行雨施，品物流行，言亨也。天道运行，生育万物也。"从所蕴含的意义来说，"云雨"指的是交合，指男女交合、阴阳交合，这样才能"品物流形"。光乾卦不能"品物流形"，必须通过坤卦，要云雨一番以后才能"品物流形"。

　　"大明"是指太阳，"明"是由太阳和月亮组成的，"悬象莫大乎日月"，"日、月"两个字并列组合就是"明"，纵向组合就是"易"。"终始"就是周而复始，太阳和月亮的运行是周而复始的，是周期性的，这个周期运动分为六个阶段。"六位时成"，位和时是连在一起的，位是空间，时是时间，时空组合，时空合一，六个时间六个空间，"六位时成"。中国人的思维就是时空合一的，而且重时轻空，重视时间，轻视空间。所以中国人形成了以时间思维、现象思维为标志的象科学。一个卦分六根爻，就是六个时间、六个空间。"六龙"不是指六条龙，而是指一条龙在六个不同的时空点里面的六种不同的做法、行为。符合这个时空点的规律，就是符合天道，就能驾驭天道了。比如在第一个时空点就应该"潜"，在第四个时空点才可以"跃"。王弼注："升降无常，随时而用。处则乘潜龙，出则乘飞龙，故曰时乘六龙也。乘变化而御大器。"

　　"乾道变化"就是天道变化，宇宙自然大规律的变化。程颐《伊川易传》卷一说："乾道变化，生育万物。"《周易本义》："变者化之渐，化者变之成……乾道变化，无所不利。""各正性命"，这个"正"是使动用法，其实就是解释"元亨利贞"的"贞"，各使得性和命都得以端正，得以归于正位。"性和命"成为中国哲学非常重要的一个范畴，后代学者对于"性和命"的解释很多，道家有道家的解释，儒家有儒家的解释。道家后来对"性命"两个字的解释至少分为五派，先命后性，先性后命，性命双修，等等。性是什么？是心性，是神，性就是神；命就是指身、身体。"性命"基本上就是形神。当然"性命双修"，也有人说那个"性命"就是指男女。儒家是这样解释"性"的：《中庸》上说"天命之谓性，率性之谓道"，天命就是性，符合天命的东西才是性，程颐又做了区分，《伊川易传》卷一说："洪纤高下，各以其类，各正性命也。天所赋为命，物所受为性。"就是说，"命"就是天命，"性"就是人性，人性要符合天命，天命就是天道。人最根本的东西也要符合天道，这就是"天人合一"，你掌握了天道，你自然就使得万事万物的性和命都得以端正。简单地理解，"性"就是指人性或者包括万事万物之性，"命"就是指天命。"性和命"也可以看作阴和阳。阴和阳，性和命，这两者要"保合太和"，这样才可以"利贞"。《周易》把它解释为宇宙万事万物的本源，把"利贞"解释为只有"和"才能"利贞"。"太和"为四时之气皆极调谐，"保合太和"是中华民族最高的价值取向。

"首"就是"元"，就是元首、开头，"首出庶物"是说有了乾卦，才开始产生万物。李鼎祚《周易集解》卷一引刘瓛（huán）说："阳气为万物之所始，故曰首出庶物。""庶物"就是万事万物。"万国咸宁"，万国都安宁。掌握"元"——天道、根本、万事万物的初心、人的本性本心，用这个原则来治理国家，万国都能安宁。

《象》曰：天行[1]健[2]，君子以[3]自强不息[4]。

[注释]

1　行：运行。

2　健：强有力。

3　以：介词，凭借、按照。

4 息：停止。

[译文]

《象传》说，天道运行强健，君子由此得到启示，要自我奋发图强，不敢懈怠停息。

[解读]

《象传》也是随文解释，不仅解释卦象，它还解释爻象。解释卦辞的叫作《大象传》，解释爻辞的叫作《小象传》。《象传》的"象"字就是取象，从不同的角度可以看出不同的意思。比如说从象的内涵来看，它主要包括了物象和意象。从象的特征来看，它是有形的和无形的。有形的当然是象，但是更重要的是无形的"象"，《道德经》说"大象无形"。但不是所有无形的东西都是"象"，这里要加一个限定"无形而可感"，"无形"但可以感受、感知，这个就是"象"。就是用感觉来认知，或者用眼睛，或者用耳朵，用鼻子，用触觉来感知。比如中医就是象思维。中医最核心的范畴是"气"。"气"是无形的，但是可以感知的。"气"又演化出阴阳，阴阳也是象，五行也是象，都是象。中医主要是象思维，但是它源于有形，又是超越有形的。

乾卦的卦象，上面是天，下面也是天，上下都是天，所以它又表示天的运行。天的运行始终是强健的，所以叫"不息"，始终是刚的，刚就是健。孔颖达疏："乾象天，天体运动不息，故为健也。行者，运动之称，健者，强壮之名。万物化健皆有衰怠，惟天运动未曾休息。"

"君子以自强不息"是《象传》的一种格式，就是"×卦，君子（或大人）以××"这样一种格式，前半部分"×卦"从客观上来分析、解释卦的形象，后半部分"君子（或大人）以××"是一种行为规范，后面省略"之"字。《象传》侧重于对天地万物规律的客观认知、把握，《象传》则侧重于对天地万物主观上的情感把握，并且把它化为一种行为规范，所以大部分《象传》出现了"君子"。君子凭借乾卦，按照乾卦来做就可以"自强不息"。"自强不息"是一个过程。首先是潜，后面依次是见、惕、跃、飞、亢，"自强不息"的"自"就是指自我潜能、潜意识，只有自己强，才能"不息"。

《象》曰：潜龙勿用，阳在下也。

[注释]

见初九爻。

[译文]

《象传》说，潜隐的龙无所施行，是因为这个阳爻处在全卦的最底部。

[解读]

《小象传》解释了六根爻的爻象。《象传》解释初九爻辞说，这个时候要"潜龙勿用"，是因为"阳在下也"。初九是起始时位，在乾卦的最下位，阳气初生，力量很弱，就像一个刚出生的婴孩，不可能有能力去做什么事，所以要潜伏下来，积蓄能量。同样，这时候的龙也只能是"潜龙"，巨龙要潜伏在水中，暂不能施展才能，不要妄动，这既是在等待时机，又是在创造时机，一个"潜"字说明巨龙在寻找和创造适合自己生存与施展才能的环境。这也是人生的修养，也是《论语》上孔子说的"不试故艺"。

《象》曰：见龙在田，德施¹普²也。

[注释]

1 施：施行、给予。

2 普：全面、广大。

[译文]

《象传》说，龙浮现在田野，美德昭著，广施无涯。

[解读]

这是解释九二爻辞。龙在田野，田野是广阔的，所以君子要品德宽广，普施大众。孔颖达疏："此以人事言之，用龙德在田，似圣人已出在世，道德恩施，能普遍也。"俞琰《周易集说》卷二十："以九居二，则出潜离隐，而其德及物矣……中而不偏，故所施周普。"九二处于下卦的中位，有中正之德，已离开初九潜伏之地，未到大飞之时，但田非龙久居之地，只是暂栖之所。这个时候，龙已经结束了潜伏的状态，开始要展开活动，通过在田野上活动来比喻这种状态的转化。龙一开始活动，它的品德就要广泛地施展开来。

《系辞传下》说："二多誉。"誉就是名誉、赞誉的意思。二爻的爻位，是在下卦的中位，首先它居于中位，行着中道。二爻脱离了事物发生时的潜伏期，形势已经有所变化，可以适当做一些事情。所以乾卦九二爻的爻辞就是"见龙在田，利见大人"。田地广阔无垠，德行也要像田地一样广阔无垠。这是让我们修德修身、普济众生的意思。

《象》曰：终日乾乾，反复[1]道也。

[注释]

1　反复：重复践行。

[译文]

《象传》说，整日刚健自强，反复践行天道。

[解读]

这是解释九三爻辞。"反复道也",就是反反复复地前进在乾卦的路上,先是要走到第四爻,接者是要走到第五爻。三爻处于下卦的最上爻,所以还要往上升进,升进一步到上卦的最下爻,还要继续前进,只有第五爻最好,是真正的"飞龙在天"。君子的志向在于"飞龙在天",所以要"终日乾乾",整天坚强振作,有忧患意识,反复行道不使偏差。其实警惕忧患与积极进取并不矛盾。孔夫子说:"人无远虑,必有近忧。"如果一个人每天都反思自己,都有忧患意识,那肯定不会有大的灾祸。

反复,也写作"反覆",孔颖达疏:"君子终日乾乾,自强不息,故反之与覆,皆合其道。反谓进反在上也,处下卦之上,能不骄逸,是反能合道也。覆谓从上倒覆而下,居上卦之下,能不忧惧,是覆能合道也。"

也有的把"反"理解为"返",俞琰《周易集说》卷二十:"反复道者,反而复诸道也。……广平游氏曰:反复宜与复卦之反复同……夫易道贵中,过中非道也。三居下乾之终,于时为夕,已云过中矣。君子因其时而惕,乃反求诸身,省察其不善,以复其善。"

《象》曰:或跃在渊,进[1]无咎也。

[注释]

1 进：向前，前进。

[译文]

《象传》说，龙有时从深渊跳跃出来，前进一步也没有灾祸。

[解读]

这是解释九四爻辞。"进无咎"，前进一步也没有灾祸。因为前进一步是九五爻，最尊贵的一个爻，而且五爻居中位，"五多功"。"或跃在渊"，巨龙或腾跃上进，或退处深渊，说明要找准时机前进，这样才没有什么灾祸。孔颖达疏："此亦人事言之。进则跳跃在上，退在潜处在渊，犹圣人疑或，而在于贵位也。心所欲进，意在于公，非是为私，故'进无咎'也。"也就是说，处在九四位，已靠近尊显的九五爻，但守位自持并没有冒进。《周易本义》："可以进而不必进也。"

《象》曰：飞龙在天，大人造¹也。

[注释]

1 造：兴作，施为。

[译文]

《象传》说，龙腾飞到天上，达到了大人的地位。

[解读]

这是解释九五爻辞。龙飞在天上，因为"大人造也"，就是达到"大人"的境界了。孔颖达疏："造，为也。唯大人能为之而成就也。"俞琰《周易集说》卷二十："造以明九五乃乾之主爻，有大人之德，又有大人之位，施为造作，其功用与天同也。大人释龙字，造释飞字。"

九五爻这个位置，就卦位来说，是处于天位，所以象为"飞龙在天"。如果对于一个国家来说，处于九五爻这一位置的人可以指皇帝；对于一个家庭来说，可以指父亲；对于人的五脏来说，可以指心脏；对于人群来说，可以指大人。对于企业，九五爻代表发展鼎盛的黄金时代。取象就可以这么类推，所以这一爻已经达到大人的地步。"飞龙在天"，巨龙高飞在天，这说明大人奋起大展雄才，要坚守中正之道。

相比较而言，五爻比二爻更好。为什么？因为二爻虽然居中位，但不是正位；五爻既是中位，又是正位（阳爻处在一三五阳位，阴爻处在二四六阴位叫正位）。所以九五为"中正"。这个时位的深层含义是要"飞龙在天"。

"五多功"，但不是"五全功"。功是功劳、功德、成就、成绩的意思。九五爻吉祥、吉利在于它既当中又当位，又中又正，而且还是刚爻处用位，处处合拍，没有一点犯忌之处。

反之，如果不按照"大人"的要求，照样不利。《易传》进一步提出做一个"大人"的要求："夫大人者，与天地合其德，与日月合其明，与四时合其序，与鬼神合其吉凶。"达到这"四合"，那是做人的最高境界。

《象》曰：亢龙有悔，盈¹不可²久也。

[注释]

1 盈：圆满、丰足，溢出。

2 可：能够。

[译文]

《象传》说，龙飞得太高，难免后悔，因为满溢的状态无法长久维持。

[解读]

这是解释上九爻辞。亢就是太过，"亢龙有悔"，是因为"盈不可久也"。盈，太满，所以不能长久，所以要"有悔"，要倒过来走。"亢龙有悔"，巨龙高飞穷极，升腾得太过，最后将有所悔恨，那说明刚健过甚不久以后就要衰落，盛极必衰。这里说了一个大哲理，事物发生发展到最高阶段后不能太满了，满招损，必然要走向反面。

第五爻的全盛期、高潮期一过，接踵而至的就是上爻，它让人有点盛极即衰的悲凉感。"天下兴亡多少事，悠悠，不尽长江滚滚流。"长江无语，滚滚东流，亘古如一，可这中间又有多少朝代兴替、英雄白头啊！旧时王谢堂前燕，如今飞入寻常百姓家。世间万事万物都有着一成不变的发展规律，那就是发生、发展到高潮之后肯定要经历平淡，直至最后消亡。乾卦上九爻的道理也是如此，《象传》中说"盈不可久也"，只是复述了一个事物发展的一般规律。而且乾卦和坤卦正好构成一个大的循环，乾卦上九爻发展下去就是它的反面——坤卦初六爻。而初六爻经过坤卦的发展，到上六爻时也会转移到它的反面——乾卦初九爻。如此循环往复，生生不息。走向一个极致只是为了迎接一次全新的开始，而并不是彻底的毁灭。

《象》曰：用[1]九，天德不可[2]为首[3]也。

[注释]

1 用：通。

2 可：能够。

3 首：在先。

[译文]

《象传》说，通观六根阳爻，天的美德不把自己放在首位。

［解读］

《象传》说，为什么用"九"数呢？因为"天德不可为首也"，天的美德不把自己放在首位。按照大自然的法则，万物是平等的，是不会有首尾之分的，因为天道是公平的，没有等级、高低、尊卑之分，所以出现"群龙无首"这样的局面，反而是大吉大利的。乾卦六爻全是阳爻，人人平等。所以按照天道来说，群龙无首，大吉大利。

另外，"九"是一个变数，说明乾卦阳爻将要成为首位的时候就要发生转化，就要转化为坤卦，所谓刚去柔来。孔颖达疏："九是天之德也，天德刚健，当以柔和接待于下，不可更怀尊刚为物之首。"《周易本义》："言阳刚不可为物先，故六阳皆变而吉。"

《文言》曰：元者，善之长[1]也。亨者，嘉[2]之会[3]也。利者，义之和[4]也。贞者，事之干[5]也。君子体[6]仁足以长人[7]，嘉会足以合[8]礼，利物足以和义，贞[9]固[10]足以干事[11]。君子行[12]此四德者，故[13]曰乾，元、亨、利、贞。

［注释］

1 长：读 zhǎng，排行第一。

2 嘉：美好。

3 会：聚集，会和。

4 和：敦睦、调适。

5 干：枝干。

6 体：体念；体中包含。

7 长人：尊长于人。

8 合：符合。

9 贞：坚定不移。

10 固：不变。

11 干事：胜任其事。

12 行：实施。

13 故：所以。

[译文]

《文言传》说，元是众善的首长。亨是美好的会聚。利是义行的和合。贞是事业的主干。君子体行仁德足以尊长于人，会聚美好足以符合礼制，利于万物足以和谐相宜，守贞正固足以建功立业。君子有了这四种德行，就可以合于乾卦"元亨利贞"的含义了。

[解读]

《文言传》在"十翼"里是第七种，是"十翼"中最晚产生的，因为《文言传》还解释了《彖传》《象传》的内容。只有乾、坤二卦有《文言传》，其他卦都没有，乾卦《文言传》既解释卦辞，又解释爻辞，不仅如此，它对乾卦一共解释了四遍。

"元者，善之长也。亨者，嘉之会也。利者，义之和也。贞者，事之干也"，把"元亨利贞"解释为四德。元，是众善之首，善里面最大的就是仁。元是善德、良心的开端，或者说是所有善的起始。"长"是因为有仁，你才可以长人。亨是好行为的荟萃，美好东西的聚会所以就亨通了。美好东西的聚会足以符合"礼"。"元长"就是仁，"亨会"也就是礼。亨是礼，外在的东西，相当于今天所讲的礼仪、道德伦理规范、行为规范。"利"就是"有利"，财物也算一种利，要发财就必须符合"义"。"义"有正义、道义、义气等意思。"正义"和"道义"意思差不多，是一种正确的主张、观点、行为。义聚合到一定阶段，就会有"利"了。利是义，以仁义和睦众人。《论语·里仁》说"君子喻于义，小人喻于利"，将"义"和"利"对立了，追求"义"（道义、正义）的是大人君子，追求"利"（礼仪利益、财富）的是小人，而《易传》中孔子则将"义"和"利"统一起来了，这就是"君子爱财，取之有道"，只要是符合道义地追求利，也是大人君子。"贞者，事之干也"，贞就是建功立业的主干和根本。事业的主干就是要贞（正），贞是事业成功的根本。"贞"在《易经》当中是"问"的意思，孔子解释为"正"的意思。"正"就是正确的事情，也就是符合天道、天地大义的规律的事情，坚守正道就可以建功立业，只有"正"事业才能兴旺。

"君子体仁足以长人，嘉会足以合礼，利物足以和义，贞固足以干事。君子行此四德者，故曰乾，元、亨、利、贞"，这就是君子的"四德"，概括起来说就是"仁、礼、义、事"，"事"也可以理解为"智"。君子有了这四种德行，就可以培养心性，履行礼仪，和合众人，成就大事，就可以合于乾卦"元、亨、利、贞"的含义了。孔颖达疏："君子之人，体包仁道，泛爱施生，足以尊长于人也。仁则善也，谓行仁德，法天之元德也。……君子能使万物嘉美集会，足以配合于礼，谓法天之亨也。……君子利益万物，使物各得其宜，足以和合于义，法天之利也。……君子能坚固贞正，令物得成，使事皆干济，此法天之贞也。施于王事言之，元则仁也，亨则礼也，利则义也，贞则信。不论智者，行此四事，并须资于知。"孔子解释六二、六五爻大谈"信"，这五个字后来被子思、孟子作了发挥，到了汉代，"仁、义、礼、智、信"并称"五德"、五常道。所以中国一切伦理，最核心的就是"仁、义、礼、智、信"，五德配五行，所以阴阳五行是天地的纲目。按天时，春天为第一。东方木，木是春，木火水金土，木是第一位，五德中"仁"为第一位，所以仁配木。仁配木，义配金，礼配火，智配水（智者乐水），信配土。"仁"最基本的意思就是"爱"。"仁"字左边一个单人旁右边一个"二"，表示人与人之间要有"爱"。1993年湖北荆门出土的简书里，"仁"的写法是上面一个"身"，下面一个"心"，表示爱要从心里发出，然后在行为上表现出来，所以"元"就是要有一颗仁心、一颗善心。"仁"是人心最本原的东西、最初始的东西，所以排第一。"信"是道德的底线，是伦理的底线，不能再逾越了。"信"有诚信、信仰二意。信仰是更高层面的。

初九曰潜龙勿用，何谓[1]也？子曰，龙德而[2]隐[3]者也。不易[4]乎世，不成乎名[5]，遁[6]世无闷[7]，不见[8]是[9]而无闷。乐则行[10]之，忧[11]则违[12]之，确[13]乎其[14]不可拔[15]，潜龙也。

[注释]

1 何谓：是什么意思，指的是什么。

2 而：连词，表示顺承，前后是并列、承接或递进关系。

3 隐：隐蔽、隐藏。

4 易：改变。

5 名：名声，名誉，名望。

6 遁：隐匿、逃避。

7 闷：心烦，不舒畅。

8 见：现。

9 是：这里指"自我"。

10 行：兴作，实施。

11 忧：担心，忧虑。

12 违：离开，背离。

13 确：坚固，刚强。

14 其：句中助词，无实义。

15 拔：变易，动摇。

［译文］

初九说潜隐的龙无所施行，是什么意思呢？孔子说，这是具有龙的德行而潜隐的人。他不会因为污浊的世俗改变节操，不会因为功名的迷恋有所作为，隐遁避世而不觉苦闷，不被人理解也不觉苦闷。称心的事就身体力行，不称心的事绝不勉强自己，始终有确立不可动摇的意志，这就是潜隐的龙。

［解读］

"子曰"不一定是孔子说，但与孔子思想比较接近。《文言传》对"潜"的解释是"龙德而隐者也"。"龙德"亦即圣人之德。"不易乎世，不成乎名，遁世无闷，不见是而无闷"，这有老子的思想。"不易乎世"，不改变世人，不在世上成名，就是自然无为。"无为"不是不要做，而是要符合自然地做，符合天道规律自然而然地去做，不要人为，更不能违背天道去做。"遁世"，这个"自我"不要表现出来，但不是刻意的，而是自然而然地隐退、隐遁。"无闷"，快乐，非常乐意地遁世，而不是很痛苦地归隐。"潜龙"就是归隐，但这个归隐是非常愉快的。高兴就去做，不高兴就不去做，"从心所欲不逾矩"这是孔子七十岁才达到的境界。程颐《伊川易传》卷一："初阳之徽，龙德之潜隐，乃圣贤之在侧陋也。圣贤之在侧陋也，守其道不随世而变，于时自信自乐。"吴澄《易纂言》卷一："乐者谓无闷也，行之谓为之也，忧者谓非其所乐也，违之谓不为也。不求见于世，不求知于人者，此其所乐者，则为之。易乎世成乎名者，此非其所乐也，则不为。""确乎其不可拔"，有一个确立不可动摇的东西。"潜龙"潜藏而不动，因为它有一个主心骨，这就是天道。孔子认为这是比喻有龙一样品德而隐居的人。这种人没有被污浊的世俗改变节操，不迷恋什么成就功名之类的事，逃离世俗社会而不感到苦闷，不被世人称赞理解也同样不苦闷。称心的事就付诸实践，不称心的事绝不勉强自己，绝不去实行，如此找到人的本性，要按照天性去做，不要违背本性的意愿，这就叫潜龙。

九二曰见龙在田，利见大人，何谓也？子曰龙德而正中者也。庸[1]言之信[2]，庸行之谨[3]，闲[4]邪存其诚[5]，善[6]世而不伐[7]，德博[8]而化[9]。《易》曰，见龙在田，利见大人，君德也。

[注释]

1 庸：中，中庸，不偏不倚。

2 信：明确，诚实不欺。

3 谨：谨慎，严格。

4 闲：原是马圈的栅栏，用于防止野兽进入，引申为防御、抵挡。

5 诚：真诚、忠诚。

6 善：使某某美好，改善。

7 伐：自吹，夸耀。

8 博：广大、丰富、普遍。

9 化：教化。

[译文]

九二爻说龙浮现在田野，对大人有利，是什么意思呢？孔子说，这是指具有龙的德行而立身中正的人。平时说话都能守信，日常举动都能谨慎，提防邪恶以保存内心的真诚，为善于世而不自我夸耀，德行广博而能感化天下。《易经》说，"龙浮现在田野，对大人有利"，这是君主的德行。

[解读]

这一段是对九二爻辞的解释。九二爻正好在下卦的中间。九二爻位不正但位中。"龙德而正中"的"正"是正好，正好在中间。程颐《伊川易传》卷一："在卦之正中，为得正中之义。"乾九二处在初九到九三之中位。处于这一爻的人有为君之德，其行为正当适中。

"庸言之信，庸行之谨"，"之"在这里起到宾语前置的作用，就是"信庸言，谨庸行"。九二爻在中，所以代表了庸言、庸行，就是守中道的言语和行为。《周易本义》："常言亦信，常行亦谨，盛德之至也。"

"邪"为邪恶之心、邪念。"诚"为诚心诚意。"闲邪存其诚"，人要时常提防邪恶念头的侵袭，抵挡邪气。因为九二处下卦的中间，不是在两边，它不是邪的，是正的，所以能把邪气抵挡住，保留下来的是诚信。这样才能"善世而不伐，德博而化"。"善世"就是在世上做善事，但是不夸耀。九二这样的人做善事从不自我夸耀。"德博而化"是说这一爻最博大，因为在田，田最大，像大地一样。孔颖达疏："'善世而不伐'者，谓为善于世，而不自伐其功。'德博而化'者，言德能广博，而变化于世俗。初爻则全隐遁避世，二爻则渐见德行以化于俗也。"程颐《伊川易传》卷一："德博而化，正己而物正也。"圣人之德博施于世，人人受其教化。这是一种君主之德、君子之德，君德主要表现在守中道。九二爻说巨龙出现在田间，利于出现大人。孔子认为这是比喻有龙一样品德而立身中正的人。大人说到做到，日常举动谨慎有节，防止邪恶的言行而保持诚挚、美好的品德，行善于世但不自夸，道德广博而能感化天下。《易经》上说的"见龙在田，利见大人"，正是说明出现具备君主品德的贤人。

九三曰君子终日乾乾，夕惕若，厉无咎，何谓也？子曰，君子进[1]德修[2]业。忠信，所以进德也。修辞[3]立其诚，所以居[4]业也。知至至[5]之，可与言几[6]也。知终终之，可与存义也。是故[7]居[8]上位而不骄[9]，在下位而不忧，故乾乾因[10]其时[11]而惕[12]，虽危无咎矣。

[注释]

1 进：增进，加强。

2 修：美好。

3 辞：言语、言辞。

4 居：存积、储存。

5 至：到。

6 几："幾"的简化归并字，通"机"，表示预兆、细微的迹象。

7 是故：因此，所以。

8 居：处于，位于。

9 骄：傲慢，骄矜。

10 因：依照，顺着。

11 时：时机、时势。

12 惕：谨慎，警觉。

[译文]

九三说君子整日刚健自强，彻夜警惕谨慎，貌似有危险，没有灾祸，是什么意思呢？孔子说，这是讲君子要使自己的德行增进，使自己的事业美好。做到忠诚有信，就可以增进德行。修饰言辞以确立其诚意，就可以累居功业。知道时势如何到来，就做好准备适应其到来，这样才可以谈论几微之理。知道时势如何终止就做好准备适应其终止，这样才可以存养正义之行。因此，居上位而不骄傲，处下位而不忧愁。

所以能够随时保持刚健自强而警惕谨慎，虽然有危险但没有灾祸。

[解读]

这一段是对九三爻辞的解释。"进德"是使自己的品德提升，"修业"是使自己的事业美好。怎么做到使自己的道德提升呢？要"忠信"。怎么做到使自己的事业美好呢？要"修辞立其诚"。"修辞"是使词语美好。"诚"是从本心自然而然发出的，不是做作的。只有做到这些才能"进德修业"。孔颖达疏："德谓德行，业谓功业。……进德之事，推忠于人，以信待物，人则亲而尊之，其德日进……辞谓文教，诚谓诚实也。外则修理文教，内则立其诚实，内外相成，则有功业可居。"

"知至至之"，时势如何到来，就做好准备适应其到来，这样的人可以与他"言几"。"几"有两个意思，第一是时机。程颐《伊川易传》卷一说："知至至之，致知也。求知所至而后至之，知之在先，故可与几，所谓始条理者，知之事也。"《周易本义》："几，音机。"第二是几微。李鼎祚《周易集解》卷一引崔元说："知五可至而至之，故可与行几微之事也。"连在一起是微乎其微的时机。《系辞传》说："几者，动之微，吉之先见者也。"孔颖达疏："几者，去无入有，有理而未形之时。"时机很难抓住，稍纵即逝。

"知终终之"，知道事将终了而能善其终。王弼注："处终而能全其终，知终者也。"程颐《伊川易传》卷一："知终终之，力行也。既知所终，则力进而终之，守之在后，故可与存义。所谓终条理者，圣之事也。"

"是故居上位而不骄，在下位而不忧，故乾乾因其时而惕，虽危无咎矣"，指九三爻居下卦的最上位而不骄，"终日乾乾"，即使极细微之事、极短促之时也不懈怠，这叫"先天而天弗违，后天而奉天时。天且弗违，而况于人乎？况鬼神乎？""在下位而不忧"，针对上卦而言在下位。孔颖达疏："处上卦之下，故称下位，以其知事将至，务几欲进，故不可忧也。"是比喻君子要增进美德，修建功业。忠信诚实，就可以增进美德；修饰言辞出于诚挚的感情，就可以积蓄功业。知道进取的目标而努力实现它，这种人可以跟他商讨事物发展的征兆；知道终止的时刻而及时终止，这种人可以跟他共同保全事物发展的适宜状态。像这样就能够居上位而不骄傲，处下位而不忧愁，所以能够恒久保持坚强振作，随时警惕慎行，即使面临危险也可以免遭祸害。

从这段话不难看出，"与时偕行"不但包含着"与时俱进"，还有"与时俱退"这一层含义。"知至至之""知终终之"说的就是这两层意思。

九四曰："或[1]跃在渊，无咎"，何谓也？子曰，上下无常，非为[2]邪[3]也。进退无恒[4]，非离群也。君子进德修业，欲[5]及[6]时也，故无咎。

[注释]

1 或：有时。

2 为：做，行。

3 邪：不正当。

4 恒：常、久。

5 欲：想要，希望。

6 及：追及，赶上。

[译文]

九四说龙有时从深渊跳跃出来，前进一步也没有灾祸，是什么意思呢？孔子说，这是说贤人的上升、下降是不确定的，并非出于邪恶的念头。进取、引退也是不确定的，并非脱离众人。君子使自己的德行增进，使自己的事业美好，是想抓住时机进取，所以没有什么祸患。

[解读]

"无常"就是无恒，不确定，上下进退没有一定规则，没有规则要按时来。"邪"，不正。九四爻位不正，它是阳爻居阴位，既不正又不中，它是上卦的开始，所以这时候一定要前进，往上提升，所以"上下无常，非为邪也。进退无恒，非离群也"。这是针对"或"而言。合时就可进，不合时就退，不能"邪"，不能不正，所以"非为邪也"。"非离群"，指没有离开这一类，九四爻是阳类，尽管进进退退、上上下下没有常规，没有定则，但是始终要走到阳爻去，不能离开这个群体。孔颖达疏："所谓'非离群'者，言虽进退无恒，犹依群众而行，和光俯仰，并同于众，非是卓绝独离群也。"俞琰《周易集说》卷二十六："九四才刚位柔，故其跃也或上或下而无常，或进或退而无恒。位不正为邪，九二九四皆以阳居阴位而不正，故皆言邪。群指在下三阳。非为邪，谓其动而或跃，非为小人之邪媚也。非离群谓其静而在渊，非离君子之善类也。"

"及时"就是趋时，符合这个时机，"故无咎"。只有这样一来才能无咎，否则就有灾祸了。这是对第四条阳爻爻辞的发挥。巨龙有时候腾跃上进，有时候潜伏在深渊里。孔子认为，这是比喻贤人的上升、下降是不一定的，并非出于邪恶的念头；他的进取、引退也是不一定的，并非脱离同伴（普通人）。君子增益道德、营修功业，是想抓住时机进取，所以没有什么祸患。

《文言传》对九三爻和九四爻的解释都有"进德修业"，因为三和四的位置，"三多凶""四多惧"，所以要"进德修业"。俞琰《周易集说》卷二十六："吾于分内所当进者进之，所当修者修之，又何咎之有。进修有重习之意，而三四在重乾之交，故此两爻皆言进德修业。"

九五曰飞龙在天，利见大人，何谓也？子曰，同声相应，同气相求。水流湿，火就[1]燥。云从[2]龙，风从虎。圣人作³而万物睹⁴，本⁵乎天者亲⁶上，本乎地者亲下，则各从其类⁷也。

[注释]

1 就：归于，趋向。

2 从：跟随，依顺。

3 作：兴起、进行。

4 睹：看见，呈现。

5 本：作动词，依据、依凭。

6 亲：亲近。

7 类：族类。

[译文]

九五说龙腾飞到天上，达到了大人的地位，是什么意思呢？孔子说，同类的声音互相感应，同样的气息互相求合。水向湿处流，火向干处烧。景云随龙吟而出，山风随虎啸而生。圣人奋起治世而万物显明可见，依存于天的亲近于上，依存于地的亲近于下，各以类相从而发挥作用。

[解读]

"同声相应，同气相求"，孔颖达疏："同声相应者，若弹宫而宫应，弹角而角动是也（宫、角指五声音阶中的两个音名）。同气相求者，若天欲雨而柱础润是也。此二者声气相感也。"事物之间相互感应，相同的声调产生应和，相同的气息产生吸引，这告诉我们一种思维方式、方法——"各从其类"，也就是"取象比类"的方法。九五爻是乾卦的最佳之爻。九五是飞龙、是天、是大人、是吉，这都是同一类东西，是"同声同气"，是同"象"，所以"象"从某种意义上讲就是"类"。同类的事物或者形体类似，或者功能属性相同。这是"象思维"，而不是"形思维"。九五爻又中又正，"飞龙"、"天"、最大的"利"、最大的"大人"，这些都是同类的东西，放在一起，就叫"同声相应，同气相求"。只要同一类东西就可以放在一起。水流向湿的地方，火是燥的，"云"和"龙"，"风"和"虎"都是同类，放在一起比较，跟"近朱者赤，近墨者黑"是一个道理。孔颖达疏："此二者以形象相感，水流於地，先就湿处；火焚其薪，先就燥处。此同气水火，皆无识而相感，先明自然之物，故发初言之也。……龙是水畜，云是水气。故龙吟则景云出，是云从龙也。虎是威猛之兽，风是震动之气，此亦是同类相感。故虎啸则谷风生，是风从虎也。此二句明有识之物感无识，故以次言之，渐就有识而言也。""本乎天者"指飞禽、云、雾这类东西，这类东西肯定亲上。"亲上"是接近上面，这是天性，所以飞龙肯定在天，肯定有利，肯定是大人。"本乎地者"，指植物等一类东西，因为植物等离不开大地。孔颖达疏："本受气于天者，是动物含灵之属，天体运动，含灵之物亦运动，是亲附于上也。本受气于地者，是植物无识之属，地体凝滞，植物亦不移动，是亲附于下也。"

这是比喻同类声音互相感应，同样的气息互相求合；水向湿处流，火向干处烧；景云随着龙吟而出，山谷之风随着老虎的咆哮而生；圣人奋起治世而万物显明可见；依存于天的亲近于上，依存于地的亲近于下，各以类相从而发挥作用。

上九曰亢龙有悔，何谓也？子曰，贵[1]而无位[2]，高而无民，贤人在下位而无辅[3]，是以动[4]而有悔也。

[注释]

1 贵：显贵。

2 位：职位，官爵。

3 辅：辅佐。

4 动：行动。

[译文]

上九说龙飞得太高，难免后悔，龙太过亢盛了，是什么意思呢？孔子说，太过尊贵而没有实位，高高在上而脱离群众，贤明的人居下位也无法前来辅助，所以一旦轻举妄动就难免会有后悔。

[解读]

"贵而无位"，本来九五爻是最好的，但上九爻超过九五了，就太高了，反而没位置了。李鼎祚《周易集解》卷一引荀爽说："在上故贵，失正故无位。""高而无民"，太高高在上远离百姓，人民就不会拥戴你。李鼎祚《周易集解》卷一引何妥说："既不处九五帝王之位，故无民也。夫率土之滨莫非王臣，既非王位，则民不隶属也。""贤人在下位而无辅"，贤能的人在下面离你太远，就不会来辅佐你了。"民"也指下卦，"贤人"指九三爻，李鼎祚《周易集解》卷一引荀爽说："谓上应三。三，阳德正，故曰贤人。别体在下，故曰在下位。""而阳无应，故无辅。"上下卦爻相对应的是一与四爻，二与五爻，三与六爻相对应，但是九三与上九不是正应，所以说无辅。也可以理解为九二爻，第六爻对应的爻是第三爻，但"三多凶"，"终日乾乾"，只有二爻是"利见大人"，而二爻与六爻无关，所以"无辅"。"无辅"也可以与"无民"联系起来理解，俞琰《周易集说》卷二十六："凡卦皆以五为君，初为民，二三四上并为臣，上九居至高之位而去初甚远，故曰高而无民，二三四皆从五而不辅已，故曰贤人在下位而无辅。"上九"亢龙有悔"，孔子认为这是比喻处于这个时位的人太尊贵了所以反而没有实际的位子，太崇高了所以管不到一般的百姓，贤明的人居下位也没有人来辅助他，所以这个时候一旦轻举妄动就会有所悔恨。

潜龙勿用，下也。见龙在田，时[1]舍[2]也。终日乾乾，行事也。或跃在渊，自试[3]也。飞龙在天，上治[4]也。亢龙有悔，穷[5]之灾也。乾元用九，天下治也。

[注释]

1 时：暂时。

2 舍：居、停留。

3 试：任用，查考。俞琰《周易集说》卷二十六："与《中庸》日省月试之试同。"

4 治：治理得好，安定太平。

5 穷：到头了。

[译文]

潜隐的龙无所施行，是因为正居于下的位置。龙浮现在田野，对大人有利，是因为此时正应该停留在那里。君子整日刚健自强，是因为正要进行该做的事。龙有时从深渊跳跃出来，是因为正在进行自我尝试。龙飞到天上，是因为正处于平安的上位。龙飞得太高，难免后悔，是因为正处于穷极的地步，会带来灾难。乾元六爻皆九，说明天下大治。

[解读]

这是《文言传》对乾卦六爻做的第二次解释，比较简练。

"潜龙勿用"，是因为此时地位低下微贱，居下。"见龙在田"，时势开始舒展出现转机，按照"时"应停留在这里。李鼎祚《周易集解》卷一引虞翻说："二非王位，时暂舍也。"也有的解释"时舍"为"通舍"即融会贯通之义。王弼注："见而在田，必以时之通舍也。"孔颖达疏："舍谓通舍。九二以见龙在田,是时之通舍也。……辅嗣以通解舍,'舍'是通义也。初九潜藏不见,九二既见而在田,是时之通舍之义也。""终日乾乾",说明事业付诸实践,此时要行动、要做事。"或跃在渊",说明正在进行自我检查、检验。孔颖达疏:"言圣人逼近五位,不敢果决而进,唯渐渐自试,意欲前进,迟疑不定。""飞龙在天",九五爻居上卦之中位,形成最好的局面,所以最平安。"亢龙有悔",是穷极太过带来的灾难。走到头了,所以就有灾祸,"穷则变,变则通,通则久",到头了肯定物极必反,这就是大规律。"乾元用九",天有元始之德,而用阳刚九数,群龙无首,说明天下大治是大势所趋。

潜龙勿用,阳气潜[1]藏。见龙在田,天下文明[2]。终日乾乾,与[3]时[4]偕[5]行。或跃在渊,乾道乃[6]革[7]。飞龙在天,乃位乎天德。亢龙有悔,与时偕极[8]。乾元用九,乃见天则。

[注释]

1 潜:秘密地,悄悄地。

2 文明:"文"本义是事物错综所造成的纹理或形象,文明合称,指国家和社会面貌的开化、光明、富有人文情采。

3 与:亲附,跟随。

4 时:时机,时势。

5 偕:划一,共同。

6　乃：于是。

7　革：变革。

8　极：原指房屋最高的大梁，引申为极端、极点。

[译文]

潜隐的龙无所施行，这是由于阳气处于潜伏隐藏的时位。龙浮现在田野，这是由于天下文采灿烂。君子整日刚健自强，这是由于要与时俱进。龙有时从深渊跳跃出来，这是由于天道转化，出现变革。龙飞到天上，这是由于此时正当天位具备天的美德。龙飞得太高，难免后悔，这是由于随着时势发展到极点，物极必反。乾元六爻皆九，这是由于天道法则的体现。

[解读]

这是《文言传》对乾卦六爻做的第三次解释。"潜龙勿用，阳气潜藏"，巨龙潜伏在水中，暂时不施展才能，象征此时阳气潜藏没有出现。"见龙在田"，巨龙出现在田间，说明此时天下文采灿烂（指九二爻如阳气从地面刚发出来，照耀万物开始焕发光彩）。"终日乾乾"，此时要追随时光向前发展，就是与时俱进。王弼注："与天时俱不息。"孔颖达疏："与时偕行者，此以天道释爻象也。所以九三乾乾不息，终日自戒者，同于天时，生物不息。"其实，不仅仅是前进，而是与时俱进退，不是一味地冒进。做人、治国、治病，一定要合"时"，符合时运，《孙子兵法》就讲一个"势"字。"势"就是"时势"。《孙子兵法》说"战势不过奇正，奇正之变，不可胜穷也。以正合，以奇胜"，这叫"出奇制胜"。《孙子兵法》讲道、天、地、将、法，第一就讲"道"，道就是"势"。"或跃在渊"，有时候腾跃上进，有时候退处在深渊，说明天道转化、出现变革。乾道就是天道，即大自然的运行规律。九四爻如阳气发展到一个新阶段，万物正面临转化。俞琰《周易集说》卷二十六："革者变也，下乾以终，上乾方始，犹天道更端之时也。""飞龙在天"，说明此时阳气旺盛正当天位，具备天的美德。"亢龙有悔"，是因为与在时空点上达到极点，到头了。巨龙高飞穷极太过，最后要有所悔恨，说明时势发展到极点了。王弼注："与时运俱终极。""乾元用九"，天有元始之德而用阳刚九数，群龙无首，这是对大自然法则的体现。大自然的法则是不可为首，万事万物都是平等的。俞琰《周易集说》卷二十六："愚谓天则，则天道也。寒极而变暑，暑极而变寒，是之谓则。乾所以用九而不用七者，九变而七不变也，故用九则见天则。"

乾元者，始[1]而亨[2]者也。利贞者，性情也。乾始能以美利利天下，不言所利，大矣哉。大哉乾乎，刚健中正，纯粹[3]精也。六爻发挥，旁通[4]情也。时乘六龙，以御天也。云行[5]雨施[6]，天下平[7]也。

[注释]

1 始：根本，开端。

2 亨：通达顺利。

3 粹：精华。

4 旁通：遍通。

5 行：流动。

6 施：散布，铺陈。

7 平：平安，太平。

[译文]

乾卦象征天，元始，天德首先在于创造万物，并使它亨通。利贞就是符合本性和情感。乾一开始就用美好的利益来使天下受益，却不把恩惠说出来，这真是伟大啊！天是伟大的，刚强劲健，居中守正，纯粹至精。六爻运动变化，可以涵盖万物的发展情理，犹如顺着不同时势的六条巨龙，驾驭着大自然而驰骋变化。云气流行，雨水布施，带来了天下的太平。

[解读]

从这里开始是《文言传》对乾卦的卦爻辞所做的第四次解释。先对"元、亨、利、贞"进行解释。"元"就是开始，开始就亨通。乾卦象征天，是元始，万物的开始，说明天的美德在于首先创造万物，并让它亨通顺利。"利、贞"是性情。"性"就是人性，就是万事万物之性，也就是人和事物的本性，这个本性要符合天命。"情"是一种情感。"性"与"情"是两个层次。这里指利贞就是符合本性和情感。只要符合本性的有情的人就能"利贞"。俞琰《周易集说》卷二十六："性言其静也,情言其动也,物之动极而至于收敛而归藏,则复其本体之象,又将为来春动而发用之地,故曰利贞者性情也。"

"乾始能以美利利天下",后一个"利"是动词,前一个"利"是名词。孔颖达疏:"乾始,谓乾能始生万物,解'元'也。'能以美利利天下',解'利'也,谓能以生长美善之道,利益天下也。"但它不言"小利",它所言的是"大利"。和谐有利,贞正坚固,是天所蕴含的本性和内在之情。天一开始就能用美好的利益来使天下受益,却不把它施与的恩惠说出来,这真是伟大的品德啊!为什么"大哉乾乎"?乾很伟大,因为"刚健中正,纯粹精也","刚健",它六根爻都是刚爻、健爻、阳爻。"中正"是指九五爻。任何一个卦都有一个卦眼,乾卦卦眼在九五爻,这一爻最重要。"中正"指九五爻,又中又正,中位而且阳爻居在阳位。"纯粹精也","精"这里指阳气。

"六爻发挥,旁通情也",有两种不同的理解。一种理解是六根爻发挥,就可以触类旁通。孔颖达疏:"言六爻发越挥散,旁通万物之情也。"俞琰《周易集说》卷二十六:"旁通,犹言曲尽,情犹言用。乾之六爻在本卦则彼此情相通,若动而散于诸卦则屯蒙以至既济未济,凡以九居初居上居二五居三四者，其情悉皆相通，无不曲尽其义。坤之六爻亦然。""曲"
是普遍的意思。另一种理解是，"发挥"为变动，"六爻发挥"
即乾卦六爻俱变阴爻，李鼎祚《周易集解》卷一引陆绩说：
"乾六爻发挥变动，旁通于坤，坤来入乾，以成六十四卦。"
"旁通"后来叫"旁通卦"，"旁通卦"就是六爻变动之后
的卦。乾卦如果六根爻全动的话，就变成坤卦。坤卦是乾
卦的旁通卦，旁通卦又叫对卦，相对应的爻变，阳爻变阴爻，
阴爻变阳爻，所以一个卦除了看本卦之外，还要看它的旁
通卦，这样可以涉及有关的事情。天是博大的，刚强劲健，
居中守正，整体没有混杂任何事物，是纯粹至精的阳气。

"时乘六龙，以御天也"，意思是说天道的变化分六个阶
段，表现为六龙状态。"云行雨施，天下平也"，指阴阳交
合，天下太平。乾卦六爻的运动变化，涵盖了万物的发展情
理，犹如顺着不同时势的六条巨龙，驾驭着大自然而驰骋变化，
带来了天下太平。"平"也可理解为"均平"，孔颖达疏："言
天下普得其利而均平不偏陂。"

君子以成[1]德为[2]行，日可见之行也。潜之为言[3]也，
隐[4]而未见[5]，行而未成，是以君子弗[6]用[7]也。

[注释]

1 成：成就。

2 为：作。

3 之为言：用以说明被释词的意义；后来成为训诂学术语，亦称"之言"，用于表示训释词和被训释词有音近义通的关系，相当于"就是"的意思。

4 隐：潜匿，隐藏。

5 见：显现，出现。

6 弗：否定词。

7 用：行使、施行。

[译文]

君子把成就道德作为行动的目的，这是每天都可以体现出来的行为。"潜"的意思是隐藏而不要露面，因为行动还没有成功，所以君子暂时不妄动。

[解读]

解释初九爻。"成德为行"是说道德修养有所成，目的在于实行。《周易本义》："成德，已成之德也，初九固成德，但其行未可见耳。"俞琰《周易集说》卷二十六："得于心为德，行于身为行，成德之成与成性之成同，成之为言贞也，谓仁义礼智无不具也。君子以仁义礼智发而为事业，故曰君子以成德为行。诚则形，形则著，故曰日可见之行也。"

君子学以聚之，问¹以辩²之，宽³以居⁴之，仁以行之。《易》曰见龙在田，利见大人，君德也。

[注释]

1 问：问难。

2 辩：通"辨"，分别，辨别。

3 宽：宽宏，宽厚。

4 居：存积、储存。

[译文]

君子以学习来聚集知识，以问对来辨明事物，以宽容居处于世，以仁爱行事于人。《周易》说龙浮现在田野，对大人有利，这是君子的美德。

[解读]

这是解释第二爻，这几句介词与宾语倒置，为强调宾语将宾语前置，意思是君子以学习来聚集知识，以问对来辨明事物，以宽容的态度来对待别人，以仁爱之德来安身立命。孔颖达疏："习学以畜其德。……学有未了，更详问其事，以辩决于疑也。……当用宽裕之道，居处其位也。……以仁恩之心，行之被物。"这告诉我们积累的道理。学怎么才能大？要积，多问，辨明事物。"宽、仁"都是大，主要取"大"的意思来发挥。

九三，重刚[1]而不中，上不在天，下不在田，故乾乾因其时而惕[2]，虽危无咎矣。

[注释]

1 重刚：九三爻和初九、九二爻均为阳刚之爻，一个刚，两个刚，三个刚，所以称为重刚。

2 惕：警惕，谨慎。

[译文]

九三重复阳刚却不能持中，向上不能尊处于天，向下不能卑处于地，之所以要刚健自强且警惕谨慎，是因为他所处的时位使然，虽貌似有危险，却没有灾祸。

[解读]

《周易本义》："重刚，谓阳爻阳位。"一、三、五爻位属阳刚之位，凡一、三、五爻位上出现阳爻，即为重刚，如乾九三。"中"指二、五爻位分别为下卦（下体）和上卦（下体）的中位。"不中"即非二、五爻。九三爻居位不正中，所以上不能通达于天，下不能降临地面，这个时候要不断坚强振作，随时保持警惕，这样即使面临危险也不会遭受祸害。"上不在天"，"天"就是九五爻。"下不在田"，"田"在二爻，所以要"乾乾因其时而惕"，要警惕、要反思。

俞琰《周易集说》卷二十六："虞翻曰：以乾接乾，故重刚；位非二五，故不中。或者乃谓以刚居刚为重刚，在九三则犹可，在九四则不通矣。"

九四，重刚而不中，上不在天，下不在田，中不在人，故或之。或¹之者，疑之也，故无咎。

[注释]

1 或：前一个是有时，后一个也通"惑"。

[译文]

九四重复阳刚却不能持中，向上不能尊处于天位，向下不能卑处于地位，居中不能安处于人位，所以有时要向上跳跃。为什么是有时呢？是因为能够有所反思，从而审时度势，所以没有灾祸。

[解读]

九四爻和九三爻一样，也是"重刚而不中"，它往上不能通达于高天，向下不能降于地面，中又不能居在人间，所以有时要向上跳跃。有时前进有时不前进。《周易本义》："或者，随时而未定也。"为什么要强调"或"呢？说明要有所疑虑，从而要进行多方面的谨慎考察，这样才能不遭受灾祸。孔颖达疏："经称'或'是疑惑之辞，欲进欲退，犹豫不定，故疑之也。"俞琰《周易集说》卷二十六："或之者何？盖疑之也。君子于此戒慎恐惧，唯知进德修业而已，故无咎。"

夫大人者，与天地合¹其德，与日月合其明，与四时²合其序，与鬼神合其吉凶。先³天而天弗违，后天而奉⁴天时。天且弗违，而况⁵于人乎？况于鬼神乎？

[注释]

1 合：符合、契合。

2 四时：四季。

3 先：先于，在……前面。

4 奉：遵循。

5 况：连词，表示递进。

[译文]

大人的品德必须符合天德，像日月一样光明，做事要符合春夏秋冬四时运行的规律，像鬼神一样把握吉凶。先于天象行动，天不违逆你，后于天象而遵循天道。天都不会违逆你，何况是人呢？何况是鬼神呢？

[解读]

这是解释九五爻的，是对"大人"进行的论述。要成为"大人"必须达到"四合"。孔颖达疏："上节明大人与万物相感，此论大人之德，无所不合，广言所合之事。""与天地合其德"，这是从品德角度、从伦理学角度说的，这就是"天人合一"，人的品德必须符合天德。"与日月合其明"，这是从认知学角度来说的，也就是说你要符合日月运行的规律，才能有与日月一样光明。《道德经》五千言里曾几次讲到"明"，如"知人者智，自知者明"，"知常曰明"，"常"就是"道"，恒常的、永恒不变的就是"道"，这是"天道"，认识了天道就是"明"，我们要"与日月合其明"。"与四时合其序"，这是从行为学的角度来说的，我们做事要符合春夏秋冬四时运行的天道规律。"与鬼神合其吉凶"，这是从行为的结果角度说的。有人问孔子有没有鬼，子曰："祭如在，祭神如神在。"孔颖达疏："'与四时合其序'者，若赏以春夏，刑以秋冬之类也。'与鬼神合其吉凶'者，若福善祸淫也。"达到"四合"才是"大人"。大人可以涵盖圣人、神人和觉悟者，大人是这三者的集中，达到"四合"的人就是圣人、神人、觉人。"先天而天弗违，后天而奉天时"，这里出现两个词，一个"先天"，一个"后天"，后来就说成了先天八卦、后天八卦。人产生以前是"先天"，人产生以后是"后天"，所以"先天"指天道，"后天"指人道。《周易本义》："先天不违，谓意之所为，默与道契。后天、奉天，谓知理如是，奉而行之。""先天而天弗违"是指按照天道规律来做，天就不会违逆你，天会保佑你。"后天而奉天时"，人出生以后要奉行天时，不要一天到晚想着与天斗争，与天作对。"天且弗违，而况于人乎？况于鬼神乎？"这句话会让人想起《道德经》的一段话："飘风不终朝，骤雨不终日。孰为此？天地。天地尚不能久，而况于人?"这是一种递进关系,只要奉行天道,天都不会与之违逆,何况是人呢?况于鬼神呢?

亢之为言也,知进而不知退,知存¹而不知亡²,知得而不知丧³,其唯⁴圣人乎?知进退存亡而不失⁵其正者,其唯圣人乎?

[注释]

1 存:生存,存在。

2 亡:消失,没有。

3 丧:衰亡、丢失。

4 唯:助词,表示确定。

5 失:背离,放弃。

[译文]

"亢"就是只知道前进而不知道后退,只知道存在而不知道消亡,只知道获得而不知道丧失,这是圣人吗?能知进取与引退、生存与灭亡的道理而不致偏离正道,这是圣人吧?

[解读]

最后解释"亢龙有悔","亢"就是只知道进取而不知道后退,只懂得生存而不懂得衰亡的道理,只知道获取利益而不知道所得到的东西必将失去的道理，而圣人不是这样的，只有圣人才是明智的！深知进取与隐退、生存与灭亡的道理，行为不偏失正确途径的，大概也只有"圣人"。这里用了"其……其……"的句式，表示选择。这里是说"是前者是圣人呢，还是后者是圣人呢"？答案当然是后者，所以一定要知道进退存亡的时机，这样才不会"亢龙有悔"。俞琰《周易集说》卷二十六："首言进退存亡，而兼言得丧。次言进退存亡，乃不及得丧。何也？曰：进退存亡，天道也，得丧乃人事耳。孔子所以两致'其唯圣人乎'之辞者，谓其真知天道进退存亡，而不失其正者，非圣人则不能也。"此处断句也有不同的理解，孔颖达疏："'其唯圣人乎，知进退存亡'者，言唯圣人乃能知进退存亡也。何不云得丧者，得丧轻于存亡，举重略轻也。'而不失其正者，其唯圣人乎'者，圣人非但只知进退存亡，又能不失其正道……上称'圣人'为'知进退存亡'发文，下称'其唯圣人乎'者，为'不失其正'发文……"

《文言传》对乾卦进行了四次解释，阐发了乾卦六根阳爻的大道，包括天道、人道，把人道怎么适应天道的大法则、大规律展示了出来。

坤卦第二

☷☷ 坤上坤下

[解读]

《易经》的第二卦是坤卦。这是按照天地万物生成规律的先后次序排列的。因为先天后地，乾卦为天，坤卦为地，故坤卦排在第二位。以人来说，"乾道成男，坤道成女"（《系辞传》），男人在前，女人在后。所以，乾卦排在第一位，坤卦排在第二位。

坤，元亨，利牝[1]马之贞。君子有攸[2]往，先迷[3]后得主，利。西南得朋[4]，东北丧[5]朋，安[6]贞[7]吉。

[注释]

1 牝：指女性、雌性、阴性。牝马：母马。

2 攸：所，助词。

3 迷：迷失。

4 朋：同门曰朋，同志曰友。孔颖达疏："凡言朋者，非惟人为其党，性行相同，亦为其党。"

5 丧：丢失。

6 安：安居。

7 贞：端正。

[译文]

坤卦，元始亨通，利于母马之贞正。君子有所前往时，领先而走会迷路，随后而走会找到主人，吉利。从西往南会得到朋友，从东往北会丧失朋友，安守贞正，吉。

[解读]

坤卦的卦辞。一开头就亨通，但有利于阴性事物的贞问。"利牝马之贞"就是有利于阴性事物或者女人的贞问。王弼注："坤贞之所利，利于牝马也。马，在下而行者也，而又牝马，顺之至也。至顺而后乃亨，故唯利于牝马之贞。"一般而言，男为乾、女为坤，男为阳、女为阴，但不是任何时候都这样。以性格来说，有的男人性格阴柔，他的性格就是阴性的；有的女人性格阳刚，她的性格就是阳性的，所以不同场合或关系可以进行阴阳的不同分类。以动物来说，乾卦为马，坤卦为牛；但单就马而言，当然公马为乾卦，母马为坤卦，所以"利牝马之贞"，就是对雌性的马有利。"君子有攸往"，这个君子具有坤卦之厚德，具有大地谦卑、宽广的胸怀。程颐《伊川易传》卷一说："君子所行柔顺而利且贞，合坤德也。"这样的君子按坤卦来做，就可以继续前往，就可以不断做下去。

但是"先迷后得主"，即先要迷失方向，后来找到主人（方向），这是有利的。"先"可以理解为领先，就是如果领先在前面走就会迷失方向，这个"后"也可以理解为顺从，如果顺从就会找到主人，也就是找到方向。程颐《伊川易传》卷一："阴从阳者也。待唱而和，阴而先阳则为迷错，居后乃得其常也。"坤卦本来是阴柔的，好比大地，大地要顺从天道来做，就不会发生错误，会一直走下去，因为符合正道。"西南得朋，东北丧朋"，就是在西边、南边会得到朋友，在东边、北边会丧失朋友，这个原因我们会在下面的《象传》中揭秘。最后"安贞吉"，即按照坤卦来做，就会平安的。"安"也可以理解为安心，"贞"也可以理解为正，安心地守住正道就能大吉大利。《周易本义》："安，顺之为也。贞，健之守也。……利以顺健为正。"

《彖》曰：至[1]哉坤元，万物资[2]生，乃顺承[3]天。坤厚载[4]物，德合无疆。含[5]弘[6]光大[7]，品[8]物咸[9]亨。牝马地类，行地无疆[10]。柔顺利贞[11]，君子攸行。先迷失道，后顺得常[12]。西南得朋，乃与[13]类行。东北丧朋，乃终[14]有[15]庆[16]。安贞之吉，应[17]地无疆。

[注释]

1 至：达到极点，形容事物的尽善尽美。

2 资：凭借。

3 承：接受，蒙受。

4 载：承载。

5 含：包容。

6 弘：宽厚宏大。

7 光大：光明正大。

8 品：类。

9 咸：都。

10 无疆：无边无际。

11 贞：正。

12 常：长久，永远。

13 与：亲附，跟随。

14 终：最终，到末了。

15 有：词缀，附着在动词、名词、形容词前，无实际意义。

16 庆：祝贺；福泽。

17 应：符合，应和。

[译文]

《象传》说，至广啊，坤元。您是万物取资的生命之本，您顺从承奉着天道。大地广厚可负载万物，德行广大能久远无疆。涵育一切并发扬光大，万物亨通而遍受滋养。母马与地同类，驰骋在无边的大地上，柔和温顺利物贞正。君子前行，率先行动会迷惑而偏离正道，在后随顺就可以获得长久福泽。从西往南会得到朋友，可以和朋友共同前行。从东往北会丧失朋友，但最终也仍有喜庆福祥。安守贞正的吉祥，正应大地的美德，并永远保持下去。

[解读]

《周易》从第二卦起，《彖传》《象传》是分散在各条卦爻辞之后的，不像乾卦都列在卦爻辞后面。

乾卦《彖传》的开头是"大哉乾元，万物资始，乃统天"，坤卦《彖传》的开头是"至哉坤元，万物资生，乃顺承天"，意思是到了坤元这个极点，万事万物是靠它而生的，所以它是顺应天道、承载天道的。孔颖达疏："乾是刚健，能统领于天；坤是阴柔，以和顺承乎于天。"乾代表天，乾元是万事万物的开始，而坤元是万事万物靠它而生。坤是地道，要顺应天道。

乾卦的"始"有开始的意思，"始"是女字旁，指的是女孩子刚出生。刚出生的女孩子当然不能生孩子，女人必须要成熟了才能生孩子，也就是乾卦不能直接产生万事万物，要发展到坤卦才可以生育万物，所以"始"和"生"是不一样的。"始"是第一个阶段，好比是童女、少女，而"生"就不是童女了，是母亲。所以，孔子认为乾卦是第一位的，坤卦是第二位的：乾卦是"始"，是童女、少女；坤卦是"生"，是妇女、母亲，这是从女孩到女人的演变过程。而老子认为阴是第一位的，阳是第二位的。《道德经》第四十二章写道：

"万物负阴而抱阳。"意思是先阴后阳。除此之外,《道德经》第一章还写道:"无,名天地之始;有,名万物之母。""无"是童女的阶段,是阴到极点,是"始";"有"是妇女的阶段。在老子看来,"无"是第一位的,"有"是第二位的;女人是第一位的,男人是第二位的;坤卦是第一位的,乾卦是第二位的。而孔子认为,"有"是第一位的,"无"是第二位的;男人是第一位的,女人是第二位的;乾卦是第一位的,坤卦是第二位的。这就是儒家的男尊女卑、天尊地卑、君尊臣卑、父尊子卑思想的来源。其实,阴阳中和的思想是中华文化的核心价值,男人和女人是并列第一位的。"天地氤氲,万物化醇。男女构精,万物化生。"男女并列或者阴阳相合就是"易"字,上面是"日",下面是"月","日"为太阳,"月"为太阴。日月左右结构就是"明",所以"知易为明"。

"坤厚载物,德合无疆",大地非常宽厚,最大的功能就是承载万事万物,所以它的品德可以无边无际。大地是无限宽广的,所以人的美德也应该无边无际。孔颖达疏:"以其广厚,故能载物,有此生长之德,合会无疆。凡言无疆者,其有二义,一是广传无疆,二是长久无疆也。"俞琰《周易集说》卷十四:"乾德之大无不覆帱,而无此疆尔界之限,坤德之厚无不持载亦无此疆尔界之限,是之谓合。"

"含弘光大,品物咸亨",实际是指大地的品德。因为大地能包容、能弘扬,所以才光大。尚秉和《周易尚氏学》卷二说:"万物皆孕育于地,故曰含弘;万物皆成长于地,故曰光大。""品物"就是万事万物,"品物咸亨"就是万事万物都亨通。李鼎祚《周易集解》卷二引崔憬说:"动植各遂其性,故言品物咸亨也。"

牝马和大地是一类的,都是阴性事物;"行地无疆"就是在大地上可以走得无边际,母马虽然没有公马跑得快,但是耐力好,能走得更远。《系辞传》里说,乾卦和坤卦一个主"大生",一个主"广生",乾卦是:"其静也专(抟),其动也直,是以大生焉。""抟"通"团",意思是乾卦安静的时候是团在一起的,但是动的时候是直的,所以才能"大生"。而坤卦是:"其静也翕,其动也辟,是以广生焉。""翕"是把羽毛合起来,也就是"合"的意思,"辟"是开辟,就是说坤卦安静的时候是合在一起的,但是动的时候就是张开的,所以才能"广生"——广泛地去生育。程颐《伊川易传》卷一:"行地无疆,谓健也。乾健坤顺,坤亦健乎?曰非健何从配乾,未有乾行而坤止也。"

"柔顺利贞,君子攸行。先迷失道,后顺得常。"君子可以继续前行,是因为他柔顺,按照乾卦(天道)的意愿来做,这就是走了正道,可以继续往前走。"先迷失道,后顺得常",这是在解释卦辞"先迷后得主",因为走得太靠前了,没有按照天道来做,就迷失了方向,但是后来意识到这个问题,于是就"顺"了。"顺"一是指品性柔顺,二是指要顺应天道。同时具备这两个"顺"君子才可以前往,然后就能"得常"。坤卦的最大功能就是要顺,看它的六根爻就可以看出是一个顺应的过程。"常"是恒常不变的，在《道德经》里"常"就是"道"，所以"得常"也就是得道。

"西南"即西方和南方。"东北"即东方和北方。为什么西边、南边能得到同类，东边、北边要丧失同类？李鼎祚《周易集解》卷二引崔憬说："西方坤兑，南方巽离，二方皆阴，与坤同类，故曰西南得朋。东方艮震，北方乾坎，二方皆阳，与坤非类，故曰东北丧朋。"这可以从文王八卦方位图里找到答案：西边的兑卦和南边的离卦都只有一根阴爻，所以它们都是阴卦，坤卦也是阴卦，因此它们是同类，所以会得到同类；东边的震卦和北边的坎卦都只有一根阳爻，所以它们都是阳卦，跟坤卦不是同类，所以会丧失同类。但后面还有一句"乃终有庆"，意思是最终是一件好事。《伊川易传》卷一："离其类而从阳，则能成生物之功，终有吉庆也。"东边和北边虽然没找到同类，但是找到了异类，也就是"阳"，阴阳互补，"独阳不生，孤阴不长"，所以终究是一件好事。

"安贞之吉，应地无疆"，孔颖达疏："安谓安静，贞谓贞正，地体安静而贞正，人若得静而能正，即得其吉，应合地之无疆，是庆善之事也。"大地是宽广的，所以永远都是吉的，人也要像大地一样，具备这种宽广无边、承载万物的坤卦之德。大地的无限宽广与人的美德无边无际是同类。

《象》曰：地势坤，君子以厚[1]德[2]载[3]物。

[注释]

1 厚：厚实、深厚。

2 德：品德。

3 载：承载、载负。

[译文]

《象传》说，地道形势柔顺，君子由此得到启示，要厚植优良品德，承载天下万物。

[解读]

上下卦都为坤卦，坤为地，地的运行是顺承天的，这里的"坤"取其本义为"顺"，这是说地的运行趋势就是"顺"，大地是永远顺从天道的规律在运行的。王弼说："地形不顺，其势顺。"另外，大地又以自己宽广的胸怀与敦厚的品性，承载并养育万物，使万物在其上生生不息，这就是坤卦之象。因为大地浊气下降是慢慢积累的，所以在万事万物中只有大地是最丰厚的，比任何东西都丰厚，引申为凡是阴性的事物都是非常丰厚的，所以能承载万物。君子看到这样的卦象，就要按照坤卦之道来"厚德载物"。具体地讲就是包容的品德，柔顺的品德，忍让的品德，顺势的品德，谨慎的品德。"载物"就是承载万物。厚德和载物之间不是并列关系，不是又厚德又载物，而是一种因果关系、条件关系、假设关系：因为厚德，所以载物；只有厚德，才能载物，如果厚德，就能载物。所以厚德是最重要的。"厚德载物"就是说，君子要效法大地容蓄、养育万物之道，以自己深厚的品德与宽广的胸怀去容育万物。要像坤卦一样，像大地一样具有深厚、宽广的品德，才能功德无边，福报无边。

初六，履¹霜，坚冰至²。

《象》曰：履霜坚³冰，阴始凝⁴也。驯⁵致⁶其道，至坚冰也。

[注释]

1 履：踩踏。

2 至：到。

3 坚：硬实。

4 凝：凝结。

5 驯：循序渐进。

6 致：取得，得到。

[译文]

初六，踩在微霜上，冰冻三尺的日子就不远了。

《象传》说，踩在微霜上，冰冻三尺的日子就不远了，这是因为霜阴气开始凝结。循着此一般规律发展下去，就会有坚冰出现。

[解读]

阴爻叫六，初六爻说踩上微霜将迎来坚冰。简单地讲，就是顺的意思。冬天来临的时候，地上是先出现霜，然后才出现坚冰，这是表示阴气越来越重。从霜至坚冰是事物顺其发展的一个过程。霜和冰都是属于阴性的事物，坤卦为纯阴卦，所以一开始就用阴性事物作比喻，阴气的积累壮大是有一个逐渐发展的过程。阴气开始凝聚，凝成盛阴，强调一个顺应的次序，"驯致其道"。先有霜后有冰，这是一个次序，做任何事情都是先小后大，先浅薄后慢慢地丰厚。孔颖达疏："驯犹狎顺也。若鸟兽驯狎然。言顺其阴柔之道，习而不已，乃至坚冰也。……阴阳之气无为，故积驯履霜，必至于坚冰。以明人事有为，不可不制其节度，故于履霜而逆以坚冰为戒，所以防渐虑微，慎终于始也。"俞琰《周易集说》卷二十："始者未甚凝，驯致其道，则因循日久以渐而积必至于大凝也。驯音循，谓顺习也。"指的是要顺从天道。天道就是万事万物都会经历由小到大、由少到多、由浅入深的过程，就像从霜到冰是一个过程。

六二，直[1]方[2]大[3]，不习[4]无不利。

《象》曰：六二之动，直以[5]方也。不习无不利，地道光[6]也。

[注释]

1 直：直率、正直、正当。

2 方：方正。

3 大：大气。

4 习：反复地学，重复地做，使熟练。

5 以：连词，而且。

6 光：彰显、发扬。

[译文]

六二，直率方正，遍及四方，广大无边，不必修习，事无不利。

《象传》说，六二爻的活动，是直接产生并可以遍及四方。不必修习，事无不利，是因为大地之道广大无边。

[解读]

六二爻称"直"，因为坤卦代表大地，地是方的，方的四边就是直的。"不习无不利"，不学习不练习也没有不利的。因为大地的本性就是"直方大"，只需发挥本性，不用刻意练习。孔颖达疏："俱包三德，生物不邪，谓之直也。地体安静，是其方也。无物不载，是其大也。既有三德极地之美，自然而生，不假修营，故云不习无不利。"《周易本义》："柔顺正固，坤之直也。赋形有定，坤之方也。德合无疆，坤之大也。六二柔顺而中正，又得坤道之纯者，故其德内直外方而又盛大。"坤卦代表大地，是直的、方的、大的。古人认为天圆地方，天是圆的，地是方的。做人也要"直"——正直、"方"——方正、"大"——大气。六二爻为什么是"直方大"？《象传》的解释是，六二爻就是大地，整个坤卦就是大地，而六二爻又中又正，所以"直方"，"大"就是"道"。《道德经》说："有物混成，先天地生，独立而不改，周行而不殆，吾不知其名，字之曰道，强名之曰大，大曰逝，逝曰远，远曰反。"所以"直方"就是人道，又是地道，这就是"人法地"。人要像天一样光明。大地之道是光明的、正直的、方正的、刚强的，所以说"不习无不利"。孔颖达疏："言所以不假修习，物无不利，犹地道光大故也。"

六三，含[1]章[2]可[3]贞，或[4]从[5]王事，无成有终[6]。
《象》曰：含章可贞，以[7]时[8]发[9]也。或从王事，知光大[10]也。

[注释]

1 含：隐含、怀藏。

2 章：通"彰"，才华。

3 可：能够。

4 或：有时。

5 从：跟随。

6 终：终究，到底。

7 以：介词，凭借、按照。

8 时：时机。

9 发：显现，显露，表现。

10 光大：广大。

[译文]

六三，隐含才德，可以贞正。或者跟从君王做事，成功而不居功，可有善终。

《象传》说，隐含才德，可以贞正，是要等待时机再作发挥。或者跟从君王做事，是因为智慧广大。

[解读]

这里六三爻不中不正，"三多凶"，这时候要"含章可贞，或从王事，无成有终"。"含章"就是把自己的才华隐藏起来。王弼注："三处下卦之极，而不疑于阳，应斯义者也。不为事始，须唱乃应，待命乃发，含美而可正者也。"因为六三爻是下卦的最上一爻，也就是到头了，往往不太吉利；第四爻是上卦的最下一爻，所以这两个爻都有危机，因此这个时候要有忧患意识，千万不要轻举妄动。"或从王事，无成有终"，有时可以跟随"王"做事，而不是自己做事，这个"王"就是卦辞所说的"主"。跟随他做事才能"无成有终"，不会有大的成就但是可以善终。六三这个时位是不中不正的时位。懂得适时隐退，才可以善终。程颐《伊川易传》卷一："或从上之事，不敢当其成功。惟奉事以守其终耳。守职以终其事，臣之道也。"具体表现就是"含章可贞，以时发也"，俞琰《周易集说》卷二十："以时发者，当其时之可而发也。可贞则贞，可发则发，唯其时而已。"

"或从王事，知光大也"，有不同的解释。孔颖达疏："既随从王事，不敢主成物始，但奉终而行，是知虑光大，不自擅其美。"俞琰则认为"从王即从乾"。光大也可理解为天道，只有按照天道来做，才能发挥自己的才华，心地光明。"光大"还可理解为二爻、五爻，六三爻的"知光大"应该是知六二、六五爻，不能老停留在六三爻，要继续前行，前行到六五爻。

六四，括[1]囊[2]，无咎[3]无誉[4]。
《象》曰：括囊无咎，慎[5]不害也。

[注释]

1 括：扎起来。

2 囊：口袋。

3 咎：灾祸，不幸。

4 誉：荣誉，美名。

5 慎：谨慎。

[译文]

六四，扎起口袋，既不获咎也不邀誉。

《象传》说，扎起口袋不获咎，是因为谨慎行事所以没有祸害。

[解读]

到了六四爻，更要警惕，六四爻是上卦的开始，大多为惧，虽然正，但不中，又是上卦的开始，也比较凶险，所以这时候要"括囊"。"括囊"就是像口袋一样地把它扎起来，意思是说更要把才华彻底隐藏起来，这样的话才"无咎无誉"，不好不坏，没有过失，也没有赞誉，才能求得平安。孔颖达疏："括，结也。囊，所以贮物，以譬心藏知也。闭其知而不用，故曰括囊；不与物忤，故曰无咎；功不显物，故曰无誉。"六三爻还是"含章"，到六四爻要彻底地归隐，彻底地引退，一点点才华都不能露出来，像个袋子一样扎住，自己就躲在袋子里，这样才能"无咎无誉"。不好不坏才能求得一个平安，因为这时候要谨慎，只有谨慎才能没有危害。

原因一是，六四爻这根阴爻太柔弱了，处在上卦下位，面临突如其来的全新局面，一时之间方寸大乱，手足无措，所以只能退而自保，调整好心态以后再做打算。二是，六四爻的时位是最接近六五爻这个君位的，古时伴君如伴虎，随时会有凶险，所以要警惕，把自己的才华彻底隐藏起来。曾国藩打败洪秀全后，不但自己归隐，主动将湘军裁掉过半，而且劝说其战功赫赫的弟弟曾国荃同他一起归隐，以保平安。鳌拜则是骄傲致祸的典型。康熙十四岁的时候，四大辅臣的首辅索尼病故，康熙亲政。但仅仅十天之后，鳌拜就罗列了二十四条罪状杀害了另一位辅政大臣苏克萨哈，而后越来越猖狂，在朝廷上，如果与皇帝意见相左，他就会大喊大叫。最后，康熙训练了一群少年侍卫，在武英殿智擒鳌拜，宣布了鳌拜的三十条罪状，念其功劳，赦死罪而拘禁，不久鳌拜死于禁所。这就是太猖狂，不知道要谨慎"括囊"的下场。

六五，黄裳¹，元吉²。
《象》曰：黄裳元吉，文³在中也。

[注释]

1 裳：穿在下半身的衣服。

2 元吉：大吉，非常好。

3 文：文饰、华彩。

[译文]

六五，黄色的下衣，最为吉祥。

《象传》说，黄色的下衣，最为吉祥，是因为有文德守持中道。

[解读]

古代说"衣裳"是上衣下裳，"黄裳"就是黄色裙裳。古代皇帝穿黄色的衣服。皇帝是九五之尊，他配的是六五爻，所以皇上穿黄色的衣服。"黄裳，元吉"的字面意思就是穿着黄色的衣服，所以大吉大利。

因为黄色是中央的颜色，按五行来说中央属土，所以黄色为中央大地的颜色。但这只是字面意思。六五爻是这个卦的卦眼，居中位，"中"就代表大地，整个坤卦也代表大地。上衣下裳，裳指要居下。这是说虽然这个时位佳，是君王的位置，但是一定要居下。合起来就是到这个时位要居中、居下。所以《象传》说"黄裳元吉"是因为"文在中也"。"文"这里指大地美好的本质，那就是居中、居下。六五爻是最佳的时位，是上卦的中间。

王弼注："黄，中之色也，裳，下之饰也。坤……美尽于下。夫体无刚健而能极物之情，通理者也。以柔顺之德，处于盛位，任夫文理者也。垂黄裳以获元吉，非用武者也。极阴之盛，不至疑阳，以'文在中'，美之至也。"使用"元"字也是要符合人的本性，这样才能大吉大利。阴爻柔顺不争，谦逊处下，又居上卦的中位，能守中道，这都是大地美好本质的体现。

上六，龙战于野[1]，其血玄[2]黄。
《象》曰：龙战于野，其道穷[3]也。

[注释]

1 野：郊外。

2 玄：赤黑色。

3 穷：事物到头了。

［译文］

上六，龙在郊野争战，流出的血有玄、黄二色。

《象传》说，龙在郊野争战，是因为它的路已经到了尽头。

［解读］

上六爻，就是最上的那根阴爻。"龙战于野"，因为它就要走向反面，坤卦的反面是乾卦，乾卦是龙，所以龙战于野。孔颖达疏："以阳谓之龙，上六是阴之至极，阴盛似阳，故称龙焉。'盛而不已，固阳之地，阳所不堪'，故阳气之龙与之交战，即《说卦》云'战乎乾'是也。……阴阳相伤，故其血玄黄。"其实，这个"战"是采战、交合的意思，就是说到上六爻这个位置要和阳爻的龙交合于野外。坤卦是纯阴之卦，达到极点必然要物极必反，走向反面，所以招来了阳气，龙就是阳气。在野外，野外就是大地。"其血玄黄"，流出的血是黑色和黄色的。天玄地黄，玄色是天的颜色，地的颜色是黄的，所以这里说的就是乾坤交合的颜色。李鼎祚《周易集解》卷二引《九家易》注："实本坤体，未离其类，故称血焉，血以喻阴也。玄黄，天地之杂，言乾坤合居也。"这里是天地交合，到六爻就走向反面，跟阳爻结合，因为走到头了，就要变。穷则思变，一个周期结束、事物到头的时候一定要走到它的反面，叫物极必反。阴性的事物会向阳性的事物靠拢，叫"独阳不生，孤阴不长"，阴阳要交合，万物才能生生不息。

用[1]六，利永[2]贞。

《象》曰：用六永贞，以大[3]终[4]也。

[注释]

1　用：通。

2　永：永久，永远。

3　大：广大。

4　终：终结。

[译文]

通观六根阴爻，利于永久贞正。

《象传》说，通观六根阴爻，之所以利于永久贞正，因为它是一个大周期的终结。

[解读]

坤卦跟乾卦一样多出一条爻辞，乾卦叫"用九"，坤卦叫"用六"。通观六根阴爻，有利于所问的事情，永远有利于贞问。因为这是一个大的终结。乾、坤二卦先有乾后有坤，乾卦是一个小的终结，乾、坤连在一起可以看作一个大的终结。

因为乾、坤二卦是六十四卦的父母卦，乾和坤实际上就可以代表六十四卦，所以是一个大的终结。这两个卦就构成一个独立的全息元，说明万事万物之理，乾、坤二卦涵盖了天地之理，所以"以大终也"。

"用六，利永贞"，也可以理解为有利于永远坚守正道。孔颖达疏："六是柔顺，不可纯柔，故利在永贞。永，长也；贞，正也。"既能用此柔顺，长永贞正，所以广大而终也……此永贞即坤卦之下安贞吉是也。"因为大地是永远遵从天道的，所以会跟天一样永存下去。

"以大终"，朱熹则以阴变为阳来解释，《周易本义》："初阴后阳，故曰大终。"

《文言》曰：坤至[1]柔而动也刚，至静而德方[2]，后得主而有常，含[3]万物而化[4]光[5]。坤道其顺[6]乎，承[7]天而时行[8]。

[注释]

1 至：极，最。

2 方：端正。

3 含：包容、含载。

4 化：化育。

5 光：光明；也可以作"广"讲。

6 顺：顺应、顺从、柔顺。

7　承：蒙受，承接。

8　行：兴作，实施。

[译文]

《文言传》说，坤阴，最为柔顺，但运动起来也是极刚强的；最为静止，但德行却通及四方；随后而走会找到主人而有长久福泽；包含万物而化育广大。坤卦之道就是柔顺吧，它顺承天道而按时运行。

[解读]

《文言传》把乾卦的卦爻辞解释了四次，而对坤卦只解释了一次，既解释卦辞又解释爻辞。

这一段是解释坤卦整个卦辞的。《周易本义》："复明顺承天之义。此以上，申《象传》之意。"《文言》的解释就是说坤卦意味着大地，表示至柔、至静，但又有柔中之刚、静中之动，它顺天应时化育万物，但又必须由阳主宰，才能有条不紊。

"坤至柔而动也刚"，坤是六十四卦中唯一的纯阴卦，所以"至柔"。阴就是柔，最柔弱的一旦动起来就是最刚强的，就像万事万物中最柔弱的是水，而最厉害的也是水，一旦发动起来任何东西也比不过。"动"指变，坤卦六阴爻变后成乾卦，乾卦是纯阳卦，最刚。至静，坤卦安静到极点，所以它的德是方正的。因为最方正的东西是大地，大地、女人都属于阴性事物，同类的东西德性最方正。"天圆地方"，大地最方正，引申到具有坤德的人最安静，所以最有主见，这是一个天性。王弼注："动之方直，不为邪也。柔而又圆，消之道也。其德至静，德必方也。"孔颖达疏："地能生物，初虽柔弱，后至坚刚而成就。地体不动是至静，生物不邪，是德能方正。"

先迷失方向，后来因为"含""顺"，把这种特性发挥出来了，所以找到主人了，有了"常"。"常"就是永恒的，也就是天道，坤需要找到主人才能发挥出柔顺的品性，所以要顺应天。

"含万物而化光"，含容万物，使之化育，这种德是光大光明的。坤包容万物，所以极为广大，就像大地能承载万物，所以是最广大的。孔颖达疏："自明《象》辞含弘光大，言含养万物而德化光大也。"俞琰《周易集说》卷二十七："含藏，蓄也，万物无大无小，地皆藏蓄于其中，博厚之至也。阳变而阴化，天施而地生，坤之含万物，仅能化生耳，非若乾之能变而又能化，能施而又能生也。"

坤之道是非常柔顺的，因为"顺"所以找到了方向。因为它"承天而时行"，顺应天道，按时而行。孔颖达疏："以量时而行，即不敢为物之先，恒相时而动。"整个坤卦用一个字来概括就是"顺"字。既是顺序，又是柔顺、顺从。"坤至柔而动也刚"，"至柔"是柔顺，"至静而德方"也是这个意思。"后得主而有常，含万物而化光"，是因为顺应天道，这是"顺"的第二个意思。第三是顺序、积累，下文说"积善之家，必有余庆。积不善之家，必有余殃。臣弑其君，子弑其父，非一朝一夕之故，其所由来者渐矣"。

积善之家，必[1]有余[2]庆[3]；积不善之家，必有余殃[4]。臣弑[5]其君，子弑其父，非一朝一夕之故[6]，其所由来者渐[7]矣，由辩[8]之不早辩也。《易》曰，履霜坚冰至[9]，盖[10]言[11]顺也。

[注释]

1 必：一定。

2 余：其他的、更多的。

3 庆：福泽。

4 殃：祸患。

5 弑：臣杀死君主或子女杀死父母。

6 故：原因。

7 渐：逐步发展。

8 辩：通"辨"，分别，辨别。

9 至：来到。

10 盖：句首语气词。

11 言：谈论，议论。

[译文]

修德积善的人家，必然留下吉祥；累积恶行的人家，必然留下祸殃。臣子弑杀君主、儿子弑杀父亲，也不是一朝一夕的变故，它们的由来都是长期逐渐累积而形成的，只是由于没有及早辨明罢了。《周易》说，踩在微霜上，冰冻三尺的日子就不远了，说的正是顺的道理。

[解读]

由大地推及人事，修德积善的家族，必然给子孙留下许多吉祥；累积恶行、不行好事的家族，要给子孙遗留下许多祸殃。臣子杀君主、儿子杀父亲这些事，并不是一朝一夕的缘故，作恶的由来是长期逐渐发展而来的，这是由于君主、父亲先前没有能早早辨清真相。这一句解释初六爻。第一爻说"踩上微霜，将要迎来坚厚的冰"，比喻隐藏恶性的事物往往沿一定的趋向发展。"履霜坚冰至"讲一个顺序，先有霜后有冰。事物从小到大的过程，是有次序的。

"积善之家，必有余庆。积不善之家，必有余殃"，这两句话在中国文化史上有重要的影响，意思是积累善德的人家必定会有福报，而积累恶行的人家必定会留下灾祸。佛家的"善有善报，恶有恶报，不是不报，时机未到，时候一到，立即就报"与"积善之家，必有余庆。积不善之家，必有余殃"是同一意思，就是因果报应。这句话是按照坤卦的"顺"的意思引申出来的。"顺"是什么意思？第一柔顺，第二顺应，第三顺序、次序。先有霜，后有冰。这是一个积累的次序。积善越多，福报就越大，恶事做得太多，最后必有恶报，它是从"积累"这个意思上引申出来的。"臣弑其君，子弑其父，非一朝一夕之故也，其所由来者渐矣"，这个"渐"字引申为从小到大的渐变过程，积累的过程。作恶是长期逐渐发展而来的，是由于没有早早地辨认出苗头，"由辩之不早辩也"，该认识的时候没有认识，所以矛盾越积越大。任何事物都是从小到大、从少到多，善行和福报是慢慢积累的，恶行和恶报也是慢慢积累的。任何事物都是一个积累的过程，是一个顺序。

　　这与一个历史事件相联系。周国古公亶父生了三个儿子，老大"泰伯"，老二"虞仲"，老三"季历"，按照当时立长不立幼的规矩，本该是老大继承王位的，可老三季历生了一个出色的儿子，就是文王姬昌，据说姬昌天生禀异，亶非常喜欢这个孙子，于是季历就父凭子贵，继承了王位。老大"泰伯"和老二"虞仲"毅然远走他乡，由于他们的高风亮节，留下了"不分伯仲"的千古传唱。季历也是好样的，当政以后，殚精竭虑，励精图治，西周一天比一天强大。所谓木秀于林风必摧之，一个诸侯政权逐步强大自然会引起殷商政权的注意。当时的商王文丁就设计将季历囚禁杀害了。所以，周商之间的杀父之仇早就结下了，后来才有周推翻殷商，正如《文言传》所说："子弑其父，臣弑其君，非一朝一日之故也。"

　　直[1] 其正[2] 也，方其义[3] 也。君子敬以[4] 直内，义以方外，敬义立⁵而德不孤。直方大，不习无不利，则不疑⁶其所行也。

[注释]

1 直：正直。

2 方：端正。

3 义：宜也。

4 以：连词，用来。

5 立：树立、建立。

6 疑：怀疑。

[译文]

品德正直高尚，遍及四方，义行天下。君子以恭敬的态度持守内心的正直，以仁义的行为塑造外表的端方，当恭敬的态度和仁义的行为都树立起来时，他的美德自然也就不会孤单了。直接产生，遍及四方，广大无边，不必修习，事无不利，这样就不会怀疑自己所身体力行的了。

[解读]

这一段解释六二爻。"直"就是正直，说明品性纯正；"方"就是方正，说明行为适宜。"方其义也"就是行为要符合道义。君子恭敬勤勉可以促使内心正直，适当的行为可以促使外形端正。内在要直，外在要方，方体现在义上，直体现在敬上。

孔颖达疏："言君子法地正直而生万物，皆得所宜，各以方正。"俞琰《周易集说》卷二十七："敬者主一于此而无他适之谓，义者裁制于彼而合其宜之谓，敬以操守于内而心不他适，则其直于内也，洞然而略无私曲，义以裁制于外而事皆合宜，则其方于外也。""敬"就是指人要有恭敬之心，要守仁道。仁主内，义主外；内在取仁，外在取义；内仁所以正直，外义所以端方。内心恭敬、行为适宜就能使美德广布而不孤立。

仁和义涵盖了其他一切品德，其他品德都可以看作"仁义"这两种品德的细化。"行"就是品行，是直方大的品德，也就是儒家的品德，仁义的品德。君子恭敬做到一丝不苟，促使内心正直，适当的行为可以促使外形端方。做到恭敬不苟、行为适宜，就能使美德广布而不显得孤立。正直、端方、宏大，即使不学习也不一定不获得利益，这说明只要你美德充沛，一切行为都不必有疑虑。

德不孤，出自《论语·里仁》"德不孤，必有邻"，是说有道德的人一定不会孤单，一定会有一些志同道合的人来跟他做邻居，跟他相伴。程颐《伊川易传》卷一："敬义既立，其德盛矣，不期大而大矣，德不孤也。"

可以把坤卦六二爻的主旨简单归纳为"立心要正，行事要明"八个字。不难看出，这是典型的儒家思想，是儒家"内圣外王"精神在"内圣"方面的一般要求。儒家是讲求入世的，是要有所作为的，虽然它也有"穷则独善其身"的退缩，也有"道不行，乘桴浮于海"的决绝，但那已经是发现"兼济天下"是一项不可能完成的任务之后的无奈选择了。孔夫子一生中的大部分时光是在东奔西走，想要追求"外王"，想要"治国平天下"，实在不行了也没有彻底放弃，退而著述，杏坛布道，播下了思想的火种，指明了后学的努力方向。他的思想是积极的，向上的。北宋张载说："为天地立心，为生民立命，为往圣继绝学，为万世开太平。"可以与孔子的话相印证。天地之心自然是堂堂正正，只有立心正，方能达到 "为生民立命，为往圣继绝学，为万世开太平"的终极目标。这是从孔子一脉以下延续数千年来真儒者高尚情操的体现和前赴后继的不懈追求。

阴虽[1]有美，含[2]之，以从[3]王事，弗[4]敢[5]成也。地道也，妻道也，臣道也，地道无成，而代[6]有终也。

[注释]

1 虽：即使，纵使。

2 含：隐含、怀藏。

3 从：跟随。

4 弗：不。

5 敢：谦词，冒昧。

6 代：更迭，交替。

[译文]

坤阴虽有才德之美，但要含藏不露以随从君王干事，不敢因成功而居功。这就是地顺天的道理，妻从夫的道理，臣忠君的道理，成功却不居功，而代以回报的是有善终。

[解读]

这一段话解释六三爻。阴柔在下纵然有美德，也要含藏不显露，用美德来辅助君主的事业，不敢把成功的功劳归为自己所有。这才是地顺天的道理，妻子顺从丈夫的道理，臣子忠于君王的道理。地顺天的道理表明成功不但不归自己所有，并且还要为天效劳、奉事老天从始至终。孔颖达疏："言六三之阴，虽有美道包含之德，苟或从王事，不敢为主先成之也。……地道卑柔，无敢先唱成物，必待阳始先唱，而后代阳有终也。"

这一段话阐发"妻道""臣道""地道"的要旨，从中可以看到中国古老的"扶阳抑阴"思想。"阴虽有美"，阴性的东西虽然总是与美好的东西连在一起，但是仍然要"含之，以从王事，弗敢成也"，要隐藏自己的才华，跟随阳性事物（王）来做事，而不要自己有所成就，要协助别人有所成就，这就是"无成有终"，这就隐含着"地道也，妻道也，臣道也"。对天而言是大地的品德，对君而言是大臣的品德，对丈夫而言是妻子的品德，做大地、臣、妻都要隐含自己的才华，这样"地道无成，而代有终也"，虽然你自己没有成就，但是能够"代有终",一代一代地延续下去而得善终。俞琰《周易集说》卷二十七:"代,继也。古之人为臣而尽臣道者,以地道自处,而不矜不伐,唯知代天之功,以终其劳,及其成功,则归之天,不敢贪天之功以为己力,盖知地道无成而代有终之义也。"当然这个意思绝对不能庸俗地理解为女人就不能干事,不是这个意思。而是指凡是具备坤卦属性的人,无论是男人还是女人都不适合独自干大事。

天地变化,草木蕃¹。天地闭²,贤人隐。《易》曰,括囊无咎无誉,盖言谨³也。

[注释]

1 蕃:茂盛。

2 闭:闭塞。

3 谨:慎重,小心。

[译文]

天地之间变化交通,草木就会繁衍茂盛。天地之间闭塞不通,贤人就会潜隐不出。《易经》说,扎起口袋,既不获咎也不邀誉,这大概就是用来比喻谨慎行事的道理。

[解读]

这两句解释六四爻。天地变化带来了草木的繁衍茂盛。

孔颖达疏：“天地变化，谓二气交通，生养万物，故草木蕃滋。”而天地昏暗了，贤人就要隐退。天地变化使万事万物都不断地繁衍生长，但事物不可能永远生长，一旦停止生长，休息的时候，君子贤人也一定要归隐。这是天人相应思想的反映。到六四爻就是天地闭，贤人也要归隐，这是道家的思想，功成身退，不能居功。俞琰《周易集说》卷二十七："盖时异事殊，君子亦唯随时之治乱以为进退也，时当进君子亦进，乾九五是也；时当隐君子亦隐，坤六四是也。谨即慎不害之谓。"

君子黄中通[1]理，正位居[2]体，美在其中，而畅[3]于四支，发[4]于事业，美之至[5]也。

[注释]

1 通：通达。

2 居：处于，位于。

3 畅：没有阻碍。

4 发：显现，显露，表现。

5 至：极点。

[译文]

君子内在的美质好比黄色居于中位，通达文理，身居正确的位置，美德才能蕴藏于内心，顺畅地流布在四肢，在事业上能有所发挥，这就是最美好的品质。

[解读]

这一句解释六五爻。君子内在美好的品质好比"黄中通理"，黄色居于中位，因为六五爻在中位，是最好的位置；"通理"就是通达文理。俞琰《周易集说》卷二十七："黄中谓君子有中德之美也，通理谓通达乎道理也。"他身居正确的位置，美德才能蕴藏于内心，顺畅地流布在四肢，并在事业上能有所发挥，总之这才是最美的品质。只有守住"黄中"才能"通理"。"正位"指它正好居于中位，不是"中正"，是"正中"，正好在中间，居住在卦爻的六五之体，所以"美在其中"。身居正确的位置，美德才能蕴藏于内心，然后要把美德"畅于四支"，顺畅地流布在四肢。再进一步推广到事业上，就会美到极点。孔颖达疏："外内俱善，能宣发于事业。所营谓之事，事成谓之业，美莫过之。"所以"黄裳元吉"是一种最美好的品德，先要蕴藏在心中，然后一点一点发挥出来。

"黄中通理"对道教产生了重要的影响，后来道教很多书名用"黄"字，如《黄庭经》。"黄庭"就是"黄中"。"黄"指"中"，所以在人体上"黄中"指体位居中，当然也指中丹田。"通理"在道教内丹功中又指打开大周天，通达四肢，这叫"正位居体，畅于四支"。"美在其中，而畅于四支"，内丹学按照这句话来建构周天体系，当然它原来的意思是说居中位，正因为抓住了这一点才能"正位居体"。

阴疑于阳必战，为 [1] 其嫌 [2] 于无阳也，故 [3] 称龙焉。犹 [4] 未离其类也，故称血焉。夫玄黄者，天地之杂 [5] 也，天玄而地黄。

[注释]

1 为：连词，因为。

2 嫌：避忌，厌恶。

3 故：因此，所以。

4 犹：仍然，还。

5 杂：混合，掺杂。

[译文]

阴气凝聚到极点必然要和阳气交合，是因为它不满于自己无阳，已经开始向阳的方面转化，所以称龙。又，虽开始向阳的方面转化，但还没有完全转化为阳，仍未离开阴类，所以称血，血是阴类。至于玄黄，那是用来表示正处于天地相杂、阴阳转化的关键时刻，情况一片混乱，因为天本是青色，地本是黄色。

[解读]

这几句解释上六爻。"阴疑于阳"，"疑"可以理解为凝聚，阴气凝聚到极点必然要和阳气交战，"战"是采战，招徕阳气，与之交合。因为坤卦无阳，没有阳爻，所以招徕阳气。"疑"也可以通"拟"，通"比"。《周易本义》："疑，谓钧敌而无小大之差也。""龙"指阳气，在爻辞中用"龙"来代表阳。这就是独阳不生、孤阴不长，所以阴气到极点时必然要招来阳气和它交合。"犹未离其类也"，这一类是阴类，还未离开阴类，"故称血焉"。血、水与坤、大地是同一类。"玄黄"是黑色（或青色）与黄色交合的杂色。说明坤卦发展到上六爻，就要阴极生阳，阴阳在交合中变化发展。俞琰《周易集说》卷二十七："玄者天之色，黄者地之色。血言玄黄则天地杂类而阴阳无别矣，故曰夫玄黄者天地之杂也。阴阳相战，虽至于天地之杂乱，然而天地定位于上下，其大分终不可易，故其中又分而言之曰天玄而地黄。"

　　坤卦六根爻同乾卦一样讲了发生发展的次序，如果把这六个阶段简单地用一个字来概括，那就是"履、直、含、括、黄、战"这么一个过程。从某种意义上说，乾卦体现了儒家精神，坤卦体现了道家精神。这样一乾一坤、一刚一柔、一白一黑、一儒一道，两者是融合的，不是对立的，儒道两家都讲"中和"，"中和"体现了中国人的精神。中华民族精神用一个字表示就是"和"，用八个字表示就是"自强不息，厚德载物"，用两个字表示就是"乾坤"或者是"阴阳"。乾卦就是"自强不息"，坤卦就是"厚德载物"。

屯卦第三

坎上震下

[解读]

水雷屯。屯卦是《易经》的第三卦，在乾卦的天、坤卦的地之后，表示天地交合产生万事万物的那一刻，也就是万物刚开始进入艰难局面。"屯"读（zhūn），又读"dùn"，表困顿之意，指万物刚刚开始，或小孩刚刚出生时那种艰难的局面。《说文解字注》说："屯，难也，草木之初生，屯然而难，从中贯一，屈曲之也。一，地也。"从构字来看，上面一横表示大地，下面为草，草刚刚长出大地时，上面有土压着，小草奋力生出时下面则被压弯了，故形成"屯"字。为什么上水下雷即组成屯卦呢？水即指云，指雨，雷即雷电，表示当发生大事、出现大变革时，雷雨交加的局面。如仓颉初创汉字时，惊天地，泣鬼神，雷雨交加，这就是屯卦所描述的场景。

屯，元、亨、利、贞，勿[1]用[2]有攸[3]往，利建[4]侯。

［注释］

1 勿：不。

2 用：施行。

3 攸：所。

4 建：封立、封赐。

［译文］

屯卦，元始亨通，利物贞正，不可有所前往，利于建功立业而为诸侯。

［解读］

"元、亨、利、贞"，指一开始就亨通，有利于占问的事情。"勿用"就是不要动。因为此时毕竟是事物刚刚开始的阶段，尚不可乱动。"有攸往"，即可以前往。"勿用有攸往"也可以理解为只要不乱动，心有定力，就可以前往。若没有很好的定力，急躁，浮躁，事情就可能招致失败。有了这个基础，有了定力、定位，就可以"利建侯"，有利于建功立业。程颐《伊川易传》卷一："天下之屯，岂独力所能济。必广资辅助，故利建侯也。"

卦象上由两部分组成，上面是坎卦，下面是震卦，坎卦代表水，震卦代表雷。这个卦象描述了狂风暴雨、响雷阵阵的场景，也就是万事万物开创时的艰难场景。但在这个艰难的局面里，卦辞一点没说艰难，而是说有利，就是说抓住

"元"——万事万物的本源——就能亨通、有利，而且要坚贞不移地守正道。

《彖》曰：屯，刚柔始交而难[1]生，动乎险中，大亨贞。雷雨之动满盈[2]，天造[3]草[4]昧[5]，宜建侯而不宁[6]。

[注释]

1 难：灾难，祸殃。

2 盈：充沛。

3 造：制作；给予生命。

4 草：初步的。

5 昧：蒙昧。

6 宁：安定、平静。

[译文]

《彖传》说，屯卦，阳刚之气与阴柔之气开始交合，困难随之而生。在险恶中运动不已，最终一切亨通贞正。雷鸣雨降遍布各地，天地的造化尚在草创冥昧的阶段，适宜建功立业而为诸侯，并且勤奋努力不休。

[解读]

"刚"是阳，在此指纯阳的乾卦，"柔"是阴，指纯阴的坤卦。"刚柔始交而难生",上坎一阳陷入二阴之中,象征天地交合之后有了孕育、产难之事。屯卦的第一爻和第五爻都是阳爻,其他爻都是阴爻,这是刚开始阴阳相交,万事万物都很艰难。李鼎祚《周易集解》卷二引崔憬说:"十二月,阳始浸长而交于阴,故曰刚柔始交。万物萌牙(芽),生于地中,有寒冰之难,故言难生。于人事则是运季业初之际也。"程颐《伊川易传》卷一说:阴阳"始交而未畅,则为屯,在时则天下屯难未亨泰之时也"。朱熹则认为"始交而难生"与下文相联系,《周易本义》:"始交谓震,难生谓坎。""动乎险中"即动在险下。"动"这里指下面的震卦在打雷,"险"指坎卦,指震在坎的下面 。"大亨贞",非常有利于亨通,大吉。孔颖达疏:"初动险中,故屯难动而不已;将出于险,故得'大亨贞'也。大亨即元亨也。"只要坚持"元",就能亨通。"雷雨之动满盈",天地草创之时,云雷发动,天地之间充满响雷暴雨。孔颖达疏:"言雷雨二气,初相交动,以生养万物,故得满盈,即是亨之义也。""天造草昧",万物刚好是生机勃发的草创时期,这是春天来了,这个节气叫惊蛰,意思是把冬眠的动物都惊醒了,万物复苏生机勃发,但也因为是万物初创期,所以是一种杂乱无序、蒙昧不明的状态。这个时候"宜建侯而不宁",有利于去建功立业、安定人心,孔颖达疏:"草谓草创,昧谓冥昧,言天造万物于草创之始,如在冥昧之时也。于此草昧之时,王者当法此屯卦,宜建立诸侯以抚恤万方之物,而不得安居于事。""不宁"也指自己不要贪图安宁，因为草创时期是要付出一番艰难的。

《象》曰：云雷，屯，君子以经纶[1]。

[注释]

1　经纶：比喻筹划治理国家大事。

[译文]

《象传》说，上云下雷，这就是屯卦之象，君子要去经纬天下，治国安邦。

[解读]

上云下雷，即构成屯卦。两卦没有上下先后关系，而是并列关系。上卦为坎卦，坎为水，坎水在上不下，故为云，下卦为震卦，震为雷，云下有雷在轰鸣，但还没有下雨，这就是屯卦之象。君子看到这样的卦象，就要按照屯卦之道"以经纶"，即去经纬天下，治国安邦。乌云密布，电闪雷鸣，天地一片黑暗，这既是艰难的写照，又是以宏大的气概、非凡的魄力，勇克艰险，度过黑暗，迎来光明的写照。《周易本义》："经纶，治丝之事。经引之，纶理之也，屯难之世，君子有为之时也。"

《象传》是从形象上解释卦的，"君子以经纶"，君子处在这种万事万物刚刚发生的场景当中，可以"经纶"，就是可以经纬天地，也就是可以治理国家。这种万物创生的时候，刚好有利于君子建功立业。

初九，磐桓[1]，利居贞[2]，利建侯。

《象》曰：虽磐桓，志[3]行正也。以[4]贵下贱，大得民也。

[注释]

1 磐桓：徘徊。

2 贞：正。

3 志：心志，意向。

4 以：用。

[译文]

初九，原地徘徊不进，利于居正贞固，利于建功立业而为诸侯。

《象传》说，虽然原地徘徊不进，但是前进的志向是正当的。若能以贵下贱，必然大得民心。

[解读]

"磐桓"就是徘徊，徘徊有两个意思：一个是被动的，因为遇到万事万物刚开始的艰难局面，所以不得不徘徊、犹豫不决；一个是主动的，意思是这时自己不要贸然做决定，要全面考察。《周易本义》："磐桓，难进之貌。屯难之初，以阳在下，又居动体，而上应柔，险陷之爻，故有磐桓之象。""利居贞"即利居正，有利于居正位。"利建侯"，有利于建功立业。初九，虽然在事业刚开始时有所徘徊，但是一定要有定力，要居正位，这样才能有利于建功立业。

《象传》说，虽然在行为上徘徊不定，但在内心、在意志上一定要安定下来。王弼注："不可以进，故磐桓也。非为宴安弃成务也，故'虽磐桓，志行正也'。"俞琰《周易集说》卷二十："初九以刚阳之爻居阳刚之位，正也。所居既正，故其所行亦正是，以身虽盘桓，志则上行，而与六四相应也。"初九爻居于下位，以贵处贱位，故深得民心，君子正是凭此才能经纶天下。初九爻告诉我们要坚定自己的信念和目标，还要能甘居人下，以礼待人，才能深得民心，这样才有利于建功立业。

六二，屯如[1]，邅如[2]，乘[3]马班如[4]，匪[5]寇[6]婚媾[7]，女子贞[8]不字，十年乃字[9]。

《象》曰：六二之难，乘刚也。十年乃字，反[10]常也。

[注释]

1 屯如：艰难的样子。如：表示动作或事物的状态。

2 邅（zhān）如：迟疑不进的样子。

3 乘：四匹马为一乘。

4 班如：在原地打转的样子。

5 匪：通"非"。

6 寇：抢。

7 婚媾（gòu）：嫁娶。

8 贞：贞洁、贞节；坚贞、贞固。

9 字：怀孕生子。

10 反：通"返"。

[译文]

六二，原地徘徊难进，车马喧闹，乱哄哄，不是强盗来杀人越货，而是新郎来为娶新娘，姑娘守身不怀孕生子，十年才怀孕生子。

《象传》说，六二的难局是因为乘在刚爻之上。十年后怀孕生子，这是回到常规了。

[解读]

"屯如，邅如"，就是遭遇困境不能摆脱的样子。"乘马班如"，骑着马，却在原地打转，盘旋不进。六二爻与九五爻正应，六二爻欲进，但两爻相隔甚远，孔颖达疏："言二欲乘马，往适于五，正道未通，故班旋而不进也。""匪寇婚媾"，指不是为了抢东西，而是为了抢婚。王弼注："寇谓初也，言二非有初九与己作寇害，则得其五为婚媾矣。""婚媾"

引申为阴阳交合。此处六二爻对应九五爻，指九五爻之阳爻来抢六二爻之阴爻，一阴一阳才能交合。"女子贞不字，十年乃字"，是指女子很贞洁，十年内没有婚嫁自然也不生孩子，十年之后才婚嫁怀孕生子。此处"十"非实指，而是表示数的极点，十年表示一个周期。《周易本义》："至于十年，数穷理极。则妄求者去，正应者合，而可许矣。""字"又可以引申为大的成就，建功立业。全句可理解为在刚刚开始阶段，因为整个时势不适合，所以不利建功立业，只有在等待一个周期以后，借他人之势，才能取得大的成就。

《象传》说，六二爻之所以开创新局面这么困难，是因为"乘刚也"。六二是阴爻，初九是阳爻，阴爻居在阳爻之上，即为"乘刚"，是不吉利的，所以有艰难。王弼注："志在乎五，不从于初。屯难之时，正道未行，与初相近而不相得，困于侵害，故屯邅也。"但因为六二爻又中又正，所以只要耐心等待着时来运转，总有一天会否极泰来、万象更新。"十年乃字"是一种"反常"的现象，是违背常规的现象。"反常"一般有两种解释，一是不正常，二是回返正常。这里取第二种，就是说回返到平常、不再举步维艰的状态，到那时正好可以大显身手，建功立业。

西周首领亶（dǎn），就是周文王的爷爷，是真正的建立稳定的西周政权的人，被后世尊称为"古公亶父"。"亶"这个字与周易第三卦屯卦关系很大。屯卦就是形容万物出生，面临始生之难，但利建侯。尤其是屯卦六二爻爻辞描述了当时的亶带领人民艰难立国，在夹缝中求生存，紧紧依附殷商政权，做长期发展的客观历史现实。后来周文王充分吸取他父亲季历被纣王害死的教训，也充分意识到，尽管殷商此时在走下坡路，但其实力还是远远强于西周，所以确立了十年的韬光养晦时间，屯卦第二爻"匪寇婚媾，女子贞不字，十年乃字"可能也是比喻这件事。又如复卦上六爻："用行师，终有大败，以其国君凶，至于十年不克征。"颐卦六三爻："十年勿用，无攸利。"这都是文王对自己后世子孙的嘱托，所以文王死前还是反对对殷商用兵的，只因时机不成熟。

六三，即[1]鹿无虞[2]，惟[3]入于林中，君子几[4]，不如舍[5]，往吝[6]。

《象》曰：即鹿无虞，以从[7]禽也。君子舍之，往吝穷[8]也。

[注释]

1 即：追逐。

2 虞：官名，为贵族掌管田猎的官，在贵族行猎时，为之驱除鸟兽。

3 惟：只是。

4 几：几微、微妙。

5 舍：放弃、舍弃。

6 吝：艰难。

7 从：跟随。

8 穷：阻塞不通。

[译文]

六三，追逐野鹿而无虞人帮助，不仅得不到鹿，反会陷入山林中而迷失道路，此时君子察知几微，认为不如舍弃不追，因为前往会有困难。

《象传》说，追逐野鹿而无虞人帮助，是因为跟从了飞禽的指引。君子舍弃不追，是因为前往必然会陷于吝穷之途。

[解读]

"即鹿"就是逐鹿，追逐野鹿。"无虞"，没有虞官，此处引申为没有向导。"几"可理解为微妙的时机。"君子几"，君子要懂得见机行事。"不如舍，往吝"，指再往前追逐就会很艰难，不如停止追逐，舍弃那头鹿，否则不但得不到鹿，自己反而会迷路。俞琰《周易集说》卷一："位至于六三，则当尽其才力，不可不及也。舍，谓职分。终于六三，则又当量其才力，不可过也。吝，恨惜也。六三才柔而志刚，盖欲往济九五之屯，而上无应援，犹即鹿而无虞人引导，故虽入于林中，不若止而弗往，往则俱陷，徒恨惜也。"

《象传》说：在林中追逐野鹿而没有向导的指引，是因为借助于飞禽的指引，孔颖达疏："即鹿当有虞官，即有鹿也，若无虞官，以从逐于禽，亦不可得也。""君子舍之，往吝穷也"，君子这时候还不如舍弃呢，因为再往前走就有艰难，就没有路了。程颐《伊川易传》卷一："君子见事之几微，不若舍而勿逐。往则徒取穷吝而已。"六三爻居下卦的最上一个时位，再往上仍为阴爻，而无阳爻，而且与上六不相应，没有人指引，意味着再往前走就很艰难，还不如停止、放弃。放弃、舍弃、停止，也是见机行事。人们往往都想"得"，很少有人愿意"舍"。殊不知，有舍才有得。

鹿在后世常常喻指国家政权。秦朝二世而亡，群雄纷起，《史记》描述当时情形就用了一句话："秦失其鹿，天下共逐之。"意即秦把自己的政权搞丢了，天下英雄都有机会参与角逐，将之据为己有。

六四，乘马班如[1]，求婚媾，往吉，无不利。
《象》曰：求而往，明[2]也。

[注释]

1 班如：原地打转，此处表示马匹多，乱纷纷。
2 明：聪慧、悟性高。

[译文]

六四，车马喧闹，乱哄哄，是来迎亲。此行吉祥，事无不利。
《象传》说，为求结婚而前往，是明智的选择。

[**解读**]

马匹在原地打转，是为了求得婚媾。"往吉，无不利"，再往前走是吉利的，不会有凶险。因六四爻之上为九五爻，阴爻遇阳爻，故往吉，再往前走就是吉利的，不会有凶险。"求而往，明也"，李鼎祚《周易集解》卷二引崔憬说："屯难之时，勿用攸往。初虽作应，班如不进，即比于五，五来求婚，男求女，往吉无不利。"六四爻与初九爻是正应，但在屯难之时不可前往；上有九五相求，往而从之，可获吉利。引申来看，六四为阴爻，处于阴位，说明是柔弱之人处柔弱之位，其上面是九五爻为阳爻，处君位，刚健有为，六四前往去顺从他，是一种非常明智的选择。这是告诉我们在艰难的时候要看到光明，不要一下子就停步了。

九五，屯[1]其膏[2]，小贞[3]吉，大贞凶。
《象》曰：屯其膏，施[4]未光[5]也。

[**注释**]

1 屯：积蓄。

2 膏：本指油脂，这里指财富。

3 贞：问。

4 施：给予。

5 光：通"广"。

［译文］

九五，囤积膏泽，小处的贞正是吉利的，大处的贞正是凶险的。

《象传》说，囤积膏泽，施布不够广大。

［解读］

"屯其膏"，即积蓄财富。"小贞吉，大贞凶"，在小事上、小的方面是吉利的，在大事、大方向上则很凶险。全句指积蓄财富，在小事上是吉利的，在大事上则是凶险的。也可以这样理解："小"指阴爻，即和九五爻相呼应的下卦中爻六二爻，"大"指阳爻，即九五爻。

《象传》解释说，把财富积累起来，没有广泛施舍，所以就有了小大和吉凶之间的变化。在小范围内财富众多，故吉，而在整个范围内，占为己有，没有广施于民，不能恩泽，所以是凶险的。王弼注："处屯难之时，居尊位之上，不能恢弘博施，无物不与，拯济微滞，亨于群小，而系应在二，屯难其膏，非能光其施者也。"

一般第五爻都是吉的，九五至尊，但身居尊位却不把恩泽施于百姓，那就凶险了。

上六，乘马班如，泣血涟如[1]。

《象》曰：泣血涟如，何[2]可[3]长也。

[注释]

1 涟如：连续不断的样子。

2 何：怎么。

3 可：能够。

[译文]

上六，车马喧闹，乱哄哄，待嫁的姑娘哭泣得血泪涟涟。

《象传》说，待嫁的姑娘哭泣得血泪涟涟，这怎么可以长久呢？

[解读]

马匹在原地打转，眼中不断流出带血的眼泪。《象传》说眼中不断流出带血的眼泪，这怎么可以长久呢？比喻困顿的状况到了极点，是悲伤不已的艰难局面。程颐《伊川易传》卷一："六以阴柔居屯之终，在险之极而无应援，居则不安，动无所之。乘马欲往，复班如不进，穷厄之甚，至于泣血涟如，屯之极也。"上六爻处屯难之极，与六三爻又不相应，孤立无援，所以困顿的状况到了极点，悲伤不已。这样的状况不能再继续下去了，一定要穷则思变。

蒙卦第四

☶ 艮上坎下

[解读]

蒙卦是《易经》的第四卦，事物经历了"屯"之艰难，自然就进入了"蒙"卦的启蒙、发蒙阶段。

蒙是蒙昧、幼稚的意思，小孩子出生之后是蒙昧无知而且稚嫩的。就一个人来说，刚开始做一件事，对未来看得不是很清楚，处于懵懵懂懂的状态，就属于蒙卦。

山水蒙，上面是一座山——艮卦，下面是水——坎卦。山下流出来的水是泉水，水量是不大的，这个卦象说的就是泉水刚刚流出来的样子。既然是蒙昧的、稚小的，就要启蒙、发蒙。

蒙，亨。匪[1]我求童[2]蒙，童蒙求我。初筮告[3]，再三渎[4]，渎则不告，利贞。

[注释]

1 匪：通"非"。

2 童：指代困惑的人，也可以指刚开始做事业的人。

3 告：表明，谕教。

4 渎：烦琐；轻慢。

[译文]

蒙卦，亨通。不是我要求蒙昧的年轻人来求问，而是蒙昧的年轻人向我求问。初次来占筮，就告诉他结果，但若接二连三地来占筮，那是亵渎神明，亵渎神明就不能告诉他结果，这样有利于贞正。

[解读]

"蒙"是蒙昧、幼稚、蒙蔽的意思。蒙卦意在揭示"启发蒙稚"的道理，说明事物发展的初期阶段必多蒙昧，应施教。

卦辞说，会亨通。不是我主动去求他来接受启蒙。是他自己有困惑，主动来向我请教，说明他有了一种上进之心，一种求知的欲望，好比乾卦自强不息，已经有强烈的自我意识了，这时候接受启蒙是最好的。正如孔子所说，"不愤不启，不悱不发"（《论语·述而第七》），启蒙教育也要强调时机，"愤"是心里想弄清楚，结果怎么都弄不清楚，不到这种情况就不要去启发他，"悱"是想说又说不出来，不到这种状态就不要去启发他。孔颖达疏："物既暗弱而意原亨通，即明者不求于暗，即匪我师德之高明往求童蒙之暗，但暗者求明，明者不谙于暗。""筮"，用蓍草占卜。第一次占筮则告诉他，

第二次、第三次则不告诉他。"渎则不告",因其第一次不信,
而第二次、第三次起卦,就是亵渎神灵,所以不能告诉他了。
俞琰《周易集说》卷一:"渎,与《少仪》'毋渎神'之渎同。
不告,与《诗·小旻》'我龟既厌,不我告犹'之义同。初
筮则其志专一,故告;再三则烦渎,故不告。盖童蒙之求师,
与人之求神,其道一也。"有困惑的人主动来求问于师,第
一次求问则教之,接二连三的渎乱之问,则不予教诲,这样
是为了维护师道尊严。"利贞",有利于守持正道。也可以
从教育效果来理解,孔颖达疏:"童蒙来问,本为决疑,师
若以广深二义再三之言告之,则童蒙闻之,转亦渎乱,故不
如不告也。"

《彖》曰:蒙,山下有险;险而止[1],蒙。蒙,亨,
以[2]亨行[3],时[4]中[5]也。匪我求童蒙,童蒙求我,志[6]
应[7]也。初筮告,以[8]刚中也。再三渎,渎则不告,渎
蒙也。蒙以[9]养正,圣功也。

[注释]

1 止:停住。

2 以:凭借、按照。

3 行:兴作,实施。

4 时:按时势或时局。

5 中:无过之或不及。

6 志：心意。

7 应：应和，响应。

8 以：因为。

9 以：用来。

[译文]

《彖传》说：蒙卦，山下面有危险，遇到危险就停止，这就是蒙昧。由蒙昧而亨通，之所以亨通，是因为符合时机，守持中道。不是我要求蒙昧的年轻人来求问，而是蒙昧的年轻人向我求问，如此才能志意相应。初次来占筮，就告诉他结果，那是因为本卦有刚毅中正之象。但若接二连三地来占筮，那是亵渎神明，亵渎神明就不能告诉他结果，这是因为他既蒙昧又亵渎。蒙卦是用来培养正道的，这是圣人的功德。

[解读]

蒙卦上卦为艮，艮为山，下卦为坎，坎为险，所以说山的下面有险难。艮又为止，所以蒙卦的卦象又可以说是"险而止"。蒙卦亨通，启蒙之道之所以亨通，是因为"时中也"，即符合时机，坚守中道，施行中正之教。张载《横渠易说》："《彖》之所论，皆二之义。教者但观蒙者时之所及则道之，此是以亨行时（中）也；此时也，正所谓如时雨化之。如既引之中道而不使之通，则是教者之过；当时而道之使不失其正，则是教者之功。""匪我求童蒙，童蒙求我"，不是老师在求学生，而是学生在求老师。这样才能意志相应，才能解惑发蒙。之所以第一次占筮要告诉他，"以刚中也"，是因为九二刚爻居中位。程颐《伊川易传》卷一："初筮谓诚一而来求决其蒙，则当以刚中之道，告而开发之。""再三渎"，启蒙老师已经告诉他问题的答案了，但他仍然反复地问同一个问题，说明这个人不是愚蠢，就是不信任。这是亵渎启蒙。《伊川易传》卷一："来筮之意烦数不能诚一时渎慢矣，不当告也。告之必不能信受，徒为烦渎。"俞琰《周易集说》卷十四："渎蒙，谓告之不一则其说烦乱而愈滋其惑也，是不惟问者渎，告者亦渎也。夫童蒙求我之初，其志盖专一也，吾当尽诚以告之，不告则失人，至于再至，于三，则烦数而其志不专一矣，不若不告，告则失言也。"

用"蒙"可以培养最纯正的品质，这是圣人最大的功劳。《伊川易传》："以纯一未发之蒙而养其正，乃作圣之功也。……养正于蒙，学之至善也。""养正"，走正道，蒙卦二、五爻，虽中不正，但阴阳相应。蒙卦是教我们养正气、养正道、养正德。按照乾卦的说法，只要符合天道、符合自然规律和事物本来面目的东西就是"正"。教孩子首先要教他"正"，这样他一辈子都会受用，将来就不会走邪路了。"蒙"也可以理解为副词，孔颖达疏："蒙昧隐默，自养正道。"是说养正但不显明于外。

《象》曰：山下出泉，蒙。君子以果[1]行[2]育[3]德。

[注释]

1 果：果断。

2 行：行为。

3 育：培养。

[译文]

《象传》说，高山下流出泉水，这就是蒙卦文象。君子要以果断的行动培育道德。

[解读]

"山下出泉"，上卦为艮卦，艮为山，下卦为坎卦，坎为水，高山下流出泉水，这就是蒙卦之象。君子看到这样的卦象，就要按照蒙卦之道使行为果断，培育出纯正的品德。《伊川易传》卷一："山下出泉，出而遇险，未有所之，蒙之象也，若人蒙稚，未知所适也，君子观蒙之象，以果行育德，观其出而未能通行，则以果决其所行，观其始出而未有所向，则以养育其明德也。"

泉水，细微之水，以喻启蒙教育要像山下的泉水一样，如同杜甫的诗所说的"随风潜入夜，润物细无声"（《春夜喜雨》）。当此发蒙之时，应当像涓涓细流，耐心细致，绝不能生猛粗暴。

"果行育德"是我们做启蒙教育的目的。启蒙教育不是要教孩子多少知识，而是要教他确立正道，要有品德，然后他的行为就会果断，做事情就会坚韧不拔。

初六，发¹蒙，利用²刑³人，用说⁴桎梏⁵，以往，吝。

《象》曰：利用刑人，以正⁶法也。

[注释]

1 发：开启、开导。

2 用：使用，采用。

3 刑：通"型"。

4 说：通"脱"，摆脱。

5 桎梏：刑具，引申为束缚。

6 正：端正。

[译文]

初六，启发蒙昧，利于用以人执刑的方法规范人们，借此让他们摆脱桎梏。若他们以身试法，就会有遗憾。

《象传》说，利于用以人执刑的方法规范人们，可以端正法纪。

[解读]

初六，是启发蒙昧的开始，叫发蒙。这时候，"利用刑人"，"用刑"一般理解为申明刑法禁令，《伊川易传》卷一：

"发下民之蒙，当明刑禁以示之，使之知畏，然后教导之。"朱熹也赞同此说。《周易尚氏学》认为"刑"是树模范，这句话是说有利于用典型规范教育别人，要树立一个规范、一个模型、一个典范，然后用这个典范来教育孩子。"用说桎梏"有两个意思：第一个是告诉孩子遵纪守法，不要触犯刑律，不要戴上脚镣手铐；第二个是告诉孩子要摆脱各种束缚。这就是说，教育孩子一方面要告诉他一些大的制度、道德的底线、不能触碰的东西；另一方面又不能太限制孩子，要发挥他的想象力、创造力。"以往，吝"，因为初六仍处于蒙昧之中，对一些道德规范、法律禁令还不太清楚，所以不要急于冒进，否则误入歧途，会有艰难，有遗憾。这时候最适于虚心地接受启蒙教育，培育品德，

《象传》说，"利用刑人"，是为了"正法"。初六之时，比喻还处于孩童时期，这时候利于树立典型教育人，是为了让受教育之人遵守正法。发蒙、教育及解除困惑应当用正道、正法，要合法。也可以按照字面进行理解，《周易本义》："惩戒所以正法也。"

九二，包[1]蒙，吉，纳[2]妇，吉，子克[3]家。
《象》曰：子克家，刚柔接[4]也。

[注释]

1 包：包容。

2 纳：取，娶。

3 克：能够，引申为治理。

4 接：交合。

[译文]

九二，包容蒙昧，吉祥。容纳妇人，吉祥。儿子能够治家。

《象传》说，儿子能够治家，是因为九二刚爻与六五柔爻可以相应。

[解读]

从事启蒙教育的人包容蒙昧之人，这是吉祥的。九二居中位，具有包容、宽容的胸怀，能包容、宽容那些无知甚至犯了错误的人，所以吉祥。王弼注："以刚居中，童蒙所归，包而不距，则远近咸至。"这个时位迎娶妇人，也是吉祥的。"妇"，这里指六五爻，六五爻与九二爻阴阳相应，九二爻乘初六爻，阳乘阴，所以说"纳妇"也是吉祥。"子克家"，儿子能够治家。九二爻以刚爻居下卦的位，就父子关系而言，居下为子，刚健有为，有中庸之德，又为发蒙之主，所以能够治家。《周易本义》："九二以阳刚为内卦之主，统治群阴，当发蒙之任者。然所治既广，物性不齐，不可一概取必。而爻之德刚而不过，为能有所包容之象。又，以阳受阴，为纳妇之象。又，居下位而能任上事，为子克家之象。"

《象传》说，"子克家"，是因为"刚柔接也"。九二爻的上下两爻都是阴爻，与其相应的六五爻也是阴爻，说明家庭和睦，家庭成员都能顺服于他，所以说他能够治家。俞琰《周易集说》卷二十："今二五刚柔相接，而上下相应，在朝廷则为君义臣行，在家则为父慈子孝，故曰子克家，刚柔接也。言子之所以成克家之功者，以上下之情相接故也。"

六三，勿[1]用取[2]女，见金[3]夫[4]，不有躬[5]，无攸[6]利。

《象》曰：勿用取女，行不顺也。

[注释]

1 勿：否定词，不。

2 取：通"娶"。

3 金：阳刚。

4 夫：男子。

5 躬：自身。

6 攸：所。

[译文]

六三，不要娶这样的女子，她见到阳刚之夫，就不能保有其身。娶她没有任何好处。

《象传》说，不要娶这样的女子，是因为她的行为不顺理。

[解读]

在《易经》里，上下卦是可以一一对应的：一和四发生关系、二和五发生关系、三和六发生关系。一般来说，一阴一阳肯定是好的，这叫阴阳相合；但如果两个爻都是阳或者都是阴，那就不好了。蒙卦第三爻是阴爻，第六爻是阳爻，按说是好的，但爻辞上说不好，不要娶这样的女子。因为她心中只有有钱之人，"不有躬"，不顾自己的体统，失身于他，娶这种人做老婆没有好处。"金夫"就是指最上面那根爻——上九爻。

《象传》解释说，"勿用取女"，是因为"行不顺"，因为这位妇人的品性不柔顺，不温顺，没有遵守妇道。王弼注："童蒙之时，阴求于阳，晦求于明，各求发其昧者也。六三在下卦之上，上九在上卦之上，男女之义也。上不求三而三求上，女先求男者也。女之为体，正行以待命者也。见刚夫而求之，故曰'不有躬'也。施之于女行在不顺。"六三阴爻居阳位，位不正，说明她的行为不守正道。

这实际上是一种比喻，在启蒙的时候要告诉孩子要"躬"，"躬"就是要自己亲身去做事，不要依靠别人，要顾及自己的体统，这是教育中非常重要的一点，要自食其力，不要依附有钱有势的人，这是品质问题。

六四，困[1]蒙，吝。

《象》曰：困蒙之吝，独远[2]实[3]也。

［注释］

1 困：陷在艰难里，或受环境、条件等因素限制住。

2 远：读为去声，表示远离。

3 实：阳刚坚实的人。

［译文］

六四，困于蒙昧之中，有遗憾。

《象传》说，困于蒙昧之中而有遗憾，是因为只有自己远离了拥有实力的刚爻。

［解读］

六四，这时被蒙昧所困扰，没有人能启蒙教育他，所以是有遗憾的。从卦象上看，六四已进入上卦，上卦是"山"，这时被蒙昧所困扰，仍然艰险，所以遗憾。王弼注："独远于阳，处两阴之中，暗莫之发，故曰困蒙也。困于蒙昧，不能比贤以发其志，亦以鄙矣。"

《象传》解释说，"困蒙之吝"，是因为独自远离了阳刚的正人君子，所以有遗憾。"实"，这里指九二爻与上九爻，六四与这两爻既不相比又不相应，其他三根阴爻都与他们有关系，所以说他独自远离阳刚之人。六四，这一爻居二阴爻当中（阴爻为小人，无主见之人），"近朱者赤，近墨者黑"，所以会陷于困境当中，可见选择环境是何等重要，这也正是"孟母三迁"的原因所在。

六五，童蒙[1]，吉。

《象》曰：童蒙之吉，顺以[2]巽[3]也。

[注释]

1 童蒙：童稚般的蒙昧。

2 以：连词，则、那么，表示条件关系。

3 巽：卑顺、谦恭。

[译文]

六五，蒙昧的年轻人，吉祥。

《象传》说，蒙昧的年轻人能吉祥，是因为他恭顺谦逊。

[解读]

六五，"童蒙"是幼稚的、蒙昧的人，吉祥。孔颖达疏："六五以阴居于尊位，其应在二，二刚而得中，五则以事委任于二，不劳己之聪明，犹若童稚蒙昧之人，故所以得吉也。"

《象传》解释说，"童蒙之吉"，是因为"顺以巽"，因为他又恭顺又谦逊。儿童天真幼稚，柔顺乖巧，这时的懵懂是可以启发的，可以随着教育改变的。此时以六五居中位，又靠近上九爻，所以吉。

上九，击[1]蒙，不利为[2]寇[3]，利御[4]寇。

《象》曰：利用御寇，上下顺也。

[注释]

1 击：敲击。

2 为：做。

3 寇：强盗，指不正之人。

4 御：抵挡。

[译文]

上九，击走蒙昧，不利于沦为采取暴烈方式的寇盗，利于采取刚中有柔的方式去抵御寇盗。

《象传》说，利于抵御寇盗，是因为上下相顺。

[解读]

上九是最上面的阳爻，阳一般表示坚固，如果这时不仅蒙昧，还很顽固，就要"击蒙"——敲打他，用严厉的方式进行启蒙教育。王弼注："处蒙之终，以刚居上，能击去童蒙，以发其昧者也。故曰击蒙也。童蒙原发而已能击去之，合上下之愿，故莫不顺也。为之捍御，则物咸附之。若欲取之，则物咸叛矣。"到了上九了，仍然蒙昧，说明普通的开导说教已经不管用了，对那些非常顽固、蒙昧的人，在教育方式上当然可以严厉一些，但也不能过于强烈。这里的"为寇"比喻过分暴烈的方式，"御寇"比喻适当严厉的方式。

《象传》说，"利用御寇"，是为了"上下顺"。采用适当严厉的方式，是为了使上九能够接受启蒙教育，不去胡作非为，能够转而与下面的六三爻相顺应。只有这样，上下意志才能互相顺应和谐，目标一致，取得有利的结果。

需卦第五

坎上乾下

[解读]

需卦是《易经》的第五卦。事物经过了先天后地，天地交合，产生了万物，就是第三卦屯卦；这个时候事物太小了，懵懵懂懂，还是蒙昧的状态，所以要启蒙、发蒙，就是第四卦蒙卦；启蒙、发蒙之后就需要等待，就是第五卦需卦。

"需"，等待，需求。这个字，上面是"雨"，下面是"而"。"而"在甲骨文里指人的胡子，意思是柔软的，所以"需"表示雨水温和地落下来。"需"字也代表所有柔软温和的事物。比如"儒"字就是从"需"字来的，后来又指人在沐浴雨水，所以儒家就是一些尽人事听天命的人，也是一些掌握知识、为人们所需要的人；同时，儒家给人一种温和的感觉，叫"即之也温"。

需卦的卦象，下面是天，上面是雨，叫水天需。意思是水在天上还没有下来，乌云密布，要耐心地等待它降下来。

需，有孚[1]，光[2]亨[3]，贞[4]吉，利涉[5]大川。

[注释]

1 孚：表示诚信、恒心、坚定不移的志向。

2 光：光明；王引之《经义述闻》："光之为言，犹广也。"

3 亨：亨通。

4 贞：坚贞，正。

5 涉：徒步渡水。

[译文]

需卦，有诚信，光明亨通，贞正吉祥，利于涉渡大河。

[解读]

此卦是讲安心待时、伺机而动的智慧。"有孚"就是心怀诚信，就是有了诚信、坚定不移的志向。九五爻刚健中正，虽有险，亦能亨通。这样就可以"光亨"，就是光明而亨通。孔颖达疏："若能有信，即需道光明物得亨通，于正则吉。"程颐《伊川易传》卷一："五居尊位……而诚信充实于中，中实有孚也。有孚则光明而能亨通，得贞正而吉也。"天上乌云密布，雨水还在天上，本来是不光明的，但是我们的心要光明，在等待的时候要坚信能看到阳光，这样才能亨通。坚守正道才可能获得吉祥，有利于渡过大江大河。《周易本义》："孚，信之在中者也。其卦九五以坎体中实，阳刚中正而居尊位，为有孚得正之象。坎水在前，乾健临之，将涉水而不轻进之象。……正固无所不利，而涉川尤贵于能待，则不欲速而犯难也。"

《彖》曰：需，须[1]也，险在前也。刚健而不陷[2]，其义不困穷[3]矣。需，有孚，光亨，贞吉，位乎天位[4]，以[5]正中也。利涉大川，往有功[6]也。

[注释]

1 须：《康熙字典》"待也"，谓须待时机也；"又资也，用也。与'需'通"，就是财货、费用等。

2 陷：没入、沉入。

3 穷：困厄。

4 位：处于；职位，地位。

5 以：连词，表示承接。

6 功：成就，荣誉。

[译文]

《彖传》说，需卦，即须待，因为前面有危险。刚劲强健而不会轻易冒进以陷于险，按道理自然不至于走到穷困的地步。需卦，有诚信，光明亨通，贞正吉祥，是因为九五爻处在天位，可以端正而守中。利于涉渡大河，前往可以拥有功业。

[解读]

"需"就是"须",即等待。上卦坎卦,坎卦为艰险,所以说艰难就在前面。"刚健"就是指下卦的乾卦。上卦的坎卦为坎陷。程颐《伊川易传》卷一:"以乾刚健而能需待不轻动,故不陷于险。""不困穷"是指乾卦的自强不息。下卦乾卦的刚健能够渡过坎卦的下陷,按道理是不至于到了穷途末路的时候,因为乾卦有一种自强不息的精神。需卦有诚信,光明而亨通,等待的这个事情符合天道、符合自然规律。"位乎天位",指的是九五爻,第五爻是阳爻,五又是阳位,"正"就是阳爻处在阳位上,它是又中又正的,同时又走正道,所以一定能渡过艰难险阻,肯定会成功。王弼注:"谓五也,位乎天位,用其中正,以此待物,需道毕矣。"孔颖达疏:"言此需体非但得乾之刚强而不陷,又由中正之力也。以九五居乎天子之位,又以阳居阳,正而得中,故能有信,光明亨通而贞吉也。刚健而不陷,只由二象之德,位乎天位以正中,是九五之德也。"

《象》曰:云上于天,需。君子以饮食宴[1]乐[2]。

[注释]

1 宴:安居。

2 乐:奏乐,歌唱。

[译文]

《象传》说，云气上升到天空，这就是需卦之象。君子由此得到启示，要饮食宴乐。

[解读]

"云上于天"，程颐《伊川易传》卷一："云气蒸而上升于天，必待阴阳和洽，然后成雨。云上于天，未成雨也，故为须待之义。"下卦为乾卦，乾为天，上卦为坎卦，坎为水，水在天上未下来，故为云，天上乌云密布，雨还没有下下来，是即将降雨，所以要等待，这就是需卦之象。君子看到这样的卦象，就要按照需卦之道来"饮食宴乐"。程颐《伊川易传》卷一："饮食以养其气体，宴乐以和其心志，所谓居易以俟命也。""饮食"是说这个时候要去吃东西，不要急着做事情，要等待时机，吃东西在这里比喻养精蓄锐；"宴乐"，并不是指大吃大喝、沉湎于酒色，而是指在等待的时候心态要平和，"乐"是平和的快乐，不是寻欢作乐。就是说处于需卦的时候，君子要饮食宴乐，过日常生活，不要急于去做大事，要等待时机，养精蓄锐。

胡适认为"需"字通"儒"。

初九，需于郊[1]，利用恒[2]，无咎。

《象》曰：需于郊，不犯难[3]行也。利用恒，无咎，未[4]失常也。

[注释]

1 郊：邑外为郊。

2 恒：常，表示事情发展的一种正常状态。

3 犯难：冒着危险去做。

4 未：没有。

[译文]

初九，在郊野等待，利于恒守，没有灾难。

《象传》说，在郊野等待，就是不要冒险前行。恒守有利，没有灾难，是因为没有失去常道。

[解读]

"需于郊"，要在郊外等待。俞琰《周易集说》卷二十："需于郊则去坎水甚远，不犯险难而行，君子于此盖居易以俟命，不行险以侥幸也。""利用恒"，有利于保持一颗恒常的心。"无咎"，没有咎害。贯穿六爻，皆有"需"，但等待的地方不同，在不同的爻位上出现了郊、沙、泥、血的喻义。邑外为郊，郊外为野，表示位处偏远，需要等待的时间长。

《象传》说，离城邑还有一段距离，就在那里等待。为什么要在郊外等待而不索性进城再说呢？原因是"不犯难行也"。程颐《伊川易传》卷一："处于旷远，利在安守其常，则无咎也。不能安常则躁动犯难，岂能需于远而无过也。"更进一步来讲，"犯难"也可以理解为为某事感到为难，连起来就是不想为前行感到为难。因为前行路上出现了障碍，前进起来会感到为难，所以就在离城还剩一段距离的地方停止下来。如果能够"用恒"，那就"无咎"，没有过失。

刚开始是在郊外等待，位置比较远，所以需要等待的时间要长一些，这个时候要"用恒"，保持一颗恒常的心，不躁不急，保持内心平静。应该怎么"用恒"？很明显，就是"不犯难"，停止在该停止的地方。这是遇到阻碍时最正常不过的反应。不要说郊离城邑还有一段距离，即便只剩下一箭之远，一个百米冲刺就可以进城，也决计不进，因为前行有很大困难，有可能遭受不必要的损失。稳住心神，捺住性子，不急不躁，需要等待就安心等待，条件允许就勇往直前，不冒进也不迁延，不冲动也不畏缩。这就是"需于郊"表现出来的"用恒"。

九二，需于沙¹，小有言²，终吉。

《象》曰：需于沙，衍³在中也。虽小有言，以终吉也。

[注释]

1 沙：沙滩。

2 言：直接说出的话。

3 衍：低而平坦，引申为宽容、稳健。

[译文]

九二，在沙滩等待，会有小人的言语中伤，最终吉祥。

《象传》说，在沙滩等待，是因为心中宽绰，不急躁。虽会有小人的言语中伤，但最终还是吉祥收场。

[解读]

"沙"即沙滩，已经靠近水边，要在沙滩上等待。程颐《伊川易传》卷一："坎为水，水近则有沙。二去险渐近，故为需于沙。""小有言"，会有小人的言语中伤。此爻相对于初九爻，是由外到内的过程，沙滩趋近水，离危险不远，因此要耐心等待。会有小人的言语中伤，还要坚持到底，才能获得吉祥。也可以理解为受人言语之伤为小伤。程颐《伊川易传》卷一："患难之辞，大小有殊，小者至于有言语之伤，至小者也。"《周易本义》："沙，则近于险矣。言语之伤，亦灾害之小者。"另一说，在沙滩上等待的时候要少说话，言多必失，要坚持到底，这样终究会吉。

心中宽绰、宽容，不急躁，这叫"衍"。因为九二居中，所以心中宽绰，能耐心等待。虽然少说话，也会略受到别人言语的中伤，但坚持至终则必获吉祥。

九三，需于泥[1]，致[2]寇[3]至[4]。

《象》曰：需于泥，灾在外也。自[5]我致寇，敬慎[6]不败也。

[注释]

1 泥：水边淤泥。

2 致：招引。

3 寇：不速之客。

4 至：到。

5 自：介词，来自。

6 敬慎：恭敬谨慎。

[译文]

九三，在泥淖中等待，招致盗寇前来。

《象传》说，在泥淖中等待，灾祸已经在外面了。虽然自己招来了盗寇，但只要敬谨审慎，就不会陷于祸败。

[解读]

九三，在泥滩中等待，结果招致强寇到来。由外到内的过程中，"泥"更近水，趋于凶险。九三处于下卦的最上位，大多凶险，加上上卦是坎水，所以用泥滩来比喻，表示马上就要进入水中了，更加凶险，如同是招来了寇盗。

《象传》说，在泥滩中等待，灾祸已经在外面了，因为九三已接近外卦坎险。作为下卦的最上爻，代表第一个阶段到头了，乾卦快走完了，马上要进入坎卦，更加凶险了，会招来一些强寇。自己招来盗寇，但只要加倍地谨慎小心，就会避免灾祸。程颐《伊川易传》卷一："既进逼于险，当致寇难之至也。三刚而不中，又居健体之上，有进动之象。故致寇也。苟非敬慎，则致丧败矣。"敬慎不败"，是指要有敬畏心、加倍谨慎，这样可以避免灾祸，不会失败。俞琰《周易集说》卷二十："需之时，盖有待而进，非戒其不得进也，要在相时而动，不可不敬慎小心耳。敬慎小心，实转凶为吉之道也。"

六四，需于血，出¹自²穴³。

《象》曰：需于血，顺以听也。

[注释]

1 出：脱离、离开。

2 自：介词，从。

3 穴：洞。

[译文]

六四，在血泊中等待，从洞穴中逃出来。

《象传》说，在血泊中等待，就要以听命来表示顺从。

[解读]

《周易本义》："血者，杀伤之地；穴者，险陷之所。四爻坎体入乎险矣。故为需于血之象，然柔得其正，需而不进，故又为出自穴之象。""血"比喻杀伤之地，血泊和水都属于一类事物。六四爻已进入上卦坎险的境地。"穴"比喻隐微之地。这时六四爻上承于九五爻，能顺从九五守中道的刚健之人，得到他的帮助，自然就可以从洞穴里逃出来。

《象传》说，在血泊中等待，就是要顺应并听命于时势。六四的时候，已经进入险水，如同进入了杀伤之地，一定要以阴柔居阴位，就是在危险之时，要冷静，不急不躁；二是要顺应天道，上承于九五爻，下应于初九爻，等待化险为夷的时机。一定要听命于这个中正之人，这样可以避免危险。听命于时事和中道，也就是顺应天道。另一种理解是九三爻与六四爻相争，如王弼注："凡称血者，阴阳相伤者也。阴阳相近而不相得，阳欲进而阴塞之，则相害也。……九三刚进，四不能距，见侵则辟，顺以听命者也。"

九五，需于 [1] 酒食，贞 [2] 吉。
《象》曰：酒食贞吉，以 [3] 中正也。

[注释]

1　于：引进动作、行为的对象。

2　贞：正。

3　以：凭借，因为。

[译文]

九五，在饮酒宴食中等待，贞正吉祥。

《象传》说，饮酒宴食中贞正吉祥，是因为能守中持正。

[解读]

"需于酒食"，在酒席美食中等待。"贞吉"，守持正道就能吉祥。程颐《伊川易传》卷一："五以阳刚居中得正，位乎天位，克尽其道矣。以此而需，何需不获。故宴安酒食俟之，所须必得也。"

《象传》解释说，"酒食贞吉"，是因为"中正"，因为九五能持守中正之道。九五爻阳爻居阳位，且爻位居中，故又正又中。九五爻已经居于最佳之位，容易自满，容易沉湎于饮食宴乐中，因而此时一定别忘了还处在危险之中（坎卦），还要继续等待，要又正又中，坚守住正道，只有这样才能吉祥。"酒食"不是沉湎于酒食，而是指在危险中要"宴乐"，要保持乐观的心态，所以"酒食"在这里指养精蓄锐，保持乐观的心态，并且要守正道。从另一个角度讲，九五至尊，表明经过艰难险阻，最终达到最高境界，以至最终获得酒食，指从等待达到满足的过程。

上六，入于穴，有不速[1]之客三人来，敬之，终吉。

《象》曰：不速之客来，敬之终吉。虽不当[2]位，未大[3]失也。

［注释］

1 速：邀请。

2 当：对等。

3 大：在强度、深度、力量等方面超过一般。

［译文］

上六，进入洞穴后，来了三位不速之客，恭敬地对待他们，最终会获得吉祥。

《象传》说，不速之客来到，恭敬地对待他们，最终会获得吉祥，虽然处位不当，但没有大的过失。

［解读］

"入于穴"，掉进了洞穴之中。《周易本义》："阴居险极，无复有需，有陷而入穴之象。"发现有三个不请自来的人，这里指下卦乾卦的三根阳爻，上六本来只与九三相应，九三不请自来是正常的，但出乎意料的是，初九与九二也跟着来了。上六爻则当反动，因为不当位，所以要反向而下，恭敬地对待他们。王弼注："六四所以'出自穴'者，以不与三相得而塞其路，不辟则害，故不得不'出自穴'而辟之也。至于上六，处卦之终，非塞路者也。与三为应，三来之己，乃为己援，故无畏害之辟，而乃有入穴之固也。三阳所以不敢进者，须难之终也。难终则至，不待召也。己居难终，故自来也。处无位之地，以一阴而为三阳之主，故必敬之而后终吉。"

"入于穴"也可以理解为"需于穴",在洞穴中等待,你会等
到一个出乎意料的情况。等到一个符合天道、符合正道的人
出现,恭敬地对待他们,敬畏天道,终究会吉祥。

《象传》说,上六正处于险难之中,这时候有不请自来
的客人,不管是否能帮助自己,恭敬地对待他们,终究会是
吉祥的。上六阴爻乘于九五阳爻,这种处位是不太恰当、不
太吉利的,但由于自己是阴爻居阴位,位正,并没有大的过失,
所以终究会是吉祥的。

需卦讲的是事物刚刚发生的时候,经过屯卦、蒙卦之后,
你要有耐心、要等待,等待是一个从远到近、从下到上的过程。
等待的时候首先要有耐心、有恒心、有光明心,说话要谨慎,
要冷静、要善于思考、要恭敬。

讼卦第六

☰ 乾上坎下

[解读]

"讼"是争讼的意思。经过了前面第五个阶段的需卦之后发生了一件意想不到的事情，就是争讼。需卦下面是天，上面是水，就是水在天上还没有下下来，是等待的时候。到了讼卦就变成上面是天，下面是水，也就是水落下来了。但是水刚落下来的时候量很少，所以下面的人就要抢，这个局面就好像一个争讼的局面。讼卦上面是天，天上的太阳、月亮都是从东向西运行的；而下面是水，在中华大地上的水基本上都是从西往东流的。天和水的运行方向恰好相反，互相背离了，这就构成了争讼的局面。但是要注意讼卦不是教我们怎样去争讼、去争抢，而是教我们如何停止争讼、停止争抢。

讼，有[1]孚[2]窒[3]惕[4]，中[5]吉，终凶。利见大人，不利涉[6]大川。

[注释]

1 有：具有，怀有。

2 孚：诚信。

3 窒：阻塞。

4 惕：戒惧。

5 中：持中、得中。

6 涉：徒步渡水。

[译文]

讼卦，有诚信，有窒塞，有警惕，得中吉祥，终有凶祸。利于大人，不利于涉渡大河。

[解读]

"孚"就是一颗诚心、一颗坚韧不拔的心或者一颗正心，"有孚"，指有诚信。"窒"与"惕"，均指内心的恐惧，要恐惧、要警惕，因为争讼是一件令人恐惧的事情，对此我们要怀有一颗正心，同时保持一颗恐惧的心。程颐《伊川易传》卷一："卦之中实为有孚之象，讼者与人争辩而待决于人，虽有孚亦须窒塞未通。不窒则已明无讼矣。事既未辩吉凶，未可必也，故有畏惕。中吉，得中则吉也。"讼卦心怀诚信，并有恐惧之心，讼事待决，因此保持警惕；持中不争，故吉，但结果却是凶险的。有利于大人，真正的大人不去跟天抗争，不利于渡过大河、大川。《周易本义》："九二中实，上无应与，又为加忧。……当下卦之中，有有孚而见窒，能惧而得中之象。上九过刚，居讼之极，有终极其讼之象。九五刚健中正，以居尊位，有大人之象。以刚乘险，以实履陷，有不利涉大川之象。"

争讼本身就是一次涉险，像渡过大河、大川，稍有不慎，就会带来伤害，即使赢了争讼，也往往会有所损失。所以孔子说："听讼，吾犹人也，必也使无讼乎！"孔子认为，自己在审理诉讼与断案方面与别人没有太大的区别，要说有区别，就是要让诉讼不发生。打官司，自古以来，就是劳民伤财的事。

《彖》曰：讼，上刚下险，险而健，讼。讼，有孚窒惕，中吉，刚来而得中也。终凶，讼不可[1]成[2]也。利见大人，尚[3]中正也。不利涉大川，入于渊[4]也。

[注释]

1　可：能够。

2　成：完成，实现。

3　尚：崇尚。

4　渊：深潭。

[译文]

《彖传》说，讼卦，上为刚，下为险，遇到危险还健行不息，就形成争讼。讼卦，有诚信，有窒塞，有警惕。中间吉祥，是因为刚爻来到下卦居于中位。终有凶祸，是因为争讼不可能成就任何事。利于大人，是因为大人崇尚守中持正的品德。不利于涉渡大河，是因为已经进入深渊里了。

[解读]

讼卦，上卦乾卦，刚健；下卦坎卦，为险。遇到危险还健行不息，即形成了讼。程颐《伊川易传》卷一说："若健而不险，不生讼也；险而不健，不能讼也。险而又健，是以讼也。"讼卦有诚信并有恐惧之心，中间过程是吉利的，因为"刚来而得中也"。刚爻居中位，指上下两卦之中爻皆为阳爻，刚好居于中间之位。朱熹则从卦变加以解释，《周易本义》说："且于卦变自遁而来，为刚来居二。"最终是不吉利的，因为争讼终究不会取得成果。有利于出现大人，因为大人崇尚中正之道，由大人来审理诉讼是最合适。这里的"大人"就是指九五爻，阳爻居阳位、中位，又中又正，有中正之德。"不利涉大川，入于渊也"，不利于渡过大河，是因为要进入深渊里了。"渊"，指下卦的坎卦。上卦为乾，乾为君子，君子居于渊上，所以是凶险的。程颐《伊川易传》卷一："讼非和平之事，当择安地而处，不可陷于危险，故不利涉大川也。"

《象》曰：天与水违[1]行，讼。君子以作[2]事谋[3]始[4]。

[注释]

1 违：相背。

2 作：兴起。

3 谋：筹划。

4 始：开头。

[译文]

《象传》说，天西转，水东流，天与水背向而行，这就是讼卦之象。君子由此得到启示，做事要在开始的时候就谋划好。

[解读]

讼卦上面是天，下面是水，上下相背而行。君子看到这样的形象应该"作事谋始"，做任何事情在开始的时候就要慎重思考谋划，以防争讼。孔颖达疏："天道西转，水流东注，是天与水相违而行，相违而行，象人彼此两相乖戾，故致讼也。……物既有讼，言君子当防此讼源。凡欲兴作其事，先须谋虑其始。若初始分职分明，不相干涉，即终无所讼也。"不能和天道相违，违背天道天理的事情千万不能去做，做了最终肯定是凶的。做任何事情的开始也叫起心动念，非常重要。

初六，不永¹所²事³，小有言⁴，终吉。

《象》曰：不永所事，讼不可⁵长也。虽小有言，其辩⁶明⁷也。

[注释]

1 永：恒久、久远。

2 所：动词前缀，构成名词性结构。

3 事：做，从事。

4 言：话，言语，特指怨言、谤言。

5 可：能够。

6 辩：辩论，又通"辨"。

7 明：清楚。

[译文]

初六，不要把事情做绝，会有小人的言语中伤，少说话，最终吉祥。

《象传》说，不要把事情做绝，是因为争讼是不可能长久的。虽然会有小人的言语中伤，但少说话，还是可以分辨明白。

[解读]

初六，争讼刚开始，不要长时间纠缠于争讼之事。一开始时就不要逞强，要柔顺不争，想办法免去争讼。"小有言"，既然是争讼，免不了会有一些口舌是非，但还是要少说话，只要所说之话符合天道，开始时就与天道相顺，而不与天道相违，若能这样，就会"终吉"，最终会是吉利的。

《象传》说，一开始时不要长时间想着争讼，是因为争讼是不可能长久的。俞琰《周易集说》卷二十："象传云'讼不可成'，盖言讼之通义，而不欲其成。爻传云讼不可长，盖言初为讼端而不欲其长。""虽小有言"，虽然免不了会有一些口舌是非，也是能分辨清楚的。或所说的话不多，但由于所说之话是有事实根据的，符合天道人心的，也是能分辨明白的。说出去很容易让人明辨是非，说明表意要准确，无歧义，无多义，还不能让人听出有言外之意。

九二，不克[1]讼，归[2]而逋[3]，其邑[4]人三百户，无眚[5]。

《象》曰：不克讼，归逋，窜[6]也。自下讼上，患至[7]掇[8]也。

[注释]

1 克：完成。

2 归：退避。

3 逋：逃走、逃亡。

4 邑：采邑，帝王封赏给臣属的土地。

5 眚：本指瞎眼，此处指过错、灾难。

6 窜：躲避、放逐。

7 至：来到。

8 掇：拾取。

[译文]

九二，争讼没成功，逃跑并归隐，他封邑中的三百户人家幸免于难。

《象传》说，争讼没成功，逃跑并归隐，是因为想迅速、彻底地终止争讼。如果居下位的人与居上位的人争讼，祸患来临是自找的。

[解读]

九二，不能去争讼，而是要与世无争地归隐而去。城堡中的三百户人家（"三百户"非实指）便没有灾难。据有三百户，表示处弱位而不争强。孔颖达疏："'人三百户，无眚'者，若其邑狭少，唯三百户乃可也。'三百户'者，郑注《礼记》云：'小国下大夫之制。'"从九二息讼"邑人三百户"便"无眚"的措辞来看，此三百户与九二关系重大，至少也是利益密切相关。避免了"邑人三百户"的损失和灾祸，某种意义上也就是避免了九二的损失和灾祸，反过来说，他可能还因"邑人三百户"而有了一点小小的收获。

《象传》说，不去争讼，而是归隐，说明要迅速、彻底地终止争讼。如果居下位的人向尊上争讼，就会灾祸临头，所以要立即停止。"下"指九二爻，"上"指九五爻，二者均为阳爻，又同处中位，因此才会争讼，但争讼终究不是好现象，"二虎相争，必有一伤"，结果肯定是凶多吉少。最好的选择莫若守中归隐，退一步海阔天空，这样就不会有灾祸。《周易本义》："九二阳刚，为险之主，本欲讼者也。然以刚居柔，得下之中，而上应九五，阳刚居尊，势不可敌，故其象占如此。邑人三百户，邑之小者。言自处卑约，以免灾患。"从九二爻的时位看，九二得中，但刚爻居阴位，不正，所以才会做不正的事争讼。作为九二，要想消灾避祸，第一要固守原有的中道不能舍弃，第二要及时收手，不要把争讼进行下去。一个明显是两败俱伤的局，非要争一日之雄长，殊为不值，亦且不智。要考虑到你的一个不合适的举动、行为，很可能会连累很多人。

六三，食¹旧德²，贞厉³，终吉。或⁴从⁵王事，无成⁶。

《象》曰：食旧德，从上吉也。

[注释]

1 食：遵循。

2 旧德：过去的道德，已得到的东西。

3 厉：祸患、危险。

4 或：也许。

5 从：跟随。

6 成：完成，成就。

[译文]

六三，遵循旧有的道德修养，坚贞不渝，虽然危殆，但最终是吉利的。有时要顺从"大王"来做事，不要自己逞能。

《象传》说，遵循旧有的道德修养，顺从居于上位之人，吉利。

[解读]

六三爻与上九爻正应，以柔弱自守而能免于讼，虽然危殆，但终究是吉利的。《周易本义》："食，犹食邑之食，言所享也。六三阴柔，非能讼者。故守旧居正，则虽危而终吉。"初六爻的德表现在"小有言"，九二的德表现在归逋、归隐，不与上相争，六三爻依然遵循旧有的道德修养，遵守初六爻、九二爻的美德来做事，虽开始时有些危险，但最终是吉利。指顺从大王来做事，即便不会有大的成就，最终却是吉利的。这个王就是上面的乾卦，乾卦就是大王。六三爻是下卦到头了，它紧靠上面的乾卦，也就是大王、天，代表了正道、天道。所以，六三爻实际上就是在说不要与上面争讼，要顺从天道，这是一种旧有的美德，要遵循它。这里强调道德的力量。

《象传》说，享用往日所积之德，顺从居于上位之人，这里指六三与上九相应，阴爻顺从阳爻，当然是吉利的。顺从别人做事，而自己不逞强，正是这一时位的美德。王弼注：

"体夫柔弱，以顺于上……不见侵夺，保全其有，故得食其旧德而不失也。……柔体不争，系应在上，众莫能倾，故曰终吉。上壮争胜，难可忤也，故或从王事，不敢成也。"

九四，不克讼，复^{1}即^{2}命^{3}渝^4，安^{5}贞，吉。
《象》曰：复即命渝，安贞，不失也。

[注释]

1 复：返回来。

2 即：就，及。

3 命：命运、正道。

4 渝：改变。

5 安：习惯于。

[译文]

九四，不能去争讼，复归是命中注定，变得安于贞正，吉祥。

《象传》说，复归是命中注定，变得安于贞正，是因为这样不会失去身份。

[解读]

九四，不能去争讼。"复"是恢复，前面九二爻的"归而逋"是说要归隐，如果能回过头来承认命运的变化，安于正道，改变争讼的念头，安心坚守正道，最终是吉利的。《周易本义》："九四刚而不中，故有讼象，以其居柔，故又为不克而复就正理。"处于强势之时，往往容易争讼，这里强调要改变争讼的念头，安心坚守正道，是难能可贵的。

《象传》说，安贞是由于"不失也"。九四阳爻居阴位，位不守正道，到处逞强，与人争讼，若能返回正道，遵循命运的变化，安分守己，不会失去什么东西。实际上，争讼往往会造成损失。

九五，讼，元[1]吉。
《象》曰：讼元吉，以[2]中正也。

[注释]

1 元：大。

2 以：因为。

[译文]

九五，争讼，最为吉祥。

《象传》说，争讼，最为吉祥，是因为能守中持正。

[解读]

九五，这个时候争讼，大吉大利。

《象传》说，"讼元吉"，是因为"以中正"。九五爻既中又正，所以有利于争讼。王弼注："处于尊位，为讼之主。用其中正，以断枉直。中则不过，正则不邪，刚无所溺，公无所偏，故讼元吉。"这里告诉我们争讼之道，即使到迫不得已非讼不可时，也要遵循天理，行为上不要过激，不要出位，要坚守中道，坚守正位。九五爻与九二爻相争，因九五爻又中又正，能明事理，按照天道来做，能够很好地化解双方的矛盾，使争讼不至对双方造成损失，所以是吉利的。只要行为上不太偏激，守住中道、正位，就可以"元吉"。

上九，或¹锡²之鞶³带，终⁴朝三褫⁵之。
《象》曰：以⁶讼受⁷服⁸，亦不足⁹敬也。

[注释]

1 或：有的，可以指有的人，有的事，表示不确定。

2 锡：通"赐"。

3 鞶（pán）：一种带玉的皮带，象征尊贵。

4 终：终了，结束。

5 褫（chǐ）：剥夺。

6 以：介词，凭借、按照。

7 受：授予，付给。

8 服：佩带。

9 不足：不值得，不必。

[译文]

上九，即使有时被赐予了尊贵的腰带，也会在一天之内多次被人夺走。

《象传》说，通过争讼而获得官职，并不足以得到他人的尊敬。

[解读]

上九，争讼取得胜利，受到奖赏，被赐予了尊贵的腰带。"终朝三褫之"，但是一天之内也会多次被剥夺。这里告诫我们，在争讼有利时如果不依不饶，坚持争讼到底，不知悔改，即使取得胜利，受到赏赐，但终究会失去这种赏赐。《周易本义》："以刚居讼极，终讼而能胜之，故有锡命受服之象。然以讼得之，岂能安久，故又有终朝三褫之象。其占为终讼无理，而或取胜，然其所得，终必失之。"

《象传》说，通过争讼使别人服从你，终究是得不到尊敬的，所以我们要以理服人。孔颖达疏："以其因讼得胜，受此锡服，非德而受，亦不足可敬，故终朝之间，三被褫脱也。"

师卦第七

坤上坎下

[解读]

师卦是《易经》的第七卦，从乾卦开始，经历了万事万物的创始、启蒙、等待、争讼，争讼之后就到师卦了。"讼"还是口头争讼，"师"就开始动武了。"师"是兵众、军队，古代 2500 人为一师，12500 人为一军，所以"师"又代表众人。师卦实际讲的就是怎么统领众人，具体到军队就是怎么领导军队打仗。

师卦的卦象，五根阴爻一根阳爻，唯一的阳爻代表率领军队的将帅。上面是大地，下面是水，代表众多，所以师卦就是讲怎么带领一支人数众多的部队去打胜仗。第一，选将重要，要选德高望重，行为正派，能容民畜众的人当将帅；第二，行军作战要有严明的纪律，还要有宽容的心，叫"容民畜众"；第三，在不同的时空点、不同的情境之下，该刚强的时候要刚强，否则就会凶险；第四，要论功行赏，要以功德为标准，大到诸侯，小到卿大夫，不能用小人。

师，贞[1]，丈人[2]吉，无咎。

[注释]

1 贞：正。

2 丈人：老年人，德高望重的人。

[译文]

师卦，贞正，有老成练达的长者而吉祥，没有灾祸。

[解读]

如果军队是正义之师，领导军队的人物行得正，就是德高望重的人，即"丈人"，由他统兵作战，是最为吉利的，不会有灾祸。王弼注："丈人，严庄之称也。为师之正，丈人乃吉也。兴役动众无功，罪也，故吉乃无咎也。"《孙子兵法》中讲战争需要考察"五事"，就是道、天、地、将、法，道是道义，用兵打仗首先要符合道义；天是天时；地是地理或者地势；将是帅，也就是这里的"丈人"；法是制度。"将"具有五种品德：智、信、仁、勇、严。智，有智慧；信，要诚信；仁，要仁义；勇，要勇敢；严，要严格、严厉。具备以上五种品德的人即为丈人。"夫将者，国之辅也"，"将"乃国家的辅佐，辅强则国必强，辅弱则国必弱，所以"将"的责任重大。孔子就说过"子率以正，孰敢不正？"你自己都带头去正了，其他的人谁还敢不正？这就叫以德服人，以正服人。

《彖》曰：师，众也。贞，正也。能以众正，可以[1]王[2]矣。刚[3]中[4]而应[5]，行险而顺，以此毒[6]天下而民从[7]之，吉又何[8]咎矣。

[注释]

1 可以：能够去做某事。

2 王：动词，做君王。

3 刚：坚强，坚定。

4 中：内心。

5 应：应和，响应。

6 毒：害；通"督"，治理，役使。

7 从：随行，跟随。

8 何：何处、哪里，表示反问。

[译文]

《彖传》说，师卦，聚众兴师。贞正，就是把持正道。能够带领众人走正道，就可以称王天下了。阳刚居于中位而上下相应，行动危险却顺天应人，兴师动众虽劳民伤财，然而是为了拯救天下，故人民愿意随从他，这是吉祥，又何来灾祸呢？

[解读]

《彖传》说，"师"指的是众人。"贞"就是正道。管理者如果能使众人都走正道，就能做君王，治理天下。"刚中而应"，统帅首先要刚强、守中道、顺应时事。程颐《伊川易传》卷一："言二也。以刚处中，刚而得中道也。六五之君为正应，何任之专也。虽行险道而以顺动，所谓义兵王者之师也。"师卦只有一根阳爻，即九二爻，九二爻处在中正的位置。在这种卦象里阳爻最重要，而九二阳爻与六五爻相应，一阳一阴刚好相应，说明这位将帅刚健有为，能行中道，受到兵众信任，是众望所归。"行险而顺"，行动虽然有艰险，但能顺应天道，顺势而为，所以能化险为夷。这个"险"实际是指下面的坎卦，坎卦就是危险，"顺"是指上面的坤卦，坤卦就是大地，坤卦是顺应的，大地顺应天。"以此毒天下而民从之，吉又何咎矣"，用这八个字来监督天下，老百姓就会服从你，这是吉的，没有什么危险。孔颖达疏："毒犹役也，若用此诸德使役天下之众，人必从之以得其吉，又何无功而咎责乎？"《周易本义》："毒，害也。师旅之兴，不无害于天下。然以其有是才德，是以民悦而从之也。""毒天下"就是救治天下、拯救天下。魏浚《易义古象通》说："毒药攻病，非坚症沈痼不轻用。《周礼》'聚毒药以供医事'，《书》云'若药不瞑眩，厥疾不瘳'。用兵正是瞑眩之药……行险而顺，如毒之中有补剂，元气所以不斲。"

孟子在回答齐宣王的提问时说过：燕国暴虐老百姓，人民怨声载道，这时你前去征讨它，老百姓会以为你是"拯己于水火之中"，是正义的，所以老百姓会"箪食壶浆以迎王师"，用竹筐盛着食物、用酒壶装酒来迎接大王的军队，这符合百姓的利益，肯定是吉的。

《象》曰：地中有水，师。君子以容¹民畜²众。

[注释]

1 容：包含，接纳。

2 畜：通"蓄"。

[译文]

《象传》说，地里面聚积有水，这是师卦之象。君子由此得到启示，要去包容蓄聚民众。

[解读]

《象传》从形象上解释卦象，师卦的上卦是坤卦，也就是大地，下卦是坎卦，也就是水，大地下方有水叫地中有水。大地下方的水肯定水量非常大，聚积而成，这就是师卦之象。君子看到这样的卦象，就要按照师卦之道去宽容、养蓄民众。孔颖达疏："言君子法此师卦，容纳其民，畜养其众。若为人除害，使众得宁，此则'容民畜众'也。又为师之主，虽尚威严，当赦其小过，不可纯用威猛于军师之中，亦是容民畜众之义。"作为将帅，带兵一定要有宽容之心、爱护士兵之心，这样士兵才会顺从你。不当领导的人也要用顺应、宽容的心对待周围的人，这样才能得到大家的认可，获得大家的喜爱。《道德经》说"容乃公，公乃王"，只有宽容人民，人民才能顺从你；只有蓄养人民，人民才能顺应于你。

初六，师出以[1]律[2]，否[3]臧[4]凶。

《象》曰：师出以律，失律凶也。

[注释]

1 以：用。

2 律：法令、纪律，引申为号令节制。

3 否：不。

4 臧：善。

[译文]

初六，出师之始，贵在法令严明，军纪不严明则凶险。

《象传》说，出师之始，贵在法令严明，失去纪律则凶险。

[解读]

初六，部队准备出发，一开始就必须纪律严明。"否"是"不"，"臧"是"善"，如果不善就会凶险。如果军纪不严则凶险，因此，做一个管理者首先必须制定严明的法纪法规。孔颖达疏：“律，法也。初六为师之始，是整齐师众者也。既齐整师众，使师出之时，当须以其法制整齐之，故云‘师出以律’也。‘否臧凶’者，若其失律行师，无问否之与臧，皆为凶也。否谓破败，臧谓有功。然否为破败，即是凶也。……虽臧亦凶。……若弃失法律，不奉法而行，虽有功而臧，何异于否也？……令则法律也。若失此法令，虽有功劳，军法所不容赦。”

《象传》再一次强调带兵作战要纪律严明的重要性。没有严明纪律的军队，是非常危险的。程颐《伊川易传》卷一："行师之道，以号令节制为本。"

九二，在师，中[1]吉，无咎。王三锡[2]命[3]。

《象》曰：在师中吉，承[4]天宠也。王三锡命，怀[5]万邦[6]也。

[注释]

1 中：持中、得中。

2 锡：通"赐"。

3 命：教令，指帝王按等级官职赐给臣下的东西。

4 承：受到，蒙受。

5 怀：包容。

6 邦：封国。

[译文]

九二，在师而得其中则吉祥，没有灾祸。君王三次恩赐命令嘉奖。

《象传》说，在师而得其中则吉祥，是因为受到了天子的宠幸。君王三次恩赐命令嘉奖，是因为胸怀万邦安宁。

[解读]

九二爻为该卦的统帅，处在军队的中位。九二爻为阳爻，说明统帅刚健有为，居中位，说明他又能行守中道，所以是吉利而无灾祸。"王三锡命"，"王"指六五爻，"三"是虚数，指多次，大王会多次提拔这个统帅。《周礼》中说，大王三次赐给将军命令，一命授职，再命授服（礼服），三命授位（职位）。

《象传》说，"在师中吉"，因为走了中道所以会受到上天的宠爱。这里的上天就是指六五爻的天子，六五爻居五位尊位，为天子，九二爻与六五爻相应，得到君王的重用与信任。"王三锡命"，是因为他能够胸怀万邦。万邦就是万国，也就是说，这个九二爻的将领德才兼备，所以能安抚天下。俞琰《周易集说》卷二十："好生恶杀，天之心也，不嗜杀人则天之所宠也，九二刚中而有应于上，在师中而无过，是以自天佑之而获吉……王者以止戈为武，不以多杀为功。九二能顺承王命之不杀，而招徕之，俾四海之内，闻盛德而皆来臣，故曰'王三锡命，怀万邦也'。"这一时位是中位，指阳刚之人要守中，要德才兼备。"王"指最高领导者，也一定要授职授权。

六三，师或¹舆²尸，凶。
《象》曰：师或舆尸，大³无功也。

[注释]

1 或：连词，意同"又"。

2 舆：运载。

3 大：很，非常。

[译文]

六三，出师后，若众车载尸以归，则凶险。

《象传》说，出师后，若众车载尸以归，则凶险，完全是无功而返。

[解读]

六三，出师征伐，有时会载着许多车尸体回来，凶险。这意味着六三这样的统帅带兵作战经常会打败仗。《周易本义》："舆尸谓师徒挠败，舆尸而归也。以阴居阳，才弱志刚，不中不正而犯非其分，故其象如此。"六三爻是下卦到头了，第三爻是阳位，但是这个第三爻却是个阴爻，又不中又不正，没有中正之德，并且软弱无能，当然会经常战败。阴柔之人担任统帅，又处于凶险之位，是很危险的。这提示我们，任用统帅，给他很大的职权，一定要考察他是否刚强有为，如果柔弱无能，就会有凶险。

《象传》说，军队出征载许多车尸体回来，说明将领无能，贪大求功，不自量力而导致无功而返。无能之人虽然给了他很大职权，终究是不会取得成就的。

六四，师左次¹，无咎。

《象》曰：左次无咎，未失常也。

[注释]

1 左次：退后驻守两天以上。次：驻扎、驻守。《左传·庄公三年》："凡师，一宿为舍，再宿为信，过信为次。"

[译文]

六四，军队后撤并驻扎两天以上，没有灾祸。

《象传》说，后撤并驻扎两天以上，没有灾祸，是因为没有失去常规。

[解读]

六四，军队退后驻扎两天以上，没有灾祸。古代以右为尊，以左为卑。《道德经》说："君子居则贵左，用兵则贵右。"意思是说平常的时候是以左为尊，以右为卑；可是打仗的时候却恰好相反，打仗是凶险的事情，凶险的事情是以右为贵，以左为卑。

《象传》说，"左次无咎"，是因为"未失常"。因为六四爻没有失去正常位，即居于本来的左位，阴爻居阴位，即是当位，没有离开常道，但因为是阴位，所以要退后驻扎，该退的时候要退。这样的统帅肯定是能打胜仗的统帅，因为他懂得审时度势。《周易本义》："知难而退，师之常也。"俞琰《周易集说》卷二十："见可而进，知难而退，兵家之常也。六四才力不足，退而左次，未为失常也。"

六五，田[1]有[2]禽，利执[3]言[4]，无咎。长子帅[5]师，弟子舆尸，贞凶。

《象》曰：长子帅师，以中行[6]也。弟子舆尸，使[7]不当也。

[注释]

1 田：打猎。

2 有：获得，占有。

3 执：捕获。

4 言：号令。

5 帅：统率，率领。

6 行：行动，作为。

7. 使：命令，派遣。

［译文］

六五，打猎遇到猎物，有利于兴师执获，声讨其罪，没有灾祸。九二之丈人帅师以征，用三四之小人为其监军，取得众车载尸以归的败局，虽贞正亦凶险。

《象传》说，九二之丈人帅师以征，是因为他用守中的品德行军作战。用三四之小人为其监军，取得众车载尸以归的败局，是因为人的使用不当。

［解读］

"田有禽"，有多种理解。一种是按照字面解释，良田中侵入禽兽，应该捕获。如孔颖达疏："柔得尊位，阴不先唱，柔不犯物，犯而后应，往必得直，故往即有功。犹如田中有禽而来犯苗，若往猎之，则无咎过也。人之修田，非禽之所犯。王者守国，非叛者所乱。禽之犯苗，则可猎取。叛人乱国，则可诛之。此假他象以喻人事。"朱熹也持相同观点。这种理解下，"言"就是语言虚词，没有意义。另一种理解，"田"，通"畋"，打猎；"禽"，通"擒"。李鼎祚《周易集解》卷三说："六五居尊失位，在师之时。盖由殷纣而被武王擒于鹿台之类是也，以臣伐君假言田猎。"打猎的时候有收获，会捕获到一些动物。就行军作战来说，会捕获到俘虏，这是非常好的。打仗回来有收获，要善于总结，秉公言说。

六五爻这个位置应该是非常好的，是中位，但师卦的第五爻是阴爻，如果统帅是"长子"，肯定是有利的；如果统帅是"弟子"，就会"舆尸"，会载一车尸体回来。这里将"长子"和"弟子"做比较，不完全是从年龄上说的，而是从才德上说的。"长子"是指刚正的、正直的、德高望重的人，也就是卦辞里面所说的"丈人"，"弟子"是缺乏才德的人。孔颖达疏引："庄氏云：长子谓九二，德长于人。弟子谓六三，德劣于物。"两种不同的领导，带来两种不同的结果。可见用人之道是多么的重要。"贞凶"，坚持让"弟子"带领军队的做法是很凶险的。

《象传》解释说，"长子帅师"，是因为"以中行"。"长子"这样有德有才之人，行事自然会走中道，行军打仗的时候，知道进退得失的道理，能够立于不败之地。"弟子舆尸"，是因为"使不当"，"弟子"这样无德无才、纸上谈兵之人，行军打仗不能随机应变，只凭意气用事，指挥军队前进后退自然不恰当，当然会打败仗，伤亡惨重。

上六，大君¹有命²，开国³承家⁴，小人勿用。

《象》曰：大君有命，以正⁵功也。小人勿用，必乱邦⁶也。

[注释]

1 大君：国君。

2 命：教令。

3 国：古代王、侯的封地。开国：封国，封诸侯。

4 家：古代大夫所统治的政治区域，与"国"相对。承家：
封为卿、大夫。

5 正：明辨。

6 邦：国。

[译文]

上六，天子下令论功行赏，封为诸侯可以开国，封为大
夫可以立家，小人不能用。

《象传》说，天子下令论功行赏，是为了肯定有功之臣。
小人不能用，因为他们必将使邦国危乱。

[解读]

上六，天子颁发命令，战争胜利后，封赏功臣，功大者封国，
为诸侯，功小者封为卿、大夫。"小人"不能重用。小人即
无才德的人，犹指无德之辈，用之，必有后患。

《象传》说，君王颁发命令，论功行赏，是为了肯定有
功之臣的功劳，真正地按照功劳、品德来封赏。如果论功行
赏没有按照正道，该赏的没有赏，不该赏的却赏了，会拍马
奉承的小人乘机获得了封赏，得到了重用，将来必会乱邦。
俞琰《周易集说》卷二十："正功谓有功必赏，虽小人亦当
赏之也。乱邦谓小人得上，则挟功以逞，必生僭窃之祸也。"

比卦第八

坎上坤下

[解读]

比卦在师卦之后。师卦讲的是怎么带领众人或者军队去打仗，但是战争不可能永远打下去，打完之后一定要比和。"比"字《说文》作"𣎴"，二人为从，反从为"比"，从造字法上来说叫"会意"，一个人贴着另一个人比高低。"比"有两个意思：第一个是比较，打仗之后肯定有胜负，还有战果如何分配的问题；第二个是和谐，比卦主要讲比和之道、和谐之道。

《论语·为政》说"君子周而不比，小人比而不周"。但这里的"比"是不好的意思，是一种片面的"比"。"君子周而不比"，是说做一个君子要团结不要勾结，"比"有勾结的意思。比卦的"比"不是勾结，而是全面比和，是亲和地比，相当于"君子和而不同"的"和"，虽然有不同，但是在一起要和谐、要合作，这才是君子。

比卦的卦象，上面是坎卦，是水，下面是坤卦，是大地。所以比卦的卦象是师卦的卦象颠倒过来，"比"乃"师"卦的覆卦。一根阳爻在九五位置，九五爻的比，指下面四根阴爻和它相比和，而上面一根阴爻不听它，所以"比"相当于和。

比卦实际上是告诉我们怎样构建亲切和谐的关系，是教人为人处世之道。

比，吉。原[1]筮[2]，元[3]永[4]贞[5]，无咎。不宁[6]方[7]来，后夫[8]凶。

[注释]

1 原：推原、推测本原。

2 筮：占筮。

3 元：元首。

4 永：久长。

5 贞：得正。

6 宁：安宁。

7 方：封国。

8 夫：语气词。

[译文]

比卦，吉祥。有人来亲比，从根本上永恒贞正，没有灾祸。不宁顺的方国前来归附，后到的会有凶祸。

[解读]

比卦，吉祥。比和肯定是吉的，指人与人之间、上级与下级之间都建立了亲切和谐的关系。"原筮"，追寻、占问比和之道的内涵、本质。孔颖达疏："欲相亲比，必能原穷其情，筮决其意，唯有元大永长贞正，乃得无咎。"这一句是就九五爻来说的。《周易本义》："九五以阳刚居上之中，而得其正，上下五阴，比而从之，以一人而抚万邦，以四海而仰一人之象。……然必再筮以自审，有元善长永正固之德，然后可以当众之归而无咎。"九五爻永远守持正道，没有灾祸。"不宁方来，后夫凶"，不安宁的诸侯都来归顺，后来到的诸侯有凶险。孔颖达疏："此是宁乐之时，若能与人亲比，则不宁之方，皆悉归来。……夫，语辞也。亲比贵速，若及早而来，人皆亲己故在先者吉。若在后而至者，人或疏己，亲比不成。……或以'夫'为丈夫，谓后来之人也。""后夫"即指上六爻，也就是后来的顽固分子会遭受灾祸。因为比卦唯一的阳爻处在九五爻，九五爻下面四根爻都是阴爻，都来跟九五爻比和，所以都是吉的。而最上面的上六爻相当于最后来归附的诸侯国，所以上六爻是凶的。意思是说九五爻的君主，用了比和之道，大家会争先恐后地来归附，那些不服气、不来投奔或后来归附的就会有凶险。

　　《象》曰：比，吉也。比，辅[1]也。下顺从[2]也。原筮，元永贞，无咎，以刚中[3]也。不宁方来，上下应[4]也。后夫凶，其道穷[5]也。

[注释]

1 辅：辅佐。

2 从：跟随。

3 中：持中、得中。

4 应：应和，响应。

5 穷：事物到头了。

[译文]

《彖传》说，比卦，吉祥。比是辅佐的意思，在下者都能顺从于上。有人来亲比，从根本上永恒贞正，没有灾祸，是因为阳刚者守中。不宁顺的方国前来归附，是因为上位者与下位者相应。后到的会有凶祸，是因为他的道路穷尽了。

[解读]

《彖传》说，亲比，大吉大利。"比"是辅佐的意思，下面的四根阴爻都是顺从的意思。孔颖达疏："原谓原穷比者根本，筮谓筮决求比之情，以求久长无咎。……元，大也；永，长也。为已有大长贞正，乃能原筮相亲比之情，得久长而无咎，谓彼此相亲比也。"追寻、占问比和之道，想要获得永久的安宁，不会遭遇危险，就必须抓住最根本的原因，即"以刚中"，居统治地位的人要刚健有为，持守中正之道。只有这样，下面的群众才会来与上层统治者比和、和谐。俞琰《周易集说》卷十四："刚中，谓九五刚而得中也……

刚则所守者固，中则无过为，此所以原筮元永贞无咎也。……上下应，谓九五与初、二、三上下之情相通也，众方归附之初，上下之情盖犹未通，四居其间，不惮其劳，以下之意达于上，又以上之意达于下，然后上下之情通。"刚中的九五爻，与下面四根阴爻相应。上六爻凶，因为它走到头了，又压着九五阳爻。

《象》曰：地上有水，比。先王以建[1]万国，亲[2]诸侯。

[注释]

1 建：树立、设置。

2 亲：亲近。

[译文]

《象传》说，大地上有水，这就是比卦之象。先王由此得到启示，要封建亲近诸侯。

[解读]

比卦上面是水，下面是地，所以是"地上有水"。水聚集在大地上，形成比和之势，这就是比卦之象。先王看到这样的象，就要像水聚在地上一样，按照比卦之道来亲近百姓，亲近诸侯，才能建立国家、抚平天下。程颐《伊川易传》卷一：“建立万国所以比民也，亲抚诸侯所以比天下也。”

《象传》这里不说君子而说“先王”，因为说君子主要指的是每个人应该怎么做，而王不仅代表自己一个人，而且要领导万民，所以比卦还告诉我们怎样建功立业、建立国家、安抚天下。可见比和之道不仅是指普通人之间关系的亲和，也是指最高统治者和老百姓的比和，还是指最高统治者怎么跟其他国家建交，实现国与国之间的亲和、平等、友善。

初六，有孚[1]，比之，无咎。有孚，盈[2]缶[3]，终来，有它[4]吉。

《象》曰：比之初六，有它吉也。

[注释]

1 有孚：有诚信、有诚意。

2 盈：满。

3 缶：不加纹饰的容器。

4 它：别的。

[译文]

初六，有诚信，去亲近依附，没有灾祸。有诚信，如缶之盈满，最终会有其他吉祥来到。

《象传》说，比卦的初六，会有其他的吉祥。

[解读]

初六，和谐、比和首先要有诚信，有了诚信就如同酒缸里面盛满了美酒一样，内心充满了福，怀着这样一种心情去亲比，就会格外的吉祥。程颐《伊川易传》卷一："相比之道，以诚信为本，中心不信而亲人，人谁与之？故比之始，必有孚诚，乃无咎也。孚，信之在中者也。诚信充实于内，若物之满盈于缶中也。"全卦都向九五亲比，初六虽然距九五较远，还是诚心诚意地亲比居上位的九五爻，自然不会有咎害。"有它吉"，就是有意外的吉祥。

《象传》说：像初六这么地处边远的人都亲比归附，说明九五的恩德感化力量广大无边，有如尧舜之德，四海臣服，万民附，当然会显得格外的吉祥。

能否"有它吉"的关键在于是否诚信，孔子就说过"人而无信，不知其可也"。春秋时期齐桓公非常守信用，他和鲁国的鲁庄公会见的时候被鲁庄公手下的曹沫持匕首威胁，被要求归还鲁国的土地，齐桓公在情急之下答应了，并且与鲁庄公签订条约，将距离鲁国国都四百里以内的土地都归还给了鲁国。齐桓公回到齐国之后特别恼怒，想变卦，管仲劝他信守承诺，因为鲁庄公和曹沫都是齐国的仇人，如果对仇人都讲信用，那么对不是仇人的人更会讲信用，如果天下人都知道一个人是诚信的君子，那他们都会信任这个人。于是齐桓公决定遵守诺言，按照约定归还了鲁国的土地。这件事情传出去之后，齐桓公果然赢得了各诸侯的敬重，所以许多人自愿归顺于他，齐桓公后来成了春秋五霸之首。所以，诚信非常重要。初六爻两次提到"有孚"，就是强调要有诚信。

"孚"也指"诚"，是心理活动；诚者，天之道，所以人之道也要诚，有孚则吉，孚是道德底线，不能超越。初六爻是说跟别人合作的时候，自己首先要心诚，这样才能赢得别人的信任。

六二，比之自¹内²，贞吉。
《象》曰：比之自内，不自失³也。

[注释]

1 自：介词，从、由。

2 内：内心。

3 自失：内心若有所失。自：自我。

[译文]

六二，从内心去亲近依附，贞正吉祥。

《象传》说，从内心去来近依附，不会失去自我。

[解读]

六二，从内心里来比和九五爻，从内心里来服从九五爻。"贞吉"是说发自内心地服从上级领导，对领导做到真正地心悦诚服，这样就很吉利。

《象传》说，"比之自内"指不会失去自我、迷失自我。要从内心来比和，才不会失去自我、迷失自我。程颐《伊川易传》卷一："二与五为正应，皆得中正，以中正之道相比者也。二处于内。自内，谓由己也。""以中正之道应上之求，乃自内也，不自失也。汲汲以求比者，非君子自重之道，乃自失也。"六二爻是阴爻居阴位，九五爻是阳爻居阳位，第二爻和第五爻构成对应关系，第五爻是君主，也是比卦唯一的阳爻，第二爻的六二爻要从内心里归附于第五爻的九五爻的君主，跟这个君主比和。六二爻很明白这一点，不会迷失自己，再加上守持正道，就会是吉的。

六三，比之匪人¹。
《象》曰：比之匪人，不亦²伤乎。

[注释]

1 匪人：不正派的人。

2 不亦：副词，表示委婉的反问，用在谓语之前。

[译文]

六三，与不合适的人亲近依附。

《象传》说，与不合适的人亲近依附，难道不会有哀伤吗？

[解读]

六三爻既不中又不正，比喻为不正派的人。如果跟不正派的人相比和，肯定会凶。王弼注："四自外比，二为五贞，近不相得，远则无应，所与比者，皆非己亲，故曰'比之匪人'。"《周易本义》同意此论，但朱熹在《朱子语类》中又说："惟三乃应上，上为比之无首者，故为比之匪人也。"

《象传》说，与不正派的人比和，结局不也很悲惨吗？六三爻不中又不正，且位在下卦最上一爻，很容易和跟它同位的上卦最上爻上六爻勾结，而上六爻是明目张胆向九五爻挑战的，所以说六三的结局会很悲惨。如果第三爻和第六爻比和，就变成了阴对阴，肯定是不好的。近朱者赤，近墨者黑。久入芝兰之室而不觉其香，同样，久入鲍鱼之肆也会不觉其臭。孟母教子之所以三迁，就是害怕耳濡目染、潜移默化的可怕能量。

六四，外[1]比之，贞吉。
《象》曰：外比于贤，以从[2]上也。

[注释]

1 外：向外。

2 从：听从，顺从。

[译文]

六四，从外亲近依附九五，贞正吉祥。

《象传》说，从外亲近依附于刚明之贤，所以能够安从其上。

[解读]

六四，向外去和那些有德的人比和的话，肯定是吉的。孔颖达疏："凡下体为内，上体为外，六四比五，故云外比也。"

《象传》说，六四爻向外寻找可以比和的贤明之人，发现居于自己之上的九五爻就是刚健有为、贤能英明之人，所以只要顺从他就可以了。这里也说明亲近、比和的对象很重要。

六四爻和六二爻一外一内，都是九五爻的忠实下属，从内心里愿意接受九五爻的领导。六二爻是因为与九五相呼应，六四爻则刚好在九五之下，阳上阴下，是顺的关系。六四又是阴爻居阴位，不中却正，守持着正固。向外与有德之人比和。比和的时候，坚守正道，大吉大利。

九五，显¹比，王用三驱²，失前禽³，邑人⁴不诫⁵，吉。

《象》曰：显比之吉，位正中也。舍⁶逆⁷取顺，失前禽也。邑人不诫，上使⁸中也。

[注释]

1 显：显露，公开。

2 驱：驱逐，赶走。

3 禽：兽类总称。

4 邑人：城里人，即自己人。

5 诚：是戒备、警惕。

6 舍：放弃。

7 逆：抵触，违背。

8 使：使唤，役使。

[译文]

九五，彰显亲比之道。君王用三驱之礼狩猎，失去往前跑的禽兽，邑人不需要告诫，吉祥。

《象传》说，彰显亲比之道而得吉祥，是因为处在持正守中的位置上。舍去逆我出围者而取来顺我入围者，这就是失前禽的做法。邑人不需要告诫，因为上位的身教使得他们都自觉地走上了中道。

[解读]

九五爻是比卦唯一的阳爻，九五至尊又居于中位，为君主，"显比"，要广泛地亲近他人。程颐《伊川易传》卷一："人君比天下之道，当显明其比道而已。如诚意以待物，恕己以及人，发政施仁，使天下蒙其惠泽，是人君亲比天下之道也。"君王狩猎时要三面驱赶，将正前方空出，要让从正面来的禽兽走失。因为迎面而来的飞禽走兽可看成顺从者，它们愿意顺从，所以要网开一面。要惩罚叛逆者，也要接纳顺从者，这就叫"失前禽"。俞琰《周易集说》卷二十："舍逆，即去者不追之谓；取顺，即来者不拒之谓。伊川程子曰：礼取不用命者，乃是舍顺取逆也，顺命而去者皆免矣。比以向背而言，谓去者为逆，来者为顺也。故所失者前去之禽也。"自己的人不去戒备、警惕，说明亲比双方都是出于真心的，互不设防，有如一家人，这才是真正的比和之道。

《象传》说，"显比之吉"，是因为"位正中"，就是说，九五爻居中正之位，说明他有中正之德，平易近人，能够得到众人的归附，大显比和之道，当然是吉利的。"舍逆取顺，失前禽也"，表明九五的比和是有原则的，不是一个和事佬。他能够洞察谁是真正的归顺，谁是表面的归顺，只接受真心归顺的人，不接受表面归顺而实际叛逆的人。自己人亲密无间，不用互相戒备、警惕，是因为"上使中"。王弼注："用其中正，征讨有常，伐不加邑，动必讨叛，邑人无虞，故不诫也。""上"是九五爻这个君主，"使中"说明这个领导要求下面的群众守正道，自己必须先用中正之道以身作则，行中正之道，要求下面的群众也行中正之道，志同道合，这是亲比的最高境界。

上六，比之无首[1]，凶。

《象》曰：比之无首，无所终也。

[注释]

1 首：在先。

[译文]

上六，无以比下，无以为首而为首，凶险。

《象传》说，无以比下，无以为首而为首，则道穷而无所终。

[解读]

最高的上六爻就是爻辞里的"后夫"。上六，比附却找不到首领，是凶险的。还有一种说法，"首"指"先"，"无首"指不领先，"比之无首"就是不愿意领先去比附，慢吞吞的。王弼注："无首，后也。处卦之终，是后夫也，亲道已成，无所与终，为时所弃，宜其凶也。"

《象传》说，想亲比却找不到首领，是没有好结局的。上六，阴柔之人居于最终位，不愿意早早地领先前来比和，而是姗姗来迟，表示不诚心，当然没有好结局。《周易本义》："以上下之象言之，则为无首，以终始之象言之，则为无终，无首则无终矣。"

小畜卦第九

巽上乾下

[解读]

小畜卦是《易经》的第九卦，在比卦的比和之后，一定会走向成功，就到了小畜。"畜"有蓄养、蓄聚、蓄止的意思。"小畜"就是小小的积蓄。是成功的第一步，也指小有成就。

卦象：上面是风，下面是天，风在天上吹，所以叫风天小畜。

小畜，亨。密云¹不雨²，自³我西郊。

[注释]

1 密云：密布的浓云。

2 雨：下雨。

3 自：介词，来自。

[译文]

小畜卦，亨通。乌云密布而不下雨，从我西边的郊野飘聚过来。

[解读]

小有积蓄，亨通。天空中乌云密布，但还不是下雨之时，更多的乌云从西边的郊外滚滚而来。孔颖达疏："若阳之上升，阴能畜止，两气相薄则为雨也。今唯能畜止九三，其气被畜，但为密云，初九、九二，犹自上通，所以不能为雨也。""密云"指上面的巽卦，巽为风。巽卦的卦象是上面两根阳爻、下面一根阴爻，也就是天下面有虚的东西，这就是云，云再虚掉就是风，所以巽卦可以为云，也可以为风。云聚集在天上，但雨没有下下来，这就是一种积蓄。为什么云是从西边的天空来的呢？因为《易经》是周文王和他的儿子周公写的，周国就在现在陕西省宝鸡市岐山县，地处西方，所以从西边来是有所指的。

《象》曰：小畜，柔得位而上下应[1]之，曰小畜。健[2]而巽[3]，刚中而志[4]行[5]，乃[6]亨。密云不雨，尚[7]往[8]也。自我西郊，施未行也。

[注释]

1 应：应和，响应。

2 健：刚健。

3 巽：柔顺。

4 志：心意，志向。

5 行：施展。

6 乃：于是。

7 尚：同"上"。

8 往：去。

[译文]

《象传》说，小畜卦，六四阴爻得正位，上下刚爻都来和它应合，称为小畜。刚健而又柔顺，九二与九五阳刚居中，志向能多得以实行，所以亨通。乌云密布而不下雨，说明阳气蓄积不足，上行离去。更多的乌云正从西天而来，说明阴阳交合虽然开始，但还没有畅行。

[解读]

小畜卦爻只有一根阴爻即六四爻，阴爻居阴位得正位，阴爻又是柔的，所以说"柔得位"。六四这根阴爻下面的三根爻全是阳爻，上面的两根爻——九五爻和上九爻——也都是阳爻，它上上下下都是阳，只有自己是阴，那么上下都跟它呼应，叫"上下应之"。上下刚爻和它相应，是小有积蓄。下卦乾为刚健，上卦巽为顺从，所以说刚健而又顺从。要像乾卦那样勤奋、向上、刚健、努力；也要像上面的巽卦那样顺从，不能一味地刚强，要顺应九五爻，因为九五爻是在主位上最刚健的人。

"刚中而志行"，九二与九五两根刚爻居于中位，说明内心要刚强，要走中道，这样志向能够得以实行。程颐《伊川易传》卷一说："二五居中，刚中也。阳性上进，下复乾体。志在于行也……言能亨，则由刚中。"

"密云不雨，尚往也"，乌云已经密布，但是没有下雨，又被风吹到天上去了。王弼注："夫能为雨者，阳上薄阴，阴能固之，然后烝而为雨。今不能制初九之'复道'，固九二之'牵复'，九三更以不能复为劣也。下方尚往，施岂得行？"孔颖达疏："所以密云不雨者，不能畜止诸阳，初九、九二犹得上进，阴阳气通，所以不雨。"

"自我西郊，施未行也"，乌云密布，自我西郊而来，但只打雷不下雨，说明阴阳交和虽然开始发动，但还没有畅行。孔颖达疏："所以密云不雨，从我西郊而积聚者，犹所施润泽未得流行周遍……今言在西郊，去施远也。"

也就是说，现在还只是有小小的积蓄，小有成就。这只是迈出了成功的第一步，而且这小小的成功还是大家帮助的结果，尤其是有九五爻与九二爻的帮助，因此不要太骄傲，要更加谦虚，乌云密布不到下雨的时候，还要再努力，扩大成就。

《象》曰：风行天上，小畜。君子以懿[1]文德[2]。

[注释]

1 懿：美好。

2 文德：特指礼乐教化，也指文章才艺之德。文：人文、文化。

[译文]

《象传》说，风在天上吹，只是小小的积蓄。君子由此得到启示，要美化人文与德业。

[解读]

《象传》说，上卦为巽卦，巽为风，下卦为乾卦，乾为天，风刚刚刮起来，还在天上吹，离下雨还有一段时间，这只是下雨前的酝酿期，所以说只是小小的积蓄，这就是小畜卦之象。《周易本义·象上传》："风有气而无质，能畜而不能久，故为小畜之象。"因为有小小的积蓄，成功将会来临。君子看到这样的卦象，就要按照小畜卦之道使自己的品德美好，就要有人文修养和文化。《伊川易传》卷一："畜聚为蕴畜之义。君子所蕴畜者，大则道德经纶之业，小则文章才艺。君子观小畜之象，以懿美其文德，文德方之道义为小也。"也就是说要按这个卦的精神来加强自身的修养，懂得处于此卦时位的时候，一定要戒骄戒躁，更加努力，积累自己的正能量与美德，提高自身的素质，以取得更大的成功，使自己的人生更加美好。

初九，复[1]自道[2]，何其[3]咎，吉。

《象》曰：复自道，其义吉也。

[注释]

1 复：返回。

2 自道：自然而然的道、本来样子的道，也就是正道。自：介词。

3 何其：怎么那样，为什么那样。在疑问句和感叹句中用作状语，表示程度高。

[译文]

初九，复归于正道，会有什么灾祸？吉祥。

《象传》说，复归于正道，其卦义是吉祥的。

[解读]

初九爻是刚开始的时候，想要成功就要"复自道"，一开始就应该复归于正道。原来没有走正道，现在又回到正道上来了。这不会有什么灾祸，自然是吉的。《周易本义》："下卦乾体，本皆在上之物，志欲上进，而为阴所畜。然初九体乾，居下得正，前远于阴，虽与四为正应，而能自守以正，不为所畜，故有进复自道之象。"此爻是阳刚位居最下，阳爻居阳位，为六四爻的阴柔所蓄养，一阳来复，回归正道，因此没有灾祸。这就暗示我们要及时醒悟返回正道，选择正确的人生方向。

《象传》解释说，"复自道"，即回复到正道这种行为，"其义吉"，在道义上是正确的，是吉利的。

九二，牵[1]复，吉。
《象》曰：牵复在中，亦不自[2]失也。

[注释]

1 牵：关连，带累。

2 自：自己。

[译文]

九二，受到牵制才返归，吉祥。

《象传》说，受到牵制才返归中位，也算没有失去自己的立场。

[解读]

九二，被牵引着回复到正道上来，吉祥。李鼎祚《周易集解》卷三引崔憬说："四柔得位，群刚所应，二以中和牵复自守，不失于行也。"九二阳爻居阴位，位不正，自以为刚健有为，但是不要骄傲自满，要谦虚，要守着那个柔，因为阴位要柔，应该与六四爻相应，这样就顺应了事物发展的规律，离成功就更近了。按照小畜卦的精神，在积极进取的同时，要谦逊守柔，这样就顺应了事物发展的规律，就会有所积蓄，就会吉祥。至于具体是谁牵连谁，理解并不一致。程颐《伊川易传》卷一："夫同患相忧，二五同志，故相牵连而复。二阳并进，则阴不能胜，得遂其复矣。"《周易本义》："三阳志同，而九二渐近于阴，以其刚中，故能与初九牵连而复，亦吉道也。"牵引着"复"包括两种情况：一是自己要努力回复到正道，一是要带领着别人一起回复到正道；这样才能成功。

《象传》解释说，九二被牵复到了中道上来，做事不偏不倚，不柔也不刚，"亦不自失也"，谦逊柔和又不失刚健的本性。俞琰《周易集说》卷二十一："往而不复则不能不自失，既复矣，则亦不自失也。其所以不自失者何也？处中而不至于过也。"

九三，舆[1]说[2]辐[3]，夫妻反目[4]。

《象》曰：夫妻反目，不能正[5]室[6]也。

[注释]

1 舆：车。

2 说："脱"。

3 辐：车轮上的辐条，连接车毂和轮辋。

4 反目：敌视，不和。

5 正：端正，确立。

6 室：家，又指妻子。

[译文]

九三，车子的辐条脱落了，夫妻反目成仇了

《象传》说，夫妻反目成仇，九三不能正妻室。

[解读]

九三，车轮子脱开了辐条，车轮就不能用了。若用一辆车比喻一个家庭的话，轮子与辐条就好比是夫妻，两者是相辅相成的关系，两者的和睦相处是一个家庭正常运转的必要条件。"舆说辐"就好比夫妻俩那种相辅相成的关系破裂了，夫妻反目成仇了。程颐《伊川易传》卷一："三以阳爻居不得中而密比于四阴……不能前进，犹车舆说去轮辐……反目，谓怒目相视，不顺其夫而反制之也。"第三爻是阳爻，好比是丈夫；第四爻是这个卦里唯一的阴爻，好比是妻子。不比，阴爻居阳爻之上，刚爻受制于柔爻，男人受制于女人，这在古代是一种不正常的现象。

《象传》说，"夫妻反目"的结果是"不能正室"，也就是说搞得家庭关系不正常了，在需要积蓄的时势下，这种家庭关系对积蓄显然是不利的。

六四，有孚[1]，血去，惕[2]出，无咎。
《象》曰：有孚惕出，上合[3]志[4]也。

[注释]

1 有孚：有诚信。

2 惕：警惕，恐惧。惕出：解除忧患和恐惧。

3 合：符合，契合。

4 志：意愿，心之所向。

[译文]

六四，有诚信，血去而身无伤，惕出而心无忧，所以没有灾祸。

《象传》说，有诚信，惕出而心无忧，是因为与上位者志向相合。

[解读]

第四爻是第二个阶段的开始，所以会有艰难，又有"血"又有"惕"，有血光之灾，还有让人警惕、恐惧的事情发生。但心怀诚信，就能免去血光之灾，解除忧患，去除恐惧之心，不会有什么咎害。

《象传》解释说，之所以"有孚"就能"惕出"，是因为"上合志"，是说它与上面的九五爻志同道合。俞琰《周易集说》卷二十一："爻辞于九五言有孚，六四亦言有孚，其君臣相合如此，故爻传曰有孚惕出，上合志也。"此爻居于九五之下，阴爻上承于阳爻，表明柔顺从于刚，这是符合天道自然的。六四阴爻能遵循天道，诚心诚意、心悦诚服地顺从居于尊位、刚健有为的九五阳爻。九五爻，又中又正，代表了天道，六四爻要遵循这个天道，心悦诚服地顺从于上面这个尊位，当然也会得到九五爻的关心与帮助。王弼、孔颖达则认为"上"是上九爻，也有的理解为同时受到九五爻、上九爻的帮助。《周易本义》："以一阴畜众阳，本有伤害忧惧。以其柔顺得正，虚中巽体，二阳助之，是有孚而血去惕出之象也。"

第四爻是小畜卦唯一的阴爻。第四爻要守柔，因为它是阴爻处在阴位上，是得位的，跟有德的人又相合，甘居下位顺从于他们，就会得到进一步的成功。

九五，有孚，挛如[1]，富以[2]其邻。
《象》曰：有孚，挛如，不独富也。

[注释]

1 挛如：接连不断的样子。

2 以：与之，《康熙字典》"古以与声相通"。

[译文]

九五，有诚信，持之以恒的样子，与邻居共享富贵。
《象传》说，有诚信，持之以恒的样子，不愿意独自富贵。

[解读]

这时要继续保持诚信,持之以恒,接连不断。处于这个时位时,无论是地位还是财富,九五爻都已经取得了比较大的成功与积累。正因为他已经身居高位,也有了富足的财富,这个时候就不能再只顾自己了,独善其身已经不行了,他应该"富以其邻",帮助他周围人共同富裕起来。程颐《伊川易传》卷一:"五以中正居尊位而有孚信,则其类皆应之矣。故曰挛如,谓牵连相从也。五必援挽一与之相济,是富以其邻也。五以居尊位之势,如富者推其财力与邻比共之也。"

当年孟子问过齐宣王一个非常有名的问题,孟子问:"独乐乐,与人乐乐,孰乐?"孟子问独自欣赏音乐快乐,还是跟别人一起欣赏音乐快乐?齐宣王回答"不若与人",自己欣赏音乐当然比不上跟别人一起欣赏音乐快乐。"乐乐",第一个"乐"是欣赏音乐,第二个"乐"是快乐。当然现在有人理解为独乐和众乐也是对的,就是独自的快乐不如跟别人在一起分享快乐更加快乐。

上九,既[1]雨既处[2],尚[3]德载[4],妇贞[5]厉。月几望[6],君子征[7]凶。

《象》曰:既雨既处,德积载也。君子征凶,有所疑也。

[注释]

1 既：又。

2 处：停止。

3 尚：崇尚。

4 载：增益，积累。

5 贞：坚定不移。

6 望：农历每月十五的月相，一个月的月相分别是晦、朔、弦、望。几望：即既望，十六日。

7 征：出征。

[译文]

上九，雨已经停止，要蓄积高尚的道德才能承载万物，妇人贞正会有危险。月亮已经圆满，君子前进会遭遇凶险。

《象传》说，雨已经停止，因为品德已有积蓄而能承载万物了。君子前进会遭遇凶险，是因为有所疑虑。

[解读]

最后一根爻上九爻，是到了成功的最高处，这个时候会"既雨既处"。雨下来了，表明阴阳和合了。程颐《伊川易传》卷一："既雨，和也；既处，止也。阴之畜阳，不和则不能止；既和而止，畜之道成矣。""尚德载"，一定要积聚高尚的品德才能承载万物而有积蓄。《周易本义》："畜极而成，阴阳和矣，故为既雨既处之象。盖尊尚阴德，至于积满而然也。"

"妇贞厉"，这时妇人太刚正了，会有危险，在小畜的时候，要谦逊，要包容。"月几望"，过了十五了，月是越来越亏了。做任何事情都要像月亮将圆之时一样不可过满，"君子征凶"如果这时君子还外出进行征讨，一定会遭遇凶险。做事不能太满，盈则亏，这告诉我们成功之后不能太过，否则就会走向反面而失败。

《象传》解释说，既雨既处，是因为品德已有积蓄而能承载万物了。君子出征有凶险，是因为这种行为值得怀疑。一般理解为夫妻之间的抗争，如王弼注："妇制其夫，臣制其君，虽贞近危，故曰'妇贞厉'也。……满而又进，必失其道，阴疑于阳，必见战伐，虽复君子，以征必凶，故曰'君子征凶'。"

履卦第十

≡ 乾上兑下

[解读]

"履"的本意是鞋，可以引申为走路、行动。小畜卦代表小小的积蓄、小小的成功，成功之后一般人会出现两种倾向：一种是小富即安，安于已经取得的成就，不想再进取；一种是茫然，不知道下一步应该怎么做，应该朝什么方向走，走什么样的路，怎么走这条路，跟谁一起走。所以，履卦就是告诉我们成功之后怎么继续走好这条路。

"履"除了鞋之外还有一个意思：礼，就是礼仪，也指行为准则。所以，取得成功之后应该走一条合礼的路。礼在《说文解字》中的解释是"履也"。"仓廪实而知礼节"，在有了小小的积蓄之后，人的行为、行动就必须遵循一定的准则，这个准则在古代就称为"礼"。取得小小的成功之后，还要进一步去实践，但实践要循礼而行。

履卦的卦象：上面是乾卦，为天，下面是兑卦，为沼泽，是天上泽下。天上太阳的光照耀在下面的沼泽上，沼泽中的湿气会上升，然后上下就会呼应，这是各得其位、符合礼仪的景象，所以履卦的卦象就取了天上泽下各得其位的意思。

履虎[1]尾，不咥[2]人，亨。

[注释]

1 履：践踏、踩。

2 咥（dié）：咬。

[译文]

踩在老虎尾巴上，老虎不咬人，亨通。

[解读]

踩到老虎的尾巴上，老虎却没咬人，所以是亨通的。王弼注："成卦之体，在六三也。履虎尾者，言其危也。三为履主，以柔履刚，履危者也。履虎尾有不见咥者，以其兑而应乎乾也。乾，刚正之德者也。不以说行夫佞邪，而以说应乎乾，宜其履虎尾不见咥而亨。"这里描述的卦象是：履卦上面是乾卦，乾卦是帝王，而老虎是兽中之王；下面是兑卦，兑卦是沼泽，同时也指人的嘴，因为兑卦是下面两根阳爻、上面一根阴爻，阴爻是空的，人上面一个空的东西，这个形象就是嘴。这张嘴在咬上面那只老虎的尾巴，或者这个人踩到老虎的尾巴上去了，而这个老虎没有来咬他，这是亨通的。孔颖达疏："以六三在兑体，兑为和说，而应乾刚，虽履其危，而不见害，故得亨通。"

为什么老虎不咬人？因为这个人是轻轻踩在老虎尾巴上的，没有把老虎踩痛了，否则老虎肯定会回过头来咬他。所以踩的时候必须谨慎小心，而且要恰到好处、要合适，合适就是合礼。这就告诉我们，能否走好成功之后的路关键在于路选得是否合适，以及采取的行动是否合礼。

《彖》曰：履，柔履刚也。说[1]而应[2]乎乾，是以[3]履虎尾，不咥人，亨。刚中正，履帝位而不疚[4]，光明也。

[注释]

1 说：通"悦"。

2 应：应付。

3 是以：所以，因此。

4 疚：忧苦，心内痛苦。

[译文]

《彖传》说，履卦，六三柔爻踩在九二刚爻上。以和悦去响应刚健，所以踩在老虎尾巴上，老虎不咬人，亨通。刚强者居中守正，登上帝位也没有愧疚，是因为光明正大。

[解读]

整个履卦只有一根阴爻，就是六三爻，这根柔爻踩在九二刚爻上。柔爻乘在刚爻上，是不吉的，就像踩在了老虎的尾巴上。在行动做事的时候遇到艰险，怎么才能不被艰险所伤害？最重要的一条就是"说而应乎乾"，即柔顺、和悦地顺应天道。下卦为兑卦，兑为喜悦；上卦为乾，乾为天，这里指天道。所以就像人踩在老虎尾巴上，老虎却没咬人。"刚中正"，九五爻居中正之位，有刚毅中正之德，所以处在帝王之位而没有愧疚，"光明也"，就是因为有光明正大的品德。按照天道来做肯定是光明的，成功的关键在于是不是有光明正大的品德，是不是走在合适的路上，是不是符合礼仪、行为规范。疚，也解释为病。俞琰《周易集说》卷十五："阴干阳则阳为之病，今九五以刚德处上，得乾之中，居乾之正而尊，履君位，彼六三者，虽为成卦之主爻，然以柔德处下，不能为我之病，而九五之德光明自若。"

《象》曰：上天下泽，履。君子以辩[1]上下[2]，定[3]民志[4]。

[注释]

1 辩：通"辨"，分辨、分别。

2 上下：指君臣、尊卑、男女等位序。

3 定：使不变动。

4 志：心志，意向。

[译文]

《象传》说，上卦为天，下卦为泽，这是履卦之象。君子由此得到启示，要分辨上下秩序，安定人民意志。

[解读]

《象传》说，上卦为乾卦，乾为天，下卦为兑卦，兑为泽，天在上，泽在下，各就其位，是符合天道自然的，这就是履卦之象。君子看到这样的卦象，就要按照履卦之道来辨别上下等级尊卑，制定礼仪规范，使民众有礼可循，安分守己，从而安定天下民心。程颐《伊川易传》卷一："上下之分明，然后民志有定。民志定，然后可以言治""古之时公卿大夫而下，位各称其德，终身居之，得其分也""农工商贾，勤其事而所亨有限，故皆有定志。"天上的太阳照在下面的沼泽上，沼泽中的湿气就会上升，这样就能上下相应，然后可使天下百姓的心安定。符合上下时位的行为准则是人人都必须遵守的。

初九，素¹履往，无咎。
《象》曰：素履之²往，独行³愿⁴也。

[注释]

1 素：平常，平素。

2 之：助词，取消句子的独立性。

3 行：实行。

4 愿：心愿，愿望。

[译文]

初九，按照平素的践履方式前往，没有灾祸。

《象传》说，按照平素的践履方式前往，是因为只想实行自己的愿望。

[解读]

"素"字下面是绞丝底，代表一种本色的、没有修饰过的丝绸。初九，阳爻处在阳位上，这是告诉我们保持正心、正道、初心，按照平素的做法去践履。初九爻一开始就得正，因为平常就走正道。按照初心来做，走正道，继续这样做，是没有灾祸的。王弼注："处履之初，为履之始。履道恶华，故素乃无咎。"

《象传》解释说，能够按照平常的做法去行动，是因为"独行愿"，自己从一开始就发愿，要循礼而行，坚守正道。初九能够按照自己心中的愿望行事，不会有灾祸。俞琰《周易集说》卷二十一："愿者志之所向，履初九上无正应，在下位而不援乎上，故谓之独行愿。人唯不能自安于贫贱之素，未免唯利是趋，徇乎人而同流同污，若夫安履其素而行，则清修洁白，不愿人之文绣，唯求其在我而已。《中庸》云：君子素其位而行，不愿乎其外。与此同旨。"

九二，履道坦坦[1]，幽人[2]贞吉。

《象》曰：幽人贞吉，中[3]不自乱也。

[注释]

1 坦坦：宽而平。

2 幽人：隐居者。

3 中：内心。

[译文]

九二，践履的道路平平坦坦，幽隐的人贞正吉祥。

《象传》说，幽隐的人贞正吉祥，是因为他守中使自己不乱。

[解读]

九二，大道平平坦坦，对于隐居者而言是吉利的。这一爻描述的就是一副真君子形象。"君子"是《周易》中经常出现的一个概念，真正的君子心无挂碍，坦坦荡荡，行事光明磊落。

《象传》说，"幽人贞吉"是因为"中不自乱"。也就是说，虽然境遇不是太好，只能暂时隐居潜伏，但他心里很平静，没有因为境遇不好而自乱方寸。王弼注："二以阳处阴，履于谦也。居内履中，隐显同也。履道之美，于斯为盛，故履道坦坦，无险厄也。"九二爻是阳爻，却处在阴位，位置不正，喻示着当前的境况不会太好，这时候最好的解决办法就是隐居潜伏，静观其变。又因为九二爻处在下卦的中位，虽然不正但是居中，所以"中不自乱"，对于隐居者而言是吉利的。处在中位上，要走中道，也就是大道。《论语·述而》说："君子坦荡荡，小人长戚戚。"走在中道上，就是要坦坦荡荡，有无私、公平之心，这样才能快乐幸福。走中道也是指做事要符合礼仪，这样才是君子。"幽人"不一定是真的归隐，而是说走在中道上要有平和恬淡的心态，不要张扬也不要有太多欲望，这样肯定能"贞吉"。因为幽人心中没有邪念，走的是中道，所以一定是吉的。

六三，眇[1]能视，跛[2]能履，履虎尾，咥人，凶。武人[3]为[4]于大君[5]。

《象》曰：眇能视，不足以有明也。跛能履，不足以与行也。咥人之凶，位不当也。武人为于大君，志刚也。

[注释]

1 眇：瞎了一只眼睛。

2 跛：瘸了一条腿。

3 武人：孔武有力的人。

4 为：做事、作为。

5 大君：最高的君主。

［译文］

六三，瞎了一只眼还能看，跛了一只脚还能走，踩在老虎尾巴上，老虎咬人，凶祸。勇武之人要做君王。

《象传》说，瞎了一只眼睛还能看，但是不能够看明白。跛了一只脚还能走，但是不能够走远路。老虎咬人的凶祸，是因为位置不适当。勇武之人要做君王，是因为意志刚强。

［解读］

六三爻是全卦唯一的阴爻。瞎了一只眼睛却能勉强看，跛了脚却能勉强走路。结果跌跌撞撞踩在老虎尾巴上，被老虎咬了，当然是凶险。正如武士们不走正道，而要去争权夺位做天子，怎能不凶险。从反面说明小心谨慎的重要性。

《象传》解释说，瞎了一只眼睛，还能勉强看，但不能够明辨事物。跛了脚却能勉强行走，但不足以和他人一起远行。孔颖达疏："居履之时，当须谦退。今六三以阴居阳，而又失其位，以此视物，犹如眇目自为能视，不足为明也；以此履践，犹如跛足自为能履，不足与之行也。"老虎咬人说明六三所处的位置不适当。六三爻为阴柔之爻，阴爻居阳位，又是下卦上爻，不中不正，处履之时，不安其分，有上进九五尊位之野心，以达凌驾诸阳之目的。武人想当大君主，说明他的志向很刚强。有勇无谋之人想去夺取前面那个乾卦的王位，不是按礼而行，怎么能不凶险呢？王弼注："志在刚健，不修所履，欲以陵武于人，为于大君。行未能免于凶，而志存于五，顽之甚也。"

　　没有明亮的视力，脚力也不够，按理说应该踏踏实实本分做事，但六三不干，因为它在下卦最上位，所以心志很高。《周易本义》："六三不中不正，柔而志刚，以此履乾，必见伤害，故其象如此，而占者凶。又为刚武之人，得志而肆暴之象，如秦政、项籍，岂能久也。"莽撞行事，当然会招来灾祸。不衡量自己的实力、不依据自己的资质想要出位，那是很难的。

　　九四，履虎尾，愬愬[1]，终吉。
　　《象》曰：愬愬终吉，志行[2]也。

[注释]

1 愬愬：恐惧的样子。

2 行：施展。

[译文]

　　九四，踩在老虎尾巴上，战战兢兢，终究吉祥。

　　《象传》说，战战兢兢而终究吉祥，是因为志向得以实现。

[解读]

　　王弼注："逼近至尊，以阳承阳，处多惧之地，故曰履虎尾，愬愬也。然以阳居阴，以谦为本，虽处危惧，终获其志，故终吉也。"第四爻是乾卦最下面的一根爻，近于九五尊位，又乾卦代表老虎，九四爻犹如走在老虎之后，有险故恐惧。但九四爻以阳刚处阴柔之位，能谨慎小心，故转危为安，最终是会吉的。《周易本义》："九四亦以不中不正，履九五之刚。然以刚居柔，故能戒惧而得终吉。"九四爻不中不正，做事情不中不正，必然会有恐惧之心。人要有恐惧之心，要有忧患意识，有敬畏之心，"人无远虑，必有近忧""吾日三省吾身"，只要小心行事，时时处处警惕谨慎，就能趋吉避凶、化险为夷。

《象传》解释说，"愬愬终吉"，是因为"志行也"，即志向得以实现。就是说尽管前面有凶险，都已踩到老虎的尾巴上了，仍然坚定意志要前行，但采取了小心谨慎的态度，战战兢兢，如履薄冰，这样最终就能够化险为夷，取得胜利。

九五，夬[1]履，贞厉[2]。

《象》曰：夬履贞厉，位正当也。

[注释]

1　夬（guài）：通"决"，决断、武断。

2　厉：损害。

[译文]

九五，刚决履行，虽然贞正，也有危险。

《象传》说，刚决履行，虽然贞正，也有危险，是因为位置居正而当令。

[解读]

九五爻以阳刚处尊位，行事过于主观武断，刚愎自用，独断专行，不注意与人沟通，所以很难得到他人的认同，虽然行得正，也会有危险。程颐《伊川易传》卷一："五以阳刚乾体居至尊之位，任其刚决而行者也。如此则虽得正，犹危厉也。"从卦象上来看，第五爻和第二爻是对应的，但这两爻都是阳爻，是刚的，所以会沟通困难。如果太主观、太武断，就会"贞厉"。

《象传》说，"夬履贞厉"但"位正当"，意思是占卜的结果为什么是"厉"而非更坏，是因为九五爻时位好，又正又中。俞琰《周易集说》卷二十一："以九居五，不患其不刚明，惟患其躁急。履之九五正当至尊之位，若过于刚决，而所行又固执之甚，则危厉矣。"事实上，第五爻的时位和它的刚愎自用是皮与毛的关系，没有九五时位，自然也就无所谓刚愎自用，没那能耐！不过，即便有了能耐，还是谦虚低调一些好。按照中正之道来做就可以趋吉避凶。孔颖达理解为"处在九五之位，不得不决断其理，不得不有其贞厉，以位居此地故也"也通。

上九，视¹履考²祥，其旋³元吉⁴。
《象》曰：元吉在上，大有庆也。

[注释]

1 视：审视。

2 考：考察。

3 旋：反转、转身。

4 元吉：大吉大利。

[译文]

上九，审视履历，考察祥祸，如此反转，最为吉祥。

《象传》说，最为吉祥地居于上位，是大有喜庆的事。

[解读]

到了最高、最后的阶段，要详细地回顾走过的路程，考察其中的得失。转身谦下，转身往下走，又返回初九爻，也指向下与六三爻阴阳相应，这是大吉大利的。一般说，居极高之位往往凶险，这里却是"元吉"，原因就是回归小心谨慎的本质，谦和转身向下。孔颖达疏："上九处履之极，履道已成，故视其所履之行；善恶得失，考其祸福之征祥。'其旋元吉'者，……旋谓旋反也。上九处履之极，下应兑说，高而不危，是其不坠于履，而能旋反行之，履道大成。"

《象传》说，"元吉在上"，是"大有庆也"，意思是说，

在上位能大吉大利是大有喜庆的事。俞琰《周易集说》卷
二十一："人之践履，贵乎有终，况其位在上乎，在上而克终，
此莫大之庆也。"这里也说明了，居上位的人如能注重自身
的修养，能谦和待下，自然能获得居下位的人的赞扬与顺从，
这本身是一件大有喜庆的事。

泰卦第十一

☰ 坤上乾下

[解读]

泰卦在履卦之后，履卦是告诉我们要按礼行事，按礼、按规则或者按规律来做事一定会通泰。"泰"指好的，通泰。

泰卦的卦象：地在上，天在下，所以叫地天泰。泰卦的卦象是从事物交合的现象上来描述的：上面的坤卦代表大地，大地是阴的，所以是阴气在上；下面的乾卦代表天，天是阳的，也就是阳气在下。阳气是从下往上升的，而阴气是从上往下降的，而泰卦正好是阳气上升、阴气下降，这样就能沟通（交泰）了，也叫交通，因此泰卦特别重要，它代表了《易经》的核心思想——阴阳交通。

泰，小往[1]大来[2]，吉，亨。

[注释]

1 往：走、离开，是从近处往远处去。

2 来：来到，是从远处往近处来。

[译文]

泰卦，小的去，大的来，吉祥，亨通。

[解读]

"往"与"来"有方向性的区别，"往"是从这一点往外走，"来"是以这一点为中心，从外往里走，二者方向相反。《周易本义》："小，谓阴。大，谓阳。言坤往居外，乾来居内。"这里的"小"指阴爻，三根阴爻在外卦，"大"指阳爻，三根阳爻在内卦，小的往外走了，大的往里来了，故曰"小往大来"。这种现象就是大吉大利、亨通。反之，大往小来则为否卦，是不吉利的。"小往大来"若用来说明"小人"与"大人"小事与大事的关系，就是"小人"走了，"大人"来了，这当然是好事，反之就是坏事。泰卦的阴阳之气，一来一往，一升一降，交通调和，有吉祥亨通之象。

《象》曰：泰，小往大来，吉，亨，则是天地交[1]而万物通[2]也，上下交而其志同也。内阳而外阴，内健而外顺，内君子而外小人，君子道长[3]，小人道消[4]也。

[注释]

1 交：相接。

2 通：畅达。

3 长：增长。

4 消：消减。

[译文]

《彖传》说，泰卦，小的去，大的来，吉祥，亨通，就是天地交合使得万物通达，上下交合使得他们的志向相同。内卦为乾卦三根阳爻，外卦为坤卦三根阴爻，内心刚健而外表柔顺，内存君子而外远小人，君子之道成长，小人之道消退。

[解读]

泰卦是天地交合：阳气上升、阴气下降，天气上升、地气下降，上下交合，志向相应，这样万物就通畅了。泰卦上卦是地，下卦是天，天地交合、交流、交通，万事万物就能通达、通顺、通畅。"上下交而其志同也"，这里的"上"指天，"下"指地，天地相交，志向也相同、相应了。"内"指下卦，"外"指上卦，泰卦下面是阳、上面是阴，也就是里面是阳、外面是阴。所以内心刚健而外表柔顺。"内君子而外小人"，君子居于内，主政于朝廷，小人远于外，不担任重要的职位，远离朝廷，听命于君子。李鼎祚《周易集解》卷四引崔憬说："此明人事也。阳为君子在内健于行事，阴为小人在外顺以听命。""君子道长，小人道消也"，泰卦下面是三根阳爻，阳爻上升，阴气肯定会消散，君子为阳，小人为阴，阳长阴必消，阴长阳必消，所以君子之道长了，小人之道就会衰落、消亡，这是相辅相成的。泰卦是乾阳在下，有上进

之势；坤阴在上，有消退之势，君子之道一点一点从下往上
壮大。

　　成语"三阳开泰"就是指泰卦，下面三根阳爻开出了一
个泰卦。泰卦刚好是指正月，因为阴历十一月有一个节气叫
冬至，是阴气最多而一阳来复的时候，所以阴历十一月是复
卦；到阴历十二月也就是腊月，阳气更多了一点，就是临卦；
腊月过了就是正月，正月的阳气又多了一点，下面有三根阳
爻了，所以是泰卦。所以，不是羊年的春节才"三阳开泰"，
任何一年的春节都可以"三阳开泰"。

　　《象》曰：天地交，泰。后[1]以财[2]成[3]天地之道，
辅相[4]天地之宜[5]，以左右[6]民。

[注释]

1 后：君主、皇帝。

2 财：通"裁"，意为裁定、裁断、制定。

3 成：完成，实现。

4 辅相：辅助。

5 宜：适宜、合适。

6 左右：指挥、带领。

[译文]

《象传》说，天地交合，这就是泰卦之象。君王由此得

到启示，要裁制出符合天地的法则，辅佐相助天地之所宜，以此来扶植国计民生。

[解读]

天地交合，通泰。这里的"后"字是君主的意思，当然后世管帝王的夫人叫"后"，但是"后"最早是指帝王自己。意思是君主要效法泰卦的天地沟通之道来制定天地、社会、阴阳交流沟通的法则，来辅佐天地沟通之道。孔颖达疏："'天地之道'者，谓四时也，冬寒、夏暑、春生、秋杀之道。若气相交通，则物失其节。物失其节，则冬温、夏寒、秋生、春杀。君当财节成就，使寒暑得其常，生杀依其节，此天地自然之气，故云天地之道也。'天地之宜'者，谓天地所生之物各有其宜。……扬州其贡宜稻麦，雍州其贡宜黍稷。……人君辅助天地所宜之物，各安其性，得其宜，据物言之，故称宜也。""以左右民"，指导、统领老百姓，意思是让老百姓也要按照天地交合、阴阳交流的法则来进行沟通。程颐《伊川易传》卷一："财成，谓体天地交泰之道，而财制成其施为之方也。辅相天地之宜，天地通泰则万物茂遂。人君体之而为法制。使民用天时，因地利，辅助化育之功，成其丰美之利也。"

初九，拔茅[1]，茹[2]以其汇[3]，征[4]，吉。
《象》曰：拔茅征吉，志在外[5]也。

[注释]

1 茅：茅草，如白茅、黄茅、黑茅。

2 茹：带出一大片。

3 汇：同类。

4 征：预兆、迹象。

5 外：外推，由下往上，由内向外地去推想、推测、推理。

[译文]

初九，拔取茅草，根茎牵连着同类，起征，吉祥。

《象传》说，拔取茅草，根茎牵连着同类，起征，吉祥，是因为有志于往外进取。

[解读]

王弼注："茅之为物，拔其根而相牵引者也。茹，相牵引之貌也。三阳同志，俱志在外；初为类首，己举则从，若茅茹也。上顺而应，不为违距，进皆得志，故以其类征吉。"初九，本来想拔一根茅草，结果连根带出相互连接的一大片，比喻做事情很顺利，会有同道的人前来帮助自己。前往征进，是非常吉利的。初九爻为阳爻，为君子，他正好处于君子道长、小人道消的时势下，是建功立业的好时机，只要努力，就会有事半功倍的效果，就像拔一根茅草，结果带出了一大片，会取得出人意料的成果。一片指初九爻、九二爻、九三爻三根阳爻。本来是拔一根阳爻，三根阳爻却都被拔出来了。这里告诉我们，在大好的形势下，一定要努力进取，不要错过时机。

《象传》解释说，"拔茅征吉"，是因为"志在外"。"外"，外面，向外，初九居最下位，阳爻本性刚健，不甘于屈居在下，踌躇满志地要向外积极进取。泰卦外面（上面）的爻全是阴爻，要跟阴爻的人在一起沟通，这样才能有志者事竟成。在这拔一根茅草，能带出一大片茅草的有利时机，只要有志于往外进取，有志者事竟成，就会有意想不到的吉利。

九二，包¹荒²，用冯³河，不遐⁴遗⁵，朋⁶亡，得尚于中行。

《象》曰：包荒，得尚于中行，以光大⁷也。

[注释]

1 包：包容。

2 荒：有三种解释，广大、荒芜、大川。

3 冯（píng）：涉水。

4 遐：远。

5 遗：遗漏。

6 朋：朋党。

7 光大：光明正大。

[译文]

九二，包容荒秽，有徒步过河之勇，不遗弃远方之君，朋党亡失，能够崇尚守中而行的美德。

《象传》说，包容荒秽，能够崇尚守中而行的美德，是因为光明远大。

[解读]

九二，包容广大，包容有缺点的人甚至无能的人。王弼注："体健居中而用乎泰，能包含荒秽，受纳冯河者也。用心弘大，无所遐弃。"因为内卦为天，天非常广大，可以包地。"冯河"就是无舟渡河，只能涉水过河，即徒步过河，可理解为无能之辈，因为有才能的人会打造一只船来过河，而无能的人造不成船，只能徒步过河，渡河过程中就有被河水冲跑的危险。"用冯河"，实际上就是指能包容那些无能之辈。"不遐遗"即"不遗遐"，不遗漏那些偏远地方的人，即包容性很大很大，不仅能包容那些无能之辈，还能包容那些偏远地方的贤士。程颐、朱熹则认为"冯河"指有勇气做事果敢。《伊川易传》卷一："泰宁之世，人情习于久安，安于守常，情于因循，惮于更变。非有冯河之勇不能有为于斯时也。冯河，谓其刚果足以济深越险也。""朋亡"即"亡朋"，就是没有朋。"朋亡"是指不结党营私。孔颖达疏："用心弘大，无所疏远弃遗于物。……得中无偏，所在皆纳，无私于朋党之事。"包容不等于结党营私，因为他的包容心很广很广，不需要与人结成朋党。"得尚于中行"，这样做实际上就是"中行"，走中道，而且能够崇尚那些中行之人，即走中道之人。因为九二爻为刚爻，居中，但居阴位，表示他不但有中庸之德，且有包容心，宁愿居在柔位，用安泰、通泰的精神包容无能之辈和边远地方的人。《周易本义》："占者能包容荒秽，而果断刚决，不遗遐远，而不昵朋比，则合乎此爻中行之道矣。"

《象传》解释说，"包荒，得尚于中行"，说明九二心中光明，胸怀很宽广。

东汉时期的班超，是《汉书》的作者、历史学家班固的弟弟，他自己投笔从戎，是非常了不起的外交家。班超当年出使西域，就用了这种方法——包容，才把西域治理得非常安宁。他离任时，他的继任者任尚请他赠言，班超说：塞外的士兵本就是因为罪过而被发配过来，西域当地人又怀有叛逆之心，不容易安抚，所以你一定要"宽小过，总大纲"（宽容小过错，抓大事、大原则）。然后还告诉任尚："水至清则无鱼，人至察则无徒。"水如果太清了，鱼就不能活了；人如果太精明严厉了，就没有伙伴、朋友了，所以要宽容、包容。但是任尚不拿班超的话当回事，认为都是老生常谈，结果后来发生了叛乱，任尚也被贬了。

九三，无平[1]不陂[2]，无往不复[3]，艰贞[4]无咎，勿恤[5]其孚[6]，于食有福。

《象》曰：无往不复，天地际⁷也。

[注释]

1 平：平坦。

2 陂：通"坡"，坎坷、凶险。

3 复：返回。

4 艰贞：处境艰危而守正不移。

5 恤：担忧。

6 孚：诚信。

7 际：规律。

[译文]

九三，没有只平坦而不崎岖，没有只前往而不返回，在艰难中贞正，没有灾祸，不要忧虑它的信誉，在食俸禄上享有福气。

《象传》说，没有只前往而不返回，是因为天地的大规律。

[解读]

九三，有平就有险，有往就有复。平坦之后是坎坷，坎坷之后平坦。程颐《伊川易传》："泰久而必否，故于泰之盛与阳之将进而为之戒曰：无常安平而不险陂者。谓无常泰也。"否极泰来，泰极否来，正如《道德经》所说，"祸兮福之所倚，福兮祸之所伏"，任何事物的发展都是这样一个规律。

没有一条道路只是平坦而没有艰险的。成功里面潜藏着失败，一定要有忧患意识，要有危机意识。"艰贞无咎"，知道有艰险，而后走正道，没有灾祸。"勿恤其孚"，不要担忧是不是有诚信。"于食有福"，即在食物上有福气。孔颖达疏："信义先以诚著，故不须忧其孚信也。信义自明，故于食禄之道，自有福庆也。"这里是一个比喻，"食"指代任何财物，即在任何财物上都会有所得的。此卦最关键的爻为六五爻，九三爻与上六爻相应，与六五爻不应，故经常担心他是否诚实。这里告诉我们不用担心，只要有诚信，有艰难守正的心，坚信循环往复的大规律，就必定是有福的。

《象传》解释说，"无往不复"即天地之大规律。

六四，翩翩[1]不富[2]，以[3]其邻，不戒[4]以孚[5]。

《象》曰：翩翩不富，皆[6]失实也。不戒以孚，中心愿[7]也。

[注释]

1 翩翩：一是非常潇洒，二是很轻快。

2 富：富有。

3 以：用。

4 戒：警惕。

5 孚：诚信。

6 皆：共同。

7 愿：心愿，愿望。

[译文]

六四，看起来翩翩潇洒，其实名不副实，只是你的邻居并不戒备你，而用诚心待你。

《象传》说，看起来翩翩潇洒，其实名不副实，都是失去了本真自然。只是你的邻居并不戒备你，而用诚心待你，因为每个人的心中都有同样的志向。

[解读]

"翩"是一个羽字旁，原指鸟成群结队地往下飞，往下飞也是指一种潇洒的样子。"不富"即指阴爻。《周易本义》："阴虚阳实，故凡言不富者，皆阴爻也。"六四爻已经是上卦了，上面三根爻都是阴爻，所以他的邻居不戒备他，而用诚心待他。"不富"也可以理解为一种虚心，胸怀坦荡地对待邻居。俞琰《周易集说》卷二："易以阴虚为不富，六四阴爻故曰不富。四当小人道消之时，所以翩翩然下交于初者，其心自歉其不富，遂以其邻偕来也。""不戒以孚"，也可以理解为不要有戒心，对周围的人不要戒备，要用诚心对待朋友、邻居。这句话的意思是在与别人沟通的时候，不要有戒备，彻底把自己放开来，才能够潇洒、自由自在。

《象传》解释说，"翩翩不富，皆失实也"。"实"，实实在在的东西。失实，意指六四爻、六五爻及上六爻处上体不当。因为程颐《伊川易传》卷一："六四处泰之过中，以阴在上志在下，复上二阴亦志在趋下。……邻，其类也，谓五与上……三阴皆在下之物，居上乃失其实，其志皆欲下行，故不富而相从，不待戒告而诚意相合也。""不戒以孚"，就是说不要有戒心，要用诚心。每个人的心中都有同样的志向，若能这样就好了，否则就有麻烦。双方想法不一样，就有戒心了，大家想法一致就没有戒心了。

六五，帝乙[1]归妹[2]，以祉[3]元吉[4]。

《象》曰：以祉元吉，中以行[5]愿也。

[注释]

1 帝乙：纣王的父亲。

2 归妹：嫁女儿。

3 祉：福气。

4 元吉：大吉。

5 行：实施。

[译文]

六五，商纣王之父把他的女儿嫁给了周文王，以此获得了福祉，最为吉祥。

《象传》说，以此获得了福祉，最为吉祥，是因为守中而实现愿望。

[解读]

这是很有名的一个故事。"帝乙"是商朝最后一个王——纣王的父亲，"归妹"的"归"是指出嫁，"妹"不是妹妹而是女儿，帝乙把他的女儿嫁给了西伯侯，这样就"以祉元吉"。即获得了福气，并且大吉大利。孔颖达疏："女处尊位，履中居顺，降身应二，感以相与，用其中情，行其志愿，不失于礼。爻备斯义者，唯帝乙归嫁于妹而能然也。"六五爻处在上卦的中间，是一个至尊的位置，在这里就指帝乙。他作为君主，愿意跟下面一个诸侯国的首领西伯侯联姻，说明居尊位的人也要主动跟下面的人求和、沟通。"帝乙归妹"用"和"的办法，因而得福，这就是泰卦，上下沟通和谐。

西伯侯是周国的首领，后来被追尊为周文王。当时周国已经很强大了，天子帝乙为了平稳天下就采用了联姻的方式，这种方式是非常好的，所以取得了大的福祉。但是帝乙的儿子商纣王采用了敌对的方式，把西伯侯囚禁在羑里，这就两相对立了。所以西伯侯出狱之后就想尽办法推翻商纣王的统治，最后西伯侯的儿子姬发完成了这个使命，把商纣王灭了，建立了周朝。

《象传》说，"以祉元吉"，是因为"中以行愿"。"中"即内心，帝乙联姻是心甘情愿的，所以发自内心、诚心实意地来沟通，就会产生一种吉祥的局面。俞琰《周易集说》卷二十一："二五交而其志同，又以中德相合，得以行其愿也。"

上六：城 [1] 复 [2] 于隍 [3]，勿用师 [4]，自 [5] 邑 [6] 告 [7] 命 [8]，贞吝。

《象》曰：城复于隍，其命乱也。

[注释]

1 城：城墙。

2 复：通"覆"。

3 隍：无水的沟，护城河，有水的叫池。

4 师：军队。

5 自：介词，从、由。

6 邑：通"挹"，减少。

7 告：通"诰"，命令。

8 命：教令。

[译文]

上六，城墙坍塌，覆在城壕上，不可用兵，邑人请命，应该减少政令、法规，否则就有小小的灾祸。

《象传》说，城墙坍塌，覆在城壕上，是因为乱发号施令。

[解读]

上六，城墙倒在了护城河里，千万不能用"师"，千万不能带领军队再去打。这里强调的是沟通，不要打硬仗。"自邑告命"，孔颖达疏："否道已成，物不顺从，唯于自己之邑而施告命，下既不从，故'贞吝'。"如果坚持那么做则"贞吝"，就会有小小的灾祸。最后一个字"吝"，是指一种不好的现象，也就是到了否卦。程颐《伊川易传》卷一："掘隍土积累以成城，如治道积累以成泰。及泰之终，将反于否，如城土颓圮，复反于隍也。"俞琰《周易集说》卷二："贞吝，戒占者固执而不识时势，则有甚可羞吝也。"

《象传》说，"城复于隍"，是因为"其命乱"。这里用城墙倒在了护城河里比喻采用斗争、分裂的方式方法带来的恶果。相互之间谁都想制服对方，不管做什么事都通过发布命令来实行，总有一天命令会不起作用的。孔颖达疏："若教命不乱，臣当辅君，犹土当扶城。由其命错乱，下不奉上，犹上不陪城，使复于隍。"

否卦第十二

乾上坤下

[解读]

《序卦传》解释说："物不可以终通，故受之以否。"事物不可能永远处在通泰、通达的状态，有时也会出现否塞的局面，所以泰卦之后要预防不交通的状况出现。泰卦的最后一个字是"吝"，就是有危险的、有不好的情况出现了，也就是否卦。

否卦的卦象跟泰卦刚好相反，泰卦是地在上、天在下，否卦是天在上、地在下，叫天地否。天气是阳气，要上升；地气是阴气，要下降。所以阳在下，阳气上升，阴在上，阴气下降，阴阳就交通了，泰卦就取了这个卦象；而否卦是天在上，也就是阳气在上，继续上升，地在下，也就是阴气在下，继续下降，这样阴阳就分离了、不交通了，这就叫否。

泰、否卦讲的是阴阳消长的规律，为十二消息卦的两个卦。十二消息卦代指一年中阳气与阴气的消长情况。阳气开始上升的一天为一年的开始，这一天是冬至日，为阳历的 12 月 22 日或 12 月 23 日，农历则是在十一月份。这一天白天最短，黑夜最长，过了这一天白天开始增长，黑夜开始缩短，阳气开始上升。所以十一月为复卦，十二月为临卦，正月为泰卦，阳气长到了九三爻，三根阳爻开成了泰卦，故正月称为"三阳开泰"。二月为大壮卦，三月为夬卦，四月为乾卦，这六个月是阴消阳长的过程。五月为姤卦，阴气开始上升，六月为遁卦，七月为否卦，八月为观卦，九月为剥卦，十月为坤卦，这是一个阳消阴长的过程。到了十一月又开始一阳来复，进入下一个循环，此即为十二消息卦。"消"的意思为"减"，"息"的意思为"长"。

否[1]之匪[2]人，不利君子贞，大往小来。

[注释]

1 否：闭塞、不通。

2 匪：通"非"。

[译文]

否卦，违背人的需求，不利于君子贞正，大的去，小的来。

[解读]

否卦是君子之道。"匪人"是不是人的意思。有人把"匪人"理解为小人。李鼎祚《周易集解》卷四引崔憬说："否，不通也，于不通之时，小人道长，故云匪人。"程颐则理解为没有人道的人。《伊川易传》卷一："天地不交则不生万物，是无人道，故曰匪人，谓非人道也。"后一种理解较好，即在否塞的状况下，是没有人道的。"不利君子贞"，即对君子守持正道来说是不利的。"大往小来"，大的走了，小的来了；阳的走了，阴的来了；君子走了，小人来了。泰卦里的乾卦三根阳爻在下边，现在走到上面去了；泰卦里的坤卦三根阴爻在上边，现在走到下面来了。向上走叫"往"，向下走叫"来"，所以否卦的卦辞跟泰卦恰好相反，泰卦是"小往大来"，是"吉，亨"的，否卦是"大往小来"，是不利的。上为天，下为地，上下不交，阴阳不和，有才德的人走了，无才德的人来了，这对管理者来说当然是很不利的。

《象》曰：否之匪人，不利君子贞，大往小来，则是天地不交[1]而万物不通[2]也，上下不交而天下无邦[3]也。内阴而外阳，内柔而外刚，内小人而外君子，小人道长，君子道消也。

[注释]

1 交：往来，媾合。

2 通：畅达。

3 邦：封国。

[译文]

《彖传》说，否卦，违背人的需求，不利于君子贞正，大的去，小的来，就是天地不交合使得万物不通达，上下不交合使得天下没有国家。内卦为坤卦三根阴爻，外卦为乾卦三根阳爻，内心柔顺而外表刚健，内存小人而外远君子，小人之道成长，君子之道消退。

[解读]

《彖传》说，否卦不是君子之道，也不利于君子守持正道，天在上，天气继续往上升；地在下，地气继续往下降，那么中间就隔开了、不交通了，天地不交，万物就不通畅了。君子往外隐退，小人入内主政。这与泰卦恰恰相反。"上下不交而天下无邦也"，上下不交流、沟通，天下就没有家、没有国了。俞琰《周易集说》卷十五："否之时，君子摈弃而在外，虽有邦，犹无邦也，无邦犹言匪人。盖上下不交而所用者小人，虽谓之匪人可也。君子不用而国非其国矣，谓之无邦可也。""内阴而外阳，内柔而外刚"，"内"指下卦，"外"指上卦，是说内卦为阴爻，外卦为阳爻；内部阴柔，外部刚强；比喻"内小人而外君子，小人道长，君子道消"，小人在朝廷内主政，君子隐退在外，不担任要职，小人之道越来越兴盛，君子之道越来越衰落。或者说，内心是小人，外在装得像君子,这种现象就会导致无邦无国,造成混乱的局面。要预防、要警惕。

《象》曰：天地不交，否。君子以俭[1]德辟[2]难，不可[3]荣[4]以禄[5]。

[注释]

1 俭：自我约束，不放纵。

2 辟：通"避"。

3 可：能够。

4 荣：使……荣耀；使……光荣。

5 禄：官位。

[译文]

《象传》说，天之阳气往上升，地之阴气往下降，阴阳不交，这就是否卦之象。君子由此得到启示，要通过收敛修德以避开危难，不能够凭借高官厚禄来荣耀自己。

[解读]

《象传》说，上卦为乾卦，乾为天，下卦为坤卦，坤为地，在上面的天之气即阳气要往上升，在下面的地之气即阴气要往下降，这样两者就不会相互交通、和合，而是相互背离，叫作上下不交，阴阳不合，这就是否卦之象。君子看到这样的卦象，就要按照否卦之道来"俭德辟难，不可荣以禄"，即要采用自我约束的品德来避开危难，不可以再去追求荣华，追求官位。《周易本义》："收敛其德，不形于外，以避小人之难，人不得以禄位荣之。"就是告诉君子要甘居下位，不要高高在上，远离下属，更不要一味追求荣华富贵。

视名利如浮云，并不单单是为了避祸，它还是一种高尚的节操、一种成功者必备的心态。汲汲于名利者，必定会被名利晃花双眼、晃晕脑袋，进而失去对外界环境的正确分析和判断能力，久而久之，名利就像缰绳和锁链，把人牢牢束缚，最终使之沦为名利的奴隶。

《国语·周语下》有记载：

晋孙谈之子周适周，事单襄公，立无跛，视无还，听无耸，言无远；言敬必及天，言忠必及意，言信必及身，言仁必及人，言义必及利，言智必及事，言勇必及制，言教必及辩，言孝必及神，言惠必及和，言让必及敌；晋国有忧未尝不戚，有庆未尝不怡。襄公有疾，召顷公而告之，曰："必善晋周，将得晋国。其行也文，能文则得天地。天地所胙，小而后国。……被文相德，非国何取！成公之归也，吾闻晋之筮之也，遇乾之否，曰："配而不终，君三出焉。"一既往矣，后之不知，其次必此。……其卦曰："必三取君于周。"其德又可以君国，……必早善晋子，其当之也。顷公许诺，及厉公之乱，召周子而立之，是为悼公。

这段记载讲了一个占筮的事例，成公即晋成公，是晋文公的庶子，晋国自晋献公骊姬乱晋时，制定了不做君主的晋国公子不能留居晋国内的法令，"尽逐群公子"，故晋襄公即位后，晋成公便避居到周地。后晋灵公被杀，晋国正卿便从周迎立晋成公回国当国君。此时晋人进行了一次占卜，得到一个乾之否卦。"之"即"变"，即得到乾卦，变为否卦。乾卦内、外卦都是乾，下面三根阳爻变成阴爻，则成否卦。乾代指君主，坤代指人臣。变卦否的外卦为乾，指示成公可以为君，但否的内卦为坤，说明他的子孙不一定仍是国君，所以说"配而不终"。又因为否卦相对于乾卦变动了下三爻，而晋的制度说不做君主的公子不能留居国内，只能到晋国以外为臣，所以说"君三出焉"，"必三取君于周"，即必定三次从周迎立君主。晋襄公认为晋成公是第一个从周迎立回国的，第二个必定是公子周，后来果然如此。晋成公的孙子晋厉公被杀，晋国人将姬周迎立回国做了君主，这就是晋悼公。"晋孙谈之子周"，"晋孙谈"指晋襄公的孙子姬谈，"周"即姬谈的儿子姬周，又称公子周、公子纠、周子、孙周。

初六，拔茅 [1]，茹 [2] 以其汇 [3]，贞 [4] 吉，亨。

《象》曰：拔茅贞吉，志在君也。

[注释]

1 茅：茅草。

2 茹：带出一大片。

3 汇：同类。

4 贞：问；正。

[译文]

初六，拔取茅草，根茎牵连着同类，贞正吉祥，亨通。

《象传》说，拔取茅草，贞正吉祥，是因为志向在爱君。

[解读]

初六，同泰卦初九爻一样，"拔茅，茹以其汇"，因为下面三根爻全为阴爻，所以说拔出一根茅草，连根带出一片。程颐《伊川易传》卷一："泰与否皆取茅为象者。以群阳群阴同在下，有牵连之象也……否之时在下者，君子也……君子进退未尝不与其类同也。"又说："以其道方否不可进，故安之耳，心故未尝不在天下也。""贞吉，亨"，是说只要守正道，安处于下，就会吉利亨通。

《象传》说，"拔茅贞吉"，是因为"志在君"，即志在辅助君主。君子处于此时只有甘心居下，但诚心辅助君主，这样就能改变否塞的局面，变否塞为亨通了。俞琰《周易集说》卷二十一："不幸处否之时，无可为者，故其志唯在君而已。爻辞云贞吉亨，言君子处否之道。爻传云志在君，盖推明君子之本心。"

六二，包[1]承[2]，小人吉，大人否，亨。

《象》曰：大人否亨，不乱群[3]也。

[注释]

1 包：包容、包涵，引申为屈己。

2 承：顺承。

3 群：同党、同类。

[译文]

六二，包容承载，小人吉祥，大人闭塞，亨通。

《象传》说，大人闭塞，亨通，是因为六二爻居阴位，又中又正，没有变乱，同类成群。

[解读]

六二，是下卦坤卦的中位，又得正位。坤代指地，故有包容顺承的品性。上面是乾卦，代指天，地能顺承天。这里六二爻包承的是九五爻这个君主。可见这一爻既能守住中正之道，又能包容并顺承天道。程颐《伊川易传》卷一："六二，其质则阴柔，其居则中正。以阴柔小人而言，则方否于下，志所包畜者，在承顺乎上以求济，其否为身之利，小人之吉也。大人当否，则以道自处，岂肯枉己屈道，承顺于上，唯自守其否而已。""小人吉，大人否，亨"，这里的小人可以理解为小德之人，大人指大德之人。即使是小人也是吉的，大人改变否塞之道，照样是亨通的。

《象传》解释说，"大人否亨"，是因为"不乱群"。《系辞传》说"方以类聚，物以群分"，即同一类的物、人聚在一起。《伊川易传》卷一："大人于否之时，守其正节，不杂乱于小人之群类。"六二爻居阴位则正，又位于中位，又中又正，没有扰乱群党，所以它是吉的。六二爻性属阴，比较阴柔、柔弱，《易经》把偏阴爻的看成小人。这里其实是说六二爻跟小人处在一起，但是没有受到小人的影响，也没有去扰乱这些同党、同类，所以是吉的。

六三，包[1]羞[2]。
《象》曰：包羞，位不当[3]也。

[注释]

1　包：包容。

2　羞：羞辱。

3　当：适合，适当。

[译文]

六三，包藏羞辱。

《象传》说，包藏羞辱，是因为六三阴爻居阳位，处位不当。

[解读]

六三这一爻与上九爻相应，意思是包容上九爻，当然招来了羞辱。"羞"，可以理解为有污点的人。包羞有两种理解：

一种是连有污点的人都能包容；还有一种是过分包容会招来羞辱。它自己的位置不中不正，它包容的上九爻也是不中不正，所以招来了羞辱。这告诫我们改变否塞是需要包容精神的，但对品行不端的人不能一味包容。

《象传》解释说，"包羞"是因为"位不当"。六三爻也包容、顺承九五爻，换来的结局却是"羞"，遭受到了耻辱。程颐《伊川易传》卷一："三以阴柔不中不正而居否又切近于上，非能守道安命，穷斯滥矣，极小人之情状也，其所包畜谋虑，邪滥无所不至，可羞耻也。"因为六三阴爻居阳位，为下卦最上一爻，应的是上卦最上一爻上九爻，与最关键的九五爻不应。所以虽然它包容、顺承了九五爻，但它的位置不当，与之不应， 屈己从上而诏媚，招来了羞辱。它告诫人们要向中正之人靠近，做事尽量行得正，走中道。

九四，有命^1，无咎，畴^{2}离^{3}祉^4。
《象》曰：有命无咎，志行^{5}也。

[注释]

1 命：指令。

2 畴：同类。

3 离：丽也，有两个意思，一为美丽，二为依附。

4 祉：福气。

5 行：施展。

[译文]

九四，有所受命，没有灾祸。同类依附而得福。

《象传》说，有所受命，没有灾祸，是因为志向得以实现。

[解读]

九四就进入乾卦了，乾卦就是天，奉行天命肯定就没有灾祸了。"有命，无咎"，就是说奉行天命或者君命而行，没有灾祸。俞琰《周易集说》卷三："命，君命也。有命无咎，谓有君命则无咎……否之九四为近君大臣，虽有刚健之才可以济否，然其志柔弱，非奉九五之命不敢自擅。"九四爻以阳刚之德居九五君王之下，有济否之才，若能顺于九五而不自专，则能成济否之志。"畴"指下面的三根阴爻，从九四爻开始，到上面的九五爻、上九爻，它们都是阳爻，都是同类。"畴离祉"意为同类都可获得福气、福祉。李鼎祚《周易集解》卷四引《九家易》："畴者，类也，谓四应初据三，与二同功，故阴类皆离祉也。离，附；祉，福也。阴皆附之，故曰有福。"九四爻以阳刚之才德居高位，顺从君命，能够改变否塞的局面，下面三根阴爻居其下，顺而从之，都可跟着获得福气。因为九四是天命所寄，要为天下人谋福利，所以下面的百姓（下三爻）都能获得福祉。

《象传》解释说，"有命无咎"，是因为"志行"。《周易本义》："命，谓天命。"因为天的意志是要为天下人谋福利，所以按照这种意志去执行，老百姓就会获得福祉。"天命"

在身，又能积极去践行的人，怎么会有咎难呢？

九五，休¹否，大人吉。其²亡³其亡，系⁴于苞桑⁵。
《象》曰：大人之吉，位正当也。

[注释]

1 休：停止。

2 其：语气词。

3 亡：危亡。

4 系：拴绳子。

5 苞桑：根深蒂固的桑树。

[译文]

九五，停止否塞，大人吉祥。心中经常提醒自己将要灭亡了，将要灭亡了，这样才能坚固得像被系在丛生的桑树上一样。

《象传》说，大人的吉祥，是因为九五爻又中又正，处位得当。

[解读]

九五，停止否塞。程颐《伊川易传》卷一："五以阳刚中正之德，居尊位，故能休息天下之否，大人之吉也。大人当位，能以其道休息天下之否，以驯致于泰。犹未离于否也，故有其亡之戒。……为安固之道，如维系于苞桑也。桑之为物，其根深固，苞谓丛生者，其固尤甚。"九五爻刚居阳位，又得上卦之中位，故又中又正，有这种中正品德的人，就是"大人"。这时候有大人出来，奉行天命，否塞的局面也就要结束了，接下来就会有好的局面出现。但这一卦要告诉我们的，不仅仅是"大人吉"，更重要的是"其亡其亡，系于苞桑"，也就是说，不要一看到否塞结束了，有了大好的局面，就好了伤疤忘了痛，而是要在否塞结束之后，对有可能会重新走上否塞之道有危机感和忧患意识，因此每一天都要警惕：将要灭亡呀，将要灭亡呀，这样才能坚固安全，就像系在了丛生的桑树上一样安然无恙。《道德经》说，"以其病病，是以不病"，正因为把病当作病，时刻提防、预防这个病，一天到晚想着这个病，重视这个病，也就不会得这个病了。同样，正因为"其亡其亡"，一天到晚想着将要灭亡了，所以才不会灭亡，这叫作居安思危、居危能安。

《象传》解释说，九五爻为什么有"大人之吉"呢？是因为"位正当"，九五爻的位又中又正，是全卦最尊贵的位子，既有大人的品德，又获得了最尊贵的位子，怎么可能不吉呢！

上九，倾[1]否，先否后喜。

《象》曰：否终则倾，何[2]可长也。

[注释]

1 倾：倾塌，倒下。

2 何：何处、哪里，表示反问。

[译文]

上九，倾覆否塞的局势，先否塞后喜悦。

《象传》说，否塞到了极点就会倾覆，怎么可能长久呢？

[解读]

上九，倾覆了否塞的局势，否塞的局面结束了。孔颖达疏："处否之极，否道已终，此上九能倾毁其否。"上九爻处否卦之极，表示否塞已经到了极点了，事物各方都企盼结束这种否塞的状态，是为可倾，上九有阳刚之才德，是为能倾，所以说"倾否"。"先否后喜"，先前还有否塞，以后就会通泰有喜了。

《象传》说，否塞到了极点，物极必反，必然走向反面，否塞的局面就要被结束了，被倾覆了，否塞的局面还怎么可能保持长久呢？程颐《伊川易传》卷一："否终则必倾，岂有长否之理？极而必反，理之常也。然反危为安，易乱为治，必有刚阳之才而后能也，故否之上九则能倾否。"

一般到最后最高一爻都会凶险，而否卦这里却是好的。上九爻倾覆了否塞的局面，"先否后喜"，开始是否的，但后来就喜了、通泰了。这就是否极泰来、物极必反。泰卦最后一爻的最后一个字是"吝"，否卦最后一爻的最后一个字是"喜"，这是发人深省的。所以，在通泰的时候要想到"吝"，要想到危机，因为通泰久了就会疏于沟通，慢慢会出现一些矛盾，矛盾发展到一定程度就会形成否塞。

同人卦第十三

乾上离下

[解读]

同人卦是第十三卦，在否卦之后。"否"是堵塞，堵塞之后就要会同，要将堵塞打通，达到和谐的局面。在离心离德的时候如何把人心凝聚起来，这就是同人卦要讲的。"同"有会同、合同的意思。同人之后要达到一种什么样的境界呢？就是大同。大同这个词出自《礼记》中的《礼运》篇："大道之行也，天下为公。"要"不独亲其亲，不独子其子"，不仅要孝顺自己的父母，爱护自己的孩子，还要推广到别人。大同社会是一种高度公平、公正、太平、和谐的社会，庄子说大同是与天地万物融合为一。那大同的最高境界怎么才能实现呢？首先就要同人，"人"就是指人心，也就是要同心同德。

上卦是天，下卦是火，叫天火同人。

同[1]人于野[2]，亨。利涉[3]大川[4]，利君子贞。

[注释]

1 同：会同、聚众。

2 野：郊外，广平的地方。

3 涉：徒步渡水。

4 川：河流。

[译文]

会同众人于郊野，亨通。利于涉渡大河，利于君子贞正。

[解读]

"同人于野，亨"，在野外会同别人，就会亨通。为什么是在野外会同呢？其实是说要用广阔无垠的心境与别人交往，与普天下的人会同，这样才能达到大同的境界，一定亨通。程颐《伊川易传》卷一："野谓旷野，取远与外之义。夫同人者，以天下大同之道，则圣贤大公之心也。……故必于野，谓不以昵近情之所私，而于郊野旷远之地，既不系所私，乃至公大同之道，无远不同也，其亨可知。能与天下大同，是天下皆同之也。天下皆同，何险阻之不可济？何艰危之不可亨？故利涉大川。""利涉大川"，有利于渡过大川，意思是有利于渡过艰险。"利君子贞"，有利于君子守持正道。

《彖》曰：同人，柔得位得中，而应[1]乎乾，曰同人。同人曰：同人于野，亨，利涉大川，乾行也。

文 [2] 明 [3] 以健，中正而应，君子正也。唯君子为 [4] 能通 [5] 天下之志 [6]。

[注释]

1 应：应和，响应。

2 文：有文采。

3 明：明亮。

4 为：表示原因。

5 通：了解，汇合。

6 志：意向。

[译文]

《象传》说，同人卦，六二爻，处在下卦的中位，既得中又得正位，不仅与九五爻相应，而且与全卦的五根刚爻都相应，所以说会同众人。同人的卦辞说，会同众人于郊野，亨通。利于涉渡大河，是因为顺应了天道的健行不息。文明而健行不息，中正而二五相应，这就是君子的正道。只有君子才能汇通天下人的志向。

[解读]

同人卦，"柔得位得中，而应乎乾"，全卦唯一的一根阴爻六二爻，柔顺地处在下卦的中位，又是阴爻居阴位，既得中，又得正位；又能顺应上面的乾卦，与九五爻相应，而且与全卦的五根刚爻都相应，所以说会同众人。卦辞说，"同人于野，亨，利涉大川"，是因为"乾行也"，乾卦就是天道，这是顺应天道的刚健运行。天视万物为一体，不论高低贵贱一视同仁，而且运行永不停息，不可能有阻碍。"文明以健"，下卦离卦火代表光明，为"文明"，上卦乾为刚健，文明而刚健地行动。"中正而应"，六二爻和九五爻都居位中正，两根爻一阴一阳，正好相应。俞琰《周易集说》卷十五："大抵同人之际，虽粲然有文以相接，然不健则必将厌倦，岂能与人同？中正而无应，则虽欲同人而人不我同，故必文明以健，中正而应，然后可以与人同也。""君子正也"，这就是君子所崇尚的正道。"唯君子为能通天下之志"，只有君子才能通晓天下的志向。《周易本义》："通天下之志，乃为大同；不然，则是私情之合而已，何以致亨而利涉哉？""天下之志"就是民心，"得民心者得天下"，如果按照"同人于野"的精神来治理天下，那么民心就一定能跟你呼应了。

《象》曰：天与火，同人。君子以¹类²族辨³物。

[注释]

1 以：用。

2 类：分类。

3 辨：分别。

[译文]

《象传》说，天与火组合在一起，这就是同人卦之象。君子由此得到启示，要类族群，分辨事物。

[解读]

《象传》说，上卦为乾卦，乾为天，下卦为离卦，离为火，天与火组合在一起，天下一片光明，这就是同人卦之象。下面的离卦不仅代表火，也代表日，天下阳光普照，所以人是非常温暖的。君子看到这样的卦象，就要按照同人卦之道来"类族辨物"。"类族"就是要区分族类；"辨物"就是辨别事物，也就是以类相聚，分辨事物。孔颖达疏："辨物谓分辨事物，各同其党，使自相同，不间杂也。"因为天居上，火也炎上，两者有相同的属性，为同类相聚，表示相互亲和。这就是"方以类聚，人以群分"的思想。若能从不同的事物鉴别出相同的东西，使它们在一起相互亲和，这是一种高明的智慧。君子要会同人，首先要做到"类族辨物"。"类族辨物"实际上就是中国人的思维方式，也叫取象比类或者取类比象。同类的要相聚，"同声相应，同气相求"。这个卦象是天跟火、太阳这些同类的东西聚在一起，做君子也应该跟有同等志向、同样价值取向的人聚集在一起，才能达到大同和谐的局面。

同人其实包括两类人：第一类是本来就跟自己相同的人，第二类是那些和自己不同的人。同人卦的六条爻辞分别就这两类人来进行了说明。

初九，同人于门¹，无咎。

《象》曰：出门同人，又谁²咎也。

[注释]

1 门：一扇曰户，两扇曰门；又在堂室曰户，在区域曰门。

2 谁（shuí）：什么。

[译文]

初九，出门就与别人会同，这样就没有灾祸。

《象传》说，出门就与别人会同，又有谁会责难你呢？

[解读]

初九，是这个卦的开始，就好像是人生的开始。门口表示开始，就是说刚开始走入社会的时候就要有会同之心。有会同，没有灾祸。中国文化是和合的文化，中国人一开始就要有和合之心、同人之心。这个"同"是"和同、会同"的"同"，不是"同而不和"的"同"。中国人具有集体精神、群体意识，和合的力量是非常大的，这是从一开始就要具备的价值观。

《象传》说：一开始就有同人之心，有和合的价值观，别人怎么会责难你呢？王弼注："居同人之始，为同人之首者也。无应于上，心无系吝，通夫大同，出门皆同，故曰同人于门也。"初九爻是同人卦开始会同的第一步，所以会同发生的特定场景是在大门口，说明初九爻一开始就有会同之心。怀着这么迫切、这么强烈的与人交往、与人会同的愿望，初九很快就会找到愿意和他会同的人。初九刚爻处阳位，又是以正人之道与人交往，所以"无咎"。程颐《伊川易传》卷一："出门同人于外，是其所同者广，无所偏私。人之同也，有厚薄亲疏之异，过咎所由生也。既无所偏党，谁其咎之？"而且随着会同、交往范围的一步步扩大，初九的境界会越来越高，那时断语恐怕就该往"吉"的方向靠拢，而不是像"无咎"那样平平淡淡了。

六二，同人于宗[1]，吝[2]。

《象》曰：同人于宗，吝道也。

[注释]

1 宗：同一家族，同姓曰宗。

2 吝：小遗憾，小灾祸。

[译文]

六二，只与同宗族的人相会同，这样是有遗憾的。

《象传》说，只与同宗族的人相会同，是令人遗憾的道。

[解读]

"宗"字有不同的理解。一是理解为"主"。人只与其主和同，就不能大同了。王弼注："应在乎五，唯同于主，过主则否，用心偏狭，鄙吝之道。"二是理解为"众""党"。《周易本义》："宗，党也。六二虽中且正，然有应于上，不能大同而系于私，吝之道也。"三是理解为宗族、宗庙。跟自己同宗族的人，也就是志向一致的人，跟他们的会同是"吝"，是有小遗憾、小灾祸的。六二爻是同人卦里唯一的阴爻，是阴性事物，所以比较狭隘、小气。只跟同宗族的人会同，这种会同是小同，不是大同，所以就会有小灾祸、小遗憾。

《象传》说："同人于宗"这样的会同之道，是令人遗憾的道，是不值得提倡的道。"吝道"，是由于气量太小了。对于跟自己相同的人会同是理所当然的，但是不能局限于跟自己相同的人会同，那是没有生命力的，所以要跟不同的人会同。

九三，伏¹ 戎² 于莽³，升⁴ 其高陵⁵，三岁不兴⁶。

《象》曰：伏戎于莽，敌刚也。三岁不兴，安⁷ 行也？

[注释]

1 伏：潜藏，埋伏。

2 戎：兵，军队。

3 莽：草丛。

4 升：登上。

5 陵：高岗。

6 兴：施行，发动。

7 安：岂、怎么。

[译文]

九三，让士兵潜伏在草莽中，登到高陵上去察看，三年都不兴兵作战。

《象传》说，让士兵潜伏在草莽中，是因为敌人刚强。甚至三年都不兴兵作战，还能够发动吗？

[解读]

九三爻的这些词都是用来进攻的词。"伏戎于莽"，军队潜伏在草从里面。"升其高陵"，登到高山上，去察看。九三爻位于下卦的最高处，所以说"升其高陵"，升到了最高处。"三岁不兴"，三年都不能兴兵作战。孔颖达疏："九三处下卦之极，不能包弘上下，通夫大同，欲下据六二，上与九五相争也。但九五刚健，九三力不能敌，故伏潜兵戎于草莽之中，升其高陵。'三岁不兴'者，唯升高陵以望前敌，量斯势也，纵令更经三岁，亦不能兴起也。"这是说对于不同的人的会同，虽然一开始也有进攻的意向，但是最后发现还是不能打，对自己不服的人也不能打。

《象传》解释说，"伏戎于莽"，是因为"敌刚也"。敌人太刚强了，不要跟它打，这也是为了自己能和平地发展。"伏戎于莽"只是战略防御的需要,因为发展需要一个安定的环境。"敌刚也"，这个敌人就是上面的三根爻，全是刚爻。九三爻企图与包括九五爻在内的上面的三根阳爻抗争，这当然不行，敌人太厉害了，所以要潜伏在那里。"三岁不兴"，是说最终也不能发动战争。孔颖达疏："虽经三岁，犹不能兴起也。安，语辞也，犹言何也。既三岁不兴，五道亦已成矣，何可行也？"《周易本义》："言不能行。"是为了能够创造一个平安发展的环境，这就是不争、和合的思想。

九三爻无疑很明智，虽然因为居下卦上一爻,有雄心壮志，想要征伐，但是看势头不妙，敌人太强大，自己没有足够的能力战胜它，马上按兵不动， 以柔克刚，因而也就没有什么灾祸了。九三虽不中但正，所以有此结果。

九四，乘[1]其墉[2]，弗[3]克[4]攻，吉。

《象》曰：乘其墉，义弗克也。其吉，则困[5]而反[6]则[7]也。

[注释]

1 乘：占领。

2 墉：城墙。

3 弗：不。

4 克：攻下，战胜。

5　困：陷在艰难里，或受环境、条件等因素限制住。

6　反：通"返"。

7　则：法则。

[译文]

九四，登上城墙，不进一步发动攻击，吉祥。

《象传》说，登上城墙，理当不进一步发动攻击。它的吉祥，就在于困而不击，使其迷途知返。

[解读]

"乘其墉"即占领了城墙。九四是阳爻，已经到了上卦，是上卦的第一爻，"乘其墉"是因为它已经站在九三爻的上面。"弗克攻，吉"，不去攻打，这是吉利的。孔颖达疏："履非其位，与人斗争，与三争二，欲攻于三。既是上体，力能显亢，故乘上高墉，欲攻三也。……三欲求二，其事已非。四又效之，以求其二，违义伤理，无所不与，虽复乘墉，不能攻三也。……既不能攻三，能反自思愆，以从法则，故得吉也。"

《象传》解释说：力量够了还是不要去打，按照道义是不能去攻打的，因为我们的目的是要会同他们，想要与他们达成和谐、会同的局面。采取进攻的方式，就是与人为敌了，这与会同的初衷是相悖的。大军压境，只是希望能达到"不战而屈人之兵"，使他们能心甘情愿地与自己会同。我们看到九三爻与九四爻都不采取进攻这种方式，因为那样会适得其反。能实现"不战而屈人之兵",那当然是最好的,当然是大吉大利的。"其吉"是因为"困而反则也",也就是说,由于自己施加了强大的压力,对方感受到了窘迫,迷途知返,愿意回到会同的正道上来。"反则"就是返回正道。这时不能再施加强大的力量,而要用怀柔的方法,用道义的力量。

九五,同人,先号咷[1]而后笑,大师克[2]相遇。

《象》曰:同人之先,以中直[3]也。大师相遇,言相克也。

[注释]

1 号咷(táo):即号啕,大哭。

2 克:完成。

3 直:正直。

[译文]

九五,会同众人,先是号啕大哭,后是开怀大笑,因为与众多志同道合者相遇了。

《象传》说,要会同众人,首先得居于中位且德行正直。众多志同道合者可以相遇,是因为他们能够求同存异。

[解读]

九五爻是本卦的关键。和同别人,"先号咷而后笑",先是号啕大哭，后是大笑，因为"大师克相遇"，"大师"是大部队，大部队最终胜利会师了。《周易本义》："五刚中正，二以柔中正，相应于下，同心者也，而为三四所隔，不得其同。然义理所同，物不得而间之，故有此象。然六二柔弱而三四刚强，故必用大师以胜之，然后得相遇也。"

为什么先号啕而后大笑呢？《象传》解释说，"同人之先"是因为"以中直也"，因为九五爻又中又正。《周易本义》："直，谓理直。"那为什么先号啕呢？这是指九三爻和九四爻而言，他们为阳刚之人，尤其是九四位不正，所以想用武力去攻打别人，以取得他们的会同。而武力攻打是会彻底破坏和谐、会同的局面的，所以大哭啊。后来的笑是指到了九五爻的时候大笑，他以又中又正的品德与别人和同，自己的能力与品德都很优秀，又居尊位，自然会登高一呼，应者云集，所以不需要去攻打别人，别人早就主动上门来请求和同。这当然可以大笑。"大师相遇，言相克也"，君王英明，王者之师，所向披靡，相遇即相克。从卦象上看，更重要的是相遇，九五爻跟六二爻两个爻相遇、相和了，这就叫作"阴阳相和，和而不同"。意思是不能光用武力征服敌人，还要用中正的品德安抚敌人，让敌人从心里降服、信服，这样才可以达到和谐的局面，才可以开怀大笑。

上九，同人于郊[1]，无悔。

《象》曰：同人于郊，志未得[2]也。

[注释]

1 郊：郊外，比"野"要离城邑近一些。

2 得：获取。

[译文]

上九，会同众人于郊野，没有后悔。

《象传》说，会同众人于郊野，是因为志向没有得到响应。

[解读]

上九，在荒远的郊外与别人会同，不会后悔。程颐《伊川易传》卷一："求同者必相亲相与，上九居外而无应，终无与同者也。始有同则至，终或有睽悔。处远而无与，故虽无同，亦无悔。虽欲同之志不遂，而其终无所悔也。"虽然处在荒僻无人处没有人响应，但还是想着与人和同，所以无悔。

《象传》说，"同人于郊，志未得也"，为什么？上九的志向远大，也想"同人于野"，但自身的能力与品德都还不够，实现不了。王弼注："郊者，外之极也。处同人之时，最在于外，不获同志，而远于内争，故虽无悔吝，亦未得其志。"因为这个卦到终点了，这叫道穷，"道穷难觅同志"。虽然未获同志，它却"无悔"，因为它的胸怀还比较宽广，可以跟人会同。

大有卦第十四

离上乾下

[解读]

大有卦在同人卦之后，是第十四卦。同人是同心同德、凝心聚力，人与人相互和同了，事物都归聚在一起，然后肯定会大富有，"大有"就是大富有。

大有卦的卦象跟同人卦恰好相反，是太阳在上，天在下。上面的离卦也代表火，所以叫火天大有。大有卦是天上太阳，是阳光普照，一片光明的、热烈的、辉煌的场景，代表大富有的局面。

大有，元[1]亨。

[注释]

1 元：起初，本原。

[译文]

大有卦，元始亨通。

[解读]

大有卦，一开始就亨通，上九爻更是大吉大利。《周易本义》："大有，所有之大也。离居乾上，火在天上，无所不照。又，六五一阴居尊得中，而五阳应之，故为大有。乾健离明，居尊应天，有亨之道。"

《彖》曰：大有，柔得尊位，大中[1]而上下应[2]之，曰大有。其德刚健而文明，应乎天而时[3]行，是以[4]元亨。

[注释]

1 中：持中、得中。

2 应：应和，响应。

3 时：按时势或时局。

4 是以：所以，因此。

[译文]

《彖传》说，大有卦，六五阴爻占据尊位。最重要的爻刚好居于全卦的最尊位、上卦的最中位，上下的五根刚爻都与其相应，所以是大富有。大有卦的品德刚健而文明，顺应天道而按时运行，所以是元始亨通。

[解读]

大有卦只有一根阴爻，当然是最重要的爻。"柔得尊位"，阴爻占据六五尊位。"大中而上下应之"，孔颖达疏："大中者，谓六五处大以中，柔处尊位，是其大也。居上卦之内，是其中也。"最重要的爻刚好居于全卦的最尊位、上卦的最中位，上下的五根刚爻都与其相应。所以是大富有。说明处于尊位的人心中要柔顺，做事也要与上下相应，大家才会服从，团队的力量才强，才可以创造出大财富。"其德刚健而文明"，下卦是乾卦，乾为刚健；上卦为离卦，离为文明，所以大有卦的品德刚健而文明。下面的乾卦代表天道，"应乎天"就是应乎天道，"时行"是按时而行，顺应天道而按时运行，所以是大吉大利。王弼注："德应于天，则行不失时矣。刚健不滞，文明不犯，应天则大，时行无违，是以元亨。"就是说品德要刚健，心中要光明，而且要顺应天道，要按时势来做事，不能逆时而行。

《象》曰：火在天上，大有。君子以遏恶[1]扬善[2]，顺天休[3]命。

[注释]

1 遏恶：遏制邪恶的。

2 扬善：弘扬善的。

3 休：使美好。

[译文]

《象传》说，火在天上燃烧，照得大地非常明亮，这就是大有卦之象。君子由此得到启示，要来遏制邪恶，弘扬善德，顺应天道，使人生美好。

[解读]

《象传》说，上卦为离卦，离为火，下卦为乾卦，乾为天，火在天上燃烧，照得大地非常明亮，一切事物都处于光天化日之下，无所逃遁，这就是大有卦之象。君子看到这样的卦象，就要按照大有卦之道来遏制邪恶、弘扬善良。孔颖达疏："故君子象之，亦当包含遏匿其恶，褒扬其善，顺奉天德，休美物之性命。""顺天休命"，就是顺应天道。

为什么君子按照"火天大有"的含义去做就可以遏制邪恶，弘扬善良呢？因为火在天上，是非常明亮的，能够照亮万物，明察秋毫，当然它就知道什么是邪恶，什么是善良。

初九，无交¹害，匪²咎，艰³则无咎。
《象》曰：大有初九，无交害也。

[注释]

1 交：互相来往。

2 匪：通"非"。

3 艰：困难。

[译文]

初九，没有因为交往所带来的害处，没有灾祸，要时时牢记着艰难，就没有灾祸。

《象传》说，大有卦的初九，还没有因为交往所带来的害处。

[解读]

一开始就不要"交害"。不要"交害"有两种意思：一是不交往有害之人，因为初九位是要潜伏的；二是不要相互伤害。这两种意思都说得通。程颐《伊川易传》卷一："九居大有之初，未至于盛，处卑无应与，未有骄盈之失，故无交害，未涉于害也。""匪咎"就是没有灾祸，要是不互相伤害就没有灾祸，或者说不交往、不惹祸也就没有灾祸。"艰则无咎"，要牢记着艰难，时时想着艰难，你就没有灾祸。《论语·学而》说："曾子曰：吾日三省吾身，为人谋而不忠乎？与朋友交而不信乎？传不习乎？"就是说经常反思，那就没有灾祸了。在大富有的时候，想着艰难，想着财富来之不易，想着不去伤害别人，是难能可贵的。

九二，大车以¹载，有攸²往，无咎。
《象》曰：大车以载，积³中不败也。

[注释]

1 以：用。

2 攸：所。

3 积：累积。

[译文]

九二，用大车来装载，有所前往，没有灾祸。

《象传》说，用大车来装载，是因为积存在中间不会败坏。

[解读]

"大车以载"，比喻堪负重任。程颐《伊川易传》卷一："九以阳刚居二，为六五之君所倚任，刚健则才胜，居柔则谦顺，得中则无过，其才如此，所以能胜大有之任，如大车之材强壮，能胜载重物也。""有攸往，无咎"，有利于继续前进，继续扩大自己的财富，不会有什么危害。

《象传》说，九二能"大车以载"，是因为"积中不败"，一点一点地累积起来，并没有败坏它。作为个人或企业，积累财富都要经历这么一个由少到多的过程，而且在此过程中还要谨小慎微，步步为营，防止辛辛苦苦积累的财富一不小心遭到败坏。比积累财富更重要的事情是积累善德，按照《文言传》的说法，叫作：积善之家，必有余庆；积不善之家，必有余殃。这可以算是大有卦九二爻的最好注脚。积累善德和积累财富一样，绝非一朝一夕便可奏效，更不能半途而废，否则便会前功尽弃，从头再来就更困难了。古语说：从善如登，从恶如崩。做善事就像登山一样困难；做坏事就不一样，像突然崩溃一样迅速、容易。积累善德，要尽量多存善念，多行善举。善事无大小，恶事也无大小，有时一念之善往往能扶危济困，救人于水火之中。

"中"是中道，第二爻是阳爻处在中位，要走中道才能永远立于不败之地。孔颖达疏："物既积聚，身有中和，堪受所积之聚在身……上不至于败也。"积累善德实际上就是积累财富，所以我们要"勿以善小而不为，勿以恶小而为之""诸恶莫作，众善奉行"，以中庸之道慢慢积累善德，财富就会越来越多，这才是长久之道。

九三，公¹用亨²于天子，小人弗³克。

《象》曰：公用亨于天子，小人害⁴也。

[注释]

1 公：古代的爵位，位居五等之首。

2 亨：通享受的"享"，贡献，把祭品、珍品献给祖先、神明或天子、侯王。

3 弗：否定词。弗克：不能承担。

4 害：妨碍、不利。

[译文]

九三，王公大臣要向天子献礼致敬，小人不能如此。

《象传》说，王公大臣要向天子献礼致敬，小人如此则是有害。

[解读]

九三，王公大臣要向天子献礼致敬。《周易本义》："亨，《春秋传》作'享'，谓朝献也。古者，亨通之亨，享献之享，烹饪之烹，皆作'亨'字。九三居下之上，公侯之象。刚而得正，上有六五之君，虚中下贤，故为亨于天子之象。……小人无刚正之德……不能当也。""小人弗克"，小人是不能担负这个大任的。程颐《伊川易传》卷一："若小人处之，则专其富有以为私，不知公以奉上之道。"《诗经》有这样的话，"率土之滨，莫非王臣"，意思就是普天之下都是大王的臣民，而这些臣民都必须顺应大王，这是天道。九三爻居正位，所以这个王公来向天子献礼，就是顺应天道、遵循正道。

《象传》说：王公大臣向天子献礼致敬，那是顺应天道，是符合礼仪的，是正当的行为。小人也想向天子献礼致敬，那是不正当的行为，他们是想向天子献媚，以获取荣华富贵。程颐《伊川易传》卷一："若小人处之，则不知为臣奉上之道，以其为己之私，民众财丰，则反擅其富强，益为不顺，是小人大有则为害。"小人的这种行为是有害的，是祸国殃民的事。身居高位的人一定要时刻警惕。

九四，匪[1]其彭[2]，无咎。

《象》曰：匪其彭，无咎，明[3]辩晰[4]也。

[注释]

1 匪：通“非”。

2 彭：盛大、膨胀。

3 明：光明。

4 晰：明白，明察事理的智慧。

[译文]

九四，不自我膨胀，就没有灾祸。

《象传》说，不自我膨胀，就没有灾祸，是因为能够清晰地分辨明白。

[解读]

九四爻是第二个阶段的开始，这个时候千万“匪其彭”，就是行为上不要太过盛，太铺张浪费，心态上不要太过于贪求，欲望不要太膨胀。程颐《伊川易传》卷一：“九四居大有之时，已过中矣，是大有之盛者也。过盛则凶咎所由生也。故处之之道，匪其彭则得无咎，谓能谦损，不处其太盛。”这样就没有灾祸。

《象传》说，"匪其彭无咎"，是因为"明辩晰也"。"明辩晰"就是说他有明辨事理的大智大慧，明白了许多人生的道理。第四爻开始进入离卦了，离卦是光明，要明辨事理。程颐《伊川易传》卷一："晰，明智也。贤智之人，明辨物理，当其方盛，则知咎之将至，故能损抑，不敢至于满极也。"《道德经》说："天之道，损有余而补不足；人之道，损不足以奉有余。""人之道"的结果是两极分化越来越厉害。人的欲望是无穷的，富了还要更富，如果不知道适可而止的话，就会出现物极必反的事情，于己于人都不会有好处。所以我们要按照天之道行事，大有了但不要过盛，不要一切据为己有，不能自我膨胀，铺张浪费，这样就"无咎"了。自己富有了还想要更富有，不顾别人的死活，这就不符合天道了。

六五，厥[1]孚[2]，交如[3]，威如[4]，吉。

《象》曰：厥孚交如，信[5]以发[6]志也。威如之吉，易[7]而无备[8]也。

[注释]

1 厥：那样。

2 孚：诚信。

3 交如：交通的、交流的样子。

4 威如：威风凛凛的样子。

5 信：诚实不欺。

6 发：开启、开导。

7 易：简易。

8 备：防备。

[译文]

六五，其用诚信营造出了上下相应的状态，展现出了富有威望的状态，吉祥。

《象传》说，其用诚信营造出了上下相应的样子，是因为诚信可以引发人们讲求忠信的志向。展现出富有威望的样子而吉祥，是因为平易近人可以使人们无须戒备。

[解读]

六五，用诚信之心交接上下，就会威风凛凛，大吉。孔颖达疏："六五居尊以柔，处大以中，无私于物，上下应之，故其诚信，物来交接……既诚且信，不言而教行，所为之处，人皆畏敬，故云'威如'。"六五，这一爻是大有卦里唯一的阴爻，居于六五，居于君位，有谦逊诚信之美德。不要把任何东西都占为己有，以自己的诚信获得威望。上下都是阳爻，都能跟它相交通，阴阳交合。

《象传》说，"厥孚交如"，是因为"信以发志也"。《周易本义》："一人之信，足以发上下之志也。""信以发志"是说自己这种诚信是从内心深处发出来的，是从潜意识里发出来的，是最真实的，最能打动人，将心比心，能够启发别人的忠信，换来别人的忠信。"威如之吉，易而无备也。"指无私心、疑心之重负，无须戒备。王弼注："不疑于物，物亦诚焉。即公且信，何难何备？不言而教行，何为而不威如？"在大富有的局面下，依然要有一颗无私的心，不要拥有太多，要提倡极简主义。六五爻是最尊贵的位置，谦虚、减损，这样就无须防备了。

上九，自¹天祐²之，吉无不利。

《象》曰：大有上吉，自天祐也。

[注释]

1 自：介词，来自。

2 祐：护祐。

[译文]

上九，自有上天保佑他，吉祥而无所不利。

《象传》说，大有上九的吉祥，是因为自有上天保祐。

[解读]

上九，是处在最高位的最后一爻，最高位也就是无位。程颐《伊川易传》卷一："上九在卦之终，居无位之地，是大有之极，而不居其有者也。……有极而不处，则无盈满之灾，能顺乎理者也。五之孚信，而履其上，为蹈履诚信之义。

五有文明之德，上能降志以应之，为尚贤崇善之义。其处如此，合道之至也，自当享其福庆，自天祐之。"一般处在最高位的都是凶的，"贵而无位，高而无民"，但是大有卦的最后一爻却是大吉大利的。在富有之时，能够有"无位"之心，能够时时想到这是上天的保佑，而天道是公平的，所以上天会来保佑你，没有什么不利的，是永远吉祥的。所以不能有更多的贪念，不要把一切都据为己有，而是要谦逊，广施善财。

《象传》再一次强调说，"大有上吉"，是因为"自天祐也"。上九的大富有大吉大利，是上天保祐的结果。程颐《伊川易传》卷一："由其所为顺天合道，故天祐助之，所以吉也。君子满而不溢，乃天祐也。《系辞》复申之云：'天之所助者顺也，人之所助者信也。履信思乎顺，又以尚贤也，是以自天祐之，吉无不利也。'履信谓履五，五虚中，信也。思顺谓谦退不居。尚贤谓志从于五。……上九在上，履信思顺，故在上而得吉，盖自天祐也。"

谦卦第十五

坤上艮下

[解读]

谦是第十五卦，它是从第十四卦大有卦而来的。大有卦表示一种大丰收、富有，也是指一个人达到的一种最成功的状态。大有卦过了之后，也就是处于取得成功之后，拥有非常富有的财富之后应该怎么做——应该要谦，所以接下来第十五卦是谦。谦卦是《易经》六十四卦中唯一的六根爻全是吉的卦。《序卦传》说："有大者不可以盈，故受之以谦。"大有的意思是太大了、太富有了，这样满了之后就要亏，"月满则亏，水满则溢"，所以说"满招损，谦受益"。"谦"是言字旁，意思是首先要从言语上谦虚，然后还要从行动上谦虚。

它的卦象是上坤下艮，上面是地，下面是山。山本来是高出地面的，但现在在地面以下了，居下，非常谦虚。

谦[1]，亨，君子有[2]终[3]。

[注释]

1 谦：谦虚，谦让。

2 有：副词，表示连续。

3 终：始终，全过程。

[译文]

谦卦，亨通，君子终有成就。

[解读]

谦卦，亨通，"君子有终"，君子谦虚，能够善始善终。孔颖达疏："谦者，屈躬下物，先人后己，以此待物，则所在皆通，故曰亨也。小人行谦则不能长久，唯君子有终也。""有终"，有始有终，君子的这种谦虚的品格是要自始至终保持的，而实际上要达到这一点是很困难的。程颐《伊川易传》卷二："君子志存乎谦巽达理，故乐天而不竞，内充，故退让而不矜。安履乎让，终身不易，自卑而人益尊之，自晦而德益光显，此所谓君子有终也。"另外，也可以理解为就是说有谦虚品格的人会有好的归宿。"善终"相当于我们今天所说的平安达于终极的目标。

《彖》曰：谦，亨。天道下济[1]而光明，地道卑而上行。天道亏[2]盈[3]而益[4]谦[5]，地道变盈而流谦，鬼神害[6]盈而福[7]谦，人道恶[8]盈而好[9]谦。谦尊而光[10]，卑而不可逾[11]。君子之终也。

[注释]

1 济：弥补，补益。

2 亏：减损。

3 盈：满。

4 益：增加。

5 谦：少。

6 害：损伤。

7 福：福佑。

8 恶（wù）：讨厌。

9 好（hào）：喜爱。

10 光：明亮，有名誉。

11 逾：超越。

[译文]

《象传》说，谦卦，亨通。天之道，其气向下利济万物而光明；地之道，其气向上惠泽万物而卑顺。天之道，减损满盈者而增益谦卑者；地之道，改变满盈者而流注谦卑者；鬼神之道，加害满盈者而福佑谦卑者；人之道，厌恶满盈者而喜好谦卑者。尊者有谦则更光明盛大，处卑则愈见其不可及之高。这就是君子终有成就的原因。

[解读]

《象传》说，谦卦是亨通的。"天道下济而光明，地道卑而上行"，程颐《伊川易传》卷二："天之道，以其气下际，故能化育万物，其道光明。……地之道，以其处卑，所以其气上行，交于天。""天道"可以理解为天之气，"地道"可以理解为地之气，天之气往下行，上天总是把光明向下照耀在大地上，大地就光明了，地之气是卑下的、低的，但是它是往上行的，所以天道和地道上下相互交流，相互沟通。阴阳之气交合，万事万物才能生生不息。也有从卦象来解释的，孔颖达疏："坤体在上，故言'地道卑而上行'也。其地道既上行，天地相对，则'天道下济'也。且艮为阳卦，又为山。天之高明，今在下体，亦是天道下济之义也。'下济'者，谓降下济生万物也。……'地道卑而上行'者，地体卑柔而气上行，交通于天以生万物也。"

接下来《象传》从四个方面解释了"谦"。

天道是"亏盈而益谦"。天道总是减少盈满而增加虚少，孔颖达疏："若日中则昃，月盈则食，是亏减其盈。盈者亏减，则谦者受益也。"以太阳和月亮比喻，太阳最高的时候就会西斜，叫"日中则昃"；月亮每月农历十五的时候最满，过了十五就开始亏了，这叫"月盈则亏"。这就是"天道亏盈而益谦"，天道始终保持着公平性。

地道是"变盈而流谦"，改变盈满而流向低谦。"流谦"是水流向"谦"，也就是水往低处流，越高的地方越存不住水。

《伊川易传》卷二："以地势而言，盈满者倾变而反陷，卑下者流注而益增也。"

鬼神是"害盈而福谦"，鬼神会惩罚盈满而降福于谦和。《伊川易传》卷二："鬼神谓造化之迹。盈满者祸害之，谦损者福祐之，凡过而损，不足而益者，皆是也。"鬼神是我们平时看不见的，可以理解为自然规律，它会在暗地里惩罚自满的人，保祐谦和的人。

人道是"恶盈而好谦"，人都讨厌自满的人而喜欢谦虚的人。社会最怕的就是不公平、两极分化严重，富裕的人更加富裕，贫穷的人更加贫穷。

所以"谦尊而光，卑而不可逾"，谦虚的人是值得尊敬而光明的，越谦虚的人越不可超越。《伊川易传》卷二："谦为卑巽也，而其道尊大而光显；自处虽卑屈，而其德实高不可加尚，是不可逾也。君子至诚于谦，恒而不变，有终也，故尊光。"只有君子才能始终保持这种谦虚的品格，这是告诉我们只有谦虚才能善终。越谦虚的人越不可战胜。这正是老子的思想，《道德经》说"水善利万物又不争"，"夫唯不争，故天下莫能与之争"。

《象》曰：地中有山，谦。君子以裒[1]多益[2]寡[3]，称[4]物平[5]施[6]。

[注释]

1 裒（póu）：取。

2 益：增加。

3 寡：少，缺少。

4 称：当衡量讲，称一称这个事物。

5 平：均等。

6 施：实行，实施。

[译文]

《象传》说，地里面有山存在，这就是谦卦之象。君子由此得到启示，要减损多的，增益少的，就像称量物品一样，使多者不偏多，少者不偏少，损之益之，各得其平。

[解读]

"地中有山"，上卦为坤卦，坤为地，下卦为艮卦，艮为山，山本来是高出地面的，但现在却在地面以下了，主动居下了，这就是谦卦之象。君子看到这样的卦象，就要按照谦卦之道来"裒多益寡"，减少那些多的，资助那些少的，把财富从富人那里减一些来资助穷人，这就叫"称物平施"。"称"是衡量，衡量事物，然后公平地去施与，达到平衡，社会就和谐了。《伊川易传》卷二："见抑高举下、损过益不及之义；以施于事，则裒取多者，增益寡者，称物之多寡以均其施与，使得其平也。"所以谦卦告诉我们要有公平的原则。

但是这种公平绝不是平均主义。王弼注："多者用谦以为衰，少者用谦以为益，随物而与，施不失平也。"孔颖达疏："君子若能用此谦道，则衰益其多，言多者得谦，物更衰聚，弥益多也。故云'衰多'，即谦尊而光也，是尊者得谦而光大也。'益寡'者，谓寡者得谦而更进益，即卑而不可逾也。是卑者得谦而更增益，不可逾越也。'称物平施'者，称此物之多少，均平而施，物之先多者而得其施也，物之先寡者，而亦得其施也。"

初六，谦谦君子，用[1]涉[2]大川，吉。
《象》曰：谦谦君子，卑[3]以自牧[4]也。

[注释]

1 用：行使、施行。

2 涉：徒步渡水。

3 卑：低下。

4 牧：管理。

[译文]

初六，谦而又谦的君子，可以涉渡大河，吉祥。

《象传》说，谦而又谦的君子，可以自觉修养谦卑的美德。

[解读]

"谦谦君子"，非常谦虚的君子。王弼注："处谦之下，谦之谦者也。能体谦谦，其唯君子。"初六，一开始就吉，因为他居在最下边，是个谦谦君子，是最谦虚的，以这种谦虚之心渡河，这个"渡河"指做事业，一定能够成功。

《象传》说，君子为什么能够做到"谦谦"呢？因为"卑以自牧"。"自牧"就是自我制约。谦虚卑下，把自己放在最低的位置，谦虚谨慎，然后管理、制约自己，所以是谦谦君子。《礼记·中庸》中说："君子之道，辟如行远必自迩，辟如登高必自卑。""迩"是近处，想要行走得远必须从近处开始走，"千里之行始于足下"；而要登高，必须先从低处着手，要把自己的姿态放低。

我们在生活中放低姿态，做一个谦虚的人，就可以万事大吉吗？"谦谦"回答了这个问题：第一个"谦"是山的谦，山是稳定的、有主见的、成功的、高的，这是说自己首先要是一座山，品德高尚、事业有成；第二个"谦"是地的谦，地是宽广的，能容纳一切事物，能做到这两种"谦"，肯定能渡过大河大川，获得成就。

六二，鸣¹谦，贞吉。
《象》曰：鸣谦贞吉，中心²得也。

[注释]

1 鸣：闻名，著称。

2 中心：内心。

[译文]

六二，虽然出了名，但是照样很谦虚，贞正吉祥。

《象传》说，虽然出了名，但是照样很谦虚，贞正吉祥，是因为居处中位，得自内心，出于本性。

[解读]

六二，虽然出名了，但是照样很谦虚，这样的人坚守正道，是吉利的。王弼说："鸣者，声名闻之谓也。得位居中，谦而正焉。"

《象传》说，"鸣谦贞吉"，是因为"中心得也"。是说六二获得了一种内心的满足，知足者常乐，知足的人一般都是比较谦逊的。《伊川易传》卷二："二以柔顺居中，是为谦德积于中。谦德充积于中，故发于外，见于声音颜色，故曰鸣谦。居中得正，有中正之德也。"六二这一爻是下卦的中位，而且得正，又中又正，这种人出名了照样还保持谦虚，保持中庸之道，这是难能可贵的。

九三，劳[1]谦，君子，有终[2]吉。

《象》曰：劳谦君子，万民服也。

[注释]

1 劳：功劳。

2 终：最终，到底。

[译文]

九三，有功劳而能谦的君子，终有成就，吉祥。

《象传》说，有功劳而能谦的君子，所有老百姓都敬服。

[解读]

九三，有了功劳仍然谦虚，而且保持始终，真是太不容易了，当然是吉利的。

《象传》说，像"劳谦君子"这样的人，居于高位了，还能谦虚，"万民服"。俞琰《周易集说》卷二十一："九三以一阳居众阴之中，众阴皆顺而从之，有万民服之象。……万民所以服君子者，非服其劳也，服其劳而能谦也。……劳而能谦乃君子之德，非君子则不能如是也。"对这种人，老百姓当然会心服口服，因为他有很大的功劳，反而还更谦虚。如果有了功劳而不谦虚，那百姓也不会服他。

六四，无不利，㧑[1]谦。

《象》曰：无不利，㧑谦，不违则[2]也。

［注释］

1 扬（huī）：通"挥"，发挥。

2 则：法则。

［译文］

六四，无所不利，只要发扬谦虚的美德。

《象传》说，无所不利，只要发扬谦虚的美德，这是因为不违背天地的法则。

［解读］

扬谦就是把这个谦虚的美德继续发扬光大。《伊川易传》卷二："扬，施布之象，如人之扬也。动息逢迎，必施其谦。益居多俱之地，又居贤臣之上故也。"到了六四爻，人生阅历增加，他照样是谦虚的，而且这个谦虚不仅没有减少，反而发扬光大了，所以他是无所不利的。

《象传》说，"扬谦"无所不利，是因为"不违则"。《伊川易传》卷二："凡所动作，靡不利于施谦，如是然后中于法则，故曰不违则也，谓得其宜也。"发挥谦虚的美德，既不违背天道，也没违背地道和人道，天、地、人都支持，当然是无所不利的。

六五，不富以¹其邻，利用侵²伐³，无不利。

《象》曰：利用侵伐，征⁴不服⁵也。

[注释]

1 以：令、使。

2 侵：逼近。

3 伐：征讨、攻打。

4 征：出征，讨伐。

5 服：顺从。

[译文]

六五，虽然富有，却不向邻居夸耀，可以用这种谦虚的精神去征讨那些骄傲自满之人，无所不利。

《象传》说，利用侵伐，就是去征伐那些骄横不服者。

[解读]

六五，虽然这一爻的爻辞中没有说一个"谦"字，但是说"不富"，"不富"指不富有，虚怀若谷，内心不骄傲，不自满，这也是一种"谦"。《伊川易传》卷二："五以君位之尊，而执谦顺以接于下，众所归也。故不富而能有其邻也，邻，近也。不富而得人之亲也。"俞琰《周易集说》卷三："阳道常饶，阴道常乏，六五阴爻之虚，故曰不富。用上六以为辅，故曰以其邻。""以其邻"其实是"与其邻"，六五爻的邻居是六四和上六，这两个都是阴爻，都是不富的，所以他与他的邻居一起不自满，虚怀若谷。"利用侵伐，无不利"，这样就可以利用谦虚之心来讨伐那些不谦虚的、骄横不顺的人，无所不利。

《象传》说，"利用侵伐"，是为了去侵伐、征讨那些不服从的、骄傲自满的人，因为要求他虚心。不虚心的人，肯定是骄傲的人，是没有好处的。王弼注："居于尊位，用谦与顺，故能不富而用其邻也。以谦顺而侵伐，所伐皆骄逆也。"

上六，鸣[1]谦，利用行师[2]，征邑[3]国。

《象》曰：鸣谦，志未得也，可用行师，征邑国也。

[注释]

1 鸣：闻名，著称。

2 行师：出兵。

3 邑：采邑，帝王封赏给臣属的土地。

[译文]

上六，因谦虚而名声大振，利于行军出师，征伐属邑小国。

《象传》说，因谦虚而名声大振，欲谦之志未得，必须辅刚武以自治，行军出师，征伐属邑小国。

[解读]

"鸣谦"出现了两次，一次在六二爻，一次在上六爻，程度是不同的。上六爻是坚持到了最后，经过了六五爻去讨伐那些不谦虚的、骄横不顺的人之后，当然也就名声在外了，但是照样谦虚，用谦虚的心去带军队打仗，征讨那些骄横不逊的人。《伊川易传》卷二："以极谦而反居高，未得遂其谦之志，故至发于声音；又柔处谦之极，亦必见于声色，故曰鸣谦。虽居无位之地，非任天下之事，然人之行己，必须刚柔相济。上，谦之极也，至于太甚，则反为过矣。故利在以刚武自治。邑国，己之私有。行师，谓用刚武。征邑国，谓自治其私。"

"志未得"，虽然得到了最高的名声，却没有实现心中愿望。王弼说："最处于外，不与内政，故有名而已。"《周易本义》："谦极有闻，人之所与，故可用行师。然以其质柔而无位，故可以征己之邑国而已。""邑国"不一定指国家，也可以指不虚心的人。

豫卦第十六

震上坤下

[解读]

豫卦是第十六卦，在谦卦之后。谦是谦虚，谦虚之后心中非常快乐，就是豫。所以真正的谦必须是发自内心的、快乐的谦。

豫卦的卦象刚好是谦卦的颠倒：谦卦是地山谦，上面是地，下面是山；豫卦是雷地豫，上面是雷，下面是地。地上已经开始有惊雷，这就是惊蛰，把冬眠的动物惊醒了，代表春天来了，万物生发，这是一种喜悦的、富有生机的场景，所以豫卦讲的是快乐之道。豫有两个意思：一是快乐，二是预备。豫卦既讲了快乐之道，同时还讲了在快乐的情境下，要有忧患意识，防患于未然。

豫，利建[1]侯[2]行师[3]。

[注释]

1 建：封立、封赐。

2 侯：诸侯。

3 师：军队。

[译文]

豫卦，利于建立诸侯，行军出师。

[解读]

豫卦，"利建侯行师"，有利于建功立业，有利于行军打仗，讨伐叛逆者。孔颖达疏："谓之豫者，取逸豫之义，以和顺而动，动不违众，众皆说豫，故谓之豫也。动而众说，故可利建侯也。以顺而动，不加无罪，故可以行师也。无四德者，以逸豫之事不可以常行，时有所为也。"

《国语》记载有这么一则故事：晋文公重耳在外逃亡流浪了十九年，想回到自己的祖国，于是亲自占了一卦，是屯之豫。屯卦是水雷屯，是本卦；豫卦是雷地豫，是变卦。从屯卦到豫卦，初爻变了，阳变阴了，第四根爻和第五根爻也变了。豫卦的卦辞是"利建侯行师"，屯卦的卦辞是"元、亨、利、贞，勿用有攸往，利建侯"，都有"利建侯"，有利于回国去做王侯。他占了这一卦之后请了一个卦师来看，问占得了这一卦应不应该回去。这个卦师说不吉利，不能回去。因为屯代表的是艰难，豫卦上卦的震可以代表车，下面的坤是地，中间是空的，车陷于地，所以不能回去。重耳又找了一个人看，此人就是有名的司空季子。他说吉，应该回去。屯卦和豫卦都说利建侯，而且震是车子，坤是大地，车子行在大地上不是挺好的吗？屯卦有艰难、厚重的意思；豫卦有快乐的意思，回国没有问题，肯定是皆大欢喜。重耳听了他的话回去了，把晋国治理得非常好，成了著名的春秋五霸之一。

《彖》曰：豫，刚应[1]而志[2]行[3]，顺以[4]动，豫。豫顺以动，故天地如[5]之，而况建侯行师乎！天地以顺动，故日月不过[6]，而四时不忒[7]。圣人以顺动，则刑罚清[8]而民服。豫之时义大矣哉。

[注释]

1 应：符合，应和。

2 志：心意，志向。

3 行：施展。

4 以：连词，则、那么，表示条件关系。

5 如：如同、好像。

6 过：过失、错误。

7 忒：差错。

8 清：清廉、清正。

[译文]

《彖传》说，豫卦，阳刚得到阴柔的响应而志向可以实现，顺时而活动，就是豫。豫卦，由于顺时而活动，所以天地皆从之，何况是建立诸侯与行军出师呢，天地顺时而运动，所以日月交替不失常度，四季变化不失其序。圣人顺时而行动，所以赏罚中肯而万民悦服。豫卦顺时的意义真是伟大啊！

[解读]

"刚应而志行"，李鼎祚《周易集解》卷四引侯果说："四为卦主，五阴应之，刚志大行，故曰刚应而志行。"因为只有九四爻是刚爻，所以九四就代表君主，上下所有的阴爻都与它相应，就像晋文公那样得了民心，所以能够使自己的志向得以实现。"顺以动"，顺应时势民心而行动，《周易集解》卷四引郑玄说："坤，顺也；震，动也。顺其性而动，莫不得其所，故谓之豫。""顺"就是下面的坤卦，"动"就是上面的震卦，合起来就构成了豫卦，"豫"是一件很快乐的事。"豫顺以动，故天地如之，而况建侯行师乎"，快乐地顺应潮流而动，顺应时势而动，顺应天道而动，天地万物都是这样，何况是建立国家行兵打仗呢？俞琰《周易集说》卷十五："夫豫之所以为豫者，顺理而动也，顺理而动，虽天地亦然，岂独人事为然……是故天地以顺动而不违乎理，则日月之数不过，四时之序不忒，圣人以顺动而不违乎理，则刑罚不烦而民畏服时，义谓豫之时，其义如此。大谓三才之道，天下万事万物之理，皆不过如此也。"天和地因为顺应时势时位而动，所以日月的运行没有失误，春夏秋冬四时的变化也没有差忒，那么人呢? 人就更应顺时势而动。"圣人以顺动,则刑罚清而民服",圣人顺着自然而动,刑罚就中肯、公正,老百姓就心服口服。"豫之时义大矣哉","时"不仅仅是指时间,也是指时位、时势。"豫"这个时位是非常伟大的,不要把它看低了。俞琰《周易集说》卷十五:"十二卦或言时义,或言时用,或止言时,何也? 项平庵曰:豫、随、姤、旅,皆若浅事而有深义,故曰时义大矣哉,欲人之思之也。坎之险难,睽之乖异,蹇之跋涉,皆非美事,有时或用之,故曰时义大矣哉,欲人之别之也。颐、大过、解、革,皆大事,故曰时大矣哉,欲人之谨之也。"

《象》曰:雷出地奋[1],豫。先王以作[2]乐崇[3]德,殷[4]荐[5]之上帝,以[6]配[7]祖[8]考[9]。

[注释]

1 奋:振作,震动。

2 作:创制。

3 崇:重视,颂扬。

4 殷:盛大、隆重。

5 荐:进奉。

6 以:连词,表示顺承。

7 配:配享,祭祀时兼祀他神。

8 祖:祖先。

9 考：死去的父亲。

[译文]

《象传》说，雷从地下出来奋作，这就是豫卦之象。先王由此得到启示，要制作音乐以推崇美德，殷勤地敬荐给上帝，连带也敬荐给祖先。

[解读]

"雷出地奋"，孔颖达疏："雷是阳气之声，奋是震动之状，雷即出地，震动万物，被阳气而生，各得逸豫。"上卦为震卦，震为雷，下卦为坤卦，坤为地，古人认为雷冬藏于地中，于春始出，豫卦雷在地上，所以说"雷出"，雷已经在地上开始震动，雷声轰鸣，大地上的万物就兴奋躁动，生机勃发，欢欣鼓舞，因为春天来了，这就是豫卦之象。先王看到这样的卦象，就要按照豫卦之道来"作乐崇德"。《伊川易传》卷二："先王观雷出地而奋，和畅发于声之象，作声乐以褒崇功德。"君子是一种将来时，先王是过去时，过去他都这么做的，启发我们现在也要这么去做，先王按照豫卦的含义来制作音乐，歌领、崇尚美德。隆重地去进献天帝，并且一起进献祖先。《周易本义》："先王作乐，既象其声，又取其义。"隆重地进献上帝和祖先，这是典型的儒家礼仪。这反映了中国人的信仰——敬天法祖，春天的时候要祭天，还要祭祖，体现了我们民族的宗法制度。"天"和"祖"是什么关系呢？"天"

是天道，是虚的；"祖"是祖先，是实的，是天道的具体体现。比如，我们中国人的第一个祖先是轩辕黄帝，他是我们信仰的对象，也是天道的化身。

初六，鸣¹ 豫²，凶。

《象》曰：初六鸣豫，志穷³凶也。

[注释]

1 鸣：发表意见、情感。

2 豫：逸乐。

3 穷：阻塞不通。

[译文]

初六，自鸣得意，随声附和，凶险。

《象传》说，初六，自鸣得意，随声附和，因为小人得志，穷途末路，所以凶险。

[解读]

"初六，鸣豫，凶"，就是自鸣得意，以大喊大叫的形式表示快乐的心情，显然是过了头了，有些忘形，有凶险。《周易本义》："阴柔小人，上有强援，得时主事，故不胜其豫而以自鸣，凶之道也。"春天到来，春雷阵阵，生机勃发，本来是好事，但初六爻一开始就说凶，其实是告诉我们要有忧患意识，要节制，这样才能避免凶险。

《象传》说，"鸣豫"之凶，是因为"志穷"。王弼说："处豫之初，而特得志于上。乐过则淫，志穷则凶，豫何可鸣！"初六这个时候，才刚刚开始，却像到头了一样，就是高兴得太早了，太过分了，这对做事情来说是不好的，是凶象。

六二，介¹于²石，不终日，贞吉。
《象》曰：不终日贞吉，以中正³也。

[注释]

1 介：坚固。

2 于：介词，表示比较。

3 中正：得当，不偏不倚。

[译文]

六二，耿介如石，不是整天欢愉，贞正吉祥。

《象传》说，不是整天欢愉，贞正吉祥，是因为持中守正。

[解读]

爻辞有两种解释。第一种，"介"作坚固讲，耿介得像石头一样，不是整天处于逸乐之中，意指处逸乐之时，不失分寸，确保节操，守正道才是吉的。《周易本义》："豫虽主乐，然易以溺人，溺则反而忧矣。卦独此爻中而得正，是上下皆溺于豫，而独能以中正自守，其介如石也。其德安静而坚确，故其思虑明审，不俟终日，而见凡事之几微也。"第二种，"介"作"夹"讲，夹了一块石头，不到一整天石头就掉下来了，但是守正道还是吉的。

《象传》说，"不终日贞吉"，是因为"以中正也"，六二奉行的是"中正"之道，自然是吉利的。李鼎祚《周易集解》卷四引侯果说："得位居中，柔顺正一，明豫动之可否，辩趣舍之权宜，假如坚石不可移变。"六二居下卦中位，又是阴爻居阴位，得正，所以说"以中正也"。这里告诉我们，追求快乐也要适度，要遵循中正之道。

六三，盱豫[1]，悔，迟[2]，有悔。
《象》曰：盱豫有悔，位不当也。

[注释]

1 盱豫：睁大眼睛的快乐，意思是献媚、讨好、取悦于别人。盱：张目。

2 迟：晚。

[译文]

六三，张目仰视于上，趋炎附势于主，必定有后悔；要是悔改太迟，必定又生后悔。

《象传》说，张目仰视于上，趋炎附势于主，必定有后悔，是因为处位不当。

[解读]

六三，靠媚上来求取欢乐，必定有悔恨，要是悔悟太迟，必定又生悔恨。另一种理解是，"迟"就是后来，"有"通"又"，"迟有悔"就是到后来又悔过。它觉得靠献媚来取悦是不行的，因此还是有救的。

《象传》说，"盱豫有悔"，是因为"位不当"。《伊川易传》卷二："六三阴而居阳，不中不正之人也。以不中而处豫，动皆有悔。盱，上视也。喻望于四，则以不中正。不为四所取，故有悔也。"豫卦只有九四爻一根阳爻，所以这根爻最为关键，六三爻才要去讨好它，想要靠讨好它而得到欢乐。但是六三爻阴爻居于阳位，而且又不中，不中也不正。两爻的爻位又不应，一个是下卦最上爻，一个是上卦最下爻。所以注定六三爻会碰一鼻子灰，最后灰溜溜地无功而返。

九四，由[1]豫，大有得，勿[2]疑，朋盍[3]簪[4]。

《象》曰：由豫，大有得，志大行[5]也。

[注释]

1 由：缘由。由豫：有缘由的快乐，或欢乐的缘由。

2 勿：不要。

3 盍：通"合"。

4 簪：盘头发用的钗。

5 行：施展。

[译文]

九四，由此产生愉悦，大有收获。不必迟疑，要像用簪子把头发束在一起那样来聚合朋友。

《象传》说，由此产生愉悦，大有收获，是因为志向可以充分实现。

[解读]

九四爻是欢乐之源，因为它是唯一的刚爻，是豫卦最重要的爻，是豫卦欢乐的原因和根源。王弼注："处豫之时，居动之始，独体阳爻，众阴所从。莫不由之以得其豫，故曰由豫，大有得也。"大家由于他而获得欢乐，所以大有收获。"勿疑"，不用迟疑。"朋"本来是同类，但在这里阳爻没有同类，所以"朋"在此指五根阴爻。"盍簪"指五根阴爻聚合起来，与九四会合。同道朋友会像头发上插簪子一样聚拢起来与他会合。这个快乐是有原因的。第一个是守一，因为九四爻是豫卦唯一的阳爻，是坚韧不拔的，有使天下人都快乐的崇高而远大的志向，所以其他五根阴爻都来附和九四这根阳爻。第二个是阴阳要和合，因为九四爻是豫卦唯一的阳爻，所以其他阴爻来跟它附和的时候是阴阳聚合的，异性相吸，而不是阳对阳、阴对阴的同性相斥。可见欢乐最终要阴阳聚合，做事情得与自己不同属性的人心甘情愿地相互支持。"君子和而不同""和实生物，同则不继"，这些都是大智慧。《周易本义》："然又当至诚不疑，则朋类合而从之矣。故又因而戒之。簪，聚也，又速也。"

《象传》说，"由豫大有得"，是因为"志大行也"，有这五根阴爻的聚合、帮助，他的阳刚之志可以大行于天下，就有大欢乐。孔颖达疏："众阴既由之而豫，大有所得，是志意大同也。"

六五，贞¹疾²，恒³不死。
《象》曰：六五贞疾，乘刚也。恒不死，中未亡⁴也。

[注释]

1 贞：正，守正道、中道。

2 疾：小病。

3 恒：永恒。

4 亡：消失，没有。

[译文]

六五，守持正道以预防疾病，就能长久地健康不死。

《象传》说，六五守持正道以预防疾病，是因为凌驾于刚爻之上。能长久健康不死，是因为居中的位置还没有失去。

[解读]

"贞疾"有两种解释：一种是守正道，要预防疾病；另一种是贞问就会得病，但是"恒不死"，能够永生不死。我们把这两种解释合起来看，六五爻是阴爻处在阳位上，所以它的力量比较弱，容易得病。古文里"疾"是指小病，"病"才是指大病，这里是说会有一些小的过失，但是因为守了正道，所以可以长久健康，不会死亡。《周易本义》："当豫之时，以柔居尊，沈溺于豫，又乘九四之刚，众不附而处势危，故为贞疾之象。然以其得中，故又为恒不死之象。"

《象传》说，"六五贞疾"，是因为"乘刚"。六五阴爻乘在刚爻九四的上面，阴在上，阳在下，这种情况一般来说是要不得的，这叫"不比"，会有不好的事情发生。所以要守持正道，以防止疾患的发生。为什么说"恒不死"呢？是因为"中未亡"。《伊川易传》卷二："居得君位，贞也，受制于下，有疾苦也。六居尊位，权虽失而位未亡也。"居于中位，走的是中道，所以不会灭亡、死亡。

这根爻讲的其实就是一种"生于忧患，死于安乐"的思想。整个卦是安乐，是豫，这是人生的终极目的。但要有忧患意识，在欢乐当中不要迷失方向。要想长久地保持安乐的境遇，就不能沉湎于安乐，就要保持防范之心，要预防疾病。像《黄帝内经》里说的，要"不治已病治未病，不治已乱治未乱"，警惕疾病的发生，平时做好预防，这样反而不会生病，才会"恒不死"。

上六，冥[1]豫，成[2]有渝[3]，无咎。

《象》曰：冥豫在上，何[4]可[5]长也。

[注释]

1 冥：沉浸。

2 成：达到。

3 渝：改变、变化。

4 何：怎么。

5 可：能够。

[译文]

上六，溺于安乐，如昏冥之象，最终有改变，没有灾祸。

《象传》说，溺于安乐，如昏冥之象，长此以往，必至极点。怎么可能长久呢？

[解读]

上六，"冥豫"，就是沉浸、沉迷在欢乐之中，逸乐至昏。"成有渝"，上六爻处卦之终，且得位，表示极享逸乐，但乐极生悲，知道了悔改，所以"冥豫"这种状态就会有所改变。如果及时改正，就没有灾祸。

《象传》说："冥豫在上，何可长也。"沉迷于欢乐之中，怎么可能长久呢？这是不可能的，因此不能沉浸在欢乐当中，一定要去改变，如果改变了这种习惯，那么就没有灾祸，否则永远有灾祸潜伏。《伊川易传》卷二："上六阴柔，非有中正之德，以阴居上，不正也。而当豫极之时，以君子居斯时，亦当戒惧，况阴柔乎？乃耽肆于豫，昏迷不知反者也。在豫之终，故为昏冥已成也。若能有渝变，则可以无咎矣。"

这是告诉我们不能沉湎在欢乐当中，要有预防意识和忧患意识。

随卦第十七

≡ 兑上震下

[解读]

随卦是第十七卦，在豫卦之后。豫是欢乐，欢乐之后要懂得随从，"随"就是"随从"的意思。《国语》说："从善如登，从恶如崩。"意思是随从善事是很难的，就像登山；但随从恶事是很容易的，就像山崩裂一样。随从的前提是选择，孔子说："三人行，必有我师焉，择其善者而从之，其不善者而改之。"随卦讲的就是"择其善者而从"，讲怎样随人、随势、随物、随时、随天道、随人心。

随卦主要讲两个方面的跟随：一是随时，跟随什么样的时机；二是随人，跟随什么样的人。程颐《伊川易传》卷二："君子之道，为众所随，与己随于人，及临事择所随，皆随也。"讲了三种随：第一，君子被别人所随；第二，自己随从别人；第三，面临大事的时候要选择随从什么人。

随，元亨，利贞，无咎。

[译文]

随卦，元始亨通，利物贞正，没有灾祸。

[解读]

乾卦、坤卦的卦辞都有"元亨利贞"，意思是抓住了万事万物的本源，一开始就会亨通，有利于守正道，没有灾祸。《伊川易传》卷二："学者之徙义，临事而从长，皆随也。随之道，利在于贞正，随得其正，然后能大亨而无咎。"这就告诉我们，如果做了正确的选择，并且随从它，就没有灾祸，所以随卦所说的随从其实集中体现了从善的宗旨。

《左传》中有一个故事，鲁国鲁成公的母亲穆姜与一个大夫通奸，想与其合谋废除自己儿子的王位，失败后被打入冷宫。穆姜占了一卦是艮之随，即从艮卦变成随卦，也就是除了第二根爻没变，其他爻都变了。随卦的卦象是泽雷随：上面是沼泽，下面是雷。卦师解卦说，艮卦是禁止，随卦是随从，于是他让穆姜赶快随别人逃跑，因为艮卦是被囚禁在这里的意思，但结果是随卦，就是可以随别人逃跑，逃跑之后你儿子也不会赶尽杀绝。但穆姜认为不能逃，因为她看了随卦的卦辞："随，元亨，利贞，无咎。"穆姜说，我无"元亨，利贞"之德，所以我不能逃，我必死于此。随卦的卦辞说"元亨，利贞"才"无咎"，而穆姜意识到自己没有这种品德，所以肯定有咎、有灾祸。

我们在分析、判断事理的时候，一定不要只看结果，还要看原因，只有具备了"元亨，利贞"之德才能无咎。后来孔子把"元亨，利贞"解释为四德："元"是"仁"，"亨"是"礼"，"利"是"义"，"贞"是"智"。

《彖》曰：随，刚来而下[1]柔，动而说[2]。随，大亨，贞，无咎，而天下随时[3]。随，时之义大[4]矣哉。

[注释]

1 下：居下。

2 说：通"悦"。

3 时：时机、时势。

4 大：重大，重要。

[译文]

《彖传》说，阳刚前来甘居阴柔之下，活动而喜悦，就是随卦。大大亨通，贞正，没有灾祸，然后天下万物都随顺时势而运行。随顺时势的意义真是伟大啊！

[解读]

《彖传》是从六根爻的特征来解释卦意的。随卦，"刚来而下柔"，刚健主动下来甘居在阴柔的下面。这里是说随卦由否卦变来，否卦的上九爻主动下来居于下卦的初九爻，前面两根爻都是阴爻。"动而说"，下卦是震卦，震为动，上卦是兑卦，跟随别人行动而喜悦。随卦，大亨通，守持正道，没有灾祸。因为"天下随时"，天下万物都顺应着天道四时而运行。随时的意义是非常重要的。王弼注："为随而令大通利贞，得于时也。得时则天下随之矣。随之所施，唯在于时也。时异而不随，否之道也。"《伊川易传》卷二："君子之道，随时而动，从宜适变，不可为典要，非造道之深，知几能权者，不能与于此也。"

《象传》阐明了"相随"的原则，社会中人与人关系中的上随下、下随上、己随人、人随己，日常生活中的朝作晚息、遇事随时，均当不违正道，诚心从善。这里充分体现了《周易》处世、修身的观念。

"刚来而下柔"表示我们在随从别人的时候，要把自己阳刚的一面放下，甘居在这个人的下面。"动而说"，也可以理解为要喜悦地、心甘情愿地跟随别人，同时也要跟随时机。

《象》曰：泽中有雷，随。君子以向[1]晦[2]入[3]宴[4]息。

[注释]

1 向：接近。

2 晦：夜晚。

3 入：入时。

4 宴：安闲、安逸。

[译文]

《象传》说，大泽中有雷蛰伏，这就是随卦之象。君子由此得到启示，要在傍晚的时侯进入安静休息的状态。

[解读]

"泽中有雷"，上卦为兑卦，兑为泽，又为悦，下卦为震卦，震为雷。王弼注："泽中有雷，动说之象也。物皆说随，可以无为，不劳明鉴。"李鼎祚《周易集解》卷五引郑玄说："震，动也；兑，说也。内动之以德，外说之以言，则天下之人咸慕其行而随从之，故谓之'随'也。""说"即"悦"。刚卦震居于柔卦兑之下，此动而彼悦，有随和顺从之象。君子看到这样的卦象，就要按照随卦之道在接近夜晚的时候就要进内室休息。《伊川易传》卷二："雷震于泽中，泽随震而动，为随之象。君子观象，以随时而动。随时之宜，万事皆然，取其最明且近者言之。君子以向晦入宴息：君子昼则自强不息，及向昏晦，则入居于内，宴息以安其身，起居随时，适其宜也。"又，古人认为雷入冬则潜入水中或地下，《逸周书·时训解》记载："秋分之日，雷乃收声。"所以受此启发，我们要遵守规律，随时做事，比如白天要自强不息，到入晦的时候就要入室去休息了，这就叫符合天道。"天下随时"，天下的万物都是随时间、时势的变化而变化的。

初九，官有¹渝²，贞吉，出门交³有功⁴。

《象》曰：官有渝，从⁵正吉也。出门交有功，不失⁶也。

[注释]

1 有：发生，呈现。

2 渝：改变。

3 交：互相来往。

4 功：功绩，功劳。

5 从：顺从，依从。

6 失：错过，错误。

[译文]

初九，主人有变通，贞正吉祥，出门与人交往会有成功。

《象传》说，主人有变通，随从于正道，吉祥。出门与人交往会有成功，是因为不失其所随。

[解读]

"官有渝"，一开始"官"要改变。官指主人，也可指心之官，"心之官则思"，可理解为思维观念。孔颖达疏："人心执掌，与官同称，故人心所主，谓之'官渝变'也。此初九既无其应，无所偏系，可随则随，是所执之志有能渝变也。唯正是从，故贞吉也。"就是说初九与九四不是正应，能择善而从，在一开始就改变思维观念。另一种理解则是，初九爻不能不有所偏。《周易本义》："初九，以阳居下，为震之主，卦之所以为随者也。既有所随，则有所偏主而变其常矣，惟得其正则吉。又当出门以交，不私其随，则有功也。"初九爻阳爻居在最下的阳位上，是下卦之主，处随之时，不能不有所偏，故有渝。位正，表明守正道，所以"贞吉"。应该结合两种理解。

"出门交有功"，不是躲在家里，而是要走出去，只要出了门与人交往就会成功。出门和家里有什么区别？家里表示不愿出去随从别人，只有走出大门才能随从别人。另外家里还比喻有私情，自我封闭，自私；走出大门比喻不为自己狭隘的私利所束缚，胸怀开阔。

《象传》说，"官有渝"，"从正"才能吉。也就是说，思维观念要变化，但不能乱变化，不能想着搞歪门邪道，而是要"择善而从"，即走正道，这样才能吉利，否则就会有灾祸。"出门交有功"，是因为本着"择善而从""见贤思齐"的精神，出去与人交往，就会对自己的品德与能力的提高有很大的帮助。《伊川易传》卷二："出门而交，非牵于私，其交必正矣，正则无失而有功。""不失"，没有失去时机和善人。

六二，系¹小子，失丈夫。

《象》曰：系小子，弗²兼³与⁴也。

[注释]

1 系：结合，系上。

2 弗：不。

3 兼：同时、一起。

4 与：给予；随着。

[译文]

六二，牵系初九之小子，失去九五之丈夫。

《象传》说，牵系初九之小子，就不能兼有九五之丈夫。

[解读]

随从年轻的小伙子，会失去阳刚方正的丈夫。《伊川易传》卷二："初阳在下，小子也；五正应在上，丈夫也。二若志系于初，则失九五之正应，是失丈夫也。""小子"指小伙子，但在这儿是指男人，指初九爻。在这儿有两根爻与六二相应，分别是初九和九五，两者必须取一个，六二本来应该选择中正阳刚的九五，和她的丈夫（九五爻）结合的，因为二和五相对应，但她却选择了初九，与小伙子（初九爻）结合。六二爻选择初九爻，这是阴爻乘阳爻，往往是不吉利的，所以她"失丈夫"，失去了丈夫，因小失大。这正如孟子所说："鱼，我所欲也；熊掌，亦我所欲也。二者不可得兼，舍鱼而取熊掌者也。生，亦我所欲也；义亦我所欲也。二者不可得兼，舍生而取义者也。"

《象传》说，"系小子"，是因为"弗兼与也"，即不能兼得。她必须在小伙子与丈夫之间选择一个，选择了小伙子，就会失去丈夫，实际上是因小失大了。《伊川易传》卷二："人之所随，得正则远邪，从非则失是，无两从之理。"

六三，系¹丈夫，失小子，随有求²，得，利居贞。
《象》曰：系丈夫，志舍³下也。

[注释]

1 系：结合，系上，此处指比邻。
2 求：选择。
3 舍：舍弃。

[译文]

六三，牵系九四之丈夫，失去初九之小子，追随而有所求，可以得到，利于居安贞正。

《象传》说，牵系九四之丈夫，是因为志在舍弃下位。

[解读]

《周易本义》："丈夫，谓九四。小子，亦谓初也。三近系四而失于初，其象与六二正相反。四阳当任而己随之，有求必得，然非正应，故有不正而为邪媚之嫌。故其占如此，而又戒以居贞也。"六三，刚好与六二爻相反，六三爻与相近的九四爻比邻，"丈夫"是九四爻。"小子"也指初九爻。
六三爻和她的丈夫结合，而没有与小伙子结合，这个选择是
对的。本来她处在险位，三爻多凶，位又不正，但因为她很
明智，追随的是有为的"丈夫"，而不是"小子"，所以有所得，
有功，有利于安居守正。孔颖达疏："三从往随于四，四亦
更无他应。己往随于四，四不能逆己，是三之所随，有求而
皆得也。"

　　《象传》解释说，为什么"系丈夫，失小子"呢？是因
为"志舍下也"，抛弃了下面的小伙子。小伙子年轻有活力，
但六三爻不为所动，毅然决然地追随自己有为的丈夫，这是
很明智的，有利于自己安居守正，渡过险难。《伊川易传》
卷二："舍下而从上，舍卑而从高也，于随为善矣。"可见随
从的对象太重要了，随从的对象不同，最后的结果也必有
不同。还有另外一种理解，舍，读（shè），居住、休止的意
思，也通。俞琰《周易集说》卷二十一："舍，止也，释居字，
当作去声。'舍下'谓六三居贞而止于九四之下也。处随之时，
当以下随上，以阴系阳，不可躐等而进，四随五而获，则三
也亦可随四而得，此则三之志也。志在随时，岂肯躐四以求
五，故曰'系丈夫，志舍下'也。汉上朱氏曰：先儒旧读
舍音舍，王弼读舍与乾九二时舍也之舍同。……弼之说为长。
三四相比，近也，四亦无应，宜相亲也。以阴求阳，以下随上，
顺也。"此解认为九五爻是"丈夫"。

九四，随有获¹，贞²凶。有孚³在⁴道以⁵明⁶，何⁷咎。

《象》曰：随有获，其义凶也。有孚在道，明功也。

[注释]

1 获：猎获，捕获。

2 贞：坚定不移。

3 孚：诚信。

4 在：居于、处于。

5 以：用，按照。

6 明：昭示、显露。

7 何：哪里，表示反问。

[译文]

九四，追随而有收获，贞正凶险。以明哲知几的卓识有信誉地走在正道上，会有什么灾祸？

《象传》说，追随而有收获，其卦义主凶。之所以能够有信誉地走在正道上主要归功于明哲知几的卓识。

[解读]

九四，"随有获"，追随别人或被别人追随是有收获的，但如果总是想着收获，就会有凶险。俞琰《周易集说》卷三："九四之随九五乎上而有道者也……初其所应，三其所系，二又系于三，是天下无不随之也。然……掩为己有不可也，若固执而不知变则其凶咎必矣，所恃以无恐者，有九五之君与己同德而相信也。"　"有孚在道以明，何咎"，是说只要内心诚信或自觉自愿地去追随别人，符合正道，还会有什么灾祸呢？《伊川易传》卷二："其至诚存乎中，是有孚也；其所施为无不中道，在道也；唯其明哲，故能如是以明也。"九四，追随别人（九五爻），一心想着收获，结果大多会有凶险，但如果心怀诚信、符合正道，光明磊落，也不会有什么灾祸。

《象传》说，"随有获，其义凶也"，意思是追随别人，想的就是自己能得到什么好处，这在道义上就是不合适的、凶的。"有孚在道，明功也"，但如果内心诚信，符合正道，用虔诚的心光明磊落地去追随德高望重、有所作为的人，是与他一起干大事的，这样他成功了，自然也有自己的一份功劳。意思是你的选择和跟从不要有太强的功利心和目的性，只要跟对了人或者选对了时机，不管成功与否，只要去跟随就好。

另一种理解，"明功"是指自明心迹。孔颖达疏："既能著信在于正道，是明立其功。"俞琰《周易集说》卷三："以明谓得以自明也。九五盖刚明之主也，见九四率天下以随己，则察其不僭而信，其志不在于己私而在于道也，四于是得以自明矣。"

九五，孚¹于嘉²，吉。

《象》曰：孚于嘉，吉，位正中也。

[注释]

1 孚：诚信、虔诚，在这里作动词，守信。

2 嘉：美好。

[译文]

九五，取信于具有美德的人，吉祥。

《象传》说，取信于具有美德的人而吉祥，是因为处在持正守中的位置。

[解读]

九五，"孚于嘉，吉"，就是守住诚信、美德，随从善者，那样就会大吉。《周易本义》："阳刚中正，下应中正，是信于善也。"也可理解为，选择了美好的东西之后，一定要信仰它、坚定不移地守住它才能吉祥。

《象传》说，"孚于嘉吉"，是因为"位正中"。王弼注："履正居中而处，随世尽随时之宜，得物之诚，故嘉吉也。"九五爻既中又正，是随卦中最重要的一爻。自己处在尊位，能以中正、诚信的美德去随从别人，这是常人难以做到的，所以大吉大利。

上六，拘系¹之，乃²从³维⁴之，王用亨⁵于西山。
《象》曰：拘系之，上穷⁶也。

[注释]

1 拘系：逮捕、扣押、束缚。

2 乃：于是。

3 从：跟从。

4 维：用绳子拴住；系两道，虞翻说"绳两系称维"。

5 亨：通"享"，进贡、进献、供奉。

6 穷：事物到头了。

[译文]

上六，把他强行拘禁起来，后来又放开他，君王去西山献祭。

《象传》说，把他强行拘禁起来，是因为往上走到了穷尽的地步。

[解读]

这根爻记载了周文王的一段经历。"之"代表上六爻。"王"指周文王，当时他还不是周文王，而是西伯侯。"西山"就是陕西岐山。"王用亨于西山"，是说周文王到岐山去祭享天地与祖先。商纣王时，商朝已经处于衰亡的时期，民不聊生，民心思变。这时候商朝的诸侯国西周的诸侯王姬昌（后来的周文王）贤明，百姓都愿意跟他。商纣王害怕他，于是就把姬昌抓起来，因禁在羑里，后来姬昌被释放，回到西周。西周的百姓，乃至商朝都城的百姓，反而更加愿意追随他。姬昌于是决心讨伐商纣王，曾在西山设出师祭祀之礼。他去世以后，他的儿子姬发即后来的周武王，于公元前1046年在牧野之战中消灭了商纣王，建立了西周。"拘系之"有两种解释：第一种是当年西伯侯被商纣王所因禁；第二种是当时的老百姓都把心系在西伯侯身上。"拘系之，乃从维之"就是指大得民心，得民心就能称王称霸，取得最后的成功，第二种解释比较符合随卦的大义。

从哲学层面解释，上六被束缚，再加上一道绳，表示不再有随可言。王弼注："随之为体，阴顺阳者也。最处上极，不从者也。随道已成，而特不从，故拘系之乃从也。"《伊川易传》卷二："拘系之，谓随之极如拘持縻系之。乃从维之，又从而维系之也，谓随之固结如此。……上居随极，固为太过，然在得民之随，与随善之固，如此乃为善也，施于他则过矣。"

《象传》说，"拘系之"，是因为"上穷也"。老百姓愿意追随姬昌，是因为商纣王已经走到尽头了，已经失去民心了。自古以来是得民心者得天下。老百姓愿意跟从你，说明你已大得民心，你不可能不称王天下。另一种解释是，上六爻走到尽头了，这时候更要巩固民心，一定要享于西山，符合祖先之道，符合民心。

蛊卦第十八

艮上巽下

[解读]

蛊卦在随卦之后。但如果总是以喜悦的心去追随别人，最后一定会出事，就是蛊惑。蛊卦是随卦的反卦，上面是艮卦，代表山；下面是巽卦，代表风。山风蛊。山下有风，构成蛊卦。从卦象上来看，蛊卦的上卦是艮卦，在家庭中为少男，代表年纪小的男人；下卦是巽卦，在家庭中为长女，代表年纪大的女人。整个卦象的意思是少男被长女所蛊惑，所以萎靡不振。

《左传》中记载了一则故事。晋侯有疾，求医于秦。秦伯派医和去诊治，医和诊断后对晋侯说：病不好治，"是谓近女室，疾如蛊。非鬼非食，惑以丧志。良臣将死，天命不祐"。此病既不是鬼怪所害，也不是饮食所伤，但已让晋侯丧失心智了，如果不离开女色就会死亡。医和劝晋侯节制女色，因为"女，阳物而晦时，淫则生内热惑蛊之疾"。后来赵孟问医和："何为蛊？"医和对曰："淫溺惑乱之所生也。于文，皿虫为蛊。谷之飞亦为蛊。"因为男女之事过度就会

"生内热蛊惑之疾"。从文字上看，上面是只虫下面是器皿的"皿"字，意思是从器皿里生出虫来了；另外"谷之飞亦为蛊"，粮食发霉飞出虫子，这个虫也叫作"蛊"。以上就是医和对蛊病的分析，所以这个病不是用药可以治的，而是要改变生活方式。"蛊"的本义是器皿中的食物腐败生虫，引申为蛊惑、迷惑、诱惑。

苏东坡《东坡易传》说："器久不用而虫生之，谓之蛊。""人久宴溺而疾生之，谓之蛊。"人长久荒淫无道，沉湎于酒肉声色中，就会得蛊病；"天下久安，无为而弊生之，谓之蛊"，如果天下长期平安，没有任何作为，安于现状不思改变，就会滋生弊端，统治者如果安于现状，无所事事，不思进取，危机就会滋生，这也叫蛊。所以"蛊之为灾，非一日之故也"，蛊不是一朝一夕形成的，而是长期流弊的结果，要解除弊端，必须追本溯源。

蛊，元亨，利涉[1]大川[2]。先甲[3]三日，后甲三日。

[注释]

1 涉：渡水。

2 川：河流。

3 甲：天干中的第一个。

[译文]

蛊卦，元始亨通，利于涉渡大河。甲日之前三天，甲日之后三天。

[解读]

蛊卦，"元亨，利涉大川"，一开始就亨通，有利于渡过大江大河即艰难险阻。"先甲三日，后甲三日"，《周易本义》："甲，日之始，事之端也。先甲三日，辛也，后甲三日，丁也。前事过中而将坏，则可自新以为后事之端，而不使至于大坏，后事方始而尚新。然更当致其丁宁之意，以监其前事之失，而不使至于速坏。"创制之前，需改过自新；创制之后，需再三叮咛。其实，在天干地支中，甲日既是开始又是结束，也就是从甲日开始终而复始。"先甲三日"是甲日前的第三天，即辛日，"后甲三日"，是甲日后的第三天，是丁日。从辛日到丁日一共七天，七天即是一个周期。但也可能是七个月或者七年。这里说明"蛊"这种弊端的形成需要一个周期，而解除这种蛊惑的局面也需要一个周期，这都不是一朝一夕的事，而是有一个漫长的过程。

《彖》曰：蛊，刚上而柔下，巽[1]而止，蛊。蛊，元亨，而天下治[2]也。利涉大川，往有事也。先甲三日，后甲三日，终则有始，天行[3]也。

[注释]

1 巽：顺应。

2 治：平安。

3 天行：天道的运行。

[译文]

《彖传》说，蛊卦，阳刚居上而阴柔处下，顺应时势且适可而止，就是蛊卦。蛊卦，元始亨通，因而天下大治。利于涉渡大河，说明前往有事可为。甲日之前三天，甲日之后三天，表示终结之后又有新的开始，这就是天道的运行法则。

[解读]

《彖传》说，蛊卦，"刚上而柔下"，指最上一根爻是刚爻，最下一根爻是柔爻，这实际上是卦变的结果，蛊卦（䷑）从泰卦（䷊）变来，泰卦最下面的刚爻上升到了蛊卦的最上一爻成为上九爻。"巽而止"，下卦为巽卦，表示顺应，上卦为艮卦，艮为止，《周易本义》："积弊而至于蛊矣。"俞琰《周易集说》卷十五："刚者上而过于高，柔者下而过于卑，一高一卑，不相为谋，蛊之由也。居蛊之时，在下者柔而不事其事，或进或退而不能为；在上者虽刚而能事，则又止而不肯为，以致纪纲日隳，刑政日弛，而天下事无有不坏者。……巽则无奋迅之志，止则无健行之才，上下皆委靡退缩，不能以有谋，有为于是，事事因循苟且，积弊而至于蛊。"

"蛊，元亨，而天下治也"，《周易本义》："治蛊至于元亨，则乱而复治之象也。乱之终，治之始，天运然也。"蛊卦，改革弊端，深得民心，一开始就亨通，经过了纠正，解除了蛊惑，天下重新恢复了往日的清明，国泰民安，天下大治。"利涉大川，往有事也"，继续前进的话是能建功立业的，是会大有作为的。俞琰《周易集说》卷十五："蛊也者，前人之旧弊也，饬之则亦有亨通之道，特患无其人耳，如其道，有其人，治天下犹运之掌，盖不难也。……今也饬之，不过除去其弊耳，弊既除去，则又如其先之亨通……当蛊坏之时，宜涉艰险而往有攸济，不可处之于无事之域也。……蛊之时，止而不动，则天下事终于蛊而已矣。故勉之使往，不宜坐视其弊，而弗救也。""先甲三日，后用三日，终则有始，天行也"，终而复始，万事从甲开始，一个周期过了，下个周期又开始了，这就是天道。

《象》曰：山下有风，蛊。君子以振[1]民育[2]德。

[注释]

1 振：奋发，救助。

2 育：抚养。

[译文]

《象传》说，山下有风吹拂，这就是蛊卦之象。君子由此得到启示，要振奋民心，培育道德。

[解读]

《象传》说，上卦是艮卦，艮为山，下面是巽卦，巽为风，山下有风，就是蛊卦之象。为什么山下有风是蛊呢？因为风在山下，而不是刮在山上，被山挡住了，那么久而久之，万事万物得不到风的滋养，就不舒畅了，就一定被蛊坏了。君子看到这样的卦象，就要按照蛊卦之道来"振民育德"，即提振民心，培育美德。孔颖达疏："风能摇动，散布润泽。今山下有风，取君子能以恩泽下振于民，育养以德。"因为百姓现在是被蛊惑了，美德之风吹不进来，要把美德之风吹进去，改变那种蛊惑、淫乱的局面。《伊川易传》卷二："君子观有事之象，以振济于民，养育其德也。在己则养德，于天下则济民。"

初六，干¹父之蛊，有子，考²无咎，厉³，终吉。
《象》曰：干父之蛊，意⁴承⁵考也。

[注释]

1 干：干预、干涉。

2 考：亡父。

3 厉：危险，损害。

4 意：意图，心意。

5 承：继承。

［译文］

初六，纠正父亲的过失，儿子能够成就祖先的事业，所以没有灾祸，这样做虽然有危险，但最终吉祥。

《象传》说，纠正父亲的过失，是因为儿子有意继承先考的事业。

［解读］

"干父之蛊"就是纠正父亲的过失、蛊惑。《周易本义》："干，如木之干，枝叶之所附而立者也。蛊者，前人已坏之绪。故诸爻有父母之象。子能干之，则饬治而振起矣。初六，蛊未深而事易济，故其占为有子则能治蛊，而考得无咎。"这种蛊惑由来已久，是从父亲那里来的，从他那里就开始蛊了，所以要纠正父亲的过失，也就是一定要纠正开始时候的过失。"有子，考无咎"，儿子能够能纠正父亲的过失，那么父亲留下的蛊惑就不会造成大的灾祸。虽然有凶险，终究是吉利的。

《象传》说："干父之蛊，意承考也。"指儿子有意继承先辈的成就，要纠正先辈的过错。儿子的意志都是从父亲那继承的，父亲有了过错，儿子也会继承，继承之后纠正了父亲的过错，就是吉利的。

九二，干母之蛊，不可¹贞²。

《象》曰：干母之蛊，得中道³也。

[注释]

1 可：能够。

2 贞：固执。

3 中道：中庸之道。

[译文]

九二，纠正母亲的过失，不要贞正。

《象传》说，纠正母亲的过失，得符合中庸之道。

[解读]

九二，"干母之蛊，不可贞"，纠正母亲的过失要好好地去纠正，不要强行，不要太执着、太固执。为什么呢？二爻位是阴位，就是要阴柔一些，九二是阳刚之爻，居于阴位，所以不要强硬、太固执。

《象传》说："干母之蛊，得中道也。"九二爻在纠正先辈的过错时能够不过于强硬，不太固执，是因为他采取了中庸之道。《周易本义》："九二刚中，上应六五，子干母蛊而得中之象，以刚承柔而治其坏，故又戒以不可坚贞。"纠正父母过错的时候，要注意策略和时机，要守中道，否则会没有效果。

九三，干父之蛊，小¹有悔，无大咎。

《象》曰：干父之蛊，终²无咎也。

[注释]

1 小：稍微。

2 终：终了，到底。

[译文]

九三，纠正父亲的过失，有小的后悔，没有大的灾祸。

《象传》说，纠正父亲的过失，最终是没有灾祸的。

[解读]

九三，纠正父辈的过错，难免会有小小的遗憾，但"无咎"，没有大的过错。纠正父辈的过错，为什么会有小小的遗憾？因为以下正上、以子正父，会有艰难，但要知难而进。韩愈曾写了一首诗："一封朝奏九重天，夕贬潮州路八千。欲为圣明除弊事，肯将衰朽惜残年。"它可以看成对这一爻的诠释。还可以说，九三爻居于下卦的最上一爻，下卦到头了，又是阳爻居阳位，太刚了，位不在中，容易矫枉过正，急于求成，会有小小的遗憾。《周易本义》："过刚不中，故小有悔，巽体得正，故无大咎。"但得其正位，能治理其蛊坏之事。

《象传》说，"干父之蛊"，毕竟是改革弊政，拨乱反正，目的是好的，一定会得到大众的拥护，尽管过程会不太顺利，但"终无咎也",结局肯定不会有灾祸。

六四，裕[1]父之蛊，往[2]见[3]吝。
《象》曰：裕父之蛊，往未得也。

[注释]

1 裕：宽容。

2 往：到……去，前行。

3 见：读"xiàn"，"现"的古字，显现。

[译文]

六四，宽容父亲的过失，往下继续发展就遗憾了。

《象传》说，宽容父亲的过失，往下继续发展不会得到收获。

[解读]

六四，宽容父亲的过错，继续前进的话，就有遗憾了，意思就是不能再宽容了。王弼注："体柔当位，干不以刚而以柔和，能裕先事者也。然无其应，往必不合。"六四爻是阴爻居阴位，没有据理力争的底气。李鼎祚《周易集解》卷五引虞翻说："裕，不能争也。孔子曰：父有争子，则身不陷于不义。"

《象传》说："裕父之蛊，往未得也。"意思是说，对父亲以前的过失过错，不能再宽容了。否则，继续下去，就会出现无法挽回的局面，到时候就会一无所得。这说明了纠正父辈错误的必要性和紧迫性，也讲了一个纠正错误的策略：九三爻是不要太过，六四爻是不要太宽容，要把握度。

六五，干父之蛊，用[1]誉[2]。

《象》曰：干父之蛊，用誉，承[3]以[4]德也。

[注释]

1　用：功效。

2　誉：声誉。

3　承：继承。

4　以：用。

[译文]

六五，纠正父亲的过失，得到赞誉。

《象传》说，纠正父亲的过失，得到赞誉，是因为以道德来继承父业。

[解读]

六五，纠正父亲的过错，会受到称赞。王弼注："以柔处尊，用中而应，承先以斯，用誉之道也。"程颐《伊川易传》卷二："五居尊位以阴柔之质，当人君之干，而下应于九二，是能任刚阳之臣也。虽能下应刚阳之贤而倚任之，然己实阴柔，故不能为创始开基之事，承其旧业则可矣……苟能任刚贤，则可以为善继而成令誉也。"六五爻以柔处中得尊位，下有九二为应，犹善继之君得贤臣之应，故可干父致誉。

《象传》从正面说明儿子纠正父亲的过错、弊端的必要性和正确性，但他既革除了先辈的弊端，又继承了先辈的美德，并且纠正的方式是柔中带刚，符合中庸之道，六五的行为获得了赞誉。六五爻是阴柔之爻，居于中位，阴爻居阳位，所以符合中庸之道。这种纠正方式是柔中带刚的，会取得很好的效果，会受到大家的赞誉。

上九，不事[1]王侯，高尚[2]其事。
《象》曰：不事王侯，志可则[3]也。

[注释]

1 事：侍奉。

2 尚：崇尚，也通"上"。

3 则：仿效，效法。

[译文]

上九，不去侍奉王侯，视自己的事业为高尚。

《象传》说，不去侍奉王侯，他的志向值得效法。

[解读]

前面五根爻都说要纠正父辈的过错、弊政，纠正之后肯定就能成就先辈祖业了，但上九爻却"不事王侯，高尚其事"。为什么想隐退而逍遥物外呢？孔颖达疏："最处事上，不复以世事为心，不系累于职位，故不承事王侯，但自尊高慕尚其清虚之事。"上九爻已处于一卦的最高位，已经走到头了，到头了就不要再做这件事了，这个事情已经到了一个阶段，这个阶段到达了顶点的时候就一定要转向。上九爻到头了，说明纠正父辈的过错已经结束了，不能再纠正了，否则就是矫枉过正了，就会出现另一种的"蛊"。所以要隐退，要逍遥物外。

《象传》说，"不事王侯，志可则也"，这种志向是可以效法的。《伊川易传》卷二："士之自高尚，亦非一道：有怀抱道德，不偶于时，而高洁自守者；有知止足之道，退而自保者；有量能度分，安于不求知者；有清介自守，不屑天下之事，独洁其身者。所处虽有得失小大之殊，皆自高尚其事者也。""如上九之处事外，不累于世务，不臣事于王侯，盖进退以道，用舍随时，非贤者能之乎？其所存之志，可为法则也。"到了上九爻，自己本来可以去侍奉王侯了，或者可以去从事王侯的事业，但不去做，因为把以前的过错都纠正了，就想着去归隐，去超然物外，这种志向是非常高尚的，因为功成身退，天之道也。

临卦第十九

䷒ 坤上兑下

[解读]

地泽临，上面是坤卦，为地，下面是兑卦，为泽，泽低地高，取高下相邻之义。《说文解字》："临，监临也。"《尔雅·释诂》："视也。""临"的本义是俯视，表示居高临下，也可以引申为监视；从监视又可以引申为监督、领导、统治，一般是上对下。临卦讲的是怎么管理，包括管人、管事、管物。

"临"引申为威逼，《周易本义》："临，进而凌逼于物也。"

临，元亨利贞。至[1]于[2]八月有凶。

[注释]

1 至：到。

2 于：介词。

[译文]

临卦，元始亨通，利物贞正。到了八月将有凶祸。

[解读]

临卦，"元亨利贞，至于八月有凶"，一开头就抓住事物的本源就能亨通，有利于守持正道，但是到了八月份就有凶险了。程颐《伊川易传》卷二："八月，谓阳生之八月，阳始生于复，自复至遯凡八月，自建子至建未也，二阴长而阳消矣。"临卦是十二消息卦之一，十二消息卦也叫十二辟卦：阴历十一月是复卦，最下面是一根阳爻，上面是五根阴爻，表示阳气开始上升，一阳来复，是黑夜最长、白天最短的一天，所以从这天开始，白天会越来越长；十二月是临卦，下面是两根阳爻，表示阳气继续上升；正月是泰卦，下面是三根阳爻，所以叫三阳开泰，是春节；二月是大壮卦，下面是四根阳爻；三月是夬卦，下面是五根阳爻；四月是乾卦，六根全是阳爻，阳气最足，四月之后阴气又开始上升；五月是姤卦，最下面一根是阴爻，上面五根是阳爻；六月是遯卦，下面两根是阴爻；七月是否卦，下面三根是阴爻；八月是观卦，下面四根是阴爻；九月是剥卦，下面五根是阴爻；十月是坤卦，六根全是阴爻。十二消息卦从阴历十一月开始，分别为：复、临、泰、大壮、夬、乾、姤、遯、否、观、剥、坤。临卦即代表十二月，再过八个月是观卦，临卦与观卦的卦象恰好相反：临卦是阳气逐渐上升，观卦是阴气逐渐上升。所以临卦说要警惕八月份阴气上升，这告诉我们要有反向思维，阳气上升的时候要警惕阴气上升，因为具备了忧患意识才不会发生灾祸。

《彖》曰：临，刚浸[1]而长，说[2]而顺，刚中而应[3]，大亨以正，天之道也。至于八月有凶，消[4]不久也。

[注释]

1 浸：渐渐。

2 说：通"悦"。

3 应：应和，响应。

4 消：退去。

[译文]

《彖传》说，临卦，阳刚渐渐地开始往上升了，喜悦而柔顺。九二刚爻居中位，且与六五爻相应，刚健居中而应临事物，大大的亨通而且符合正道，这就是天道。到了八月就有凶险了，因为八月阳气已走向衰落，不能坚持很久了。

[解读]

临卦，"刚浸而长"，刚爻渐渐地开始长了，就是阳气开始渐渐地往上升了。陈梦雷《周易浅述》卷三说："此独取以阳临阴。浸长内兼二意：有渐长不骤之意，又有方来未艾之意。"临卦下面有两根阳爻，阳气渐渐开始上升，是一种很好的现象，所以"说而顺"。这是喜悦的，而且是顺应天道的。"说"指下面的兑卦，"顺"指上面的坤卦。"刚中而应，大亨以正，天之道也"，九二刚爻居中位，且与六五爻相应，刚健居中而应临事物，这样就会亨通而且符合正道，这就是天道。孔颖达疏："天道以刚居中而下，与地相应，使物大得亨通而利正。""至于八月有凶，消不久也"，八月阳气已经开始衰弱，阴气开始增长，所以不能长久了。王弼注："八月阳衰而阴长，小人道长，君子道消也。"

《象》曰：泽上有地，临。君子以[1]教[2]思[3]无穷，容[4]保[5]民无疆[6]。

[注释]

1 以：依据，按照。

2 教：教化。

3 思：思考，这里指关心。

4 容：宽容、容纳。

5 保：保护。

6 无疆：没有止境。

[译文]

《象传》说，泽的上面有地，这就是临卦之象。君子由此得到启示，教化百姓要无穷无尽，保护、容纳百姓也要没有止境。

[解读]

《象传》说，"泽上有地"，孔颖达疏："地临于泽，在上临下之义。"上卦为坤，坤为地，下卦为兑，兑为泽，"泽"是低，"地"是高，泽的上面有地，就像大地在君临着、看着下面的泽水，这就是临卦之象。君子看到这样的卦象，就要按照临卦之道来"教思无穷，容保民无疆"。"教思"是说要教化百姓的思维方式，让他们的心中也充满爱，不能自私。意思是说，君子要尽自己的所有心力来教化关心百姓，容纳保护民众没有止境。这样解释不如程颐的解释顺畅。程颐《伊川易传》卷二："泽之上有地，泽岸也，水之际也。物之相临与含容，无若水之在地，故泽上有地为临也。君子观亲临之象，则教思无穷，亲临于民，则有教导之意思也。无穷，至诚无也。观含容之象，则有容保民之心。无疆，广大无疆限也。含容有广大之意，故为无穷无疆之义。"临卦告诉我们，领导者对下面的被领导者要充满关爱，同时要宽容，要保护他们。

初九，咸[1]临，贞[2]吉。

《象》曰：咸临，贞吉，志[3]行[4]正也。

[注释]

1 咸：通"感"，感动、感应。

2 贞：正。

3 志：心意，志向。

4 行：行动，作为。

[译文]

初九，感应地去亲近，贞正吉祥。

《象传》说，感应地去亲近，贞正吉祥，是因为志向与行为端正。

[解读]

初九，"咸临"，要感应地去临，感应地去治理。守持正道就能够吉利。王弼注："咸，感也，感应也。有应于四，感而临者也。四履正位，而己应焉，志行正者也。"初九，此时阳刚渐长，跟六四爻感应。相互感应，彼此呼应，结果是好的。

《象传》解释说，"咸临贞吉"是因为"志行正"。此有两种理解。孔颖达疏："四既履得正位，己往与之相应，是己之志意行而归正也。"是说初九去归附于六四爻，是正应。《伊川易传》卷二："所谓贞吉，九之志在于行正也。以九居阳，又应四之正，其志正也。""志"指初九爻之志，要行得正。初九刚好是阳爻居阳位，是正位，所以"贞吉"。

九二，咸临，吉，无不利。

《象》曰：咸临，吉，无不利，未顺[1]命[2]也。

[注释]

1 顺：顺应、顺从。

2 命：指令。

[译文]

九二，感应地去临近，吉祥，无所不利。

《象传》说，感应地去临近，吉祥，无所不利，是因为它不是靠顺从命令而做到的。

[解读]

九二爻又说了一遍"咸临"，意思是要进一步去感应，跟六五爻感应。初九爻是跟六四爻感应，九二爻是跟六五爻感应，九二爻离上卦更近了，所以它要跟最尊位的六五爻感应。六五与六四虽然都是阴爻，但有所不同，六五居最尊之位，是尊者、智者，而六四可理解为下属中比较柔弱者。跟六五爻感应也就是要跟尊者和智者感应，这一点非常重要，只有这种感应才是大吉大利的。到了九二这个时候，一定要取得百姓当中有才华的人，也就是那些智者、尊者的感应，有了他们的支持，就容易治理了，就吉而无不利了。

《象传》解释说，"咸临，吉，无不利"，是因为"未顺命"。

王弼注："有应在五，感以临者也。刚胜则柔危，而五体柔，非能同斯志者也。若顺于五，则刚德不长，何由得'吉，无不利'乎？全与相违，则失于感应，其得'咸临，吉，无不利'，必未顺命也。""未顺命"的字面意思为九二爻不是一味顺从六五爻的君王之命，而是互相感应。听从命令是被迫的，不是心甘情愿的，而感应是自觉自愿的，因为九二爻是刚德居中，既有刚健的品德、才能，又能行中道，所以自己有主见，不必一切唯尊者之命是听。正如将在外，君命有所不受，这样反而有利于将帅根据当时的情况，迅速采取措施，保证战局向有利的方向转化。

六三，甘[1]临，无攸[2]利。既[3]忧[4]之，无咎。
《象》曰：甘临，位不当也。既忧之，咎不长[5]也。

[注释]

1 甘：即甜。

2 攸：所。

3 既：已经。

4 忧：担忧；发愁。

5 长：时间久。

[译文]

六三，以甜言蜜语去领导，没有什么好处。已经有了忧惧，就没有灾祸了。

《象传》说，以甜言蜜语去领导，是因为居位不当。已经有了忧惧，灾祸就不会长久了。

[解读]

六三，"甘临"，就是以甜言蜜语临近于人。王弼注："甘者，佞邪说媚，不正之名也。履非其位，居刚长之世，而以邪说临物，宜其无攸利也。"六三爻为下卦的最上一爻，处于这种位置的人如果去以媚说与人交往、领导人，那是没有什么好处的，要是已经有了忧惧、改过之心，那就没有灾祸了。

《象传》说，"甘临"是因为"位不当"。《周易本义》："阴柔不中正，而居下之上，为以甘说临人之象。"六三这个时候处于第一阶段的最高位了，阴爻居刚位，才华不够，不适合这个位置，但他又想保住自己的位子，正当途径不行，只好采取不正当的手段，用甜言蜜语、花言巧语去收买民心。这样做是不能长久的，不会有好的结局的。孔颖达疏："能尽忧其事，改过自修，其咎则止。"如果他能"忧之"，意识到自己的才能和所处的位置不相符，同时又有忧患意识，于是放弃那种甜言蜜语、花言巧语的手段，而去改过自新，勤勉进取，使自己的德和位相配，这样的话，就可以避免灾祸。

六四，至¹临，无咎。

《象》曰：至临，无咎，位当也。

[注释]

1 至：心至，即诚意。

[译文]

六四，直接面对群众，没有灾祸。

《象传》说，直接面对群众，没有灾祸，是因为处位得当。

[解读]

"至临"，这里是指十分亲近群众。孔颖达疏："履顺应阳，不畏刚长，而己应之，履得其位，能尽其至极之善而为临，故云至临。"六四爻位正，与初九爻也是正应。《伊川易传》卷二："四居上之下，与下体相比，是切临于下，临之至也。临道尚近，故以比为至。四居正位，而下应于刚阳之初，处近君之位，守正而任贤，以亲临于下。"六四是上卦的最下一爻，已进入上卦，是第二个阶段的领导了。下面三根爻可以看成是他的群众，居于第四爻的领导者与下面的群众最接近，可理解为十分亲近群众。同时，六四爻的上面是六五爻，六五爻是六四爻的上级，是最尊贵的领导者。所以六四爻的位置很特殊，上面接近最高领导，下面接近群众，处在这个位置上，就是达到极点了，必须上下沟通。那是不会有灾祸的。陈梦雷《周易浅述》卷三则说："至，非至极之谓，言诚意以相与也。"

《象传》说，"至临，无咎"，是因为其"位当"。其位正是柔爻居柔位，又跟刚爻初九相呼应。这种领导者是柔性的，在领导风格上更多地考虑情感关系，十分亲近百姓，同时要将上级的意志柔性地传达给下属，这样做了就能没有灾祸。

六五，知¹临，大君之宜²，吉。

《象》曰：大君之宜，行中之谓³也。

[注释]

1 知：通"智"。

2 宜：合适。

3 之谓："之"是宾语前置的助词；谓，叫作。

[译文]

六五，以智慧临天下，这是伟大君主的合宜表现，吉祥。

《象传》说，伟大君主的合宜表现，所说的也就是奉行中道。

[解读]

"知临"，意思就是靠智慧做领导，明智地对待人。六五这个位置是最高的，一定要用智慧来管理。智慧固然重要，但德行更重要，小胜靠智，大胜靠德。"大君之宜"的"宜"

即指德，大君王应该去做的事情就是要符合仁德。也就是说，处于这个位置的人既要有智也要有德，这样才能大吉。《伊川易传》卷二："惟能取天下之善，任天下之聪明，则无所不周。是不自任其知，则其知大矣。五顺应于九二刚中之贤，任之以临下，乃己以明知临天下，大君之所宜也。"

"行中之谓也"，孔颖达疏："所以得宜者，止由六五处中，行此中和之行。"大君王做事情行的是中道，他具有中庸之道、中正之德。六五爻居于在上卦的中位，跟九二爻相应，九二是个刚健的大臣，六五虚心、阴柔，如何才能管住刚健的大臣呢？这就要用智慧而且要用德行。智慧首先要符合德和位，具有中庸之德、中正之德又有智慧的领导，就可以当大领导，就是"大君"。

上六，敦[1]临，吉，无咎。
《象》曰：敦临之吉，志在内也。

[注释]

1 敦：敦厚、温柔。

[译文]

上六，敦厚相临，吉祥，没有灾祸。
《象传》说，敦厚相临的吉祥，是因为志向发自内心。

[解读]

本来到了上六，就到了最高位，往往是太过了，而这里是"吉，无咎"，因为他"敦临"。上六，阴爻居最高位，才华不是很够，又在这么高的位置上，所以一定要敦厚、温柔、仁慈，要有爱，用爱来管理。孔颖达疏："敦，厚也。上六处坤之上，敦厚而为临，志在助贤，以敦为德。"

《象传》解释说，"敦临之吉"是因为"志在内"。"志在内"，意思是这种敦厚、温柔、仁慈的志向是发自内心的。也可以理解为顺内卦二阳助长之义，孔颖达疏："虽在上卦之极，志意恒在于内之二阳，意在助贤。"《伊川易传》卷二："上六，坤之极，顺之至也，而居临之终，敦厚于临也。与初二虽非正应，然大率阴求于阳，又其至顺，故志在从乎二阳，尊而应卑，高而从下，尊贤取善，敦厚之至也。"

中国素有重视德行的传统。儒家经典《周礼》中有"敏德以为行本"之说，《诗经》里也有"高山仰止，景行行止"的诗句，比喻对道德高尚、光明正大者的敬仰、仿效。孔子在《论语》中也说："如有周公之才之美，使骄且吝，其余不足观也已。"即使有周公那样的才能和美好的资质，只要一染上骄傲吝啬的毛病，其余的一切也就不值一提了。这其中，才能、资质属于才的方面，骄傲、吝啬属于德的方面。也就是说，如果一个人才高八斗而德行不好，那么也是微不足道的，只有德才兼备才是完美的人。

观卦第二十

☶ 巽上坤下

[解读]

观卦的卦象和临卦的卦象是颠倒的，临卦是君临天下、当领导，而当领导之后的第一步，也是最重要的一步，就是"观"。

"观"是观察、观看，《说文解字》说"谛视也。从见，雚声"。主要有两个方面：一是观察的对象，包括观物、观人、观事，最重要的是观心；二是观察的方法，包括宏观、微观、上观、下观，用眼睛、用心，或者最后连心都不用了。

"观"字具有方法论的意义。孔子说过："观过，斯知仁矣。"观察一个人的过错和对待过错的方法，可以知道这个人是不是具有仁德。如果一个人犯了错误立即去改正，说明他具有仁德；但更重要的是改过之后，不再犯同样的错误，叫作"不贰过"，颜回就是这样，所以他是一个具有仁德的人。老子讲"道"是最玄妙的，需要"观"，道"常无，欲以观其妙；常有，欲以观其徼"，从"无"里可以观出道的玄妙，从"有"里可以观出道的边界。怎么"观"呢？《道德经》

说"以身观身，以家观家，以乡观乡，以邦观邦，以天下观天下"，意思是要彻底跟事物融为一体，主观和客观要融合，这样观察出的东西才是真实的。北宋时期邵雍写的《皇极经世》，最主要的是两部分：《观物内篇》和《观物外篇》。讲述观察事物不是以目观物，即不是用眼观，而是以心观物，但最后连心都不需要了，是以物观物，人和物彻底融合为一体，没有主客观的界限。以物观物，即以客观的、中正的心来观察天下，这样观察出来的东西才准确。

八卦是伏羲观出来的，"古者包牺氏（伏羲氏）之王天下也，仰则观象于天，俯则观法于地，观鸟兽之文与地之宜，近取诸身，远取诸物，于是始作八卦"，上观天象，下观地理，中观人事。可见，"观"是我们认识事物的一个主要的方法。

观，盥[1] 而不荐[2]，有孚[3] 颙若[4]。

[注释]

1 盥：把酒浇在地上进行祭祀。

2 荐：进献牺牲给先祖或天地。

3 有孚：心中有诚信。

4 颙若：敬仰的样子。颙：头。

[译文]

观卦，洗净双手，还没陈放祭品，就已经有了信而仰之、肃然起敬的状态。

[解读]

"盥"和"荐"是两种古代祭祀的礼仪，先"盥"后"荐"。"盥而不荐"，意思是只需要用酒浇地进行祭祀就行了，不必再进献祭品。因为举行祭祀大典时，庄严的仪表、诚敬如一的态度，以便臣民观后受感化，而观察的时候只需要观察第一步"盥"，体会心中的虔诚敬仰，不需要再观察第二步"荐"了。《伊川易传》卷二："盥，谓祭祀之始，盥手酌郁鬯于地，求神之时也。荐，谓献腥献熟之时也。盥者事之始，人心方尽其精诚，严肃之至也。至既荐之后，礼数繁缛，则人心散，而精一不若始盥之时矣。"这就是说，观察仪式的时候不是只观察表面的动作，而是要观察内心是否虔诚，观察他把酒浇在地上的动作，从举手投足间就可以看出他是否虔诚、是否有敬畏之心。观事、观物、观人都要有一种敬仰之感，最重要的是观心，这也就是观卦教给我们的方法：和被观察的东西融为一体。"有孚颙若"是说内心诚信而敬仰之。《伊川易传》卷二："居上者正其表仪，以为下民之观，当庄严如始盥之初，勿使诚意少散如既荐之后，则天下之人莫不尽其孚诚，颙然瞻仰之矣。"

孟子说"观于海者难为水"，意思是观过海的人再去观其他的水就觉得不值得一观了，他接着又说"观水有术，必观其澜"，观水是有方法的，一定要观看它的波澜，比如波澜有什么特征、是怎样变动的，这样你就可以知道水是怎么变化的了。这也是告诉我们观察要用心，心要跟被观察的东西融合并且深入进去，感受它的变动；而且要用宽广的胸怀和视野来观，这样才能全面、准确而没有遗漏。

《彖》曰：大观在上，顺而巽[1]，中正[2]以观天下。观，盥而不荐，有孚颙若，下[3]观而化[4]也。观天之神道而四时不忒[5]，圣人以[6]神道设教[7]而天下服[8]矣。

[注释]

1 巽：谦逊、谦虚。

2 中正：得当，不偏不倚。

3 下：臣下，百姓。

4 化：教化。

5 忒：差错。

6 以：介词，用。

7 设教：实施教化。

8 服：服从，顺服。

[译文]

《彖传》说，大观的时候要柔顺而谦虚，用守中持正的心来观望天下。洗净双手，还没陈放祭品，就已经有了信而仰之、肃然起敬的状态，下面的臣民观看时即受到感化。观察天道的神妙莫测，就会发现春夏秋冬四时运转不差，圣人们就用这种神妙莫测的天道来教化天下百姓，天下百姓都会信服。

[解读]

"观"分"大观"和"小观"。从卦辞来说，"大观"指后面进献的礼仪，"小观"指前面把酒浇在地上的礼仪。《伊川易传》卷二："五居尊位，以刚阳中正之德，为下所观，其德甚大，故曰大观在上。""小观"也可以上升为"大观"，观看东西一定要大，眼光要广，位置要高，这样就可以从上向下俯视，如果在低位就必须从下向上仰视，总之要通过动作观察是否有敬仰之心。"顺而巽"，"顺"指下卦的坤卦，"巽"指上面的巽卦，所以大观的时候要柔顺谦逊。"中正以观天下"，要用中正的心来观望天下，也可以解释为使天下的老百姓都能用中正之心来观物、观人、观事。俞琰《周易集说》卷十六："大观者，仰而观天，俯而观民，无所不观也。在上以九五之位言，顺而巽以二体之德言，中正以观天下则又赞九五之德既中且正，足以为观以示天下也。"

"观，盥而不荐，有孚颙若"是"下观而化也"，有"下观"就有"上观"。"上观"是君主观百姓，"下观"是百姓观君主，只需要观察前面用酒浇地的"盥"礼，不必再观察后面进奉祭品的"荐"礼，因为百姓已经看到了统治者对于天地神灵的敬畏之心，已经受到感化，就不必再观察下去。

"观天之神道而四时不忒",观出天的"神道"即春夏秋冬四时的变化不会有差错。"圣人以神道设教而天下服矣","神道设教"的意思是人观察了天文、天道之后,要使这个道有实体象征,就设了一个教。这里的"神"是动词,意思是说使这个道有神灵。"教"也不是宗教,而是教化,把它变成一种内在的教化、一种神妙的自然物,而不是一个外在的神,是让"道"这个大规律为人所崇敬,以之教化人心。王弼注:"统说观之为道,不以刑制使物,而以观感化物者也。神则无形者也。不见天之使四时,'而四时不忒',不见圣人使百姓,而百姓自服也。"《伊川易传》卷二:"天道至神,故曰神道。观天之运行,四时无有差忒,则见其神妙。圣人见天道之神,体神道以设教,故天下莫不服也。夫天道至神,故运行四时,化育万物,无有差忒。至神之道,莫可名言,惟圣人默契,体其妙用,设为政教,故天下之人涵泳其德而不知其功,鼓舞其化而莫测其用,自然仰观而戴服。"体察天道自然无为,采取无形感化的政教方式。

卦辞里说的"盥"礼和"荐"礼,实际上都是"神道设教"的一种仪式,这就使人民有信仰了。

《象》曰:风行地上,观。先王以省[1]方[2]观民设教。

[注释]

1 省：省察，视察。

2 方：区域，古代称地为"方"。

[译文]

《象传》说，风吹行地上，无所不至，这就是观卦之象。先王由此得到启示，要观察民风，设立教化。

[解读]

《象传》说，"风行地上"，上卦为巽卦，巽为风，下卦为坤卦，坤为地，风行地上，这个风是和煦的风，其特征是无所不至，这就是观卦之象。先王看到这样的卦象，就要按照观卦之道来观察四方的民情并且设立教化。孔颖达疏："风主号令行于地上，犹如先王设教在于民上。""省方"就是巡观四方。"观民"就是观察民情。要像和风那样无所不至地来教化地上的百姓，这是观的目的。教化的力量是很大的，像地上吹的和风一样无所不至，使人民接受时感觉非常舒适。

初六，童¹观，小人²无咎，君子吝。

《象》曰：初六童观，小人道也。

[注释]

1 童：小孩子。

2 小人：小孩子，借指有缺点的人。

[译文]

初六，像孩童那样观察事物，对小人来说没有灾祸，但对君子而言就有些遗憾了。

《象传》说，像孩童那样观察事物，是小人的浅见。

[解读]

初六，像孩童那样观察外物。小孩子观察事物的最大特点是细致、细腻，但往往不够全面，不够宏观。初六爻就好比人的孩童阶段，是刚开始，而且六是阴爻，体质阴柔，居位不当，离可观之爻九五也最远。孔颖达疏："处于观时而最远朝廷之美观，是柔弱不能自进，无所鉴见，唯如童稚之子而观之。……为此观看，趣在顺从而已，无所能为，于小人行之，才得无咎，若君子行之，则鄙吝也。"《周易本义》："卦以观示为义，据九五为主也，爻以观瞻为义，皆观乎九五也。初六，阴柔在下，不能远见，童观之象。"童观，对小人来说没有灾祸，但对君子而言就有些遗憾了。这样的"观"当然是不全面的，比较肤浅，君子也这样来观，肯定是不行的。

《象传》解释说，"初六童观，小人道也"，童观符合小人之道，不符合大人之道。

六二，窥[1]观，利女贞[2]。

《象》曰：窥观女贞，亦可[3]丑[4]也。

[注释]

1 窥：从小孔或缝里看，暗中察看。

2 贞：正。

3 可：表示程度。

4 丑：羞耻。

[译文]

六二，从门缝里观看，利于女子贞正。

《象传》说，从门缝里观看，女子可以贞正，但如果男人也这样，那就是羞耻的。

[解读]

"窥观"，就是从门洞、门缝里去看，表示视野不开阔地去看，而且有偷窥的意味。王弼注："处在于内，寡所鉴见，体于柔弱，从顺而已。犹有应焉，不为全蒙，所见者狭，故曰窥观。"六二爻以阴处阴，固守其中，犹如古代女子足不出户，只从门缝中往外瞧，视野不开阔、不全面。"利女贞"，这对女子来说是有利的，但对男人、丈夫来说是不利的。

"窥观女贞，亦可丑也"，《周易本义》："在丈夫则为丑也。"如果男人也像女人那样"窥观"，是很羞愧、羞耻的。

这就是教我们要全面地去观察，要光明正大。

六三，观我生[1]，进退。

《象》曰：观我生，进退，未失[2]道也。

[注释]

1 生：出，动作施为。

2 失：背离，放弃。

[译文]

六三，观察自己的行为，进退合宜。

《象传》说，观察自己的行为，进退合宜，没有偏失正道。

[解读]

"观我生"是观察自己的动作和心理，是一种自观。"进退"是进进退退。孔颖达疏："我生，我身所动出。三居下体之极，是有可进之时；又居上体之下，复是可退之地。……故时可则进，时不可则退，观风相几，未失其道。"初六到六三都是阴爻，但它们的位置不同，一个是在最下面，所以像孩童一样观，一个处在第二位，在中间就是在家里面，所以像女人那么窥视。到了六三爻，就到了下卦的最高位，虽然也是个女人，但已经到了下卦最高位，要成熟一些了，所以她就观察自己的生活方式并反省自我的行为，然后再谨慎地决定进退，这样还是有好处的，所以观要从自我的内心来观。

《象传》说，反观自我，进进退退，这种观察方式是符合观外物的正道的。《周易本义》："六三居下之上，可进可退，故不观九五而独观己所行之通塞以为进退。"意思是说，这种能够从自我的内心深处来观察自己的生活方式并反省自我的行为，然后再谨慎地决定进退的做法，是符合正道的。所以说反观自我也是很重要的，不要眼睛总是向外观。

六四，观国之光，利用 [1] 宾 [2] 于王。

《象》曰：观国之光，尚 [3] 宾也。

[注释]

1 用：行使、施行。

2 宾：名称，客人；动词，服从、归服。

3 尚：即"上"。

[译文]

六四，观察国家的光辉景象，利于成为君王的座上宾。

《象传》说，观察国家的光辉景象，是要成为君王的座上宾。

[解读]

六四，"观国之光"，就是观察这个国家光明的一面。《伊川易传》卷二："观见国之盛德光辉也。……观天下之政化，则人君之道德可见矣。""利用宾于王"，就是有利于做王的宾客、贵宾，意思就是指有利于辅佐君王。俞琰《周易集说》卷四："宾，如《书》之虞宾、《诗》之二王，后天子以客礼待之者也。四近五，备见宗庙之美、百官之富。故曰观国之光。"这个大王指的是九五爻，六四刚好在九五下方，就好像在辅佐这个大王。到了第二阶段的六四爻，开始观察一个国家了，观察的视野越来越开阔了，而且观察到这个国家光明的一面，这就有利于成为大王的贵宾。这里也告诉我们，处于六四这样的位置应该观察到这个国家的光明的一面，用光明之心来观察国家的光明之处。用什么样的心来观察国家非常重要。如果用光明的心来观察，那么哪怕这个国家有一些黑暗的地方，也会想办法把它变得光明；但如果用黑暗的心来观察，那么哪怕这个国家有光明的地方，也会把它看成一片黑暗。

《象传》说：能用光明之心来观察的人，才是高层次的宾客，应被奉为"上宾"。"尚"，也是崇尚的意思。俞琰《周易集说》卷二十二："九五在上，六四不可以主自居也，故劝使用宾……盖尚其用宾，不尚其为主也。"

九五，观我生，君子无咎。

《象》曰：观我生，观民¹也。

[注释]

1 观民：观察天下百姓。

[译文]

九五，观察我国的民生，君子没有灾祸。

《象传》说，观察我国的民生，就是观察民心向背。

[解读]

这里又说了一遍"观我生"，但九五的"观我生"与六三的"观我生"不一样，它们的主语不一样，动作的发出者不同。六三是一个阴柔性格的人在自观，观心，而九五是一个刚健且居于君位的人在观，观察自己的生活方式并反省自己的行为，这个人若能反观自我，意义就非同寻常了。因为这个人的好恶、所作所为，关乎整个国家的荣辱兴衰。王弼注："居于尊位，为观之主，宣弘大化，光于四表，观之极者也。上之化下，犹风之靡草，故观民之俗，以察己道。百姓有罪，在予一人，君子风著，己乃无咎。上为化主，将欲自观，乃观民也。"九五这样的君王能"观我生"，不但自己无咎，整个国家也必无灾祸。

《象传》解释说："观我生，观民也。"一个刚健且居于君位的人观察自己的行为和心理后，能改过扬善，并能去体察民心，这样不但无咎，而且会大吉大利。

上九，观其¹生，君子无咎。
《象》曰：观其生，志未平²也。

[注释]

1　其：代词，代表群众。

2　平：安宁。

[译文]

上九，观察国家的民生，君子没有灾祸。

《象传》说，观察国家的民生，是因为志向未满足于安逸。

[解读]

王弼注："观其生，为民所观者也。不在于位，最处上极，高尚其志，为天下所观者也。处天下所观之地，可不慎乎？故君子德见，乃得无咎。"到了上九爻，最高一爻，居于最高位，高而无民，往往会脱离群众，所以要观察民众的行为，及时调整自己的行为。"其"有两种解释，君主观民和民观君主。这时他若能继续去"观我生""观民"，与民众保持密切的联系，就会得到群众的拥护。上九爻与六三爻相应，你对下面好，下面自然会有感应，这样做就不会有灾祸。

《象传》解释说："观其生，志未平也。"就是说这个志向还未完未尽，不可安逸放松，要观到最后。《伊川易传》卷二："虽不在位，然以人观其德，用为仪法，故当自慎省，观其所生，常不失于君子，则人不失所望而化之矣；不可以不在于位，故安然放意无所事也。是其志意未得安也。"上九，居于最高位，一定要时刻观察人民的行为，观察下属的反应，否则就会脱离人民，脱离下属。

大理学家朱熹的学生问他说：观卦六爻一爻胜似一爻，"其所居之位愈高则所见愈大焉"，是否观察者的视野越开阔，或所居地位越高，所见的东西就越来越大呢？朱熹回答：观卦的六根爻下面四根爻全是阴爻，上面两根全是阳爻，所以分为两组。他说"上二爻义自别"，上面两根爻意思不一样，有区别。"下四爻所居之位愈近，则所见愈亲切"，下四爻越来越往上，到了第四根阴爻，它和九五爻最接近，所以下四爻确实如他学生所说那样，到了上面两爻性质就变了，变为刚爻成了君主了，就不是位置越高看得越远了。

总主编 ◎ 楼宇烈

羊皮卷珍藏版

中华优秀传统文化经典丛书

周易通解

张其成　著

【中】

中国出版集团

中译出版社

噬嗑卦第二十一

离上震下

[解读]

观卦观察民情、教化百姓，噬嗑卦讲怎样用法度治理百姓，严明刑法，告诉人们如何治理监狱。这两卦一文一武、恩威并施。"噬"是以齿咬物。"嗑"是合口。上下颌咬合，将口中的食物咬碎。采用观察、观照的方法来考察民情，教化百姓，然后为使老百姓做到合情、合理、合法，必须用刑罚、制度、法律，所以观卦之后就是噬嗑卦。噬嗑卦就表示合，使那些不合法的人符合法制，强制他，使他合法。前面的"观"是一种教化，后面的"噬嗑"就是一种刑罚，这是恩威并用，两种手段一起用。

噬嗑，亨，利用狱[1]。

[注释]

1 狱：监狱；打官司。

[译文]

噬嗑卦，亨通，适合对罪犯施用刑狱。

[解读]

噬嗑卦，亨通，"利用狱"，有利于听讼治狱。王弼注："噬，啮也；嗑，合也。凡物之不亲，由有间也。物之不齐，由有过也。有间与过，啮而合之，所以通也。刑克以通，狱之利也。"狱，从汉字的构造上说属会意字，两旁都有"犬"，中间是"言"旁，即两只狗的言语，有点像两只狗，狗咬狗，相持不下的样子。《说文解字》解释为："狱，确也。从㹜从言。二犬，所以守也。"确就是立。两只狗在看守的时候发出吠叫声，有威慑力。

噬嗑卦就是讲怎么治理监狱、严明法度、打好官司的，体现了一种公平公正的手段。

《彖》曰：颐[1]中有物，曰噬嗑。噬嗑而亨，刚柔分[2]，动[3]而明[4]，雷电合而章[5]，柔得中而上行，虽不当[6]位，利用狱也。

[注释]

1 颐：面颊，腮。

2 分：判别。

3 动：活动，举动。

4　明：清晰、磊落。

5　章：条理、次序；法规、条例。

6　当：相称，相配。

[译文]

《彖传》说，口中有物，就是噬嗑卦。噬嗑卦之所以亨通，因刚柔爻分开，行动而光明，像电闪雷鸣一样合而有章，六五阴爻居中位，与上九阳爻刚柔相济，虽然六五阴爻居阳位，位不当，但对治狱是有利的。

[解读]

《彖传》说，"颐中有物"，颐卦的形状像口，震下艮上，震为雷，为动，艮为山，为止，人吃东西时嘴巴的咀嚼动作正是下动而上止。噬嗑卦中间的那根阳爻，就像是张开的嘴中咬着一根棍子，所以说是"颐中有物"。"噬嗑"都是口字旁，"噬"是用牙齿咬东西，"嗑"是把嘴合起来，噬嗑卦通过这种形象表明施行刑法要像牙齿咬东西一样有力。

"噬嗑"为什么会亨通呢？上卦为离卦，下卦为震卦，一阴一阳，六根爻中有三根阴爻，三根阳爻，阴阳交错，刚柔相济，所以亨通。"刚柔分"，就是指卦中刚柔爻相互分开。程颐《伊川易传》卷二："以卦才言也，刚爻与柔爻相间，刚柔分而不相杂，为明辨之象。明辨，察狱之本也。""动而明"，震卦为动，离卦为光明，行动而光明。"雷电合而章",震卦为雷,离卦为电,像电闪雷鸣一样合而有章。"章"
也可以理解为动词"彰显"。孔颖达疏:"雷电既合,而不错
乱,故事得彰著,明而且著,可以断狱。"李鼎祚《周易集解》
卷五引宋衷指出:"雷动而威,电动而明,二者合而其道章也。
用刑之道,威明相兼。若威而不明,恐致淫滥。明而无威,
不能伏物,故须雷电并合而噬嗑备。"制定、执行刑法、刑
律时一定要善恶分明,运用时光明磊落,既要迅疾猛烈,也
要非常准确。"柔得中而上行",六五阴爻居于上卦的中间
得中位,阴爻属柔,与刚性的刑法刚柔相济,表明虽然对危
害大众的人执行法律要严明猛烈,但这是为了维护公正,为
了爱护大众,是一种爱心的体现,所以执行法律的人心中要
柔弱、慈悲、仁爱,不能为了惩罚而惩罚。"上行"是从卦
变说的,噬嗑卦从否卦变来,否卦的初六爻上行到第五位成
六五爻,九五爻下到初位成初九爻。"虽不当位,利用狱也",
虽然六五阴爻居阳位,位不当,但对治狱是非常有利的。假
如这里是阳爻居第五位来执行这些刑法,是阳刚之爻来做阳
刚的事情,就太过了,反而不利,所以六五爻虽然不是当位,
但非常有利。

《象》曰:雷电噬嗑,先王以明[1]罚敕法[2]。

[注释]

1 明:表明,明确。

2 敕法：正法。

[译文]

《象传》说，电闪雷鸣，噬嗑卦之象。君子要明确惩罚之道，修正法律。

[解读]

程颐《伊川易传》卷二："电明而雷威，先王观雷电之象，法其明与威，以明其刑罚，饬其法令。法者，明事理而为之预防者也。"下卦是震卦，震为雷，上卦是离卦，离为电，电闪雷鸣，合而有章，这就是噬嗑卦之象。先王看到这样的卦象，就要按照噬嗑卦之道来严明刑法、整治法令、明确惩罚之道，修正法律，阐明惩罚的条规，诏令公布于众。并且要按照时令来做，应时而为。

初九：屦[1]校[2]灭[3]趾[4]，无咎。

《象》曰：屦校灭趾，不[5]行[6]也。

[注释]

1 屦：古时用麻、葛等制成的鞋，这里是动词，意思是穿上、戴上。

2 校：一种木制刑具。

3 灭：除尽。

4 趾：脚趾。

5 不：否定词。

6 行：行动。

[译文]

初九，脚上戴着刑具，虽然伤害到脚趾，但没有大的灾祸。

《象传》说，脚上戴上刑具伤害到脚趾，因为不能再往前走了，不会再犯错了。

[解读]

噬嗑卦的六条爻辞分别在讲刑法的不同情境。《周易本义》："初、上无位，为受刑之象。中四爻为用刑之象。"初九，"屦校灭趾"，刚刚开始给他的脚戴上刑具，就伤害了脚趾，但没有灾祸。王弼注："凡过之所始，必始于微，而后至于著。罚之所始，必始于薄，而后至于诛。过轻戮薄，故'屦校灭趾'，桎其行也。足惩而已，故不重也。过而不改，乃谓之过。小惩大诫，乃得其福，故无咎也。"

《象传》解释说，初九的脚戴上刑具，伤了脚趾，是因为"不行也"，表示他不能再往前走了，不会再犯错了，这就达到了小惩大戒的效果，所以无咎。易卦都是从下往上讲的，而人身也是从下开始的，受刑也是从脚趾开始的，而后逐渐往上。

六二，噬肤[1]，灭鼻，无咎。

《象》曰：噬肤灭鼻，乘刚也。

[注释]

1 肤：用于祭祀或供食用的肉类。

[译文]

六二，偷吃供肉，被施刑割鼻子，没有大的灾祸。

《象传》说，偷吃供肉被施刑割鼻子，因为六二阴爻乘于初九阳爻之上。

[解读]

从六二这一爻开始到六五爻，以吃不同的肉做比喻，表示刑罚由轻到重。

到了六二爻，"噬肤，灭鼻"，刑罚开始伤及鼻子（被刑割鼻子），"无咎"，没有大的灾祸。古代有一种刑罚叫劓刑，就是割鼻子，属于古代五刑之一，始于夏代，汉文帝时被废除，改为笞刑——用竹板拷打犯人。六二爻在下卦的中间，这可能暗示这种刑罚打中了他的心理。

《象传》说，"噬肤，灭鼻"是因为"乘刚"。《周易本义》："祭有肤鼎，盖肉之柔脆噬而易咬者。六二中正，故其所治，如噬肤之易。然从柔乘刚，故虽甚易亦不免于伤灭其鼻。"六二爻为阴爻，居于初九爻的上面，阴乘阳为"乘刚"。"乘刚"，为"不比"，这是不吉的，所以受的刑罚也要加重一些。

六三，噬腊肉 ¹，遇毒，小吝，无咎。

《象》曰：遇毒，位不当 ² 也。

[注释]

1 腊肉：经风干烘制而成的干肉。

2 当：相称，相配。

[译文]

六三爻，偷吃腊肉被施行刑法，有点怨恨，虽有小小的遗憾，但没有大灾祸。

《象传》说，遇到怨恨，因为六三阴爻居阳位不当。

[解读]

到了六三爻，因偷吃腊肉而受刑的人有点不服气了，开始有些怨恨了，也许是用刑有点不当了。"小吝，无咎"，虽有小小的遗憾，但没有大的灾祸。王弼注："处下体之极，而履非其位，以斯食物，其物必坚。岂唯坚乎？将遇其毒。'噬'以喻刑人，'腊'以喻不服，'毒'以喻怨生。然承于四而不乘刚，虽失其正，刑不侵顺，故虽遇毒，小吝无咎。"

《象传》说，"遇毒，位不当也"，指的是六三阴爻居阳位，故不当，尽管"噬腊肉"这种情况并不严重，受到的刑罚也重了一点，但只要用刑之人坚持执行法规，虽有遗憾，却起到了惩戒的作用，所以就无灾祸。

"位不当"也可理解为六三爻是阴爻居阳位，说明犯的罪过更严重，受的刑罚也应该更重一些，这是合适的，所以最终没有灾祸。

九四，噬干胏[1]，得金矢[2]，利艰贞[3]，吉。
《象》曰：利艰贞吉，未光[4]也。

[注释]

1 干胏：带骨头的腊肉。

2 矢：箭。

3 艰贞：处境艰危而守正不移。

4 光：弘扬、发扬。

[译文]

九四，啃吃干硬带骨的肉，得到金质箭头，虽然很艰难，却有利吉祥。

《象传》说，虽然很艰难，却有利吉祥，说明刑罚之道还没有光大。

[解读]

孔颖达疏："金，刚也。矢，直也。虽刑不能服物，而能得其刚直也。……既得刚直，利益艰难，守贞正之吉，犹未能光大通理之道。""金矢"比喻刚硬、刚直。九四阳爻，性格就像"金矢"一样刚强。也可理解为执行一定要像金质弓箭一样刚强坚毅。到了九四爻，"噬干胏，得金矢"，表示受刑之人变得越来越强硬，用刑也越来越重，受刑的人也越来越不服气。遇到这种情况，"利艰贞，吉"，行刑之人虽然很艰难，但只要秉公执法，具备"金矢"的品格，就会顺利、吉祥。程颐《伊川易传》卷二："九四刚而明体，阳而居柔。刚明则伤于果，故戒以知难；居柔则守不固，故戒以坚贞。"

《象传》说，"利艰贞吉"，这一爻尽管艰难，但由于秉公执法，所以顺利吉祥。但"未光也"，就是说刑罚之道还没有光大。《伊川易传》卷二："盖其所不足也，不得中正故也。"刑罚的目的，并不是对犯人施以重刑，那只是手段，目的是要预防犯罪，起惩戒的作用。而结果却是没起到惩戒的作用，犯的罪越来越重，施的刑罚也越来越重，所以说刑罚之道没有发扬光大。

六五，噬干肉[1]，得黄金，贞[2]厉[3]，无咎。
《象》曰：贞厉无咎，得当也。

[注释]

1 干肉：风干的肉。

2 贞：正。

3 厉：祸患，危险。

[译文]

六五，咬干硬的肉时，发现肉中嵌有黄金，虽然咽下去便有生命危险，但无灾祸。

《象传》说，咽下去便有生命危险，但无灾祸，因为刑罚符合正道。

[解读]

王弼注："干肉，坚也；黄，中也；金，刚也。以阴爻阳，以柔乘刚，以噬于物，物亦不服，故曰噬干肉也。然处得尊位，以柔乘刚而居于中，能行其戮者也，刚胜者也；噬虽不服，得中而胜。"六五处中位、刚位、尊位，因为土在五行中居中央，土的颜色为黄，《伊川易传》卷二："五居中为得中道，处刚而四辅以刚，得黄金也。五无应，而四居大臣之位，得其助也。""得黄金"表示得到九四阳刚之助。六五又是柔爻，说明很谦逊。六五这样高贵的人在实施刑法的时候，遇到了很刚硬的受刑之人，采取的方法是刚柔并济，既严肃法纪，刚正不阿，又用感化的手段来教育他们，这样就会取得好的效果。"贞厉，无咎"，一般理解为劝诫六五爻要守正，如孔颖达疏"贞正自危"，程颐注"必正固而怀危厉"，俞琰《周易集说》卷四："贞则正固而不偏徇，厉则钦慎而惟刑之恤。"也可以理解为，如果这时候过于刚正，就会有危险，但也不会有灾祸，只是没有达到刑罚起惩戒、教化作用的目的。前面四根爻都是在讲刑罚，是讲对不同的人用不同的刑罚。

这一爻道出了治狱之道的关键，在遇到受刑之人越来越刚硬的时候，我们要坚持走中道，要采用感化的手段。刑罚本来就是很刚硬的，若行刑之人也是阳性、刚性的，那就未免有点过，而这一爻是阴爻，说明是柔中守正道，是柔中带刚，刚柔相济。

《象传》说，"贞厉无咎"，是因为"得当也"。五爻是阳位，本性应该是刚强的，在执行刑罚的时候，也是很刚烈的，这样实际上是更为不利的。但是由于这时是一个柔性之人处于这个位置，他在执行刑罚的时候，柔中带刚，刚柔并济，这样正好"得当"，既起到了惩戒的作用，又起到了教化的作用。

《道德经》说："民不畏死，奈何以死惧之。"等到老百姓连死都不怕的时候，统治者还一味地刚猛，以死相威胁，显然是没有任何用处的。

上九：何 [1] 校灭耳，凶。
《象》曰：何校灭耳，聪 [2] 不明也。

[注释]

1 何：通"荷"，扛着，戴着。

2 聪：即听力。

[译文]

上九，刑具戴在脖子上，耳朵被割去，有凶险。

《象传》说，刑具戴在脖子上，耳朵被割去，是不聪明的做法。

[解读]

上九，"何校灭耳"，也就是说刑具戴在脖子上，伤害了耳朵。纵观全卦，唯独上九爻是凶的。王弼注："处罚之极，恶积不改者也。罪非所惩，故刑及其首，至于灭耳。"《伊川易传》卷二："《系辞》所谓'恶积而不可掩，罪大而不可解'者也，故何校而灭其耳，凶可知矣。"上九处卦之极，表示无可救药的人，故处之以极刑。

《象传》说，"何校灭耳"，是因为"聪不明也"。"聪不明也"是听力受损了，因为耳朵都被"灭"了。引申为不聪明、不明智。《周易本义》："盖罪其听之不聪也。若能审听而早图之，则无此凶矣。"

《系辞传》说："善不积不足以成名，恶不积不足以灭身。"不积累善事不能成就功名，不积累恶事就不会"灭身"（受到惩罚）。《系辞传》还说："小人以小善为无益而弗为也，以小恶为无伤而弗去也。"噬嗑卦主要是讲惩罚小人和罪犯的。小人和罪犯认为做小的善事没有什么好处，所以不去做；而做小的恶事也无伤大雅，所以不去避免。所以，要"勿以善小而不为，勿以恶小而为之"，千万不要因为善事太小就不去做，也不要因为恶事很小就去做。善恶都是由一点点的日积月累而成的，对用刑者来说也不可太过，太过会招来灾祸。"惟贤惟德，能服于人"，做一个贤德的人才能被别人钦佩、服从。噬嗑卦其实是从用刑的人和受刑的人两方面，说明法治的重要性和触犯法律的危害性。

贲卦第二十二

☶ 离下艮上

[解读]

贲卦在噬嗑卦之后。噬嗑卦是严明刑法，贲卦恰好相反，是讲用文明、文化治理天下，这两个卦构成了综卦，噬嗑卦颠倒过来就是贲卦。"贲"是修饰、文饰，社会中的等级名分、礼仪制度等都是文饰，这对于社会来说是必不可少的，人与人之间的交往合作来不得半点马虎，都需要文饰。文饰可以引申为文明，所以贲卦跟噬嗑卦是完全不同的：噬嗑卦是法治，贲卦是文治、礼治。文明就是有礼仪，有了文明就有了文化，所以"文明""文化""人文"这些词都出自贲卦的《象传》。

山火贲卦，下为火，代表光明，心中要光明；上为山，代表止，行为上要知道停止，这就构成了人文。

对个人来说，每个人的言语也需要文饰，孔子说："言之无文，行而不远。"如果言语不加修饰，影响力就不会深远，所以需要文学。《诗经》里采用了三种修饰方法：赋、比、兴，这就是语言上的文饰，是为了增加语言的美感、文章的影响力和感染力。

"文"和"质"是相对的,孔子说:"质胜文则野,文胜质则史,文质彬彬,然后君子。"质朴如果胜过文饰就显得很粗野,但如果文饰胜过质朴就显得很虚浮,只有质朴和文采配合适中,才能成为君子。贲卦就是讲"文"的。

贲,亨,小利有攸[1]往。

[注释]

1 攸:所。

[译文]

贲卦,亨通,会有小小的利,可以继续前往。

[解读]

贲卦,亨通,"小利有攸往",会小有利益,可以继续前往。也有的认为"小"应该是"不",俞琰《周易集说》卷四:"小字当依郭京作不字。往,进也。贲既亨矣,而又加进,则文灭质矣,岂宜往哉?"

《彖》曰:贲,亨,柔来而文[1]刚,故亨。分刚上而文柔,故小利有攸往。(刚柔交错,)天文也。文明以止,人文也。观乎天文以察时变,观乎人文以化[2]

成天下。

[注释]

1 文：花纹、纹理，引申为才华、美德，作动词是"修饰"。

2 化：教化。

[译文]

《彖传》说，贲卦，亨通，柔爻辅佐刚爻，故而亨通。刚爻上九爻文饰六五爻，刚辅助柔，故会有小利益，可以继续前往。刚柔爻杂在一起，显出天文。在人间止于礼仪，这是人类的文明。观察天文就知道时令的变化，观察人类的文明以教化天下。

[解读]

贲卦是由泰卦变来。泰卦乾（三阳爻）在下，坤（三阴爻）在上，上六与九二换位，即成贲卦。"柔来而文刚，故亨"，柔爻指六二爻，泰卦的上六爻下来变为六二爻居于下，修饰九三爻，柔爻辅佐刚爻，柔性来修饰刚强，以至协调，阴阳交饰，故而亨通。"分刚上而文柔"，刚爻指上九爻，泰卦的九二爻上升为上九爻，文饰六五爻。王弼注："刚上文柔，不得中位，不若柔来文刚，故小利有攸往。"刚辅助柔，构成了阴阳协调，刚柔爻杂在一起，阴阳相配合，才能显示出文采。"刚柔交错"这四个字是朱熹补进去的。日月星辰刚柔交错，阴阳配合，就是"天文"，天的文采。天道如此，人道也应如此。"文明以止"，在人间有明净的心，止于礼仪，这是"人文也"，是人类的文明。程颐《伊川易传》卷二："止于文明者，人之文也。止谓处于文明也。质必有文，自然之理。"离卦代表"明"，艮卦代表"止"。《毛诗序》说"发乎情，止乎礼"，男女之间从感情出发，但最后是受礼节约束的，知道"止"；如果不知道"止"，随性而发，就变成动物了。"观乎天文以察时变，观乎人文以化成天下"，观察天文就知道时令的变化、自然的规律，观察人类的文明，具有文明修养的人，就去教化天下。《伊川易传》卷二："人文，人理之伦序。观人文以教化天下，天下成其礼俗，乃圣人用贲之道也。"文化，是一个过程，动态的，文明是一个结果。

《象》曰：山下有火，贲。君子以明庶[1]政，无敢[2]折[3]狱。

[注释]

1 庶：众多。

2 敢：谦词，冒昧。

3 折：断。

[译文]

《象传》说，山下有火，贲卦之象。君子要文饰各种政事，但不可用此来断狱。

[解读]

"山下有火"，上卦为艮卦，艮为山，下卦为离卦，离为火，山下有火，是一种上升的景象，形象很美。李鼎祚《周易集解》卷五引王廙说："山下有火，文相照也。夫山之为体，层峰峻岭，峭崄参差，直置其形，已如雕饰，复火照，弥见文章，贲之象也。"离卦又代表一种动物——野鸡，山里的野鸡很漂亮。这就是贲卦之象，都是文饰的象征。君子看到这样的卦象，就要按照贲卦之道来文饰各种政事，但不可用此来治狱断案。《伊川易传》卷二："折狱者，专用情实。有文饰则没有其情矣。故无敢用文以折狱也。"各种政事需要文饰来显得明了、光明，但治狱断案必须尽去文饰而求其实情实质。上一卦讲以法治国，贲卦则讲以德治国，用阴柔、文明的方法来治理国家。

初九：贲其趾，舍¹ 车而徒²。
《象》曰：舍车而徒，义弗³ 乘⁴ 也。

[注释]

1 舍：放弃，舍弃。

2　徒：走路。

3　弗：否定词。

4　乘：坐车。

[译文]

初九，修饰自己的脚，不乘车而徒步走。

《象传》说，不乘车而徒步走，因为按照道义不应乘车。

[解读]

初九，"贲其趾"，修饰自己的脚趾，舍掉车而徒步行走。程颐《伊川易传》卷二："初九以刚阳居明体而处下，君子有刚明之德而在下者也……惟自贲饰其所行而已。趾，取在下而所以行也。"一开始是从脚趾慢慢往上修饰，从下往上、从里往外、从近到远。

《象传》说，"舍车而徒"，是因为"义弗乘"，按照道义不应该乘车。《伊川易传》卷二："君子修饰之道，正其所行，守节处义，其行不苟，义或不当，则舍车舆而宁徒行，众人之所羞，而君子以为贲也。舍车而徒之义，兼于比应取之。初比二而应四，应四正也，与二非正也。九之刚明守义，不近与于二而远应于四，舍易而从难，如舍车而徒行也。"初九爻与六四爻为正应，近比于六二则为不当。初九爻不能过分修饰自己，过分享受，所以乘车是不合适的，只要修饰一下自己的脚趾就行了。

六二，贲其须¹。

《象》曰：贲其须，与上兴²也。

[注释]

1 须：胡子。

2 兴：共举，同力。

[译文]

六二，修饰自己的胡子。

《象传》说，修饰自己的胡子，为了与九三爻相配合，互相修饰。

[解读]

六二，要修饰自己的胡子。《尹川易传》卷二："饰于物者不能大变其质也，因其质而加饰耳，故取须义。须随颐而动者也。动止唯系于所附。犹善恶不由于贲也。二之文明惟为贲饰，善恶则系其质也。"胡须随面颊而动，犹如人的仪容举止是对其内心善恶性情的反应与修饰。

《象传》说，"贲其须"，是为了"与上兴也"。六二要修饰自己的胡子，是为了与上面的九三爻相配合，互相修饰，阴阳交错。

九三，贲如[1]，濡如[2]，永贞，吉。
《象》曰："永贞之吉"，终莫[3]之陵[4]也。

[注释]

1 贲如：修饰的样子。

2 濡如：光泽柔润的样子。

3 莫：没有。

4 陵：通"凌"，欺凌，欺压，欺侮、侵犯。

[译文]

九三，修饰得很俊美，光泽柔润，永远守持正道才是吉利的。

《象传》说，永远守持正道就吉利，因为九三爻在上位，始终不欺侮六二爻。

[解读]

九三，"贲如，濡如"，修饰得很俊美的样子，光泽柔润的样子。李鼎祚《周易集解》卷五引虞翻说："有离之文以自饰，故曰贲如也。有坎之水以自润，故濡如也。"九三爻与六二相比而文，故濡如；又与六二、六四成坎卦，坎为水，故濡如。永远守持正道，是吉利的。九三爻是阳爻居阳位，又是下卦的最高位，太过阳刚，所以要修饰得光泽柔润。

《象传》说，"永贞之吉"，是因为"终莫之陵也"。"莫之陵"即"莫陵之"。"之"指九三爻。王弼注："永保其贞，物莫之陵。"俞琰《周易集说》卷二十二："九三既以刚正之质固守，则六二之柔虽文，终不能胜之也。"九三爻在上位，始终不欺侮下面的六二爻，而是与其互相修饰，正如孔子所说的，"己欲立而立人，己欲达而达人"，"己所不欲，勿施于人"，所以大吉。

六四：贲如，皤如[1]，白马翰如[2]，匪[3]寇[4]婚媾[5]。
《象》曰：六四当位，疑也。匪寇婚媾，终无尤[6]也。

[注释]

1 皤如：洁白素净的样子。

2 翰如：像锦鸡飞起来的样子。翰：一种锦鸡，赤羽。白色的马也叫"翰"。

3 匪：通"非"。

4 寇：侵犯。

5 婚媾：嫁娶。

6 尤：过错，过失。

[译文]

六四，穿得洁白素净，然后骑一匹白马翩翩而来，不是强盗来掠夺，而是来求婚的。

《象传》说，六四当位，仍有疑惑。不是强盗来掠夺，而是来求婚的，最终不会有怨尤。

[解读]

六四，"贲如，皤如，白马翰如"，像有文饰，又像无文饰，骑着一匹白马翩翩而来，潇洒自如。《尹川易传》卷二："皤，白也，未获贲也。马，在下而动者也，未获相贲，故云白马。""寇"指九三爻。王弼注："有应在初而阂于三，为己寇难，二志相感，不获通亨，欲静则疑初之应，欲进则惧三之难，故或饰或素，内怀疑惧也。""匪寇婚媾"，不是强盗来掠夺，而是来求婚的。

《象传》说，之所以会被怀疑为来了强盗，是因为"当位疑也"。王弼注："虽履正位，未敢果其志也。"六四柔爻居柔位，当位，但他所求的是"初九"（第四爻跟第一爻相呼应），属于上求下。柔爻做事不果断，犹犹豫豫，而且事先也不打招呼，就骑着马来了，当然会被人怀疑为强盗来抢亲。但由于六四与初九相应，所以最终不会有怨尤，阴阳相合为婚。

六五，贲于丘¹园，束²帛³戋戋⁴，吝，终吉。
《象》曰：六五之吉，有喜也。

[注释]

1 丘：小土山。

2　束：一把。

3　帛：丝织品的总称。

4　戋戋：微小。

[译文]

六五，在山丘园林处装饰，持一束小小的丝帛作为礼物，有一点小遗憾，但结果是吉祥的。

《象传》说，六五吉祥，因为有喜庆也。

[解读]

六五，在山丘园林装饰，说明修饰范围越来越广了，前面的修饰脚趾、胡子、身体，都是在讲自己，到六五爻这里就要修饰山丘和园林了。孔颖达疏："丘谓丘墟，园谓园圃。唯草木所生，是质素之处，非华美之所。若能施饰，每事质素，与丘园相似，盛莫大焉。"持一束小小的丝帛，"吝，终吉"，有一点小小的遗憾，但结果是吉祥的。

《象传》说，六五吉祥，是有喜庆。因为六五是柔爻，居尊位，行的是中道，文饰讲究简朴，是守中的、合适的，这种作风得到了上九的肯定。六五爻为君位，有上九爻的辅助，当然值得庆贺。

上九：白[1]贲，无咎。

《象》曰：白贲无咎，上得志也。

[注释]

1 白：素净。

[译文]

上九，朴实无华，不加修饰，没有害处。

《象传》说，朴实无华，没有害处，因为上九爻志得意满。

[解读]

上九，"白贲"是素白无华地装饰，也就是不用修饰，没有害处。上九，返璞归真，不装饰。王弼注："处饰之终，饰终反素，故任其质素，不劳文饰，而无咎也。以白为饰，而无息忧，得志者也。"老子讲三个复归：复归于无极，复归于朴，复归于婴儿。最上者得到了自然之美，正如《道德经》所言"大巧若拙，大智若愚"，套用一句话也可以说"大贲若白"。

《象传》说，"白贲无咎"，是因为"上得志也"。上九爻，位于卦的最高位，天下无人能及，已经志得意满，所以不需要再去做过多的文饰美化自己。

贲卦是讲文化，文化最终的目的就是回归自然与初心，回归人善良而美好的本性。做人的最高境界就是至简至易、极为简朴、返璞归真，不修饰、不文饰，这才是大智慧，也是彻底放下，回归天然纯真，这样就自由和自在了。

剥卦第二十三

☶ **艮上坤下**

[解读]

"剥"是剥落、侵蚀的意思。《序卦传》说:"致饰然后亨则尽矣,故受之以剥。剥者,剥也。"有了礼仪,有了文饰,就亨通了,但是如果太过的话,就会丧失它的实质,也就是所谓华而不实,必然会产生一些弊病,所以这种亨通之道就会停止,所以贲卦之后就是剥卦。下面的坤卦,坤为顺,代表大地;"止"是指上面的艮卦,艮为止,代表山,所以剥卦叫山地剥。

剥卦是第二十三卦,复卦是第二十四卦,这两卦构成了两幅相对的图景。剥卦是秋天万物萧瑟、万物凋零的图景,表明阳气将要剥尽;复卦刚好相反,是春天一阳来复、阳气上升的图景,所以这两个卦构成了综卦。剥卦最上面一根是阳爻,下面五根是阴爻,看一个卦要从下往上看,所以剥卦是阴气从下往上长,长到最后只剩一根阳爻,阳气快消尽了;复卦最下面一根是阳爻,上面五根是阴爻,表示阳气开始渐渐上升。剥、复两卦代表相反的两种图景,说明了物极必反、否极泰来、剥极必复的道理。在剥、复之间有一个时机，所以还有一个成语叫"剥复之机"，是指盛衰消长中间的一个时机，是一个关键点。

《易经》里有十二消息卦，复卦是农历十一月，冬至所在的月份，从这里开始，阳气慢慢上升，一共经过六个卦：复、临、泰、大壮、夬、乾；乾卦的纯阳之后，阴气开始上升，也是经过六个卦：姤、遁、否、观、剥、坤。其中，剥卦是农历九月，只剩最后一根阳爻，阳气快剥尽了。"剥"就是剥落，掉落下来。剥卦实际是讲阳气怎样衰退、剥尽的，然后又讲了怎样防止阳气衰退，不能让阳气全部剥落。

剥，不利有攸[1]往。

[注释]

1 攸：所。

[译文]

剥卦，不利于继续前往。

[解读]

剥这个卦下面五根爻全是阴爻，就是阳气尽了。李鼎祚《周易集解》卷五引郑玄："阴气侵阳，上至于五，万物零落，故谓之剥也。"阴爻开始一直往上长，快长到最后了，就剩下一根阳爻了。因此不能再往前走了，因为它是阴气长，阳气消，这叫阴剥夺了阳。这个"剥"实际上是指阳气的剥落。

《彖》曰：剥，剥也，柔变刚也。不利有攸往，小人长[1]也。顺而止[2]之，观象也。君子尚[3]消[4]息[5]盈[6]虚[7]，天行也。

[注释]

1 长：增加。

2 止：停止。

3 尚：承顺。

4 消：退。

5 息：增长。

6 盈：满。

7 虚：没有。

[译文]

《彖传》说，剥卦，阳气剥尽，柔爻渐变为刚爻。不利于继续前往，因为小人的气势已长。顺势制止，观察剥卦象的原因。君子要崇尚天时的消长盈亏，顺天行道。

[解读]

"剥"就是剥尽，阳气的剥尽，就是"柔变刚也"，柔爻

慢慢往上升变成刚爻。这不利于继续往前走，为什么呢？阴
爻代表小人，"小人长也"，小人的气势已经很强盛了，"小人"
指阴爻，阴气已经发展到第五爻了，所以继续生长是不利的。
"顺"就是顺势，"顺而止之"，就是顺着这个势要把它制止住。
从象上说，"顺"是指下卦的坤卦，"止"就是指上卦的艮卦。
阴气不是越来越盛吗？阳气不是越来越衰，越来越剥落吗？
所以顺势一定要把它制止住，如果不制止住，那是很不利的。
观察剥卦这个象就可以得出这个结论。君子看到这个卦象后，
就要崇尚"消息盈虚"，刚好都是相对的，就是君子应该崇
尚天时的消长盈亏。孔颖达疏："君子通达物理，贵尚消息
盈虚。若值盈虚之时，存身避害，危行言逊也。若值盈息之时。
极言正谏，建事立功也。"消长盈亏就是天道，大自然的大
规律，也就是说君子要按照大自然的规律来做事。

　　自然界的万事万物都是有长有消、有盈有亏的，都会经
历潮起潮落、日出日落、月盈月亏。人生也是一样，不可能
一路平坦，总会有坎坷，所以在坎坷的时候不要气馁，也不
要怨天尤人。俞琰《周易集说》卷二十二："阴之与阳，相
为盛衰，殆无终穷之理，消则息，息则盈矣；亦无久盈之道，
盈则虚，虚则消矣。易穷则变，变则通，剥之终乃复之始，
剥穷上返下，不久则又将为复，是以君子观剥之象，而尚消
息盈虚，不敢妄动，但顺时而止，以待天道之还耳。"

　　《象》曰：山附于地，剥。上以厚[1]下安[2]宅。

[注释]

1 厚：加厚、加固。

2 安：使稳定。

[译文]

《象传》说，山委附于地，剥之象。君子以此来加固根基安定住宅。

[解读]

"山附于地"，上卦为艮，艮为山；下卦为坤，坤为地，山本来高耸于地上，因土剥落，颓倒委附于地，这就是剥卦之象。这个卦象，下面是坤是地，上面是艮是山，这一座山下面全空了，再往上升，不是马上就要剥落了吗？所以说，上面这座山是有缺陷的山。"上以厚下安宅"，"上"指最上一爻，这最上一根阳爻可以看成领导者、统治者，领导者看到这个卦象，就要按照剥卦之道来"厚下安宅"。加固这个根基，加固这个基础，才能安稳住这个房子。程颐《伊川易传》卷二："下者，上之本。未有基本固而能剥者也。故上之剥必自下，下剥则上危矣。为人上者知理之如是，则安养人民以厚其本，乃所以安其居也。《书》曰：'民惟邦本，本固邦宁。'"这句话就是告诉君主，要以民为本，下面这些爻都是民众。"宅"借指基业。

初六，剥床以¹足²，蔑³贞⁴，凶。

《象》曰：剥床以⁵足，以灭⁶下也。

[注释]

1 以：介词，从。

2 足：脚床。

3 蔑：同"灭"，消灭。

4 贞：正。

5 以：因为。

6 灭：消除。

[译文]

初六，从床脚开始剥落，消灭了正道，凶险。

《象传》说，从床脚开始剥落，消灭了最下的（爻）。

[解读]

初六，"剥床以足"，就是指从床脚开始剥落、败坏。"贞"代表阳气。"蔑贞，凶"，把阳气从最下面开始消灭掉。当然就是凶险的事情。

《象传》说，"剥床以足"，是比喻"以灭下"。初六爻在卦象的最下面，好比一张床的最下面是床的足。孔颖达疏："在剥之初，剥道从下而起。剥床之足，言床足已剥也。床在人下，足又在床下。今剥床之足，是尽灭于下也。"从一开始往上面剥，好比一张床从最下面的床脚开始剥落。

六二，剥床以辨¹，蔑贞，凶。

《象》曰：剥床以辨，未有与²也。

[注释]

1 辨：通"牑"，即床板。

2 与：帮助。

[译文]

六二，从床板开始剥落，消灭了正道，凶险。

《象传》说，从床板开始剥落，是没有帮助他的人。

[解读]

"剥床以辨"，慢慢地又开始往上剥落到接近床身了，因此也是凶。床辨（牑）被削去，比喻灾祸将及其身。孔颖达疏："辨，谓床身之下，无足之上，足与床身分辨之处也。今剥落侵上，乃至于辨，是渐近人身……长此阴柔，削其正道，以此为德，则物之所弃。"阳气被进一步消灭了，更加凶险了。

《象传》说，之所以进一步剥落到接近床身，是"未有与"。没有帮助他的人。《伊川易传》卷二："阴之侵剥于阳，得以益盛，至于剥辨者，以阳未有应与故也。"六二，已经剥落到中间了，处剥已深，上无应，下无比，上面和下面都跟他一样，都是阴爻，阴爻不可能帮助他，所以还要继续剥落。没有朋友相帮的六二爻成了孤家寡人，六二爻的凶险结局从反面说明了朋友的重要性。

六三，剥之¹，无咎。
《象》曰：剥之无咎，失²上下也。

[注释]

1 之：代词，代表床。
2 失：丢掉，违背。

[译文]

六三，又接着往上剥落了，反倒没有灾祸。

《象传》说，接着往上剥落，反倒没有灾祸，因为失去了上和下。

[解读]

六三，"剥之，无咎"，继续剥落，但没有灾祸。没说是床的什么部位，也就是说整个床都开始剥落了。也可以理解为"之"代指六三爻，此句是说：六三爻处于剥落中。王弼注："与上为应，群阴剥阳，我独协焉，虽处于剥，可以无咎。"

《象传》说，"剥之，无咎"，是因为"失上下也"。王弼注："三上下各有二阴，而二独应于阳，则'失上下'也。"六三上面是六四爻，下面是六二爻，也就是说，六三爻不与他们为伍，因为六三爻要跟上九爻相应，所以他不像初六和六二爻一样，无人帮助。上九爻是唯一的一根阳爻，是阳刚之人，是领导，他可以帮助六三爻，所以六三就不怕剥落了，这也就说明相应、相助的重要性。

六四，剥床以¹肤，凶。

《象》曰：剥床以肤，切²近灾也。

[注释]

1 以：连及。

2 切：马上。

[译文]

六四，床面开始剥落了，凶险。

《象传》说，床面开始剥落了，马上就要接近灾祸了。

[解读]

继续向上剥落，就要"剥床以肤"了。"肤"，指人的皮肤。伤及床上之人了。孔颖达疏："四道浸长，剥床已尽，乃至人之肤体，物皆失身，所以凶也。""肤"也可以理解为床面。连床面都开始剥落了，所以凶。

《象传》说，"剥床以肤"，是因为"切近灾也"。继续一点点往上剥落，已经到了六四爻了，六四爻是第二个阶段的开始，如果再不制止剥落，马上就要接近灾祸了。

六五，贯鱼¹，以²宫人³宠⁴，无不利。
《象》曰：以宫人宠，终⁵无尤⁶也。

[注释]

1 贯鱼：贯串在一起的鱼。

2 以：令、使。

3 宫人：妃子，后宫。

4 宠：宠爱。

5 终：末了。

6 尤：埋怨，责怪，怨恨。

[译文]

六五，带着宫女像贯串的鱼一样来承宠于君王，没有不利。

《象传》说，带着宫女来承宠于君王，最终不会有灾祸。

[解读]

六五，继续往上剥落，但它不说床面继续往上剥，而是取了另外一个意象。王弼注："贯鱼谓此众阴也，骈头相次，似贯鱼也。"李鼎祚《周易集解》卷五引何妥说："夫剥之为卦，下比五阴，骈头相次，似贯鱼也。鱼为阴物，以喻众阴也。夫宫人者，后夫人嫔妾，各有次序，不相渎乱，此则贵贱有章，宠御有序。"六五为五阴之首，下有四阴相续，其形如同鱼在水中相穿而行，故说贯鱼；既然以阴处尊，所以说是皇后驾驭后宫。"贯鱼以宫人宠"，皇后带着她下面的四个妃子，鱼贯而入，一起来承宠于君王，这样是无不利的。

《象传》说："以宫人宠，终无尤也。"《周易本义》："宫人，阴之美而受制于阳者也。五为众阴之长，当率其类，受制于阳，故有此象。"六五爻好比是皇后，马上就要接近阳爻了，这个阳爻好比是君王。这时候的皇后表现出了非凡的大度，不是小心眼，继续独自受宠，而是带领妃嫔一起受宠，有了这样的品德就可以止住剥落的局面，所以一定要有宽容的心。

上九，硕[1]果不食，君子得舆[2]，小人剥庐[3]。

《象》曰：君子得舆，民所载[4]也。小人剥庐，终不可用也。

[注释]

1 硕：大。

2 舆：车子。

3 庐：房子。

4 载：承载。

[译文]

上九，不食独存的硕果。君子得到大车，小人则会剥落房屋。

《象传》说，君子得到大车，老百姓就可以被承载了。小人剥落房屋，最终不可用。

[解读]

上九，是唯一的阳爻。"硕果不食"，《伊川易传》卷二："诸阳消剥已尽，独有上九一爻尚存，如硕大之果不见食，将见复生之理。上九亦变则纯阴矣。然阳无可尽之理，变于上则生于下，无间可容息也。圣人发明此理，以见阳与君子之道不可亡也。"阳不可剥尽，犹如硕果存而不食，方可再生。

"君子得舆，小人剥庐"，孔颖达疏："若君子而居此位，能覆荫于下，使得全安，是君子居之，则得车舆也。若小人居之，下无庇荫，在下之人，被剥彻庐舍也。"八卦中坤卦为车，"庐"是房子，八卦中艮卦为房子，这里的车子和房子都是从卦象里看出来的。

《象传》解释说："君子得舆，民所载也。""载"就是载福，厚德载福，厚德载物。《伊川易传》卷二："正道消剥既极，则入复思治，故阳刚君子为民所承载也。若小人处剥之极，则小人之穷耳，终不可用也。非谓九为小人，但言剥极之时，小人如是也。"君子福佑万民，所以受到老百姓的拥戴，只有跟百姓共享才能被百姓承载。小人当位，不管下面的老百姓，老百姓就遭罪了，就会剥落万家，终究不会被百姓拥戴，最终就会"剥庐"，无所容身。

复卦第二十四

䷗ 坤上震下

[解读]

"复"是往复、反复、返本的意思。《说文解字》说："复，往来也。"《序卦传》说："物不可以终尽，剥穷上反下，故受之以复。"生命剥落不尽，一阳终将来复。这两卦的场景刚好相反：剥卦是深秋九月，阳气快要剥尽，一片肃杀、萧瑟的场景；复卦是春天即将到来，阳气即将发生，万物即将生机勃发的场景。复卦的卦象是上面五根阴爻，下面一根阳爻，是阳爻开始上升。复卦在十二消息卦中代表农历十一月，这个月有冬至，冬至这天白天最短、夜晚最长，所以阴气最盛，也就预示着阳气即将发生，这个时候就是"复"。在一天中，子时（晚上11点到次日凌晨1点）是阳气开始复苏的时候，所以有个词叫"活子时"。复卦是非常有名的一卦，有一个成语叫"一阳来复"，说的就是复卦。

复卦下卦是震卦，上卦是坤卦，叫作地雷复。

万事万物发展都是坎坷、反复的，无论在何种艰险的境遇下，都要怀有回复正道的信念。

复，亨。出入无疾[1]，朋[2]来无咎。反[3]复[4]其道，七日来复，利有攸[5]往。

[注释]

1 无疾：没有毛病。

2 朋：同类。

3 反：返回。

4 复：回去。

5 攸：所。

[译文]

复卦，亨通。阳气生长，出入顺畅，没有疾患，朋友前来没有危害。返回到原来的大路上，过了七天就可以回归，有利于继续前往。

[解读]

复卦是亨通的，因为阳气开始向上升。李鼎祚《周易集解》卷六引何妥说："复者，归本之名，群阴剥阳，至于几尽；一阳来下，故称反复。阳气复反，而得交通。"

"出"，卦象下面一根阳爻向上长，指阳气往外生发。"入"，指阴气向里收敛。"朋"，指阳爻。孔颖达疏："朋谓阳也。反复众阳，朋聚而来。"处于复卦，阳爻渐次生长，对初九来说，就像朋友一样依次而来，复卦之后阳气逐渐上升，所以没有灾祸。

"反复其道"，有两种解释。孔颖达疏"欲速反之与复而得其道"，反与复是同义反复。《周易本义》："反复其道，往而复来，来而复往之意。"

"七日来复"，反复走在天道的大路上，过了七天阳气又会回复。天道的规律就是这样反反复复，寒往则暑来、暑往则寒来，日往则月来、月往则日来，春夏秋冬、日月升降。为什么是"七日来复"呢？《周易本义》："自五月姤卦一阴始生，至此七爻，而一阳来复，乃天运之自然。"《易经》六十四卦的每一卦都是六根爻，代表六个时空点，"六位时成，时乘六龙以御天"，所以到第七个时空点又会回过来，从最下面一根爻重新开始。举例来说，从姤卦开始到复卦，顺序是：姤、遁、否、观、剥、坤、复。姤卦（䷫）最下面一根是阴爻，上面五根是阳爻，代表阴气开始往上长，长到六根爻全是阴爻的时候就变成了坤卦，然后又会反过来从最下面一根爻开始变成阳爻，这就是复卦，刚好经过了七个卦，是一个循环。

还有一种说法，指月亮的盈亏规律（朔、弦、望、晦），分四个阶段，每个阶段是七天。七天是一个关键的日子，是一个开始的日子。

《象》曰：复，亨，刚反[1]，动而以[2]顺行[3]，是以[4]出入无疾，朋来无咎。反复其道，七日来复，天行也。

利有攸[5]往，刚长[6]也。复，其见天地之心乎。

[注释]

1 反：返回。

2 以：凭借，按照。

3 行：运行，作为。

4 是以：因此。

5 攸：所。

6 长：增长。

[译文]

《彖传》说，复卦，亨通，阳爻开始反复，按照时序顺天而行，阳气生长，出入顺畅，没有疾患，朋友前来没有危害。返回到原来的大路上，七天一个循环，是大自然运行的规律。有利于继续前往，因为阳气开始往上长了。从复卦中可以看出天地万物之心。

[解读]

复卦，亨通，"刚反"指阳爻开始返回了。《周易本义》："剥尽则为纯坤，十月之卦，而阳气已生于下矣。积之逾月，然后一阳之体始成而来复，故十有一月，其卦为复。以其阳既往而复反，故有亨道。又内震外坤，有阳动于下而以顺上行之象。""动"指下面的震卦，"顺"指上面的坤卦，这种运动是按照时序而行的。"是以出入无疾",王弼注:"入则为反,出则刚长。"它是按照时序顺天而行的,所以无论是阳气外长还是阴气内收,都没有毛病。"朋来无咎",朋友前来是不会有什么咎害的。"反复其道,七日来复,天行也",大自然运行的法则就是七天一个循环。"利有攸往,刚长也",有利于继续前往,是因为阳气开始向上长了。"复,其见天地之心乎",从复卦中可以看出天地万物最终极、最本质的东西。王弼认为天地以无为心,王弼注:"复者,反本之谓也,天地以本为心者也。……然则天地虽大,富有万物,雷动风行,运化万变,寂然至无,是其本矣。故动息地中,乃天地之心见也。"宋明理学则以动(生物)为天地之心。《周易本义》:"积阴之下,一阳复生,天地生物之心几于灭息,而至此乃复可见。在人则为静极而动,恶极而善,本心几息而复见之端也。程子论之详矣,而邵子之诗亦曰……"张载有一句名言:"为天地立心,为生民立命,为往圣继绝学,为万世开太平。"第一句就是"为天地立心","天地之心"是一种比喻,指天地的核心、本源、大规律,即天道,从复卦中就可以大概看出天地的规律和本质。

《象》曰:雷在地中,复。先王以至日[1]闭关[2]。商旅不行[3],后[4]不省[5]方[6]。

[注释]

1 至日：冬至日。

2 关：城门关卡。

3 行：走路。

4 后：君主。

5 省：省察，视察。

6 方：区域，古代称地为"方"。

[译文]

《象传》说，雷出现在大地中，复卦之象。先王在冬至日闭关修行。商人、旅人都不外出，大王也不去视察四方。

[解读]

"雷在地中"，上卦为坤，坤为地，下卦为震，震为雷，雷已经出现在大地中，表明阳气已经开始复苏，这就是复卦之象。按照古人的说法，打雷就是冬天潜伏在地下的阳气到春天冒出来，发出轰隆隆的响声。邵雍《伊川击壤集》曰："冬至子之半，天心无改移。一阳初起处，万物未生时。玄酒味方淡，大音声正希。此言如不信，更请问庖牺。"一阳来复，在一天中就是子时，在一年中就是冬至日这一天，这个时候阳爻刚刚发生，万事万物马上就要开始生长。《伊川易传》卷二："雷在地中，阳始复之时也。阳始生于下而甚微，安静而后能长。先王顺天道，当至日阳之始生，安静以养之，故闭关。"先王、先贤看到这样的卦象，就要"至日闭关"。先王、先贤在修炼时都非常重视一阳来复，在冬至日这一天关闭自己，内守阳气。"商旅不行，后不省方"，做生意、去旅行的人在这一天都不出门，大王也不去视察四方。

初九，不远复，无祇¹悔，元吉。

《象》曰：不远之复，以²修³身也。

［注释］

1 祇：大。

2 以：介词，在于、由于。

3 修：使美好。

［译文］

初九，走得还不太远就返回，就没有灾祸和大的悔过，一开始就大吉。

《象传》说，走得还不太远就返回，君子要加强自身的修养。

［解读］

初九，"不远复"，走得还不太远就回复了。王弼注："最处复初，始复者也。复之不速，遂至迷凶，不远而复，几悔而反，以此修身，患难远矣。"“无祗悔"，没有灾祸和大的悔过，"元吉"，一开始就大吉。

"不远之复"意思是说，这个时候刚开始，偏离正道还不太远，要赶快回到正道上来。君子看到这一卦象，就应该"吾日三省吾身"，加强自身的修养。初九是这个卦唯一的阳爻，是关键的一爻，其他五根阴爻都要受它影响，刚爻居阳位，位正，所以初九在本卦中代表一种回复正道的力量。回复正道之后，当务之急是要修身，好好检讨一下自己，看看究竟错在了哪里，以期能够惩前毖后。《左传》说："人谁无过，过而能改，善莫大焉。"“复"指抓住本源，从根本上、源头上反思自己，走向正道。

六二，休¹复，吉。
《象》曰：休复之吉，以下²仁也。

[注释]

1 休：吉庆，美善。

2 下：向下。

[译文]

六二，愉快地返回，大吉。

《象传》说，愉快地返回是大吉的，因为六二爻行仁于下。

[解读]

六二，"休复，吉"，愉快地、美好地回到正道上，是大吉的。

《象传》解释说，"休复之吉"，是因为"下仁"。"下仁"，即"仁下"。王弼注："得位处中，最比于初。上无阳爻以疑其亲，阳为仁行，在初之上而附顺之，下仁之谓也。"六二爻居中位，又得正，与上无应，反比初九，像人行仁于下，与初九爻相亲相和。六二爻对下方行仁义，心中有仁德，所以美好。这里的回复是自觉、自愿地回到跟初九爻相邻的关系，两爻相亲相合，所以是美好的回复。

六三，频[1]复，厉[2]无咎。

《象》曰：频复之厉，义无咎也。

[注释]

1 频：通"颦"，皱眉头。

2 厉：祸患、危险。

[译文]

六三，愁眉苦脸地、勉强地返回，虽然危险，但没有灾祸。

《象传》说，愁眉苦脸地、勉强地返回虽然危险，在道义上不会有灾祸。

[解读]

六三，"频复"，愁眉苦脸地、勉强地返回。王弼注："频，频蹙之貌也。处下体之极，虽愈于上六之迷，已失复远矣，是以蹙也。蹙而求复，未至于迷，故虽危无咎也。"结果虽然危险，但没有灾祸。为什么呢？六三爻的这个位置大多危险，因为处于下卦的最上位。六三爻跟上六爻呼应。上六爻也是阴爻，两个都是阴爻，所以不能比应。六三爻力量不够、位不正，因此只能是愁眉苦脸、勉强地回复。也可以按照字面理解，频指频繁，《周易本义》："以阴居阳，不中不正，又处动极，复而不固，屡失屡复之象。"

《象传》说，"频复之厉，义无咎也"，六三爻皱着眉头地回复，虽然会有危险，但在道义上是不会有咎害的，因为尽管是愁眉苦脸、勉强地返回，但毕竟是返回到正道了，在道义上不会有灾祸。

六四，中 [1] 行独 [2] 复。

《象》曰：中行独复，以从道也。

[注释]

1 中：中正。

2 独：单一，特别。

[译文]

六四，在众阴爻中间独自返回。

《象传》说，在众阴爻中间独自返回，为了顺从中正之道。

[解读]

六四爻，位正。王弼注："四，上下各有二阴，而处厥中，履得其位，而应于初，独得所复。顺道而反，物莫之犯，故曰中行独复也。"六四，不在上下卦的中位，但在五根阴爻的中间，所以也可以说"中行"，即在五根阴爻中间行走。"独复"，第四爻和复卦唯一的阳爻初九爻相呼应，只有它能被阳爻带动，专心致志地回到正道上来。而且它与唯一的阳爻初九相呼应，所以说是专心地独自回复到正道上来。它虽然不在上下卦的中位，但是它要像六二爻与六五爻一样行中道。

"中行独复"是为了"从道"，即是为了顺从中正之道，独自一人返归正道。

六五，敦[1]复，无悔。

《象》曰：敦复无悔，中以自考[2]也。

[注释]

1 敦：质朴、笃厚；诚恳。

2 考：稽核、检查。

[译文]

六五，敦厚、虔诚地返回，那是无悔的。

《象传》说，敦厚、虔诚地返回是无悔的，因为六五爻居中，能不断自我反思。

[解读]

六五，"敦复，无悔"，非常敦厚、虔诚地返回，那是无悔的。王弼注："居厚而履中，居厚则无怨，履中则可以自考；虽不足以及'休复'之吉，守厚以复，悔可免也。"因为六五爻居于上卦坤卦的中央，坤卦代表大地，最为敦厚。回复正道定要诚信，要敦厚。

《象传》说："敦复无悔，中以自考也。""中"，六五爻居上卦中位。"自考"就是自我反思。六五爻居上卦坤卦之中，坤德厚顺；居中自守，并且能不断地自我反省，这样就不会偏离正道，即使有所偏离，也会很快回复正道。六五能保持这种敦厚的品性，又能回复正道，所以做事就无怨无悔。

按照曾子的说法"吾日三省吾身"，从三个方面多次反省自己："为人谋而不忠乎？"（替别人谋划的时候心中是否忠诚？）"与朋友交而不信乎？"（与朋友交往的时候有没有守诚信？）"传不习乎？"（老师传下的学问是否实践了？）这样时常反省就能很快回复到正道，也就无怨无悔了。这个"无悔"是指结果，其实思考、反思也是一种忏悔，只有忏悔才能"无悔"。

上六，迷¹复，凶，有灾眚²。用行师³，终有大败，以其国，君凶，至⁴于十年不克⁵征⁶。

《象》曰：迷复之凶，反君道也。

[注释]

1 迷：分不清方向。

2 眚：本指眼病，此处指过错、灾难。

3 行师：用兵。

4 至：到达。

5 克：完成。

6 征：讨伐。

[译文]

上六，误入歧途不知返回，有凶险，有灾祸。如果用兵打仗，最终会大败。在这个时位治理国家，君主会有凶险，以致十年之内不能成功征讨敌国。

《象传》说，误入歧途不知返回是有凶险的，因为违反了君主之道。

[解读]

上六，迷失道路，误入歧途，不知如何回复。王弼注："最处复后，是迷者也。以迷求复，故曰迷复也。""有灾眚"，有凶险，有灾祸。《伊川易传》卷二："灾，天灾，自外来；

眚，己过，由自作。既迷不复善，在己则动皆过失，灾祸亦自外而至，盖所招也。"在这个时位，如果用兵打仗，最终会大败；用来治理国家，君主就会有凶险。"至于十年不克征"，十年之内征讨敌国不能取得胜利，或者说，去征讨敌国十年也不能回来。《伊川易传》卷二："十年者，数之终。至于十年不克征，谓终不能行。"方闻一《大易粹言》卷二十四引："白云郭氏曰：处复之终，迷不知反，孔子所谓下愚不移者欤？……迷复无所不失，故其凶至亦无不有之，况行师用兵之道尤为危事，是以自用之则大败，佐其君以用之则有十年不克之凶。十年极矣，十年不克则自败可知，是其国君凶也。"这里从三个方面说明了迷失本性而不知复归，执迷不悟会导致的凶险的结局，告诫我们迷途知返的重要性。

《象传》解释说，"迷复之凶"，是因为"反君道也"。《伊川易传》卷二："人君居上而治众，当从天下之善，乃迷于复，反君之道也。非止人君，凡人迷于复者，皆反道而凶也。"上六，因为他离初九爻是最远的，受正道的影响最小，由于居于最高位，有时会迷失本性，又没有人规劝他，如果他不知道回复正道，而想去侵略别人，那就违反了国君光明正大的怀柔之道，就会有凶险。俞琰的解释则更具体，《周易集说》卷二十二："君指五，反君道者五中而上不中，五自考而上不能自考也。或曰：君指初，初乃复之主也。初不远而上远，故曰反君道也。"这从反面来说回复的重要性。

无妄卦第二十五

☰ 乾上震下

[解读]

"妄"是乱，"无妄"就是不妄为、不乱为、不过分行动。无妄卦在复卦之后，一阳来复以后就不可妄为也不会妄为了。

无妄卦的卦象上面是天，下面是雷，天上乌云密布、电闪雷鸣，老天通过这种景象来展现威力、惩罚的能力，给我们一种警示，使人们不敢妄为，否则会遭天打雷劈。中国人的信仰就是天道，天道遏恶扬善。

孔子说"非礼勿视，非礼勿听，非礼勿言，非礼勿动"，这就叫守正道，按照礼来做就是"无妄"，是吉的。无妄卦给我们的启示是，行为上不能妄为，思想上不能妄想，发心要守正道。

无妄，元亨利贞。其[1]匪[2]正有眚[3]，不利有攸往。

[注释]

1 其：殆、大概，表示揣测。

2 匪：通"非"。

3 眚：本指眼病，此处指过错、灾难。

[译文]

无妄卦，如果不妄为，一开始就亨通，有利于守持正道。如果不守正道就有灾祸，不利于继续前行。

[解读]

无妄卦，"元亨利贞"，一开始就亨通，有利于守持正道。孔颖达疏："无妄者，以刚为内主，动而能健，以此临下，物皆无敢诈伪虚妄，俱行实理。……物既无妄，当以正道行之。若其匪依正道，则有眚灾。""匪正"就是不正。如果你不正，不守正道，妄为，那就有灾祸。"不利有攸往"，你再前行的话，肯定是不利的。

《彖》曰：无妄，刚自[1]外来而为[2]主于内，动而健，刚中[3]而应[4]，大亨以[5]正，天之命[6]也。其匪正有眚，不利有攸往。无妄之往，何[7]之[8]矣？天命不祐[9]，行矣哉。

[注释]

1 自：介词，从、由。

2 为：表示原因。

3 中：持中、得中。

4 应：符合，应和。

5 以：用。

6 命：教令。

7 何：何处、哪里，表示反问。

8 之：去。

9 祐：佐助，保祐。

[译文]

《象传》说，无妄卦，刚爻从外面来在内卦做主，行动刚健，九五爻居中位与六二爻相呼应，非常亨通地奉行中正之道，符合天道大规律。如果不守正道就会有灾祸，不利于继续前行。不妄为的行为继续下去，将会走向何方？老天不会保祐你，不要再妄行了。

[解读]

《象传》说，无妄卦，"刚自外来"，刚爻初九爻是从外面来的，外边全是刚爻，外卦就是上卦，就是乾卦。"而为主于内"，内就是下卦、内卦，初九爻从外面来了以后，在内卦占据了最重要的位置。初九主于内。《周易集说》卷十六："无妄乃大畜倒体，内卦初九之刚盖从大畜外卦上九而来，非从本卦升降也。"

"动而健"，"动"指下卦的震卦，震为动；"健"指上卦的乾卦，乾为刚健。初九刚爻从外而来主于内政，他不妄为，按照外在的天道来做，使自己的内心慢慢走向正道，行动非常刚健。"刚中而应"，刚爻九五爻居中位，并且跟下面的六二爻相呼应，"应"指阴阳的相应。孔颖达疏："九五以刚处中，六二应之……刚中则能制断虚实，有应则物所顺从，不敢虚妄也。"

"以正"就是守正道。"天之命"就是天道的大规律。孔颖达疏："威刚方正，私欲不行，何可以妄？此天之教命也。天道纯阳，刚而能健，是乾德相似，故云天之命也。"九五刚爻又中又正，奉行中正之道，这是符合天道大规律的，所以能"大亨"。从反面来说，"其匪正有眚，不利有攸往"。如果一个刚健有力的人行为不守正道的话，尽管很刚强，但那是妄为，照样做不好。"无妄之往，何之矣？"如果你没有认识到自己的所作所为是妄为，那么这种"有妄"的行为再继续下去，将会把人们带向一个不利的地方。这样老天也就不会保佑你、给你帮助了，这是你自己的行为的结果。所以说是不是无妄，并不能凭自己的感觉，如果自己的行为得不到大家的支持，首先要反省自己，看看合正道，正道就是天命。

《象》曰：天下雷行，物与[1]无妄。先王以茂[2]对[3]

时育万物。

[注释]

1 与：皆、都。

2 茂：茂盛，这里指威势、威权。

3 对：应对，这里作配合讲。

[译文]

《象传》说，天上打雷，万事万物都不敢妄为了。先王要凭借这种威势配合时来养育万物。

[解读]

"天下雷行"，上卦为乾卦，乾为天，下卦为震卦，震为雷，天上打雷了。王弼注："与，辞也，犹皆也。"天上乌云密布，电闪雷鸣，万事万物都不敢妄为了。先王看到这样的卦象，就要按照无妄卦来"茂对时育万物"。孔颖达疏："对，当也。言先王以此无妄盛事，当其无妄之时，育养万物也。"打雷代表春天到了，有一个节气叫惊蛰，意思是打雷把冬眠的动物都惊醒了。先王要凭借这个生发的天时来养育万物。"与"，也可以理解为赋予。《伊川易传》卷二："雷行于天下，阴阳交和，相薄而成声，于是惊蛰藏，振萌芽，发生万物，其所赋与，洪纤高下，各正其性命，无有差妄，物与无妄也。"

初九，无妄，往¹吉。

《象》曰：无妄之往，得²志³也。

[注释]

1 往：去、前进。

2 得：契合，满足。

3 志：意向、抱负。

[译文]

初九，一开始就不要妄为，这样前往是吉利的。

《象传》说，一开始就不要妄为地前往，因为心志得以实现。

[解读]

六条爻辞基本都说到了"无妄"。一开始就不妄为，这样前往是吉利的。《周易本义》："以刚在内，诚之主也。如是而往，其吉可知。"初九爻为震之主，有阳刚之体，刚爻居阳位，位正，心里就不想着我有威势，有权威，做到了无妄。

《象传》说，"无妄之往"，是因为得到了这个"志"。"志"指的是什么意思？初九是从外面来的刚爻，现在到里面已经做主了，按照自己的心愿去行正道，实现了自己的志向。《周易集说》卷二十二："《论语》云：言忠信，行笃敬，虽蛮貊之邦，行矣。今以诚实无妄之道而往，则何所往而不得志哉。"

六二，不耕获¹，不菑²畲³，则利有攸往。

《象》曰：不耕获，未富也。

[注释]

1 获：收割。

2 菑：新开垦的田地。

3 畲：开垦了两年的田地。

[译文]

六二，不耕种而收获，不开荒而种熟田，有利于前行。

《象传》说，不耕种而收获，因为并没有去谋富贵。

[解读]

"不耕获，不菑畲"，有两种不同的理解。一种是传统的理解"不耕而获，不菑而畲"，孔颖达疏："不敢创首，唯守其终，犹若田农不敢发首而耕，唯在后获刈而已。不敢菑发新田，唯治其菑熟之地，皆是不为其始而成其末。"《周易集说》卷五："盖无妄以初为主，初震体既动于先矣，二虽亦震体，不过随之而动，是初耕于先，菑于先，而二因以获，因以畲也。初首造其事，而二坐享其利，岂非天祐之乎？如此而有所往则利也。"也可以理解为"不耕不获，不菑不畲"，就是不要想着去耕种就有收获，不要开垦新地，也不要去开垦熟田。《周易本义》："柔顺中正，因时顺理，而无私意期望之心……言其无所为于前，无所冀于后也。"那么你往前行是有利的。这里就是指不妄为，不要妄做。

《象传》说："不耕获，未富也。""未富"，指还没有去谋求富贵。《周易本义》："言非计其利而为之。"六二，不要想着为了富贵去开垦，去耕种，去收获，这样的话才有利。否则的话，光想着怎么富贵，然后为了富贵去劳动，去开垦，去耕作，那反而得不到。这说的是做事不要目的性太强，不要太执着。心里执着了往往就"妄为"。这个六二爻是又中又正，本身就是有利的，他没有去妄做，守的是正道，走的是中道，不违背自然规律地、自然而然地做，这样反而是有利的。他不去谋富贵却能富贵。《道德经》第三十八章说："上德不德，是以有德；下德不失德，是以无德。"上等德行的人不追求德，结果反而有德；下等德行的人拼命追求德，结果反而无德。六二爻柔性地、顺其自然地去做，这就是老子说的无为。

六三，无妄之灾，或¹系²之牛，行人³之得，邑人⁴之灾。

《象》曰：行人得牛，邑人灾也。

[注释]

1 或：表示假设。

2 系：拴，系结。

3 行人：行路的人。

4 邑人：同乡的人。

[译文]

六三，不妄为但有灾祸，好比拴住一头牛，被行人偷去，同乡人就会遭受灾祸。

《象传》说，路人偷走牛，同乡人遭受灾祸。

[解读]

"无妄之灾"是说没有妄为却有灾祸了。孔颖达疏："无妄之世，邪道不行。六三阴居阳位，失其正道，行违谦顺……故无妄之所以为灾矣。"好比拴住一头牛，被行路的人给偷去了。"邑人之灾"，你说这是不是邑人的灾祸呀？

《象传》也说"行人得牛，邑人灾也"。村里人养了一头牛，把它拴在树上，后来被一个路过的人偷去了。表面上看起来这种灾祸是值得同情的。但是认真想一想，肯定有做得不对的地方。程颐《伊川易传》卷二："三以阴柔而不中正，是为妄者也，又志应于上，欲也，亦妄也。在无妄之道为灾害也。"居下卦的最上位，既不正又不中，不按中正之道来做事，已经在妄为了，当然会有灾祸。人最重要的是内心，内心的思维方式决定了人的行为方式，这告诉我们心理的重要性。

九四，可¹贞²，无咎。

《象》曰：可贞无咎，固³有之也。

[注释]

1 可：能够。

2 贞：正。

3 固：本来。

[译文]

九四，守持正道就没有灾祸。

《象传》说，守持正道就没有灾祸，因为阳爻具有守持正道的能力。

[解读]

九四，"可贞"，能够守持正道。王弼注："处无妄之时，以阳居阴，以刚乘柔，履于谦顺，比近至尊，故可以任正，固有所守，而无咎也。"九四爻位不正，但他却要去守正，因为他是一根阳爻，阳爻具有这样的能力，阴爻往往没有这种能力去守正道。所以六三爻想正正不起来，到九四爻的时候就可以去守正道了，所以没有灾祸。

《象传》说，"可贞无咎"，是因为"固有之也"，因为阳爻本来就具有守持正道的能力。

九五，无妄之疾 ¹，勿 ² 药有喜 ³。

《象》曰：无妄之药，不可试也。

[注释]

1 疾：小病。

2 勿：不。

3 喜：喜庆。

[译文]

九五，没有妄为却得了病，不用吃药就能自愈。

《象传》说，治疗没有妄为而得的病的药，不可以去尝试。

[解读]

九五，他没有去妄做但是有病了，这是个不好的事情。"勿药有喜"，但这个病不用吃药就能治好。孔颖达疏："凡祸疾所起，由有妄而来。今九五居得尊位，为无妄之主，下皆无妄，而偶然有此疾害，故云无妄之疾也。……若疾自己招，或寒暑饮食所致，当须治疗。若其自然之疾，非己所致，疾当自损，勿须药疗而有喜也。"所行无妄，无须自责。

《象传》说，治疗"无妄之疾"的药，不可以去试的，也没必要去试。《周易本义》："既已无妄而复药之，则反为妄而生疾矣。"意思是不要真的去做"有妄"的、违背规律的事情。九五爻是又中又正，而且居在最尊贵的位置上，还跟下边的六二爻相应，所以他虽然有些灾祸，但是会避免掉。这说明了守中道、守正道和时位的重要性。

九五爻是告诉我们要有忧患意识，如果有了忧患意识，懂得预防，就不需要吃药了，这叫"不治已病治未病"。既然已经到了九五爻又中又正的位置，就要守中道，而且要有忧患意识，这样才会"有喜"。

上九，无妄，行有眚¹，无攸利。
《象》曰：无妄之行，穷²之灾也。

[注释]

1 眚：灾祸。

2 穷：尽头。

[译文]

上九，没有妄为，但一味前行必有灾祸，这是不利的。

《象传》说，没有妄为地前行，走到了尽头带来了灾祸。

[解读]

上九，也没有妄为，但前行会有灾祸，没有什么有利的。王弼注："处不可妄之极，唯宜静保其身而已，故不可以行也。"

《象传》说，"无妄之行"，没有妄为地前行，为什么却有凶险呢？"穷之灾也"，因为走到尽头了。《伊川易传》卷二："极而复行，过于理也，过于理则妄也。"上九爻是最上一爻，再往前已无路可走，会有危险。这个时候更要反思自己是否妄为了。

大畜卦第二十六

䷙ 艮上乾下

[解读]

大畜卦与无妄卦构成综卦。无妄卦颠倒就是大畜卦，无妄卦是天雷无妄，大畜卦是山天大畜。"畜"通"蓄"，第九卦风天小畜是小小的积蓄，大畜是大大的积蓄。大畜积蓄的不仅是财富，还包括美德，比如蓄养贤人。不妄为了，事物就可以聚集起来，就会大有积蓄，所以无妄卦之后就是大畜卦。

大畜卦说明了事物在发展过程中必须竭力蓄聚刚健正气的道理，卦辞与《象传》强调"守正""养贤"，指出"蓄聚阳刚正德"是"大畜"的关键所在。要积德、积善，这样才能有好报。首先要去掉凶残的本性，恢复善良的本性，这样可以使自己的本性变得刚健笃实。其次要有宽广的胸怀，要能容纳比你更大、更强的人和物。再次，要不断地去更新，日新其德。

大畜，利贞[1]。不家[2]食，吉，利涉[3]大川[4]。

[注释]

1 贞：正。

2 家：在家。

3 涉：徒步渡水。

4 川：河流。

[译文]

大畜卦，是有利的。不独自在家里吃饭，这是好事，有利于渡过大河。

[解读]

"大畜，利贞"，大畜卦是有利于守正的。孔颖达疏："乾健上进，艮止在上，止而畜之，能畜止刚健，故曰大畜。"下卦乾为天刚健，上卦艮为山笃实，天地山河最能蓄养万物，生机勃勃。"不家食，吉"，他不在家里自己吃，意思是要出去与外面的人一起吃，这是好事。"不家食"也可理解为到外面吃俸禄。《伊川易传》卷二："在人，为学术道德充积于内，乃所畜之大也。……既道德充积于内，宜在上位以享天禄，施为于天下，则不独于一身之吉，天下之吉也。若穷处而自食于家，道之否也，故不家食则吉。所畜既大，宜施之于时，济天下之艰险，乃大畜之用也，故利涉大川。"要蓄养贤德的人，带领大家建功立业，这样是有利的，利于渡过大江大河。当然，这个过程肯定有艰险，所以必须要带领大家跋山涉水，经历了艰险，然后就可以"不家食"了。"不家食"还可理解为不在家自食。孔颖达疏："己有大畜之资，当须养顺贤人，不使贤人在家自食，如此乃吉也。……丰则养贤，应於天道，不忧险难，故利涉大川。"

《彖》曰：大畜，刚健笃[1]实[2]，辉[3]光，日新[4]其德，刚上而尚[5]贤，能止[6]健[7]，大[8]正也。不家食，吉，养贤也。利涉大川，应[9]乎天也。

[注释]

1 笃：深厚。

2 实：充满。

3 辉：产生光彩；照耀。

4 日新：日日更新。

5 尚：崇尚。

6 止：停留，守持。

7 健：强有力。

8 大：很，非常。

9 应：符合，顺应。

[译文]

《彖传》说，大畜卦，刚健笃实能发出光辉，日日创新变革提高品德。阳刚在上崇尚贤人，能够保持刚强矫健之心，那就太伟大了。不独自在家里吃饭，大吉，因为在蓄养贤人。有利于渡过大河，因为合乎天道。

[解读]

大畜卦，"刚健笃实"，"刚健"指的是乾卦，乾卦的本性刚健；"笃实"指的是艮卦，艮为山，山为笃实，非常敦厚坚实。代指才学道德不断充实。"辉光"是指心地光明，发出光辉。如果刚健笃实得像天上的太阳一样，那就能发出光辉了。俞琰《周易集说》卷十六："乾艮皆阳卦，阳明故辉光，艮之辉光即乾之辉光，发于外者也。畜之不已，则日进一日，其德愈著。"一个东西要是能发出光辉，这说明它自己已经有了大的积蓄，很殷实，很富足。这里不仅仅是指积蓄一些物质财富，更重要的是要积蓄道德。所以要"日新其德"，一天一天地去创新变革，去提高自己的品德。四书之一的《大学》引用了商汤时期的《盘铭》里的一句话："苟日新，日日新，又日新。"这就是中国人的创新精神。《诗经》里也有这样两句："周虽旧邦，其命维新。"周朝虽然是一个旧国，但它的使命是要不断创新，所以创新对于大畜卦是非常重要的。乾卦就具有创新的品德，"天行健，君子以自强不息"，是永远创新的。怎么才能新呢？就是要"变"。"新"是个使动词，意思是不断地修炼自己的品德、道德，使自己的品德一天天创新，天天有变化。既能像天那么刚健，又能像山那么高大，更加敦厚笃实，敦厚笃实得像这座山都高到天上去了，所以是"大畜"。"刚上"指的是上九爻，"尚贤"就是崇尚贤人。刚爻在上，一般是指有能力的领导者居于上位，领导者居于上位一定要崇尚下面的贤人，要能居下，领导者要崇尚下属、尊敬下属，充分发挥下属的才能，把他们放在比自己更重要的位置上，就像大畜卦把山放在天的上面，这就是大畜卦的卦义。

"止"是指上面的艮卦，"健"是指下面的乾卦，要能够留住自己的刚健之心，用以崇尚贤人，这就叫"大正也"。《伊川易传》卷二："刚上，阳居上也。阳刚居尊位之上为尚贤之义。止居健上，为能止健义。止乎健者，非大正则安能以刚阳在上与尊尚贤德？能止至健，皆大正之道也。"

"不家食，吉"，王弼注："有大畜之实，以之养贤，令贤者不家食，乃吉也。"战国时期四公子魏国信陵君、齐国孟尝君、赵国平原君、楚国春申君都养了一些食客，这些食客就叫贤人，他们都有自己的绝招。君主把自己的位置放低，甘于居下；把贤人推到尊贵的位置上，奉为上宾，所以才能大吉大利。"利涉大川，应乎天也"，因为他合乎天道，按照天道来办事，天道是公平的，天道是不占为己有的，领导者要公平地对待下属，这就是大畜卦说的养德蓄贤。孔颖达疏："应天者，上体之艮，应下体之乾，故称应天也。此取上卦、下卦而相应，非谓一阴一阳而相应也。"

《象》曰：天在山中，大畜。君子以多识[1]前言[2]往行³，以畜⁴其德。

[注释]

1 识：认识。

2 前言：古圣先贤的至理名言。

3 往行：去做事。

4 畜：通"蓄"，包容。

[译文]

《象传》说，天包含在山当中，大的包容之象。君子要多学习古圣先贤的言论行动，积蓄自己的德行。

[解读]

《象传》说，"天在山中"，上卦是艮，艮为山；下卦是乾，乾为天，天包含在山当中。一般是天覆盖了山，现在是倒过来，山包容了天，山在上面把天包容住了，这是大的包容，大的积蓄，这就是大畜卦之象。君子看到这样的卦象，就要按照大畜卦之道来"多识前言往行，以畜其德"。孔颖达疏："物既大畜，德亦大畜，故多记识前代之言，往贤之行，使多闻多见，以畜积己德。"君子要学习大山的蓄藏能力，把古圣先贤的德行、名言、行为铭记于心，然后按照古圣先贤的话去做，这样来积蓄自己的德行。积德、养贤，要能够包容。包容比自己更大更强的东西。一般的人去包容比自己弱的东西容易做到，叫同情弱者，去包容一个比自己能力更强的人往往很难做到，会产生嫉妒之心。我们要像这大畜卦一样，能够包容比自己更高、更强、更大的人。

初九，有厉[1]，利已[2]。
《象》曰：有厉利已，不犯[3]灾也。

[注释]

1 厉：危险。

2 已：停止。

3 犯：遭遇。

[译文]

初九，一开始就有危险，有利于停止。

《象传》说，一开始就有危险，赶快停止就有利，不会遇到危险灾祸。

[解读]

六条爻辞虽然都没有明确提到"大畜"或者"畜"字，但是意思都隐含在爻辞里了。初九，一开始就有危险，如果赶快停止，就有利。"利已"，就是有利于停止。《周易本义》："乾之三阳，为艮所止，故内外之卦，各取其义。初九为六四所止，故其占往则有危，而利于止也。"

《象传》说，"有厉利已"，是为了"不犯灾"。初九，前面有灾祸了，就马上停止，这样就不会遇到危险灾祸。孔颖达疏："初九虽有应于四，四乃抑畜于己。己今若往，则有危厉。唯利休已，不须前进，则不犯祸凶也。"这根爻是在大畜卦好的景象下，此时要居安思危，这是一种与时俱退的智慧。要审时度势，不能盲目冒进，这叫知时位。

九二，舆^{1}说^{2}輹^3。
《象》曰：舆说輹，中无尤^{4}也。

[注释]

1 舆：车子。

2 说：通"脱"。

3 輹：垫在车厢和车轴之间的木块，用来卡住车轴。

4 尤：怨恨、过失。

[译文]

九二，把车上卡住车轴的木头弄丢了（不能前行了）。

《象传》说，把车上卡住车轴的木头弄丢了（不能前行了），说明心中没有忧愁。

[解读]

"舆说輹"就是车子跟这个木块脱离了，意味着车子要散架了，不能再赶路了，这时一定要停下来等待。孔颖达疏："九二虽与六五相应，'五处畜盛，未可犯也'。若遇斯而进，则舆说其輹，车破败也。以其居中，能遇难而止，则无尤过。"俞琰《周易集说》卷五："輹指初。舆，二自谓也。輹处舆之下，輹说则舆不行，以象二与初同体同德，初止则二亦止也。"

《象传》说，要像车子把卡住车轴的木头甩掉一样不往前走了，如果这样，就"中无尤也"。九二爻居下卦中位，能守持中正之道，所以内心没有什么怨尤，能安安心心地等待。《伊川易传》卷二："初九处不得中，故戒以有危宜已。二得中，进止自无过差，故但言舆说輹，谓其能不行也，不行则无尤矣。初与二乾体，刚健而不足以进，四与五阴柔而能止。时之盛衰，势之强弱，学易者所宜深识也。"《杂卦传》说："大畜，时也。"这里指要守中道，知止则止，这样就不会有过失和怨恨。

九三，良马逐[1]，利艰贞，曰[2]闲[3]舆[4]卫[5]，利有攸往。《象》曰："利有攸往"，上合[6]志也。

[注释]

1 逐：追赶。

2 曰：平常、平日。

3 闲：通"娴"，娴熟。

4 舆：车子。

5 卫：防卫。

6 合：符合、契合。

[译文]

九三，良马在竞逐，要牢记前面的道路有艰险。平日非常娴熟于车战防卫，有利于前行。

《象传》说，有利于前行，因为上九爻与九三爻志同道合。

[解读]

"良马"指乾卦，跑起来是刚健的。《周易本义》："三以阳居健极，上以阳居畜极，极而通之时也。又皆阳爻，故不相畜而俱进，有良马逐之象焉。"九三爻是下卦的乾卦到最上了，好像在追逐。"利艰贞"，"贞"通"正"，意思是牢牢记住前面是危险的。艰险指上卦的艮卦，是一座高山挡在前面，所以更要坚定不移地走正道，才能渡过艰难。虽然前面道路很艰难，但是因为平常对车战的防卫非常娴熟，所以"利有攸往"，继续往前跑还是有利的。《伊川易传》卷二："在上者与合志而进，其进如良马之驰逐，言其速也。虽其进之势速，不可恃其才之健与上之应而忘备与慎也，故宜艰难其事，而由贞正之道。舆者用行之物，卫者所以自防。当自曰常闲习其车舆与其防卫，则利有攸往矣。九三，乾体而居正能贞者也，当其锐进，故戒以知难与不失其贞也。志既锐于进，虽刚明，有时而失，不得不戒也。"蓄积力量之后可以前行了，但要牢记前面有艰难，平常勤于练习，做好防卫，照样是有利的。

《象传》说，"利有攸往"，是因为"上合志也"。"上"指上九爻，是跟他志同道合。九三爻、上九爻不相应，一阴一阳才是相应，但上九爻是"何天之衢"，也就是说上九爻是天道；九三爻是乾卦最上面的阳爻，也是符合天道的，这就表明九三爻和上九爻志向相合，因为非常投缘而有利。《伊川易传》卷二："上九阳性上进，且畜已极，故不下畜三，而与合志上进也。"至于志向的内容是什么，可以做出不同的猜测。一般理解为共同进取。也有以九三与上九都能止来解释的，俞琰《周易集说》卷二十二："节初齐氏曰：艮欲止之，而乾健自止，此其志所以合也。"还有的将"上合志"理解为向上与天地之志相合，方闻一《大易粹言》卷二十六引《易说》："圣人之畜德确乎不可拔，及其用也，推而放诸四海而准，虽有良马之逐，所以合天衢之志也。……盖参天地、赞化育之时，上合天地之志。"

六四，童牛[1]之牿[2]，元吉。

《象》曰：六四元吉，有喜也。

[注释]

1 童牛：没有角或刚长了一点点角的小牛。

2 牿：绑在牛角上的横木。

[译文]

六四，给刚刚长角的小牛安装上横木，是大吉的。

《象传》说，六四爻大吉，有大的喜悦。

[解读]

"童牛之牿，元吉"，就是小牛没有角或刚长了一点点角就要用一个东西把它铐住，系在一根木头上，这样是大吉大利。孔颖达疏："柔以止刚，刚不敢犯，以息强争所以大吉而有喜也。"《周易本义》："童者，未角之称，牿，施横木于牛角以防其触。《诗》所谓楅衡者也。止之于未角之时，为力则易，大善之吉也。"因为牛会用牛角去使坏顶人，在小牛没使坏之前就把它铐住了，教化它，按古人的说法，叫"止恶于未发之时"，这样就大吉大利。在小牛还没有长大的时候就把它的恶性止住，就是在初始之时把它制止住，就叫"防微杜渐"。

所以《象传》说，当恶性还没有长出来的时候就把它遏制住，会有大的喜悦。因为这时候牛还小，比较容易控制；等它的牛角长长、长锋利，身子骨也长得结实时，再想给它上牿，付出的代价可就大了。把灾祸消灭在萌芽状态，一则达到了消灭灾祸的目的，二则也实现了效益的最大化，即以最小的成本换取最大的利益。

大畜（大富有、大成功）的时候我们要防止财富的奢侈、腐化、浪费，在这些情况还是苗头的时候就要及时止住。

六四爻已经进入艮卦了，艮卦表示要"止"，要止住不好的东西。

六五，豮[1]豕[2]之牙，吉。

《象》曰：六五之"吉"，有庆[3]也。

[注释]

1 豮（fén）：阉割。

2 豕：猪。

3 庆：福泽。

[译文]

六五，被阉割了的公猪的牙齿，吉。

《象传》说，六五的吉利，是值得庆幸的。

[解读]

公猪被阉割了之后,它的凶性就减弱了,慢慢变得温顺了,原本锋利的牙齿也慢慢退化了，即使它还想使坏，也使不出来了，所以说豮豕的牙齿是吉的。《伊川易传》："豕，刚躁之物，而牙为猛利，若强制其牙，则用力劳而不能止其躁猛，虽縶之维之，不能使之变也。若豮去其势，则牙虽存，而刚躁自止，其用如此，所以吉也。君子发豮豕之义，知天下之恶，不可以力制也，则察其机，持其要，塞绝其本原，故不假刑法严峻而恶自止也。"

《象传》说，六五的吉利，是"有庆也"。整个卦象里只有六四爻、六五爻是阴爻，表示它的阳性的东西已被去掉，六四的童牛也是比较温顺的牛，这里的豶豕就是被阉割了的公猪，这种猪的凶性已经去掉了。猪、牛，还有九二、九三说的车、马，都是用一个形象来比喻同一类事物，而不能局限于这一个东西。由牛、猪而联想到人，道理其实一样。去掉了凶性是值得庆幸的。这从六四、六五爻的爻位也可看出，六四爻不中却正，阴爻居阴位；六五爻不正却中，为上卦之中爻，而且是最尊贵的位置，表明兽性已经变得柔弱了，都有吉祥的一面。

上九，何天之衢，亨。

《象》曰：何¹天之衢²，道大行也。

[注释]

1 何：通"荷"，担负、承担。

2 衢：大路。

[译文]

上九，走在担负天地重任的大道上，亨通。

《象传》说，走在担负天地重任的大道上，天道大行于天下。

[解读]

上九，"何天之衢，亨"，"何天"指肩负天地的道德，积蓄天地的道德。郑玄注："乾为天，艮为径路，天衢象也。人君在上位。负荷天之大道。"上九走在担负天地重任的大道上，是亨通的。艮卦这座山在天的上面，上九是艮卦上面唯一的阳爻，好像是走在天道上。上九爻是山的最高峰，整个卦叫大畜卦，意思是德积累到了最高。它分两个阶段，第一个阶段积蓄最多的是在九三爻，整个卦积累最多的是上九爻。到了上九爻，道德已大畜，所以亨通。只要大畜其德就有好报，虽然有的时候时位不利但同样有大喜。"何"也可以理解为语气词。王弼注："处畜之极，畜极则通，大畜以至于大亨之时。何，辞也，犹云何畜。"还蓄养什么呢。《周易本义》："何天之衢，言何其通达之甚也。畜极而通，豁达无碍。"

《象传》说，"何天之衢"，寓意是"道大行也"。方闻一《大易粹言》卷二十六引游酢："贤路而谓之天衢，言陟降之当于天心也。《彖》曰刚上而尚贤，则大畜之义主于上九也。然崇俊良以列庶位，而推毂贤路，使天下无家食之贤者，上九之任也。故其爻以何天之衢为言。天下至于无家食之贤，则道之大行孰盛于此？此大畜所以为先王之盛时也。"天道大行于天下，这是大畜的最终结果。

颐卦第二十七

艮上震下

[解读]

《说文解字》："颐，颔也。""颐"和"颔"都有页字旁，跟页有关的字，一般都跟头有关，"颐"表示腮帮子。颐卦的卦象非常形象，就像一张嘴：上面是一根阳爻，代表上嘴唇（牙齿），下面也是一根阳爻，代表下嘴唇（牙齿），中间是四根阴爻，代表嘴中间是空的。颐卦的卦象是嘴巴，往嘴巴里送东西就表示养人，所以是"颐养"，有个词就叫"颐养天年"。

颐卦上面是艮卦，代表止；下面是震卦，代表动，又止又动，非常形象。把嘴张开，只要下巴在动，上颌是永远不动的，不可能上下都动。所以上面是止，下面是动，上止下动，动静结合，嘴巴才能发挥吃东西的功能。吃东西就是养生，所以颐卦阐发的就是"颐养"之意，上止是颐养别人，下动是颐养自己。"养人"之道，当出于公，必须养德及物。"自养"之道，当本于德，不可弃德求欲。下卦主要讲养自己，一切为了自己是凶险的；上卦讲的是养别人，是吉利的。从德行上说,需要自己养的应该是德,这个德出于公心、公道,就像上九爻是养别人的,所以它虽然艰险,但仍然是吉的。

颐,贞[1]吉。观[2]颐,自求口实[3]。

[注释]

1 贞:正。

2 观:仔细看。

3 实:果实、种子;借为食。

[译文]

颐卦,守正就吉祥。观看颐养现象,明白自己谋生的道理。

[解读]

颐卦,"贞吉",守正就吉祥。"观颐,自求口实",观看颐卦,就会明白自己谋生的道理。孔颖达疏:"观颐者,言在下观视在上颐养,所养何人,故云观其所养也。"颐卦非常形象,上面是一根阳爻,下面也是一根阳爻,中间是四根阴爻,这个形象就像一张嘴上嘴唇和下嘴唇,中间是空的,其实就是讲自养。《周易本义》:"口食物以自养,故为养义。……自求口实,谓观其所以养身之术。"自己从外面求得口中的食物,这其实就是一种求养于人的道理,自己被别人供养，而自己是万事万物的一员，所以这个卦也是讲怎样养育万物的。程颐《伊川易传》卷二："人之养身、养德，养人、养于人，皆以正道则吉也。天地造化，养育万物，各得其宜者，亦正而已矣。""天地造化"，要养育万物的话，必须守住自己的正道，才能求得食物。

《彖》曰：颐，贞吉，养正[1]则[2]吉也。观颐，观其所[3]养也。自求口实，观其自养也。天地养万物，圣人养贤以[4]及[5]万民。颐之时[6]大[7]矣哉。

[注释]

1 正：合于道理，正道。

2 则：表示肯定，就。

3 所：助词，与动词结合组成名词性词组。

4 以：连词，而、且。

5 及：推及。

6 时：时机。

7 大：重大，重要。

[译文]

《彖传》说，颐卦，守正就吉祥，自养或养人守持正道就吉祥。观看颐卦，就是观看所颐养的对象。自己谋求食物，就是观看其如何颐养自己。天地养育万物，圣人养育贤人和万民。颐这个时位是非常伟大的。

[解读]

颐卦，"贞吉"，守正吉祥，"养正则吉也"，俞琰《周易集说》卷十六："伊川程子曰：人之养生、养形、养德、养人，无非皆颐养之道也。动息节宣以养生也，饮食衣服以养形也，威仪行义以养德也，推己及物以养人也。愚谓：养生、养形、养德、养人，虽有轻重，要皆以正道，固守则吉也。"你要想养别人或求别人养你，你就必须守正。"观颐，观其所养也"，观看颐卦，就是观看颐养之道。《伊川易传》卷二："所养，谓所养之人与养之之道。""自求口实，观其自养也"，自己谋求食物，就是观看其如何颐养自己。一个是所养，一个是自养。颐卦讲的就是，一个人处于天地之间，如何养育别人和养育自己的道理。"天地养万物，圣人养贤以及万民"，天地的责任是养育万物的，圣人的责任是养育贤人和万民的。这里出现了三个养，第一个"养"是"天地养万物"；第二个"养"是养贤人，即养有才能的人；第三个"养"是养百姓。"养"有个特点，是自己富有了就应该去养别人。所以光自己有才能、有能力，能自养了，还不行，还要去养别人。因此说颐这个时位是非常伟大的。《伊川易传》卷二："圣人则养贤才，与之共天位，使之食天禄，俾施泽于天下，养贤以及万民也，养贤所以养万民也。……圣人裁成天地之道，辅相天地之宜，以养天下，至于鸟兽草木，皆有养之之政，其道配天地。"圣人与天地在养育这件事上具有相同的功绩。天地养万物是无私的，是自然而然的，圣人也一样，他养育贤人以及万民也是无私的，自然而然的。

《象》曰:山下有雷,颐。君子以慎¹言语,节²饮食。

[注释]

1 慎：谨慎。

2 节：减省，管束。

[译文]

《象传》说，山下有雷，颐卦之象。君子要谨慎地说话，节制饮食。

[解读]

从形象上来分析，"山下有雷"，上卦为艮卦，艮为山，下卦为震卦，震为雷，山静止，雷震动，山下面的雷被止住了还没开始动，处在一种养育的状态，这就是颐卦之象。君子看到这样的卦象，就要按照颐卦之道来"慎言语，节饮食"。"慎言语"就是要少说话，或不说话，要谨慎地说；"节饮食"，就是要节制饮食。颐卦为上止下动，就是要止住动。因为言语和饮食都是动的，所以要节制它们。有句话就说："祸从口出，病从口入。"所以要止动，要谨慎，这样才能吉，才能行颐养之道。《伊川易传》卷二："慎言语以养其德，节饮食以养其体。不唯就口取养义，事之至近而所系至大者，莫过于言语饮食也。在身为言语，于天下则凡命令政教出于身者皆是，慎之则必当而无失；在身为饮食，于天下则凡货资财用养于人者皆是，节之则适宜而无伤。推养之道，养德养天下，莫不然也。"

初九，舍¹尔²灵龟³，观我朵颐⁴，凶。
《象》曰：观我朵颐，亦不足⁵贵⁶也。

[注释]

1 舍：舍弃。

2 尔：你。

3 灵龟：乌龟。龟和龙、凤、麒麟并称为四灵。

4 朵颐：鼓动腮颊嚼东西的样子。

5 不足：不值得，不必要。

6 贵：崇尚，重视。

[译文]

初九，舍弃你自己像灵龟一样的本质，只看着我动腮进食，有凶险。

《象传》说，只看着我动腮进食，是不值得称道的。

[解读]

颐卦的六根爻辞，下面震卦的三根爻全是凶，上面艮卦的三根爻全是吉。

"尔"在这里就是指初九爻。"灵龟"指阳刚的体质。颐卦是上下各一根阳爻，中间四根阴爻，从大象上来说就是离卦，离卦就有龟的意思，四灵中龟是最长寿的。"舍尔灵龟"就是舍弃初九的阳刚体质。"观我朵颐"，就是看嘴巴在动。至于指向的对象，有不同的理解。王弼、孔颖达只说初九舍弃自身的贞正向外求人养己，程颐、朱熹则指出是求养于六四爻，《伊川易传》卷二："初之所以朵颐者四也，然非四谓之也，假设之辞尔。九阳体刚明，其才智足以养正者也。龟能咽息不食，灵龟喻其明智，而可以不求养于外也。才虽如是，然以阳居动体，而在颐之时，求颐，人所欲也，上应于四，不能自守，志在上行，说所欲而朵颐者也。心既动，则其自失必矣。"俞琰认为是求于上九爻。其实，"尔"可以理解为代词"那"。初九，舍弃了灵龟般的阳刚体质，只观看自己动腮进食，意思就是只管自己，不管别人，有凶险。九爻处于卦的最下面，这根阳爻的位置比较卑微，能力有限，养不起别人，所以只好舍弃灵龟的功能，自己养自己。

《象传》解释说："观我朵颐，亦不足贵也。"就是说自己有这样的能力，有阳刚的体质，却自己只顾自己，不去帮助别人，这样的人是不值得称道的。按照传统的理解，有所迷失自然是不足崇尚的。孔颖达疏："损己廉静之德，行其贪窃之情，所以凶也，不足可贵。"联系六二爻"失类"、六三爻"大悖"，两种理解都可以。

六二，颠[1]颐，拂[2]经[3]，于丘[4]颐，征[5]凶。

《象》曰：六二征凶，行失类[6]也。

[注释]

1 颠：颠倒。

2 拂：违背。

3 经：常规。

4 丘：本指高出平地的小山，这里指的是卦中的上九爻。

5 征：远行。

6 类：法则。

[译文]

六二，颠倒颐养之道，违背常理，向下属求取颐养，往前进有凶险。

《象传》说，往前进必有凶险，因为违背了常规。

[解读]

"颠颐"，王弼注："处下体之中，无应于上，反而养初居下，不奉上而反养下。"解释为六二爻不与六五爻相应，与初九爻相比，转而求养于初九爻。"拂经"就是违背常规的意思。这种解释将"拂经于丘"断在一起。如果断开理解，如程颐注，《伊川易传》卷二："二，阴柔，不能自养，待养于人者也。……二既不能自养，必求养于刚阳；若反下求于初，则为颠倒，故云颠颐。……丘，在外而高之物，谓上九也。卦止二阳，既不可颠颐于初，若求颐于上九，往则有凶。在颐之时，相应则相养者也。上非其应而往求养，非道妄动，是以凶也。""丘"这里指上九爻。"于丘颐"意思是六二向上九去求颐养，求养育。六二，颠倒了颐养之道，违背了常理，向上级（上九）去求颐养，求养育，这样前往就有凶险。

《象传》说，"六二征凶"，是因为"行失类"。六二，这一爻是又中又正，所以一般来说是非常吉利的，但在这里却是凶象，是因为它颠倒了颐养之道。六二本来应该向六五求，第二爻跟第五爻相应，而颐卦的第五爻也是阴爻，没有力量，所以六二爻只能向不相应的上九爻求助，这样的行为是不正确的。

六三，拂颐，贞凶。十年勿用[1]，无攸利。
《象》曰：十年勿用，道大[2]悖[3]也。

[注释]

1 用：行使、施行。

2 大：很，非常。

3 悖：悖谬，行不通。

[译文]

六三，违背颐养的常理，凶险。十年之内不要有什么作为，因为没有什么好处。

《象传》说，十年之内不要有什么作为，因为违背了颐养之道。

[解读]

六三，"拂颐，贞凶"，违背了颐养之常理，坚持这样做会是凶的。"十年勿用，无攸利"，十年之内也不要有什么作为，不会有什么利益的。《伊川易传》卷二："颐之道，唯正则吉。三以阴柔之质，而处不中正，又在动之极，是柔邪不正而动者也。其养如此，拂违于颐之正道。……十，数之终，谓终不可用。"

《象传》说，"十年勿用"，是因为"道大悖也"。孔颖达疏："以其养上以谄媚，则于正道大悖乱。"六三阴爻居阳位，位不正。六表示阴，体质比较弱，且他又违背了正常的颐养之道，向上九爻求助，一心想求别人来养自己，而没想过自己去养别人，多欲妄动，所以有凶象。

六四，颠颐，吉，虎视眈眈[1]，其欲逐逐[2]，无咎。
《象》曰：颠颐之吉，上[3]施[4]光[5]也。

[注释]

1 眈眈：形容眼睛注视。

2 逐逐：接连不断。

3 上：在上；崇尚。

4 施：施行、给予。

5 光：光明；也可以作"广"讲。

[译文]

六四，颠倒过来向下求取颐养，吉。像老虎捕食一样高度重视，求物的欲望接连不断，却没有灾祸。

《象传》说，颠倒过来向下求取颐养是吉利的，因为六四爻居上位，施行光明。

[解读]

王弼注："体属上体，居得其位，而应于初，以上养下，得颐之义，故曰颠颐吉也。……观其自养则履正，察其所养则养阳。"与六四爻相应的是初九爻，六四颠倒了向下养人，犹上之养德施贤，所以是吉。《周易本义》："柔居上而得正，所应又正，而赖其养以施于下，故虽颠而吉。"也可以理解为向下求养于人，《伊川易传》卷二："六以阴居之，阴柔不足以自养……初九以刚阳居下，在下之贤也，与四为应，四又柔顺而正，是能顺于初，赖初之养也。以上养下则为顺，今反求下之养，颠倒也，故曰颠颐。然己不胜其任，求在下之贤而顺从之，以济其事……故为吉也。"

　　"虎视眈眈"，意思是像老虎一样盯着初九爻，表示专心。"其欲逐逐"就是求养的欲望接连不断。俞琰《周易集说》卷五："四以阴养阳，虽为颠颐，然自上施下，亦颐道之正也，是以吉而无咎。"如果按照求养于下的理解，也比较通顺。《伊川易传》卷二："又从于人者必有常……必逐逐相继而不乏，则其事可济。"六四除了和初九相应之外，他所求的初九爻有"灵龟"的阳刚体质，这种阳刚之性接连不断地被六四吸收，所以六四是吉的。

　　《象传》解释说，"颠颐之吉"，是因为"上施光也"。"上"不是指上九爻，而是指六四爻本身居于上位，所以施行光明。孔颖达疏："下养于初，是上施也。……是上之所施有光明也。"六四是在养别人，而不是求别人养自己，这是一种光明的行为。四爻开始进入上卦艮卦，艮卦是讲颐养别人的。一切为了别人，往往是吉的。

　　六五，拂经[1]，居[2]贞吉，不可[3]涉[4]大川。

　　《象》曰：居贞之吉，顺以从[5]上也。

[注释]

　1 拂经：违背常规。

　2 居：处于，位于。

　3 可：能够。

4 涉：徒步渡水。

5 从：跟随，依顺。

[译文]

六五，虽然违背常理，但能安居正位，因此能获得吉祥，不过不能去渡大河大川！

《象传》说，安居正位而获得吉祥，因为六五爻顺从上九爻。

[解读]

六五爻以阴处尊，阴柔而才不足以养天下，反求于上九。王弼注："以阴居阳，拂颐之义也。行则失类，故宜居贞也。无应于下而比于上，故可守贞从上。""居贞吉"，安居正位，就能获得吉祥。六五居于君主之位，本来应该去养别人，但却是阴柔之体，是阴爻，没有办法去养人，反而要靠上九来养自己，但他非常公道，把自己所得到的颐养反推给天下百姓，这样就属于"有德"，所以吉祥。但"不可涉大川"，这是由于阴柔的缘故。《伊川易传》卷二："以阴柔之才，虽倚赖刚贤，能持循于平时，不可处艰难变故之际，故云不可涉大川也。"六五虽然是吉，但不是大吉，是小吉。因为是小吉，所以不能涉大川，没有办法做出丰功伟业。

《象传》解释说，"居贞之吉"，是因为"顺以从上也"。上九阳爻居上，六五阴爻居下就是顺，就是六五顺从上九爻。

也就是说，上九养了六五，六五再去养天下百姓。

上九，由[1]颐，厉[2]吉，利涉大川。

《象》曰：由颐厉吉，大有庆[3]也。

[注释]

1 由：源出。

2 厉：祸患、危险。

3 庆：福泽。

[译文]

上九，依靠它来颐养天下，虽然艰难但仍然吉利，有利于渡过大河大川。

《象传》说，依靠它来颐养天下，虽然艰难但仍然吉利，因为大有福报。

[解读]

"由颐"就是颐养之源出。王弼注："以阳处上而履四阴，阴不能独为主，必宗于阳也。故莫不由之以得其养，故曰由颐。"上九以阳刚居颐养之极，下有四根阴爻，皆赖其养，意思是依靠上九爻颐养天下。"厉吉"，孔颖达疏："为众阴之主，不可亵渎，严厉乃吉。"《伊川易传》卷二："必常怀危厉则吉也。……身当天下大任，宜竭其才力，济天下之艰危，成天下之治安……当尽诚竭力，而不顾虑，然惕厉则不可忘也。""利涉大川"，上九阳爻刚健，所以有利于渡过大河大川。一般来说，上九爻是不吉利的，但是这里是吉利的，因为他居最高位，天下是靠他来颐养的。对自然界而言，上九爻就好比天，要颐养万物；对于国家而言，上九爻就好比一国之首，要颐养百姓；对于企业而言，上九爻就好比领导，要颐养下属。

《象传》解释说，"由颐厉吉"，则"大有庆"，就是大有福报。方闻一《大易粹言》卷二十六引郭雍："大有庆者，天下得其所养也。……由颐之道，盖自任天下之重者如禹稷伊周为能尽之。"这就是说，以民为本才能获得支持与信任，才能赢得最后的成功。这是一种民本思想，管子说："王者以民为天，民者以食为天。"孟子也说过："民为贵，社稷次之，君为轻。"君主是最轻的，而百姓是最重要的，所以当君主应该颐养百姓。

大过卦第二十八

䷛ 兑上巽下

[解读]

　　大过卦在颐卦之后，本应该是颐卦的综卦，即颐卦颠倒过来。但颐卦上下各一根阳爻，中间四根阴爻，颠倒之后还是颐卦，所以大过卦就是变卦，这就叫"非覆即变"。《易经》六十四卦的卦序是两个卦为一组，后面的卦是前面一个卦的颠倒，如果不能颠倒就是变卦。颐卦上下两根阳爻变为两根阴爻，中间四根阴爻变为四根阳爻，最终变为大过卦。"泽风大过"，上面是泽，下面是风。

　　《序卦传》："颐者养也，不养则不可动，故受之以大过。"程颐《伊川易传》卷二："凡物养而后能成，成则能动，动则有过，大过所以次颐也。为卦，上兑下巽，泽在木上，灭木也。泽者润养于木，乃至灭没于木，为大过之义。大过者，阳过也，故为大者过，过之大，与大事过也。圣贤道德功业，大过于人，凡事之大过于常者皆是也。"颐卦是颐养，如果养育的太厉害，就太超越常理了。"大"通"太"，"大过"就是大的过越，太过了，一直走向反面。本末倒置了，本源出现了问题，即处于大过的状态，"大过"可以指生态破坏太过，或者事业发展太过，或者做人的行为太过，等等。大过卦的主题就是如何改变以及避免"大过"的局面。进则独立不惧，要刚健有为有担当，"挽狂澜于既倒"；退则遁世无闷，隐退且心甘情愿，居下无争。最后，处世要处于中位，公正公平，按照天道行动，并且要非常喜悦地发自内心地去做，让大家都喜悦，这样就能改变大过的局面了。

大过，栋[1]桡[2]，利有攸往，亨。

[注释]

1 栋：屋的正梁。

2 桡：木头弯曲。

[译文]

大过，建筑物的正梁被压弯了，适宜于采取行动去修整，这样将通达顺利。

[解读]

"栋桡"，栋梁弯曲了。大过卦中间的四根阳爻好比栋梁，上下的两根阴爻好比栋梁弯下来了，是栋梁已经弯曲的形象，形容太过度了。孔颖达疏："过谓过越之过，非经过之过。此衰难之世，唯阳爻，乃大能过越常理以拯患难也。……四阳在中，二阴在外，以阳之过越之甚也。"此卦有四阳爻居中，阳过度旺盛。"利有攸往，亨"，孔颖达疏："既遭衰难，圣人利有攸往，以拯患难，乃得亨通。"此时要改变它，就仍有利于有所行动，亨通。

《彖》曰：大[1]过[2]，大者过也。栋桡，本[3]末[4]弱也。刚过而中，巽[5]而说[6]行，利有攸往，乃亨。大过之时[7]大矣哉。

[注释]

1　大：在强度、深度、力量等方面超过一般。

2　过：超出，胜出。

3　本：事物的根基或主体。

4　末：卑微；细、小；非根本、次要。

5　巽：卑顺、谦恭。

6　说：通"悦"。

7　时：时机、时势。

[译文]

《彖传》说，大过卦，强大者可以渡过险难。栋梁弯曲了，因为首尾弱小。刚健大过但都处于中位，顺利而喜悦地行动。所以有利于前往，而且亨通。大过的时势意义太重大了。

[解读]

"大者过也"，孔颖达疏："谓盛大者乃能过其分理以拯难也。"强大者可以渡过险难。从卦象上看，是说阳爻太过。《周易本义》："大，阳也。四阳居中过盛，故为大过。上下二阴，不胜其重，故有栋桡之象。"栋梁弯曲了，是因为"本末弱也"。"本"和"末"分别指上下两根阴爻，它们都太弱了。李鼎祚《周易集解》卷六引向秀说："所以桡，由于初、上两阴爻也。初为善始，末是令终。始终皆弱，所以栋桡。"

"刚过而中"，"刚"指九二爻与九五爻，刚健太过，但都处于中位。《伊川易传》卷二："刚虽过而二、五皆得中，是处不失中道也。"

"巽而说行"，下卦为巽，巽为顺利，上卦为兑，兑为喜悦，合在一起是顺应天道，从内心发出喜悦之情去行动顺，所以有利于继续前进，而且亨通。

"大过之时大矣哉"，大过的时势意义太重大了。孔颖达疏："言当此大过之时，唯君子有为拯难，其功甚大。"虽然社会处于栋梁弯曲、大厦将倾、面临崩溃的大过之时，但也正是时势造英雄、可以干大事的时候，若能行动起来，刚健有为，挽狂澜于既倒，是能顺利而成功的。

《象》曰：泽[1]灭[2]木，大过。君子以独立不惧，遁[3]世无闷[4]。

[注释]

1 泽：水深的湖。

2 灭：淹没。

3 遁：隐蔽、逃避。

4 闷：心烦，不舒畅。

[译文]

《象传》说，泽水淹没了大树，大过卦之象。君子要独立不惧怕，隐身遁世不觉苦闷。

[解读]

上卦是兑卦，兑为泽；下卦是巽卦，巽为木。一般情况下，树木不可能生长在沼泽下面，水泽将树木淹没，此为大过不寻常之象。孔颖达疏："今云泽灭木者，乃是泽之甚极而至灭木，是极大过越之义。"还有一种解释，上面是沼泽，下面是风，巽为风，风一般在沼泽上面吹，现在却在沼泽之下，不符合常态，这种情景就叫大过。君子看到这样的卦象，就要按照大过卦之道来采取行动，进则"独立不惧"，独立支撑起将倾的大厦，挽狂澜于既倒，而不惧怕；退则隐身遁世，独善其身，不怨天尤人。孔颖达疏："其大过之卦有二义也：一者物之自然大相过越常分……二者大人大过越常分以拯患难……君子于衰难之时，卓尔独立，不有畏惧，隐遁于世而无忧闷，欲有遁难之心，其操不改。凡人遇此则不能，然唯君子独能如此，是其过越之义。"处在大过的情景之下，我们要根据"有道"或"无道"来采用其中一种做法。

《史记》记载孔子曾到东周都城洛阳拜见老子，请教礼仪。老子说：懂得你说的礼仪之人，骨头都腐朽了，你要明白"君子得其时则驾，不得其时则蓬累而行"。君子如果"得其时"就可以去驾车，有一番作为；如果"不得其时"，就像飞蓬小草一样四处漂泊、任意而行。

《论语》记载孔子多次讲到"有道"和"无道"。"天下有道则见，无道则隐"，"有道"的时候出世，展现才华；"无道"的时候，就要隐退。"邦有道则仕，邦无道则可卷而怀之"，国家政治清明时，要出仕做官；国家政治黑暗时，就要隐退。孔子还说"邦有道则知，邦无道则愚"，国家昌盛、政治清明时，要展现自己的才能；国家混乱无道时，就要装作愚蠢的样子躲避起来。"道不行，乘桴浮于海"，在国家混乱的时候，道行不通，要乘着木筏到海外去。这些都是对大过卦的应用和发挥。

初六，藉[1]用白茅[2]，无咎。

《象》曰：藉用白茅，柔在下也。

[注释]

1 藉：草垫子。

2 茅：茅草。

[译文]

初六，用洁白的茅草做垫子，没有灾祸。

《象传》说，用洁白的茅草做垫子，因为阴柔之体居于下。

[解读]

初六，"藉用白茅"，就是用白色的茅草来做垫子，这样是"无咎"的，没有灾祸。

《象传》解释说，"藉用白茅"，是因为"柔在下"。孔颖达疏："以柔处下，心能谨慎，荐藉于物，用絜白之茅，言以絜素之道奉事于上也。……既能谨慎如此，虽遇大过之难，而无咎也。以柔道在下，所以免害。"白色的茅草很柔软，垫在下面感到很舒服，古代祭祀时用白茅垫于祭品之下，以示虔诚敬慎。初六以阴柔之体居于下，像祭祀用的白茅，引申为人敬慎之至。说明在大过之时，阴柔之人要甘心居下，要非常恭敬地侍奉上面的阳刚之人。这表示一开始就居下谨慎，反省自我。这是改变大过局面的第一步。

九二，枯杨生稊[1]，老夫[2]得其女妻，无不利。

《象》曰：老夫女妻，过以相与[3]也。

[注释]

1 稊：根上的嫩芽。

2 夫：男人。

3 相与：相处、交往。

[译文]

九二，枯萎的杨树上长出嫩芽，年迈老汉娶了一个很年轻的妻子，不会不利。

《象传》说，年迈老汉娶了一个很年轻的妻子，因为九二阳爻得到初六阴爻的资助。

[解读]

《周易本义》："稊，根也，荣于下者也，荣于下，则生于上矣。夫虽老而得女妻，犹能成生育之功也。""枯杨生稊"就是在枯萎的杨树在根部长出了新芽。这就好比是"老夫得其女妻"，年纪大的人娶了一个很年轻的妻子，这是"无不利"的。"女妻"在这里是指初六爻。"老夫少妻"也是一种大过之象，可没有不利。

《象传》解释说，"老夫女妻"之所以没有不利，是因为"过以相与"。《伊川易传》卷二："九二当大过之初，得中而居柔，与初密比而相与。初既切比于二，二复无应于上，其相与可知。……老夫之说（悦）少女，少女之顺老夫，其相与过于常分，谓九二初六阴阳相与之和，过于常也。"大过的卦象，它是上下两根阴爻，中间四根阳爻，所以上下两根阴爻是重要的。相互之间是相亲相助的，也就是九二阳爻得到初六阴爻的资助，是"无不利"。九二爻是老夫，初六爻是少妻，它们的位置刚好是阳在上、阴在下，叫作"相乘"，是阳乘阴，往往是吉的。说明在大过的时候，阳刚之人要得到阴柔之人从内心发出的相爱相亲的帮助，才能改变大过的局面。

九三，栋桡，凶。

《象》曰：栋桡之凶，不可¹以²有辅³也。

[注释]

1 可：能够。

2 以：用来。

3 辅：佐助。

[译文]

九三，栋梁弯曲了，凶险。

《象传》说，栋梁弯曲了就有凶险，因为不可以再加以辅佐。

[解读]

九三，栋梁弯曲了，有凶险。九三爻是下卦最高一爻，是第一阶段到头了，并且是阳爻居阳位，阳性太过，栋梁就弯曲了，非常危险。《伊川易传》卷二："九三以大过之阳，复以刚自居而不得中，刚过之甚者也。以过甚之刚，动则违于中和而拂于众心，安能当大过之任乎？故不胜其任，如栋之桡，倾败其室，是以凶也。取栋为象者，以其无辅，而不能胜重任也。"

《象传》解释说，"栋桡之凶"是因为没有人来辅佐它。俞琰《周易集说》卷二十二："九三过刚，虽有应于上，亦不可以辅。盖其强愎自用，非无人辅之，有辅而不可以辅也。然上六之才柔甚，亦非能辅之者。"九三爻是和上六爻相应，但阴在上阳在下一般是不吉的，上六爻以阴爻居上位太弱了，不能辅佐九三爻，所以是凶。王弼则认为九三爻刚愎自用，不能拯救其他，所以"无辅"。孔颖达疏："居大过之时，处下体之极，以阳居阳，不能救危拯弱，唯自守而已。独应于上，系心在一……心既褊狭，不可以辅救衰难。"

一般情况下只要阴阳相应，无论是阴在下阳在上还是阳在下阴在上都是好的，可在这里为什么是凶？纵观《周易》六十四卦，可以发现一个规律，就是小环境是由大环境决定的，在这里大环境是大过，所以说九三爻是不吉的。

九四，栋隆[1]，吉，有它[2]，吝。
《象》曰：栋隆之吉，不桡乎[3]下也。

[注释]

1 隆：高起的。

2 它：别的。

3 乎：介词，相当于"于"。

[译文]

九四，栋梁隆起了，吉祥。但一旦弯曲坍塌，就会有遗憾。《象传》说，栋梁隆起了而吉祥，因为栋梁不往下弯曲。

[解读]

九四爻为大臣之位，以刚居柔，表示有刚柔相济之才。王弼注："体属上体，以阳处阴，能拯其弱，不为下所桡者也。"栋梁隆起了，比喻大臣有能力，治乱有方，大过的局面开始好转了。从此开始，上面三爻，都没有大的凶险。"有它，吝"，如果有应于他方，就会有遗憾。王弼注："而应在初，用心不弘，故有它吝也。""它"一般指第三者，这里指初六爻，是阴爻，代表女人。九四爻跟初六爻相呼应，所以有一种解释说九四爻这个大臣本来是有利的，但受到初六爻这个女人的诱惑，要向下弯曲，行事会带有私利，所以会有遗憾。这是说在这个大厦将倾，需要九四爻挺身而出，支撑起这个大厦的时候，他却为了个人的私利去与初六爻相应，所以是很遗憾的。

《象传》解释说，"栋隆之吉"是因为"不桡乎下"。《伊川易传》卷二："不桡曲以就下也，谓不下系于初也。"意思是栋梁不往下弯曲，不受下面初六爻的引诱，不逃避责任，抛弃了个人的私利，顾全大局，挺起身来，挽狂澜于既倒。还有一种解释是没有受到初六爻的连累。俞琰《周易集说》卷二十二："下谓初六之应也。初六之才虽柔，其位则刚，亦足以支撑乎下，所以九四之栋不桡。"

九五，枯杨生华[1]，老妇得其士夫[2]，无咎，无誉[3]。
《象》曰：枯杨生华，何[4]可[5]久也。老妇士夫，亦可丑[6]也。

[注释]

1 华：通"花"。

2 士夫：青年男子。

3 誉：称扬，赞美。

4 何：怎么，如何。

5 可：能够。

6 丑：可耻，羞愧。

[译文]

九五，枯萎的杨树上长出了花朵，年迈的老妇得到一个强壮的丈夫，既没有灾祸，也不值得称道。

《象传》说，枯萎的杨树上长出了花朵，是不能长久的。年迈的老妇得到一个强壮的丈夫，这是令人羞愧的。

[解读]

"枯杨生华"，意思是枯萎的杨树上长出了花朵，就好比"老妇得其士夫"。"老妇"在这里是指上六爻，"士夫"在这里是指九五爻，年迈的老妇得到一个强壮的丈夫。这是"无咎，无誉"的，就是既没有灾祸，也没有荣誉。一般理解为上六爻已处卦之极，对九五爻已无多大帮助，只是虚荣而已。孔颖达疏："所拯难处少，才得无咎而已，何有声誉之美？故无咎无誉也。……九五处得尊位，功虽未广，亦未有桡弱……微有拯难，但其功狭少，但使枯杨生华而已。"爻辞中说"妇得"也体现了这一层含义，《伊川易传》卷二："五虽非少，比老妇则为壮矣，于五无所赖也，故反称妇得。"在九五爻却说上六爻有所得，是一种反语。

《象传》说，枯杨长出的花是不能长久的。"老妇士夫，亦可丑也"，这种情况不好。也可以理解为，"可丑"所以"无誉"。《伊川易传》卷二："枯杨不生根而生华，旋复枯矣，安能久乎？老妇而得士夫，岂能成生育之功？为可丑也。"

上六，过涉[1]灭[2]顶[3]，凶，无咎。

《象》曰：过涉之凶，不可[4]咎也。

[注释]

1 涉：徒步渡水。

2 灭：淹没。

3 顶：头。

4 可：肯定、赞成。

[译文]

上六，渡河的时候，河水淹没了头顶，这虽是凶兆，但是没有灾祸。

《象传》说，渡河时候的凶险，不能看作灾祸。

[解读]

上六，"过涉灭顶"，意思是渡河的时候，河水淹没了头顶。以河水淹没了头顶说明凶险，这就叫"灭顶之灾"。这种凶险就如《论语·季氏》说的："危而不持，颠而不扶，则将焉用彼相矣？"意思是到了大厦将倾、危在旦夕的时候，却不想着去扶持与挽救，那么，用你们这些重臣干什么？爻辞中，虽然是"凶"但是"无咎"，没有灾祸。王弼注："处大过之极，是过越之甚也。以此涉危难，乃至于灭顶，言涉难深也。……本欲济时拯难，意善功恶，无可咎责。"

《象传》说："过涉之凶，不可咎也。"上六居最高位，又是阴爻，所以处境比较危险，但是他愿意去资助中间的四根阳爻，愿意献身，使他们不太过，所以对上六来说虽然凶，但不能看作灾祸。《周易本义》："处过极之地，才弱不足以济，然于义为无咎矣。盖杀身成仁之事，故其象占如此。"

从卦象看，大过是指阳气太重，这个时候就需要阴爻来资助，来调和，这样才不会大过。如果全心付出，大过的局面就会有所改观；如果不付出，加之自身柔弱，大过的局面将无法改变。

坎卦第二十九

坎上坎下

[解读]

坎卦是第二十九卦，在离卦之前。如果说乾卦和坤卦主要代表了儒家的思想，那么坎卦和离卦则主要代表了道家的思想。乾坤是天地，天尊地卑，有次序，儒家就是讲"君君，臣臣，父父，子子"的礼仪，所以乾卦和坤卦代表了儒家的基本思想。坎卦和离卦代表道家的思想，尤其是道教的思想。道教有一个修炼方法是炼金丹，炼金丹的关键就是四个字——抽坎填离，借鉴的就是坎卦和离卦的关系。

坎卦代表水，也代表一种艰险。《说卦传》说："坎，陷也。"如果没有借助船，走在水上会陷下去。坎卦上下卦都是坎，代表层层艰险。而化险为夷最主要的条件是要有坚定不移的诚心，要保持住水之德、中正之德，反复地去求福、去演习，通过在不同时空点的不同做法来趋吉避凶。要从小处做起，做人要低姿态，要有一颗公正、包容的心和不浮躁的心，这样就可以战胜一切艰难险阻。

习¹坎，有孚²，维³心，亨，行有尚⁴。

[注释]

1 习：鸟多次地飞，有练习之意，一般解释为重复。

2 孚：诚信。

3 维：通"维"；通"惟"。

4 尚：崇尚。

[译文]

习坎卦，面对重重的坎坷，仍维系良好心态，这样才能亨通，行为可被崇尚。

[解读]

卦辞说，"习坎，有孚"，"习坎"就是重复的坎。坎卦有诚信。"维心，亨，行有尚"，孔颖达疏："亨，信也，由刚正在内，故有信也。……阳不发外而在于内……内刚外柔，以此行险，事可尊尚。""维心"就是维系一种诚信的心态，这样才能亨通，行为才能高尚。卦辞中出现了一个"心"字，还讲了一个"行"字，表示行为是由心态决定的，说明面临重重险难之际，只要内心不失诚信，维系一种良好的心态、平和的心态，并付诸行动，那是能化险为夷的，还能获得嘉尚。程颐《伊川易传》卷二："阳实在中，为中有孚信……维其心诚一故能亨通。至诚可以通金石，蹈水火，何险难之不可亨也。”

孔颖达疏："习有二义：一者习重也，谓上下俱坎，是重叠有险，险之重叠，乃成险之用也。二者人之行险，先须使习其事，乃可得通。""习"解释为练习更合适，遇到艰难时要"习"。在艰难中练习，这样就能化凶为吉。

《彖》曰：习坎，重[1]险也。水流而不盈[2]，行险而不失其信。维心亨，乃[3]以刚中也。行有尚[4]，往[5]有功也。天险不可升[6]也，地险山川丘陵也，王公设[7]险[8]以守其国[9]。险之时用大矣哉。

[注释]

1 重：另，再。

2 盈：满。

3 乃：就是。

4 尚：尊崇。

5 往：去、前进。

6 升：由下而上。

7 设：建立。

8 险：要隘，防御工事。

9 国：古代王、侯的封地。

[译文]

《彖传》说，习坎，重重的艰险。不断流动的水不会盈满，行走在重重的险难之中但不丧失信心。维系良好的心态就能亨通，因为阳刚居中。行为高尚，向前就会有功劳。天险太高远是不可攀升的，山川丘陵都是地险的表现，王公模仿天地之险设置了一些险要的关隘来守护自己的国家。险卦的实用意义是非常重大的。

[解读]

习坎就是"重险"，就是重重的艰险。坎为水，"习坎"也是指重重的水，不断流动的水，有如长江后浪推前浪，这样子流也不会盈满。"行险而不失其信"，尽管行走在重重的险难之中，也不会丧失内心。王弼注："处至险而不失刚中。""乃以刚中"，"刚"指九二和九五这两根阳爻，他们都居中，所以也代表人刚毅、坚定不移的心，说明只要坚定内心信念就能亨通。《伊川易传》卷二："中实为有孚之象。至诚之道，何所不通？以刚中之道而行，则可以济险难而亨通也。""行有尚"在于"往有功"，行为被嘉尚是因为向前有功劳。《伊川易传》卷二："以其刚中之才而往，则有功，故可嘉尚。"

"天险不可升也"，天险太高远，是不可攀升的。"地险山川丘陵也"，山川丘陵都是地险的表现。"王公设险以守其国"，王公模仿天地之险设置了一些险要关隘来守护自己的国家。《伊川易传》卷二："王公君人者，观坎之象，知险之不可陵也。故设为城郭沟池之险，以守其国，保其民人，是其有险之时，其用甚大。"以上告诉我们自然环境的艰险、克服艰险的心态以及设置险要的意义。"险之时用大矣哉"，险卦的时用意义是非常重大的。从小的方面说，历险能磨炼人的意志，险用好了，在关键时刻，能转危为安，取得重大胜利。从大的方面说，如方闻一《大易粹言》卷二十九引郭雍所论："天地之大尚未离乎坎险之道，是以王公内则治教政刑，外则城郭沟池，皆所以象天地之险以守其国也。……盖人知用险于小而不知险有大人之事，孟子所谓王请大之者，是亦孔子大矣哉之意也。"

　　坎卦中间是阳爻，这根阳爻从卦象上讲非常重要，代表了坚定不移的心，在此卦里是第一位的。

　　《象》曰：水洊[1]至[2]，习坎。君子以常[3]德行，习[4]教[5]事。

[注释]

　　1 洊：再。

　　2 至：来到。

　　3 常：恒常，就是道。

　　4 习：反复地练。

　　5 教：政教或教令。

[译文]

《象传》说，水再次到来，坎卦之象。君子要时常地按照道德来行动，经常从事教育的事。

[解读]

"水洊至，习坎"，水再次到来，就构成了坎卦，因为坎卦有上下两个坎。"君子以常德行"，君子根据这个卦象要时常按照道德行动。《道德经》第一句是"道可道，非常道"，道如果可以走上去、说出来的话，就不是恒常的道了。所以"常"就是"道"，指永恒的道，"德"是"道"的一种体现，从坎卦可以看出"道"和"德"。"习教事"，从事教育的事，就是要按照这个"道德"来教育万民。孔颖达疏："言君子当法此，便习于坎，不以险难为困，当守德行而习其政教之事。"

老子最崇尚水，老子讲的"道"，在自然界被喻为水，在人间被喻为婴儿。《道德经》说"上善若水，水善利万物而不争"，它有利于万物，且不与万物相争。"处众人之所恶"，水处于众人都厌恶的地方，人都喜欢往高处走，而水偏向低处流。"故几于道"，所以它最接近道，这种道就是水之道。水虽然柔弱、不争，且居下，但却具有很大的力量。

初六，习坎，入于坎窞[1]，凶。

《象》曰：习坎入坎，失[2]道凶也。

[注释]

1 窞（dàn）：深坑。

2 失：找不到。

[译文]

初六，重重叠叠的险阻，陷入进去，很凶险。

《象传》说，重重叠叠的险阻，陷入进去，因为没有走平坦的大道，所以凶险。

[解读]

坎卦的卦象好比中间一人陷进深坑当中。初六，"习坎"，重重叠叠的险阻，"入于坎窞，凶"，陷入进去，很凶险。王弼注："最处坎底，入坎窞者也。……行险而不能自济，习坎而入坎窞，失道而穷在坎底，上无应援可以自济，是以凶也。"

《象传》说，在有重重险阻的地方，是说没有走平坦的大道，以致掉入深坑，凶险。因为初六爻柔弱又不正，所以这里的"失道"也指是没有走正道。

九二，坎有险，求¹小得。

《象》曰：求小得，未出²中也。

[注释]

1 求：需求。

2 出：脱离。

[译文]

九二，陷阱中有危险，如果从小处着手，谋求脱离险境，必有所得。

《象传》说，如果从小处着手，谋求脱离险境，必有所得，因为行为并没有偏离中道。

[解读]

九二，"坎有险"，陷阱中有危险，"求小得"，从小处着手，谋求脱离险境，必然有所得。九二，这一爻很重要，是下卦唯一的一根阳爻，有阳刚之才能应付险难，但在坎险之时，身处险境，也只能"求小得"，不能求大得，即求得自保就可以了。这就告诉我们做任何事都要审时度势，要顾应时势的变化做出抉择，不要自作主张，盲目行动。"小得"也可理解为小有所获。王弼注："处中而与初、三相得，故可以求小得也。初、三未足以为援，故曰小得也。"九二爻以阳刚中正能应付险，但只能做到自保。《伊川易传》卷二："君子处险难而自能保者，刚中而已。刚则才足自卫，中则动不失宜。"

《象传》说，"求小得"，是因为"未出中"，即行为并没有偏离中道。九二位居中，所以能守中道。九二爻还是下卦唯一的阳爻，有阳刚之才，能应付艰难险阻。但是此时要从小处入手，求"小得"而非"大得"。

六三，来之¹坎坎，险且枕²，入于坎窞，勿³用⁴。
《象》曰：来之坎坎，终⁵无功⁶也。

[注释]

1 之：去，到。

2 枕：倚靠。

3 勿：不。

4 用：行使、施行。

5 终：终究，到底。

6 功：功绩、成就。

[译文]

六三，来时危机重重，充满危险而且陷得很深，陷入这样的深坑里，不可作为。

《象传》说，来时危机重重，终究是没有功效的。

[解读]

六三，"来之坎坎"，就是来去都相当艰险。"险且枕"，充满了危险且陷得很深。《周易本义》："枕，倚着未安之意。"陆绩注"闲碍险害之貌"。"入于坎窞"，陷入深坑里。《周易本义》："以阴柔不中正，而履重险之间，来往皆险。前险而后枕，其陷益深，不可用也。"六三，这一时位不中不正，又处在下卦最高位，上卦是险，下卦还是险，这是双重的危险。陷入深坑里，难以自拔，这时一定要潜下心来，不可乱动。

《象传》说"终无功也"。《伊川易传》卷二："进退皆险，处又不安，若用此道，当益入于险，终岂能有功乎？以阴柔处不中正，虽平易之地，尚致悔咎，况处险乎？"在艰险的时期，若行为还不中不正的话，不管怎么努力，终究是没有功效的。所以不能不中不正，不然就既艰险又没有作用。人处于艰险中普遍比较焦虑，越想摆脱危险，就越容易盲目行动，所以安定自心尤为重要。

六四，樽酒[1]，簋[2]贰，用缶[3]，纳[4]约[5]自[6]牖[7]，终无咎。

《象》曰：樽酒簋贰，刚柔际[8]也。

[注释]

1 樽酒：一樽酒。

2 簋：一种盛饭的器具。

3 缶：粗制的陶器。

4 纳：入，指献祭。

5 约：简约。

6 自：从。

7 牖：明亮的窗子。

8 际：会合；交会。

[译文]

六四，一樽酒，两簋饭，用瓦罐盛着，从明亮的窗子递送信约，终究不会有灾祸。

《象传》说，用一樽酒两簋饭进献，因为六四阴爻与九五阳爻相邻交接。

[解读]

"簋贰"，实际上是贰簋，相当于两盒饭。六四爻，进入艰难的第二个阶段。递上一樽酒、两盒饭，而且用粗陋的瓦缶装着，从窗户里递给信使，终究不会有灾祸。《周易本义》："九五尊位，六四近之，在险之时，刚柔相际，故有但用薄礼，益以诚心，进结自牖之象。牖非所由之正，而室之所以受明也。始虽艰阻，终得无咎。"这里用了很多物象作比喻，如一樽酒，贰簋饭、瓦缶、窗户。通过窗户，实际上是指通过非正常渠道，向九五君王递送这些简单的东西，以表达自己的忠心。朱骏声《六十四卦经解》卷四说："古者一室一户一牖，饮食宾于堂，荐酒食者，不从户而从牖，简约愈甚也。礼简而情笃，故无咎。"九五为君王，给他递送这些简单的东西，说起来是不可理喻的，但在坎卦这种艰险的特殊时期，就顾不得那么多礼仪了。东西虽然非常简陋，却是千方百计地从明亮的窗户递过去的。窗子是明亮的，说明心中坦然，是内心虔诚、光明、开诚布公地来效忠。虽然顾不了太多礼仪，但是"礼至简而勤笃实"，终究不会有灾祸。

《象传》说，之所以用"樽酒簋贰"进献，是因为"刚柔际也"。六四阴爻与九五阳爻相邻交接，阴承阳为顺。阴爻居于阳爻的下方，六四爻是向九五爻表示臣服，顺从，所以无论用什么样的礼物都是没有问题的。孔颖达疏："所以一樽之酒、贰簋之食得进献者，以六四之柔与九五之刚两相交际而相亲，故得以此俭约而为礼也。"

当时文王是很受西周人民爱戴的，尽管文王被囚，但是以伯邑考、散宜生等为首的西周臣子则是千方百计地营救文王，这就是臣子私下来看文王时的场景描述。

九五，坎不盈，祇[1] 既[2] 平，无咎。

《象》曰：坎不盈，中未大也。

[注释]

1 祇：通"坻"，指小山丘。

2 既：已经。

[译文]

九五，江水不满盈，山丘被逐渐铲平，必无灾害。

《象传》说，江水不满盈，因为九五爻居中但未光大。

[解读]

"坎不盈"指江水是不满的。俞琰《周易集说》卷五："不盈则适至于既平，故无咎。水若不流则盈，盈则有泛滥之患，又安得平而无咎。""祗既平"指山丘已经平了。九五，江水不满盈，山丘逐渐铲平。如果江中是滔滔洪水，将非常危险，而九五爻这里江水不满，山丘也慢慢被铲平了，是一片平坦的景象，表明脱离了危险。虽然这一爻从卦象来说，还陷在深坑中，但因为他又中又正，也就是告诉我们只要行为正直、中和，是可以化险为夷的。王弼、程颐的注解则与此相反，将这条爻辞理解为前后转折关系。王弼注："为坎之主而无应辅可以自佐，未能盈坎者也。坎之不盈，则险不尽矣。祗，辞也。为坎之主，尽平乃无咎。"

《象传》解释说，"坎不盈"，是因为"中未大"。"中"指九五爻又中又正，且居于最尊贵的位置，行中正、刚强之道，但"未大"，指九五不愿意去做大，就如九二是"求小得"。"有容乃大"，说明九五爻宽容、包容。无论在什么时候都要从小事做起，不要贪大。要像水一样不要去满，所以大海永远不满，正因为永远不满，什么东西都可以容纳。另一种理解是，九五之德还没完全发扬出来。俞琰《周易集说》卷二十二："中未大者，九五虽有刚中之才，唯自祗于既平而无咎，未足以为大也。"

上六，系[1]用徽[2]缭[3]，寘[4]于丛[5]棘，三岁[6]不得，凶。

《象》曰：上六失道，凶三岁也。

[注释]

1 系：用绳子绑起来。

2 徽：三股绳。

3 缭：两股绳。

4 寘：通“置”。

5 丛：聚集。

6 三岁：三年，"三"代表"多"，三年就是多年的意思。

[译文]

上六，被人用绳子捆起来，放在荆棘丛中，多年也得不到解脱，凶险。

《象传》说，上六爻偏离正道，所以凶险多年。

[解读]

"丛荆"比喻牢狱之灾等。上六，"系用徽缭"，被人用绳子结结实实地捆起来，放在荆棘丛中，多年也得不到解脱，所以是凶险的。孔颖达疏："险峭之极，不可升上。严法峻整，难可犯触。上六居此险峭之处，犯其峻整之威，所以被系用其徽缭之绳。置于丛棘，谓囚执之处，以棘丛而禁之也。"

　　《象传》说，上六之所以有多年的凶险，是因为"失道"，违背了天道。《伊川易传》卷二："以阴柔而自处极险之地，是其失道也。"上六到了全卦的最高一位，已经处于穷途末路了，而且能力又很弱，下面还乘刚爻九五，加上时处艰险，所以是大凶，多年得不到解脱。

　　整个卦从初六爻一开始就是凶，到了上六爻还是凶，这就表明坎卦是一个凶险的环境，整个环境从头到尾都是凶。那么在凶险的环境里怎么做到不凶呢，九二爻和九五爻是不凶的，因为他们的内心是诚信的，是坚守正道的。

离卦第三十

离上离下

[解读]

离卦是上经最后一卦。离卦在坎卦之后，坎卦代表艰险，陷入了危险之后，必然就会有所附着，凭借某种东西或一种信念才能摆脱危险，重见光明，所以坎卦之后就是离卦。离卦跟坎卦的卦象相反：坎卦是上下卦均是外面阴、里面阳，离卦是上下卦均是外面阳、里面阴。

离有两个意思：一是依附；二是美丽。一方面，离在自然界代表火，火依附风而动：无风则不动，微风中微动，大风中拼命动，狂风中被吹灭；另一方面，火是美丽的、光明的，所以离卦在自然界中还代表太阳，太阳是最光明的，是宇宙中的能量源。离卦从卦象上看是外面实（阳爻）、中间空（阴爻），火就是如此，太阳也是如此，所以"日"字最早的写法是外面一个圈、中间一个点。

坎卦和离卦相比，坎卦是行险而刚中，离卦是附着而柔中。坎卦代表月，离卦代表日；坎卦代表水，离卦代表火；坎卦代表艰险，离卦代表光明。这两个卦是相辅相成的，有着密切的关系。

离，利贞，亨，畜¹牝²牛，吉。

[注释]

1 畜：饲养。

2 牝：雌性的鸟或兽。

[译文]

离卦光明、灿烂，守正道是有利的，是亨通的，就像畜养母牛一样，是吉利的。

[解读]

离卦，"利贞"，有利于守正道，亨通顺利，就像畜养的母牛，很温顺，所以是吉的。孔颖达疏："离卦之体，阴柔为主，柔则近于不正，不正则不亨通，故利在行正，乃得亨通。"离卦为什么是牝牛？因为离卦是阴卦。这里以母牛作比喻，是取它的柔弱之性，表明一种温顺之美。孔颖达疏："柔处于内而履正中，是牝之善者，外强内顺，是牛之善者也。……言离之为德，须内顺外强，而行此德则得吉也。"离卦内阴外阳，本质是阴卦，有利于阴性事物；但它的功能是阳的，这就是说离卦有一颗慈爱的心，能散发出光明，而内在温顺阴柔。

《象》曰：离，丽¹也。日月丽乎天，百谷草木丽乎土。重明²以丽乎正，乃化成天下。柔丽乎中正，故亨，是以³畜牝牛吉也。

[注释]

1 丽：结伴而行；依附，附着。

2 重明：双重光明。

3 是以：所以，因此。

[译文]

《象传》说，离，依附的意思。日月依附在天上，百谷和草木依附在地上。只有光明正大，才可以化育成就天下的万物。六二与六五爻，都柔顺地依附于中正之位，所以亨通，所以畜养母牛会吉祥。

[解读]

"离"就是依附的意思。孔颖达疏："丽谓附着也。言万物各得其所附着处，故谓之离也。""日月丽乎天，百谷草木丽乎土"，日月依附在天上，百谷和草木依附在地上。"重明"是双重的光明，因为离卦下面是离，代表光明，上面还是离，也是光明，所以叫"重明"。"以丽乎正"，离卦走正道，所以光明。"重明"也可以理解为日月。"重明以丽乎正"，我们的内心要像日月一样光明正大。"乃化成天下"，只有光明正大，才可以化育成就天下的万物。《伊川易传》卷二：
"五、二皆处中正，丽乎正也。君臣上下皆有明德，而处中
正，可以化天下，成文明之俗也。"六二与六五爻，都柔顺
地依附于中正之位，所以亨通。孔颖达疏："六五、六二之柔，
皆丽于中，中则不偏，故云中正。以中正为德，故万事亨。"
畜养母牛会吉祥，是说要学母牛那样温顺，培养自己顺从正
道的品德，内心拥有柔弱、虚空的大爱，才能走上正道，放
出光明。《伊川易传》卷二："牛之性顺，而又牝焉，顺之至
也，既附丽于正，必能顺于正道如牝牛，则吉也。畜牝牛，
谓养其顺德。人之顺德，由养以成，既丽于正，当养习以成
其顺德也。"《象传》是说，人应该依附在正道上。依附分为
主动和被动，这里的依附是指人怎么主动地依附于正道。

《象》曰：明两作[1]，离。大人[2]以继[3]明照于四方。

[注释]

1 作：兴起。

2 大人：君子。

3 继：连续。

[译文]

《象传》说，太阳两次出现，是非常的光明，这就是离
卦之象。君子靠着内心的光明持续去照亮四方。

[**解读**]

孔颖达疏："离为日，日为明。今有上下二体，故云'明两作，离'也。"上下卦都为离卦，离为日，日则明，太阳两次出现，是非常的光明，这就是离卦之象。品德高尚的人看到这种卦象，就要按照离卦之道去"继明照于四方"。离卦为火，为日，又表示心，表示我们的内心要像火一样热烈，像日月一样光明。我们要像离卦一样不断用内心的光明去照亮四方。孔颖达疏："继续其明，乃照于四方。若明不继续，则不得久为照临。"自己心中放空，用光明的心把别人照亮，这叫火之德。

初九，履[1]错[2]然[3]，敬之，无咎。

《象》曰：履错之敬，以辟[4]咎也。

[**注释**]

1 履：行走。

2 错：交错。

3 然：某某样子。

4 辟：通"避"，躲开、回避。

[**译文**]

初九，在地上错落有致地走，只要内心恭敬，就没有灾祸。

《象传》说，在地上错落有致地走，内心恭敬，能避开灾祸。

[解读]

初九，"履错然"，在地上错落有致地走，王弼注："错然者，敬慎之貌也。处离之始，将进而盛，本在既济，故宜其所履，以敬为务，辟其咎也。"只要内心恭敬，就不会有灾祸。

《象传》解释说，"履错之敬"，是为了"辟咎"。就是说内心恭敬，是为了能避开灾祸。初九，一开始就强调了内心恭敬。孔颖达疏："谓功业未大，故宜慎其所履，恒须错然避咎也。"只有脚踏实地，有恭敬之心，人生的路才能越走越宽广，才能避开灾祸。

六二，黄离，元吉[1]。
《象》曰：黄离元吉，得中道[2]也。

[注释]

1 元吉：大吉大利。
2 中道：中正之道。

[译文]

六二，用中正的黄色依附于人，大吉。
《象传》说，用中正的黄色依附于人，大吉，因为得到了中正之道。

[解读]

"黄"为土之色，土在五行中居于中央，所以"黄色"为中央的颜色。孔颖达疏："黄者中色，离者文明，居中僻位而处文明，故元吉。"六二"黄离"，指人依附于中正黄色，即走中正之道，大吉大利。一说，"黄离"通"黄鹂"，指黄鹂鸣唱，表示欢乐。

《象传》说，六二爻大吉大利，是因为"得中道"，得到了中正之道，因为六二这个时位是又中又正。指依附别人内心要中正有原则，不能攀附权贵，要依附正人君子，做符合天道的事，这样才能大吉大利。

九三，日昃[1]之离，不鼓[2]缶[3]而歌，则大耋[4]之嗟[5]，凶。

《象》曰：日昃之离，何[6]可[7]久也。

[注释]

1 昃：太阳西斜。

2 鼓：敲击。

3 缶：喝酒的容器。

4 耋（dié）：七八十岁的人。大耋：很老的老年人。

5 嗟：感叹声。

6 何：怎么。

7 可：能够。

[译文]

九三，夕阳西下，如果不敲起瓦器唱起欢歌，老年人就会唤声叹气，有凶险。

《象传》说，夕阳西下，怎么能太久呢？

[解读]

九三，"日昃之离"，指太阳依附于西边的天空。孔颖达疏："处下离之终，其明将没，故云'日昃之离'也。……时既老耄，当须委事任人，自取逸乐。若不委之于人，则是不鼓击其缶而为歌，则至于大耋老耄而咨嗟。"九三爻是下卦最上面的爻，就像太阳开始西斜了。"鼓缶而歌"是古代的一种仪式，在太阳落山的时候，鼓瓦缶而歌，欢送太阳。"不鼓缶而歌"，就是太阳快要落山了，没有敲起瓦器唱着欢歌，而是唉声叹气，这是有凶险的。《伊川易传》卷二："以理言之，盛必有衰，始必有终，常道也。达者顺理为乐。缶，常用之器也。鼓缶而歌，乐其常也。不能如是，则以大耋为磋忧，乃为凶也。大耋，倾没也。人之终尽，达者则知其常理，乐天而已，遇常皆乐，如鼓缶而歌。不达者则恐恒有将尽之悲，乃大耋之嗟，为其凶也。"这就告诉我们人过了中年的时候要保持质朴，同时心态要保持快乐。只有快乐的人生才能拥有美丽的人生。九三爻位不中，没有守中道，表示没有质朴快乐的心态，所以是凶。

《象传》说，太阳已经偏西了，离落山也就不会太久了。太阳西斜不可能长久，只要明白这是自然现象就可以了。这也就是说，人生到了这个时候，还不知道舍得之道，整天唉声叹气，这样的人生还有什么意义呢，还怎么可能长久呢？对于岁月流逝不要悲观，仍要保持乐观的心态。《伊川易传》卷二："日既倾昃，明能久乎？明者知其然也，故求人以继其事，退处以休其身，安常处顺，何足以为凶也。"

九四，突如其来如¹，焚如²，死如³，弃如⁴。
《象》曰："突如其来如"，无所容⁵也。

[注释]

1　如：像什么什么的样子。

2　焚如：燃烧的样子。

3　死如：死灭的样子。

4　弃如：被弃的样子。

5　容：包含，度量大。

[译文]

九四，突然出现一片晚霞，像烈火燃烧的样子，顷刻间消失，如同被抛弃一样。

《象传》说，突然出现一片晚霞，因为没有一种容忍的精神。

[解读]

九四爻的意象是这样的：夕阳西下，在西边突然出现一片晚霞，像火燃烧的样子，但顷刻之间又消失了，像被抛弃一样。

《象传》解释说，"突如其来"，是因为"无所容也"，即没有一种容忍的精神。《伊川易传》卷二："九四离下体而上体，继明之初，故言继承之义。在上而近君，继承之地也，以阳居离体而处四，刚躁而不中正且重刚，以不正而刚盛之势，突如而来。非善继者也。"九四，这一时位是一种虚势，阳爻居阴位，是不正的，是一种不利的位置，就像突然出现的晚霞，因底气不足，很快就消失了。也有人认为是朝霞。孔颖达疏："四处始变之际，三为始昏，四为始晓。三为已没，四为始出。"它不可能保持长久，太阳一升起来就会消失。因为处于虚弱之位，所以不能长久。

"无所容"是谁不能容谁。后人解释这一爻时说，"非人不容之，自若无所容"，不是别人不容忍他，而是他自己不能容忍，这就是一种凶象。

全句，王弼注："其明始进，其炎始盛，故曰焚如。逼近至尊，履非其位，欲进其盛，以炎其上，命必不终，故曰死如。违离之义，无应无承，无所不容，故曰弃如也。"九四爻以阳威逼六五爻，气焰嚣张，自取灭亡，为众所弃。

六五，出涕¹沱若²，戚³嗟若⁴，吉。

《象》曰：六五之吉，离王公也。

[注释]

1 涕：眼泪。

2 沱若：像滂沱的大雨一样。

3 戚：悲伤。

4 嗟若：叹息的样子。

[译文]

六五，眼泪像滂沱的大雨，极度悲伤，但这是吉利的。

《象传》说，六五爻之所以吉利，因为依附于六五王公之位。

[解读]

六五，是一幅悲痛伤感图。眼泪像滂沱的大雨一样流下来，是悲伤之极。王弼注："履非其位，不胜所履。以柔乘刚，不能制下，下刚而进，将来害己，忧伤之深，至于沱嗟也。"六五爻是阴爻居阳位，居于最尊位，但是自己力量不够，又没有与他相应之人，处于大臣之位的九四爻刚强有为，六五爻常会受其逼迫，所以感到悲伤至极，但这是吉利的。

《象传》解释说，六五之所以吉利，是因为"离王公"，即依附于六五这个王公之位。《伊川易传》卷二："据在上之势，而明察事理，畏惧忧虞以持之，所以能吉也。"六五爻居在这个王公之位，但它是阴爻，自觉能力不足，所以反省、忏悔。悲伤、叹息，即是自我反省、悔过的表现。六五的反思，能有所成就，所以是吉利的。《论语》说："曾子曰：吾日三省吾身，为人谋而不忠乎？与朋友交而不信乎？传不习乎？"这样反复地反省自己，就能吉。

这一爻实际上讲了要居安思危的思想。古语云："思所以危则安矣，思所以乱则治矣，思所以亡则存矣。"任何人都逃避不了自然和社会法则的约束。

上九，王用[1]出征，有嘉[2]，折首[3]，获匪[4]其丑[5]，无咎。

《象》曰：王用出征，以正[6]邦[7]也。

[注释]

1 用：介词，表示行为方式。

2 嘉：美好的；赞美、夸奖。

3 折首：斩获首领。

4 匪：非。

5 丑：同类。

6 正：治理，端正。

7 邦：封国。

[译文]

上九，大王率众出征，获得了嘉奖，斩了敌人的首级，俘获了异己分子，从此无灾祸。

《象传》说，大王率众出征，是为了端正自己的国家，维护国家的安定。

[解读]

"王用出征"，大王出外征战。孔颖达疏："处离之极，离道既成，物皆亲附，当除去其非类，以去民害。""匪其丑"指和自己离心离德、不愿意归附自己的异己分子。"获匪其丑"就是指抓获敌人。程颐、朱熹则更进一步从与"折首"的用词差异来引申，认为没有用刑。《伊川易传》卷二："夫明极则无微不照，断极则无所宽宥，不约之以中，则伤于严察矣。去天下之恶，若尽究其渐染违误，则何可胜诛？所伤残亦甚矣，故但当折取其魁首，所执获者非其丑类，则无残暴之咎也。《书》曰：'歼厥渠魁，胁从罔治。'"恩威并用。上九，一般来说到了最高位都是不好的，但这里是"无咎"，是好的，一是因为大王为了治理国家而出外征战，抓获了敌人，这是大有功劳的；二是因为能够俘获和自己离心离德、不愿意归附自己的人。从此国泰民安，天下太平。

《象传》解释说，大王兴师征讨是为了"正邦"，是为了端正自己的国家，维护国家的安定，是会顺利的、吉祥的。上九爻以刚爻居离明之极，王者之师是正义之师，用内在的光明使敌人降服，所到之处无不顺服，故有此说。

第三部分　下经通解

　　孔颖达疏：“先儒以《易》之旧题，分自此以上三十卦为《上经》，已下三十四卦为《下经》……皆以《上经》明天道，《下经》明人事，然韩康伯注《序卦》破此义云：'夫《易》，六画成卦，三才必备，错综天人，以效变化，岂有天道、人事偏于上下哉！'案：《上经》之内，明饮食必有讼，讼必有众起，是兼于人事，不专天道。既不专天道，则《下经》不专人事，理则然矣。……《系辞》云“二篇之策”，则是六十四卦旧分上下。”《周易》分为上、下经，起源比较早，比如《序卦传》前后两段分叙上下经卦序，《汉书·艺文志》也多次称汉人《易》注“二篇”。《易纬·乾凿度》《京房易传》还依据盖天说解释了上下经篇数的依据：“阳三阴四，位之正也，故易卦六十四分而为上下，象阴阳也。夫阳道纯而奇，故上篇三十，所以象阳也。阴道不纯而偶，故下篇三十四，所以法阴也。”

咸卦第三十一

兑上艮下

[**解读**]

咸卦是第三十一卦，下经第一卦。咸卦的卦象是泽山咸，上面是泽（兑卦），下面是山（艮卦）。兑卦为少女，艮卦为少男。"咸"即"感"，少男少女在一起就会迸出火花，产生感应。

"咸"和"感"就差一个"心"字，"咸"是没有心的感应，少男少女在一起，更多偏于生理的感应，但这些是难以长久的，咸卦没有心的感应是偏于无意识的感应。咸卦的感应是从下往上、偏于生理上的自然纯真的感应，只要感应是从内心发出并变为情感，就非常可贵。真正的感应要虚心、安静、宽容，用心感应，不能花言巧语。又，艮为止。《礼记》里说："人生而静，天之性也。"安静指下卦艮卦，安静是人的一种天性，感应于万物才有所行动。

咸，亨，利贞，取[1]女吉。

[注释]

1 取：通"娶"。

[译文]

咸卦，有所感应，亨通，守正道有利，娶妻能获得吉祥。

[解读]

咸卦有所感应是亨通的，守正道是有利的，娶这个女人是吉祥的。这说明咸卦少男少女的感应是感情的开始，只要坚持住，并且守正道，就是吉祥的。"取女吉"，"女"是少女，少男娶了少女结为夫妇是吉祥的，这是从无心感应发展为夫妇之道。

《彖》曰：咸，感也。柔上而刚下，二气感应[1]以相与[2]。止而说[3]，男下女，是以亨利贞，取女吉也。天地感而万物化[4]生，圣人感人心而天下和平。观其所感，而天地万物之情可见[5]矣。

[注释]

1 应：应和。

2 相与：相处、交往；互相推动。与：帮助，援助；交往，交好。

3 说：通"悦"。

4 化:《韵会》"天地阴阳运行,自有而无,自无而有,万物生息则为化",泛指天地生成万物的机制。

5 见:通"现"。

[译文]

《彖传》说,咸,感的意思。上卦兑为柔卦,下卦艮为刚卦,阴阳二气互相感应和合。止于喜悦,艮卦少男在兑卦少女的下面,亨通而符合正道,娶妻能获得吉祥。天地相感应而万物开始化生,圣人从心的角度来感动世人,天下才会大平和谐。只要观察咸卦是怎样感应的,就可以知道天地万物的情状从何而来。

[解读]

《彖传》说,"咸"意为感。孔颖达疏:"柔上而刚下,二气感应以相与者,此因上下二体释咸亨之义也。艮刚而兑柔,若刚自在上柔自在下则不相交感,无由得通,今兑柔在上而艮刚在下是二气感应以相授与,所以为咸亨也。"咸卦上卦兑为少女,为阴卦,为柔卦;下卦艮为少男,为阳卦,为刚卦。柔在上、刚在下,阴在上、阳在下,阴阳、刚柔在一起会有感应,也就是少男少女在一起就会有感应。无论刚柔、男女都属于阴阳二气里面的。他们互相感应之后,进一步就会和合,在一起互相帮助。"止而说",止于喜悦,上卦的兑卦为悦,下卦的艮卦为止。"男下女",孔颖达疏:"婚姻之义。男先求女，亲迎之礼，御轮三周。皆是男先下于女，然后女应于男，所以取女得吉者也。"艮下兑上，少男在下，少女在上，故说男下女。古代礼俗，男子必施求亲迎娶之礼以成正婚，男下女，亦即男子主动追求那位女子，要娶那位女子，所以"亨利贞"，亨通而符合正道。这是男女之间的感应，下面引申了天地的感应、圣人的感应。

天地相感应而万物才开始化生，中国人是化生观。圣人从心的角度来感动世人，天下才会太平和谐。程颐《伊川易传》卷三说："圣人之用天地二气交感而化生万物，圣人至诚以感亿兆之心而天下和平。天下之心所以和平，由圣人感之也。"感应要从心上来感动别人，从"感"到"咸"，实际上是从有心到无心。"感"是一种有意识态，而"咸"是一种无意识态，本能地感应，真正的感应要从无意识到有意识。由男女感应而家庭和谐，推广到圣人感动世人，天下才会太平和谐，天地相感应，万物才会化育生长。只要观察咸卦怎样感应的，就可以知道天地万物的情状从何而来，万物从何化生。

《象》曰：山上有泽，咸。君子以[1]虚[2]受[3]人。

[注释]

1　以：介词，凭借、按照。

2　虚：谦虚。

3 受：容纳、容忍。

[译文]

《象卦》说：山上面有泽，咸卦之象。君子要以虚心的态度接受容纳众人。

[解读]

山本来从山脚到山顶都是实的，而这里山上有沼泽，说明山中间是空的，沼泽里有水，山和水可以互相感应。孔颖达疏："泽性下流，能润于下，山体上承，能受其润，以山感泽，所以为咸。"水偏阴，山偏阳，阴气下降，阳气上升，阴阳之气相感应沟通，就构成了咸卦。泰卦"天地交而万物通也"也是这样，天之气往上，地之气往下，是天地相感应而沟通。因为上面的阴气要下降，下面的阳气则要上升，一下一上就会出现阴阳之间的相互交流，感应和合。君子看到这样的卦象，就要按照咸卦之道以虚心的态度接受容纳众人。山空出来才能容纳沼泽，才会有水，所以君子要放空自己，用虚心来容纳众人。谦虚、宽容才能感应。程颐《伊川易传》卷三："君子观山泽通气之象，而虚其中以受于人，夫人中虚则能受，实则不能入矣。虚中者，无我也。中无私主，则无感不通。"《系辞传》里说"无思也，无为也，寂然不动"，抛弃已有观念、思维方式，放空自己，才能接受新鲜事物，才能感应。

初六，咸其拇。

《象》曰：咸其拇¹，志²在外也。

[注释]

1 拇：大脚趾。

2 志：意向。

[译文]

初六，从脚拇指开始感应。

《象传》说，从脚拇指开始感应，说明感应向外有所显示。

[解读]

咸卦的六条爻辞都在讲感应，就如人的身体，从脚趾开始，一点一点往上感应。"咸其拇"，就是指从脚拇指开始感应。孔颖达疏："今初六所感浅末，则譬如拇指，指虽小动，未移其足，以喻人心初感，始有其志。志虽小动，未甚躁求。"先从脚拇指感应，在少男少女感应的时候，脚趾是自然而动的。另一说，古时，如果少男少女产生感情，男方会用脚去碰碰女方的脚，看女方有何反应。如果女方没有把脚移开，说明彼此有意，反之则无戏。

《象传》说，"咸其拇"，脚趾开始受到感应，意味着"志在外也"。意思是说，感应先从心里有所动，心一动就要向外有所显示了。人动脚趾先动，心动带动形动。心智影响到脚趾，但人动不会去考虑脚趾动，因为这是自然而动。当然，脚趾动并非有意要去踢对方，而是纯粹自然发生的、潜意识的活动。《伊川易传》卷三："初志之动，感于四也，故曰在外。志虽动而感未深，如拇之动，未足以进也。"

六二，咸其腓[1]，凶，居[2]吉。
《象》曰：虽凶居吉，顺[3]不害[4]也。

[注释]

1 腓：小腿肚。

2 居：住，引申表示安稳。

3 顺：顺应、顺从。

4 害：损伤。

[译文]

六二，感应到了小腿肚上，有凶险，在家安居就吉祥。

《象传》说，虽然有凶险，但在家安居就吉祥，因为顺应感应之道不会有损伤。

[解读]

六二，感应传至小腿肚，比喻感受已有深入，但有凶险。王弼注："咸道转进，离拇升腓，腓体动躁者也。感物以躁，凶之道也。由躁故凶，居则吉矣。"孔颖达疏："六二应在九五……阴性本峥，今能不躁而居，顺其本性，则不有灾害，免凶而获吉也。"六二爻继续感应遇到了凶险，但只要安居下来就会吉了，是因为顺应感应之道就没有危害。真正的感应之道就是"静"，是自然而然的。六二阴爻居阴位，又中又正，只要安静下来，不要盲目冲动，行的是中正的感应之道，就是顺应天地自然的感应之道，自然不会有害的。

九三，咸其股[1]，执[2]其[3]随[4]，往吝。

《象》曰：咸其股，亦不处[5]也。志在随人，所执下也。

[注释]

1 股：大腿。

2 执：固执、牵连。

3 其：代词，他的、他们的；语中助词。

4 随：随从。

5 处：本义是中止、停止；居住，生活。

[译文]

九三，感应到了大腿，执着而盲目地跟随别人，这样前往必有遗憾。

《象传》说，感应到了大腿，别人都无法安处。若有意要追随于他，太执着了也会适得其反。

[解读]

九三，"咸其股"，感应到大腿，"执其随"，执着盲目地跟随别人，"往吝"，这样前往必有遗憾。九三爻是下卦的最高位，是阳位，容易冲动，太执着地行动会有凶险。朱熹解释为，九三爻跟随初六、六二两爻而动，不能自持。六二爻是先凶后吉，居静为吉。九三爻太执着于它而又盲目地跟随，这样偏执就是凶了。不过程颐认为九三爻跟随上六爻而动，《伊川易传》卷三："九三以阳居刚，有刚阳之才，而为主于内，居下之上，是宜自得于正道，以感于物，而乃应于上六。阳好上而说，阴上居感说之极，故三感而从之。……刚阳之才，感于所说而随之，如此而往，可羞吝也。"

《象传》说，"咸其股"，跟得越来越紧，"亦不处也"，让别人都无法安处了，也就是太执着了。"志在随人，所执下也"，太执着于追随别人，都到了卑下的地方。这是告诉我们真正的感应是无心的、随遇而安的，不能太执着。做任何事太执着了也是不行的，真正的感应就应该是无心的感应，要懂得随遇而安。按照朱熹的理解，"下"指下面的初六、六二两爻。九三应该有自己的主意，不再跟随去动。王弼则认为"下"指行为下作，王弼注："股之为物，随足者也。进不能制动，退不能静处，所感在股，'志在随人'者也。'志在随人'，所执亦以贱矣。"程颐也说："有刚阳之质，而不能自主，志反在于随人，是所操执者卑下之甚也。"

九四，贞吉，悔亡。憧憧[1]往来，朋[2]从[3]尔[4]思[5]。

《象》曰：贞吉悔亡，未[6]感害也。憧憧往来，未光[7]大也。

[注释]

1 憧憧：心意不定的样子。

2 朋：同类。

3 从：跟随。

4 尔：你。

5 思：想法、意念。

6 未：没有。

7 光：彰显、发扬。

[译文]

九四，守持正道可获吉祥，悔恨就会消亡。如果心意不定而频繁往来，朋友就会随从你的感应。

《象传》说，守持正道可获吉祥，悔恨就会消亡，去感应也不会有危害。如果心意不定而频繁往来，这是没有光大感应之道。

[解读]

九四，"贞吉，悔亡"，守持正道去感应可获吉祥，悔恨就会消亡。"尔"指九四爻，九四爻是唯一没有说感应什么的爻。《伊川易传》卷三："九四无所取，直言感之道，不言咸其心，感乃心也。四在中而居上，当心之位，故为感之主……圣人感天下之心，如寒暑雨旸，无不通，无不应者，亦贞而已矣。贞者，虚中无我之谓也。憧憧往来，朋从尔思：夫贞一则所感无不通，若往来憧憧然，用其私心以感物，则思之所及者有能感而动，所不及者不能感也，是其朋类则从其思也，以有系之私心，既主于一隅一事，岂能廓然无所不通乎？"其实九四爻是指"咸其胸腹"，心居胸中，咸其心，心里的感应，心心相印则会贞吉，否则会有悔恨。如果九四爻感应的时候心意不定，忽左忽右，朋友也就会随从你的感应，心意不定，忽左忽右。因此，感应之心贵在稳定，贵在无私。

《象传》说，"贞吉悔亡，未感害也"，九四爻是阳爻处于阴位，位不正，易动，此时要"贞"，走正道才能吉祥，悔恨才会消失，去感应也不会有危害。"憧憧往来，未光大也"，若感应的时候，心术不正，朝三暮四，心神不宁地往来，是因为没有光大感应之道。孔颖达疏："非感之极，不能无思无欲，故未光大也。"《伊川易传》卷三："憧憧往来，以私心相感，感之道狭矣，故云未光大也。"

九五，咸其脢[1]，无悔。
《象》曰：咸其脢，志末[2]也。

[注释]

1 脢（méi）：背脊肉。

2 末：卑微；细、小；非根本、次要。

[译文]

九五，感应到了后背，但没有悔恨。

《象传》说，感应到了后背，志向没有实现。

[解读]

"脢"比喻和你意见不同的人。"感其脢"，意思是感应到后背，指能和自己意见不同的人感应。九五爻能和自己意见不同的人感应，当然不会有悔恨。用真心感化那些曾经和你意见相左的人，你就会交到很多和你相知相依的朋友。比喻无私而感通天下。程颐《伊川易传》卷三说："脢，背肉也，与心相背而所不见也。言能背其私心，感非所见而说者，则得人君感天下之正而无悔也。"

《象传》说，九五能"咸其脢"，是因为其"志末也"。王弼注："脢者，心之上，口之下，进不能大感，退亦不为无志，其志浅末。"《周易本义》："志末，谓不能感物。"一般都理解为告诫不要只感应微末而不识全体。其实，九五的志向很大，他要去感应最微末的东西，所以他不会放弃与自己意见不同的人相感应，他要做的是"圣人感人心而天下和平"的事。九五爻又中又正，用中正之道去感应天下万物、人心，包括感应与自己意见不同的人，这种大的感应才是真正的感应之道。

上六，咸其辅[1]颊[2]舌[3]。

《象》曰：咸其辅颊舌，滕[4]口说也。

[注释]

1 辅：上牙床。

2 颊：脸颊，引申为旁边。

3 舌：舌头。

4 滕：水流向上喷涌；引申为夸夸其谈的样子。

[译文]

上六，感应到上牙床、脸颊、舌头。

《象传》说，感应到上牙床、脸颊、舌头，仅仅是嘴巴说出来的感觉。

[解读]

上六，往上感应到上牙床、脸颊、舌头，感应到了脸上的部位。此句实际是说，感受到耍弄言辞口舌。王弼注："咸道转末，在于口舌言语而已。"上六居咸卦之末，感应之道将要结束，这时候的感应只是徒送口舌，言语相感而已，不再有真心实意在其中。

《象传》说，感应的部位全在脸上，这样的感应是"滕口说"。"滕口说"指施展你的嘴巴来说，花言巧语，这种感应是假的感应，表明感应全在口头上，太花言巧语，甜言蜜语，不是真感应。孔颖达疏："滕，送也。咸道极薄，徒送口舌，言语相感而已，不复有志于其间。"如果理解为"滕口说（悦）也"，则意思是通过施展出言语表达的才能，使双方心灵感应而喜悦是好的。

恒卦第三十二

震上巽下

[**解读**]

恒卦在咸卦之后，是第三十二卦。咸卦讲的是少男少女之间的感应，恒卦讲的是长男长女之间永恒的关系、夫妻之道。《序卦传》说"夫妻之道不可以不久也，故受之以恒"，"恒"就是长久的意思。《易经》下经是从咸卦和恒卦这两个卦开始的，也就是从人伦的男女关系开始的：少男少女的感应是"咸"，没有心，偏于潜意识的、本能的感应；恒字带有一个竖心旁，"心"是最重要的，感应是用心，有意地维持情感，感应之后的恒久更为重要。

恒卦是咸卦的覆卦，恒卦的卦象是，雷风恒上面是震卦，是雷，下面是巽卦，是风。在家庭中，雷代表长男，风代表长女，长男长女在一起后结为夫妇，要白头偕老。

恒卦不仅是讲男女之间要永恒，而且教人立身处世如何长久。"人但有恒，事无不成"，人只要有恒心，就没有办不成的事。

恒，亨[1]，无咎，利贞[2]，利有[3]攸[4]往。

[注释]

1 亨：亨通、通畅。

2 贞：正。

3 有：词缀，附着在动词、名词、形容词前，无实际意义。

4 攸：所。

[译文]

恒卦，亨通，没有灾祸，有利于守持正道，利于继续前行。

[解读]

恒卦是亨通的，没有灾祸。六爻都是一阴一阳相互感应，所以利于守持正道、继续前行。

《彖》曰：恒，久也。刚上而柔下，雷风相与[1]，巽[2]而动，刚柔皆应，恒。恒，亨，无咎，利贞，久于其道也。天地之道恒久而不已[3]也。利有攸往，终则有始也。日月得[4]天而能久照，四时变化[5]而能久成，圣人久于其道而天下化成。观其所[6]恒，而天地万物之情可见[7]矣。

[注释]

1 相与：相处、交往；互相推动。

2 巽：柔顺。

3 已：停止。

4 得：找到，适合。

5 化：自然而然地更替；转移民俗使归淳厚，教化。

6 所：动词前缀，构成名词性结构。

7 见："现"的古字，显现、出现。

[译文]

《彖传》说，恒卦，长久的意思。震为刚卦居上，巽为柔卦居下，雷风相互助长，顺着自然规律而动，（六根爻）都是阴阳相呼应的，恒久。恒卦亨通而没有灾害，有利于守持正道，天道、地道是恒久而不终结的。利于继续前往，因为它是终而复始的。日月按照天道规律运行而能长久地照耀大地，四季按照规律变化而能长久地保持下去，圣人恒久地顺应天道地道而能教化天下百姓。观察恒久之象，可见万物之情状。

[解读]

"刚上而柔下"，咸卦上下颠倒后就是恒卦，恒卦是阳卦居上、阴卦居下。"雷风相与"，雷风相互感应，雷乘风而行，风因雷增势，雷风互动、互助、互生，表明此时雷风大作了。程颐《伊川易传》卷三说："雷震则风发，二者相须交助其势，故云相与乃其常也。""巽而动"，巽卦是下卦，顺应上面的震卦而运动，顺着自然规律而动。"刚柔皆应，恒。恒，亨，无咎，利贞"，恒卦的六根爻都是阴阳相呼应的，这些都是常理，象征恒久。所以没有灾祸，有利于守持正道。"久于其道也"，永远走在正道上，或者说能保持事业的长盛不衰。《易经》的伟大之处在于强调阴阳的互动，互相激发，中间有感应，事物才能生生不息，这就是中国文化。"天地氤氲，万物化醇。男女构精，万物化生"，特别注重"和"，只有和谐了、阴阳互动了，才能生生不息。

"天地之道恒久而不已也"，天道、地道是恒久而不终结的。天地和人、万物相比当然是恒久的，可是在老子看来，天地也是不长久的，《道德经》说："飘风不终朝，骤雨不终日。孰为此者？天地。天地尚不能久，而况于人乎。"（《道德经》第二十三章）这是比较而言，大风大雨不可能持续整天，天地也不可能长久，天地对人来说，当然是长久的，但如果相对于整个宇宙、对于天地以外的东西来说，又是不长久的，这都是相对的。只有天地之间互相感应之道才能长久。天地周而复始，是一种周期变化，这种周期变化表现在"日月得天而能久照，四时变化而能久成"。太阳和月亮按照天道的规律运行，周而复始，所以能永远照耀大地万物；春夏秋冬四季按照地道的规律运行，也是周而复始，四季交替，循环往复的状态长久地保持下去。"圣人久于其道而天下化成"，圣人要按照这两个自然现象，恒久地顺应天道和地道，就能化育天下的百姓，使他们都有所成就。"观其所恒，而天地万物之情可见矣"，天地万物的情状都可以被发现了。咸卦《象传》最后一句说"观其所感，而天地万物之情可见矣"，"感"和"恒"要对照着来看，才能明了万物之情状。俞琰《周易集说》卷十七："若夫圣人者，与天地合德，与日月合明，与四时合序者也。圣人久于其道而不已，故能致天下之化成也。天即道也，日月得天，得此恒久不已之道也，四时变化无非皆恒久不已之道也，即此观之则天地所以生万物而不息，万物所以生生而不穷，其情理皆可得而见也。"

《象》曰：雷风，恒，君子以立¹不易²方³。

[注释]

1 立：树立、建立。

2 易：改变。

3 方：正直。

[译文]

《象传》说，雷风互助，恒卦之象。君子立身修德而不改变自己的操守。

[解读]

"雷风"，上卦为震，震为雷，下卦为巽，巽为风，雷与风互相地推动是连续着的，符合自然规律的，是恒久不变的，这就是恒卦之象。君子看到这样的卦象，就要按照恒卦之道来立身修德而树立不变的操守、品德，即恒久之道。孔颖达疏："君子立身，得其恒久之道，故不改易其方，方犹道也。"恒久之道是不变的天地之道，包括人的本质、本源和规律，按照这些持之以恒地来做，也是永恒的法则。恒卦给我们的启示，首先是要守持正道，不要朝秦暮楚；其次是要懂得保持恒久，事物之间需要相互的推动和帮助，也就是要懂得和谐之道的重要性。

初六，浚¹ 恒，贞² 凶，无攸³ 利。

《象》曰：浚恒之凶，始求深也。

[注释]

1 浚（jùn）：疏通或挖深水道。

2 贞：坚定不移。

3 攸：所。

[译文]

初六，深求恒久之道，有凶险，没有什么好处。

《象传》说，深求恒久之道，有凶险，因为（在初爻）一开始就求得很深。

[解读]

恒卦六条爻辞中的四条直接讲了"恒"字，另外两条爻辞没有明讲"恒"，实际上也隐含了"恒"的意思。

"浚"，这里指深求、深究。一开始就深求恒久之道，坚持这么做，会有凶险。"无攸利"，没有什么好处。《象传》说，"浚恒"之所以是凶，是因为"始求深也"。意思是我们在初六爻的时候不要求得很深，因为初六爻刚刚开始，是阴爻居阳位，不正，所以力量不够。"欲速则不达"，一开始就求得很深，太急切了，是达不到的，反而不利。王弼注："求深穷底，令物无馀缊，渐以至此，物犹不堪，而况始求深者乎？"

九二，悔亡[1]。
《象》曰：九二悔亡，能久中也。

[注释]

1 亡：消失。

[译文]

九二，悔恨自行消除。

《象传》说，九二爻悔恨自行消除，因为长久地居中。

[解读]

九二，"悔亡"，悔恨消亡。九二爻处于下卦中间，走的是中道。《伊川易传》卷三:"九二以中德而应于五,五复居中,以中而应中,其处与动,皆得中也,是能恒久于中也。能恒久于中,则不失正矣。中重于正,中则正矣,正不必中也。九二以刚中之德而应于中,德之胜也,足以亡其悔矣。人能识重轻之势,则可以言易矣。"

《象传》说,九二爻能够悔恨消亡,是因为他能"久中也",长久地居于中。要没有悔恨,必须走中道。《中庸》说:"中也者,天下之大本也。"长久守住这个"中",才能长久又没有悔恨。寻求恒久之道,要追求得恰到好处。

九三,不恒其德,或[1]承[2]之羞[3],贞吝。
《象》曰:不恒其德,无所容[4]也。

[注释]

1 或:有时。

2 承:蒙受、接受。

3 羞:侮辱,使人难堪。

4 容:盛受,容纳。

[译文]

九三,德行不能恒久,有时候就会遭到羞辱,就会有遗憾。

《象传》说,如果德行不能恒久,连容身的地方都没有。

[解读]

《论语·子路》："南人有言曰：人而无恒，不可以作巫医。善夫！不恒其德，或承之羞。子曰：不占而已矣。"孔子钻研过《易经》。"人而无恒，不可以作巫医"，巫医在当时的地位非常高。人如果没有恒心，就不能做一个很好的巫医。"不占而已矣"，不要去占卜了。孔子的观点是说，人要有恒心，要懂得守恒之道，而不必要去求神问卜，只要守恒就可以了。"不恒其德，或承之羞"，就是如果德行不能恒久的话，那么有的时候就会遭到羞辱。"贞吝"，就会有遗憾。王弼注："处三阳之中，居下体之上，处上体之下。上不全尊，下不全卑，中不在体，体在乎恒，而分无所定，无恒者也，德行无恒，自相违错，不可致诘，故或承之羞也。施德于斯，物莫之纳，鄙贱甚矣，故曰贞吝也。"

《象传》说，一个人如果没有恒德，天下之大，估计他也是没办法容身的。《诗经·卫风·氓》讲述了一个无良男人对女子始乱终弃的故事。描述男子不义之举所用的句子是："士也罔极，二三其德。"这个男人也曾经对女人好过，但是这种好终于没有坚持下去，"二三"意为三心二意、感情不专一。其实也就是不恒的一种，只不过特指发生在男女感情方面。

九二爻的爻辞不大吉利，因为它是从反面来说的，是说如果"不恒其德"的话会怎么样。九三爻转到正面去说，如果能"恒其德"，自然就会逢凶化吉、遇难成祥。而且，九三爻是阳爻，居阳刚之位，所以这个"德"还是阳刚之德，刚性的德，是符合人的本质、品性的德，一定要坚持住。

九四，田¹无禽。
《象》曰：久非其位，安²得禽也？

[注释]

1 田：通"畋"，打猎。

2 安：岂、怎么。

[译文]

九四，打猎没有收获。

《象传》说，九四爻长久不当其位，打猎怎么会有收获呢？

[解读]

九四，"田无禽"，"禽"泛指飞禽走兽。孔颖达疏："田者，田猎也，以譬有事也。无禽者，田猎不获，以喻有事无功也。"

《象传》解释说"久非其位"，这有两种理解。一是转折关系，如孔颖达疏"有恒而失位"，《伊川易传》卷三："处非其位，虽久何所得乎？"另一种是修饰关系，即九四爻长久不在其位了，不按正道行事了，所以"安得禽也"，劳而无获。九四爻处恒之时，以阳居阴位，位不正，且是长久地不当其位，说明一个人如果心术不正的话，是没有办法恒久的，其做事必然徒劳无功，是没有收获的。

六五，恒其德，贞。妇人吉，夫子[1]凶。

《象》曰：妇人贞吉，从[2]一而终也。夫子制[3]义[4]，从妇凶也。

[注释]

1 夫子：古时对男子的尊称。

2 从：跟随。

3 制：订定、规划、处理，引申为裁断。

4 义：通"宜"，适宜。

[译文]

六五，"恒其德，贞"，恒久地保持美德，应当守持正道。六五爻是阴爻，好比女人，女人恒久地保持美德——女德（阴柔之德）。这个德首先要求守正道。对女人来说可以获得吉祥，男人则会有凶险。王弼注："居得尊位，为恒之主，不能制义，而系应在二，用心专贞，从唱而已。"孔颖达疏："用心专贞，从唱而已，是妇人之吉也。……夫子须制断事宜，不可专贞从唱。"

《象传》解释说，妇人守贞吉祥，是因为"从一而终"。"一"就是一夫。"德"是女德，六五爻是女主德，是柔媚之德，表现在从一而终。惠栋《周易述》卷十三："《礼》云：壹与之齐，终身不改，夫死不嫁，是一而终之义，所谓恒也。"男人处理事情必须符合道义，如果这个男人处理事情是顺从妇人的，或者说具有妇人的柔媚之德，那么就凶。程颐《伊川易传》卷三说："五应于二，以阴柔而应阳刚，居中而所应又中，阴柔之正也，故恒久其德则为贞也。"六五爻，以阴柔处中，下应九二阳刚，以阴柔之体去持守中道，能坚持到底、从一而终，所以吉祥。男子在守持正道上不能太柔弱、柔媚，应该刚强果断，否则就是凶。

上六，振[1]恒，凶。

《象》曰：振恒在上，大[2]无功也。

[注释]

1 振：震动。

2 大：很，非常。

[译文]

上六，动摇了恒心，有凶险。

《象传》说，守恒到最后，获得了高高在上的地位，大而无功。

[解读]

"振恒"说明恒心受到干扰、震动。上六，动摇了恒心，有凶险。程颐《伊川易传》卷三说："六居恒之极，在震之终，恒极则不常，震终则动极……以振为恒也，振者，动之速也，如振衣，如振书，抖擞运动之意。在上而其动无节，以此为恒，其凶宜矣。"

《象传》说，"振恒在上"，守恒到最后，获得了高高在上的地位，这时候内心一直坚守的信念却发生了动摇，这样的话肯定会是大而无功的。《伊川易传》卷三："居上之道，必有恒德，乃能有功；若躁动不常，岂能有所成乎？"上六爻是在这一卦的最上面，而且是个阴爻，恒心没有坚持到最后，也就是承受不住内心邪念的冲动，所以震动不安。都坚守到最后了，结果动摇了信念，功亏一篑，当然就无功了。一个人如果承受不住压力，恒心常常受到干扰，时时感到不安，当然就没有办法成功了。

恒卦没有一根爻是全吉的，也没有一根爻的爻辞直接说"吉"。这其实是告诉我们，持之以恒十分不易。古人说："恒之道，其义难哉！"守恒太难了。《荀子·劝学》说："不积跬步，无以至千里；不积小流，无以成江海。"所以要持之以恒、不断积累。恒卦启发我们持续不断地、永恒地教化百姓和自己，教化的根本是要保持恒心。

遁卦第三十三

乾上艮下

[解读]

遁卦是第三十三卦。《序卦传》说："物不可以久居其所，故受之以遁。"万事万物不可能永远占据某个位置，有进必有退，有退必有进，这是符合天道自然的。恒卦为永恒之意，而万事万物不可能永恒，所以恒卦之后是遁卦。《广雅·释诂》解释"遁"有三种含义：一是"去也"，就是离开；二是"蔽也"，就是隐蔽；三是"退也"，就是隐退。遁卦主要是讲隐退，这个隐退并非宣扬无原则地消极避世、逃世，而是说当事物的发展受到阻碍必须退避时，就要隐遁，然后等待东山再起的机会。

遁卦的卦象是天山遁，上面是天，下面是山。遁卦在十二消息卦里代表农历六月，是阴气逐渐上升到第二位，它讲的是急流勇退、功成身退的大智慧。《道德经》说："功遂身退，天之道也。"成功之后归隐，是符合天道的，这就是遁卦的智慧。

遁，亨，小[1]利贞。

[注释]

1 小：柔弱；程度低。

[译文]

遁卦，亨通，柔小的人会有利。

[解读]

遁卦，亨通，"小利贞"，即柔小的人有利于守持正道。遁卦告诉我们隐遁、隐退之道。卦所言的"退避"，并非宣扬无原则的消极"逃世"，而是说当事物的发展受到阻碍时，必须暂行退避，以俟来日振兴复盛。

《彖》曰：遁亨，遁而亨也。刚当位而应，与[1]时行也。小利贞，浸[2]而长[3]也。遁之时义大矣哉。

[注释]

1 与：随着。

2 浸：渐渐。

3 长：增加。

[译文]

《象传》说，遁卦亨通，只要隐退就能亨通。刚爻九五爻当位，与六二爻相应，与时俱进。柔小者更有利于守持正道，遁卦的阴气渐渐地往上长。遁这个时位的意义太伟大了。

[解读]

《象传》说，遁卦，亨通，"遁而亨也"，只要隐退就能亨通。陆德明《经典释文》："遁，隐退也。匿迹避时，奉身隐退之谓也。""刚当位"指刚爻九五爻又中又正。"而应"，指九五爻与六二爻一刚一柔、一阳一阴相呼应。象征君子在野隐遁，但仍与朝廷内部中正之士保持联系，相机行事。这样就可以隐遁了，即与时偕行、与时俱进。"行"不是专指前进，而是包括了进与退。"小利贞"，柔小者更有利守持正道，所以遁卦崇尚柔小。"浸而长也"，遁卦的阴气渐渐地往上长，已经长到了第二位。遁卦这个时位的意义非常伟大。九五至尊，反而需要隐退，这一点确实很难做到。一般而言，大部分人成功后会越来越膨胀，不知道要隐退，所以就会有潜在的危机，而这里的九五爻知道隐退，是一种了不起的智慧。俞琰《周易集说》卷十七："盖谓二阴在下虽微，其势方来，四阳在上虽盛，其势将往。往者屈，来者伸，君子于此盖不容不遁也……阴已浸长，固不可有为，然时未可遁，则君子要当与时而偕行，义苟当遁，则君子亦当与时而偕行，君子之遁，非为身也，盖为道也。"

《象》曰：天下有山，遁。君子以¹远²小人，不恶³而严⁴。

[注释]

1 以：介词，凭借、按照。

2 远：读为去声，表示远离。

3 恶：讨厌。

4 严：肃穆、端庄。

[译文]

《象传》说，天下面有山，遁卦之象。君子宜远避小人，不厌恶却很庄严。

[解读]

"天下有山"，上卦为乾，乾为天，下卦为艮，艮为山，天下面有山，这就是遁卦。君子看到了这样的卦象，就要按照遁卦之道来"远小人"。君子此处好比是天，而小人则指山。李鼎祚《周易集解》卷七引崔憬说："天喻君子，山比小人，小人侵长，若山之侵天，君子遁避，若天之远山，故言天下有山，遁也。"山的下面是两根阴爻，阴爻为小人，遁卦实际上是小人往上长，而君子却隐退了。所以此时要有担忧，君子要"远小人"。"不恶而严"，不厌恶，但却很威严很庄严。这里是说，君子宜远避小人，但这种疏远应是内怀厌恶之心而不表露于外，要敬而远之，保持庄严持重，使小人敬畏。程颐《伊川易传》卷一说："远小人之道，若以严声厉色，适是以致其怨忿，惟在于矜庄威严，使之敬畏，则自然远妖。"当然这种远离，不是无原则地消极躲避。另外，天代表已经坐到了非常高的位置，那样才能隐遁，真正的隐遁是要先有成就的，是功成身退，而不是指一生下来什么事情都不做就隐遁。

初六，遁尾¹，厉²，勿³用⁴有攸往。

《象》曰：遁尾之厉，不往何⁵灾也。

[注释]

1 尾：尾巴。

2 厉：祸患、危险。

3 勿：否定词，不。

4 用：行使、施行。

5 何：岂、怎么。

[译文]

初六，隐遁尾巴很危险，不要再有举动，不要再前进。

《象传》说，隐遁尾巴有危险，停止不前往的话还会有什么灾祸呢？

[解读]

初六，隐遁尾巴，是很危险的，"勿用有攸往"，不要有什么举动，不要再前进。《周易》中常用尾巴来做比喻，如履卦的"虎尾"，既济卦和未济卦的"狐尾"等，而此处的尾巴指狗尾巴，因为遁卦下卦为艮卦，艮卦为狗。爻辞显示，隐藏尾巴难度颇不小，竟然落了个"厉"的断语。

《象传》说，隐遁尾巴是很困难的，所以应停止不前，不前往那还会有什么灾祸呢？孔颖达疏："'遁尾厉'者，为遁之尾，最在后遁者也。小人长于内，应出外以避之，而最在卦内，是遁之为后也。逃遁之世，宜速远而居先，而为遁尾，祸所及也……危厉既至，则当固穷，危行言逊，勿用更有所往，故曰'勿用有攸往'。"程颐《伊川易传》卷三说："在前者先进，故初乃为尾。尾在后之物也。遁而在后，不及者也。是以危也，初以柔处微，既已后矣，不可往也。"

引申来看，此处的尾巴是指人的正反两面。从正面来说，"尾巴"指人的名声、成就、财富，此时要抛弃财富非常困难，像陶朱公范蠡那样的人很少。他成功后，果断把名声、地位全部抛弃，游走江湖，最后反而成了大富商。从反面来说，"尾巴"指人的陋习，要改变陋习也是非常困难的。如明朝末代皇帝崇祯，他本人是想有一番作为的，但明朝已经从根上坏了，一切举措只是治标不治本，眼看着太祖打下的江山就要完了却回天乏术，结局凄凉，说自己"无颜见先皇于地下"。初六爻要我们想办法将"尾巴"隐遁，也就是要改掉陋习，同时将名声、财富等束缚自己的东西抛弃掉,这样才能放下包袱,轻装前进, 反之则有灾祸。

六二, 执 [1] 之 [2], 用黄牛之革 [3], 莫 [4] 之胜 [5] 说 [6]。
《象》曰:"执用黄牛", 固 [7] 志 [8] 也。

[注释]

1 执: 抓住。

2 之: 代词。

3 革: 去了毛经过加工的兽皮。

4 莫: 没有。

5 胜: 能够。

6 说: 通"脱"。

7 固: 坚决, 坚守。

8 志: 意向。

[译文]

六二, 用黄牛皮做成的皮带把它捆起来, 没有人能够解脱掉。

《象传》说, 用黄牛皮做成的皮带将自己捆起来, 坚固隐退的意志和决心。

[解读]

"之"指六二爻。六二，用黄牛做成的皮革把自己捆起来，"莫之胜说"，没有人能够把它解脱掉。

《象传》说，"执用黄牛"，用黄牛做成的皮革将其捆起来，是"固志也"，比喻加强、坚固自己隐退的意志和决心。这样就不会受任何东西的干扰了。到了六二爻的时位，隐遁变得更加艰难，所以要下定决心，用强有力的手段，好比用黄牛皮做成的皮绳把自己捆起来去隐退，不让自己挣脱掉。比喻要坚定自己隐退的意志和决心，不受任何事物的干扰。王弼注："物皆通己，何以固之？若能执乎理中厚顺之道，以固之也，则莫之胜解。"用黄牛是因为黄色为中央色，而六二爻是居中的。孔颖达疏："黄中之色，以譬中和，中性顺从，皮体坚厚，牛革以譬厚顺也。"

九三，系[1]遁，有疾[2]厉。畜[3]臣[4]妾，吉。

《象》曰：系遁之厉，有疾惫[5]也。畜臣妾吉，不可大事也。

[注释]

1 系：羁系，引申为有牵挂。

2 疾：小病。

3 畜：通"蓄"。

4 臣：指家臣，就是家里的仆人。

5 惫：疲乏，困顿。

[译文]

九三，有牵挂地隐退，这样会有疾患、危险。如果蓄养臣仆、侍妾，就会吉利。

《象传》说，有牵挂地隐遁是危险的，会有疾病而且疲惫不堪。回家养老婆孩子则是吉利的，不能去做大事。

[解读]

九三，"系遁"，是指有牵挂地隐退，那样就"疾厉"，有疾病且有危险。意思是说九三爻处遁世，一定要超然远遁，而不应有所牵挂，否则会有不好的情况发生。王弼注："遁之为义，宜远小人，以阳附阴，系于所在，不能远害，亦已惫矣，宜其屈辱而危厉也。"九三爻是下卦到头了，已经有了名声、财富、地位等，要无牵挂地隐退是很困难的，但是九三爻与六二爻相比，九三爻对六二爻甚至初六爻有牵挂。"畜臣妾，吉"，指隐遁回家养蓄养仆人、老婆孩子，那样是吉利的。"臣妾"此处是指六二爻和初六爻，喻指要隐遁回家，把原来的事业、名声、财富等彻底抛开，回到原来的始点上去，而不要有所牵挂。

《象传》说，"系遁之厉"，有牵挂地隐遁是危险的，因为"有疾惫也"，会有疾病而且疲惫不堪。"畜臣妾吉"，回家养老婆孩子则是吉利的，因为不能去做大事。《伊川易传》

卷三："臣妾，小人女子，怀恩而不知义，亲爱之则忠其上。系恋之私恩，怀小人女子之道也，故以畜养臣妾，则得其心为吉也。然君子之待小人，亦不如是也。""以此昵爱之心畜养臣妾则吉，岂可以当大事乎？"九三，一定要超然远遁，而不应有所牵挂。在这个不可做大事的时势下，应该隐遁回家，将原来的事业彻底抛开，不要有所留恋，要学会舍弃，有舍才有得。

　　九四，好[1]遁，君子吉，小人否[2]。
　　《象》曰：君子好遁，小人否也。

[注释]

1 好：喜欢。

2 否：不然，读 fǒu；坏、恶，读 pǐ。

[译文]

　　九四，非常喜悦地隐退，对君子来说是吉利的，对小人来说不吉。

　　《象传》说，君子能喜悦地隐退，小人则做不到。

[解读]

　　九四，"好遁"，喜悦地去隐退，指隐遁的时候一点也不郁闷，而是心情非常喜悦地去归隐。"君子吉，小人否"，这样对君子是吉利的，而小人不能做到这样，所以是不吉的。王弼注："处于外而有应于内，君子好遁，故能舍之；小人系恋，是以否也。"

《象传》说，"君子好遁"，君子能审时度势，知进退之时机，所以"好遁"，他的归隐是一种从内心自觉发出的行为，是心情喜悦地隐退。《伊川易传》卷三："四与初为正应。是所好爱者也，君子虽有所好爱，义苟当遁，则去而不疑，所谓克己复礼，以道制欲，是以吉也。""小人否也"，而小人拥有财富、地位、名誉等之后则是做不到这一点的。小人做事一般只知进，不知退，即使形势逼迫他退，也是心不甘情不愿的。

九五，嘉[1]遁，贞[2]吉。

《象》曰：嘉遁贞吉，以[3]正志也。

[注释]

1 嘉：惠也，指美好。

2 贞：正。

3 以：用，按照。

[译文]

九五，在美好之时隐遁，守持正道，吉利。

《象传》说，在美好之时隐遁，是守持正道，吉祥，明正志向。

[解读]

九五,"嘉遁",在美好之时隐遁。《周易本义》:"刚阳中正,下应六二,亦柔顺而中正,遁之嘉美者也。""贞吉",九五爻又中又正,且居于尊位,能做到在美好之时隐遁,守持正道,是吉利的。

《象传》说,"嘉遁贞吉",在美好之时、在人生最成功的时候隐遁,是守持正道,是大吉大利,但这是常人难以做到的。"以正志也",刚好符合九五爻的中正之道,这样就能达到人生的美好境界。当然这对于常人而言难以做到,只有像九五这样的中正之人,才能实现这一美好的愿望。也有一种理解认为,六二与之相应,九五阳刚能正其志,如王弼注:"遁而得正,反制于内,小人应命,率正其志,不恶而严,得正之吉,遁之嘉也。"

上九,肥[1]遁,无不利。
《象》曰:肥遁无不利,无所疑也。

[注释]

1 肥:丰裕充足,朱子注:"宽裕自得之意。";通"飞"。

[译文]

上九,很优容地隐遁,没有什么不吉利。
《象传》说,很优容地隐遁没有什么不利,因为没有迟疑。

[解读]

上九，"肥遁"，怡然自得地隐遁，正如天气悠悠，离开下面的那座山，"无不利"，这样是没有什么不吉利的。王弼注："最处外极，无应于内，超然绝志，心无疑顾。忧患不能累，矰缴不能及，是以肥遁，无不利也。"

《象传》说，怡然自得而远遁，没有什么不利，是因为"无所疑"，没有什么可迟疑、可阻碍的，形容隐退得迅速和久远，也表明隐退的决心。《周易本义》："以刚阳居卦外，下无系应，遁之远而处之裕者也。故其象占如此。肥者，宽裕自得之意。"

大壮卦第三十四

震上乾下

[解读]

大壮卦是《易经》的第三十四卦，在遁卦之后。"大壮"是强大兴盛的意思，这里表示阳气很壮大强盛。事物不可能永远地隐遁、后退，到一定阶段后会终止后退而转往前进，所以遁卦之后是大壮卦。大壮卦是遁卦的综卦，即遁卦颠倒之后的卦。遁卦是天山遁，下面是两根阴爻，上面是四根阳爻；大壮卦刚好相反，下面是四根阳爻，上面是两根阴爻，表明事物开始强盛，阳气开始复苏。阳气从复卦开始回复，从下往上升，依次经过复卦、临卦、泰卦、大壮卦、夬卦、乾卦六个阶段。大壮卦是阳气已经升到第四位了，阳气渐渐壮大。大壮卦是十二消息卦之一，代表农历的二月。

大壮卦、遁卦都表明不要太逞强，过度展现自己的强壮则凶，该隐则隐，反而吉，要懂得柔弱胜刚强。老子从《易经》的经文就看出要想大壮的方法就是不强壮、不大壮，柔弱以胜刚强。

大壮，利贞[1]。

[注释]

1 贞：正。

[译文]

大壮卦，有利于守持正道。

[解读]

"利贞"，有利于守持正道。孔颖达疏："壮者，强盛之名。以阳称大，阳长既多，是大者盛壮，故曰大壮。……群阳盛大，小道将灭，大者获正，故曰利贞也。"大壮卦是阳气大为强盛时，此时最重要的是保住阳气的强盛。而保住阳气的强盛，关键就在于守正道。

《彖》曰：大[1]壮，大者壮也。刚以[2]动，故壮。大壮利贞，大者正[3]也。正大而天地之情可见矣。

[注释]

1 大：刚大。

2 以：连词，而、且。

3 正：正直。

[译文]

《彖传》说，大壮，强大而雄壮。刚强地动，所以大壮。大壮有利于守持正道，强大的事物走的是正道。正大而光明，就能看出天和地之间的情怀。

[解读]

"大者壮也"，就是强大而雄壮。孔颖达疏："阳爻浸长，已至于四，是大者盛壮。"俞琰《周易集说》卷十七："易以阳为大，大壮者谓四阳长而强盛也。"下面四根都是阳爻，所以称为大壮。"刚以动"，大壮卦下卦为乾卦，为纯刚，上卦为震卦，为动，就是刚强地动，所以是大壮。在十二消息卦中，大壮卦代表农历二月，一般这时会打雷，天气转暖，把冬眠的动物都惊醒了，这个节气就叫惊蛰。旧称启蛰，表示春天到来了。此时是大壮的气势，所以叫"刚以动，故壮"。"大壮利贞"，大壮有利于守持正道，因为"大者正"，事物的兴盛强大源于走正道，也就是说，只有符合正道的事物才能走向强大。守天地之道叫"正"，所以，正道就是符合天道。"正大"，即正直而刚大，正大而光明，"天地之情可见矣"，从"正"和"大"里面就能看出天和地之间最根本的情怀。《周易集说》卷十七："大者正则以理言。正大谓既正且大也，极正大之理则至公无私，可以见天地生物之情，故曰正大而天地之情可见矣。"大壮卦表示事物发展的强盛阶段，它告诉我们的是如何保持住这种强盛的势头，那就是要走正道。

《象》曰：雷在天上，大壮。君子以非礼弗[1]履[2]。

[注释]

1 弗：不。

2 履：践行。

[译文]

《象传》说，震雷响彻天空，大壮卦之象。君子不做不合乎礼的事情。

[解读]

《象传》说，"雷在天上"，上卦为震，震为雷，下卦为乾，乾为天，震雷响彻天空，阳气过于强盛以致高亢在上，这就是大壮卦之象。这个卦象下面是四个阳爻，上面是两个阴爻，表示阳气上升，气势刚大而雄壮。雷在天上轰轰作响，这种气势是刚大而雄壮的，足以惊天地而泣鬼神。李鼎祚《周易集解》卷七引崔憬说："乾下震上，故曰雷在天上。一曰：雷，阳气也。阳至于上卦，能助于天威，大壮之象也。"君子看到这样的卦象，应知道谦卑就下而不高亢，即要遵行克己复礼之理。孔子说："非礼勿视，非礼勿听，非礼勿言，非礼勿动。"（《论语·颜渊》）只有符合礼的事情才能去做，否则就要遭到雷打的惩罚。这也是说，要想保住强盛，君子做事就要处壮守正，正大光明，这是天地之间最根本的情怀。只有符合天道、符合礼节的事情才能去做，否则就要遭到惩罚。即使是在成功之时，即处于大壮的时位时，也要走正道、守礼制，这样才能永保强壮之势。张载《横渠易说》："克己反礼，壮莫甚焉，故《易》于大壮见之。"

"礼"是什么呢？它主要有两个意思：一是指礼仪、礼节，《周礼》记载了五种礼仪，即吉礼、凶礼、军礼、宾礼和嘉礼；二是指行为准则、礼仪规范，想强盛必须按照礼来做。符合礼仪、行为准则的事情就叫"正"（正道）。将"正"解释为"礼"源自《易传》，反映了儒家思想。《易经》本身并没有说到"礼"，而是说要符合正道，所以大壮卦不是讲如何达到强壮，而是讲如何保持强壮。

初九，壮于趾[1]，征凶，有孚[2]。
《象》曰：壮于趾，其孚穷[3]也。

[注释]

1 趾：脚趾，引义为在下。

2 孚：诚信。

3 穷：穷尽，完结。

[译文]

初九，脚趾强壮有力，往前进发会有凶险，应当保持诚信。

《象传》说，处于下位就很强壮，是无诚信的表现，就有凶兆。

[解读]

初九，"壮于趾"，从脚趾开始大壮，脚趾的力量很强盛。"征凶，有孚"，往前进发会有凶险，应当保持诚信。王弼注："夫得大壮者，必能自终成也，未有陵犯于物而得终其仕者。在下而壮，故曰壮于趾也。居下而用刚壮，以斯而进，穷凶可必也。"在下而壮，意味着不顺于上，是无诚信的表现。

《象传》说，"壮于趾，其孚穷也"。初九爻位于大壮卦的最下位，取象人体为足、为脚趾。阳爻居最下位，又处于大壮的情景之下，一开始就冒进、妄动，表现得太过强壮，不顺从九四爻。九四爻和初九爻都是阳爻，不相应，是不诚信的表现。一开始就不诚心、耐力不够、定力不足，所以"其孚穷也"，诚信到头了，会有凶险。在大壮的情景下，首先要静。大壮全卦基本上都是凶，只是有条件的吉。

九二，贞吉。
《象》曰：九二贞吉，以[1]中也。

[注释]

1 以：用。

[译文]

九二，守持正道，吉利。

《象传》说，九二爻吉利，因为居中位。

[解读]

九二爻吉的前提是"贞"——守正道。《伊川易传》卷三："二虽以阳刚当大壮之时，然居柔而处中，是刚柔得中，不过于壮，得贞正而吉也。"

《象传》说，九二"贞吉"是因为"以中"。因为这一爻是阳刚之人居阴柔之中位，虽然位不正，但守中，说明不过分地显示自己强硬的本领，懂得谦虚之道，保持中庸之德，所以是吉利的。

九三，小人用壮，君子用罔[1]，贞厉。羝[2]羊触[3]藩[4]，羸[5]其角。

《象》曰：小人用壮，君子罔也。

[注释]

1 罔：不可、不要；通"网"，罗网。

2 羝：公羊。

3 触：抵、顶。

4 藩：篱笆。

5 羸：通"累"，缠绕、困住。

[译文]

九三，小人显示自己的强壮，君子隐藏自己的实力，坚持这样做都有危险。像公羊顶触藩篱，被缠住了羊角。

《象传》说，小人显示自己的强壮，君子隐藏自己的实力。

[解读]

九三，"小人用壮，君子用罔"，本爻从小人、君子两个角度对比来说，分别评判他们做得如何。大壮卦的整个六爻都是在强壮、雄壮之时，而小人用了这种壮，故意显示出自己强壮的势力，君子却反而在大壮之时不显示强壮，这两者都是"贞厉"，坚持这样做都是凶的。因为前者是品行不端，后者是丧失良机。程颐《伊川易传》卷三说："小人尚力，故用其壮勇；君子志刚，故用罔。罔，无也，犹云蔑也，以其至刚蔑视于事而无所忌惮也。""羝羊"就是公羊，因为所处的是九三爻，九三爻、九四爻和六五爻叫互卦，构成了兑卦，兑卦也代表羊。"羝羊触藩，羸其角"，公羊喜欢用头角去冲撞羊圈的藩篱，结果就被缠住了羊角而动弹不得，比喻人任其刚壮必至困境。从此理解，"罔"也可以解释为网罗。王弼注：九三"处健之极；以阳处阳，用其壮者也。故小人用之以为壮，君子用之以为罗己者也"。孔颖达疏："罔，罗罔也。羝羊，羖羊也。藩，藩篱也。羸，拘累缠绕也。九三处乾之上，是'健之极'也。又以阳居阳，是健而不谦也。健而不谦，必用其壮也。小人当此，不知恐惧，即用以为壮盛，故曰'小人用壮'。君子当此即虑危难，用之以为罗罔于己，故曰'君子用罔'。以壮为正，其正必危，故云贞厉也。以此为正，状似羝羊触藩也，必拘羸其角矣。"

《象传》说，"小人用壮，君子罔也"。九三爻阳爻居阳位，又在下卦乾卦的最上一爻，刚健至极，如此之壮，必难以为继，不知者忘乎所以，明智者必不以为然。小人以为强壮可用，故意显示自己强壮的势力；君子虽然强壮却不以为然，表示过于保守，该用强的时候却不用，错过时机，这两者都是不好的。作为君子，处于九三爻时不能隐退；但如果是小人，就要令其隐退。同样的时空点，不同的人应该有不同的做法。

九四，贞吉，悔亡。藩决¹不羸，壮于大舆²之輹³。《象》曰：藩决不羸，尚⁴往也。

[注释]

1 决：冲开。

2 舆：车厢，代指车。

3 輹：垫在车箱和车轴之间的木块，也叫伏兔。

4 尚：崇尚。

[译文]

九四，守持正道就吉祥，悔恨就会消除。公羊拼命将藩篱撞开没有被缠住羊角，就如同大车的车辕一样作用强大。

《象传》说，公羊拼命地将藩篱撞开，是崇尚前进。

[解读]

九四，"贞吉，悔亡"，守持正道就吉祥，悔恨就消亡。"藩决不羸"，是说那只公羊拼命地将藩篱撞开，而不是被其缠住羊角。"壮于大舆之輹"，好像大车的车輹一样，作用强大。"车"指上卦的震卦，"輹"是垫在车厢和车轴之间的木块，是可以影响车轮前进的零件。王弼注："壮于大舆之輹，无有能说（脱）其輹者，可以往也。"大车的轮辐很坚固，不会脱毂。九四在这里展现了一幅与九三爻情景一样，但结果相反的画面：公羊拼命地撞开藩篱，羊角没有被藩篱缠住。说明此时君子抓住了时机，显示出了强盛之势，也说明要前进就要有主动出击、一往无前的精神。

《象传》说，公羊拼命地将藩篱捣开，而不是被其缠住羊角，是崇尚前进。《伊川易传》卷三："刚阳之长，必至于极。四虽已盛，然其往未止也。以至盛之阳，用壮而进，故莫有当之。……尚往，其进不已也。"因为从九四爻开始已进入上卦的震卦，震卦是主动的，此时该动则动，要抓住时机。所以要前进要行动，而不可当断不断。

六五，丧[1]羊于易[2]，无悔。

《象》曰：丧羊于易，位不当也。

[注释]

1 丧：丢失。

2 易：通"埸"，边境、边界。

[译文]

六五，这头羊在田边走失了，但没有悔恨。

《象传》说，羊在田边走失了，因为六五阴爻处阳位不当。

[解读]

六五，"丧羊于易"，就是这头羊在田边走失了，但是没有悔恨。《象传》说，羊在田边走失了，是因为"位不当"。王弼注："居于大壮，以阳处阳，犹不免咎，而况以阴处阳，以柔乘刚者乎？羊，壮也。必丧其羊，失其所居也，能丧壮于易，不于险难，故得无悔。"六五是阴爻处阳位，所以是不当位。六五，以田边走失羊为比喻，说明所处位置不适当，会有损失。但小损失不值得悔恨，有失必有得。整个卦是讲大壮的，这根爻是最关键的，应该有大壮品格的人才能居于此位，而六五爻只中不正，反而是好事，会"无悔"，说明居于大壮的形势之下，处于最高位的人，要有阴柔之心，要懂得减损是好事。如果此时还一味索取或表现出强壮的样子，就会遭遇灾祸，所以六五爻"丧羊于易，无悔"。

高亨《周易大传今注》卷三说此为殷人王亥丧羊于易国的故事，借喻还未（丧牛）及于悔。

上六，羝羊触¹藩，不能退，不能遂²，无攸利，艰则吉。

《象》曰：不能退，不能遂，不详³也。艰则吉，咎不长也。

[注释]

1 触：抵、顶。

2 遂：进。

3 详：通“祥”。

[译文]

上六，公羊顶触藩篱，既不能退也不能进，没有什么好处，但是挺过难关就吉利了。

《象传》说，公羊顶触这个藩篱，既不能退也不能进，即不吉祥了，在艰难的环境里反而吉利，灾祸不会太长久。

[解读]

公羊顶触藩篱，既不能退，也不能进。“无攸利”，没有什么利益。“艰则吉”，但艰辛地去做，那是能吉利的。上六，第三次用公羊顶触藩篱作比喻，其结果与前两次都不相同，是进退两难，说明处世不够周详，处境艰难，此时更要坚持守住大壮的局势，只要你不屈不挠，那么灾祸就不会长久。《周易本义》：“壮终动极，故触藩而不能退。然其质本柔，故又不能遂其进也。其象如此，其占可知。然犹幸其不刚，故能艰以处，则尚可以得吉也。"

　　《象传》说，公羊顶触这个藩篱，既不能退也不能进，"不详也"，即不吉祥了。"艰则吉"，但在艰难的环境里，你能坚持住，不屈不挠，那么"咎不长也"，灾祸也就不会太长久。王弼注："苟定其分，固志在一，以斯自处，则忧患消亡，故曰艰则吉也。"

晋卦第三十五

≣≡ 离上坤下

[**解读**]

晋卦是第三十五卦。事物又不可能始终都是大壮，不可能永远强盛，要保持强盛就要继续前进、上升，所以大壮卦之后就是晋卦。《说文解字》解释"晋"字："晋，进也。日出，万物进。"太阳从地面升起，万事万物开始前进、上升，所以"晋"是前进、上升的意思。晋卦的卦象是火地晋，下面是大地（坤卦），上面是火、太阳（离卦），描述的是太阳从大地上升起来的场景。这就是一种上进的景象，所以这一卦是讲晋升之道的。

晋，康侯用锡[1]马蕃[2]庶[3]，昼日三接。

[**注释**]

1 锡：通"赐"。

2 蕃：通"繁"，繁多；繁殖。

3 庶：众多。

[译文]

晋卦，康侯用天子赏赐的马繁殖出众多的马，一天之中受到了多次接见。

[解读]

卦辞所说的"康侯"究竟是谁？顾颉刚先生认为是指周武王的弟弟卫康叔。康叔是周文王的第九子，也就是周武王的弟弟。他在周武王灭商建立周朝后，被周武王封在康这个地方，所以被称为康叔。周武王去世后，他的儿子周成王继位，由于那时周成王年纪太小，所以由周公（周武王的四弟）摄政，引起了周武王另外三个弟弟（三监）管叔、蔡叔、霍叔的不满，后来他们发起叛乱。但是叛乱被周公平定了，而康叔参与了平定叛乱，所以被封在商朝首都朝歌（今河南淇县），建立了卫国，成为卫国的第一任国君。周成王执政后，提拔康叔为司寇，掌管刑法和诉讼。由于康叔秉公执法，稳定了西周的政权，所以周成王赐予他很多宝器、车马，一天中多次接见他，可见周成王对康叔的重视和赏识。"康侯用锡马蕃庶"，是说康侯用天子赏赐的良种马去繁殖出众多的马，在古代优质品种的马是非常尊贵的，康侯的这种做法是非常伟大的，所以"昼日三接"，"三"代表多，一天之中受到了天子多次接见，表示他受到了天子的赏识。当然，我们不一定要将康侯看作具体的人，实际上，这里的康侯是秉公执法、有德之人的化身，因为受到上级奖赏和重视，从而得到晋升。

《象》曰：晋，进也。明[1]出地上，顺而丽[2]乎大明，柔进而上行，是以[3]康侯用锡马蕃庶，昼日三接也。

[注释]

1 明：照耀，借指太阳、光亮。

2 丽：依附。

3 是以：所以，因此。

[译文]

《象传》说，晋，前进，上升的意思。太阳从地上升起，柔顺地依附于正大光明之道，柔顺而逐渐地由下往上前进、前行，所以康侯用天子赏赐的马繁殖出众多的马，一天之中受到了多次接见。

[解读]

《象传》解释康侯为何会受到这么大的奖赏。"晋"就是前进，上升。其象为太阳从地上升起。李鼎祚《周易集解》卷七引郑玄说："地虽生万物，日出于上，其功乃著。"要想上升、前进，一是要"顺"，"明出地上，顺而丽乎大明"。"顺"是顺应，从卦象上指下卦的坤卦，坤为顺。从内心里自觉自愿地、将自己放空地服从上级的命令，像坤卦一样中间是空的。

"丽"从卦象上指上卦的离卦。"大明",从卦象上理解为六五爻。俞琰《周易集说》卷十七:"晋下卦坤地也,上卦离日也,日出地上,其明进而盛……大明指离之六五,谓明王在上,尊居君位,犹昼日之大明也。顺指坤之三阴,谓诸侯在下,尽臣道之顺而附丽乎大明之君也。上明下顺,君臣相得,在君上而言,则进而至于光大也。""大明"特指离卦中爻,也指如太阳一样的光明正大之道。"顺而丽乎大明",柔顺地依附于正大光明之道,即天地之道。二是要柔,"柔进而上行",大地是最柔顺的,柔顺而居下,逐渐地由下往上前进、前行,如果做到了像"康侯用锡马蕃庶"一样,就会得到"昼日三接"的赏赐。"柔"也可以理解为阴爻,《伊川易传》卷三:"凡卦,离在上者,柔居君位,多云柔进而上行,噬嗑、睽、鼎是也。六五以柔居君位,明而顺丽,为能待下宠遇亲密之义。"顺就是要顺应,柔就是要温柔。这实际上反映了一种道家的思想。

《象》曰:明出地上,晋。君子以自[1]昭[2]明德[3]。

[注释]

1 自:自己。

2 昭:明亮、光明;显扬。

3 明德:光明磊落的道德品质。

[译文]

《象传》说，太阳从地上升起，晋卦之象。君子要明明德。

[解读]

《象传》说，"明出地上"，上卦为离，离为光明；下卦为坤，坤为地，太阳从地上升起，这就是晋卦之象。君子看到这样的卦象，就要按照晋卦之道来彰显自己光明的德行。程颐《伊川易传》卷三说："自昭明其德，去蔽致知，昭明德于己也。明明德于天下，昭明德于外也。明明德在己，故曰自昭。""昭明德"就是明明德。"明明德"就是要从自己的内心出发，使得像太阳那样的品德显示出来，使得自己内在固有的品德更加昭彰、昭著。"明明德"也是古代《大学》的三纲领之一，这三纲领是："大学之道，在明明德，在亲民，在止于至善。"怎样才能达到"明明德"？《大学》说："古之欲明明德于天下者，先治其国；欲治其国者，先齐其家；欲齐其家者，先修其身；欲修其身者，先正其心；欲正其心者，先诚其意；欲诚其意者，先致其知，致知在格物。"也就是说，要通过"八条目"，即"格物，致知，诚意，正心，修身，齐家，治国，平天下"才能实现。儒家认为，只有按照这八种次序做了之后，才能"明明德于天下"，也就是才能"平天下"。

早在《尚书·尧典》中就有记载："克明俊德，以亲九族。九族既睦，平章百姓。百姓昭明，协和万邦。""克明俊德，以亲九族"，"克"是能够，尧能彰显出美好的品德，即晋卦中太阳从大地升起的大德，所以他能使家族亲密和睦。"九族"就是家族，"九族既睦，平章百姓"，家族都和睦之后，尧又能辨明百官贵族的政事。古代的"百姓"不是指老百姓，而是指百官、贵族，因为贵族才能有姓。"百姓昭明"之后就"协和万邦"了。"邦"为国，"万邦"就是万国，也就是天下各国都协调和睦了。《大学》三纲领的开始是"明明德"，尧之所以能以光辉照耀四方，第一点就是因为"克明俊德"。晋卦《象传》说要"自昭明德"，所以想要晋升，自己的德行先要发挥出来。

初六，晋如[1]摧如[2]，贞吉。罔[3]孚[4]，裕[5]，无咎。

《象》曰：晋如摧如，独[6]行正也。裕无咎，未受命[7]也。

[注释]

1 晋如：前进的样子。

2 摧如：受到摧残而后退的样子。

3 罔：没有。

4 孚：诚信。

5 裕：宽容、容忍。

6 独：一个人。

7 命：指令。

[译文]

初六，有时前进，有时后退，守持正道是有好处的。虽然还没得到别人信任，但要宽容自处，就没有灾祸。

《象传》说，有时前进，有时后退，独自行动保持正道，宽容自处则没有灾祸，因为还没有接受大的使命。

[解读]

"晋如摧如"，有时候前进，有时候后退。这是要守持正道，是吉利的。王弼注："处顺之初，应明之始，明顺之德，于斯将隆。进明退顺，不失其正，故曰晋如摧如，贞吉也。""罔孚"就是无孚，是还没有得到别人的信任。虽然还没有被人信任，但只要有一种宽裕、宽厚、宽容、宽广之心，即使别人不信任我，我也能够容忍他，这样做的话就是"无咎"的。王弼注："处卦之始，功业未著，物未之信，故曰罔孚。方践卦始，未至履位，以此为足，自丧其长者也。故必裕之，然后无咎。"

《象传》说，该进的时候进，该退的时候，只要我守正道，即使是独自行动也没有关系。这时候采取宽容的态度，没有灾祸，是因为还没有接受大的使命。也就是说，初六，是刚走向社会，还不能担当重要职务的时候，别人对你不信任是正常的。因此自己宽容待人，做到可进可退。只要具有包容心，就不会有灾祸。初六爻也是下卦坤卦的最下一爻，要学习大地包容万物那样的精神。这就告诉我们一开始晋升的时候，不要贸然前进，要停一停，要谨慎，这样才能"贞吉"。

六二，晋如愁如¹，贞吉，受兹²介³福，于其王母⁴。《象》曰：受兹介福，以⁵中正也。

[注释]

1 愁如：忧愁的样子。

2 兹：这种、这个。

3 介：大。

4 王母：祖母。

5 以：由于。

[译文]

六二，上进时充满着忧愁，守持正道就吉祥。将会得到一种大的福报，这福报是来自祖母的。

《象传》说，得到大的福报，因为六二居在正位，而且守中道。

[解读]

"晋如愁如"，六二比初六又前进一步了，但是开始发愁了。王弼注："进而无应，其德不昭，故曰晋如愁如。"六二爻当进，故晋如；与六五非正应，上无应援，故愁如。"贞吉"，只要继续守持正道仍然吉祥。"受兹介福"，就是受到这个大福报。受到谁的大福报呢？是"于其王母"，由于有祖母的支持。祖母在这个卦中就是六五爻，六五爻与六二爻刚好相应，这里指得到上级的赏识和支持，所以得到了大的福报。程颐《伊川易传》卷三说："王母，祖母也。谓阴之至尊者，指六五也。二以中正之道自守，虽上无应援不能自进，然其中正之德久而必彰，上之人自当求之。盖六五大明之君，与之同德，必当求之加之宠禄，受介福于王母也。介，大也。"

《象传》解释说，"受兹介福"，是因为"中正"，因为六二爻是坤卦第二爻，是阴爻居阴位，又中又正，守中道，有警惕之心和忧患意识，这种品德得到了"王母"的赞赏，所以"王母"给予了很多的赏赐。这实际上也是指一个人在刚开始工作的时候，不但要有一种宽容的心，并且能够找准自己的位置，坚持奋斗。这样才能获得大福。始终保持戒惧之心，这样做就会得到大的福报。

六三，众允[1]，悔[2]亡[3]。
《象》曰：众允之志[4]，上行也。

[注释]

1 允：许可。

2 悔：过失，灾祸。

3 亡：失去。

4 志：意向、心愿。

[译文]

六三，众人给予信任，悔恨也就没有了。

《象传》说，众人都抱持的志向，是上行。

[解读]

《周易本义》解释说："三不中正，宜有悔者。以其与下二阴皆欲上进，是以为众所信而悔亡也。"就是说，从爻位来看，六三爻是下卦的最上一爻，是为不中；以阴爻居阳位，是为不正。不中不正的时位，应该会有过失。但是，这时经过了"晋如摧如""晋如愁如"的阶段，众人（初六、六二）都崇尚升进，六三能顺应时势，也柔顺地上行，顺应了大家的意志，与众人同心同德，所以为众人所信任，这样他就没有可悔恨的了。

九四，晋如鼫鼠[1]，贞厉。

《象》曰：鼫鼠贞厉，位不当也。

[注释]

1 鼫（shí）鼠：根据《尔雅·释兽》，一种外形似兔，短尾、红眼的鼠。嗜食粟豆，造成田害。孔颖达认为是蝼蛄。也是一种害虫。此处比喻心志不正，有窃取之心。

[译文]

九四，像鼫鼠那样的人获得晋升，占问的结果会是很危险的。

《象传》说，像鼫鼠那样的人结果很危险，是因为所处的位置不当。

[解读]

"鼫鼠"，让人想到《诗经》中的硕鼠。《诗经·魏风·硕鼠》："硕鼠硕鼠，无食我粟，三岁贯女（汝），莫我肯顾。"是对剥削者的控诉。此处用鼫鼠来比喻有的人通过不正当的手段，窃取了高位，其后果将是很危险的。《周易本义》解释说："不中不正，以窃高位，贪而畏人，盖危道也。"从卦象上讲，九四爻为上卦最下一爻，是为不中；九四刚爻居阴位，位不正。《伊川易传》卷三："以九居四，非其位也。非其位而居之，贪据其位者也。贪处高位，既非所安，而又与上同德。顺丽于上。三阴皆在己下，势必上进，故其心畏忌之。"一个人行为不中不正，具有贪欲，而通过不正当手段获得较高的位置，但终究见不得阳光，这种晋升的情形是很危险的。这从反面告诉我们，在升迁提拔的时候，一定要提拔那些品行端正的人。

六五，悔亡，失得勿恤[1]，往[2]吉，无不利。

《象》曰：失得勿恤，往有庆[3]也。

[注释]

1 恤：担忧。

2 往：去、前进。

3 庆：福泽。

[译文]

六五，没有过失、灾祸，不需要患得患失，继续前往是吉利的，没有什么不好。

《象传》说，不需要患得患失，前往会有吉庆、福庆。

[解读]

《周易本义》解释说："以阴居阳，宜有悔矣。以大明在上，而下皆顺从，故占者得之，则其悔亡。又一切去其计功谋利之心，则往吉而无不利也。"从卦象上说，六五是阴爻居阳位，不正，所以应该会有过失。六五爻已居尊位，如果继续往前升进，则会失去这个尊位。但它在上卦中间，位中，阴爻按照阴柔之道来做事，意味着按照本分去做事。况且这时是在大的提升、前进的场景下，六五爻需要顺从时势奋勇前进，不要考虑个人的位置、名誉或者财富得失。而且六五爻义无反顾地去追求上九，上九是阳爻，代表"大明"即正道，下卦又都是顺从之德，所以六五爻继续前进，并不是冒进而失去自己所得到的东西，反而有大得。从所蕴含的寓意来讲，位中而"不患得患失"表示功利心，不要小伎俩，已经去掉了九四那样的歪门邪道，所以做事会有吉庆而没有什么不利的。

上九，晋其角^1，维^{2}用伐^{3}邑^4，厉^{5}吉，无咎，贞吝。
《象》曰：维用伐邑，道未光^{6}也。

[注释]

1 角：牛角、羊角、鹿角等，是动物头上长出的坚硬的东西。

2 维：通"惟"，考虑，计划。

3 伐：征讨。

4 邑：古代称侯国为邑，是诸侯分给大夫的封地。

5 厉：祸患、危险。

6 光：弘扬、发扬。

[译文]

上九，上升到头了，考虑去讨伐自己治下的属地，虽然危险但结果可以是吉庆的，没有灾祸，然而有遗憾。

《象传》说，考虑去讨伐自己治下的属地，说明文明的怀柔之道还没有发扬光大。

[解读]

《周易本义》解释说："角刚而居上。上九刚进之极，有其象矣。占者得之，而以伐其私邑，则虽危而吉且无咎。然以极刚治小邑，虽得其正，亦可吝矣。"动物的角长在头部向外突出，表示已经到了极点，力量已经到了顶端。上九爻是卦的最上一爻，还是阳爻，正符合这个形象。如果"维用伐邑"，就是去盘算如何讨伐自己治下的属国，则虽然有危险，但可以获得好的结果，不会有灾祸。上九去征讨是为了彰显王者之道，并不是去欺负杀伐，所以最终会取得成功。但上九以阳刚处离卦之上爻，是为明将息而欲进，有不以文明为治，而尚刚武之义，也就是"道未光"，如果上九爻一味以最为刚勇的政策去管理一个小地方，虽然名义上没有不妥，但终究是令人遗憾的。还是需要发扬光大文明的怀柔之道。

明夷卦第三十六

☷☲ 坤上离下

[解读]

明夷卦在晋卦之后，两个卦构成综卦，也叫覆卦。明夷卦的卦象是坤在上，离在下，称为地火明夷，喻示太阳落在地平线之下，黑暗了。

"明"是太阳，"夷"是受伤，《序卦传》说："晋者，进也。进者必有伤，故受之以明夷。夷者，伤也。"前进一定有伤害，日中之后要西斜。明夷卦表示一片昏暗的场景，代表政治昏暗、光明被泯灭的世道；同时也代表光明正大的人受到伤害、不被重用，而小人得势。

明夷，利艰贞[1]。

[注释]

1 艰贞：指人处境艰危之时能守正不屈。

[译文]

明夷卦，光明减退时，如果能够在遭遇危难时守持正道将会有好的结果。

[解读]

在光明受损时，是艰难的。原因可以从卦象上去理解，如《周易本义》所说"其上六为暗之主，六五近之"，整个卦处于从明转暗的危机中，尤其是最后的上六爻是阴爻，暗昧不明，"故占者利于艰难以守正，而自晦其明也"，在危难中应该做到韬光养晦，但守正不移。

《象》曰：明[1]入地中，明夷。内文明而外柔顺，以蒙[2]大难[3]，文王以[4]之。利艰贞，晦[5]其明也。内难而能正其志[6]，箕子以之。

[注释]

1 明：日月的光明，此处指代太阳。

2 蒙：承受。

3 难：灾难，祸殃。

4 以：使用。

5 晦：掩蔽，隐秘。

6 志：意向、抱负。

[译文]

《象传》说，太阳落到地底下去了，这就是明夷。内含文明，外显柔顺，从而去面对大难，像周文王那样。艰难中守持正道，韬光养晦。内部发生危难时坚守自己的志向，像箕子那样。

[解读]

"明入地中，明夷"，是用卦象解释卦名，如前所言。"内文明而外柔顺，以蒙大难，文王以之。"是以卦德解释卦义。"内"就是下卦，离卦，代表文明之德。"外"就是上卦，坤卦，代表柔顺之德。面对危难，表现出容忍、柔顺，而内心不改正道，本心不变，这就是周文王被囚羑里时的心态。贤人、有才能的都遭受大难时应该像周文王那样。俞琰《周易集说》卷十七："以之，谓用此道也。文王处明夷昏暗之时，三分天下有其二，以服事殷卒，能脱身羑里，盖用此道也。"

"内难而能正其志，箕子以之"，《周易本义》说这是"以六五一爻之义释卦辞"，就是用六五爻辞解释卦辞。箕子与微子、比干，被孔子称为"殷之三仁"。箕子和比干是商纣王的叔叔，微子是商纣王的长兄。他们三人看到商纣王施行暴政、昏庸无度，就去劝谏，但商纣王不听，于是微子"去之"，就离开了，而比干被杀而剖心。当时也有人劝箕子离开，但箕子说："为人臣，谏不听而去，吾不忍也。"于是箕子披头散发，装疯发狂，被商纣王贬为奴隶，躲过了一劫。后来箕子归隐。《周易本义》说："内难，谓为纣近亲。"箕子作为纣王的叔父忍受巨大压力，但箕子还能坚守住自己的志向。后来，周武王灭商后，还向箕子请教治国方略，箕子告诉他"洪范九畴"。内部发生危难的时候，要像箕子那样坚守住自己的意志。

《象》曰：明入地中，明夷。君子以莅[1]众，用晦而明。

[注释]

1 莅：治理，统治。

[译文]

《象传》说，太阳落到地底下去了，明夷卦之象。君子要按照明夷之象统领众人，韬光养晦但内心光明，从而获得好的结局。

[解读]

《象传》又一次用卦象解释卦名。君子看到这样的卦象，就要按照明夷之道来治理民众。可以理解为清静无为的道家思想，孔颖达疏："君子能用此明夷之道，以临于众，冕旒垂目，黈纩塞耳，无为清静，民化不欺。若运其聪明，显其智慧，民即逃其密网，奸诈愈生，岂非藏明用晦，反得其明也？"也可以理解为一般的治术，如《伊川易传》卷三："明所以照，君子无所不照，然用明之过，则伤于察，太察则尽事而无含弘之度。故君子观明入地中之象，于莅众也，不极其明察而用晦，然后能容物和众，众亲而安，是用晦乃所以为明也。"

初九，明夷于飞，垂其翼，君子于¹行，三日不食，有攸²往，主人有言。
《象》曰：君子于行，义不食也。

[注释]

1　于：助词，用在句首或句中，没有意义。
2　攸：所。

[译文]

初九，光明减退时不向外飞，垂下自己的翅膀，君子在行进中缺三天不吃东西，积极行动，但还是受到了主人的责怪。

《象传》说，君子要隐退，应该不求禄食。

[解读]

《周易本义》说："飞而垂翼，见伤之象。"飞行中垂下翅膀，意味着不再飞了。太阳落山时就不要向外飞了，表示要勇退了，要归隐了。"君子于行，三日不食"，君子要行动起来（隐退），三天都不吃饭。"食"也指俸禄，"不食"就是不食俸禄，不出来做官了。"三日"表示时间长。这样做，主人就会责怪，不理解。但是再怎么责怪都要隐退，因为"义不食也"。也就是《周易本义》所说"时义当然，不得而避也"，在自身受损无益的情况下自然应该去隐退。在乱世中，君子要快速归隐，譬如箕子装疯，最终避过了大难，保住了性命。

六二，明夷，夷[1]于左股[2]，用拯[3]马壮，吉。
《象》曰：六二之吉，顺以则[4]也。

[注释]

1 夷：同"痍"，创伤。

2 股：大腿。

3 拯：援救，救助。

4 则：效法。

[译文]

六二，光线暗了下去，左腿受到创伤，用强壮的马帮助行走，是吉祥的。

《象传》说，六二的吉祥，因为柔顺处事。

[解读]

在黑暗中行走，左腿受到伤害。孔颖达疏引"庄氏云：言左者，取其伤小。"说左腿受伤了，表明伤得还不太严重。但是既然受伤就"行不能壮"，不能再有力地行动了，就需要依靠一匹良马来帮助自己。《周易本义》说"伤而未切，救之速则免矣"，既然伤得不重，救助又很及时，就可以免于厄难。

《象传》解释说，六二的吉祥后果，是因为六二爻阴柔居中，处艰难之乱世，能柔顺处事，持守中正之道。

从卦象来看，六二爻是阴爻（柔爻）居中位，又中又正，可以柔顺处世。"马"则指九三爻，九三爻是阳爻居阳位，好比一匹强壮的良马。九三爻还可以指明君、有德行的长者，六二爻处其下，表明能顺承于它。处于乱世，心有坚守，一直在寻找明君，则会逐渐变得强大。

九三，明夷于南狩¹，得其大首²，不可疾³，贞。
《象》曰：南狩之志，乃大得也。

[注释]

1 狩：冬天打猎。

2 首：头领。

3 疾：快速。

[译文]

九三，在黑暗中向南方讨伐，俘获了对方的首领，但是不可操之过急，应当守持正道。

《象传》说，向南方讨伐的志向得到了彻底实现。

[解读]

"南狩"，在南边狩猎，狩猎也可以指征伐，讨伐。孔颖达疏："初藏明而往，托狩而行，至南方而发其明也。"明夷卦，初九爻韬光养晦，至此借狩猎往南，意味着要有所行动。九三爻，处于下卦离卦的最上一爻，离卦位居南方，南方又代表君位，刚爻居阳位，得正，说明处于这个时位要刚强有力。因为征伐有力，才能取得大的捷报。"得其大首"，就是诛杀了对方的最高首领。以俘虏其首领比喻成功。南狩而得其大首，说明南狩的目的彻底达到了。《周易本义》说："以刚居刚，又在明体之上……故有向明除害，得其首恶之象。"但事情不可操之过急，要守正道，要贞固。所以《周易本义》又说："成汤起于夏台，文王兴于羑里，正合此爻之义，而小事亦有然者。"商朝的开国首领是从夏台这个地方一点点兴起的，而周文王是从羑里一点点兴起的。无论是在古代还是现代，大的事情还是小的事情，首先要识时位，然后坚定志向，抓住机遇，肯定会获得成功。

六四，入于左腹[1]，获明夷之心，于出门庭。

《象》曰：入于左腹，获心意也。

[注释]

1 腹：腹部，比喻中心地位或内心深处。

[译文]

六四，进入了左腹，了解了内在志向，毅然跨出门庭远去。

《象传》说，进入左腹，所以能了解内在志向。

[解读]

"入于左腹"，指代进入到左边的腹地。师卦六四爻说"师左次"，军队要在左边驻扎。"左次"就是驻扎在左边，跟这里的"入于左腹"意思差不多，指要后退。因为古代军队打仗时崇尚的是右边，右为上，左为下；右为前进，左为后退。老子《道德经》第三十一章说："君子居则贵左，用兵则贵右。"《道德经》又说："吉事尚左，凶事尚右。"吉利的事情崇尚的是左边，凶险的事情崇尚的是右边，用兵打仗被视为凶事。所以"入于左腹"就是要后退、归隐。孔颖达疏："从其左不从其右，是卑顺不逆也。"就是柔顺的一种表现。六四爻已经进入上卦的坤卦了，坤卦是大地，大地是柔顺且居于最低位的，所以要隐退。

就人体部位而言，进入胸腹，所以能获取"心意"。比喻隐退之后，就能获得内在的志向。好比箕子规劝商纣王，商纣王非但不听从还要处罚箕子时，箕子装疯，隐藏自己的志向，保全了性命，他的志向并没有被泯灭。明白心意后，跨出门庭远去。《周易正义》注说："随时辟难，门庭而已。"就是说，及时抽身，仅仅到了门口，并没有陷入进去。

六五，箕子之明夷，利贞[1]。

《象》曰：箕子之贞，明不可息[2]也。

[注释]

1 贞：坚贞。

2 息：停止。

[译文]

六五，（处于最黑暗的时候）箕子装疯隐藏志向，这样是有利的。

《象传》说，箕子这种坚守正道的做法，因为心中的志向还未消失。

[解读]

《周易本义》说："居至暗之地，近至暗之君，而能正其志，箕子之象也，贞之至也。"箕子在殷商最黑暗的时期，处于朝堂之上，是商纣王的近臣，但他把才华隐藏起来，坚守自己的志向，守持正道，从而躲过了被杀的灾祸。

箕子这种坚守正道的做法，在于他心中的光明永远不熄灭。《伊川易传》卷三："箕子，商之旧臣，而同姓之亲，可谓切近于纣矣，若不自晦其明，被祸可必也，故佯狂为奴，以免于害。虽晦藏其明，而内守其正，所谓内难而能正其志，所以谓之仁与明也。""箕子晦藏，不失其贞固，虽遭患难，其明自存，不可灭息也。"六五爻是最尊贵的位置，阴爻居阳位，表示它外柔内刚，行为柔顺，但坚持正道不变。

上六，不明晦[1]，初登于天，后入于地。

《象》曰：初登于天，照四国也。后入于地，失则也。

[注释]

1　晦：昏暗不明，不顺利。

[译文]

上六，不发出光明、昏庸无道的君主，起初时登临了高位，最终堕落于地下。

《象传》说，起初时登临了高位，光明能照耀到四方之国。后来堕落于地下，因为没有遵从天道。

[解读]

上六，这一爻暗指商纣王。"不明晦"，指像商纣王这样的人，他不明，不能发出光明而给天下带来晦暗，这样他就不能够守住自己的位置。虽然起初的时候他做了天子，但最终还是会失去地位。《周易本义》说："以阴居坤之极，不明其德以至于晦。"就是说，上六爻是阴爻居阴位，又是最上面一爻，所以象征昏庸无道的君王。

暗喻商纣王开始做了天子，也能统御四方之国，但是不遵守天道天理，最终自焚于鹿台。"初登于天，照四国也"，开始做天子的时候，光明还能照耀四方之国。商纣王开始做王时还是不错的，为商朝子民做了不少好事。"后入于地，失则也"，后来昏庸无度，最后被推翻了。

家人卦第三十七

䷤ 巽上离下

[解读]

家人卦在明夷卦之后。《序卦传》说："伤于外者必反于家，故受之以家人。"在外面受伤了，一定要返回家里，所以明夷卦之后就是家人卦。孔颖达说："明家内之道，正一家之人。"家人卦是讲如何治家的，使一家人都走上正道。

家人，利女贞[1]。

[注释]

1 贞：正。

[译文]

家人卦，有利于女子守持正道。

[解读]

《周易本义》说："家人者，一家之人。卦之九五、六二，外内各得其正，故为家人。利女贞者，欲先正乎内也。内正则外无不正矣。"家人卦主要讲修身齐家之道，所以以家中女性为代表。从卦象上看，九五爻阳爻居阳位，六二爻阴爻居阴位，都是又中又正，象征男在外、女在内都得时位。之所以说女子守持正道是非常有利的，是就家中男女的关系而言的。这个卦同时在说男女应该如何治家。

《彖》曰：家人，女正位乎内，男正位乎外。男女正，天地之大义也。家人有严[1]君焉，父母之谓[2]也。父父，子子，兄兄，弟弟，夫夫，妇妇，而家道正。正家而天下定[3]矣。

[注释]

1 严：郑重，庄重。

2 之谓："之"是宾语前置的助词；谓，叫作。

3 定：平安、稳固。

[译文]

《彖传》说，家人卦，女正位在内，男正位在外。男主外女主内符合天地大道。家里人有严明的君主，就是父亲和母亲。父亲要尽父亲的责任，儿子要尽儿子的责任，丈夫要尽丈夫的责任，妻子要尽妻子的责任，家道就端正了。从治家开始，才能治国平天下。

[解读]

"女正位乎内，男正位乎外"是就卦象解释卦辞。孔颖达疏："六二柔而得位，是女正位乎内也。九五刚而得位，是男正位乎外也。" 女主内、男主外，这样的布局是符合天地之道的。男人的属性是阳刚的、向外的，所以他要主外；女人的属性是阴柔的、向内的，所以她要主内。这是社会分工的不同。

以下是就社会名分而言，也就是所谓"五伦"。"父父，子子，兄兄，弟弟，夫夫，妇妇"，其中的第一个字都是用作动词。就是说，父亲要尽父亲的责任，儿子要尽儿子的责任，哥哥要尽哥哥的责任，弟弟要尽弟弟的责任，丈夫要尽丈夫的责任，妻子要尽妻子的责任。再结合孔子说的"父父，子子，君君，臣臣"（《论语·颜渊》），就可以推导出儒家说的五伦——君臣、父子、夫妇、长幼、朋友，要"君臣有义，父子有亲，夫妇有别，长幼有序，朋友有信"。五伦中，家里占了三种——父子、夫妇、长幼，把这三伦做好了，再推广到其他两伦——君臣、朋友。"正家而天下定矣"，家治好了，国也就治好了。修身，齐家，治国，平天下，这是从小到大的秩序，先把家治理好了，再推广到治理国家，然后治理整个世界。

《周易本义》说："上父初子，五三夫，四二妇，五兄三弟，以卦画推之，又有此象。"从卦象来看，上九、初九构成父子关系，九五、九三都是阳爻，是兄弟关系，六四、六二

都是阴爻，是家中的女性，九五、六二可以构成夫妇关系，
等等。

　　《象》曰：风自¹火出，家人。君子以言有物而行
有恒²。

　　[注释]
　　1 自：从，由。
　　2 恒：持久。

　　[译文]
　　《象传》说，风从火里出来，家人卦之象。君子不虚言，
品行有常。

　　[解读]
　　这是从卦象解释卦名。上卦为巽，巽为风；下卦为离，
离为火，风从火里出来。这就是家人卦之象。孔颖达疏："火
出之初，因风方炽。火既炎盛，还复生风。内外相成，有似
家人之义。"火因为有风而更加旺盛，火势壮大后还会引发
风的流动（由于气压变化），内外相互作用，所以构成家人
的含义。此外，巽卦还代表木，上面是树，下面是火，代表
火把木材点燃了，生火做饭，这是构成家的基础。
　　君子看到这样的卦象，就要按照家人卦之道来做。"言

有物"，就是言语要诚实，言之有物，切合时务，不说假话。"行有恒"，是行为端正要恒久不变，这个行是指品性，不能没有一贯的操守。言行对君子来说至关重要，"言有物"与"行有恒"是君子必须具备的两大素质。君子只有自己修好身以后，才能去治好家，所以《周易本义》说"身修则家治矣"。治家来自修身，治国又来自治家，治国的过程就是"风从火出"的过程，是自内而外的。"社会风化"就是将"言有物而行有恒"的治家之道推广到社会，并形成持之以恒的好习惯。

初九，闲[1]有家，悔亡。

《象》曰：闲有家，志未变也。

[注释]

1 闲：会意字，"门"里面有个"木"，就是栅栏；作动词，是约束、防止的意思。

[译文]

初九，防止外面的不正之风以保住自己的家庭，就没有悔恨。

《象传》说，防止外面的不正之风以保住自己的家庭，确保家庭成员的志向不会改变。

[解读]

"闲有家"，要防止什么？王弼注："凡教在初而法在始，家渎而后严之，志变而后治之，则悔矣。处家人之初，为家人之始，故宜必以闲有家……"就是要防止"家渎"和"志变"，防止家风败坏。在一个家里面，一定要严防邪气、邪恶。而要防止邪恶，首先就要去确立一个严格的家规，这个家规不能随着外面的变化而变化，同样治国就要立一个国法，这样就会防患于未然。

而从卦象来看，初九是阳爻，表示家道初立的时候，父亲治家要有力度。《周易本义》说："初九以刚阳处有家之始，能防闲之。"确立一个严格的家规，确保家庭风貌、志向不会改变。没有严格的家规，家庭成员的良好心志就有可能受外界不良风气的影响而变坏。"有家之始"意味着从家庭组建之处就要确立家规，也意味着从孩童时期就开始接受家规的教育。

六二，无攸[1]遂[2]，在中馈[3]，贞吉。
《象》曰：六二之吉，顺[4]以巽[5]也。

[注释]

1 攸：助词，所。

2 遂：成就，进用；也可以指专断。

3 中馈：家中供膳诸事。馈：以食物送人。

4　顺：柔顺。

5　巽：卑顺，谦让。

[译文]

六二，没有大的成就，在家里掌管饮食，守持正道就能获得吉祥。

《象传》说，六二所说的吉祥，是在没有成就的情况下安时处顺。

[解读]

在家里掌管饮食，守持正道，就能获得吉祥。这是对六二爻而言的。王弼注：“居内处中，履得其位，以阴应阳，尽妇人之正，义无所必，遂职乎中馈，巽顺而已。”六二爻是阴爻，代表女子，作为母亲或妻子，不要想着自己有大的成就，也可以表示不要太专断、武断。阴爻居于阴位，是与主外的男性相互照应，柔顺中和，恪守家道。守持这样的正道，就是吉利的。

《象传》解释说，六二爻之所以吉利，是因为她柔顺而且谦虚。六二爻又中又正，它的中正之道就是要柔顺、中和、坚守家道。守住自己的正位，就能大吉大利。于一个男子来说，如果主管内在的事务，也要柔顺、谦逊。

九三，家人嗃嗃[1]，悔，厉吉。妇子嘻嘻[2]，终吝[3]。

《象》曰：家人嗃嗃，未失⁴也。妇子嘻嘻，失家节⁵也。

[注释]

1 嗃嗃（hè）：严厉、严格的样子。

2 嘻嘻：欢笑的样子。

3 吝：小遗憾，小灾祸。

4 失：过失，错误；通"佚"，轻率疏忽。

5 节：节制，管束。

[译文]

九三，治家过于严厉，家人有些抱怨，是有点小遗憾，但终究是吉利的，妻子儿女每日嘻嘻哈哈，终究是会有遗憾的。

《象传》说，家法之严，没有失去治家的原则。妻子儿女整天都嘻嘻哈哈，失去了家中的礼节。

[解读]

这里讲了两种治家的方法。一种是严厉的治家之法。孔颖达疏："嗃嗃，严酷之意也。……九三处下体之上，为一家之主，以阳处阳，行刚严之政，故家人嗃嗃。"九三爻是阳爻居阳位，非常严厉，虽然对家里人管得太严，但对整个家庭来说终究是有利的。另一种是太过宽松的治家之法，妇人、孩子整天嘻嘻哈哈的，虽然看起来很好，但管理过于宽松，放任自流，终究有遗憾、有灾祸，太松懈、不懂规矩就无以成方圆。《周易本义》："嘻嘻者，嗃嗃之反，吝之道也。占者各以其德为应，故两言之。"

所以《象传》解释说，"家人嗃嗃"（反而会取得好的结果），在于没有失去治家的原则。"妇子嘻嘻"，放纵恣意，放任自流，等于偏离了中道，最终是招来败家之祸。孔颖达疏："喜笑而无节，则终有恨辱。"

六四，富[1]家，大吉。
《象》曰：富家大吉，顺[2]在位[3]也。

[注释]

1 富：财物多。

2 顺：顺应；通"慎"（shèn），谨慎。

3 在位：居于君主的地位或官吏任职做官，指当政、任职。

[译文]

六四，使家庭富裕，大为吉祥。

《象传》说，使家庭富裕，大为吉祥，因为六四爻柔顺而得位。

[解读]

"富"是动词，使家庭富裕。家庭富裕表现在两个方面，一个是物质上要富，另外精神上也要富。王弼注："若但能富其家，何足为大吉？无体柔居巽，履得其位，明于家道，以近至尊，能富其家也。"这里就指出不单单是财富多，更重要的在于柔顺中和，得位，而懂得持家之道。

所以《象传》解释说，"富家大吉"，是因为"顺在位"。六四爻阴爻居阴位，柔顺而得位。六四爻顺应九五爻，上下呼应，因为九五是阳爻，阳在上，六四为阴爻，阴在下，阴承阳，是符合正道的，这是阴阳和合、顺应之道，就叫作"顺在位"。这样的比和就构成了一种和谐，家和万事兴，家和才能富裕。俞琰《周易集说》卷二十三："何谓顺在位？父父子子，兄兄弟弟，夫夫妇妇是也。《礼运》云：'父子笃，兄弟睦，夫妇和，家之肥也。'岂以多财为吉哉。富而以顺居之，则满而不溢，可以保其家而长守其富，吉孰大焉。"

九五，王假[1]有[2]家，勿恤[3]，吉。
《象》曰：王假有家，交相[4]爱也。

[注释]

1 假：陆绩注"大也"，通"嘏"；王弼注"至也"，通"格"，来临，引申为"感格"，就是感化。

2 有：作名词词头，助词，无义。

3 恤：忧虑，担忧。

4 交相：互相。

[译文]

九五，君王也要感化家人才能保有家庭，无忧无虑，这样就吉祥。

《象传》说，君王也要感化家人才能保有家庭，就在于家庭成员之间的相互友爱。

[解读]

《周易本义》说："有家，犹言有国也。"九五爻是卦里最为重要的一爻，若在一个家庭里，就是一家之主，就好比一个国家的君王。王弼注："履正而应，处尊体巽，王至斯道，以有其家者也。居于尊位，而明于家道，则下莫不化矣。"九五爻刚健中正，下应六二爻柔顺中正，所以在这种比和的情况下获得治家的和谐，自然没有什么可担忧的。这也是《象传》所解释的，相互友爱。如程子所说："夫爱其内助，妇爱其刑家。"治家的目的是要使家庭成员互亲互爱，这就是所谓"父父，子子，兄兄，弟弟，夫夫，妇妇"的关系。父爱子叫"慈"，子爱父叫"孝"，这是"父子有亲"；兄爱弟叫"友"，弟爱兄叫"悌"，这是"长幼有序"；夫妻之间也需要互敬互爱，这是"夫妇有别"。这些都是"交相爱"，只有互敬互爱，家才能被治理得和谐、和睦。墨子提出过一个著名的观点：兼相爱，交相利。这些都是互相的，而不是单向的。父子、夫妇、兄弟之间才能相互感应到爱的存在，这是治家之道中最关键的一点。

上九，有孚¹威如²，终吉。

《象》曰：威如之吉，反³身⁴之谓也。

[注释]

1 孚：诚信。

2 威如：威严的样子。如：后缀，表示状态。

3 反：通"返"。

4 身：指代自己。

[译文]

上九，以诚信和威严治家，终究是吉祥的。

《象传》说，有威仪而吉祥，说的是修身。

[解读]

"孚"就是诚信，"有孚"，主人要讲诚信。"威"就是威仪，"威如"，主人要有威严，要有威信。《周易本义》："上九以刚居上，在卦之终，故言正家久远之道。占者必有诚信严威，则终吉也。""谓非作威也，反身自治，则人畏服之矣。"主人在治家的时候，要软硬兼施，法治和德治并重，而且更为重要的是反求自身。"反身"就是一种反省反思。《大学》说"欲齐其家者，必先修其身"，反身就是修身。就是要反求诸己，《论语》第一篇《学而》就讲到了曾子："吾日三省吾身，为人谋而不忠乎？与人交而不信乎？传不习乎？"

这样经常地反思自己，就能建立起威望与威信。反身也是双向的影响，孔颖达疏："明知身敬于人人亦敬已，反之于身则知施之于人，故曰反身之谓也。"反身自省是为了推广自身的德行。

睽卦第三十八

☲ 离上兑下

[解读]

睽卦在家人卦之后，是家人卦的覆卦，上面为火，下面为泽，叫火泽睽。《序卦传》解释："家道穷必乖，故受之以睽。"家道穷困了、不守正位了，一定会离心离德。"睽"左边是"目"，右边是"癸"，《说文解字》解释："睽，目不相听也。"段玉裁注："听，犹顺也。二女志不同行。犹二目不同视也。故卦曰睽。"两只眼睛分离了，看不见，所以睽卦表示一种分离、背离。

但睽卦从卦辞到六条爻辞都是"吉"或"无咎"，这是因为睽卦讲的是要化分为合，把分离相悖的局面转变为相合的局面。《周易本义》说："以卦德言之，内说而外明。"下卦表示柔顺，上卦表示光明，所以最终还是吉无不利的。

睽，小[1]事吉。

[注释]

1 小：细微；作动词，使动用法。

[译文]

乖异，小心做事会有吉利。

[解读]

"小事吉"有两种解释：一是指小的事情是吉利的，二是指小心做事是吉利的。第二种解释较好。从卦象上看，《周易本义》说："为卦上火下泽，性相违异；中女、少女，志不同归，故为睽。……以卦体言之，则六五得中，而下应九二之刚。是以其占不可大事，而小事尚有吉之道也。"下卦兑卦为少女，上卦离卦为中女，少女与中女的志向不相同，行为也就有所背离。朱熹从六五与九二的呼应来讲，这种情况下解释为小心做事更加合适。在背离的情境下，从小事、小处入手，用细微、细致、柔和的方法来因势利导，消除背离的局面，就可以转化成融合、合作的结果。

《彖》曰：睽，火动[1]而上，泽动而下，二女同居，其[2]志[3]不同行。说[4]而丽[5]乎明，柔进[6]而上行[7]，得[8]中而应[9]乎刚[10]，是以小事吉。天地睽而其事同也，男女睽而其志通[11]也，万物睽而其事类[12]也。睽之时用大矣哉。

[注释]

1 动：行动，感应。

2 其：第三人称代词。

3 志：意志，思想状态。

4 说：通"悦"；通"税"，休憩，见《左传·宣公十二年》杜预注。

5 丽：成群，结伴，成对。后作"俪"。

6 进：上进；行动。

7 行：行动，作为。

8 得：契合。《史记·魏其武安侯列传》："相得欢甚。"

9 应：符合；顺应。

10 刚：强壮，强大。

11 通：呼应；交好。

12 类：种类；相似。

[译文]

《象传》说，睽卦，火焰向上而升，泽水流动在下，少女与中女共同处事，志向却不相同。自身愉悦而依附于光明，向上行进时则柔顺地行动，遵守中道并且应和阳刚，这样地小心做事是吉利的。天地背离的时候其化育万物的道理却相同，男女背离的时候其交合感应的志向却相通，万事万物背离但类型却相似。睽卦的意义是非常重要的。

[解读]

"火动而上，泽动而下"，上卦离为火，火动在上，下卦兑为泽，泽动在下。这是从卦体解释卦名。"二女同居，其志不同行"，这是从卦德再加解释。少女是兑卦，兑卦主喜悦、温柔、谦逊、居下，她的性格偏于内向、柔顺，而中女是离卦，离卦为火，她的性格是外向、热烈、好动、喜欢表现自己，所以这两人志向是不同的，行为肯定有所背离。

"说而丽乎明，柔进而上行，得中而应乎刚，是以小事吉。"这是综合上下卦和六五、九二有应解释卦辞。在相互背离的状态下，静止时要心悦诚服地追求光明（即应和阳刚），行动起来要柔顺，遵守中道，做事要适中，这样地小心做事就能够吉祥了。柔顺就是从温顺的、细致的、细微的小事做起，化背离为和谐。

"天地睽而其事同也，男女睽而其志通也，万物睽而其事类也"，此句为进一步的引申，《周易本义》说是"极言其理而赞之"。从少女与中女同居于一室而志向不同，行为乖离，引申到天地睽、男女睽和万物睽时应当怎样做，做了最大限度的发挥与解读。孔颖达疏："广明睽义体乖而用合也。天高地卑，其体悬隔，是天地睽也。而生成品物，其事则同也。男女睽而其志通者，男外女内，分位有别，是男女睽也。而成家理事，其志则通也。万物殊形，各自为象，是万物睽也。而均于生长，其事即类，故曰天地睽而其事同也。"天地悬隔而不同，但它们的功德都是化育万物；男女有别，但是都是为了家庭；万事万物彼此没有一样的，但都是生长不息，同中有异，就是《孟子·滕文公上》说的"物之不齐，物之情也"。"天地""男女"都是一对阴阳，"万物"分阴阳，它们的本质也是阴和阳。在阴阳相背离的时候，要化和，只有想办法让它们交合、感应，才能消除背离的局面。所以睽卦的意义非常重大，它是讲在背离时怎么从异中求同、从分中求合的大智慧。

《象》曰：上火下泽，睽。君子以 ^{1} 同而 ^{2} 异 ^{3} 。

[注释]

1 以：以为，认为。

2 而：连词，表示并列。

3 异：不相同。

[译文]

《象传》说，火往上炎，泽往下流，睽卦之象。君子应该求大同而存小异。

[解读]

《象传》再次解释睽卦之象。君子看到这样的卦象，就要按照睽卦之道来"同而异"，从字面意思来理解，如孔颖达疏"佐王治民，其意则同；各有司存，职掌则异"，这是对《象传》的引申所做的再解释，落在政治伦理方面。其实，这里提出了一对重要的哲学范畴：同与异。《论语·子路》说："君子和而不同，小人同而不和。"也是类似的含义。"同"分大同、小同："大同"指志同道合，即价值观、终极目标等是一致的；"小同"指表现形式、情状、个性等小的方面相同，但大的方面不同。"异"也分大异、小异："大异"指价值观、终极目标等不相同；"小异"指表现形式、情状、个性等不同。睽卦在这里说君子应该求大同而存小异。就是做法不同，表现形式不同，而绝不是价值观、志向的不同。"小异"是事物多样性的正常反映，要允许并尊重它的存在，让它们和谐相处，这是做君子的志向。和合之道是君子之大道，"和合"指志同道合、同心同德。

初九，悔[1]亡[2]，丧[3]马勿逐[4]，自复[5]，见[6]恶人，无咎。

《象》曰：见恶人，以[7]辟[8]咎[9]也。

[注释]

1 悔：过失，灾祸。

2 亡：通"无"，没有。

3 丧：失去。

4 逐：追寻。

5 复：返回，回来。

6 见：读 xiàn，"现"的古字，显现；遇见，会晤。

7 以：用来。

8 辟：通"避"，躲开，回避。

9 咎：灾祸。

[译文]

初九，悔恨消亡。走失的马匹不必去追逐，它自己会回来。遇到恶人，结果却没有灾祸。

《象传》说，与恶人相见，是为了避开灾祸。

[解读]

意思有两解。

王弼注："马者，必显之物。处物之始，乖而丧其马，物莫能同，其私必相显也。"初九阳爻，所以比喻为"马"，马丢了，意味着时位背离，不利因素自然就显现出来了。"勿逐自复"，不必去追逐，马匹自己会回来。因为这是由于自己的"私"所造成的。"恶人"在这里是指自己讨厌的人。要跟自己讨厌的人相处，不能与他老死不相往来，而且要从心里与他们和颜悦色地相处，因为下卦是兑卦，为喜悦，要让他们从内心接受你，从而有所改正、醒悟，这样他们就会主动回来与你友好相处。

《周易本义》："然亦必见恶人，然后可以辟咎，如孔子之于阳货也。" 见恶人，如同孔子去见阳货。"恶人"此处是指邪恶的人。阳货，名虎，字货，是春秋时期鲁国人。作为鲁国大夫季平子的家臣，在季平子死后，他专权政事，又与人共谋杀害季桓子。孔子后来受他邀请出任鲁国官职。"见恶人"之"见"，即是相见、相接触，要和颜悦色地与他们相接触，让他们从内心有所改正、有所醒悟，然后他们就会自然而然地来与我们友好相处。

总之，这里用了这样一个意象，即好比一匹马走失了，但不要去追逐它，它自己会回来。比如对于自己厌恶的人或与自己相背离的人，不要强行地要求他，而是要慢慢地感化他，让他自己醒悟。初九爻，象征背离的初始阶段。与背离自己的人相接触的时候不要采取过激的行为，不应该采取与之完全对立、互不交往、敬而远之的态度，而应该如卦辞所讲采用谨慎的态度、行为继续和他们交往。

九二，遇¹主于²巷³，无咎。
《象》曰：遇主于巷，未⁴失⁵道也。

[注释]

1 遇：契合、投合，得到赏识。

2 于：介词，在。

3 巷：胡同。

4 未：没有。

5 失：背离。

[译文]

九二，在巷道中与主人不期而遇，没有灾祸。

《象传》说，在巷道中与主人不期而遇，因为没有失去中道。

[解读]

"遇"字面上看是指相遇，实际还有更深的含义。"主"指的是居于尊位的六五爻。孔颖达疏："九二处睽之时而失其位，将无所安。五亦失位，与己同党，同趣相求，不假远涉而自相遇，适在于巷。"九二爻处于逆境，时位不正，六五爻位也不正，两者相应，说明两者同心，心意契合。不期而遇，说明不是强求的，是自然而然的。得到同德人的帮助，这样将是没有灾祸的。

而九二为刚爻，他能够在刚强的时候处于柔位，说明他的行为没有失去中道。九二爻处于中位，是刚爻，它的主人六五爻是阴爻，刚好阴阳相合，而且九二爻是阳爻居阴位，是采用柔顺的心态来对待六五爻，让主人自然而然地与自己相合。程颐《伊川易传》卷三："遇，非枉道迎逢也。巷，非邪僻曲径也。"

六三，见[1]舆[2]曳[3]，其[4]牛掣[5]，其人天[6]且[7]劓[8]，无初有终。

《象》曰：见舆曳，位不当[9]也。无初有终，遇刚也。

[注释]

1 见：遇到，接触。

2 舆：车辆。

3 曳：境遇艰难窘迫。

4 其：指示代词。

5 掣：牵拽，牵引。

6 天：孔颖达疏"黥额为天"，即额头刺字；髡刑，古代剃去头发的一种刑罚。

7 且：表示递进关系。

8 劓：一种刑罚，割掉鼻子。

9 不当：不适合，不合宜。

[译文]

六三，看见一辆大车缓缓前进，驾车的那头牛被牵制住了，赶车的人的额头被刺了字，还被削了鼻子。开始时互不配合，最终相和了。

《象传》说，看见一辆大车缓缓前进，因为六三爻不当位。开始背离最终相和，因为与上九刚爻相应。

[解读]

六三爻说了三种情景，说明背离到了极点。第一个景象是一辆大车拖拖拉拉地艰难前进；第二个景象是驾车的这头牛被牵制住了，也很难前进；第三个景象是赶车人受了两种刑罚，被剃了头发刺了字，还被割了鼻子，这是古代两种非常重的刑罚。六三爻在背离的情境下，做任何事情都会被牵制，严重时还会受到更大的伤害。

从卦象上有两种解释。孔颖达疏："处睽之时，履非其位，以阴居阳，以柔乘刚，志在上九，不与四合。二自应五，又与己乖。欲载，其舆被曳，失己所载也。欲进，其牛被牵，滞隔所在，不能得进也。……既处二四之间，皆不相得。"六三爻是阴爻居阳位，不正；处于九二阳爻之上，受到九二爻的排斥（九二爻与六五爻志同）；自己与上九爻相应，与邻近的九四爻也不同心，所以表现为进退失据的景象。不过《周易本义》认为："六三、上九正应，而三居二阳之间，后为二所曳，前为四所掣，而当睽之时，上九猜狠方深，故又有髡劓之伤。"六三爻是阴爻居于阳位，处在背离的情景之下，受到上九爻的猜疑（上九爻本身处于背离之极的境地），所以六三爻很紧张，像受了刑一样，这样就背离到了极点。

但六三爻是阴爻，上九爻是阳爻，阴阳相合，所以最终是可以相合的。孔颖达疏："应在上九，执志不回，初虽受困，终获刚助。"这进一步说明要结束背离的局面，否则危害极大，最终是要相合的。

九四，睽孤[1]，遇[2]元[3]夫[4]，交[5]孚[6]，厉[7]，无咎[8]。

《象》曰：交孚无咎，志⁹行¹⁰也。

[注释]

1 孤：单独，孤立。

2 遇：相逢。

3 元：初始。

4 夫：成年男子的通称。

5 交：相互。

6 孚：信任。

7 厉：隐患，危险。

8 咎：灾祸。

9 志：心志，意向。

10 行：做，实施。

[译文]

九四，在背离的时候十分孤寂，遇到了阳刚的大丈夫，相互地信任，虽然危险却没有灾祸。

《象传》说，相互地信任没有灾祸，因为按照共同的志向去做了。

[解读]

九四，在"睽"即背离无援的情况下，会孤寂。"元"为开始。孔颖达疏："元夫谓初九也。处于卦始，故云元也。

初、四俱阳而言夫者，盖是丈夫之夫，非夫妇之夫也。"从卦象上看，元夫就是初九爻。"遇"是求遇。九四爻无正应，处于六三爻与六五爻之间很孤立，唯初九爻是其同志，所以前往遇之。王弼注："处睽之时，俱在独立，同处体下，同志者也。而己失位，比于三五，皆与己乖，处无所安，故求其畴类而自托焉，故曰遇元夫也。"睽卦的总体情况是背离，在这种大环境中，各爻都是独立的。尤其是九四是阳爻居阴位，位不正，处于六三爻和六五爻这两根阴爻的中间，上下都不是同类，所以它很孤独，只能去找初九爻。九四爻是上卦第一爻，初九爻是下卦第一爻，所以两者志趣相投。《周易本义》："交孚，谓同德相信。"在睽卦的总体情况下，肯定会有危险，但是志同道合，又相互以诚相见，所以最终是没有灾祸的。

九四是孤立的，但有了志向相同的人，而且能够交相呼应、相互讲诚信，那么就能"二人同心，其利断金"，即使有危险，也能化险为夷。"志行"即指志向相同，行动也相同。

六五，悔[1]亡[2]，厥[3]宗[4]噬[5]肤[6]往[7]何[8]咎?
《象》曰：厥宗噬肤，往有[9]庆[10]也。

[注释]

1 悔：过失，灾祸。

2 亡：通"无"，没有。

3 厥：代词，同"其"，他的、他们的。

4 宗：宗族。

5 噬：吃。

6 肤：皮肤。

7 往：到……去。

8 何：哪里，表示反问。

9 有：取得，获得。

10 庆：祝贺；福泽。

[译文]

六五，悔恨消除了，同宗族的人能有肌肤之亲，这样前往有什么灾祸呢？

《象传》说，同宗族的人能有肌肤之亲，前往会有喜庆。

[解读]

"厥宗噬肤"，不是说宗族内部的人在斗争、伤害，而是说有肌肤之亲，比喻相互亲和。《周易本义》："以阴居阳，悔也。居中得应，故能亡之。厥宗，指九二。噬肤，言易合。"相对九五爻，"厥宗"就是指九二爻。六五爻是阴爻处在最尊贵的位置，位不正，所以会有遗憾。但是，六五爻既然是阴爻，意味着它采用的是柔顺、和美的态度，而且居中，走中道，这样就会与九二爻及整个卦相合，从而宗族内部的人就不会背离，会冰释前嫌，像家人卦那样重新团聚起来，互相亲和。"噬肤"，像吃薄薄的烂肉一样容易。比喻九二与六五亲和很容易。孔颖达疏："三是阴爻，故以肤为譬，言柔脆也。"

"往何咎"，在六五愿意主动地前往与之交和的情况下，继续前行的话不会有灾祸，而且还会有喜事。孔颖达疏："有庆之言，善功被物，为物所赖也。"

上九，睽孤[1]，见豕负[2]涂[3]，载鬼[4]一车，先张[5]之弧[6]，后说[7]之弧。匪[8]寇[9]婚媾[10]，往遇[11]雨则吉。

《象》曰：遇雨之吉，群[12]疑亡[13]也。

[注释]

1 孤：单独，寂寞。

2 负：以背驮物。

3 涂：泥巴。

4 鬼：比喻隐秘莫测。

5 张：拉开。

6 弧：木弓。

7 说：通"脱"，放开、赦免。

8 匪：通"非"。

9 寇：盗贼；抢劫。

10 媾：联合，结合。

11 遇：遭受。

12　群：同党、同类。《荀子·王制》："人何以能群？曰：分。分何以能行？曰：义。"

13　亡：消失。

[译文]

上九，在遭到背离时十分孤独，看到一头猪背上沾满了泥土，一辆大车上载满了十分可疑的人，先是张弓准备射他们，而后却又放下了弓箭，因为发现不是强盗，而是来求婚的。前进时遇到了下雨就会吉祥。

《象传》说，遇到了下雨就会吉祥，因为大家的猜疑消亡了。

[解读]

上九，处于极度背离的时候。王弼注："己居炎极，三处泽盛，睽之极也。以文明之极，而观至秽之物，睽之甚也。豕失负涂，秽莫过焉。"上九处于上卦最上一爻，六三处于下卦最少一爻，都表示极度背离的状态。相比来说，上卦是离卦，代表文明状态，而一身泥的猪代表非常污秽，极文明的人看到最污秽的东西，这是相互背离的极致状态了。从人的心理规律来分析，人在分离、孤独的时候容易猜疑，容易出现各种幻象。上九爻是与六三爻呼应的，在六三爻时由于猜疑就出现了种种幻觉，所以在背离到极端的时候，往往会群疑纷纷。

　　《周易本义》："载鬼一车，以无为有也。"产生了极强的猜疑心。先是张弓准备射这一车的神秘的人物，而后却又放下了弓箭，原来是发现来者并不是强寇，而是来求婚的。这时"往遇雨则吉"。孔颖达："雨者，阴阳交和之道也。众异并消，无复疑阻，往得和合，则吉从之。"阴阳和合了，即结束了背离的状态。相互沟通后，猜疑就消除了，就会恢复平和的心理状态。诚心实意地与别人相和，回归和谐的场景，就会有吉庆。

　　上九爻在最高位，表明背离状况已经到顶点了，物极必反，经过一番挣扎、猜疑后，最终会消除。

蹇卦第三十九

☵ 坎上艮下

"蹇"表示艰难。《说文解字》解释："蹇，跛也，从足。"也就是跛脚，本意是行走困难，后来引申为前进的路上有艰辛、有困难。这种艰辛和困难是指第三十八卦睽卦之后的艰难，是在前进的路上已经走了相当一段路程之后的艰难。

蹇卦的卦象是水山蹇，上面是水（坎卦），下面是山（艮卦）。《周易本义》："为卦艮下坎上，见险而止，故为蹇。"因险而受阻，代表艰难的局面。坎卦本来就有艰难、艰险的意思，还有"陷也"的含义，艮卦，重重的高山，也代表障碍。

蹇，利 [1] 西南 [2]，不利东北 [3]，利见 [4] 大人 [5]，贞 [6] 吉。

[注释]

1 利：适宜。

2 西南：后天八卦为坤，为地。

3 东北：后天八卦为艮，为山。

4 见："现"的古字。

5 大人：对德高或地位尊者的称呼。

6 贞：正。

[译文]

蹇卦，身处困境，利于向西南边行动，不利于东北边行动，对"大人"而言是有利的，守持正道就吉祥。

[解读]

卦辞为什么说"利西南，不利东北？"坤卦也讲了这种意思："利。西南得朋，东北丧朋，安贞吉"，都是西南和东北对举，而往往在西南边是有利的。孔颖达疏："西南险位，平易之方。东北险位，阻碍之所。世道多难，率物以适平易，则蹇难可解。若入于险阻，则弥加拥塞。去就之宜，理须如此。"从后天八卦方位来看，西南是坤卦，代表包容、平易。东北是艮卦，代表艰险。自然是趋于平易的环境会有利，陷入险阻则会不利。

大人是有能力的尊者，在本卦即指九五爻。《周易本义》："而卦之九五，刚健中正，有大人之象。自二以上，五爻皆得正位，则又贞之义也。故其占又曰利见大人，贞吉。盖见险者贵于能止，而又不可终于止。处险者利于进，而不可失其正也。"九五爻是阳爻，居阳位，是上卦中间一爻，所以说又中又正。自六二爻以上，都是阳爻居阳位，阴爻居阴位，都是正位。都守持正道，自然是吉利的。这一方面意味着在艰难的时候，不能冒进，该用阴柔的方法处理。另一方面指出，当止则止，但不能就此停滞不前，最终还是要前行，守正道。

《彖》曰：蹇，难[1]也，险[2]在前也。见险而能止[3]，知[4]矣哉。蹇利西南，往[5]得中也。不利东北，其道穷[6]也。利见大人，往有功[7]也。当位贞吉，以[8]正[9]邦[10]也。蹇之时用[11]大矣哉。

[注释]

1　难：困难，艰难。

2　险：险阻，危险。

3　止：停止。

4　知，"智"的古字，智慧，才智。

5　往：到……去。

6　穷：阻塞不通。

7　功：功劳、功绩。

8　以：连词。

9　正：治理。

10　邦：封国。

11　用：功用、作用。

[译文]

《象传》说，蹇，艰难，因为危险就在前边。遇险而能及时停止，是很明智的。在西南边是有利的，再前往就要按照中道来做。不利于向东北方，继续前往就会无路可走。对大人是有利的，再前往能成就功业。（除初六爻外）各爻均当位，所以守持正道而吉利。蹇卦所代表的时位是非常重要的。

[解读]

《象传》说，蹇是艰难的，因为危险就在前边。上卦为坎，表示艰险，下卦为艮，表示停止，见到危险而能及时停止，这是很明智的。这是用卦德解释卦名。

"蹇利西南，往得中也"，孔颖达疏："之于平易，救难之理，故云往得中也。"西南边是坤卦，象征平易，去往平易之地自然是合适的。"中"也可以理解为中道。按照中道来做，知进则进、知退则退、不偏不倚，既不是冒进也不是停止不前，所以是吉利的。"不利东北，其道穷也"，孔颖达疏："之于险阻，更益其难，其道弥穷。"东北是艮卦，为高山，代表险阻，如果执意前往，就会陷入困难之中，走投无路了。朱熹认为这是以卦变、卦体释卦辞。

"利见大人，往有功也"，九五爻刚健中正，依附于九五爻肯定能够渡过艰险，摆脱困境。本卦中除了初六爻外都是阴爻居阴位、阳爻居阳位，就是"当位"的，所以"贞吉"。

孔颖达疏："居难守正，正邦之道。"守持正道而吉利，用之治理国家就会正邦兴国。所以说蹇卦所代表的时位、所蕴涵的哲理是非常重要的。

《象》曰：山上有水，蹇。君子以反¹身²修³德。

[注释]

1 反：回返。

2 身：自己。

3 修：使完美。

[译文]

《象传》说，山上面有水，蹇卦之象。君子看到这样的卦象，就要反躬自省，修身养德。

[解读]

《象传》又以卦象释卦名。君子应该按照蹇卦之道来"反身修德"。"反身"是要反观、反思、反省。"修德"是修身养德。孔颖达疏："蹇难之时，未可以进，惟宜反求诸身，自修其德，道成德立，方能济险。"陆绩注："处难之世，不可以行，只可反省察，修己德用乃除难。君子通达道畅之时，并济天下，处穷之时则独善其身也。"凡是自己的行动受到了阻难而得不到支持，就应该反躬自省，进一步充实自己的德行与才能。这是古人自我修养的一种方法。所以孟子在《离娄》篇中说:"行有不得者,皆反求诸己。"

初六,往¹蹇,来誉²。
《象》曰:往蹇来誉,宜³待⁴也。

[注释]

1 往:到……去。

2 誉:通"豫",安乐。

3 宜:合适,适宜。

4 待:等候。

[译文]

初六,往前走艰难,退一步就能获得安乐。

《象传》说,往前走艰难,退一步就能获得安乐,适宜等待时机。

[解读]

"往"和"来"是相对来说的,"往"是继续前往,到了坎卦;"来"是回来,回到艮卦。初六,往前走是艰难的,相对应的,不再前进就会有安乐。孔颖达疏:"初居艮始,是能见险而止。见险不往,则是来而得誉。"初六爻以阴柔处蹇难之始,在上无应,上行则深涉其难,又处于下卦艮卦之初，艮为止，有止之于初之义。能遇见前险，停止前往而待时，故可称道。

"宜待也"，适合等待。懂得时机、时位非常重要。要当进则进，当退则退，知止而止，知行而行，要看整个大趋势。俞琰《周易集说》卷二十三："蹇之时，固以见险而能止为智，尤宜待时而动，若遂止而竟弗往，岂所宜哉。"

六二，王臣[1]蹇蹇，匪[2]躬[3]之故[4]。
《象》曰：王臣蹇蹇，终[5]无尤[6]也。

[注释]

1 王臣：志在匡扶王室之臣。

2 匪：通"非"，不。

3 躬：自身，自己。

4 故：原因。

5 终：末了。

6 尤：埋怨，责怪，怨恨。

[译文]

六二，大王的忠臣陷入困境而努力突围，却不是为了自己的缘故。

《象传》说，大王的忠臣陷入困境而努力突围，不会有什么怨尤的。

[解读]

王，指九五爻。臣，是六二爻。六二爻是辅助九五爻的，第二爻和第五爻构成相应的关系。

"蹇蹇"有两解。孔颖达疏："九五居于王位而在难中，六二是五之臣，往应于五，履正居中，志匡王室，能涉蹇难，而往济蹇，故曰王臣蹇蹇也。"六二爻知道处境艰难，但是为了九五爻而不畏艰难，"明知山有虎，偏向虎山行"，所以说是"蹇蹇"。第二种解释是，"蹇"又通"謇"，"謇謇"是迟缓的样子，引申为忠直的样子。高亨注："謇謇，直谏不已也。"六二爻以柔顺处中，得正，顺应九五爻，在蹇难之时，九五身处坎险之中，六二忠臣涉险济主，日夜操劳，任劳任怨。

大王的臣下为了摆脱困境而努力又艰难地奔走，不是为了自己的缘故，是为了救主。孔颖达疏："尽忠于君，匪以私身之故而不往济君，故曰匪躬之故。"这样做并不是为了一己之利，所以不会有什么怨尤。

《周易本义》："不言吉凶者，占者但当鞠躬尽力而已，至于成败利钝，则非所论也。"这一爻重在告诉人们去做，去践行道义。

九三，往蹇，来反[1]。

《象》曰：往蹇来反，内喜[2]之[3]也。

[注释]

1 反：翻过来。

2 喜：喜爱。

3 之：代词。

[译文]

九三，往前进有艰难，返回到原来的地方。

《象传》说，往前进有艰难，返回到原来的地方，会得到大家的欢迎。

[解读]

九三，"往蹇"，既然前进不了，就要果断地后退了，"来反"，退回到原点。暗示我们每当遇到艰难挫折之时，一定要反思终极的原因和终极的归宿。

《象传》说，"往蹇来反"，就会"内喜之也"。此处的"内"是就初六爻和六二爻而言的。孔颖达疏："内喜之者，内卦三爻，惟九三一阳居二阴之上，是内之所恃，故云内喜之也。"此二爻为阴爻，九三爻为阳爻，是下卦之主。九三爻反过来去俯就两个阴爻，所以得到大家（内卦）的喜悦、欢迎。"内"也可指自己的内心。自己要喜悦，同时要让下属也喜悦。

六四，往蹇，来连[1]。

《象》曰：往蹇来连，当[2]位[3]实[4]也。

[注释]

1 连：连续；联合，使合作。

2 当：相称，相配。

3 位：职位，官爵。

4 实：确切。

[译文]

六四，往前进有艰难，返回来联合。

《象传》说，往前进有艰难，返回来联合，因为阴爻居阴位是当位的。

[解读]

"来连"有两种解释。一种解释是六四爻上行有难，返归亦有难。王弼注："往则无应，来则乘刚，往来皆难，故曰往蹇来连。"前往没有相应的，六四爻本应与初六爻相呼应，但两根爻都是阴爻，就没有呼应。"来则乘刚"，六四爻又乘着下面的刚爻（九三爻），阴在上，阳在下，阴乘着阳往往都是不利的。所以"往来皆难"，遇到重重艰难。另外一种解释是，连是联合。《周易本义》："连于九三，合力以济。"六四爻已经到上卦了，要联合下卦，这样才能逢凶化吉。这说明了相应、相合的重要性。

"往蹇来连，当位实也"，因为阴爻居阴位，是当位的，所以能行正道，不会妄为。"实"是指位当其实即得位。

九五，大蹇，朋[1]来。

《象》曰：大蹇朋来，以[2]中[3]节[4]也。

[注释]

1 朋：朋友。

2 以：由于。

3 中：符合。

4 节：符节。

[译文]

九五，遇到更大的艰难，朋友皆来相助。

《象传》说，遇到更大的艰难，朋友皆来相助，由于处中行正。

[解读]

九五，虽然遇到大的艰难，但能得到大家的帮助。王弼注："处难之时，独在险中，难之大者也，故曰大蹇。"上卦坎卦是艰险的，九五爻又居上卦的中央，是最大的承担者，要承担艰险及渡过艰险的重任。而九五爻是阳爻居阳位，又中又正，虽然遇到大的艰难，但由于处中行正，能保持住阳刚中正的气节，所以会得到大家的帮助。九五爻的上下爻及与其相应的六二爻都是阴爻，阴柔的人全部都来依附九五爻，跟他呼应，所以九五爻得到了大家的帮助。

上六,往蹇,来硕[1],吉,利[2]见大人。

《象》曰:往蹇来硕,志[3]在内也。利见大人,以[4]从[5]贵[6]也。

[注释]

1 硕:大。

2 利:适宜。

3 志:意愿。

4 以:由于。

5 从:跟随。

6 贵:地位尊显。

[译文]

上六,往前进有艰雄,归来却能收获硕果,这是吉祥的,对"大人"有利。

《象传》说,往前进有艰难,归来却能收获硕果,因为志向向内部发展。对"大人"有利,因为顺从尊贵。

[解读]

上六,前往艰难而归来却能收获硕果、建功立业。《周易本义》:"已在卦极,往无所之,益以蹇耳。来就九五,与之济蹇,则有硕大之功。"上六爻已是最后一爻,不能再往前进了,在艰难的大背景下,往前之后更加艰难。转过来去联合九五爻，一起排除困难，就会有大的成功。"利见大人"，大人指九五爻。

《象传》说，"往蹇来硕"，是因为志向是向内部发展，不向外部发展。"利见大人"，是因为"从贵也"。九五爻尊贵权威，上六爻返回来能顺从九五爻，所以能吉利。"志在内"，可以理解为永远保持初心。"大人"更是指品德高尚、智慧超群的人。

解卦第四十

䷧ 震上坎下

[解读]

解卦在蹇卦之后，是蹇卦的覆卦，卦象就是蹇卦卦象的颠倒，叫作雷水解。蹇卦代表艰难的状态，这时要积极地想办法解决困难，所以蹇卦之后是解卦。《说文解字》说："解，判也，从刀，判牛角。""解"由角、刀、牛三个部分组成，意为用刀解剖牛角，后引申为解除、舒缓之意，所以解卦阐明的就是用积极的行动摆脱危险、解除艰难。

解[1]，利西南[2]，无所[3]往，其[4]来复[5]吉。有攸[6]往，夙[7]吉。

[注释]

1 解：解除，疏缓。

2 西南：后天八卦为坤。

3 无所：表示否定不必明言或不可明言的人或事物。

4 其：指示代词。

5 复：返回，回来。

6 攸：置于动词前，表示联系作用，相当于"所"。

7 夙：早。

[译文]

解卦，有利于往西南方前进，（解除困难后）就不要继续前往，要退回来才吉利。（又有困难时）前往解决，越早就越吉利。

[解读]

孔颖达认为"解"有两个读音，用现代汉语拼音就是"jiě"和"xiè"。本卦讲解除困难，所以读"jiě"。困难解除之后，"物情舒缓"，所以也可以读"xiè"。

卦辞说，"解"有利于西南方。孔颖达疏："西南坤位，坤是众也。施解于众，则所济者弘，故曰解利西南也。"西南方为坤卦，坤为众，是众人聚居的地方。要使得众人都解除困难，所谓"达则兼济天下"。另外，《周易本义》说："且其卦自升来，三往居四，入于坤体，二居其所，而又得中，故利于西南平易之地。"升卦九三爻与六四爻互换，就成了解卦。这个过程相当于升卦九三爻进入了升卦上卦坤卦的体内。坤卦代表大地，在平坦的大地上行走，代表解除了艰难。

"无所往，其来复吉"，不要再前进了，要退回来，这样才吉利。"有攸往，夙吉"，要继续前往，越早越吉祥。为什么前面说不要前往，后面又说要继续前往呢？《周易本义》说："难之既解，利于平易安静，不欲久为烦扰。若无所往，则宜来复其所而安静。若尚有所往，则宜早往早复，不可久烦扰也。"就是说，在解除困难后就不要再贸然前进了，要贞静守分，这样又会是吉利的；在困难又产生的时候，还得早早前往解决，越早就越容易解决，越容易恢复吉祥的局面。这说明时位不同，采用的做法也不同。无难，以"来复"安居为吉，有难，以早去速解为吉。

《彖》曰：解，险[1]以[2]动，动而[3]免[4]乎险，解。解，利西南，往得众也。其来复吉，乃[5]得中也。有攸往夙吉，往有功[6]也。天地解而雷雨作[7]，雷雨作而百果草木皆[8]甲[9]坼[10]。解之时大[11]矣哉。

[注释]

1 险：危险。

2 以：连词，则、那么，表示条件关系。

3 而：连词，则、就，与"以"用法相同。

4 免：解脱。

5 乃：代词，如此、这样。

6 功：成就。

7 作：发生，产生，兴起。

8 皆：都。

9　甲：种子萌芽后所带的种壳。

10　坼：裂开，分开。

11　大：重要。

[译文]

《彖传》说，解卦，在危险的时候要采取行动，采取行动才能免除艰险，这就叫作解。解卦，有利于往西南方前进，会得到众人的帮助。（解除困难后）就不要继续前往，要退回来，这样才能恢复到吉的状态，因为走的是中道。（又有困难时）前往解决，越早就越吉祥，前往可取得功绩。天地阴阳二气之结解散时雷雨交加，雷雨交加时各种果树草木的胚胎、蓓蕾裂开、绽放了。"解"的时位意义是重要的。

[解读]

孔颖达疏："遇险不动，无由解难。动在险中，亦未能免咎。今动于险外，即见免脱于险，所以为解也。"解卦下面是坎卦，为险，上面是震卦，为动，遇到危险要采取行动，这样才能解除困难。采取行动后免除了艰险。这是以卦德解释卦名。

"利西南"，孔颖达："解之为义，兼济为美。往之西南得施解于众，所以为利也。""西南"指众人，西南边为坤卦，坤为众，要使众人都解除困难、险阻，自己也会得到众人的帮助。

"其来复吉，乃得中也"，有两种解释。孔颖达疏："无难可解，退守静默，得理之中，故云乃得中也。"解除困难后就应该静默守分，这是理所当然的。《周易本义》说："得中有功，皆指九二。"九二爻是阳爻居于中位，表示走的是中道，顺应中道，自然是吉的。

"有攸往，夙吉，往有功也"，孔颖达疏："解难能速，则不失其几。"当困难又来的时候，越早前往越好，在困难刚萌芽的时候就去解决，更容易解决困难，也更容易取得功绩。

"天地解而雷雨作，雷雨作而百果草木皆甲坼"，孔颖达疏："此因震、坎有雷雨之象，以广明解义。天地解缓，雷雨乃作。雷雨既作，百果草木皆孚甲开坼，莫不解散也。"解卦坎下震上，震为雷，坎为水，雷下之水，故为雨。雷雨交加，是天地（阴阳二气）之结得以舒缓的时候。春回大地，雷声始作，万物复苏，花草果木的胚胎都裂开了、蓓蕾都绽放了，出现了生机勃勃、欣欣向荣的景象。

解卦既可以指雷雨大作，又可以指雷把冰破开，这些形象的比喻表明解除了苦难，迎来了生机勃勃、欢天喜地的场景。解卦可以适用天地至于草木，所以"解"的时位作用、所预示的实事的意义是非常宏大的。

《象》曰：雷雨作[1]，解。君子以赦[2]过[3]宥[4]罪。

[注释]

1 作：发生，产生，兴起。

2 赦：宽免罪过。

3 过：作恶，错误。

4 宥：宽待。

[译文]

《象传》说，雷雨交加，解卦之象。君子要挽救有过失、宽恕有罪过的人。

[解读]

《象传》从卦德再次解释卦名。上卦为震，震为雷，下卦为坎，坎为水，雷下之水，故为雨，雷雨交加，表示阴阳二气由郁结转为释放，这就是解卦之象。说明艰难的局面解除了。君子看到这样的卦象，就要按照解卦之道来"赦过宥罪"。孔颖达疏："过谓误失，……罪谓故犯，过轻则赦，罪重则宥，皆解缓之义也。"君子要挽救有过失、宽恕有罪过的人，不要以怨报怨，要以德报怨，以一种宽恕之情开释这些有过之人。这实际上就是儒家仁政的思想。也就是卦辞说的"利西南"。"西南"是大地，大地具有宽容厚重的品格。

初六，无咎[1]。

《象》曰：刚柔之[2]际[3]，义[4]无咎也。

[注释]

1 咎：灾祸，不幸。

2 之：助词，表示领有、连属关系。

3 际：会合；交会。

4 义：应该。高亨《周易大传今注·需》"附考"："《易传》常以义为宜。义、宜古通用。"

[译文]

初六，没有灾祸。

《象传》说，初六处于柔位，顺应阳爻，自然是不会有灾祸的。

[解读]

初六，在艰险刚刚解除的时候，是没有灾祸的。原因在于"刚柔之际"。有三种解释。

孔颖达疏："义犹理也，刚柔既散，理必无咎。"解卦震上坎下，震为雷、为刚；坎为水、为柔。这还是延续象辞、《象传》来说的。困难解除了，事物的各方都重新回到了和谐的局面，这时候一般情况下不会很快产生新的矛盾，所以不会有灾祸。

初六爻是阴爻在阳位上，这就是"刚柔"，也就是阴阳和谐。

《周易本义》："难既解矣，以柔在下，上有正应，何咎之有？"这是从卦象来说。初六处在最初位，处于柔位，与九四爻相呼应，九四爻为阳爻，刚柔、阴阳互相感应。另外，与它相邻的是九二爻，也为阳爻，阴承阳，是阴爻顺应阳爻。初六处于艰难刚刚解除的时候，大家互相呼应、和谐的状态，从这个意义上来说就没有灾祸。

九二，田[1]获[2]三狐，得黄矢[3]，贞[4]吉。

《象》曰：九二贞吉，得[5]中道也。

[**注释**]

1 田：狩猎。

2 获：得到，取得。

3 矢：箭。

4 贞：正；美好。

5 得：契合。

[**译文**]

九二，打猎时捕获了三只狐狸，得到了金黄色的箭，非常吉祥。

《象传》说，九二能守持正道而吉祥，因为刚直居中。

[**解读**]

九二，这里用了一个比喻。孔颖达疏："狐是隐伏之物，三为成数，举三言之，搜获欢尽。九二以刚居中而应于五，为五所任，处于险中，知险之情，以斯解险，无险不济，能获隐伏，如似田猎而获窟中之狐。"狐狸看到人来的时候是要躲藏的，它非常狡猾，可示在危险解除之后潜藏着很多隐患。"三"代表很多隐患，要去发现并且清除那些隐患。九二爻是阳爻居于中位，与六五爻阴阳呼应，处于下卦体内，了解险情，所以能够把所有隐患全部消除。

　　"黄矢"，比喻居中不偏的美好品德。孔颖达疏："黄，中之称。矢，直也。"这是说在危难已解除之后，要守持正道，才能防患于未来，不至于又走上艰难的局面，这样才能保持来之不易的吉祥局面。所以《象传》解释说，"九二贞吉"是由于能守持中正之道。九二爻刚直居中，在危难解除后要守住中正之道，能防患于未然。

　　六三，负[1]且[2]乘[3]，致[4]寇[5]至[6]，贞[7]吝[8]。
　　《象》曰：负且乘，亦[9]可[10]丑[11]也。自[12]我致戒[13]，又谁咎[14]也？

　　[注释]
　　1　负：用背载物。
　　2　且：连词，表示递进。
　　3　乘：乘坐。
　　4　致：招来，招引。

5 寇：强盗。

6 至：到达。

7 贞：正。

8 吝：小遗憾，小灾祸。

9 亦：也。

10 可：能够。

11 丑：可耻，羞愧。

12 自：由于。

13 戎：持兵器侵盗的人。

14 咎：责备，追究罪过。

[译文]

六三，背负贵重的东西坐在华丽的大车上，必将招来强盗来抢取，非常遗憾。

《象传》说，背负贵重的东西坐在华丽的大车上，也是一件让人羞愧的事情。因为自己的缘故而招来兵寇，又能怪谁呢？

[解读]

六三，背负着贵重的东西，乘着华丽的车子。这样做必将招来强寇前来抢夺。"贞吝"，《周易本义》："言虽以正得之，亦可羞也，唯避而去之为可免耳。"即便是东西来路正，还是会成为遗憾，只有舍弃才可以避免遗憾。

孔颖达疏：“六三，矢正无应，下乘于二，上附于四，即是用夫邪佞以自说媚者也。”六三是一个阴爻居于下卦最高位，居于非分之位，好比是解除危难之后，到处炫耀自己，这是一件很不值的事情。因为六三爻还在坎卦中，还处于危险的阶段。如此一来就招来了强盗。小人得志，又没走正道，阴爻居阳位不是当位，同时还炫耀自己，觉得自己已经脱离危险了，没有忧患意识，结果就招来了危险和灾祸。自己招来的兵寇，又能怪谁呢？

九四，解而[1]拇[2]，朋至[3]斯[4]孚[5]。

《象》曰：解而拇，未[6]当位也。

[注释]

1 而：同“尔”，你。

2 拇：大脚趾。

3 至：到达。

4 斯：那么，就。

5 孚：信用，诚实。

6 未：没有。

[译文]

九四，解除脚拇指上的束缚，朋友就会来帮助你。

《象传》说，要解除脚拇指上的束缚，因为不居正位。

[解读]

"解而拇"，解除你脚拇指的束缚。"拇"具体如何理解，有两种解释。

孔颖达："履于不正，与三相比，三从下来附之，如指之附足。四有应在初，若三为之拇，则失初之应，故必解其拇。"九四位不正，与六三爻相比邻，六三爻从下来比附，犹如脚趾长在脚上。这是以六三爻为"拇"，承接六三爻爻辞而言。六三爻对九四爻阿谀奉承，九四丧失了刚正不阿的本性。实际九四爻应该与初六爻相应，而不应该亲近六三爻，所以要解除。

《周易本义》："拇，指初。初与四，皆不得其位而相应，应之不以正者也。然四阳初阴，其类不同，若能解而去之，则君子之朋至而相信也。"这是以初六爻为"拇"。初六、九四相应，但都不是正位，所以要解除。

"朋至斯孚"，因为感受到了你的诚意、诚信，朋友也就来到你的身边来帮助你。

九四要解除自己脚拇指的束缚，因为他现在"未当位"。九四爻不是居在正位上，一个阳爻居于阴位是不当位，比喻九四被小人纠缠，处事既不中又不正，丧失了阳刚正直的品性，原来的那些朋友也就慢慢地远离他了。在这个时候他一定要去认清所处的环境，毅然地摆脱小人的纠缠，用诚心、诚信去打动原来的朋友，朋友也就会回到他的身边。

六五，君子维¹有解，吉。有孚²于³小人。
《象》曰：君子有解，小人退⁴也。

[注释]

1 维：系物的大绳；孔颖达说"辞也"，即语气词。

2 孚：相信，信任。

3 于：介词，在，向，到。

4 退：返归，回至原处。

[译文]

六五，君子虽然有艰难，但是能够解除，是吉祥的。要用诚信感化小人。

《象传》说，君子能够解除艰难，小人就退避了。

[解读]

"维"可以引申为束缚、艰难。孔颖达疏："六五，居尊履中而应于刚，是有君子之德。君子当此之时，可以解于险难。"六五爻居于中位，守中道，而且与九二爻呼应，有忠臣辅助，所以说有君子之德。君子是高贵的人或崇尚道义的人。处于这样的时空点，又有君子之德，所以虽然有艰难，但是能够解除，这是吉祥的。原因在于"有孚于小人"。《周易本义》说："卦凡四阴，而六五当君位，与三阴同类者，必解而去之则吉也。"解卦一共有四个阴爻，阴爻可以代表阴险。孔颖达疏："小人谓作难。"六五爻要用诚信来感化小人。六五爻为柔爻居中，不是用强硬的方法来限制小人，而是采用柔顺的策略，用宽容、仁慈、诚信去排除隐患、感化小人。这样"小人"就会意识到自己的错误，自然而然地转恶为善，然后束缚就解除了，矛盾就化解了。

君子解除了束缚，小人也就退避了。《周易本义》："孚，验也。君子有解，以小人之退为验也。"退避不是指小人走掉了，而是被感化了，转变成好人了。所以要宽容，走中道，采用不偏执的方法去排除隐患、感化小人，"化干戈为玉帛"。

上六，公[1]用[2]射隼[3]于高墉[4]之上，获[5]之[6]无不利。

《象》曰：公用射隼，以[7]解悖[8]也。

[注释]

1 公：先秦时期诸侯的通称。

2 用：介词，表示行为方式。

3 隼：老鹰。

4 墉：城墙。

5 获：得到。

6 之：代词。

7 以：凭借，用来。

8 悖：背叛，叛乱。

[译文]

上六，王公把猛禽从高高的墙上射下来，一举捕获，这样就无所不利。

《象传》说，王公把猛禽射下来，为了解除有悖逆之心的人。

[解读]

上六爻，处在解卦的最高一爻，表明最终要解决矛盾、困难。孔颖达疏："隼者，贪残之鸟。"比喻凶残、贪食的乱臣贼子，也代表不一般的忧患，是比较显著、严重的灾祸。王公把猛禽从高高的墙上射下来，比喻王公能及时清除窃取高位的乱臣贼子。"获之无不利"，一举就捕获，这样就无所不利了。

和自己背离的那种人，对社会造成危害的那种人，要用箭把他射下来。而对于那种居于高位的背离之人，就应该彻底地用强势来解快。孔颖达疏："上六居动之上，为解之极，将解之荒悖而除秽乱，故用射之也。"王公把猛禽射下来，是为了解除掉跟自己不同心同德、有悖逆之心的小人。

损卦第四十一

☶ 艮上兑下

[解读]

损卦在解卦之后，解除艰难之后要减损。因为困难解除、矛盾缓解之后容易懈怠，就会造成损失，所以解卦之后是损卦。损卦告诉我们要减损自己去增加别人，和后面的益卦构成一对关系。损卦是减少自己，益卦是增加别人，一个是减少，一个是增加，合在一起叫作损益之道。"损"和"益"往往是连在一起讲的，如损卦《象传》说"损益盈虚"，《黄帝内经》有"七损八益"，《道德经》也讲了"为学日益，为道日损"，还有"天之道，损有余而补不足"。"损有余"就是损、减少，"补不足"就是益、增加。要减损私欲、过多的财富、多余的东西，这样才能有益于别人。

损，有孚[1]，元[2]吉，无咎[3]，可[4]贞[5]，利有攸[6]往[7]。曷[8]之[9]用，二簋[10]可用享[11]。

[注释]

1 孚：诚信。

2 元：居首位的，大的。

3 咎：灾祸，不幸。

4 可：能够。

5 贞：担当，承受。

6 攸：置于动词前，表示联系作用，相当于"所"。

7 往：到……去。

8 曷：何，什么。

9 之：用于主谓结构之间，取消句子的独立性。

10 簋：古代盛食物的器皿。

11 享：祭祀、供奉。

[译文]

损卦，心里要诚敬，这样一开始就会吉祥，没有灾祸，可以守持正道，有利于往前行。怎么来表示呢？用两簋食物来做祭品即可。

[解读]

损卦卦象，《周易本义》："损，减省也。为卦损下卦上画之阳，益上卦上画之阴，损兑泽之深，益艮山之高，损下益上，损内益外。"下卦二阳爻一阴爻，上卦二阴爻一阳爻，是从泰卦变来的。好像是把泰卦下卦最上爻由阳减损为阴，而把泰卦上卦最上爻由阴增益为阳，所以是"损下益上，损内益外"。孔颖达称之为"损刚益柔"。

孔颖达疏："损下益上，非补不足者也。损刚益柔，非长君子之道者也。若不以诚信，则涉谄谀而有过咎，故必有孚，然后大吉，无咎可正。"通过减损下而增益上，这并不是增益不足的正道。"损刚益柔"更不是增长君子之道。在这种情况下，一定要以诚信之心去办理，守持正道，否则可能会陷入阿谀逢迎的偏邪心态。只有做到心里诚敬，才有利于继续前往。

"曷之用"，倒装结构，意思是减损之道用什么来比喻、来象征呢？可以用两个竹编的盆子来献上祭品。在古代，祭祀一般用的是八簋、六簋、四簋，很少用二簋的。所以，"二簋"就比喻微薄、很少的东西。孔颖达疏："明行损之礼，贵夫诚信，不在于丰。既行损以信，何用丰为？二簋至约，可用享祭矣。"用很少的东西来祭祀祖先和神灵，只要心中有诚信就不在乎物质的多少。减损之道最重要的是"有孚"，"损所当损"（朱熹语）。

《彖》曰：损，损下益上，其[1]道上行。损而有孚[2]，元吉，无咎，可贞，利有攸往。曷之用，二簋可用享。二簋应[3]有时，损刚益[4]柔有时，损益盈[5]虚[6]，与[7]时偕[8]行。

[注释]

1 其：指示代词。

2 孚：诚信。

3 应：应该。

4 益：增加。

5 盈：满，多余。

6 虚：空无。

7 与：和。

8 偕：共同，在一起。

[译文]

《彖传》说，损卦，减损下面的，增益上面的，就是要向上奉献。减损要有诚心，这样开始就会吉祥，没有灾祸，可以守持正道，有利于往前行。怎么来表示呢？用两簋食物来做祭品即可。用两个簋盛东西去祭祀祖先，一定要符合时机。减损阳刚增益阴柔，要符合时机。有损一定有益，有盈一定有虚，都要符合时机。

[解读]

"损下益上"，卦辞中已有解读。孔颖达疏："此就二体释卦名之义。艮，阳卦，为止。兑，阴卦，为说。阳止于上，阴说而顺之，是下自减损以奉于上，上行之谓也。"上卦为艮，不是停止，下卦为兑，表示悦服。结合《周易本义》对卦辞的解说，就可以知道下卦顺从上卦，减损自己贡献上卦。《周易本义》称之为"剥民奉君之象"。

这就是说要减少个人的行为或私欲去增加有利于天下人的事情，要向上（天道）奉献，做符合天道的事情，为了天道而减少自己，去做有益于众人、有益于大家、有益于天下的事。这样做就是大吉大利的，不会有灾祸，有利于守持正道，有利于往前行。用两个簋盛东西去祭祀祖先，一定要符合时机。孔颖达疏："申明二簋之礼，不可为常。二簋至约，惟在损时应时行之，非时不可也。"这个"时"就是天时，是天道的一种表现形式。后一个"有时"意义稍有不同。孔颖达疏："就刚柔之中，刚为德长。既为德长，不可恒减，故损之有时。"减损之道也要知止。

"损益盈虚"有两种解释如下。第一种，朱熹说："时，谓当损之时。"当损的时候一定要损，当益的时候一定要益，当盈的时候一定要盈，当虚的时候一定要虚。第二种，"损"作动词，减少，"损益"即减少多的，"盈"也作动词，是增加、填满，"盈虚"即把虚空的东西给增加、填满了。两种解释都可以。

《象》曰：山下有泽，损。君子以惩[1]忿[2]窒[3]欲[4]。

[注释]

1 惩：克制。

2 忿：愤怒；怨恨。

3 窒：抑制；遏止。

4 欲：贪求。

[译文]

《象传》说，山下有泽，损卦之象。君子要抑制愤怒，控制私欲。

[解读]

《象传》再次以卦象解释卦辞。上卦为艮，艮为山，下卦为兑，兑为泽，山下有泽。孔颖达疏："泽在山下，泽卑山高，似泽之自损，以崇山之象也。"损泽中的土来增益山，所以山越来越高，泽越来越低，这就是损卦之象。还可以来想象一下，山在上面，沼泽在下面，山会慢慢往下陷，被减损了，而沼泽会被慢慢填满，这样山越来越低，沼泽越来越高，慢慢就平衡了，所以减损是互相的。君子看到这样的卦象，就要按照损卦之道来抑制愤怒，控制私欲，以修养自己的德行。换向话说，就是要去减损那些不善、不好的东西。

初九，已[1]事遄[2]往[3]，无咎[4]，酌[5]损之。

《象》曰：已事遄往，尚[6]合[7]志[8]也。

[注释]

1 已：完成，完毕。

2 遄：快，迅速。

3 往：到……去。

4 咎：灾害，灾祸。

5 酌：斟酌，考虑。

6 尚：通"上"。

7 合：符合。

8 志：意愿，打算。

[译文]

初九，完成了事情，就要迅速前行，没有灾祸，要斟酌地减损自己。

《象传》说，完成了事情，就要迅速前行，因为与上面志同道合。

[解读]

初九爻是一个卦的开始，此刻就要迅速行动。孔颖达："损之为道，损下益上，如人臣欲自损己奉上。然各有所掌，若废事而往，咎莫大焉。若事已不往，则为傲慢。竟事速往，乃得无咎。"这是从政治生态的角度去讲的，臣属应该在完成本身职司的情况下迅速去奉献于君上。《周易本义》说："初九，当损下益上之时，上应六四之阴，辍所为之事，而速往以益之，无咎之道也。"这是与六四爻联系起来解释的。六四爻本身要求迅速前往（详见六四爻爻辞），初九爻与之相应，就应该停下自己的事，迅速去响应它。

"酌损之"，要斟酌地减损自己。为什么要斟酌呢？是说要看时机，要看对方。孔颖达："刚胜则柔危，以刚奉柔，初未见亲也。故须酌而减损之，乃得合志，故曰酌损之。"初九是阳爻，六四是阴爻，以阳爻去增益阴爻，以刚去助阴，阴爻起初未必信任，所以需要初九爻善加考虑，这样才能上下合意。《周易本义》说："居下而益上，亦当斟酌其浅深也。""尚合志"就是合上志，与上面志同道合。在损卦之时，初九爻阳爻比喻家底比较富裕，六四爻阴爻比喻家底比较贫穷，因此初九爻要尽快地减损自己去补益六四爻。

九二，利贞[1]，征[2]凶，弗[3]损益[4]之[5]。

《象》曰：九二利贞，中以[6]为[7]志[8]也。

[注释]

1 贞：正；坚定。

2 征：远行。

3 弗：不，不能。

4 益：帮助，补助。

5 之：指代人或事物的名称。

6 以：用来。

7 为：当作。

8 志：心意，志向。

[译文]

九二，有利于守正道，但是轻举妄动就会有凶险。不用自我减损，就可以有益于别人。

《象传》说，九二爻有利于守持正道，因为以守中道作为自己的志向。

[解读]

损卦六根爻大部分都是讲减损自己，只有九二爻和上九爻讲"弗损益之"，不用减损自己就可以帮助别人、有益于别人。孔颖达疏："柔不可以全益，刚不可以全削，下不可以无正。初九已损刚以益柔，为顺六四为初六，九二复损己以益六五为六二，则成剥卦矣。故九二利以居而守正，进之于柔则凶，故曰利贞，征凶也。既征凶，故九二不损己而务益，故曰不损益之也。"九二爻居中位，守持中道，是根阳爻，此时要量力而行，不能过分损伤自己，更不能有亏正道。所以，这是不用自我减损而有益于别人。《周易本义》："九二刚中，志在自守，不肯妄进，故占者利贞，而征则凶也。弗损益之，言不变其所守，乃所以益上也。"九二爻如果过于损己，失去正道，就是轻举妄动而冒进了，就会有凶险。

《象传》解释说，"九二利贞"是因为"中以为志"，就是把守中道作为自己的志向。孔颖达疏："言九二所以能居而守贞，不损益之，良由居中，以中为志，故损益得其节适也。"这告诉我们要在多余的时候减损自己，不多的时候就不用损自己。九二爻居中，不多也不少，所以不必要减损自己。但要用自己的志向和精神上的东西去补益尊者。九二爻居中守中道，与他相应的六五爻也居中守中道，志向相同，所以九二爻虽然财富不多也不少，不用在物质上自我减损，去补益六五爻，但在志向与精神上要补益六五爻。

六三，三人行[1]，则[2]损一人；一人行，则得其友。《象》曰：一人行，三则疑[3]也。

[注释]

1 行：走路。

2 则：副词，就。

3 疑：怀疑。

[译文]

六三，三人出行，将会损失一人；一人出行，将会得到朋友。

《象传》说，一人出行，将会得到朋友；三人出行，将会招来别人的怀疑。

[解读]

这是从卦变来说的。《周易本义》："下卦本乾，而损上爻以益坤，三人行而损一人也。"损卦是从泰卦变过来的。泰卦的下卦三爻全是刚爻，现在变成损卦后，原先的九三爻就变成了现在的六三爻，"损一人"就是这个意思。《周易本义》又说："一阳上而一阴下，一人行而得其友也。""一人行"，是指泰卦的九三爻，他往上行就变成损卦的上九爻，这样就能"得其友"，得到自己的朋友，即六四和六五这两个柔顺的朋友。同样，六三爻往下行也得到了初九与九二这两位刚健的朋友。

"三则疑也"，"三"代表多，于是招来别人的怀疑。孔颖达说："上一人，谓上九也。下一人，谓六三也。夫阴阳相应，万物化醇，男女匹配故能生育，六三应于上九，上有二阴，六四、六五也。损道上行，有相从之义。若与二阴并己俱行，虽欲益上九一人，更使上九怀疑，疑则失其适匹之义也。"泰卦的九三爻往上前行能得到自己的朋友，但是如果下面的三根阳爻全部往上行，就会招来别人的怀疑。如果泰卦下面三根阳爻全部上行，那就变成否卦了，这反而是一种不好的局面。这里实际上讲了一个专一之道，告诉我们不要去贪多，要专注地做事情。《周易本义》又说："两相与则专，三则杂而乱，卦有此象，故戒占者当致一也。"《道德经》强调"一"，叫"少则得，多则惑"。只有一个目标、一个信念，我们才能心无旁骛、专心致志、一心一意，才能成功进而登上幸福的极高境界。

六四，损其疾¹，使²遄³有喜，无咎。

《象》曰：损其疾，亦⁴可喜也。

[注释]

1 疾：小病。

2 使：连词，假使，假如。

3 遄：快，迅速。

4 亦：也。

[译文]

六四，迅速地改掉自己的毛病，这样才会令人喜悦，没有灾祸。

《象传》说，迅速地改掉自己的毛病，当然可喜。

[解读]

程颐《伊川易传》卷三："损其柔而益之以刚，损其不善也，故曰损其疾，疾谓疾病不善也。""疾"在这里可以引申为自己身上的那些恶习、那些贪欲。要把这些恶习、贪欲都快速减损掉。孔颖达疏："初九自损己遄往，己以正道速纳，阴阳相会，同志斯来，无复企子之疾，故曰损其疾。疾何可久，速乃有喜，有喜乃无咎，故曰使遄有喜，无咎。"初九爻急速前来补益，六四爻也应该迅速接纳它，这样阴阳相合，结果才会是吉利的。《周易本义》："以初九之阳刚益己，而损其阴柔之疾，唯速则善。"

《象传》进一步解释说，如果一个人能减损掉恶习和私欲，那当然是一件可喜的事。意思是一个人减掉了自己的恶习、私欲、求多的毛病后，就能获得真正的幸福。

六五，或益^{1}之^2，十朋^{3}之龟^4，弗^{5}克^{6}违^7，元^{8}吉。

《象》曰：六五元吉，自^{9}上佑^{10}也。

［注释］

1 益：增加，补助。

2 之：指代人或事物的名称

3 朋：古代货币单位。

4 龟：用作货币的龟甲。

5 弗：不，不能。

6 克：能够。

7 违：违背，推辞。

8 元：居首位的，大的。

9 自：介词，源于。

10 佑：辅佐，帮助。

[译文]

六五，有时别人为了表达敬意，送来价值二十贝的龟，自己不要推辞，是吉祥的。

《象传》说，六五吉祥，因为来自上天的保佑。

[解读]

"朋"是古代的货币单位，一般是两个贝为一朋，所以"十朋"就是二十个贝。龟在崇尚卜筮的古代是很贵重的，"十朋之龟"，说明这个龟很昂贵，是十分贵重的礼品，这里比喻那些很珍贵的东西，可以是有形的，也可以是无形的。

"朋"也可以解释为同类。《尔雅》云："十朋之龟者，一曰神龟，二曰灵龟，三曰摄龟，四曰宝龟，五曰文龟，六曰筮龟，七曰山龟，八曰泽龟，九曰水龟，十曰火龟。"

"弗克违"，是指他自己又不能推辞。损卦的下卦重在讲减损自己，上卦重在讲受益。六五接受了昂贵的灵龟，很是受益，这种事是"元吉"，是最吉祥的。孔颖达疏："朋至不违，则群才之用尽矣……群才毕用，自尊委人，天人并助，故曰元吉。"《周易本义》："柔顺虚中，以居尊位，当损之时，受天下之益者也。"六五爻以阴爻居尊位，在减损的大前提下而收到昂贵的礼物，比喻受到群臣辅助，自当虚怀委任他们，而不能推脱。

《象传》解释说，"六五元吉"，大吉大利是因为"自上佑"。孔颖达疏："上谓天也。"就是说这是上天赐给的，也就是说，接受这种礼物是符合天道的，因为"天之道，损有余而补不足"。六五爻居中位，柔顺地行中道，品德高尚，这样的人自然会得到上天的保佑。

上九，弗[1]损益之，无咎[2]，贞吉，利有攸[3]往[4]，得臣无家[5]。

《象》曰：弗损益之，大[6]得[7]志[8]也。

[注释]

1 弗：不。

2 咎：灾害，灾祸。

3 攸：置于动词前，表示联系作用，相当于"所"。

4 往：到……去。

5 家：以……为家。

6 大：在强度、深度、力量等方面超过一般。

7 得：契合，投合。

8 志：意愿。

[译文]

上九，不用自我减损，同样也能被别人补益，没有灾祸。守持正道吉祥，有利于前往，能得到广大臣民的爱戴，而不限于一家一户。

《象传》说，不用自我减损，同样也能补益，大得民心。

[解读]

上九又说了一次不用减损自己也能让别人受益。《周易本义》:"上九,当损下益上之时,居卦之上,受益之极,而欲自损以益人也。然居上而益下,有所谓惠而不费者,不待损己,然后可以益人也。"上九爻是上卦最后一爻,在"损下益上"的大环境下成为最大的受益者,它同样想损己利人,不过它既然是最上一爻,不必损己也可以施惠于人。上九爻与九二爻都说到"弗损",因为二者都是阳爻。九二爻不能损去自己的中正之德,上九爻也是如此。孔颖达疏:"既刚德不损,乃反益之,则不忧于咎,用正而吉。"

《周易本义》:"必以正则吉,而利有所往。惠而不费,其惠广矣,故又曰,得臣无家。"孔颖达疏:"得臣无家者,居上乘柔,处损之极尊。夫刚德为物所归,故曰得臣。得臣则以天下为一,故曰无家。无家者,光宅天下,无适一家也。"不限于一家一户,就是得到很多老百姓的拥戴。上九爻以阳刚居最高位,为君王,三阴爻顺处于下,众归之象,天下归一,大得民心。要符合人心,要突破小家以益大家、打破自我以益大众,这样才能获得民心和广大臣民的爱戴,也能使别人受益。

益卦第四十二

巽上震下

[解读]

益卦在损卦之后，是损卦的覆卦。损卦是减少，而益卦是增加，损卦和益卦刚好构成反卦，山泽损的卦象颠倒之后就变成了风雷益的卦象。《序卦传》说："损而不已必益，故受之以益。"不断地减损，减损到头了，到一定的程度了，就会向反面转化，必然会转化为增益。损卦主要讲如何减损自己，而益卦主要讲如何增加别人。损卦和益卦要结合起来看，实际上它们表达的意思都是减损自己、增加别人。

从卦象来看，《周易本义》："为卦损上卦初画之阳，益下卦初画之阴，自上卦而下于下卦之下，故为益。"就是说，益卦由否卦而来，减损否卦上卦初爻的阳爻使之变为阴爻，增益否卦下卦初爻的阴爻使之变为阳爻，所以构成增益之象。

益，利有攸[1]往[2]，利涉[3]大川[4]。

[注释]

1 攸：置于动词前，表示联系作用，相当于"所"。

2 往：到……去。

3 涉：徒步渡水。

4 川：河流。

[译文]

益卦，有利于前往，有利于渡过大河大川。

[解读]

卦辞都是比喻。孔颖达疏："下已有矣，而上更益之，明圣人利物之无已也。……既上行惠下之道，利益万物，动而无违，何往不利，故曰利有攸往。以益涉难，理绝险阻，故曰利涉大川。"益卦阐发了圣人利物的思想是没有止境的。既然是在上施惠于下，利益天下，天下归一，自然是无往不利。

《彖》曰：益，损上益下，民说[1]无疆[2]。自[3]上下下，其道大光[4]。利有攸往，中正有庆[5]。利涉大川，木道乃[6]行[7]。益动[8]而巽，日[9]进[10]无疆。天施[11]地生[12]，其益无方[13]。凡[14]益之道，与[15]时偕[16]行[17]。

[注释]

1 说：通"悦"，喜悦、高兴。

2 无疆：无限。

3 自：介词，从。

4 光：彰显、发扬。

5 庆：祝贺；福泽。

6 乃：这样，如此。

7 行：实施。

8 动：行动。

9 日：每日，每天。

10 进：向前，前进。

11 施：施行、给予。

12 生：养育。

13 无方：没有固定的方向、处所、范围。

14 凡：凡是，一切。

15 与：连词，和、同。

16 偕：一同，一起。

17 行：推行，行动，实行。

[译文]

《象传》说，益卦，通过减损上卦来增益下卦，老百姓很喜悦。从上面把利益布施给下面，道义光明。有利于前往，因为中正有喜庆。有利于渡过大河大川，木道通行。下卦为震，上卦为巽，要使自己的品德每天都能进步得非常快。天地施恩，万物化生，这种益处是非常广大的。益卦告诉我们这样一个道理，就是要符合时机地行动。

[解读]

这是以卦体、卦象释卦辞。孔颖达疏："既居上者能自损以益下，则下民欢说，无复疆限。""说"通"悦"，领导者要主动地减损自己，去增益老百姓，这样做老百姓自然就很高兴、喜悦。益卦的第二、第三、第四爻构成了一个互卦——坤卦，坤卦就是无边无际的，叫坤厚无疆。

"自上下下"，是就九五爻说的。孔颖达疏："五处中正，能自上下下，则其道光大，为天下之所庆顺也。"两个"下"字连用，前一个"下"是动词，下来；后一个"下"是名词，下面的、下位。九五爻从上面把自己的利益布施给下面，这样的品行、道义是正大光明的，是了不起的做法。九五爻刚中又纯正，而且能不断地减损自己去增益下面，所以最终是"有庆"，是有喜庆的。"中正有庆"不仅是说九五爻，也说到六二爻。第二爻是阴爻居阴位，第五爻是阳爻居阳位，这两个爻都中正，能守住中正之道。因为守中道、正道，所以无往不利。

《周易本义》："下震上巽，皆木之象，故其占利有所往，而利涉大川也。""木道"可以理解为船，因为船是用木头做的，乘着这条船就可以渡过大河大川。震卦属东方，属木，巽卦可以代表风、木、船。上面的君主一心想着下面的百姓，把自己的利益减少来使百姓受益，这样百姓就好比一条船，会承载着君主渡过大河大川，也就是说会受到百姓的拥戴。益卦上面的风（巽卦）在五行中属阴木，下面的雷（震卦）在五行中属阳木，所以说"木道乃行"。

以上是解释卦名，以下是解释获益要考虑的原则。孔颖达疏："若动而骄盈，则彼损无已。若动而卑巽，则进益无疆。"益卦下面是震卦，震卦为动，上面是巽卦，所以说"益动而巽"。"动"为进，"巽"为谦逊，要不断地加强道德修养。"日进无疆"，自己的品德每天都能进步得非常快。

"天施地生，其益无方"，孔颖达疏："此就天地广明益之大义也。天施气于地，地受气而化生，亦是'损上益下'义也。其施化之益，无有方所。"上天是施予的，大地是化生万物的，天和地都是在增益别人，而且没有止境，没有局限。《周易本义》："动、巽二卦之德，乾下施，坤上生，亦上文卦体之义。又以此极言赞益之大。"

益卦的增益之道是与时偕行的。因为这种行为是天地万物、天地时空本来就应该有的行为。其中还有另外一层含义。孔颖达疏："虽施益无方，不可恒用，当应时行之。"增益也不可以不停地增加，如果已经满溢，则反而成为灾祸了，所以增益也要注重时机。

《象》曰：风雷益，君子以见善[1]则[2]迁[3]，有过[4]则改。

[注释]

1 善：善行、善事、善人。

2 则：副词，就。

3 迁：归向，跟从。

4 过：过失、错误。

[译文]

《象传》说，风雷互相增益其势，益卦之象，君子见他人有善言善行就虚心学习，有缺点就改正。

[解读]

《象传》从卦象解释卦名。上卦为巽，巽为风，下卦为震，震为雷，风与雷在一起往往是相互助力的，相互增益的，风送雷声，雷助风势，风雷互相增益其势，这就是益卦之象。君子看到这样的卦象，就要按照益卦之道来改过迁善，见他人有善言善行就虚心学习，知道自己有缺点就改正，来增益自己的道德修养。《周易本义》："风雷之势，交相帮助。迁善改过，益之大者，而其相益亦犹是也。"

初九，利[1]用[2]为[3]大[4]作[5]，元[6]吉，无咎[7]。

《象》曰：元吉无咎，下不厚[8]事[9]也。

[注释]

1 利：适宜。

2 用：行使、施行。

3 为：行动，作为。

4 大：重大的，重要的。

5 作：劳作。

6 元：居首位的，大的。

7 咎：灾害，灾祸。

8 厚：重视，推崇。

9 事：事业。

[译文]

初九，适宜去做大事情，大吉祥，没有灾祸。

《象传》说，大吉祥没有灾祸，因为初九爻是不能胜任大事的。

[解读]

初九，有利于做大事情。孔颖达疏："初九处益之初，居动之始，有兴作大事之端，又体刚能幹，应巽不违，有堪建大功之德，故曰利用为大作也。然有其才而无其位，得其时而无其处，虽有殊功，人不与也。时人不与，则咎过生焉。故必元吉，乃得无咎。"孔颖达以"元吉"为"无咎"的条件。初九爻处于益卦之处，是展开行动的开始，而且本身是阳爻，刚健，所以适合去做大事。不过，初九爻有才无位，处于刚开始的阶段不可做大事，没人帮助。如此一来，只有在大吉的前提下才可以"无咎"。怎么才能"元吉"呢？《周易本义》："初虽居下，然当益下之时，受上之益者也，不可徒然无所报效。故利用为大作，必元吉，然后得无咎。"就是说，初九受到上卦的帮助，需要有所回报，这回报就是"大作"，这样就会大吉。"大作"在这里的意思是初九爻要把自己受到的资助广泛地施给别人，不能占为己有。

《象传》解释说，"元吉无咎"，是因为"下不厚事"，是说初九爻本来是不能胜任大事的，但是益卦的下卦是受益的，接受别人的补益。初九爻得到六四爻的资助，所以能担当大事。此外，自己还要去补益，也就是给大众增加福利、福祉，不能占为己有，这样就会吉。

六二，或 [1] 益之 [2] 十朋 [3] 之龟 [4]，弗 [5] 克 [6] 违 [7]，永 [8] 贞吉。王用 [9] 享 [10] 于 [11] 帝 [12]，吉。

《象》曰：或益之，自 [13] 外来也。

[注释]

1 或：有的人。

2 之：指示代词。

3 朋：古代货币单位。

4 龟：用作货币的龟甲。

5　弗：不。

6　克：能够。

7　违：违背，推辞。

8　永：永久，永远。

9　用：行使、施行。

10　享：祭祀、供奉。

11　于：引进行为的对象。

12　帝：天帝。

13　自：介词，从。

[译文]

六二，有人送价值二十贝的灵龟，没有办法去拒绝。永保正道就会吉祥。君王用这灵龟祭祀"天帝"，会获得吉祥。

《象传》说，有人送价值二十贝的灵龟，此礼物来自外面。

[解读]

益卦六二爻的爻辞与损卦六五爻的爻辞，它们的意思基本上是一样的。孔颖达疏："六二体柔居中，当位应巽，是居益而能用谦冲者也。居益用谦，则物自外来，朋龟献策，弗能违也。同于损卦六五之位，故曰'或益之十朋之龟，弗克违'也。然位不当尊，故永贞乃吉，故曰永贞吉。"损卦是在六五爻提到"十朋之龟"，益卦是在六二爻提到的，都是阴爻处在中位时。下卦是受益方，六二收到大的灵龟，会用谦逊的态度去接受它。但是六二是阴爻，不在尊位，所以需要永保正道才会吉祥。

"王用享于帝，吉"，大王应该将这灵龟献给天帝，这样天帝就会降福，会获得吉祥。这是一个比喻。《周易本义》："以其居下而受上之益，故又为卜郊之吉占。"以国君祭祀天帝为譬喻。

《象传》解释说，有人送价值十朋的灵龟，是"自外来"的。"外"在这里指九五爻。意思是说，六二爻得到的灵龟是九五爻送的，是君主送的。因为六二爻居中，以柔中之德来获得九五爻这个刚爻的补益。损卦的六五爻也有柔中之德，所以也得到九二爻的补益。六二爻得到灵龟后，照样要回报给天帝。

六三，益之用¹凶²事，无咎³。有孚⁴中行⁵，告⁶公⁷用圭⁸。

《象》曰：益用凶事，固⁹有之也。

[注释]

1 用：行使、施行。

2 凶：险恶。

3 咎：灾害，灾祸。

4 孚：诚信。

5 行：举动。

6 告：上报，报告。

7 公：古代的爵位，位居五等之首，后作为诸侯的通称。

8 圭：古代帝王或诸侯在举行典礼时拿的一种玉器。

9 固：坚持，坚定。

[译文]

六三，自己受益之后就要去处理凶险的事情，才会没有灾祸。心中要有诚信，按照中道行事。见王公时拿着玉圭。

《象传》说，自己受益之后就要去处理凶险的事情，能保持所获之益。

[解读]

六三，"益之"，"之"指自己，意思就是自己受益。孔颖达疏："六三以阴居阳，不能谦退，是求益者也，故曰益之。"六三爻不中不正，是自己去求得帮助。自己受益之后就要去处理凶险的事情，这样才会没有灾祸。孔颖达疏："若以谦道责之，则理合诛戮。若以救凶原之，则情在可恕。然此六三……壮之甚也。用此以救衰危，则物之所恃，所以用凶事而得免咎。"就是说，六三爻没有谦退之德，如果是为了救险才去这么做，还是可以原谅的。而且，六三爻处于下卦最上，下卦震卦表示刚健，六三爻意味着刚健有力，如果它去救险，会成为可依赖的对象，所以说去救险会没有灾祸。

对此，朱熹有另外一种解释："六三阴柔，不中不正，不当得益者也。然当益下之时，居下之上，故有益之以凶事者。"六三爻不应该受益，所以便把凶事加给它。

"有孚中行"，心中要有诚信，然后按照中道来谨慎地行事。孔颖达疏："若能求益不为私己，志在救难，为壮不至亢极，能适于时，是有信实而得中行。"这是解释如何"用凶事"，要切实去救难，而且厉行中道。

"告公用圭"，打了一个比喻。《周易本义》："用圭，所以通信。"像手里拿着玉圭去告知王公一样，心里要很恭敬，很虔诚。

《象传》说，"益用凶事"是为了"固有之"。《周易本义》："益用凶事，欲其困心衡虑而固有之也。"让六三爻去处理凶事，就是为了锻炼六三爻救难的意志，使其坚定信念。自己得到益处后，不能据为己有，自我享受，还必须去帮助那些处于凶险之中的人。老子早就说过"外其身而身存"（《道德经》第七章），如果把自己置之度外，反而能保住自身。

六四，中行[1]告公从[2]，利[3]用[4]为依[5]迁国[6]。

《象》曰：告公从，以[7]益志[8]也。

[注释]

1 行：行动。

2 从：跟随。

3 利：有利于，对……有利。

4 用：行使、施行。

5 依：顺从，答应。

6 国：都城。

7 以：用来。

8 志：意愿。

[译文]

六四，守中道行事，去告诉王公，为了大众利益君主听从（建议）迁移国都。

《象传》说，告诉王公，王公听从，因为增益心志。

[解读]

"中行告公从"，有两种解释。孔颖达疏："居益之时，处巽之始，体柔当位，在上应下，卑不穷下，高不处亢，位虽不中，用中行者也。"在益卦的卦象中，六四爻是上卦巽卦的第一爻，是阴爻处于阴位，与初九爻阴阳相应，位卑但不处于最底层，威高也不至于到极点，所以虽然不在中位，但是做事要守中道。"以此中行之德，有事以告于公，公必从之。"《周易本义》："三、四皆不得中，故皆以中行为戒。此言以益下为心，而合于中行，则告公而见从矣。"六三、六四爻辞中都有"中行"，是因为这两爻都不在中位，所以以"中行"为戒。意味着六四并不得中。不过，益卦整体是以上益下，所以六四的举动也合乎中道的要求。如此去觐见王公诸侯是会被接纳的。

"利用为依迁国"是个比喻，孔颖达疏："用此道以依人而迁国者，人无不纳。……迁国，国之大事，明以中行，虽有大事，而无不利，如周之东迁晋郑焉依之义也。"按照中行之德，依照老百姓和君主的利益去迁移国都，会受到欢迎的。好比周王室依靠晋国、郑国得以东迁。《周易本义》："古者迁国以益下，必有所依，然后能立。"古代经常迁移国都，这是为了避害趋利，为了老百姓的利益而去迁都，去做那些有利于老百姓的事情。

《象传》说"告公从，以益志也"，孔颖达疏："既为公所从，其志得益也。"前后是因果关系，因为觐见王公被接纳，所以志向得到肯定，加强了心志。比喻去做有利于天下的事，也就增加了自己在老百姓心中的地位。

九五，有孚[1]惠心[2]，勿[3]问元吉，有孚惠我德[4]。

《象》曰：有孚惠心，勿问之矣。惠我德，大得[5]志[6]也。

[注释]

1 孚：诚信。

2 惠心：安抚，好心。惠：宠爱，给予好处。

3 勿：不必，不要。

4　德：用作"得"。

5　得：获取。

6　志：心意，志向。

[译文]

诚心实意地去施惠于天下人，得民心，毫无疑问这样是大吉的。因为天下人也说会诚心实意地报答他的恩德。

《象传》说诚心实意地施助于天下人，无疑是大吉的。（他们）报答我的恩德，（我）能大得民心。

[解读]

爻辞是先交代了结果，再说原因。《周易本义》："上有信以惠于下，则下亦有信以惠于上矣。不问而元吉可知。""孚"就是虔诚、诚心诚意，诚心诚意去帮助、补益别人，使别人受到福祉，一定不要想自己的回报，诚心诚意地付出了，回报是自然而然的事情。"我"指九五爻，指君主。孔颖达疏："九五得位处尊，为益之主，兼张德义，以益物者也。……有惠有信，尽物之愿，必获元吉，不待疑问。"九五爻又中又正，居于最尊贵的位置，在益卦的整体环境下就是施惠于天下的主导者。九五爻真心实意地去为天下谋利益，能够满足天下人的愿望，肯定会多获得吉利的效果，天下人反过来也会去报答他。

天下人都回头报答君主的恩德，君主自然能大得民心。

这是一种损上益下的大品德。

两个"有孚"所惠、增益的对象不同。第一个"有孚"是施惠天下老百姓，第二个"有孚"是诚心诚意施惠天下老百姓后，回报了恩德。因为诚心诚意施惠天下人，所以才受到天下人的回报。

上九，莫^{1}益^{2}之，或击^{3}之，立^{4}心勿^{5}恒^6，凶。《象》曰：莫益之，偏^{7}辞^{8}也。或^{9}击之，自外来也。

[注释]

1　莫：没有人。

2　益：帮助。

3　击：攻击。

4　立：树立。

5　勿：不。

6　恒：长久，坚持不变。

7　偏：不周全的、片面的。

8　辞：话语。

9　或：有的人。

[译文]

上九，没有人来助益他，反而有人要攻击他。心志不够恒定，凶险。

《象传》说，没有人来助益他，是因为言辞片面。有人要攻击他，因为遭到外人的攻击。

[解读]

上九是损人益己，所以别人不会去增益他，反而有人要攻击他。孔颖达疏："上九处益之极，益之过甚者也。求益无厌，怨者非一，故曰莫益之，或击之也。"上九爻以阳刚居卦之终，处于益卦之时，表示受益已极而继续益。益已盈，何以益？贪得无厌，受人攻击亦属难免。

"立心勿恒，凶"，心志不够恒定，这样是有凶险的。益卦上卦是巽卦，表示风，善动，巽卦有一个基本卦义——"入也"，就是往自己这边进入，进入自己的口袋，所以巽卦一开始两根爻是不错的，一直要去补益别人，但是这种做法没有坚持到底，变得损人利己，就遭到了别人的攻击，就凶险了。

《象传》说，"莫益之"，没有人来增益他，因为"偏辞也"，意思是言辞片面，因为他片面地求益，追求自己的利益，这样的结果就是会受到外人的攻击。

益卦和损卦要结合起来理解。这两卦告诉我们，如果想受益，必须先自损。反之，如果一味求益，必然会受损。《淮南子》说："益损者，其王者之事与！事或欲与利之，适足以害之；或欲害之，乃反以利之。利害之反，祸福之门户，不可不察也。"

夬卦第四十三

▤ 兑上乾下

[解读]

夬（guài）卦是《易经》的第四十三卦。《说文解字》：
"夬，分决也。""夬"也读"jué"，指钩弦用的扳指，《集
韵·屑韵》："所以闿弦者。……通作决。"夬卦在益卦之
后，益卦是增加，增加到了极点，太满了就会"溃决"。夬
卦的卦象上面是泽（兑卦），下面是天（乾卦），构成了泽天
夬。夬卦下面是五根阳爻，最上面是一根阴爻，代表阳气要
充满了，也可以认为是诸阳长进，要共决一阴之象。

夬卦是十二消息卦之一，代表三月。在十二消息卦中，
阳爻代表君子，阴爻代表小人。所以这时君子要果断清除小人，
正气要果断压倒邪气，这就是夬卦。

夬，扬[1]于王庭[2]，孚[3]号[4]有厉，告[5]自[6]邑[7]，不
利即[8]戎[9]，利有攸往。

[注释]

1 扬：高举。

2 王庭：朝廷；少数民族君长设幕立朝的地方。

3 孚：诚信。

4 号：呼叫。

5 告：对大众宣布的语言或文字。

6 自：介词，从。

7 邑：古代称侯国为邑，是诸侯分给大夫的封地。

8 即：靠近、投向。

9 戎：兵，军队。

[译文]

夬卦，在王庭上当众公布小人的罪恶，诚心号令大家提高警惕。城邑里发布公告，不利于立即动用武力，有利于继续前进。

[解读]

夬卦是刚决柔，然阴柔在上尚未去除，故有危险，九五爻又中又正，且是最尊贵的位置，故能"孚号"。"扬于王庭"是九五爻的行为，孔颖达疏："王庭是百官所在之处，以君子决小人，故可以显然发扬决断之事于王者之庭，示公正而无私隐也。""告自邑"，要在城邑里广为公布小人的罪恶。"不利即戎"，不利于出兵作战，就是说这时候不宜用武力去惩罚小人，要靠道德去感化。《周易本义》："其决之也，必正名其罪，而尽诚以呼号其众，相与合力，然亦尚有危厉，不可安肆。又……不可专尚威武，则利有所往也。"只要公布小人的罪恶就行了，这样是有利于继续前行的。这告诉我们做决断时要把握度，不能太过分。

《彖》曰：夬，决也，刚决柔也。健[1]而说[2]，决而和。扬于王庭，柔乘五刚也。孚号有厉，其危乃光[3]也。告自邑，不利即戎，所尚[4]乃[5]穷[6]也。利有攸往，刚长[7]乃终也。

[注释]

1 健：强有力。

2 说：通"悦"。

3 光：作"广"讲，彰显。

4 尚：崇尚。

5 乃：于是，如此。

6 穷：阻塞不通。

7 长：生长。

[译文]

《彖传》说，"夬"是决断，是阳刚对阴柔的决断。上乾刚健且下兑为悦，刚决于柔故而和谐。在王庭上当众公布小人的罪恶，是由于上六阴爻乘于五阳爻之上。诚心号令大家提高警惕，将小人的罪责公之于众。城邑里发布公告，不利于立即动武，因为所崇尚的武力行不通。有利于向前挺进，阳爻不断向上生长，最终上六阴爻将被阳爻代替。

[解读]

"刚决柔也"，刚爻要对柔爻果断地采取措施。"健"即代表下卦的乾卦，"说"即代表上卦的兑卦，意思是说这时候内心要刚健，面容要有喜悦之色，这样做出的决断才能取得和谐的局面。刚为阳爻，既代表果断的外在行动，也代表刚毅的性格，就是要靠道德去感化而不是用武力去取胜。孔颖达疏："明决而能和，乾健而兑说，健则能决，说则能和。"

"扬于王庭，柔乘五刚也"，"柔"指上六阴爻，代表小人，"刚"指下面的五根阳爻，是君子。孔颖达疏："以刚德齐长，一柔为逆，无所同诛，诛而无忌也，故曰扬于王庭。"

"其危乃光"，王弼注说是"柔邪者危"，如此"光"就是彰显的意思。《周易本义》："柔乘五刚，以卦体言，谓以一小人加于众君子之上，是其罪也。"如此理解，"孚号有厉"是为了公告小人的罪责。

"告自邑，不利即戒，所尚乃穷也"，是说崇尚武力的话，其道必穷。孔颖达疏："若专用威猛，以此即戒，则便为尚力取胜，即是决而不和，其道穷矣。"

《周易本义》："刚长乃终，谓一变则为纯乾也。"阳爻是不断地往上生长，最上一阴爻最终将被阳爻所代替，就变成乾卦，其结局必然是好的。

《象》曰：泽上[1]于天，夬。君子以施[2]禄及[3]下，居[4]德[5]则忌。

[注释]

1 上：升，由下而上。

2 施：给予。

3 及：到达，牵涉。

4 居：存有，怀着。

5 德：用作"得"。

[译文]

《象传》说，泽水已上升到天上，为夬卦之象。君子要将利禄施予下面的人，若以功德自居，就会招来忌恨。

[解读]

《周易本义》："泽上于天，溃决之势也。施禄及下，溃决之意也。"上卦为兑卦，兑为泽，下卦为乾卦，乾为天，好比泽水已上升到天上，比喻水已盈满就会溃决而下。也就是说，雨水会从天上倾盆而下，润泽万物。君子看到这样的卦象，就要按照夬卦之道尽早将利禄施予在下的人民，如果占据功德、居功自满而不施惠于老百姓,会遭来老百姓的忌恨。另外,《周易集解》:"忌，禁也。法明断严,不可以慢,故居德以明禁也。"孔颖达疏:"威惠兼施，虽复施禄及下，其在身居德，复须明其禁令，合于健而能说，决而能和。"将"忌"解释为法令与象辞意义相符。

初九，壮[1]于前趾，往[2]不胜[3]为咎[4]。
《象》曰：不胜而[5]往，咎也。

[注释]

1 壮：坚实；通"戕"（qiāng），受伤。

2 往：前行。

3 不胜：不能胜任。

4 咎：灾祸，不幸。

5 而：连词，则、就。

[译文]

初九，脚前趾壮大，前进不会胜利，是有灾祸的。

《象传》说，没有取胜的把握就急于前往，必然有灾祸。

[解读]

孔颖达疏："初九居夬之初，当须审其筹策，然后乃往。

而体健处下，徒欲果决壮健，前进其趾，以此而往，必不克胜。"初九爻处于初始阶段，应该审时度势，然而初九爻是阳爻居阳位，刚爻居刚位，太强盛、太冒进，刚开始就逞气刚强。这不能取得胜利，还会有灾祸的。尚秉和训"壮"为"伤"。高亨先生说："壮借为戕，伤也。"可备一说。

"不胜而往"，事先没有做好准备，没有取胜的把握就急于前往，肯定会失败，遭遇灾祸。

九二，惕号[1]，莫[2]夜，有戎[3]勿[4]恤[5]。

《象》曰：有戎勿恤，得[6]中道[7]也。

[注释]

1 惕号：惊恐呼号。

2 莫："暮"的本字，意思是太阳下山。

3 戎：持兵器侵盗的人；敌兵。

4 勿：不。

5 恤：忧虑，担忧。

6 得：契合；获取。

7 中道：正道。

[译文]

九二，警惕呼号，晚上出现兵乱，不必担忧。

《象传》说，出现兵乱不必担忧，是因为九二所行的是中道。

[解读]

"惕"是自己警惕，"惕号"是告诉他人要警惕。九二爻是说，由于时刻警惕，又能警告别人，所以即使在晚上出现兵乱，也没必要去担忧。

《象传》说，"有戒勿恤"，是因为"得中道也"。九二爻为阳刚之质，但处中居柔，有能进能退、能进善守之象，以其警惕防备，故可应付不测。不但自己内心警惕，同时又能告诉别人也要警惕，所以即使晚上出现兵乱，也不需要去担忧。对此句的理解角度历来不同，孔颖达疏："虽复有人惕惧号呼，语之云莫夜必有戎卒来害己……"王弼注："忧惕号呼，以自戒备。"孔颖达从他人发出警告来说，朱熹从自警来说。

九三，壮于頄[1]，有凶，君子夬夬[2]，独行遇雨，若[3]濡[4]有愠[5]，无咎。

《象》曰：君子夬夬，终[6]无咎也。

[注释]

1　頄（qiú）：颧骨。

2　夬夬：果决貌、断绝貌、强健貌。两个"夬"字连用，表示该在决断的时候就要采取果断的方式。

3 若：连词，至于。

4 濡：淋湿。

5 愠：不高兴，不满。

6 终：终究，到底。

[译文]

九三，刚决之心显现在脸，有凶险。君子做事要果断，独自前行遇到下雨，被雨沾湿了衣衫，心里感到恼怒，没有灾祸。

《象传》说，君子做事要果断，最终没有灾祸。

[解读]

"壮"代表太过分，脸上都露出了刚决之意，就有凶险了。孔颖达疏："頄，面权也，谓上六也。言九三处夬之时，独应上六，助于小人，是以凶也。"《周易本义》："九三，当决之时，以刚而过乎中，是欲决小人，而刚壮见于面目也。"九三爻是阳爻居阳位，但不处于中位，有很强的偏执，同时它又跟上六爻（小人）呼应，这表明九三爻受到小人的影响，太过分了，所以有凶。

以下是譬喻。"君子夬夬"表示君子很果断的样子。孔颖达疏："君子之人，若于此时，能弃其情累，不受于应，在于决断而无滞，是夬夬也。'独行，遇雨若濡，有愠无咎'者，若不能决断，殊于众阳，应于小人，则受濡湿其衣，自为怨恨，无咎责于人。"九三爻独与上六爻为应，似以情相牵而不能决，故我之夬夬，则为君子。如果执意如此，则会"遇雨"，上卦为兑，兑为雨，上六爻处兑卦的最上爻，为阴爻，有雨象。可以将雨比喻为遭到他人的猜忌、怀疑，被人怀疑为与上六爻有关系，就像被雨沾湿了衣衫，心里感到很恼怒。《周易本义》："至于若濡而为君子所愠，然终必能决去小人而无所咎也。"九三爻能认清形势，能理智地做出正确的决策，与其他阳爻一起制裁阴爻，所以没有灾祸。

《象传》解释说，即使遭到他人的猜忌，名誉遭到一定的玷污，但只要内心果断，不受干扰，能做出正确的决断，最终也是没有灾祸的。俞琰《周易集说》卷二十四："君子当众阳决一阴之时，与上六小人为应，能无咎乎，今也决而又决，虽其间去就，委折不能不致疑于同列，逮夫事久则明，终亦无咎也。"

九四，臀无肤[1]，其行次且[2]，牵羊悔[3]亡[4]，闻[5]言[6]不信[7]。

《象》曰：其行次且，位不当也。闻言不信，聪[8]不明[9]也。

[注释]

1 肤：表层的肉。

2 次且：同"趑趄"，走路很困难的样子。

3 悔：事后追恨。

4 亡：通“无”，没有。

5 闻：用作“问”。

6 言：直接说出的话。

7 信：听从，不怀疑。

8 聪：即听力。

9 明：聪慧，悟性高。

[译文]

九四，屁股上脱掉了皮，行动趑趄艰难。牢牢地牵着羊，就不会有悔恨。听到别人的忠告，却不相信。

《象传》说，行动趑趄艰难，因为九四阳爻居位不正。听到别人的忠告，却不相信，是不明智的。

[解读]

“臀无肤”，屁股失去皮肤，表示失去了下属的帮助。是一种比喻，孔颖达疏：“九四据下三阳，位又不正，下刚而进，必见侵伤，侵伤则居不得安，若臀无肤矣。”“次且”通“趑趄”，表示走路的时候很艰难，想进又不敢进，也代表犹豫不决。《周易本义》：“以阳居阴，不中不正。居则不安，行则不进。”九四为阳爻，以阳居阴位，不中不正。这也是《象传》所说“位不当”。

“牵羊”也是一个比喻，《周易本义》：“牵羊者，当其前则不进，纵之使前而随其后，则可以行矣。"

"羊"指九五爻。孔颖达疏："羊者，抵狠难移之物，谓五也。居尊当位，为夬之主，下不敢侵。若牵于五，则可得悔亡。""然四亦是刚阳，各亢所处，虽复闻牵羊之言，不肯信服事于五。"九五爻又中又正，是居于最尊贵位置的领导。九四爻牢牢牵着九五爻这个领导，就不会有悔恨。但是九四爻不相信别人的忠告，不会心悦诚服去服侍九五爻，结果肯定会吃大亏的。

所处时位不正，得不到大家的帮助，行动会遇到困难。别人告诉他正确的道理，他不相信，这是由于他"聪不明"，固执，不知道兼听则明的道理。

九五，苋陆[1]夬夬，中行无咎。
《象》曰：中行无咎，中未[2]光[3]也。

[注释]

1 苋陆：也叫商陆，是一种植物，又称大苋菜、山萝卜，它的叶子比较嫩。

2 未：没有。

3 光：彰显、发扬。

[译文]

九五，要像斩断马齿苋那样果断，刚毅中正的行为没有灾祸。

《象传》说，刚毅中正的行为虽无灾祸，但中正之道还没有发扬光大。

[解读]

"苋陆夬夬"，意思就是要像斩断马齿苋那样果断，在这里比喻居于九五爻的尊者要果断地惩罚制裁居于上六爻的小人。《周易本义》："苋陆，今马齿苋，感阴气之多者。九五，当决之时，为决之主，而切近上六之阴，如苋陆然。若决而决之，而又不为过暴，合于中行，则无咎矣。"

《象传》说，"中行无咎"，九五爻又中又正，能行中道，所以不会有灾祸，但是中正之道还没有发扬光大。这句话较难理解。孔颖达："虽复居中而行，以其亲决上六，以尊敌卑，未足以为光大也。"《周易本义》："盖人心一有所欲，则离道矣。"大意是，九五爻亲临上六爻，意味着九五爻要以自身行动去与上六决断，这样就有了欲望，会偏离中道。也可以理解为，它的上面还有一根阴爻，要把这根阴爻给决断掉，这样才能把阳刚的中正之道发扬光大。

上六，无号[1]，终有凶。

《象》曰：无号之凶，终不可长[2]也。

[注释]

1 号：呼叫。

2 长：增加。

[译文]

上六，不必要哭喊求饶，最终难逃凶险。

《象传》说，不必要哭喊求饶，最终难逃凶险，不会持续太久。

[解读]

孔颖达疏："上六，居夬之极，以小人而居群阳之上，众共弃也。君子道长，小人必凶。非号咷所免，故禁其号咷。"小人凌驾于君子之上，虽然能得一时之势，但最终是要受到惩罚的。上六是全卦唯一的阴爻，代表小人，下面五根阳爻代表君子，君子的力量很强大，在这种"君子道长，小人道消"的时势下，小人虽然还有一定的权势，但已经惶惶不可终日，即使到处呼号求助也无法挽救即将消亡的命运。

姤卦第四十四

䷫ 乾上巽下

[解读]

"姤"，意为相遇，"姤"和"逅"差不多，邂逅是不期而遇，也就是没有约定、偶然碰到，而"姤"既可以指意外的相遇，也可以指相约的相遇，所以《广雅》解释："姤，遇也。"姤卦讲男女是怎么相遇相知的，也可以放大到君臣、朋友之间是怎么相遇相知的。姤也用作"遘"，以及婚媾的"媾"。

姤卦是夬卦的覆卦。姤卦也是十二消息卦之一，在乾卦之后，这时阴爻开始复苏。乾卦是农历四月，表示阳气到头了；姤卦是农历五月，表示阴气开始慢慢上升。

姤，女壮[1]，勿用[2]取[3]女。

[注释]

1 壮：通"戕"（qiāng），受伤。

2 勿用：不利。

3 取：用作"娶"。

[译文]

姤卦，女人有伤害，不宜娶这样的女人。

[解读]

《周易集解》："虞翻曰：'女壮，伤也。'"这个"伤"指胜过男，有伤男的自尊心。从卦象来看，一个阴爻遇到五个阳爻，象征一个女人和五个男人都有交往且放不下，说明不坚贞，行为不正。《周易本义》："遇已非正，又一阴而遇五阳，则女德不贞而壮之甚也。取以自配，必害乎阳。"

《彖》曰：姤，遇也，柔遇刚也。勿用取女，不可与[1]长[2]也。天地相遇，品物[3]咸[4]章[5]也。刚遇中正，天下大[6]行也。姤之时义大矣哉。

[注释]

1 与：交往。

2 长：长久。

3 品物：各种物类。

4 咸：都。

5 章：条理、次序；通"彰"，彰显。

6 大：在强度、深度、力量等方面超过一般。

[译文]

《彖传》说，"姤"就是相遇，一个柔爻遇到五个刚爻。不能娶这样的女人，是因为不能与她长久相处。天气与地气相遇交合，才化生了万物。阳刚遇到中正的阴柔，正道就大行于天下了。姤卦的意义非常伟大。

[解读]

《彖传》说，姤卦从卦象上看是一个柔爻遇到五个刚爻。如果譬喻在人的身上，是一女遇五男。这样的女人是不能娶回来的，因为是不能跟她长久相处的。

从"天地相遇，品物咸章也"起，卦辞有所转折。孔颖达疏："卦得遇名，本由一柔与五刚相遇，故遇辞非美，就卦而取，遂言遇不可用，是勿用取女也。故孔子更就天地叹美遇之为义不可废也。天地若各亢所处，不相交遇，则万品庶物，无由彰显，必须二气相遇，乃得化生，故曰：天地相遇，品物咸章。"天之阳气与地之阴气相遇在一起，阴阳合和，风调雨顺，万物化生，各自都彰显出自己的品性，一片生机勃勃、欣欣向荣的景象。这里强调的是阴阳中和。

"刚遇中正，天下大行也"，孔颖达认为仍是就刚柔来讲的，"若刚遇中正之柔，男得幽贞之女，则天下人伦之化，乃得大行也"，刚正的男人如果遇到能够守持正道、中道的女人，则人伦就会大正。《周易本义》则认为是就九五爻而言。九五爻阳爻居阳位，又中又正，这样会使天下安宁、社会和谐。

《象》曰：天下有风，姤。后[1]以施[2]命[3]诰[4]四方。

[注释]

1 后：君主。

2 施：发布。

3 命：教令。

4 诰：古代上级向下级颁发命令。

[译文]

《象传》说，上乾天，下巽风，风行于天下，就是姤卦之象。君王要效法姤卦之义向天下昭告命令。

[解读]

《象传》说，上卦为乾卦，乾为天，下卦为巽卦，巽为风，风行天下，遍及四方，与万物相遇。君王看到这样的卦象，就要按照姤卦之道来发布政令，告知四方。孔颖达疏："风行草偃，天之威令，故人君法此，以施教命。"要像风在天下面流动一样广泛地向天下昭告命令，让每个人都知道，这样就能上下通达、相遇相知，形成一片和谐的局面。

初六，系[1]于金柅[2]，贞吉，有攸往，见凶，羸[3]

豕⁴孚蹢躅⁵。

《象》曰：系于金柅，柔道牵⁶也。

[注释]

1 系：拴，系结。

2 金柅（nǐ）：铜制的纺车转轮把手。

3 羸：瘦弱。

4 豕：猪。

5 蹢躅：徘徊不定的样子。

6 牵：牵制。

[译文]

初六，系在牢固的刹车器上，守正才会吉利。向前走，会出现凶险，像瘦弱的母猪一样躁动不安。

《象传》说，系在牢固的刹车器上，是要牵制阴柔。

[解读]

"金柅"指金属做的刹车器，女子如果坚贞，就好像把心牢牢地系在刹车器上，守正道就吉。孔颖达疏："柅者，制动之主，谓九四也。初六阴质，若系于正，应以从于四，则贞而吉矣……若不牵于一，而有所行往，则惟凶是见矣。"初六爻是姤卦里唯一的阴爻，代表唯一的女子。她如果守正，不受迷惑，从九四爻而阴阳相应，就会吉祥；如果不守一、守正道，看到五个男人就想贴上去，就有凶险。

王弼注："孚，犹务躁也。"指轻浮。母猪瘦了想吃东西，就躁动不安；"蹢躅"是徘徊，也就是心没有定住。孔颖达疏："初六处遇之初，以一柔而承五刚，是不系金柅，有所往者也。不系而往，则如羸豕之务躁而蹢躅然也……阴质而淫躁，牝豕特甚焉，故取以为喻。"面对前面五个阳刚之人，心猿意马，不知所主，这时就有凶险。

《象传》解释说，"系于金柅"，是因为柔道的上进要受到牵制。阴柔之道上进的时候受到了限制，也就是自己定住了，不再蠢蠢欲动，沉得住气了，安稳且能守住正道，不冒进了。这里还有一个意思，就是不要主动出击，而是要等待上面的人来跟自己相遇，自己只需守住正道，像刹车器一样牢牢刹住就可以了。

九二，包¹有鱼，无咎，不利宾²。
《象》曰：包有鱼，义³不及⁴宾也。

[注释]

1 包：通"庖"，厨房。

2 宾：宾客，这里指宴请宾客。

3 义：应该。高亨《周易大传今注·需》"附考"："《易传》常以义为宜。义、宜古通用。"

4 及：到达。

[译文]

九二，厨房里有鱼，没有灾祸，但是不利于用来招待宾客。

《象传》说，厨房里有鱼，但不应该用它招待宾客。

[解读]

"鱼"指初六爻。王弼注："初阴而穷下，故称鱼。"孔颖达疏："以不正之阴……舍九四之正应，乐充九二之庖厨。……为己之厨，非为犯夺，故得无咎也。"指初六爻位不正，放弃与九四爻的相应，而主动投向九二爻。相对应的，九四爻称"无鱼"。初六爻这种行为对于九二爻来说，不构成侵犯，所以是没有灾祸的。朱熹指出："制之在己，故犹可以无咎。"

"不利宾"，有多种理解。王弼注："擅人之物，以为己惠，义所不为，故不利宾也。"王弼认为不应该把别人的东西占为己有，而去招待宾客。也有的注解为招待宾客不应该使用鱼，待客之道应该使用猪、羊等。其实，"宾客"是指九五爻，因为九二爻是跟九五爻相遇的。不利于用鱼来招待宾客，说明不应该把相遇之人当成宾客。若是把对方看成宾客的话，反而见外了。《象传》解释说，从道义上不应该把九五爻当成宾客。

九三，臀无肤，其行次且，厉，无大咎。

《象》曰：其行次且，行未牵也。

[译文]

九三，屁股没有皮肤，走路趑趄艰难，虽然危险，却没有大灾祸。

《象传》说，走路趑趄艰难，是因为行动没有受到牵制。

[解读]

九三爻跟夬卦九四爻的爻辞内容差不多。《象传》说，"其行次且"是因为"行未牵"，即行动没有受到牵拉、牵制。"牵"，孔颖达从阴阳相应的角度加以解释："阳之所据者，阴也。九三处下体之上，为内卦之主，以乘于二，无阴可据，居不获安，上又无应，不能牵据以固所处，同于夬卦九四之失据。"九三爻是下卦的最上一爻，是刚爻，太刚又不居中，上与上九爻无应（都是阳爻），下与初六爻无遇，没有人帮扶，比喻做事比较艰难，心里也不安定。

九四，包无鱼，起[1]凶。
《象》曰：无鱼之凶，远[2]民也。

[注释]

1 起：产生，发动。

2 远：关系不亲，避开。

[译文]

九四，厨房里没有鱼，就会出现凶险。

《象传》说，没有鱼的凶险是因为远离大众。

[解读]

"鱼"也可通"遇"，表示知遇的人。"包无鱼"比喻失去了知遇的人。《象传》解释说，"无鱼之凶"，是因为"远民也"。从卦象上看，孔颖达疏："阴为阳之民，为二所据，故曰远民也。""民"指初六爻，本来初六爻与九四爻相应，但在姤遇之卦里，上面五个刚爻都争着与初六相遇，九四爻离初六爻太远了，初六爻已经与邻近的九二爻相遇了。

引申来看，这是从君主和百姓相遇来说的。《周易本义》："民之去己，犹己远之。"上层不能与下层百姓隔得太远了。《周易集解》："无民而动，失应而作，是以凶也。"在上失去民众，做事就没人呼应，这样将是危险的。这也告诉人们，想要得到知遇的人，不应该高高在上，应该主动地贴近大众，不能等着别人来与自己相遇。

九五，以[1]杞[2]包瓜，含[3]章[4]，有陨[5]自天[6]。

《象》曰：九五含章，中正也。有陨自天，志[7]不舍[8]命[9]也。

[注释]

1 以：用。

2 杞：杞柳，性柔韧，可用来弯曲包瓜。

3 含：隐含，包藏。

4 章：条理、次序、才华。

5 陨：掉下，落下。

6 自天：出于自然，用柳条包瓜，包不住，自然要掉下。

7 志：心意，志向。

8 舍：放弃、舍弃。

9 命：命运、正道。

[译文]

　　九五，用杞柳的枝叶包裹甜瓜，就像隐含才华一样。机遇就会自天而降。

　　《象传》说，九五隐藏才华，是因为居中守正。能得到来自上天恩赐的福泽，是因为志向没有违背天命。

[解读]

　　"以杞包瓜"，九五爻是相遇的最好时机，它又中又正，好比杞柳的枝叶包裹甜瓜这样的相遇。杞柳天性柔韧，可弯曲用来包瓜。

　　也可以加以引申。《周易本义》："瓜，阴物之在下者，甘美而善溃。杞，高大坚实之木也。五以阳刚中正，主卦于

上，而下防始生必溃之阴，其象如此。然阴阳迭胜，时运之
常，若能含晦章美，静以制之，则可以回造化矣。"就是说，
要以贞静之道防止可能发生的溃败。"含章"即把自己的才
华隐藏起来。包瓜是因为瓜会自动从上跌落下来。

《象传》解释说，"九五含章，中正也"，九五爻又中又
正，地位尊贵，这样能把自己的才华隐藏起来，能包容与自
己相遇的贤人，如同杞柳庇护瓜果。"有陨自天，志不舍命"，
孔颖达认为九五位尊，但"得尊位而不遇……命未流行，而
居尊当位"，这是要以包瓜比喻对天命的坚持不懈。也可以
理解为，由于自己的志向没有违背天命，所以好的时机就会
从天而降，必然会与贤人相遇。《诚斋易传》解释此爻时说：
"舜遇尧为天人之合。"就是说尧从天命出发，遇到舜并把位
置让给他，舜后来也一样，把位置让给禹，他们之间的相遇
就好像"天人之合"，是老天给他们的机遇。再看九五爻的意象，
杞柳这棵高大的树上结了成熟而甜美的瓜。有个成语就叫"瓜
熟蒂落"，也就是"有陨自天"，时机成熟了，自然会遇到
贤人。

上九，姤其角，吝，无咎。

《象》曰：姤其角，上穷[1]吝也。

[注释]

1 穷：穷尽，完结。

[译文]

上九，碰到空荡荡的角落，有遗憾，没有灾祸。

《象传》说，碰到空荡荡的角落，因为上九已经处于最高位了。

[解读]

"角"是牛角、羊角等。孔颖达疏："角者，最处体上，上九进之于极，无所复遇，遇角而已。"上九已经处于最高位了，是乾卦的最上一爻，姤遇就近而不就远，就低而不就高，上九爻高居其上，远离其下，已无所遇。九四爻的时候就因为"远民"而失去了相遇的人，那么上九爻这么远离民众，自然没有人会和他相遇。对君主来说，千万不能和老百姓离得太远，否则就没有老百姓来与你相遇。

王弼注："进而无遇，独恨而已，不与物争，其道不害，故无凶咎也。"就像上九爻是和九三爻相应的，两个爻都是阳爻、刚爻，这就好比一对犄角，不能相遇，相互没有竞争，相安无事。

萃卦第四十五

兑上坤下

[解读]

"萃"代表草木滋生，就是会聚在一起的意思。萃卦在姤卦之后，姤卦是事物相遇，相遇之后就会慢慢聚在一起，所以萃卦实际上是讲怎样会聚人才、财物、美德。《周易本义》："坤顺兑说，九五刚中，而二应之，又为泽上于地，万物萃聚之象，故为萃。"

萃卦的卦象是泽地萃，上面是沼泽，下面是大地，描述的是大地上面有沼泽，沼泽的水汇聚在一起。

萃，亨[1]，王假[2]有[3]庙[4]。利见大人，亨，利贞。用大牲[5]吉，利有攸往。

[注释]

1 亨：通顺。

2 假：到；通"格"，来临，引申为"感格"。

3 有：作名词词头，助词，无义。

4 庙：宗庙。

5 大牲：大牲口，指用牛作祭品。《说文解字》："牛，大牲也。"

[译文]

萃卦，君王感召神灵到庙堂里祭祀。有利于会见贤明之人，亨通，有利于守持正道。用大牲口吉利，有利于前往。

[解读]

朱熹认为第一个"亨"字是衍文。也可以理解为"享"，祭祀的意思。

感格就是感应。君主、君王到庙堂里祭祀，感召神灵，就能保住自己的江山社稷。所以有利于大人守持正道，是亨通的。《周易本义》："庙所以聚祖考之精神，又人必能聚己之精神，则可以至于庙而承祖考也。物既聚，则必见大人，而后可以得亨。然又必利于正，所聚不正，则亦不能亨也。"卦辞说到在庙中祭祀，就是利用了宗庙的象征意义。一个君王的祭祀来会聚神灵，君王的祭祀一定要用大祭品来表示虔诚。孔颖达疏："惟有大德之人，能弘正道，乃得常通而利正。"只有像君王、大人那样品德高尚的人才能用好会聚之道。祭祀的时候用牛就是"大牲"，表示这种祭祀的规格很高，也表示祭祀的人非常虔诚。引申一下，君主要招徕天下英才，也要不惜花费重金，给别人丰厚的待遇，以表示他的虔诚，这样天下英才就能会聚在他身边。如此一来，则无往不利。

《彖》曰：萃，聚也。顺[1]以[2]说[3]，刚中而应，故聚也。王假有庙，致[4]孝[5]享[6]也。利见大人，亨，聚以正也。用大牲吉，利有攸往，顺天命也。观其所聚，而天地万物之情[7]可见[8]矣。

[注释]

1 顺：柔顺。

2 以：连词，则、那么，表示条件关系。

3 说：通"悦"。

4 致：传达、表示。

5 孝：能继先人之志。

6 享：祭祀、供奉。

7 情：事物的状况、内容。

8 见：读 xiàn，"现"的古字，显现。

[译文]

《彖传》说，"萃"，会聚的意思。柔顺又喜悦，刚爻居上卦的中央，且与六二爻相呼应，所以会聚了。君王感召神灵到庙堂里祭祀，是为表达孝道，奉献诚心。有利于会见贤明之人，亨通，因为会聚之道遵循中正之道。用大牲口祭祀是吉利的,有利于继续前往,顺应天命。体会萃卦会聚的内涵,那天地万物的性情就可以显现出来了。

[解读]

萃卦,下面是坤卦,坤为顺,上面是兑卦,兑为喜悦。既柔顺又喜悦,九五刚爻又居上卦的中央,走中道,并且能与下面的六二爻相呼应,上下呼应,当然就是会聚了。因此可以看出,这个君王是指又中又正的九五爻,他能够会聚下面的三根阴爻,所以叫作会聚。并举两种卦德,是有其深意的。孔颖达:“若全用顺说,则邪佞之道兴;全用刚阳,而违于中应,则强亢之德著,何由得聚? 今顺以说,而刚为主,则非邪佞也。应不失中,则非偏亢也。如此方能聚物。”

“王假有庙”,是“致孝享”,他表达的是一种孝道,奉献的是一种诚心。“利见大人,亨”,是因为“聚以正”,因为会聚之道遵循的是一种正道。君主具备中正之德,能以正道感化天下。好比祭祀就一定要用大祭品来表示虔诚,这是“顺天命”的表现,这种天命实际上就是指一种天道,自然规律。这是指会聚是要符合天命的。天下万物,只要是会聚,其中的道理都可以在萃卦里面体现出来。《乾·文言》:“同声相应,同气相求,水流湿,火就燥,云从龙,风从虎。”即指出声气相同的相聚集。孔颖达:“凡物所以得聚者,由情同也。情志若乖,无由得聚。”

《象》曰：泽上¹于地，萃。君子以²除³戎器⁴，戒不虞⁵。

[注释]

1 上：去，到。

2 以：介词，凭借、按照。

3 除：修理、修治、修整。

4 戎器：兵器。

5 不虞：料不到的事，意外之患。

[译文]

《象传》说，泽位于地上，就是萃卦之象。君子要修整兵器，戒备不测之变。

[解读]

萃卦，上卦为兑卦，兑为泽，下卦为坤卦，坤为地。泽是在地的上面，沼泽里面有水，水汇聚在地上，这就是萃卦之象。君子看到这样的卦象，就要按照萃卦之道来"除戎器，戒不虞"。这是从另外一个角度来说会聚，好比修一个堤坝把水围起来，会聚的时候要注意堤坝是容易毁坏的。"千里之堤，溃于蚁穴"，一个小小的蚂蚁洞能造成整个堤坝的崩溃，所以一定要防备，也就是说灾祸也可以一点一点会聚而成，最后把整个大堤都破坏掉，所以要保持警惕，要戒备。

孔颖达："人既聚会，不可无防备。故君子于此之时，修治戎器以戒备不虞也。"君子要修整兵器，戒备不测之变，防患于未然。

初六，有孚[1]不终[2]，乃[3]乱[4]乃萃。若[5]号[6]，一握为笑，勿恤[7]，往无咎。

《象》曰：乃乱乃萃，其志[8]乱也。

[注释]

1 孚：诚信。

2 终：完成。

3 乃：语助词，用于发语或转折。

4 乱：纷乱。

5 若：如果、假如，表示假设。

6 号：呼叫。

7 恤：忧虑，担忧。

8 志：心意，意愿。

[译文]

初六，心中有诚信，但不能保持到最后，必然会造成混乱聚会。众人喧哗呼号，只要彼此握手交流感情，就能化众怒为欢笑。不必担忧，前往相聚没有灾祸。

《象传》说，混乱会聚，因为他们的心志迷乱。

[解读]

初六，"有孚不终"，没能够保持信任。孔颖达疏："初六有应在四，而三承之，萃聚之时，贵于近合，见三承四，疑四与三，始以中应相信，末以他意相阻，故曰有孚不终也。既心怀嫌疑，则情意迷乱，奔驰而行，萃不以礼，故曰乃乱乃萃。"初六爻与九四爻相呼应，但是在萃卦中，优先以相近的会聚在一起，所以初六爻与九四的呼应被六三爻与九四爻的结合阻断，如此，初六对九四起了怀疑。所以《象传》解释说"乃乱乃萃"是因为"其志乱也"。既然有怀疑，就出现了混乱。第一根爻初六爻是刚开始，想要会聚首先一定要诚心，如果不能保持到最后，一定会造成混乱的会聚，说明诚心一定要坚持到底。

"号"就是号叫，呼号，或者是哭号，是为了引起别人的关注或同情，是一种感应的表现。孔颖达疏："若自号比为一握之小，执其谦退之容，不与物争，则不忧于三，往必得合而无咎矣。"这是把"一握"解释为很小的样子，"号"就是哀求。初六的正应是九四，初六表明自己的弱势，就会得到九四爻的回应。《周易本义》："若呼号正应，则众以为笑；但勿恤而往从正应，则无咎矣。"朱熹是以"号"为呼喊。初六这个时候"嘤其鸣矣，求其友声"，九四必应声而至，与初六"一握为笑"。九四与初六呼应，初六感受到了温暖，面上露出了笑容。如此阴阳和合了，就不用担忧了，前进的话也不会遭遇灾祸。

六二，引¹吉，无咎，孚²，乃³利用禴⁴。

《象》曰：引吉无咎，中未变也。

[注释]

1 引：领导、带领。

2 孚：诚信。

3 乃：于是。

4 禴：祭祀的名称，指春祭。

[译文]

六二，受引导而聚会是吉利的，没有灾祸。只要内心虔诚，用微薄的祭祀也是吉祥的。

《象传》说，受引导而聚会是吉利的，没有灾祸，因为中正之心没有变化。

[解读]

《周易本义》："二应五而杂于二阴之间，必牵引以萃，乃吉而无咎。又二中正柔顺，虚中以上应，九五刚健中正，诚实而下交。故卜祭者有其孚诚，则虽薄物，亦可以祭矣。"

"引吉"，就是受到别人的引导。六二与九五正应，受九五的牵引而会聚是吉利的。《象传》解释说，"引吉无咎"是因为"中未变"，意指这种柔顺中正之心没有变化。六二

居中得正，心存中正之志，六二与九五相应，六二要去会聚
九五，九五也居中得正，这叫志同道合。志同道合的人会聚，
注重的是精神上的感应与沟通，而不在乎物质上的馈赠与享
受。就像心中有了这种中正之志，即便是祭礼微薄也可以献
给神灵，也可以获得神灵的赐福。孔颖达疏："禴，殷春祭
之名也。四时之祭最薄者也。"

六三，萃如[1]嗟[2]如，无攸利，往无咎，小吝。
《象》曰：往无咎，上巽[3]也。

[注释]

1 如：像某某样子，表示动作或事物的状态。
2 嗟：感叹。
3 巽：柔顺。

[译文]

六三，聚合的希望在叹息声中破灭，没有益处。前行没
有灾难，却有小小的遗憾。

《象传》说，前行没有灾难，因为六三柔爻顺从了上面
的九四和九五阳刚之爻。

[解读]

边聚会边叹息，那是没有什么利益的。这个时候前往也

没有灾难，只是有小小的遗憾。《周易本义》："六三阴柔，不中不正，上无应与，欲求萃于近而不得，故嗟如而无所利，唯往从于上，可以无咎，然不得其萃。困然后往，复得阴极无位之爻，亦可小羞矣。"六三爻是阴爻居阳位，不中不正；它与上六相应，又都是阴爻，不是一阴一阳之相应；如果前往与九四爻会聚，就会得到阳刚之人的相比（上下相邻的关系叫"比"），但六三爻和九四爻都不得位，都不居于正位上，所以要有小小的遗憾。但阴阳相比和，不会有大的灾难发生。

《象传》解释说，"往无咎"，是因为"上巽也"。六三柔爻是去顺从（巽就是顺从）于九四阳刚之爻，这是不会有灾祸的。不过，王弼、孔颖达、程颐都认为"上"指上六爻，如《伊川易传》说"上居柔说之极，三往而无咎者，上六巽顺而受之也"，俞琰对此进行了反驳，《周易集说》卷二十四："六三之所以往无咎者，上之人巽而不相拒也。四与五居己之上，同是互体之巽，故曰上巽也。孔子于此爻明以互体示人，而王弼辈不取互体，殆不深究耳，或以上为上六，误矣。上六非巽体也。""上巽"可以看成六三爻往上与九四爻、九五爻构成一个巽卦，也表示顺从。会聚一般是双方的相互感应而聚集在一起，那是吉祥的。如果没有得到对方的感应，自己就主动柔顺地去与他会聚，当然也是可以的，对方一般也不会拒绝，但对自己来说有些遗憾。

九四，大吉，无咎。

《象》曰：大吉无咎，位不当也。

[译文]

九四，大吉大利，没有灾祸。

《象传》说，大吉大利仅能说没有灾祸，因为九四居位不当。

[解读]

"大吉"和"无咎"同时出现，很奇怪。《周易本义》："上比九五，下比众阴，得其萃矣。"萃卦九四爻下面衬的三根全是阴爻，表示会聚之时统领了下面的众人。三根阴爻形成坤卦，坤卦为众，表示九四爻能统领众人，得到众人拥戴，故而能够大吉。虽然表面大吉，但是位置不当，孔颖达疏："以阳处阴，明履非其位，又不据三阴，得其所据，失其所处。处聚之时，不正而据，是其凶也。若以萃之时，立夫大功，获其大吉乃得无咎。"九四爻是阳爻居阴位，本来应该有灾，只有大吉的时候才能免灾。所以大吉在此可以看作没有灾祸的条件，因为大吉所以无咎。这就是得人心的作用。九四爻已经进入上卦，上卦是兑卦，兑为柔、为顺、为喜悦，也就是说在会聚的时候能用一颗非常喜悦的、彻底放下自我的、奉献的心，得到了下面众人的拥戴。本来应该有灾祸，可是因得人心而"大吉"，一经冲抵，成了"无咎"，灾祸消弭于无形。

九五，萃有¹位²，无咎。匪³孚⁴，元⁵永贞，悔亡。《象》曰：萃有位，志⁶未光⁷也。

[注释]

1 有：于。

2 位：职位。

3 匪：通"非"，不。

4 孚：诚信。

5 元：居首位的，大的。

6 志：心意，意愿。

7 光：作"广"讲，彰显。

[译文]

九五，聚会时居于尊贵的地位，没有灾祸。还未广泛地取信于民，只有一开始就坚守正道，这样就不会有悔恨。

《象传》说，聚会时虽身居尊位，但志向还没有发扬光大。

[解读]

九五爻居于最高的、最尊贵的位置，这样一个中正之人，用一颗会聚之心，肯定是没有灾祸的。"匪孚"，只是还不能广泛地去取信于民。王弼注："四专而据，己德化不行，信不孚物，自守而已。"九五的位置很正，但靠近九四，九四的地位不正，所以只能自守，无咎罢了。朱熹在《朱子语类》卷七十二中说："此言有位而无德，则虽萃而不能使人信。"九五爻有九五至尊的位置，但是没有这个德，也就是还没有虔诚、诚实的心志，那么虽然有会聚之心，也不会使别人相信。《象传》说，"志未光也"，就是会聚天下的这一志向还没有发扬光大，所以他还不能广泛地取信于民。他只有一开始就保持中正之德，长期坚持下去，最终会实现自己会聚人心的目的，这样就不会有悔恨。

上六，赍咨[1]涕[2]洟[3]，无咎。

《象》曰：赍咨涕洟，未安[4]上[5]也。

[注释]

1 赍咨（jī zī）：咨嗟，叹息。

2 涕：眼泪。

3 洟：鼻涕。

4 安：平静，恬适。

5 上：在上面。

[译文]

上六，哀叹痛哭流涕，没有灾祸。

《象传》说，哀叹痛哭流涕，因为不能安居于上面。

[解读]

上六只有哀叹，只有痛哭流涕，才能"无咎"，才没有灾祸。《象传》说，这是因为"未安上也"。王弼注："处聚之时，居于上极，五非所乘，内无应援。处上独立，近远无助，危莫甚焉。"上六爻居于最高位，它本来应该与六三相应，但两爻都是阴爻，为敌应，即不相应，又乘九五刚爻，为不吉，所以惶恐不安，不能安居于上。在这天下会聚的时候，自己无人会聚，鳏寡孤独，所以整天哀叹哭泣。王弼注："若能知危之至，惧祸之深，忧病之甚，至于涕洟，不敢自安，亦无所不害。"流眼泪流鼻涕，这是在反省了。若能反求诸己，知错能改，见贤思齐，那么就会改变目前的困局，内心也会获得安宁。

升卦第四十六

坤上巽下

[解读]

升卦在萃卦之后，"萃"是会聚，《序卦传》说："聚而上者谓之升，故受之以升。"会聚之后就要慢慢上升，所以萃卦之后是升卦。《周易本义》："卦自解来，柔上居四，内巽外顺，九二刚中而五应之，是以其占如此。"升卦由解卦（䷧）变来，升卦六三爻上升为第四爻，如此下卦变成巽卦，上卦变成坤卦，九二爻与六五爻阴阳呼应。

升卦的卦象是地风升，上面是大地，下面是风，风开始慢慢升出大地，还要继续上升，一直升到空中，这就叫"风行天下"。整个卦是上升的趋势，讲事物顺势上升而强盛、积小成大、积少成多的道理。

升，元[1]亨，用[2]见[3]大人。勿恤，南征[4]吉。

[注释]

1 元：居首位的，大的。

2 用：介词，表示行为方式。

3 见："现"的古字。

4 征：远行。

[译文]

升卦，一开始就亨通，有利于出现大人物。不用担忧，往南边远行吉利。

[解读]

上升之道适合于为大人所用。王弼注："巽顺可以升，阳爻不当尊位，无严刚之正，则未免于忧，故用见大人，乃勿恤也。"在升卦的前提下，应该是吉利的。但是处于尊位的是阴爻，不是阳爻，所以需要出现一位"大人"主持局面，这样才可以没有担忧。"大人"就是"与天地合其德"的人，符合天道的人。

孔颖达疏："非直须见大德之人，复宜适明阳之地。若以阴之阴，弥足其暗也。南是明阳之方，故云南征吉也。"《周易本义》："南征，前进也。"南方是离卦，离为火，为光明，要向往光明之地。上面是坤卦，下面是巽卦，坤卦为西南，巽卦为东南，刚好都有一个"南"字。

《彖》曰：柔以¹时²升，巽而³顺，刚中而应，是以大亨。用见大人，勿恤，有庆⁴也。南征吉，志行⁵也。

[注释]

1 以：介词，凭借、按照。

2 时：时势或时局。

3 而：连词，则、就。

4 庆：祝贺；福泽。

5 行：施展。

[译文]

《彖传》说，柔顺而时机适合地上升，谦逊而柔顺，九二阳刚居中与六五之柔相应，所以大亨通。利于遇见大人，不用担忧，会有喜庆。往南方征战，吉利，因为符合自己的志向。

[解读]

升卦是很柔顺的，又适合时位地往上升。孔颖达疏："升之为义，自下升高，故就六五居尊，以释名升之意。六五以阴柔之质，起升贵位，若不得时，则不能升耳，故曰柔以时升也。"但是按照朱熹的说法，应该以六三爻的上升来解释。程颐则以为是指坤卦升为上卦，俞琰《周易集说》卷十八也说："柔谓坤，柔时指巽而言。巽东南之卦，于时为夏，地气至此而升腾也，故曰柔以时升。升乃萃之倒体，时为萃则地气聚而在下，时为升则地气升而在上也。"

"巽而顺"，下卦为巽卦，巽为谦逊、柔顺；上卦为坤卦，坤也为柔顺，从下往上是从谦逊到柔顺，都是柔。"刚中而应"，九二爻阳刚居中与六五之柔中相应，阴阳相应。升卦从下卦到上卦是既谦逊又柔顺，是乖顺地、符合时机地往上升，而且阴阳相应，刚柔相济，所以"大亨"。

事物在上升的过程中处于和谐的状态之中，所以不要有所担忧。因为"大人"就是品德高尚的人，是与"天地合其德"的人，只要是符合天道的上升，都会得到"大人"的佑护，这是值得喜庆的。

王弼注："巽顺以升，至于大明，志行之谓也。"往光明的方向去发展，这是符合心志的上升之道。符合自己的志向，又向往光明，也可以看成是符合天道的志向，肯定吉祥、吉利。

《象》曰：地中生木，升。君子以[1]顺[2]德，积小以高大。

[注释]

1 以：介词，凭借、按照。

2 顺：《周易本义》："王肃本'顺'作'慎'。今按他书引此，亦多作'慎'，意尤明白，盖古字通用也。"慎，谨慎。

［译文］

《象传》说，树木从大地里面生长出来，就是升卦之象。君子要顺应美德，积累小善，以变得崇高、宏大。

［解读］

上卦为坤卦，坤为地，下卦为巽卦，巽为木，树木在大地的下面，它肯定要冲破大地，往上生长，这就是升卦。树木从小到大，从微到著，是一种上升的景象。君子看到这样的卦象，就要按照升卦之道"以顺德，积小以高大"，即要顺应这个美德，积累小善，然后逐渐地变得崇高、宏大，最终成为"大人"。

《周易》特别重视顺应的过程，比如坤卦《文言传》说："积善之家必有余庆，积不善之家必有余殃。"善德慢慢积累肯定会变得崇高，所以"勿以善小而不为，勿以恶小而为之"，就是这个道理。《道德经》也说"合抱之木，生于毫末"。这也就是乾卦说的"进德修业"。

初六，允¹升，大吉。
《象》曰：允升大吉，上²合³志也。

［注释］

1 允：《说文解字》："信也"；王弼注"当也"，"当"，介词，在、处于的意思。

2　上：位置在高处的。

3　合：契合。

[译文]

初六，宜于上升，大吉大利。

《象传》说，适宜地上升，大吉大利，因为与在上者志同道合。

[解读]

"允"非常重要，它有两个意思：一是指一定；二是指合适、适宜。也就是说升卦一开始就要诚信，而且要符合时机地往上升，才会大吉大利。《象传》解释说，"允升大吉"，是因为这种升进与"上合志也"。

"上"也有三种理解。一是指与初六相邻的上面两根爻都是阳爻，是阴爻顺服于阳爻。王弼注："巽卦三爻，皆升者也。虽无其应，处升之初，与九二、九三合志俱升。当升之时，升必大得，是以大吉也。"初六爻是阴爻居第一位的阳位上，本来"不正"，因为第四爻也是阴爻，所以也没有正应，但是它顺从阳爻，与之俱升。《周易本义》："初以柔顺居下，巽之主也。当升之时，巽于二阳，占者如之，则信能升而大吉矣。"二是指初六爻与六四爻相应，俞琰《周易集说》卷二十四："上指四，非二也。初之所以得升者，在下位而获乎上也。初六与六四道同志合，是为上合志。"三是指上面这个卦,上卦为坤,坤为顺,志向相同。所以初六与上面都"合志",是"上下合志"。初六为巽卦的最下一爻,本身就很柔顺,一个巽,一个顺,志同道合。

九二,孚¹,乃²利用³禴⁴,无咎。
《象》曰:九二之孚,有喜也。

[注释]

1 孚:诚信。

2 乃:于是。

3 用:介词,表示行为方式。

4 禴:祭祀的名称,指春祭。

[译文]

九二,内心虔诚,微薄的祭祀也是有利的,没有灾祸。
《象传》说,因为九二的诚信美德,所以有喜庆。

[解读]

爻辞与萃卦六二近似。孔颖达从卦象进行了解释:"九二与五为应,往升于五,必见信任,故曰孚。二体刚德,而履乎中,进不求宠,志在大业,用心如此,乃可荐其省约于神明而无咎也。"九二爻是刚爻居中,与六五爻是正应,六五爻也在中位。所以只要心中有中正之道,那么即使是微薄的祭祀也能够感召神明，神明也会来帮助你，意思就是说有尊崇先祖的那种美德、那种精神，就会得到庇佑，那样就没有灾祸。《象传》说：九二正因为有守中道的诚信，所以会有喜庆。

九三，升虚[1]邑[2]。

《象》曰：升虚邑，无所疑也。

[注释]

1 虚：空的。

2 邑：古代指都城。

[译文]

九三，上升到一个虚空的境地。

《象传》说，上升到一个虚空的境地，没有什么迟疑。

[解读]

九三，上升到一个虚空的境地里。《周易本义》："阳实阴虚，而坤有国邑之象。九三，以阳刚当升时，而进临于坤，故其象占如此。"九三爻是下卦的上爻，再向上就升到坤卦，坤为虚。也可以从正应来理解，如孔颖达所说："九三履得其位，升于上六，上六体是阴柔，不距于己，若升空虚之邑也。"九三与上六是正应，上六阴柔，不会拒绝，对于九三来说犹如到了空地一样。

《象传》说，直接地进入虚空之境，没有什么可疑虑的。程颐解释说，九三是阳刚之才，正而且顺，"上皆顺之复有接应，以是而升，如入无人之邑"。九三与上六相应，而且上卦是坤卦，坤卦展现了一条道路，一条虚空的好比是没有阻拦的道路，是光明大道。这表示九三爻的升进如入无人之境，非常顺利。

六四，王用亨[1]于岐山，吉，无咎。

《象》曰：王用亨于岐山，顺[2]事[3]也。

[注释]

1　亨：通"享"，祭祝。

2　顺：顺应、顺从。

3　事：职守、政事。

[译文]

六四，周文王在岐山祭祀神灵，吉利，没有灾祸。

《象传》说，周文王在岐山祭祀神灵，是顺从了天道人意。

[解读]

此爻辞参见随卦。孔颖达疏："六四处升之际，下体二爻，皆来上升，可纳而不可距，事同文王岐山之会。"六四处于上升之际，对于前来的下卦都加以接纳而不拒绝，如同周文王在岐山祭祀。"王"此处指周文王姬昌。文王在世的时候，每年都要在岐山祭天。因为他非常有德信仁义，所以其他诸侯国的人都支持他，给他面子，无形中都以他为首领。所以他每年祭天时，其他诸侯国的人都不请自来。《象传》说，周文王每一年都要在岐山祭祀神灵，是虔诚地侍奉上天，就是说他是顺从了天道人意，顺从了事物发展的规律。这叫作"敬天法祖"。《伊川易传》卷三："以柔居坤，顺之至也。文王之亨于岐山，亦以顺时而已。上顺于上，下顺乎下，己顺处其义，故云顺事也。"

六五，贞吉，升¹阶²。
《象》曰：贞吉升阶，大得³志也。

[注释]

1 升：登上。

2 阶：阶梯。

3 得：契合。

[译文]

六五，守正道吉利，就像沿着阶梯步步上升。

《象传》说，"守正道吉利，就像沿着阶梯步步上升"，因为确实实现了上升之志。

[解读]

守持正道，能够大吉，就好比是沿着这个台阶，很容易地就一步一步往上升。《周易本义》："以阴居阳，当升而居尊位，必能正固，则可以得吉而升阶矣。阶，升之易者。"六五爻是阴爻居阳位，是不正的，但它位于上卦坤卦的中间，既具有大地的柔顺之心，又是中位，能行正道，而且是最尊贵的位置，所以大得民心、大得天志，就能一步一步高升。

上六，冥[1]升，利于不息[2]之贞。
《象》曰：冥升在上，消[3]不富也。

[注释]

1 冥：晚上，引申为稀里糊涂、昏昧的状态。

2 不息：不停。

3 消：减损。

[译文]

上六，昏昧糊涂地上升，有利于不停止地守持正道。

《象传》说，昏昧糊涂地追求升进，就会消亡，不能富盛。

[解读]

孔颖达："处升之上，进而不已，则是虽冥犹升也。"升进到上六，说明已经处于极高的位置了，高处不胜寒，物极必反，这时候再要往上升就是一种昏昧的上升了，"冥升"就会走向反面，会从高处坠落下来。那么这时候怎么做最有利呢？《周易本义》："以阴居升极，昏冥不已者也。占者遇此，无适而利，但可反其不已于外之心，施之于不息之正而已。"只有反身自省，回到六五爻的中正之道上，不停息地坚持正道，才是有利的。明代易学家来知德说这个爻是开了一扇门，开了一扇迁善之门，《周易集注》："上六居升之极，乃昏于升而不知止者也。有冥升之象，故圣人教占者曰升而不已，惟利不息之贞，他非所利也，为占者开迁善之门如此。"迁于善也就是向善做好事，做积德的事。

《象传》解释说，"冥升在上"，那就会"消不富"。王弼注："终于不息，消之道也。"如果一个劲儿地追求上升，结果是自取消亡，肯定就不能富贵。也就是说，不要总想着升进，总想着追求身外的名利，升进也是要符合正道的，该升进的时候升进，不该升进的时候就不要升进，这样才能永葆吉祥。

困卦第四十七

兑上坎下

[解读]

"困"是穷困、困难的意思。困卦在升卦之后，也就是升卦继续上升而不停止，反而会造成穷困。但困卦实际是告诉我们怎样在困境中奋起，摆脱困境。

困卦的卦象是泽水困，上面是兑卦，代表沼泽，下面是坎卦，代表水，也就是沼泽中已经没有水了，水到了沼泽的下面，表示一种困境。

困，亨，贞¹，大人吉，无咎，有言²不信³。

[注释]

1 贞：正。

2 言：直接说出的话。

3 信：听从，不怀疑。

［译文］

困卦，亨通。坚守正道，大人吉祥，没有灾祸。在困境中所说的话，难以让人信服。

［解读］

在困顿的时候会亨通。为什么呢？孔颖达疏："困者，穷厄委顿之名。道穷力竭，不能自济，故名为困。亨者，卦德也。小人遭困，则穷斯滥矣。君子遇之，则不改其操。君子处困而不失，其自通之道，故曰困，亨也。"君子处于困境，会坚持操守，从而取得困境的破解。这也是"大人吉"的内涵。《周易本义》："二五刚中，又有大人之象，占者处困能亨，则得其正矣。非大人其孰能之？故曰贞。又曰大人者，明不正之小人不能当也。"朱熹解释说"大人"即是九二、九五爻所代表的刚毅中正之德。"大人"是品德高尚的人，是与"天地合其德"的人，就是君子。只有君子才能坚守正道。

"有言不信"，在困境中说的话难以让人信服，因为穷困中说的话，别人是不会相信的。是在劝诫不要逞其口舌，巧言来辩，而应该正身修德。

《彖》曰：困，刚掩[1]也。险以[2]说[3]，困而不失其所，亨，其唯君子乎。贞大人吉，以刚中也。有言不信，尚[4]口[5]乃[6]穷[7]也。

[注释]

1 掩：遮蔽，遮盖。

2 以：助词。

3 说：通"悦"。

4 尚：尊崇。

5 口：代指言语。

6 乃：于是。

7 穷：阻塞不通。

[译文]

《象传》说，困卦，刚性被掩蔽了。用平和愉悦的心态面对艰险。面对困难，没有失去自己的志向，必定亨通，这只有君子才能做到了。坚守正道，做一个"大人"就吉祥，因为以阳刚处于中正之位。在困境中所说的话，难以让人信服。专尚言辞，必将更加穷困。

[解读]

《象传》说，困卦的卦象是"刚掩"。《周易本义》："困者，穷而不能自振之义。坎刚，为兑柔所掩，九二，为二阴所掩，四五，为上六所掩，所以为困。"九二爻上下都是阴爻，相当于被遮蔽了。九四、九五阳爻被上六爻覆盖。象征刚性被掩蔽了，被湮没了，不能够生长，所以是困穷。

"险以说，困而不失其所，亨"，孔颖达疏："坎险而兑说，所以困而能亨者，良由君子遇困，安其所遇，虽居险困之世，不失畅说之心。"《周易本义》："坎险、兑说，处险而说，是身虽困而道则亨也。"下面坎卦为险，上面兑卦为悦，在困难的时候，没有失去自己的信心，没有失去自己的志向，没有失去自己的使命，没有失去自己的行为准则。安时处顺，所以必定亨通。而这只有君子才能做到。这是解释卦辞中的"困，亨"。

"贞大人吉"，是因为"刚中"。以刚处中，从卦象来看，九二爻与九五爻为刚爻，都居中位。即使在穷困的时候，也要坚守那种阳刚、坚贞不屈、走中道的美德。

"尚口"就是崇尚言辞。"尚口乃穷"，就是说在困穷的时候能说会道，只说不做，这样必将更加穷困。在困难的时候，一个人说的话别人是不会相信的。这个时候要多修己德，要少说为佳。《周易本义》："有言不信，又戒以当务晦默，不可尚口，益取困穷。"

不改变刚强坚毅的志向，又守在中道，以刚处中，这是对待穷困的一种策略。

《象》曰：泽无水，困。君子以致命[1]遂[2]志。

［注释］

1　致命：舍命。致：给予。

2　遂：完成。

[译文]

《象传》说，水位于泽下面，泽中无水，就是困之卦象。即使舍弃生命，也要实现自己的志向。

[解读]

上卦为兑卦，兑为泽，下卦为坎卦，坎为水，水在泽的下面，表示水都渗到泽地的下面去了，因此泽中干枯无水了，没有水当然就很困难了，很穷困了，这就是困卦之象。君子看到这样的卦象，就要按照困卦之道来"致命遂志"。孔颖达疏："君子之人，守道而死，虽遭困厄之世，期于致命丧身，必当遂其高志，不屈挠而移改也。"意思就是说，即使舍弃生命，也要去实现自己的志向。

孔子说："三军可夺帅也，匹夫不可夺志也。"就是说统率三军的将帅都已失去，一个人的志向却是很难改变的，说明了志向对于人的重要性。孔子还说："无求生以害仁，有杀身以成仁。"不要为了自己的生命去伤害仁，要舍弃生命以成就仁义。而仁义之道正是君子们孜孜以求的远大志向。为了志向，抛弃自己的生命也要去做仁义之事。这就是"致命遂志"更具体的表述，也就是要杀身成仁、舍生取义，这种精神铸就了无数英雄。

"致"也可以理解为推致、通晓。程颐《伊川易传》卷四："泽无水，困乏之象也。君子当困穷之时，既尽其防虑之道，而不得免，则命也，当推致其命，以遂其志。知命之当然也，则穷塞祸患不以动其心，行吾义而已。苟不知命，则恐惧于险难，陨获于穷厄，所守亡矣，安能遂其为善之志乎？"是说通晓其命运以成全其志。

初六，臀困于株[1]木，入于幽[2]谷，三岁[3]不觌[4]。
《象》曰：入于幽谷，幽不明也。

[注释]

1 株：树木露在地面上的根部。

2 幽：形容地方很僻静又光线暗。

3 岁：年。

4 觌：看见。

[译文]

初六，臀部卡在木桩上，退到幽深的山谷中，三年没有露面。

《象传》说，退到幽深的山谷中，表示处于幽暗的地方。

[解读]

株木就是树根。初六的困，好比是臀部卡在了树根当中，形容陷入困境之深，难以自拔。孔颖达疏："初六处困之时，以阴爻最居穷下，沈滞卑困，居不获安，若臀之困于株木。"王弼注："欲之其应，二隔其路，居则困于株木，进不获拯，必隐遁者也。"初六爻与九四爻是正应，欲前进则中间有阻隔，本身处于最穷困的地步，比较柔弱，没有能力摆脱困境，所以只有隐退。"入于幽谷"就是退到幽深的不为人知的山谷里躲起来。躲起来三年没有露面，王弼注："困之为道，不过数岁者也。以困而藏，困解乃出，故曰三岁不觌也。"

退到幽深的山谷中，是因为处于幽暗的、不为人知的地方，也就是把自己隐藏起来，这是一种策略。

九二，困于[1]酒食，朱绂[2]方[3]来，利用亨[4]祀，征[5]凶，无咎。

《象》曰：困于酒食，中有庆也。

[注释]

1 于：在被动句中，引进动作、行为的主动者，相当于"被"。

2 朱绂（fú）：红色的服装，古代王侯公卿的服饰。

3 方：区域，古代称地为"方"；表示时间，相当于"将"。

4 亨：通"享"，祭祝。

5 征：出征，讨伐。

[译文]

九二，为醇酒美食所困扰，但荣华富贵即将到来。有利于主持祭祀，征讨别人虽有凶险，但没有大的灾祸。

《象传》说，为醇酒美食所困扰，但荣华富贵即将到来。因为持守中道，必有喜庆。

[解读]

"困于酒食"，有三种理解如下。第一种理解就是没有酒食了，就是没有吃的、没有喝的，表示一种艰难坎坷。第二种理解就是说自己在贫穷的时候，拼命地去喝酒，借酒消愁。第三种理解如朱熹《周易本义》所说"困于酒食，厌饫苦恼之意。酒食，人之所欲，然醉饱过宜，则是反为所困矣"。是说沉湎于酒食而丧失志趣。

"朱绂"就是红色的绂带。古人在祭祀的时候要穿饰有绂带的服装，而"朱绂"是比较高贵的人才能穿的。"朱绂方来"也有两种解释。一种是说荣华富贵即将到来。因为九二爻是阳爻居中位，能够守住中道，也就是《象传》中说的"刚中"——以刚处中，心中坚定的志向还能坚守住，所以即使没有酒食，也能安贫乐道，最终能走出困境。另一种，王弼注："坎，北方之卦也。朱绂，南方之物也。处困以斯，能招异方者也，故曰朱绂方来也。"朱代表南方，坎是北方，所以是从不同的地域来的。《周易本义》："朱绂方来，上应之也。九二有刚中之德，以处困时，虽无凶害，而反困于得其所欲之多。"是说九二虽然刚中，但是有贪心。

"利用亨祀"，在这个时候主持宗庙的祭祀大典会被委以重任，如果去征讨别人就是凶险的。孔颖达疏："物无不至，酒食丰盈，异方归向，祭则受福，故曰利用亨祀。""盈而又进，倾败之道，以征必凶，故曰征凶。自进致凶，无所怨咎。"之所以有以上的结果，还在于九二爻居中，能够守中道。心中有坚定的志向，所以会反身内省，从而走出困境。另一方面，因为持守中道，应该为别人信赖。

六三，困于石，据¹于蒺藜²，入于其宫³，不见其妻，凶。

《象》曰：据于蒺藜，乘⁴刚也。入于其宫，不见其妻，不祥也。

[注释]

1 据：拮据，比喻受到牵制。

2 蒺藜：一年生草本植物，茎横生在地面上，开小黄花，有刺。

3 宫：对房屋、居室的通称。

4 乘：骑，坐。

[译文]

六三，被乱石困住，被带刺的荆棘绕住，脱困回到家中，又见不到自己的妻子，凶险。

《象传》说，被带刺的荆棘绕住，因为六三阴爻乘九二刚爻。回到家中，又见不到自己的妻子，这是不吉祥的。

[解读]

六三，就像被石头困住了，被带刺的荆棘缠住了。孔颖达疏："石之为物，坚刚而不可入也。蒺藜之草，有刺而不可践也。六三以阴居阳，志怀刚武，己又无应，欲上附于四，四自纳于初，不受己者也，故曰困于石也。下欲比二，二又刚阳，非己所据，故曰据于蒺藜也。"石，比喻九四爻。蒺藜，比喻九二爻。两个阳爻，都与六三爻不相合。对于九二的关系，就是《象传》说的"乘刚"。六三进退失据。"入于其宫，不见其妻凶"，《周易本义》说，"妻"指的就是上六爻。六三爻与上六爻都是阴爻，互不相应。而六三又不正，因为阴爻处在阳位上，所以这个时候的困难、穷困的程度是最高的。

九四，来徐徐[1]，困于金车[2]，吝，有终。

《象》曰：来徐徐，志在下也。虽不当位，有与[3]也。

[注释]

1 徐徐：慢行的样子。

2 金车：用黄铜镶嵌的车，贵人所乘，借指贵人。

3 与：交往；帮助。

[译文]

九四，慢腾腾地到来，因为途中被一辆金车所困，虽然遇到了一些麻烦，但是能够善终。

《象传》说，慢腾腾地到来，因为九四爻的志向在下。九四爻阴爻处阳位，不当位，能够与下呼应，能得善终。

[解读]

"来徐徐"就是慢慢地前来，表示一种迟疑的景象。从卦象来看，"金车"指九二爻。王弼注："金车，谓二也。二刚以载者也，故谓之金车。……志在于初而隔于二，履不当位，威令不行。弃之则不能，欲往则畏二，故曰'来徐徐，困于金车'也。"初六与九四是正应。但九四爻是阳爻居阴位，处位不当，想去帮助受困的初六爻，又碍于九二爻，所以有所迟疑。"有终"，就是最终能够善终。王弼注："然以阳居阴，履谦之道，量力而处，不与二争，虽不当位，物终与之。"九四爻处于阴位，能够以谦逊的态度去面对，而没有与九二爻争强，所以最后还是与初六爻相应。"有与"，即能够与下面的人相呼应，与初爻相呼应，能得到下面的人的帮助。

"困于金车"，可以引申为被名利所困惑、所困扰。九四爻已经进入上卦，表明已经取得荣华富贵了，这个时候千万不能为富贵所困扰，忘了当初困难的情景，而要坚持发愤图强的信念，摆脱名利的困扰，摆正自己的心态，同时当看到和自己相应的人也处在自己当初那种困境时，要给予他帮助。

九五，劓¹刖²，困于赤绂³，乃⁴徐⁵有说⁶，利用祭祀。

《象》曰：劓刖，志未得也。乃徐有说，以⁷中直也。利用祭祀，受福也。

[注释]

1 劓：割掉鼻子。

2 刖：砍掉脚。

3 绂：系印章或佩玉用的丝带。

4 乃：于是。

5 徐：逐渐。

6 说：通"脱"。

7 以：由于。

[译文]

九五，施行削鼻子、截足的重刑，被尊位所困，只有慢慢地摆脱这种困境，才有利于进行祭祀。

《象传》说，施行削鼻子、截足的重刑，因为九五的志向没有得到实现。只有慢慢地摆脱这种困境，推行刚中正直之道，才有利于进行祭祀，得到福祉。

[解读]

九五的困是"困于赤绂",就是被荣华富贵、被自己的权力所困,这里指居于最高位的时候,君主动用这种酷刑来治理众人,惩罚众人,实际上是为自己的权力所困。王弼注:"以阳居阳,任其壮者也。不能以谦致物,物则不附。忿物不附而用其壮猛,行其威刑,异方愈乖,遐迩愈叛。"《周易本义》:"劓刖者,伤于上下。上下既伤,则赤绂无所用,而反为困矣。"九五爻极为刚健,象征君主动用刑罚,使得上下乖离,各方反叛。

"乃徐有说,利用祭祀",这个时候只有慢慢地摆脱这种滥施权力的情况,才能长期祭祀宗庙,才能保住社稷江山。《周易本义》:"然刚中而说体,故能迟久而有说也。"上卦是兑卦,表示悦服,所以最终还是会回到正道上来。孔颖达疏:"若能不遂迷志,用其中正,则异方所归,祭则受福。"以中正之德去祭祀,就能够感召神灵,神灵就会降福。所以《象传》解释为"受福"。

而《象传》解释说施加刑罚是由于"志未得",起初由于得不到众人的归附而动用了刑罚。后来慢慢推行刚中正直之道,放弃了酷刑,从而取信于民。这说明在自己有权力的时候注意一定不要滥施重刑,要去取信众人,教化众人。

上六,困于葛藟[1],于臲卼[2],曰动悔,有悔,征[3]吉。

《象》曰：困于葛藟，未当也。动悔有悔，吉行也。

[注释]

1 葛藟：一种有刺的蔓生植物。

2 臲卼：（niè wù）动摇不安的样子。

3 征：远行。

[译文]

上六，被藤蔓绊住，处在动荡不安的山石环境，如果迅速悔悟，有了悔悟，出行是吉利的。

《象传》说，被藤蔓绊住，因为上六爻处最高位，位不当。如果赶快悔悟，行动就会吉祥。

[解读]

上六的困，是"困于葛藟"，被藤蔓缠住了。上六处在动荡不安的环境里，这个时候，若"动悔，有悔"，如果他立即行动，赶快地醒悟，这样再征进就变得吉祥。孔颖达疏："必须发动其可悔之事，令其有悔可知，然后处困求通，可以行而获吉。"只有反省那些让自己后悔的事，才能有所醒悟，这样就能克服困境，获得吉祥。

《象传》解释说，"困于葛藟"，是因为"未当"，孔颖达疏："处于困极，而又乘刚，所处不当，故致此困也。"上六爻已经到了这一个卦的尽头了，处最高位，贵而无位，高而无民，下面又乘两个刚爻，而且没有相应之人，也就是到了困境的极点了。"未当"也可以理解为处置不当，《伊川易传》卷四："为困所缠，而不能变，未得其道也，是处之未当也。"这个时候若能马上悔过，自我反省，修身养性，不再高高在上，目空一切，转而柔顺地归服于九五爻，这样的行动就会获得吉祥。

井卦第四十八

䷯ 坎上巽下

[解读]

井卦在困卦之后，是困卦的覆卦。"井"的意思是井养。井是用来打水的，打水之后就能滋养人，井已经被人格化了。井卦既是讲养自己，也是讲养别人。

井卦的卦象是水风井，上面是坎卦是水，下面是巽卦是风。巽卦也可以作木头讲，水下面有木头，就像一口井。《周易本义》："井者，穴地出水之处。以巽木入乎坎水之下，而上出其水，故为井。"古代挖井之后会在井底放几块木头，用于去除污泥，所以井卦的卦象就取了这个景象——在水底搭了四块木头，井卦这个"井"字就是指水下有四块木头。

井，改[1]邑[2]不改井，无丧[3]无得，往来井井[4]。汔[5]至，亦[6]未繘[7]井，羸[8]其瓶。凶。

[注释]

1 改：更换，修整。

2 邑：古代称侯国为邑，是诸侯分给大夫的封地。

3 丧：失去。

4 井井：王弼注"絜静之貌"，整洁、有条理。

5 汔（qì）：孔颖达疏"汔，几也。几，近也"，接近、几乎；《说文解字》："汔，水涸也"。

6 亦：助词，位于句首或句中，无义。

7 繘（jú）：井上汲水的绳索。

8 羸：打破。

[译文]

井卦，村镇可以迁移，井不能迁移。它既不枯竭也不满盈，来来往往的人都汲用这井水。就要把汲水瓶提到井口时，却打翻了汲水瓶，有凶险。

[解读]

乡村城镇包括井田区划都可以变更，但是井不能迁移。这是比喻。孔颖达疏："此卦明君子修德养民，有常不变，终始无改，养物不穷，莫过乎井，故以修德之卦取譬名之井焉。"

"无丧无得，往来井井"，承接上句而言。从字面上来理解，如《周易本义》所注"改邑不改井，故无丧无得，而往者来者，皆井其井也"，既然井不能更换，当然"无丧无得"，来来往往的人都用这个井。更深一层的含义如孔颖达疏"终日引汲，未尝言损；终日泉注，未尝言益"，"往者来者，皆使洁静，不以人有往来，改其洗濯之性"，井水既不枯竭也不满盈，还一直都保持洁净，不因为来来往往的人都取用而有所改变。也就是王弼注的"井以不变为德"。

"汔至，亦未繘井，羸其瓶"，朱熹注"汲井几至，未尽绠而败其瓶，则凶也"。几乎要把这个水瓶提到井口了，突然把水瓶打翻了，这是表示功亏一篑，是凶兆。比喻人的德行修养很难善始善终。

《彖》曰：巽[1]乎[2]水而上水，井。井养而不穷[3]也。改邑不改井，乃以刚中也。汔至亦未繘井，未有功也。羸其瓶，是以[4]凶也。

[注释]

1 巽：顺应。

2 乎：介词，相当于"于"。

3 穷：穷尽，完结。

4 是以：所以，因此。

[译文]

《彖传》说，顺应水性，引水上来，就是井卦之象。水井的养育功德没有穷尽。村镇可以迁移，但是井不可以迁移，是因为阳刚居中。就要把汲水瓶提到井口时，却打翻了汲水瓶，没有实现水养人的功德。把瓶打翻了，当然就凶险了。

[解读]

"巽乎水而上水，井"，井卦下面是巽卦，巽为顺，是说顺应水性，在地上开个孔，把水引上来，这就是井。

"井养而不穷也"，水井的作用是养人的，它的功德是没有穷尽的。王弼注："愈汲愈生，给养于人，无有穷已也。"

"改邑不改井"，用来象征井不变之德，具体体现在九二、九五爻。孔颖达疏："此释井体有常，由于二五也。二五以刚居中，故能定居其所而不改变也。"九二、九五爻都是阳爻居中位。阳刚居中，这种本性不可以改变，不会因为环境的变化而改变。

"未有功也"，没有实现水养人的功能。水瓶快要出井口的时候被打翻了，自然就没有完成用井取水的功能。俞琰《周易集说》卷十八："不言无功而言未有功，盖勉之也。人之学业，与夫趋事赴功皆然，才虽弱，力虽未至，要当勉强而行之，盖不可几成而败之也。""羸其瓶，是以凶也"，把瓶打翻了，当然是凶兆。比喻人的德行要始终保持，越到最后的时候越是艰难，越到最后的时候越要坚持，否则就会功亏一篑。孔颖达疏："以喻人之修德不成，不能慎终如始也。"君子应修养自身，惠物无穷。

《象》曰：木上有水，井。君子以劳¹民劝²相³。

[注释]

1 劳：慰劳。孔颖达疏"劳谓劳赉"，赉，即赏赐。

2 劝：勉励。

3 相：辅佐、帮助。

[译文]

《象传》说，木上面有水，就是井卦之象。君子不辞辛劳养育民众，并号召民众互相帮助。

[解读]

"木上有水"，上卦为坎卦，坎为水，下卦为巽卦，巽为木，木上面有水，这就是井卦之象。古人经常在井底下放几块木头，以除去淤泥，因此井卦就是取这个景象。"井"字就是水底有四根木头。君子看到这样的卦象，就要按照井卦之道来"劳民劝相"，就是去慰劳民众，抚恤百姓，并号召民众互相鼓励、互相帮助。《周易本义》："劳民者，以君养民；劝相者，使民相养，皆取井养之义。"

初六，井泥¹不食，旧井无禽。

《象》曰：井泥不食，下也。旧井无禽，时舍²也。

[注释]

1 泥：淤泥。

2 舍：抛弃，丢弃。

[译文]

初六，井底有淤泥，井水就不能食用了，年久失修的老井，连飞禽也不来了。

《象传》说，井底有淤泥就不能食用。因为初六居底下。年久失修的老井，连飞禽也不来了，说明（此井）已被时代抛弃。

[解读]

《周易本义》："初六，以阴居下，故为此象。盖井不泉而泥，则人所不食，而禽鸟亦莫之顾也。"初六是井卦最低的一爻，就如同处在井底的位置。井底有了淤泥，井水就会混浊，就不能食用了。井底堆满了淤泥，说明此井年久失修，是口"旧井"，连飞禽也不来饮水了。比喻一个人心里有了污染，应该修心，要不断地修持自己，要成为对社会、对他人有用的人，否则就会被时代淘汰。俞琰《周易集说》卷二十四引"平庵项氏曰：谓之时舍，明非初之罪，时至在此尔。至三而渫，至四而甃，即此井也，井未尝变，变者时也"。

九二，井谷射[1]鲋[2]，瓮[3]敝[4]漏。

《象》曰：井谷射鲋，无与[5]也。

[注释]

1 射：放箭。

2 鲋：鲫鱼；《子夏易传》注：虾蟆。

3 瓮：汲水的耳器，也是储水器。

4 敝：破。

5 与：交往。

[译文]

九二，井中出水的穴窍用来养鲫鱼，水瓮破损漏水。

《象传》说，"井中出水的穴窍用来养鲫鱼"，因为没有人和九二接应。

[解读]

九二爻辞有多种理解。孔颖达认为"井谷"是把井的状态比喻为溪谷，他说："九二上无其应，反下比初，施之于事，正似谷中之水，下注敝鲋，井而似谷。"二爻与五爻相应，但是九二、九五都是阳爻，是敌应。九二只好与初六相比，譬如溪谷中的水往下流。"鲋"比喻初六爻。如此，"瓮敝漏"也成为比喻。孔颖达疏："井而下注，失井之道，有似瓮敝漏水，水漏下流。"

此句，高亨注："井谷犹井口也。山口出水谓之谷，故井口谓之井谷。鲋，小鱼名。……爻辞言：从井口以弓矢射井中之小鲋鱼，不能中鱼，反而穿其瓮，瓮以破漏矣。"此比喻人行事所用之手段不适合客观条件，以致失败。

其实，井谷可以理解为井里冒水的孔窍。"射鲋"，古代的一种小游戏，就是用井里的水养鱼来玩射鱼的游戏。井水本来是用来喝的，这里却用来射鱼了，说明井水污染了，不能食用了。"瓮敝漏"，瓮破旧了，不能用来取水了，这都表示没有用处了。

《象传》说，"井谷射鲋"，是因为"无与"。九二阳爻居阴位，位不正，表明他不走正道。九二与九五不相应，表示没有与他在一起共事的人。这里表示没有人愿意与九二共事，九二的才能没有地方发挥，所以只好用来"射鲋"，说明了正己修身的重要性和迫切性。

九三，井渫¹不食，为²我心恻³，可用⁴汲⁵，王明，并受其福。

《象》曰：井渫不食，行恻也。求王明，受福也。

[注释]

1 渫：1作名词，指污浊、污秽；2作动词，指除去污泥。

2 为：使。

3 恻：悲痛。

4 用：介词，表示行为方式。

5 汲：从井里打水。

[译文]

九三，井水非常清洁（却）无人饮用，我心中（为之）感到恻隐悲痛。可以汲取井水饮用。君王圣明，这样大家就享受福泽了。

《象传》说，井水非常清洁却无人食用，令人恻隐。期盼君王圣明，大家就可享受福泽了。

[解读]

"井渫不食，为我心恻"，井中的泥沙已经除去，涌出了洁净之水，这个井水非常清洁，却不被食用，比喻人有才德不见举用，这样的状况令人恻隐。王弼注："处下卦之上，复得其位，而应于上，得井之义也。当井之义而不见食，修己全洁而不见用，故为我心恻也。"九三爻是阳爻居阳位，此时井中的泥沙已经除去，所以涌出来洁净的水，但还没被食用。表示君王不赏识他，所以心中为此感到悲痛。

"可用汲，王明，并受其福"，孔颖达疏："有应于上，是可汲也。井之可汲，犹人可用。若不遇明王，则滞其才用。若遭遇贤主，则申其行能贤主既嘉其行，又钦其用。"九三与上六正应，表示九三会受到重用，就像水特别清洁，要赶快汲取这个水。这时候只要君王圣明，让这样的人得到重用，这样君王和臣民就能共同受到福泽。

"行恻"，朱熹注："行道之人皆以为恻也。"《象传》解释说，有高洁行为的人不被重用，确实令人恻隐。祈求圣明的君主起用贤人，大家都会受到福泽。这从侧面也说明了才能、品行对于个人、国家的重要性。

六四，井甃[1]，无咎。
《象》曰：井甃无咎，修[2]井也。

[注释]

1 甃（zhòu）：砌砖。

2 修：整治。

[译文]

六四，修砌水井，没有灾祸。

《象传》说，修砌水井就没有灾祸，是因为不断地修缮井。

[解读]

六四，井壁损坏能修补，就没有灾祸。《象传》说，不断地去修整井，就没有什么灾祸。《周易本义》："以六居四，虽得其正，然阴柔不泉，则但能修治而无及物之功，故其象为井甃，而占则无咎。"六四爻是阴爻，位正，得位，但是跟下面的初六爻没有呼应，因为阴爻和阴爻不呼应，因此要修整，不要冒进，只有自己修养好了，才能去施惠于别人。

九五，井冽[1]，寒[2]泉食。
《象》曰：寒泉之食，中正也。

[注释]

1 冽：水清澈。

2 寒：清凉。

[译文]

九五，井水清冽，像甘甜凉爽的泉水一般可以食用。

《象传》说，像甘甜凉爽的泉水一般的井水可以食用。（因为）九五居中正之位。

[解读]

九五，经过了六四爻的修整，井水清冽，可以食用了。《象传》解释说，"寒泉之食"，为什么只有到了九五，井水才可以食用呢？因为"中正也"。《周易本义》："阳刚中正，功及于物，故为此象。"九五阳刚之爻，居中正之位，好比当了领导，在这个位置上就要去帮助别人。所以这个食用不是自己食用，而是要让天下人去食用清澈的泉水。

《周易正义》断句作："井冽寒泉，食。"认为九五中正，刚毅高洁，只有清洌清凉的井水，才去饮用。

上六，井收¹勿幕²，有孚³，元吉。
《象》曰：元吉在上，大成⁴也。

[注释]

1　收：聚敛、缩合。井收：井口修好收束。

2　幕：遮盖。

3　孚：诚信。

4　大成：大的成就；各个方面相当完备。

[译文]

上六，水井已经修整完工了，不要覆盖住井口。怀着诚信之心，大为吉祥。

《象传》说，上六大为吉祥，因为已经大有成就。

[解读]

"收"是修整完工。水井已经修整完工了，不要盖住井口。"有孚"，朱熹注："谓其出有源而不穷也。"比喻有诚信之心，这样就会大为吉祥。这一爻是说，当自己修养好后，不要独善其身，要去兼济天下，广泛地去滋养、施惠别人。

《象传》说，"元吉在上"，是因为已经取得"大成"。到了上六的时候，已经大有成就，已经功德圆满。俞琰《周易集说》卷二十四："在上以位言，井以上出为功，上之元吉，井功至此而大成也。何谓大成？自九二渫之，六四甃之，至五而有寒泉，至上则从人汲取而勿幕，井之功大成矣。"但不能"独善其身"，还要"兼济天下"，要广泛地去滋养、施惠别人。

革卦第四十九

䷰ 兑上离下

[解读]

革卦讲的是变革、改革，是《易经》里比较重要的一卦，因为《易经》就是讲变的。"革"是一种大的改变。"革"字本来是指皮革、皮毛，也指把兽皮上的皮毛去掉的过程，引申为革新、革命、改革。

革卦的卦象是泽火革，上面是沼泽，下面是火，沼泽里面有水，水跟火在一起是相克的关系，所以一定会发生大的变革。

革，己日乃孚[1]，元亨，利贞[2]，悔亡[3]。

[注释]

1 孚：信。

2 贞：正。

3 亡：通"无"，没有。

[译文]

革卦，在己日施行变革，能取信于民。一开始就亨通，有利于持守正道，悔恨终将消释。

[解读]

卦辞说"己日乃孚"，为什么要在"己日"呢？"己"是天干之数。"己"在天干中排第六位，实际上是后五位的开始，前五位是从甲开始的，所以"己"有变更之意。"五"在古代是一个思维的模型，指五行、五脏、五方、五气等，后来又成为河图、洛书的中间数。这样"五"之后的"六"（己），就成为变化之后一个新阶段的开始，与之相应，就在己日实行变更、变革。革卦指激烈性质的变革，卦辞强调取得成功的两大要素：首先，要把握时机，犹如选择期待转变的"己日"一样断然推行变革，必能顺畅；其次，要存诚守正，即推行变革者必须遵循正道，以孚诚之心取信于人。《周易本义》："以其内有文明之德，而外有和说之气，故其占为有所更革，皆大亨而得其正，所革皆当，而所革之悔亡也。一有不正，则所革不信不通，而反有悔矣。"推行变革一定要取信于民，就会亨通，适宜于守持正道。"元亨"，"元"是抓住初心、事物的本源，也就是要符合天道、正道，这样就会大吉大利。

《彖》曰：革，水火相息 [1]，二女同居，其志不相得 [2]，曰革。己日乃孚，革而信 [3] 之。文明 [4] 以 [5] 说 [6]，大亨以正，革而 [7] 当 [8]，其悔乃亡。天地革而四时成，汤武革命 [9]，顺乎天而应 [10] 乎 [11] 人，革之时大矣哉。

[注释]

1 息：同"熄"，灭。

2 得：契合，投合。

3 信：听从，不怀疑。

4 文明："文"本义是事物错综所造成的纹理或形象，文明合称，指国家和社会面貌的开化、光明、富有人文情采。

5 以：连词，则、那么，表示条件关系。

6 说：通"悦"。

7 而：连词，则、就，与"以"用法相同。

8 当：相称，相配。

9 汤武革命：商汤用武力来推翻夏桀，周武王用武力来推翻商纣王，建立新政权。

10 应：符合；顺应。

11 乎：介词，相当于"于"。

[译文]

《彖传》说，革卦，水和火相遇就会使火熄灭。上卦兑为少女，下卦离为中女，居住在一起，她们的志向却不相合，这就叫"革"。己日时推行变革能取信于民，是因为变革被百姓信任。改革者心中光明，能使天下人人心愉悦。这种变革极为亨通，符合正道。改革需正当，这样悔恨就会消亡。天和地的变革导致四时的形成。商汤革除夏桀，周武王推翻商纣王，是顺应天道、合乎民心。革的时义是多么的重大。

[解读]

"水火相息，二女同居"这是以卦象释卦名。《周易本义》："兑泽在上，离火在下，火然则水干，水决则火灭。中少二女，合为一卦，而少上中下，志不相得，故其卦为革也。"革卦，上卦为兑，兑为泽，为水，下卦为离，离为火，水和火在一起就会相互毁灭。上卦兑为少女，下卦离为中女，同居一卦，长幼失序，志向不相合，肯定要产生变化，就叫作"革"。按照孔颖达的注释，"一男一女，乃相感应，二女虽复同居，其志终不相得"，二女不是阴阳相应。"息"是对水火双方而言的。王弼注："息者，生变之谓也，火欲上而泽欲下，水火相战，而后生变者也。"《周易本义》："息，灭息也，又为生息之义。灭息而后生息也。"在销蚀之外更有生成的含义。

"己日乃孚"的含义在于"革而信之"，己日是一个变革之日，进行改革可以被百姓接受信任，能深入民心。

"文明以说"，孔颖达疏："此举二体上释'革而信'……能思文明之德以说於人，所以革命而为民所信也。"革卦离下兑上，离为文明，兑为喜悦，改革者心中光明，能践行文明之德，这样的改革会使人心愉悦。

"大亨以正"，孔颖达疏："民既说文明之德而从之，所以大通而利正也。"坚持文明之德的这种变革会得到民众呼应，所以顺利亨通，符合正道。这样的改革自然正当合理，能够取得圆满的成功，那些悔恨必然消亡。

"天地革而四时成"，孔颖达疏："天地之道，阴阳升降，温暑凉寒，迭相变革，然后四时之序皆有成也。"商汤把夏朝的最后一个君主给灭了，革了他的命，周武王把前朝的商纣王推翻了。夏桀和商纣王都是历史上有名的暴君和昏君，他们没有顺应天道，人民就反对他们。商汤和周武王顺应民心推翻了前朝的暴政，这种变革是顺天应人的，一定会成功。这是一种大的变革，是顺乎天道、应乎民心的一种变革。所以"革之时大矣哉"，革的时效是多么的重大，后世的变革一定要顺天应人才能成功。

《象》曰：泽中有火，革。君子以 ^{1} 治 ^{2} 历 ^{3} 明 ^{4} 时 ^{5}。

[注释]

1 以：用来。

2 治：研究，整理。

3 历：历法、历术。

4 明：昭示、彰显。

5 时：时令。

[译文]

《象传》说，泽中有火，象征变革，就是革卦之象。君子要根据变革规律制定历法，明确时令。

[解读]

《象传》说，上卦为兑卦，兑为泽，下卦为离卦，离为火，火在下，蒸发其泽，泽在上，则灭火势，两不相得，所以泽中有火，象征变革，这就是革卦之象。火和水是不相容的，它们在一起，是一定要产生大的变革的。所以君子看到这样的卦象，就要按照革卦之道来"治历明时"。孔颖达疏："天时变改，故须历数，所以君子观兹革象，修治历数，以明天时也。"制定历法，明确时令，阐明四时的变化，以便人们根据季节的变化安排生产耕种以及作息等事。制定历法是为了彰明四季的变化，实际上指朝代变更了历法也变了，这就是与时俱进，与时偕行。在中国历史上，每当有重大变革时，比如改朝换代，往往都要改变历法，如夏代把正月定在一月，商代把正月定在十二月，而周代把正月定在十一月，这都是变革的一种表现。

初九，巩¹用黄牛之革²。

《象》曰：巩用黄牛，不可³以⁴有⁵为⁶也。

[注释]

1 巩：加固，束紧。

2 革：去毛且经过加工处理的兽皮。

3 可：能够。

4 以：用来。

5 有：词缀，附着在动词、名词、形容词前，无实际意义。

6 为：行动，作为。

[译文]

初九，用黄牛的皮牢固捆绑住。

《象传》说，用坚韧的黄牛之皮捆绑住，使他不能有所作为。

[解读]

用坚韧的黄牛皮把他固守住。"黄牛之革"，表示坚韧。孔颖达疏："革之为义，变改之名，而名皮为革者，以禽兽之皮，皆可从革，故以喻焉。皮虽从革之物，然牛皮坚韧难变。初九在革之始，革道未成，守夫常中，未能应变，施之於事，有似用牛皮以自固，未肯造次以从变者也。"《周易本义》："虽当革时，居初无应，未可有为，故为此象。"牛皮坚硬难以改变。初九是刚爻，刚健有为，在天下变革之时，跃跃欲试，想要有一番作为，但初九位初，力量微薄，处于变革的初期，与九四爻不相应，没有上面的援助。这时候要用坚韧的黄牛之皮把自己束缚住，目的是把信念坚守住，潜心下来，积蓄力量，等待时机。在刚刚改革的时候，大家可能不太理解，上面又缺乏强有力的人物援助，所以这时只能坚守信念，不可以贸然行动。

六二，己日乃¹革之，征²吉，无咎。
《象》曰：己日革之，行³有嘉⁴也。

[注释]

1 乃：于是，如此。

2 征：远行。

3 行：推行，行动，实行。

4 嘉：美好。

[译文]

六二，在己日推行变革，前进吉祥，没有灾祸。

《象传》说，在己日进行变革，前行定会获得好处。

[解读]

己日，可以变革了，前进会吉祥了，没有灾祸。王弼注："二与五虽有水火殊体之异，同处厥中，阴阳相应，往必合志不忧咎也，是以征吉而无咎。"《周易本义》："六二，柔顺中正，而为文明之主，有应于上，于是可以革矣。"六二柔爻处在柔位上，而且是一个中位，又中又正，所以它可以变革。六二与九五还是正应，有改革的能力。王弼还说："阴之为物，不能先唱，顺从者也。不能自革，革已乃能从之。"六二的改革不是主动进行的，而是响应九五的行动。《象传》解释说"行有嘉"，孔颖达疏"往应见纳，故行有嘉庆也"，前往响应九五的变革而被接纳，行动一定会获得嘉奖。

九三，征[1]凶，贞[2]厉，革言三就[3]，有孚[4]。
《象》曰：革言三就，又何之[5]矣。

[注释]

1 征：远行。

2 贞：正，守正道。

3 就：依顺、依从。

4 孚：信。

5 何之：何往。

[译文]

九三，急进会有凶险，即使行为正当亦难免危险，变革的言论要被多次讨论，才会被百姓信服。

《象传》说，变革的言论本就要被多次讨论，又何必冒进呢？

[解读]

"革言"，主张变革的言论。"三"是虚词，指代多。王弼注："自四至上，从命而变，不敢自违，故曰革言三就。"孔颖达疏："自四至上，从命而变，不敢有违，则从革之言，三爻并成就不虚，故曰革言三就。"注疏是从卦象来讲，九三爻处于下卦最上，已经处在变革之际。从四爻至六爻，九三都要随之变革，变革三次。"征凶，贞厉"，《周易本义》："过刚不中，居离之极，躁动于革者也，故其占有征凶贞厉之戒。"九三爻处在下卦的最高位，又是阳爻居阳位，容易急躁冒进，最容易犯错误。如果急于改革就有凶险，但是正固不动，也有危险，说明要掌握时机。引申来看，改革要再三反思、再三地听从百姓的意见。只有百姓同意了，才能"有孚"，也就是得到百姓的信任和帮助。

《周易集解》："崔憬曰：难得位以正，而未可顿革，故以言就之。夫安者有其危也，故受命之君，虽诛元恶，未改其命者，以即行改命，习俗不安，故曰'征凶'，犹以正自危，故曰'贞厉'。是以武王克纣，不即行周命。及反商政，一就也；释箕子囚，封比干墓，式（致敬）商容闾，二就也；散鹿台之财，发巨桥之粟，大赍（赐与）于四海，三就也。故曰'革言三就'。"

《象传》说："革言三就，又何之矣。"朱熹注："言已审。"也就是"有孚"的含义。既然变革的言论要被多次讨论，那又何必冒进呢？变革想要取得成功，就要符合天时、地利、人和。

九四，悔¹亡²，有孚，改命吉。
《象》曰：改命之吉，信³志⁴也。

[注释]

1 悔：过失，灾祸。

2 亡：消失。

3 信：通"伸"。

4 志：心意、抱负、决心。

[译文]

九四，悔恨消除了，有诚心，改变命运是吉利的。

《象传》说，改变命运能获得吉祥，是因为坚定自己（变革的）志向。

[解读]

"悔"，有两种理解。王弼注"初九处下卦之下，九四处上卦之下，故能变也。无应，悔也"，即九四与初九是敌应，所以有悔。朱熹注"以阳居阴，故有悔"，九四爻以阳爻居阴位，位不正，所以有悔。"悔亡"，因为九四进入了兑卦，处于水火之际，已经在变革之时，本身又是阳爻，刚健有为，所以过失会消失。"有孚，改命吉"，王弼注："处水火之际，居会变之始，能不固吝，不疑於下，信志改命，不失时愿，是以吉也。"《周易本义》："然又必有孚，然后革，乃可获吉。"要有诚心，坚定志向，又取得别人的坚定支持，就能改变命运，所以是吉的。此为刚爻居于阳位，不是处于正位，所以要去改变自己的命运，才能达到九五。

《象传》说，"改命之吉"，是因为"信志也"。只要坚定地伸张自己变革的志向，下定决心，就能改变命运，就能达到九五爻，就能获得吉祥。

九五，大人虎变 [1]，未占 [2] 有孚。

《象》曰：大人虎变，其文 [3] 炳 [4] 也。

[注释]

1 大人虎变：《周易集解》："马融曰：大人虎变，虎变威德，折冲万里，望风而信。"

2 占：占卜。

3 文：花纹、纹理，引申为才华、美德。

4 炳：显著、光明。

[译文]

九五，"大人"像猛虎一样推行变革，没有占卜，也能获得别人的信任。

《象传》说，"大人"像猛虎一样推行变革，是因为他的美好品德彰显于天下了。

[解读]

"大人虎变",是说"大人"像猛虎一样去推行变革。虎为百兽之王,"虎变"是指一种重大猛烈的变革,是一种君主统领全局的变革。九五爻就是一个"大人","大人"是一个品德高尚、智慧超群、非常有能力的人,他又居在最尊贵的中正之位,所以完全可以像猛虎一样去推行变革,就是说要来一场强有力的、重大的、猛烈的变革,这是一种统领全局的变革。孔颖达疏:"九五居中处尊,以大人之德为革之主,损益前王,创制立法,有文章之美,焕然可观,有似虎变"。"虎变",本身也是老虎花纹的意思,朱熹说"变,谓希革而毛毨也"。毨,鸟兽新换的毛整齐美丽的样子。

《象传》说,"大人虎变",表现出来就是"其文炳"。"文炳"就是指心中的道德美好,九五居中守正,有中正之美德。"大人"推行的变革犹如虎纹一般文采彰明。九五以阳刚中正处尊位,为革卦之主,其变革正大光明,有条理,而且一旦开始变革就会像老虎一样大胆、迅猛。

"未占有孚",不必去占卜,自然就能获得别人的信任。《周易本义》:"在大人则自新新民之极,顺天应人之时也。……然亦必自其未占之时,人已信其如此,乃足以当之耳。"信义昭著是"大人虎变"的条件,而不是由占卜取得好的结果。

上六，君子豹变，小人革面，征凶，居¹贞²吉。

《象》曰：君子豹变，其文³蔚⁴也。小人革面，顺⁵以⁶从⁷君也。

[注释]

1 居：处于，位于。

2 贞：正。

3 文：花纹、纹理，引申为才华、美德。

4 蔚：文采华美的样子。

5 顺：顺应、顺从。

6 以：连词，则、那么，表示条件关系。

7 从：跟随，依顺。

[译文]

上六，君子像豹子一样推行变革，庶民改变自己的面貌。冒进会有凶险，定居不动，守住正道是吉祥的。

《象传》说，君子像豹子一样推行变革，他的文采美德蔚为大观。庶民改变自己的面貌，顺从九五君王的美德。

[解读]

上六，"君子豹变"，豹变和虎变有什么区别呢？孔颖达疏："上六居革之终，变道已成，君子处之，虽不能同九五革命创制，如虎文之彪炳，然亦润色鸿业，如豹文之蔚缛，故曰君子豹变也。"虎额头的花纹就像一个"王"字，非常鲜明，所以"虎变"指重大的、猛烈的、统领全局的变革；豹子的花纹是细密的，不及老虎的花纹彰明，所以"豹变"指稍微小一些的变革。因为上六爻处于革卦最上，已经不适于再使用过于剧烈的变革了。但这也要从正反两方面来说。

对于君子，要做适度的变革。《象传》说"君子豹变，其文蔚也"，"文炳"和"文蔚"都是指文采的华丽，但"蔚"比"炳"在程度上要弱一些，"炳"指灿烂，是火字旁，"蔚"指茂盛，是草字头。"征凶，居贞吉"，《周易本义》："不可以征，而居正则吉。变革之事，非得已者，不可以过，而上六之才，亦不可以有行也。"冒进还是会有凶险的，守持正道，就可以吉祥。

对于小人而言，"小人革面，顺以从君也"，孔颖达疏"小人处之，但能变其颜面，容色顺上而已"。庶民也要去改变自己的面貌，但不能或者说没有能力去做大的变革，去革除旧弊，创立新制，只能顺从九五君王的美德。两种不同层面的人其变革有不同的目的。

鼎卦第五十

离上巽下

[解读]

鼎本来是古代用来烹饪的一种器具，有三足圆鼎、四足方鼎。最早的鼎是用黏土烧出来的，后来就用青铜铸造了。传说大禹铸造了九鼎——"禹铸九鼎"，象征九州。从这以后，鼎就从炊具发展为传国重器，成为一种礼器，是国家和权力的象征。一般一个国家灭亡了，鼎就要迁移。比如，夏朝灭亡了，商朝兴起，九鼎就会被传到商朝的首都；商朝灭亡了，周朝兴起，九鼎就会被迁移到周朝的首都。国灭了，要迁鼎表示新朝代的开始，所以这里的鼎也表示鼎新、创新。鼎既表示权力的至高无上，也表示一种创新的局面。

鼎卦的卦象为火风鼎，上面是火，下面是风，就好比上面烧着火，下面吹着风，所以火会越烧越旺，把鼎里的食物煮熟。再看卦象，最下面一根阴爻好比鼎的脚；第五根爻也是阴爻，表示鼎的两耳；中间是阳爻，表示鼎腹，所以这个卦的卦象就好像一个鼎的形状。

鼎，元吉，亨[1]。

[注释]

1 亨：通顺。

[译文]

鼎卦一开始就大吉，是亨通的。

[解读]

《周易本义》："卦自巽来，阴进居五，而下应九二之阳，故其占曰元亨。吉，衍文也。"朱熹认为"吉"是多余的字，象辞中也没有这个字。鼎卦由巽（☴）卦变来，巽卦六四爻上升为六五爻，从而与九二爻形成正应，所以是吉的。

《彖》曰：鼎，象[1]也。以[2]木巽[3]火，亨[4]饪[5]也。圣人亨以享[6]上帝，而大亨以养圣贤。巽而耳目聪明，柔进而上行，得中而应乎刚，是以[7]元亨。

[注释]

1 象：模拟、效法。

2 以：用。

3 巽：《韵会》"入也"，巽卦有风行无所不入之义。

4 亨：同"烹"。

5 饪：煮熟。

6 享：祭祀、供奉。

7 是以：以是，因此。

[译文]

《彖传》说，鼎卦取的是烹饪之器"鼎"的形象。下卦巽木，上卦为离火，用木材点火进行烹饪。圣人用烹饪的食物供奉神明，还用这种大规模的烹饪来蓄养圣人贤人。巽卦表示顺从（奉养了圣贤就可以使贤人顺从尊者），从而尊者耳聪目明，柔顺地往上升进，得到中正之位，下应阳刚，所以一开始就亨通。

[解读]

《彖传》说，鼎卦取的是烹饪之器"鼎"的这个形象。鼎卦的下卦为巽，巽为木，上卦为离，离为火，就好像木材点着了火在烹饪。圣人用烹饪的食物来供奉神明，还要用大规模的烹饪来蓄养圣人、贤人。为什么要用"大"字呢？孔颖达疏："亨饪所须，不出二种，一供祭祀，二当宾客。若祭祀则天神为大，宾客则圣贤为重，故举其重大，则轻小可知。享帝直言'亨'，养人则言'大亨'者，享帝尚质，特性而已，故直言'亨'。圣贤既多，养须饱饫，故'亨'上加'大'字也。"《周易本义》："享帝贵诚，用犊而已。养贤则饔飧牢礼，当极其盛，故曰大亨。"对于祭祀而言，不必说"大"，一来举其大者，其余可以类推；二来祭祀崇尚诚朴。奉养贤人，则需要特意提出，表示尊崇。

"巽而耳目聪明，柔进而上行，得中而应乎刚"，巽卦表示顺从，奉养了圣贤就可以使贤人顺从尊者，从而尊者耳聪目明。孔颖达疏："圣人既能谦巽大养圣贤，圣贤获养，则忧其事而助於己，明目达聪，不劳己之聪明。"尊者六五柔顺而谦虚地往上升进，占据中正之位，下应九二阳刚的贤人，所以"元亨"。

《象》曰：木上有火，鼎。君子以正位凝命 [1]。

[注释]

1 凝命：定命，完成使命。凝：《增修互注礼部韵略》"成也，结也，停也，定也"。

[译文]

《象传》说，木上燃烧着火（就好像鼎里面煮着食物，有化生为熟以养人，吐故纳新之义），为鼎卦之象。君子需处于正确的位置，严守（自己的）使命。

[解读]

《象传》说，下卦为巽卦，巽为木，上卦为离卦，离为火，木上燃烧着火，就好像鼎里面煮着食物，有化生为熟以养人、吐故纳新之义，这就是鼎卦之象。君子看到这样的卦象，就要按照鼎卦之道来"正位凝命"。即端正自己的职位，严守自己的使命。鼎的形状是三足两耳，是一种严肃、庄重之象。作为君子就应该这样，首先要端正自己，像鼎一样方方正正的；同时鼎也是国之重器，能够养人，所以君子也要坚守自己的使命。

初六，鼎颠[1]趾，利出[2]否[3]。得妾[4]以其子，无咎。

《象》曰：鼎颠趾，未悖[5]也。利出否，以[6]从[7]贵也。

[注释]

1 颠：倾倒，跌。

2 出：除去。

3 否：不好，坏，恶。

4 妾：男子的侧室。

5 悖：悖谬，行不通。

6 以：连词，则、那么，表示条件关系。

7 从：跟随，依顺。

[译文]

初六，鼎足颠翻，有利于倒出里面的废物。娶了一个小老婆生了孩子后扶为正室，没有灾祸。

《象传》说，鼎足颠翻，没有违背常理。有利于倒出鼎中残留物，是为了顺从尊贵之人。

[解读]

一开始的时候，鼎足翻了，这本来是坏事，但是正好顺势倒出里面的废物。《周易本义》："居鼎之下，鼎趾之象也，上应九四则颠矣。然当卦初，鼎未有实，而旧有否恶之积焉，因其颠而出之，则为利矣。得妾而因得其子，亦犹是也。此爻之象如此。而其占无咎，盖因败以为功，因贱以致贵也。"初六爻是刚刚开始，又是阴爻，表示比较柔弱，好比鼎足不稳，一下子翻了。《象传》说"鼎颠趾，未悖也"，朱熹解释说"而因可出否以从贵，则未为悖也""从贵，谓应四，亦为取新之意"。把鼎颠倒过来，这看起来是不好的事情，但实际上是好事，表示把鼎里的废物全部倒出来，意思是想要创新首先要清空、归零，抛弃旧有的东西，也就是要打破旧有的思维惯性，对过去的东西来一个彻底的否定。初六爻的力量不够，需要顺从上面的尊贵者，九四爻跟初六爻刚好相呼应，取得了他的支持，初六爻就能革故鼎新。

后面是一个比喻，好比娶了一个妾，她生了孩子以后得宠，所以没有灾祸。"得妾以其子"：把妾扶为正妻，因为她生了儿子，立为嫡子，母以子贵，所以升为正妻。

九二，鼎有实[1]，我仇[2]有疾，不我能即[3]，吉。

《象》曰：鼎有实，慎所之 [4] 也。我仇有疾，终无尤 [5] 也。

[注释]

1 实：内容，这里指鼎中装的食物。

2 仇：配偶。

3 即：靠近。

4 之：去。

5 尤：过失。

[译文]

九二，鼎中装满了食物，我的配偶患有疾病，不能与我亲近，吉利。

《象传》说，鼎中装满了食物，要谨慎所要前行的方向，我的配偶患有疾痛，最终是没有怨尤的。

[解读]

九二，"鼎有实"，鼎中装满了食物。"仇"是配偶的意思，但具体所指，有两种解释。王弼注："以阳之质，处鼎之中，有实者也。有实之物，不可复加，益之则溢，反伤其实。'我仇'，谓五也。困于乘刚之疾不能就我，则我不溢，得全其吉也。"九二爻是阳爻居中位，阳爻是实的，象征鼎中装满了食物。王弼认为配偶指六五爻。六五阴爻居阳位，位不正。

它下乘九四爻，以阴乘阳，所以是"有疾"，暂时不会来靠近我，不来加重我的负担，所以是吉祥的。《象传》说"终无尤也"，由于六五爻能以柔守中，又与九二爻相呼应，所以不需要太担忧，不会有太大的过错，即使有错也会很快改正。《周易本义》："以刚居中，鼎有实之象也。我仇，谓初。阴阳相求而非正，则相陷于恶而为仇矣。二能以刚中自守，则初虽近，不能以就之，是以其象如此。"朱熹认为，"仇"既有配偶的意思，也有仇敌的意思。九二与初六相比，是一对阳爻和阴爻的组合，但是都不是正位，所以最终发展为仇敌。由于九二居中位，没有接纳初六，这才没有酿成不好的后果。《周易本义》："有实而不慎其所往，则为仇所即而陷于恶矣。"

九三，鼎耳[1]革[2]，其行塞[3]，雉[4]膏[5]不食，方[6]雨亏[7]悔，终吉。

《象》曰：鼎耳革，失其义也。

[注释]

1 耳：器物两旁所附以便提携的把手。

2 革：变。

3 塞：阻碍。

4 雉：野鸡。

5 膏：肥肉。

6 方：表示时间，相当于"在""当"。

7 亏：减损。

[译文]

九三，鼎耳有变了，阻塞了，插不进抬鼎的杠，精美的野鸡羹不能吃上，等到下雨的时候，有惭愧之心，终究吉利。

《象传》说，鼎耳变了，就失去了鼎的意义。

[解读]

"鼎耳革，其行塞"，王弼注："鼎之为义，虚中以待物者也。而三处下体之上，以阳居阳，守实无应，无所纳受。耳宜空以待铉，而反全其实塞。"朱熹注："以阳居鼎腹之中，本有美实者也。然以过刚失中，越五应上，又居下之极，为变革之时，故为鼎耳方革，而不可举移。"九三，处于下卦的最上一爻，阳爻居阳位，刚健有为，但有失中道，与上九爻还是敌应，不能虚己待物。联系到鼎来说，鼎上面的两个耳朵是用来插上棍子抬鼎的，而现在鼎的耳朵被堵住了，插不进抬鼎的棍子，所以鼎就不能被抬起来了。《象传》说"失其义"就是这个含义。比喻在创新的过程中过于激进，结果反而遭遇困境。"雉膏不食"，精美的野鸡羹就吃不上了。这是一个比喻。《周易本义》："虽承上卦文明之腴，有雉膏之美，而不得以为人之食。"上卦离卦，有丰腴的涵义，所以以"雉膏"为比喻。

"方雨亏悔，终吉"，但是好在这时下雨了，被雨一淋，头脑就清醒了，有些后悔了。这时要对自己的行为加以反思，改变了一些不正当的做法，最终就会吉利，也就是最后会取得成功。"雨"本身是阴阳相合的表现。《周易本义》："然以阳居阳，为得其正，苟能自守，则阴阳将和，而失其悔矣。占者如是，则初虽不利，而终得吉也。"这就告诉我们在改革创新的过程中，不要冒进，要冷静、谨慎，处理好各方面的关系。

九四，鼎折足，覆束铼[1]。其形渥[2]，凶。

《象》曰：覆公铼，信如何[3]也。

[注释]

1 铼：鼎束中的食物。

2 形渥：汤汁狼藉遍地。渥：浓厚、浓郁。《康熙字典》："厚渍也。"

3 如何：怎么样，无可奈何。

[译文]

九四，鼎折断了足，王公的美食被倒出来了。鼎身也被玷污，凶险。

《象传》说，王公的美食被倒出来了，诚信又能怎么样呢？

[解读]

鼎把脚折断了，王公的美食被倒出来了，鼎身也被污染了，所以是凶险的。《周易本义》："九四居上，任重者也，而下应初六之阴，则不胜其任矣。"九四爻已经进入第二个阶段，是阳爻居阴位，不正，而且又没在中位上，既不中又不正，还受到初六爻的牵制，所以它行事自不量力，结果造成凶险的局面，好比鼎负重过多，把鼎的脚给折断了。《论衡》中记载说，当时鲁国要去攻打越国，孔子的学生子贡占卦就占到了这根爻，所以子贡说鲁国肯定是凶的，而且脚会断掉，但是孔子却认为鲁国肯定是吉的。为什么呢？孔子说，越国人居住在水边，善于用舟，不善于用脚，而鲁国人是在陆地上，善于用脚，不善于用舟，所以会折断脚的是越国人，而不是鲁国人，后来果然是鲁国取胜了。因此看爻辞不能机械地比附，一定要按照具体的情况分别对待，从中学到一种智慧。

《象传》说"信如何也"，实际上是指信用不足，表示不被别人所相信。九四爻，阳爻居阴位，不中不正，很显然不太讲诚信。这样的人做事情，往往会失信于人，容易半途而废。

六五，鼎黄耳，金铉[1]，利贞。

《象》曰：鼎黄耳，中以为实[2]也。

[注释]

1 铉:横贯鼎两耳以举鼎的木棍。或为钩状,金属制,以提鼎两耳。

2 实:充满。

[译文]

六五,鼎有黄色的两耳,金属做的鼎杠,利于持正。

《象传》说,鼎有黄色的两耳,居中所以获得坚实。

[解读]

"鼎黄耳",鼎器配的是黄色的两耳。"金铉",是用金属做的铉,也就是刚硬的杠。六五,鼎有黄色的两耳,接纳用金属做的杠,利于守持正道。《周易本义》:"五于象为耳,而有中德,故云黄耳。金,坚刚之物。铉,贯耳以举鼎者也。五虚中以应九二之坚刚,故其象如此。"六五爻是阴爻,阴爻有两根线段,就像两个耳朵。黄色五行属土,居中。六五以柔守中,黄色为中,所以是"黄耳"。六五与九二是正应,以柔纳刚,所以说是"中以为实"。

上九,鼎玉铉[1],大吉,无不利。

《象》曰:玉铉在上,刚柔节[2]也。

[注释]

1 玉铉：玉制的鼎盖横杠。

2 节：节制。

[译文]

上九，鼎有玉质的杠，大为吉祥，没有不利。

《象传》说，鼎有玉质的杠，表明阴柔阳刚相济，互相调节。

[解读]

鼎有玉做的杠，所以大为吉祥，没有不利。《周易本义》："上于象为铉，而以阳居阴，刚而能温，故有玉铉之象。"上九爻是阳爻在阴柔之位上，刚而能柔，相得益彰。"刚柔节也"，就好像那块玉，刚中有柔，柔中有刚。这当然是吉利的。王弼注："居鼎之成，体刚履柔……以斯处上，高不诚亢，得夫刚柔之节，能举其任者也。应不在一，则应所不举，故曰'大吉，无不利'也。"上九因为有玉之德，所以避免了亢极有悔的结局。

震卦第五十一

☳ 震上震下

[解读]

震卦上面是雷（震卦），下面也是雷（震卦），是一个纯卦，表示打雷。震卦的卦象是阳爻在最下面，上面是两根阴爻，下方有一根阳爻，也就是有一团阳气。古人说这团阳气在春天的时候要从大地里冒出来，它冒出来的时候会发出轰隆的声音，这就是打雷，所以叫"阴阳合为雷"。

"震"有两层含义：一是震动，春天打雷，冬天蛰伏的万物都苏醒了，预示欣欣向荣、好的开端；一是震惊，因为打雷表示老天的惩罚，这时要警惕、戒惧。震卦卦辞说的主要是后者。《序卦传》说："主器者莫若长子，故受之以震。"鼎是祭祀的礼器，主管祭祀的是"长子"，所以接下来就是震卦，震卦代表长子。

震，亨[1]。震来虩虩[2]，笑言哑哑[3]，震惊百里，不丧匕[4]鬯[5]。

[注释]

1 亨：通顺。

2 虩虩（xì）：恐惧的样子。

3 哑哑：笑声。

4 匕：勺子。

5 鬯（chàng）：用黑黍和香草酿成的酒。

[译文]

震，亨通。惊雷滚滚而来，非常恐惧，后来谈笑自如。震雷响惊百里，没有丢失祭祀的食勺和香酒。

[解读]

"匕"，原指盛食物的器具，是像勺子一样的一种器具，这里指祭祀时用的器具。《周易本义》："鬯，以秬黍酒和郁金，所以灌地降神者也。不丧匕鬯，以长子言也。此卦之占，为能恐惧则致福，而不失其所主之重。"惊雷滚滚而来，万物当然都惶恐惊惧。这时候只有保持一种谨慎小心的态度，才能转危为安，才能获得"笑言哑哑"。王弼注："震之为用，天之威怒，所以肃整怠慢，故迅雷风烈，君子为之变容，施之于人事，则是威严之教行于天下也。"比喻君王的号令像惊雷一样要让天下所有的人都有一种畏惧感，都能令行禁止，这样才能使宗庙祭祀、江山社稷长盛不衰。"不丧匕鬯"，比喻君主通过祭祀表达自己的敬畏心，并且按照天道来行事。

从卦辞可以看出，震卦是讲面临惊险时怎样保持警惕的心渡过惊险的。

《彖》曰：震，亨。震来虩虩，恐[1]致[2]福也。笑言哑哑，后有则[3]也。震惊百里，惊远而惧[4]迩[5]也。（不丧匕鬯，）出可以守宗庙社稷[6]，以为祭主[7]也。

[注释]

1 恐：惊惧。

2 致：招徕。

3 则：法则。

4 惧：恐吓。

5 迩：近。

6 宗庙社稷：诸侯有祖庙，有祭土地神的坛为社，有祭五谷神的坛为稷。

7 祭主：主持祭祀的人，古代以祭祀为国家大事，由国君主持。

[译文]

《彖传》说，震卦，亨通。惊雷滚滚而来，保持恐惧谨慎，恐惧能带来福泽。后来谈笑自如，是因为遵守了法则。震雷响惊百里，使远方震惊，近处畏惧。即使君主外出，也可以守住宗庙和社稷，成为祭典的主持人。

[解读]

《彖传》解释说，震卦是亨通的，在惊雷来的时候，保持一种恐惧谨慎的心理，就能带来福泽。孔颖达疏："威震之来，初虽恐惧，能因惧自修，所以致福也。"保持谨慎之后，还要遵守法则，这样才能出现笑语声声。震惊百里，使得远近都惊惧，表示疏而不漏，上下一致，指君王的号令像惊雷一样，所有的人都必须听从，所有的人都有一种畏惧感。

"出可以守宗庙社稷，以为祭主也"，孔颖达疏："君出，则长子留守宗庙社稷，摄祭主之礼事也。"君主外出的时候，长子留守，坚守宗庙和社稷，成为祭典的主持人。前提是号令要像惊雷一样，要使远近都感到惊惧，能够做到令行禁止。前一句是从空间说的，后一句是从时间说的，这样无论远近、无论君主还是长子，只要世代保持警惧之心，也就是敬畏天道的心，就能千秋万代永固江山社稷。

《象》曰：洊[1]雷，震。君子以恐惧修[2]省[3]。

[注释]

1 洊：同"荐"，再、屡次、接连。

2 修：涵养、锻炼。

3 省：检讨、审察。

[译文]

《象传》说，再次打雷就是震卦之象。君子要用恐惧修身省过。

[解读]

《象传》说"洊雷"，上下卦都为震卦，象征惊雷连着惊雷，这就是震卦之象。君子看到这样的卦象，就要据此戒慎恐惧，自我修身省过。震卦包含两方面：一方面，君主的号令应该像惊雷一样，使所有人都感到恐惧；另一方面，人自己要有一种诚惶诚恐谨慎的心态，经常反省自己，有过则改。这样就能避免受到上天的惩罚，从而渡过艰难。

初九，震来虩虩，后笑言哑哑，吉。

《象》曰：震来虩虩，恐致福也。笑言哑哑，后有则也。

[注释]

参见卦辞、《象传》。

[译文]

初九，惊雷开始滚滚而来时，非常恐惧，后来就谈笑风声了，这是吉祥的。

《象传》说，惊雷到来令人恐惧，（人能保持这种恐惧谨慎的心态）能得到上天的福佑。谈笑风生，因为后来知道遵守法则的重要性。

[解读]

初九爻的爻辞和卦辞差不多，一开始惊雷滚滚而来，非常恐惧，后来就谈笑风生了，是吉祥的。

这里《象传》的解释和卦辞《象传》的解释是一样的。因为恐惧、有敬畏心，所以带来了上天的福佑。知道了遵守法则，才能谈笑风生，说明了遵守天道、法则的重要性。

六二，震来厉[1]，亿[2]丧贝[3]，跻[4]于九陵[5]，勿逐[6]，七日得。

《象》曰：震来厉，乘刚[7]也。

[注释]

1 厉：危险。

2 亿：极多、极大。又，王弼注："亿，辞也。"无意义。

3 贝：货币。

4 跻：攀登。

5 九陵：九重山，指极远。

6 逐：追寻。

7 乘刚：六二是柔，在初九的阳爻的刚之上。

[译文]

六二，惊雷到来，很危险，失去了大量钱财，登上很高的山陵寻找，不用寻找，过了七天会失而复得。

《象传》说，惊雷到来，很危险，是因为六二阴爻乘初九阳爻。

[解读]

惊雷到来的时候是非常危险的，一个人一慌张，把许多钱币弄丢了，所以他登上很高的山坡想把钱币找回来。当时没找回来，但其实不需要去寻找，七天后钱币自然会回来。这是为什么呢？《周易本义》："然柔顺中正，足以自守，故不求而自获也。"六二爻是阴爻居阴位，阴爻一般表示比较柔弱，但居阴位上是正的，而且它在下卦的中间，又居中位，也就是守正道了。另外六二爻和六三、九四一起构成了一个艮卦，艮卦就是要停止，就是不需要去找，所以六二爻只要能守中，得正，柔顺，能反省自己的过错，那么身外之物自然会失而复得。为什么七日回来呢？震卦也是一种"七日来复"。震卦的上下卦都是最下面一根阳爻、上面两根阴爻，表示阳气刚刚恢复，代表一个周期的开始。

《象传》解释说，"震来厉"是因为"乘刚"。六二是一根阴爻，它下面乘的是一根阳爻，阴乘阳是不吉利的，虽得正位，亦不能保，雷震一来就有危险，将伤其资财，所以有危厉伤财之说。俞琰《周易集说》卷二十四："乘刚谓乘初九之刚，刚在初而二乘之，则其震也出于不意，遂仓惶失措而不得其安，不然六五独非乘刚者哉。"

六三，震苏苏[1]，震行无眚[2]。
《象》曰：震苏苏，位不当也。

[注释]

1 苏苏：恐惧不安的样子。

2 眚：本指眼病，此处指过错、灾祸。

[译文]

六三，惊雷响起之时，惶恐不安，因恐惧而谨慎行事是没有灾祸的。

《象传》说，惊雷响起之时，惶恐不安，因为六三爻处于不正当的位置。

[解读]

惊雷响起的时候，惶恐不安，因为恐惧而谨慎行事，这样就没有灾祸了。《周易本义》："以阴居阳，当震时而居不正，是以如此。占者若因惧而能行，以去其不正，则可以无眚矣。"六三爻已经是下卦的最上一爻，是阴爻居阳位，所以这时它恐惧不安，但只要保有一种畏惧的、诚惶诚恐的心态，处事、行动很小心谨慎，这样即使有危险，也没有大的灾祸。

九四，震遂[1]泥。
《象》曰：震遂泥，未光[2]也。

[注释]

1 遂：同"坠"，掉下。

2 光：彰显、发扬。

[译文]

九四，惊雷响起之时（惊慌失措），坠陷在泥淖中。

《象传》说，惊雷响起之时，（惊慌失措）坠陷在泥塘泥淖里去了，是因为阳刚之德没有发扬光大。

[解读]

九四，在打雷的时候，他惊慌失措，一下子掉到泥塘里去了。《象传》说，"震遂泥"是因为阳刚之德没有光大。《周易本义》："以刚处柔，不中不正，陷于二阴之间，不能自震也。"九四，阳刚之人，但不当位，又处在上卦之初，此爻和上下爻合成一个坎卦，就像一个人掉进了泥塘中，陷在里面，自己那刚健的才能也发挥不出来，所以没有办法光大阳刚之德。

六五，震往来，厉，亿¹ 无丧² 有事³。

《象》曰：震往来厉，危行也。其事在中⁴，大无丧也。

[注释]

1 亿：极多、极大。

2 丧：损害。

3 事：职守、政事。

4 中：六五居上卦之中，故称"中"，指中正。

[译文]

六五，惊雷不断，危险。只要谨慎行事，就没有大的损失。

《象传》说，惊雷不断有危险，是一种危险的行动，由于他处理事情恪守中道，不会有大的损失。

[解读]

"震往来，厉"，雷声来来往往，是很危险的。《周易本义》："以六居五，而处震时，无时而不危也。以其得中，故无所丧而能有事也。"六五爻是阴爻居阳位，位置是不当的，同时它又乘着下面阳刚的九四爻，所以往来都危险。但它又居上卦的中间，是一个尊位，所以只要守持中道、谨慎前行，就没有大的灾祸。

王弼注："夫处震之时，而得尊位，斯乃有事之机也。"

"有事"是指建功立业，尤其是保住社稷大业。"亿无丧
有事"，大的方面不会有什么损失，可以保有江山社稷。

上六，震索索[1]，视矍矍[2]，征凶。震不于[3]其躬，
于其邻，无咎。婚媾有言[4]。

《象》曰：震索索，中未得也。虽凶无咎，畏[5]邻
戒[6]也。

[注释]

1 索索：恐惧的样子，颤抖的样子。

2 矍矍：惊惧四顾的样子。

3 于：引进行为的对象。

4 言：谴责。

5 畏：恐惧、害怕。

6 戒：警惕。

[译文]

上六，惊雷响起之时，畏缩不前，视线左右惶顾，冒进
有凶险。雷电没有击在自己身上，而是击在邻居身上（因为
预先戒备了），没有灾祸。婚配会导致口角。

《象传》说，惊雷响起之时，畏缩不前，是因为这一爻
不是居在适中的位置。虽然凶险，却没有灾祸，是因为害怕
自己和邻居一样遇到灾祸所以预先戒备了。

[解读]

上六，在打雷的时候惊惧不安，畏首畏尾，不敢前进，露出惶恐不安的眼神。"征凶"，再往前冒进的话，必然有凶险。"震不于其躬，于其邻，无咎"，雷没打到自己身上，而是打到了邻居身上，但最终没有灾祸。《周易本义》："以阴柔处震极，故为索索，矍矍之象，以是而行，其凶必矣。然能及其震未及其身之时，恐惧修省，则可以无咎，而亦不能免于婚媾之有言。""婚媾有言"，如果这时候求婚配的话，会招来口角，会有争议。上六处于卦体最少，已经到头了，本身又是一个阴柔之人，能力又不够，还要再去冒进，当然会有凶险，不宜行动。上六爻求的婚配是六三爻，但由于上六爻和六三爻都是阴爻，阴跟阴不能相配，就会发生语言上的争执，这就说明在面临危机的状态下，保持阴阳和合的重要性。

《象传》说打雷的时候恐惧不安，是因为"中未得"。"中未得"就是"未得中"，就是说，这一爻不是居在适中的位置，所以内心很不安。当惊雷危及邻近的人，还没有涉及自己的时候，由于自己"畏邻戒也"，即畏惧邻居受到雷的惊扰，自己预先有所戒备，所以"虽凶无咎"。王弼注："若恐非己造，彼动故惧，惧邻而戒，合于备预，故无咎也。"防患于未然，有所准备，最终没有危险。

艮卦第五十二

艮上艮下

[**解读**]

艮卦是震卦的覆卦。艮卦也是一个纯卦，下卦是艮卦，上卦还是艮卦，也就是下面是一座山，上面还是一座山。《周易本义》："艮，止也。一阳止于二阴之上，阳自下升，极上而止也。其象为山，取坤地而隆其上之状，亦止于极而不进之意也。""艮"是停止、制止、抑止、终止的意思。在马王堆帛书《周易》中写作"根"。《说文解字》解释说："艮，很也。"段玉裁注："很者，不听从也，一曰行难也，一曰愎也。《易传》曰：艮，止也。止可兼很三义。"一是说不听从，二是说行动艰难，三是说停止。

艮卦从山引申到止，止实际上是一种最高的境界。这里"止"有两个意思：一个是要停止，主要是制止邪欲、妄动；另一个是达到，比如止于正道、止于本分，就像《大学》里说的"大学之道，在明明德，在亲民，在止于至善"，也就是要达到至高至善的境界。

艮，艮其背，不获[1]其身，行其庭[2]，不见其人，无咎。

[注释]

1 获：用作"护"。

2 庭：园宅。

[译文]

艮卦，止于背部，见不到身体。行走在有人的庭院里，没有见到这个人，没有灾祸。

[解读]

"背"有背离、相悖的意思，又有抑止的意思，比喻抑止人的欲望，与邪欲彻底背离。"不获其身"，不要让自己的身体沾上私欲。孔颖达疏："静止之义，此是象山之卦，其以'艮'为名。施之于人，则是止物之情，防其动欲，故谓之止。'艮其背'者，此明施止之所也。施止得所，则其道易成，施止不得其所，则其功难成，故《老子》曰：'不见可欲，使心不乱也。'"《周易本义》："盖身，动物也，唯背为止。艮其背，则止于所当止也。止于所当止，则不随身而动矣，是不有其身也。如是，则虽行于庭除有人之地，而亦不见其人矣。盖艮其背而不获其身者，止而止也，行其庭而不见其人者，行而止也。动静各止其所，而皆主夫静焉，所以得无咎也。"人体前边有各种器官，比如眼、耳、鼻、舌、口，而背上什么也没有，意思是指一种极为静止的状态，是无我相，无人相，无众生相，就像《金刚经》讲的一样。"不获其身""不见其人"都是一种比喻。

《象》曰：艮，止也。时[1]止则止，时行则行。动静不失其时，其道光明[2]。艮其止，止其所也。上下敌应，不相与[3]也。是以不获其身，行其庭不见其人，无咎也。

[注释]

1 时：按时势或时局。

2 光明：注意力有时要注意一处，有时要注意全体，这样的道才光明。

3 与：交往；帮助。

[译文]

《象传》说，艮卦，就是止的意思。应该静止的时候就要静止，应该前进的时候就要前进。动和静，不要失去应有的时位，前途就是光明的。艮卦表达的"止"是止于合适的时位。同阴、同阳敌对相应而不是相互交和。因此，止于背部，好像没有看到身体；行走在有人的庭院，没有看见这个人，没有灾祸。

[解读]

《象传》对卦辞逐句进行了解释。应该静止的时候就要静止，应该前进的时候就要前进，无论是动还是静，都不能违背时位。"艮其止"，是说要止在合适的时位上，止的位置、时机要适当。高亨《周易大传今注》："朱熹说、俞樾说、朱骏声说：'艮其止'当作'艮其背'。盖'背'古字作'北'（汉帛书《周易》卦辞'背'作'北'），因形近误为'止'。"

"上下敌应，不相与也"，孔颖达疏："此就六爻皆不相应，释艮卦之名，又释'不获其身'以下之义。凡应者，一阴一阳，二体不敌。今上下之位，虽复相当，而爻皆峙敌，不相交与，故曰'上下敌应，不相与'也。然八纯之卦皆六爻不应，何独於此言之者，谓此卦既止而不加交，又峙而不应，与'止'义相协，故兼此以明之也。"此卦当中，六根爻上下都是相对的，都是不相应的。因为艮卦的下卦和上卦都是艮卦，所以相对应的爻位全是不相应的，比如第一爻和第四爻都是阴爻，第二爻和第五爻都是阴爻，第三爻和第六爻都是阳爻，所以这样就不相应了，不相交往。

《象》曰：兼山，艮。君子以[1]思不出[2]其位。

[注释]

1　以：用来。

2　出：脱离、离开。

[译文]

《象传》说，两山重叠，为艮卦之象。君子效法此考虑问题不要超出本分。

[解读]

《象传》说，艮卦上卦是山，下卦也是山，两座山重叠，为静止不动之象，这就是艮卦之象。君子看到这样的卦象，就要按照艮卦之道来"思不出其位"。程颐《伊川易传》卷四："位者，所处之分也。万事各有其所，得其所则止而安。若当行而止，当速而久，或过或不及，皆出其位也，况逾分非据乎？"君子从中受到启发，悟知抑止邪欲之理，所以君子考虑问题不敢超出自己的本位，不敢越过自己的本分，这也是止的一个意思，就是止于本分，止于正道。无论是墨家，还是儒家、道家乃至于中国化的佛家，都非常注重这个"止"字。儒家讲"止于至善""知止而后有定"，道家也讲止，"致虚极、守静笃"，佛家也讲止，叫"戒定慧""止观法门"。

初六，艮其趾[1]，无咎，利永[2]贞[3]。
《象》曰：艮其趾，未失正也。

[注释]

1 趾：脚趾。

2 永：恒久。

3 贞：正

[译文]

初六，停止脚趾的运动，没有灾祸，有利于守持正道。

《象传》说，停止脚趾的运动，是没有失去正道的。

[解读]

初六，停止在自己的脚趾上。《周易本义》："以阴柔居艮初，为艮趾之象。占者如之，则无咎。而又以其阴柔，故又戒其利永贞也。"初六处于艮卦的最下一爻，是阴爻居开始的位置，所以这时要静止。也是指刚一开始出现不好的苗头时就要停止，这样就没有失去正道，因为初六是阴爻，且位不正，所以这个时候不能妄动，静止不动是符合正道的。《象传》说，"艮其趾"就不会"失正也"。好比一个人的脚趾，脚趾不动了，人也就不会走邪路了。

六二，艮其腓[1]，不拯[2]其随，其心不快[3]。

《象》曰：不拯其随，未退听[4]也。

[注释]

1 腓：腿肚子。

2 拯：举起。

3 快：舒服。

4 听：接受，接纳。

[译文]

六二，停止腿的运动，不要带动其他部位一起行动，以致心中不畅快。

《象传》说，不要带动其他部位一起行动,（即使命令他了）却仍没有退后听从。

[解读]

六二爻辞有两种解释。

王弼注："随谓趾也。"孔颖达疏："腓体或屈或伸，躁动之物，腓动则足随之，故谓足为随。拯，举也，今既施止於腓，腓不得动，则足无拯举……腓是躁动之物，而强止之，贪进而不得动，则情与质乖也。"这是以"随"指初六。举腿会带动脚提起来。腿本来是用来行进的，现在不让它行动，所以心中不快。"未退听也"，尽管命令他不能动了，但他心里实在不愿意，所以没有退后听从。

《周易本义》："六二居中得正，既止其腓矣。三为限，则腓所随也，而过刚不中以止乎上。二虽中正，而体柔弱，不能往而拯之，是以其心不快也。"朱熹以"随"为九三。九三爻是"限"，"限"就是腰部。六二上承九三，阴爻顺从阳爻，阳爻动，阴爻跟着动，按道义是可以的。但九三爻不中，六二爻阴柔不能去帮助他，所以心中不得畅快。"未退听也"，《周易本义》："三止乎上，亦不肯退而听乎二也。"
九三爻也不会转而听从六二爻的匡正。从字面来看，也可以
理解为六二爻又中又正，符合中正之道，所以要静止，不要
跟随九三爻动。九三爻是凶爻，所以如果跟着一起动，心中
就会不畅快。

九三，艮其限 [1]，列 [2] 其夤 [3]，厉熏心 [4]。
《象》曰：艮其限，危熏心也。

[注释]

1 限：腰部。

2 列：分开。

3 夤（yín）：马融解为"夹脊肉也"。通"瞋"，即肋部
肌肉。

4 熏心：心像被火烧一样。

[译文]

九三，抑制腰部的活动，裂开了背脊的肌肉，危险（就
像烈火一样在）熏烤着自己的心。

《象传》说，抑制腰部的活动，其危害就像烈火在熏烤
着自己的心。

[解读]

九三，停止在腰部。《周易本义》："止于腓，则不进而已。九三，以过刚不中，当限之处，而艮其限，则不得屈伸，而上下判隔，如列其夤矣。"九三爻是一根阳爻，又得位，他本来是刚健有为，按正道行事，却被止住了，止腰断脊，也就是说他正当地行事，正当地发布政令的权力被强制停止了。艮止之道，关键在于止得其所，当静则静，当动则动，时行则行，时止则止，这才是正当合理的处艮之道。如果不合理地强力停止，就会导致危厉的后果。正义之道被停止了，不能大行于天下了，对那些正直的人来说，就像烈火熏烤自己的心。《周易集解》："艮之为义，各止于其所，上下不相与，到中则列矣。列加其夤，危莫甚焉，危亡之忧，乃熏灼其心也。"止的关键在于当止则止，但要合理地止，不能戛然而止。

六四，艮其身，无咎。
《象》曰：艮其身，止诸[1]躬[2]也。

[注释]

1 诸：代词兼介词，"之于"的合音。

2 躬：身体。

[译文]

六四，停止上身的远动，没有灾祸。

《象传》说，停止上身的远动，就是要抑制住自己的各种私欲行为。

[解读]

六四，"艮其身"就是要抑制住自己的各种私欲，自己的各种行为，要安守本分，这样的话，也就是卦辞上所说的"不获其身"，当然也就"无咎"，不会有灾祸。

"止诸躬也"，即要抑制住自己的各种私欲和行动。孔颖达疏："艮卦总其两体以为二身，两体不分，乃谓之全，全乃谓之身。以九三居两体之际，在於身中，未入上体，则是止於下体，不与上交，所以体分夤列。六四已入上体，则非上下不接，故能总止其身不分全体。"九三爻正在下卦之上，是上下卦分割处，所以称为"列"（分开）；六四已经进入上卦，因此不再区分，以"身"表示全体。

六五，艮其辅[1]，言[2]有序，悔亡[3]。

《象》曰：艮其辅，以[4]中正也。

[注释]

1 辅：面颊。

2 言：直接说出的话。

3 亡：通"无"，没有。

4 以：由于。

[译文]

六五，抑制嘴巴的妄语，说话有条理，悔恨消除。

《象传》说，抑制嘴巴的妄语，是为了守持中正之道。

[解读]

六五爻辞讲的已不限于身体，转向言论的有序，转到语言思想方面了。《周易本义》："悔，谓以阴居阳。"因为六五爻是阴爻处在阳位上，不正，所以会有遗憾，但是悔恨会消亡，孔颖达疏："言有伦序，能亡其悔。"六五居中，行的是中正之道，所以说话也是遵循中正之道。这其实是在解释《象传》说的"君子以思不出其位"。犹如《论语·泰伯》说"不在其位，不谋其政"。

上九，敦[1]艮，吉。

《象》曰：敦艮之吉，以[2]厚终[3]也。

[注释]

1 敦：丰富，丰厚。

2 以：介词，凭借、按照。

3 终：完成。

[译文]

上九，以敦厚的品德止住邪欲，吉祥。

《象传》说，以敦厚的品德止住邪欲之所以大吉，是因为能够把这种敦厚的品德保持到最后。

[解读]

上九，"敦艮，吉"，就是以敦厚的品德来制止各种邪欲，那么就会有大吉祥。《周易本义》："以阳刚居止之极，敦厚于止者也。"上九爻是最高一根爻，是阳爻。以阳刚止于艮卦最上，象征坚定地保持这个状态。所以《象传》说"以厚终也"，就是说能够把这种敦厚的品德保持到终了。程颐《伊川易传》卷四："天下之事，唯终守之为难。能敦于止，有终者也。上之吉，以其能厚于终也。"天下之事，只有自始至终地坚守它才是最难的事。

总主编 ◎ 楼宇烈

羊皮卷珍藏版

中|华|优|秀|传|统|文|化|经|典|丛|书

周易通解

张其成　著

【下】

中国出版集团

中译出版社

渐卦第五十三

巽上艮下

[解读]

渐卦在艮卦之后。"渐"是循序渐进的意思。艮卦代表停止，事物不可能永远停止，停止之后又要渐渐地前进，所以渐卦的意思是渐渐前进。渐卦的卦象是风山渐，下面是山，上面是风，风又有树木的意思，所以渐卦的卦象就是下面一座山，山上长出了树木，树木慢慢往上生长。

渐，女归[1]吉，利贞。

[注释]

1 归：女子出嫁。

[译文]

渐卦，女子出嫁吉祥，有利于守持正道。

[解读]

卦辞用女子出嫁作比喻。孔颖达疏:"女人生有外成之义,以夫为家,故谓嫁曰归也。妇人之嫁,备礼乃动,故渐之所施,吉在女嫁。"古代女子被视为夫家的人,俗称外家女。女子出嫁为有家,故以嫁为归。女子出嫁要遵循礼仪,而按照礼仪渐渐地前进就可以获得吉祥。在古代,女子出嫁是要经过一个非常严格的礼仪的。女子先是处在闺门当中,男子要行六礼,才能迎娶。六礼是指纳采、问名、纳吉、纳征、请期、亲迎六种礼仪。逐步经过这六种礼仪,才算完成了礼。所以迎娶新娘是一个渐进的过程,渐卦就是以这个意象来说明做任何事情都是一个循序渐进的过程。那么人生的成长也有一定的次序,也是一个循序渐进的过程。但渐卦六条爻辞里没有说嫁女儿,而是说了另一种动物——鸿雁——是怎么渐渐飞行的。这些都是比喻,比喻万事万物都有一个渐进的过程,这个过程就是一个从小到大、从低到高、从少到多的顺序。

"利贞",利于守正道。《周易本义》:"为卦止于下,而巽于上,为不遽进之义,有女归之象焉。又自二至五,位皆得正,故其占为女归吉,而又戒以利贞也。"

《象》曰:渐之进也,女归吉也。进得位,往[1]有功[2]也。进以[3]正[4],可[5]以[6]正[7]邦[8]也。其位,刚得中也。止而巽[9],动不穷[10]也。

[**注释**]

1　往：到……去，前行。

2　功：功绩、成就。

3　以：连词，而且。

4　正：端正。

5　可：能够。

6　以：凭借，用来。

7　正：治理。

8　邦：封国。

9　巽：柔顺。

10　穷：阻塞不通。

[**译文**]

《彖传》说，渐渐地往前行进，好比女子出嫁是吉祥的。前进获得时位，往前就会成功。渐渐遵循着正道前进，就可以治理国家。居于尊位，阳刚得处中正位。和顺地抑止，行动才不会困穷。

[**解读**]

"渐之进"，朱熹说"之"疑衍，或是"渐"字。渐渐地往前行进，好比女子出嫁，要循礼，要渐进，这样才能吉祥。"进得位，往有功也，进以正，可以正邦"，孔颖达疏："此就九五得位刚中释利贞也。言进而得於贵位，是往而有功也。

以六二适九五，是进而以正。身既得正，可以正邦也。"这是解释卦辞"利贞"二字。六二爻与九五爻是正应，象征着渐渐地前进，获得了时位，能够建功立业。由家庭谈起，进而遵循着正道，端正国家、修正民心。这是《大学》"家齐而后国治"的意思。"进以正"，朱熹还从卦变的角度进行了解释，"自涣而来，九进居三，自旅而来，九进居五，皆为得位之正"。涣卦变为渐卦，是九二爻上升为九三爻；旅卦变为渐卦，是九四爻上升为九五爻。两种卦变的结果都是阳爻居位阳位，是正位。

"其位，刚得中也"，居于尊位，阳刚处在中正的位置，这里居于尊位的是九五爻，九五爻处在又中又正的位置。居于尊位，要守着这个正位，要刚健、坚强，但是又要中和、中道。

"止而巽，动不穷也"，孔颖达疏："此就二体广明渐进之美也。止不为暴，巽能用谦，以斯适进，物无违拒，故能渐而动，进不有困穷也。"下卦为艮，上卦为巽，艮止于内则不妄进，巽以行之则不骤进，阳刚得处中正位而且和顺谦虚，这种行动自然不会困穷。这个卦立足于渐进，强调时位，做任何事情都要按照时序，坚守正道，遵循中道，渐渐地往前进，这样的行动才不至于困穷。

《象》曰：山上有木，渐。君子以¹居²贤德善³俗。

[注释]

1 以：用来。

2 居：存积、储存。

3 善：美化。

[译文]

《象传》说，山上长有树木，为渐卦之象。君子安居以蓄积贤德，改善风俗。

[解读]

《象传》说"山上有木"，下卦为艮卦，艮为山，上卦为巽卦，巽为木，山上有高大的树木，虽然每时每刻都在生长，但难以为人们所觉察，树木是渐渐地长大的，这就是渐卦之象。君子看到这样的卦象，就要按照渐卦之道来"居贤德善俗"。王弼注："贤德以止巽则居，风俗以止巽乃善。"君子个人要蓄积贤德，进而使一方的风俗都改善。

《周易浅述》："全象以艮男下于巽女。有女归之象。然必正而有渐，乃吉，而为士进身之道，亦即此可推矣。六爻取象于鸿，皆自下而上，皆以论士进之义。"《象传》说"君子以居贤德善俗"对应的也是《彖传》所说士子"进得位，往有功"和"可以正邦"。

初六，鸿¹渐于干²，小子³厉⁴，有言⁵，无咎。

《象》曰：小子之厉，义⁶无咎也。

[注释]

1 鸿：大雁。

2 干：水畔、岸边。《周易集解》："小水从山流下称干。"

3 小子：小孩子。

4 厉：危险。

5 言：谴责，呵责。

6 义：宜。

[译文]

初六，鸿雁渐渐地降落在水边，就像年轻人遇到各种危险。虽有中伤的言语，却没有灾祸。

《象传》说，比喻年经人遇到各种危险，道义上不会有灾祸。

[解读]

"鸿"就是大雁，整个渐卦的六根爻就是以这个大雁作比喻的。《周易本义》："鸿之行有序而进有渐。干，水涯也。始进于下，未得所安，而上复无应，故其象如此。"因为大雁候鸟的习性而用来比喻。另外，大雁又叫随阳鸟。随着阳，就是跟随着雄性的那种鸟，具有随阳的属性。这就可以用来比喻女子出嫁从夫，顺从男人。这两个意象有相通之处。初六爻处于初始阶段，又是阴爻居在阳位上，第四爻也是阴爻，不能相应，好比鸿雁谨慎地停在水岸，还不能飞翔。王弼注："始进而未得其位，则困于小子，穷於谤言。"又好像小孩儿一样遇到危险，遭到言语的中伤。但没有灾祸。《象传》解释说"小子之厉，义无咎也"。大雁还很小，但由于它谨小慎微，渐渐地靠近河边，道义上不应该有灾祸。王弼注："困于小子谗谀之言，未伤君子之义，故曰无咎也。"

六二，鸿渐于磐[1]，饮食衎衎[2]，吉。

《象》曰：饮食衎衎，不素饱[3]也。

[注释]

1 磐：迂回层叠的山石，指水边石堆，可在那里饮水捕鱼。

2 衎衎：自得的样子。

3 素饱：犹素餐，即不劳而受人供养。

[译文]

六二，鸿雁渐渐地降落在大石板上，和乐融融地喝水进食，吉利。

《象传》说，鸿雁和乐融融地喝水进食，不是尸位素餐。

[解读]

六二,大雁渐渐地飞到一个又大、又坚固、又安全的磐石上,停在那上面品尝美食,和乐融融的样子,很吉祥。《象传》说,尽管大雁在磐石上饮食和乐融融,但不仅仅是为了吃饱。《周易本义》:"渐远于水,进于盘而益安矣。……六二柔顺中正,进以其渐,而上有九五之应,故其象如此。……得之以道,则不为徒饱,而处之安矣。"大雁有更高的目标要去追求,这里只是它前进路上的一个短暂停留的地方。它要逐渐地高飞,它在磐石上只是一个阶段,还要继续往上飞。六二,位在中间,又是阴爻居阴位,又中又正。表示这个大雁守中道,它的做法是符合渐进之道的,所以就吉。

九三,鸿渐于陆[1],夫[2]征[3]不复[4]。妇孕不育[5],凶,利御[6]寇[7]。

《象》曰:夫征不复,离群丑[8]也。妇孕不育,失其道也。利用御寇,顺相保也。

[注释]

1 陆:高而平的地方。

2 夫:成年男子的通称。

3 征:远行。

4 复:返回,回来。

5 育:产子,抚养。

6 御:抵挡。

7 寇：强盗，指不正之人。

8 丑：同类、伴侣。

[译文]

九三，大雁渐渐飞到了小山上，丈夫远征没有回来。妻子怀孕不能养育，凶险。有利于抵御外敌。

《象传》说，丈夫远征没有回来，是远远地离开了自己的同类。妻子怀孕了却不能养育，是因为违背了夫妻之道。有利于防御外敌，顺应夫妻之道，来确保平安。

[解读]

对于九三爻辞，也有不同理解。

王弼注："陆，高之顶也。进而之陆，与四相得，不能复反者也。夫征不复，乐于邪配，则妇亦不能执贞矣。非夫而孕故不育也。"孔颖达疏："三本是艮体，与初二相同一家，弃其群类，而与四合，好即是夫征而不反复也。夫既乐于邪配，妻亦不能保其贞。非夫而孕，故不育也。""陆"好比是小山，大雁又渐渐地往小山的高处飞了，好比丈夫远征没有回来，妻子怀孕了也没有办法养育，所以是凶险的。九三阳爻本来属于下卦艮卦，现在上比于六四爻，而舍弃了同属艮卦的两个阴爻，好比丈夫远行不再回来。这个妇女在丈夫远征以后怀孕了，说明不守正道，失去了贞节，所以无颜生育，这就是凶。但是"利御寇"，利于抵御外敌。孔颖达疏："异体合好，恐有寇难离间之者，然和比相顺，其相保安，物莫能间，故曰利用御寇也。"如果夫妻都回心转意，复归于好，相互和顺，不再猜忌，也不会有人离间。

《周易本义》："鸿，水鸟，陆非所安也。九三过刚不中而无应，故其象如此。而其占夫征则不复，妇孕则不育，凶莫甚焉。然以其过刚也，故利御寇。"鸿是水鸟，高地并不适合它栖止。九三爻是阳爻，但不在中位，与上九爻也是敌应，是凶象。就像违背了夫妻之道，丈夫一去不复返，妻子失去贞节。但是九三阳爻居阳位，非常刚强，倒是有利于抵御强寇。丈夫在外征战，如果他能坚守正道，就能平安，有利于在外面抵御强寇。同理，女子如果能坚守正道，顺应夫妻之道，也能保住平安。

六四，鸿渐于木，或¹得其桷²，无咎。
《象》曰：或得其桷，顺以³巽⁴也。

[注释]

1 或：有的。

2 桷：方的椽子，此处指平直如桷的树枝。

3 以：连词，而且。

4 巽：卑顺、谦恭。

[译文]

六四，大雁渐渐飞到了高树上，有的找到了大树的树杈，没有灾祸。

《象传》说，有的大雁找到了栖息大树的树杈，是因为顺从风向。

[解读]

《周易本义》："鸿不木栖。桷，平柯也。或得平柯，则可以安矣。六四乘刚而顺巽，故其象如此。"大雁不适合在树上停留，所以找到平直的大树枝，才能站稳了，没有灾祸。《象传》说："或得其桷，顺以巽也。"六四爻温顺又和逊，柔爻居柔位，具有温顺的品格。上卦即巽卦，巽就为顺应、和逊、谦逊。大雁找到了自己的位置，只有找准自己的位置才能有利。

九五，鸿渐于陵¹，妇三岁²不孕，终³莫⁴之胜⁵，吉。

《象》曰：终莫之胜，吉，得所愿也。

[注释]

1 陵：大土山。

2 岁：年

3 终：终究，到底。

4 莫：没有。

5 胜：制服。

[译文]

九五，大雁渐渐地飞到了高冈上，妇女三年没有怀孕，没有人能够替代她，吉利。

《象传》说，终究没有人能够替代她，吉利，达成自己愿望了。

[解读]

九五，大雁又飞到高冈上了。"妇三岁不孕"，说明女子很坚贞。孔颖达疏："九五进于中位，处於尊高，故曰'鸿渐于陵'。……有应在二而隔乎三、四，不得与其应合，是二、五情意，徒相感说，而隔碍不交，故曰'妇三岁不孕'也。……然二与五合，各履正而居中，三、四不能久塞其路，终得遂其所怀，故曰'终莫之胜，吉'也。"她的丈夫远去了，所以她三年没有怀孕。九五爻和下面的六二爻是相应的，一阴一阳、心心相印、夫妻相合，都是又中又正，所以虽然被九三、六四相隔，但那只是暂时的，最终会到一起，没有什么东西能战胜这对夫妻。从这里可以推广到家庭、企业、国家，只要上下相合、内外相应，坚守住正确的价值观，那么任何东西都无法战胜。

上九，鸿渐于陆，其羽可用为仪[1]，吉。

《象》曰：其羽可用为仪，吉，不可乱也。

［注释］

1　仪：用鸟羽编织的文舞道具。

［译文］

上九，大雁渐渐地飞到了高高的山顶上，它的羽毛可以用来制作典礼的装饰，吉利。

《象传》说，大雁的羽毛可以用来制作典礼的装饰品，是吉祥的，不可以被扰乱的。

［解读］

"陆"，《周易本义》说"胡氏、程氏皆云：'陆'当作'逵'，谓云路也。"江永、王引之、俞樾都以为应是"阿"字。孔颖达疏："上九与三皆处卦上，故并称陆。"

到了上九爻，这只大雁飞到了高高的山顶上，它的羽毛可以用来制作典礼的装饰，这是吉利的。王弼注："进处高絜，不累於位，无物可以屈其心而乱其志，峨峨清远，仪可贵也。"羽毛洁白、美丽，象征心志高远、志向坚定，不为世俗所累，所以可以用来制作文舞的道具。羽毛用于礼仪，象征着礼仪不可以乱，是指次序不乱，志向不乱，只要不乱，只要渐进，按照那个次序来做，那就是大吉了。

爻辞，从"鸿渐于干"到磐，到陆，到木，到陵，直到"其羽可用为仪"，确有仕进之义。

归妹卦第五十四

震上兑下

[注释]

"归"是出嫁,"妹"是少女,"归妹"就是嫁女儿或嫁少女。整个卦就是以少女出嫁作比喻,说明男婚女嫁、阴阳交合、天地感应的道理。

归妹卦的卦象是雷泽归妹,下面是沼泽,上面是雷。下卦的兑卦在自然界代表沼泽,在家庭里代表少女;上卦的震卦在自然界代表打雷,在家庭里代表长男。归妹就是说少女嫁给了年纪大一些的男人。

归妹,征[1]凶,无攸[2]利。

[注释]

1 征:远行。

2 攸:置于动词前,表示联系作用,相当于"所"。

[译文]

归妹卦，前进凶险，没有益处。

[解读]

卦辞说，出嫁少女，往前进必然有凶险，没有利益。这是指什么呢？《周易本义》："兑以少女而从震之长男，而其情又为以说而动，皆非正也，故卦为归妹。而卦之诸爻，自二至五，皆不得正，三五又皆以柔乘刚，故其占征凶，而无所利也。"如果嫁女儿的行为不当，前进就有凶险，也就是说男女和合不正当了，就有凶险。所以同样是嫁女儿这件事情，爻辞里是有凶有吉的。如果时位不当，就是凶的；如果时位得当，就是吉的。

《象》曰：归妹，天地之大义也。天地不交而万物不兴[1]，归妹，人之终始也。说[2]以[3]动[4]，所归妹也。征凶，位不当[5]也。无攸利，柔乘刚也。

[注释]

1 兴：生长，发起。

2 说：通"悦"。

3 以：连词，则、那么，表示条件关系。

4 动：行动，感应。

5 当：相称，相配。

[译文]

《彖传》说，出嫁少女体现了天地阴阳和合的大道理。如果天地不交，万物就不会繁荣，出嫁少女是人伦的终结和开始。少女非常喜悦地去行动，这个时候就可以嫁出少女了。前进凶险，是因为居位不妥当。没有益处，是因为阴柔乘在阳刚之上了。

[解读]

《彖传》说"归妹，天地之大义也"，这个卦下面是兑卦，兑卦就是少女，上面是震卦，震卦是长男。是指这个少女要嫁给长男。出嫁少女体现了天地阴阳和合的大道理。"天地不交而万物不兴"，如果天地不交的话则万物不会兴起、兴盛，好比男女，如果不相交合，那么人类就不能繁殖和兴旺。为什么天地不交呢？因为上卦震为雷，属阳，往上行；下卦为泽，属阴，向下行。一个往上走，一个往下走，那就遇不到了，不相交了，整个的卦象就比较凶险了，所以一定要交合，要天地相交。"归妹，人之终始也"，《周易本义》："归者，女之终，生育者，人之始。说以动，所归妹也。"出嫁少女是人伦的终结和开始。一切伦理关系都是从嫁女儿开始的，嫁女儿不仅是起点，也是终结。男女和合了，就组成了家庭，先有夫妻的关系，然后才有父子的关系、兄弟的关系，这样人类才能繁衍生息。"说以动"，同时上面的震卦又为动，下面的兑卦又为喜悦，是指这个少女非常喜悦，高高兴兴地去行动，这个时候就可以嫁出少女了。"所归妹也"，《经典释文》："本或作'所以归妹'。"可以补"以"字。

"位不当"与"柔乘刚也"是互文。孔颖达疏："阳应在上，阴应在下，今二、三、四、五，并皆失位，其势自然柔皆乘刚。"二爻和五爻这两个最重要的爻，体现了男女最核心的这两个爻的位置都不当，九二是阳爻处阴位，六五是阴爻处阳位，位都不正。下面兑卦代表少女的六三爻乘着九二刚爻，上卦六五阴爻也是乘在九四阳爻之上，也就是说阴柔乘在阳刚之上，当然就不利了。归妹卦阐明了男婚女嫁是人类繁衍的根本因素，强调女子出嫁必须严守正道，以柔顺为本，成内助之功；反此而行，必为凶兆。

《象》曰：泽上有雷，归妹。君子以永[1]终[2]知敝[3]。

[注释]

1 永：恒久、久远。

2 终：终究，到底。

3 敝：弊病。

[译文]

《象传》说，湖泽上方有惊雷，就是归妹卦之象。君子要自始至终地知道弊害。

[解读]

"泽上有雷",下卦为兑卦,兑为泽,上卦为震卦,震为雷,就是沼泽地上开始打雷了,雷动则泽随,打着雷表示万物非常欣喜地开始活动了;阳动于上,阴悦而从之,有女从男之象,表示少女要出嫁了,这就是归妹卦之象。君子看到这样的卦象,就应该按照归妹卦之道来"永终知敝"。《周易本义》:"男女之交,本皆正理,唯若此卦,则不得其正也。……君子观其合之不正,知其终之有敝也。推之事物,莫不皆然。"要永远地、自始至终地保持住夫妻之道,不让它被破坏,知道如果淫邪,如果位置不当,如果柔乘刚,如果阴阳不交,长男和少女背道而行,就会导致败坏,而不可长久,这是一种告诫。

初九,归妹以[1]娣[2],跛[3]能履[4],征[5]吉。
《象》曰:归妹以[6]娣,以恒[7]也。跛能履吉,相承[8]也。

[注释]

1 以:当。

2 娣:女弟,即妹妹。

3 跛:瘸了一条腿。

4 履:行走。

5 征:远行。

6 以：由于。

7 恒：常规，当时的规矩这样。

8 相承：相助。

[译文]

初九，少女出嫁作为侧室，脚跛了却能勉力行走，前往吉利。

《象传》说，少女出嫁作为侧室，因为她持守恒道了。脚跛了却能勉力行走，因为她不是正室，但是她还是努力地去行走，共同侍候这个夫君，所以是吉利的。

[解读]

"归妹以娣"，先秦时代，尤其是商代，贵族嫁女，多用女的妹子陪嫁。这里这个"娣"就是指妹妹，指侧室，姐姐就是正室。王弼注："少女而与长男为耦，非敌之谓，是娣从之义也。妹，少女之称也。"归妹卦中的少女不是以正室的身份出嫁的。《周易本义》"初九，居下而无正应，故为娣象。然阳刚在女子为贤正之德，但为娣之贱，仅能承助其君而已，故又为跛能履之象。""跛能履"，好像这个脚跛了、瘸了，但是努力地往前走。这样前往的话是可以获得吉祥的。初九居于最下位，好比少女出嫁的时候，是陪着姐姐出嫁做侧室，但是因为她具有阳刚的贤德，能以偏助正，所以是吉利的。《象传》说，这名少女能守婚嫁的常道。"相承也"，说明她能够以偏来助正，与正室共同侍候这个夫君，所以是吉利的。

九二，眇¹能视，利幽人²之贞³。
《象》曰：利幽人之贞，未变常也。

[注释]

1 眇：瞎了一只眼睛。

2 幽人：被幽禁的人，当时贵族妇女被关在宫里不能出来，故称"幽人"。

3 贞：正。

[译文]

九二，眼睛瞎了一只，勉强能够看到东西，有利于幽居的人守持正道。

《象传》说，有利于幽居的人守持正道，是因为没有改变常规。

[解读]

此爻有不同的解说。

孔颖达疏："九二不云归妹者，既在归妹之卦，归妹可知，故无不言也。然九二虽失其位，不废居内处中。以言归妹，虽非正配，不失交合之道，犹如眇目之人，视虽不正，不废能视耳……居内处中，能守其常，施之於人，是处幽而不失其贞正也。"九二爻是阳爻居阴位，位不正，但是处于中位，就好比瞎了一只眼但还能看见。居内处中，能守常道，好比被幽禁的人没有放弃所坚守的信念。

《周易本义》："眇能视，承上爻而言。九二阳刚得中，女之贤也。上有正应，而反阴柔不正，乃女贤而配不良，不能大成内助之功，故为眇能视之象，而其占则利幽人之贞也。幽人，亦抱道守正而不偶者也。"九二上面配的是六五，六五是阴柔不正，就好比妇道人家嫁的这个人品性不良，不是她想配的人，这样她自己就好像被幽居了一样。但她没有改变妇道人家的恒常之道，还是守着这个节操。就好像尽管视力不好，但仍可走路视物。这是讲女子持家对于家庭的重要性，即便男主行为有差次，有守贞的女子的家庭还是不会轻易败坏的。

六三，归妹以须，反归[1]以娣。
《象》曰：归妹以须，未当也。

[注释]

1 反归：被休弃回娘家。

[译文]

六三，姊妹一同出嫁，返归后嫁做侧室。

《象传》说，姊妹一同出嫁，是不妥当的。

[解读]

"归妹以须"，这句话有多种理解。

孔颖达疏："六三在归妹之时，处下体之上，有欲求为室主之象，而居不当位，则是室主独存，室主既存，而欲求进，为未值其时也。未当其时，则宜有待，故曰归妹以须也。……既而有须，不可以进，宜反归待时，以娣乃行，故曰反归以娣。"此意以"须"为"等待"，王弼、孔颖达、程颐等都赞同此说。少女嫁出后引颈期盼成正室，但是正室已经有了，她应当反归待时，嫁作侧室。

《周易本义》："六三，阴柔而不中正，又为说之主。女之不正，人莫之取者也，故为未得所适，而反归为娣之象。或曰：须，女之贱者。"六三爻是阴爻居在阳位上，象征行为不端，这样是不被接纳的，被退婚，然后以娣的身份嫁作侧室。

也可以认为"须"即是"娶"，古代楚人称姐姐为"娶"。这里引申为正室。按照礼制，以女妹陪嫁，现在以女姊陪嫁，为反常。结果夫家以女姊为正妻，把妹逐归父母家，这个少女就应当返归，等待再嫁。

九四，归妹愆[1]期，迟归有时[2]。
《象》曰：愆期之志[3]，有待[4]而行也。

[注释]

1 愆：耽误。

2 时：时机。

3 志：心意，意愿。

4 待：等候。

[译文]

九四，待嫁少女延误了佳期，迟迟未嫁是在等待时机。

《象传》说，延误了佳期，是为了等待合适时机之后才前行。

[解读]

九四，待嫁少女超过了佳期，迟迟未嫁，静待时机。《周易本义》："九四，以阳居上体而无正应，贤女不轻从人，而愆期以待所归之象，正与六三相反。"这是一种很好的心态，是一种妇人的贤德之志。九四配的是初九，两个都是阳爻不相应，这就好比这个少女没有找到合适的男人，只有慢慢地等待她的缘分。

六五，帝乙¹归妹，其君²之袂³，不如其娣之袂良。月几⁴望⁵，吉。

《象》曰：帝乙归妹，不如其娣之袂良也，其位在中，以⁶贵行⁷也。

[注释]

1 帝乙：殷纣王之父，嫁少女于周文王。

2 其君：指君夫人，周文王之后。

3 袂：衣袖，代指嫁妆。

4 几：接近。

5 望：农历每月十五日。

6 以：介词，凭借、按照。

7 行：施展。

[译文]

六五，帝乙将女儿嫁出，她穿的衣服还不如侧室好看，月亮将要圆满了，是吉祥的。

《象传》说，帝乙将女儿嫁出，她穿的衣服还不如侧室好看，是因为她处于最尊位（却仍能持守），她的行为难能可贵。

[解读]

"帝乙归妹"是一个有名的故事。这个故事在泰卦里也出现过。帝乙把自己的女儿嫁给了周文王。她是帝王之女，位置非常高，嫁给当时身为王侯的姬昌，这是下嫁。但是帝乙这个女儿品性非常好，非常谦虚，穿的衣服都非常的节俭、朴素。"其君之袂，不如其娣之袂良"，她的衣服还不如侧室的精美，说明她虽然处在六五尊贵之位，但是非常谦逊，守中道，好比是"月几望"，就是月亮还没有望，即还没有最圆的时候，接近圆满而不过分圆满，这样就非常吉祥。《周易本义》："六五，柔中居尊，下应九二，尚德而不贵饰，故为帝女下嫁而服不盛之象。然女德之盛，无以加此，故又为月几望之象。"六五爻是阴爻居阳位，第五爻又是一个最尊贵的位置，还能保持中道，而且很谦逊、节俭，这种品德是难能可贵的，所以肯定会吉。

《象传》解释说"其位在中，以贵行也"，是说虽然她处于最尊位，但守持中道，能节俭、谦逊。《周易本义》："以其有中德之贵而行，故不尚饰。"

上六，女承¹筐²，无实³，士刲⁴羊，无血，无攸利。
《象》曰：上六无实，承虚筐也。

[注释]

1 承：捧着。

2 筐：主妇祭祀时所持的一种竹制器具。

3 实：内容，这里指筐中装的祭品。

4 刲（kuī）：割，宰杀。

[译文]

上六，女子捧着筐篮，但筐中没有实物，男子用刀杀羊，却不见出血，是没有益处的。

《象传》说，上六有名无实，好比女子捧着空筐。

[解读]

在古代贵族男女的婚礼上，有一个献祭宗庙的习俗，即庙见礼。《仪礼·士昏礼》："若舅姑既没，则妇入三月，乃奠菜。"郑玄注："以筐祭菜也，盖用菫。"女子要在筐里面放一些菜品，男子要杀一只羊，然后用羊血去祭奠。现在，女子手里拿着一个空的竹筐，男子杀羊又看不到羊流血。比喻不能进行祭祀，就是婚礼不成，夫妇不能和合。《伊川易传》卷四："筐之实，妇职所供也。古者房中之俎之类，后夫人职之。诸侯之祭，亲割牲，卿大夫皆然，割取血以祭。礼云血祭，盛气也。女当承事筐能而无实，无实则无以祭，谓不能奉祭祀也。夫妇共承宗庙，妇不能奉祭祀，乃夫不能承祭祀也，故刲羊而无血，亦无以祭也，谓不可以承祭祀也。妇不能奉祭祀，则当离绝矣，是夫妇之无终者也。"夫妇不能奉祭祀，则是绝后无终。上六爻处卦之终，六三爻也是阴爻，阴爻跟阴爻不相应，是为至终不相应，夫妇不能应和。夫妇不能应和，不能生子，则祭祀也是徒有其形，鬼神不受。

另一种理解为，此指有婚约的男女未行完婚。《周易本义》："上六以阴柔居归妹之终而无应，约婚而不终者也。故其象如此，而于占为无所利也。"上六爻处在最高位，就像出嫁的少女太高贵，反而无所适从了。这也从反面说明要想男女和合，要想阴阳和谐，一定要落到实处，根基要坚实，不要去追求那些虚无缥缈的东西。

但这不仅仅是说婚姻，也论述了仕进为政的道理。孔颖达疏："女之为行，以上有承顺为美；士之为功，以下有应命为贵。上六处卦之穷，仰则无所承受，故为女承筐，则虚而无实。又下无其应，下命则无应之者，故为士刲羊则干而无和。"施行政令，如果得不到在下者的响应，就不能落实。

丰卦第五十五

☳ 震上离下

[解读]

《序卦传》说："得其所归者必大，故受之以丰。丰者，大也。"因为得到自己的归宿，能够回到自己应该回的地方，就一定会丰大起来，所以归妹卦之后就是丰卦。"丰"表示丰收、丰满、丰大、丰盛。丰卦是教我们怎么使事物丰大，以及丰大之后如何保持的道理。

丰卦的卦象是雷火丰，上面是雷，下面是火（电），也就是雷电齐鸣、声势浩大的场景。

丰，亨，王假[1]之，勿忧[2]，宜日中。

[注释]

1 假：到。

2 忧：担忧；发愁。

[译文]

丰卦，亨通，君王达到这种丰盛的境界，不必忧虑，适合于像中午太阳一样高居空中。

[解读]

前面这一句"丰，亨，王假之"，是说要达到丰大的这种境界，后面的"勿忧，宜日中"是说要怎么保持住这个丰大的状态。《周易本义》："以明而动，盛大之势也，故其占有亨道焉。然王者至此，盛极当衰，则又有忧道焉。圣人以为徒忧无益，但能守常，不至于过盛则可矣，故戒以勿忧，宜日中也。"要像太阳一样居于中天，光明常照，这样才可以无忧，否则的话仍然是有忧虑的。详细解释即如《彖传》。

《彖》曰：丰，大也。明[1]以[2]动，故丰。王假之，尚[3]大也。勿忧，宜日中，宜照天下也。日中则昃[4]，月盈[5]则食[6]，天地盈虚，与时消息[7]，而况于人乎，况于鬼神乎。

[注释]

1　明：日月的光明。

2　以：连词，而且。

3　尚：崇尚。尚大：崇尚大事，古时以祭祀和战争为大事。

4　昃：太阳偏斜。

5 盈：满。

6 食：月亏缺。

7 消息：消长。

[译文]

《彖传》说，丰就是大。光明而且活跃，所以丰盛。大王如何才能达到这个丰大的境界呢？需崇尚宏大的美德。不必忧虑，应当如正午的太阳一样，适宜普照天下。太阳升到中天后就要西斜，月亮盈满后就会亏损，天和地有盈满有虚亏，随着时令而消长变化，何况人呢，何况鬼神呢。

[解读]

《彖传》说丰就是大。"明以动，故丰"，丰卦的下卦是离卦，离为火，火为明，上卦是震卦，震为雷，雷为动，光明像雷电一样在闪耀，这就是一个丰大的情景。好比是道德光明并能接下来采取实际行动，这样就能取得硕大的丰收成果。"王假之，尚大也"，孔颖达疏："丰大之道，王所崇尚，所以王能至之，以能尚大故也。" 因为崇尚宏大的美德，所以能够达到丰大的境界。"勿忧，宜日中"的意思就是说"宜照天下"，圣德要普照天下。"日中则昃，月盈则食，天地盈虚，与时消息，而况于人乎，况于鬼神乎。"这几句非常有名。孔颖达疏："此孔子因丰设戒，以上言王者以丰大之德，照临天下，同於日中。然盛必有衰，自然常理。日中至盛，过中则昃；月满则盈，过盈则食。天之寒暑往来，地之陵谷迁贸，盈则与时而息，虚则与时而消。天地日月，尚不能久，况於人与鬼神，而能长保其盈盛乎？勉令及时修德，仍戒居存虑亡也。"太阳如果位居中天一定将会西斜，月亮如果盈满了一定会亏损，天地自然有盈有虚，有满有亏，都是伴随着一定的时候、时机、时令而消长变化的，何况人呢，何况鬼神呢，都是这个道理，这是一个普遍的规律。所以说大王、君主他们在丰大的时候，一定要考虑到自己的亏损，要适中不要太过，物极必反，这是自然的常理。始终要保持住如日中天的状态是很难的，这就要加强自己的修养，要谦虚，要守中庸之道。要适中，不能太过，如《道德经》所说："飘风不终朝，骤雨不终日。孰为此者？天地。天地尚不能久，而况于人乎？"

《象》曰：雷电皆至，丰。君子以¹折²狱³致⁴刑⁵。

[注释]

1 以：用来。

2 折：判断，裁决。

3 狱：监狱；打官司。

4 致：施加，施行。

5 刑：处罚。

[译文]

《象传》说，雷电并作，这就是丰卦之象。君子要效法雷电来正大光明地判决诉讼，执行刑罚。

[解读]

"雷电皆至"，上卦为震卦，震为雷，下卦为离卦，离为电，雷电并作，喻为丰大之象，这就是丰卦。打雷发出轰隆隆的响声，表示天是非常威严的，闪电则是天的一种光耀，表示一种光明。雷的威严和电的光明一起到来了，霹雷闪电同时发作，沉雷轰鸣，电光闪耀，声势极其盛大，当然是一种丰大的情景，这就是丰卦之象。君子看到这样的卦象，就要按照丰卦之道来"折狱致刑"。孔颖达疏："君子法象天威而用刑罚，亦当文明以动，折狱断决也。断决狱讼，须得虚实之情；致用刑罚，必得轻重之中。若动而不明，则淫滥斯及，故君子象于此卦而折狱致刑。"

初九，遇其配[1]主，虽旬[2]无咎，往有尚[3]。
《象》曰：虽旬无咎，过旬灾也。

[注释]

1 配：适合、够得上。

2 旬：王弼注"均也"。

3 尚：支持，帮助。

[译文]

初九，遇到跟自己匹配的君主，虽然地位相等，但没有灾祸，前往会得到重视。

《象传》说，虽然地位相等，但没有灾祸，想超越去竞争就有灾祸了。

[解读]

"遇其配主"，遇到跟自己相匹配的君主，这里可以引申为遇到跟自己实力相当的主人。孔颖达疏："丰者，文明必动，尚乎光大者也。初配在四，俱是阳爻，以阳适阳，以明之动能相光大者也。……旬，均也。俱是阳爻，谓之为均。非是阴阳相应，嫌其有咎，以其能相光大，故虽均，可以无咎，而往有嘉尚也。"初九与九四爻相应，两者都是阳爻，同德而相遇，正好起到"明以动"的效果。但是由于不是阴阳相应，所以还是会招来嫌疑。最终由于可以相互助力，一起丰大，所以受到奖赏。

《象传》说，"虽旬无咎"意味着"过旬灾"。孔颖达疏："言势若不均，则相倾夺。既相倾夺，则争竞乃兴，而相违背，灾咎至焉。"如果初九与九四爻去抗争，太膨胀了，与同类不和，就会招来灾祸。这对我们非常有启发意义：取得重大成功的时候，实力强大了，一定要学会居下，而且要甘心地处下。

六二，丰其蔀¹。日中见²斗³，往得疑疾⁴，有孚⁵发⁶若，吉。

《象》曰：有孚发若，信⁷以发志也。

[注释]

1 蔀：草或小席等遮光的东西。

2 见：读 xiàn，"现"的古字，显现。

3 斗：北斗。

4 疑疾：多疑的病。

5 孚：诚信。

6 发：表现，显露。

7 信：诚实不欺。

[译文]

六二，扩大了草席遮住了太阳，以致正午看见北斗星，前往会被猜疑，如果发挥了自己诚信的美德，最终会获得吉祥。

《象传》说，"有孚发若"，就是用诚信来发挥自己的志向。

[解读]

大白天太阳正当中却能看见北斗星，说明这个时候幽暗而不见光亮了，有阴暗的东西在遮挡。至于昏暗指的是谁，有不同的理解。

孔颖达疏："二居离卦之中，如日正中，则至极盛者也。处日中盛明之时，而斗星显见，是二之至暗，使斗星见明者也。处光大之世，而为极暗之行，譬日中而斗星见，故曰'日中见斗'也。二、五俱阴，二已见斗之暗，不能自发，以自求于五，往则得见疑之疾……然居中履正，处暗不邪，是有信者也。有信以自发其志，不困于暗，故获吉也。"这是说六二虽然处于下卦离卦中间，象征最为盛大，但六二是最为阴暗的，它与六五相呼应，去追求九五的话，势必受到九五的怀疑。喻示一个人在丰大、丰盛的时候，往往容易把自己的阴暗面扩大，这样就遮住了光明面，前往就会受到别人的猜疑。这个时候只有用诚信来保持自己光明的一面，发挥自己的志向和美德，这样才能吉。

《周易本义》："六二居丰之时，为离之主，至明者也。而上应六五之柔暗，故为丰蔀见斗之象。蔀，障蔽也。大其障蔽，故日中而昏也。往而从之，则昏暗之主，必反见疑，唯在积其诚意以感发之，则吉。"这是说六二是很光明的，但是与呼应的六五是昏暗的，六二受到六五的遮蔽。

《象传》说，"有孚发若"，就是"信以发志也"，就是用诚信来发挥自己的志向，来阐明自己的美德。六二爻是阴爻居于阴位，并且又是中位，又中又正，这就是一种诚信的表示，要保持住自己这种诚信的心理，不要让阴暗的东西扩大开来。

九三，丰其沛[1]，日中见沫[2]，折其右肱[3]，无咎。

《象》曰：丰其沛，不可大事也。折其右肱，终不可用也。

[注释]

1 沛：王弼注"幡幔也"，通作"旆"。

2 沫：同"昧"，暗淡；虞翻注："沫，小星也。"

3 肱（gōng）：手臂。

[译文]

九三，扩大了旗帜遮住了太阳，以致中午看见小星星，折断了自己的右臂，没有灾祸。

《象传》说，扩大了旗帜遮住了太阳，说明不可以胜任大事。折断了自己的右臂，最终不可能被重用。

[解读]

九三爻是下卦最上的一根爻，下卦离卦代表光明，这时候一面旗子挡住了光明，是很危险的。王弼注："应在上六，志在乎阴，虽愈乎以阴处阴，亦未足以免於暗也。所丰在沛，日中则见沫之谓也。施明，则见沫而已，施用，则折其右肱，故可以自守而已，未足用也。"九三与上六是正应，所向往的是阴柔。这个时候只有把自己的右臂折断，才不至于有灾祸。孔颖达疏："凡用事在右肱，右肱既折，虽有左在，终不可用也。"这是说要收敛自己，不要使自己那种丰大的才能展现出来，要谨慎从事，这样才可以免除灾祸。《象传》解释说"不可大事""终不可用"，就是说不可以承担大事，不可以施展自己的才能了。因为九三爻已经到了下卦的最上一爻，下卦离为火，为闪电，闪电到头了，所以这个时候一定要归隐，一定要把自己的才华给隐藏起来，这样才不至于招来灾祸。

九四，丰其蔀，日中见斗，遇其夷[1]主，吉。

《象》曰：丰其蔀，位不当也。日中见斗，幽[2]不明也。遇其夷主，吉，行也。

[注释]

1 夷：平。

2 幽：光线暗。

[译文]

九四，扩大了草席子以遮住太阳，以致中午看见了北斗星，遇到阴阳平和的君主，吉祥。

《象传》说，扩大了草席子遮住了太阳，是因为九四爻居位不当。中午看到了北斗星，说明由于幽暗而不明朗了。遇到了阴阳平和的君主，吉祥，可以继续前行了。

[解读]

"夷主"说的是阴阳相匹配的那种君主。《周易本义》："夷，等夷也，谓初九也。其占为当丰而遇暗主，下就同德则吉也。"初九称九四为"配主"，九四称初九为"夷主"，强调了两个都是阳德，一定要平衡、匹配。

《象传》解释说，九四爻是阳爻居阴位，居位不当，这就好比把阴暗的东西扩大开来，遮住了光明的东西。"日见其斗"就说明这个时候幽暗而不见光亮了，有阴暗的东西。如果遇到了阳德相平衡的主人，就会获得吉祥，可以继续前行。总而言之，九四爻已经进入了上卦，上卦是打雷，是一种动，在运动的时候，自己一定要平和下来。

六五，来¹章²，有庆³誉⁴，吉。

《象》曰：六五之吉，有庆也。

[注释]

1 来：招来，招致，后多作"徕"。

2 章：通"彰"，才华。

3 庆：庆贺。

4 誉：称赞。

[译文]

六五，招来有才华的人，必有喜庆和赞誉，大吉祥。

《象传》说，六五之所以吉祥，是因为有喜庆。

[解读]

招来有才华的人帮助自己，就能使自己的事业丰大，必有福庆，有嘉誉，而且能大吉祥。《象传》说，六五之所以吉祥，是因为"有庆也"，即有福庆，有福报。《周易本义》："质虽柔暗，若能来致天下之明，则有庆誉而吉矣。盖因其柔暗而设此以开之。"六五是以阴爻居在丰卦的最尊位、阳刚之位，这就表明虽然阴柔但还有阳刚的这种因素，而且能守中道，以诚相召，所以他能招来天下有才能的人，得到这些有才能的人的辅助，能使自己的光明丰大起来，因此是吉祥的，会有福报。

上六，丰其屋[1]，蔀其家[2]。窥[3]其户，阒[4]其无人，三岁不觌[5]，凶。

《象》曰：丰其屋，天际翔[6]也。窥其户，阒其无人，自藏也。

[注释]

1 屋：指整座房子。

2 家：指屋内。

3 窥：探看。

4 阒（qù）：寂静。

5 觌（dí）：看见。

6 翔：鸟舒展双翼飞行。

[译文]

上六，扩大了房屋，用帘子遮盖了屋室。透过门缝往里看，静悄悄没有人影，三年都看不见有人，有凶险。

《象传》说，扩大了房屋遮住了太阳，好像鸟在天空中飞翔一样，透过门缝往里看，静悄悄没有人影，是因为自己隐藏了踪迹。

[解读]

上六，房屋越盖越大。但是透过门缝往里面看，过了三年都不见一人，非常安静，毫无人气。《象传》解释说这是表示"天际翔也""自藏也"。孔颖达："如鸟之飞翔於天际，言隐翳之深也。""言非有为而当自藏，可以出而不出，无事自为隐藏也。"《周易本义》："以阴柔居丰极，处动终，明极而反暗者也。故为丰大其屋而反以自蔽之象。无人、不觌，亦言障蔽之深，其凶甚矣。"上六爻已经是居于最高位了，这个房屋盖得太高又太大，好像是一只飞鸟在天空中飞翔一样，都遮住了太阳，说明丰到极点了，它太自高自大、自鸣得意了，不与众人打交道，断绝一切交往，这是自绝于人，是只顾自己丰大而不顾别人，当然是一种凶象。

旅卦第五十六

离上艮下

[解读]

"旅"，意为羁旅。最早的意思是指失去了自己的住所，远离故土，到异国他乡去避难、客居，或者是为了事业而背井离乡，或者是被流放。不管是哪种情况，都是客居他乡，都有一种思念故乡的忧愁心情。旅卦不仅讲旅居，它还进一步推广到了人生的旅程。正如李白所说："天地者，万物之逆旅；光阴者，百代之过客。"天地好比是一间旅馆，我们都是里面的行旅之人，因为人生最多不过百十年，所以我们又何尝不是匆匆的过客呢！

旅卦的卦象是火山旅，下面是山，上面是火。火在山上蔓延，就像一个游动的过程；也可以想象下面是一座山，上面是太阳，一个人在山上走，是头顶着太阳的旅行。

旅，小亨[1]，旅贞[2]吉。

[注释]

1 亨：通达，顺利。

2 贞：正。

[译文]

旅卦，稍有亨通，在行旅中只有守住正道才能获得吉祥。

[解读]

"小亨"，孔颖达疏："既为羁旅，苟求仅存，虽得自通，非甚光大，故旅之为义，小亨而已。"朱熹认为，卦象中六五爻得中，所以可以小亨。"旅贞吉"，行旅的时候要守住正道才能获得吉祥。王弼注："不足全夫贞吉之道，唯足以为旅之贞吉，故特重曰旅。"因为只能说小亨，所以又说了一次"旅"以示强调。《周易本义》："能守其旅之贞，则吉。旅非常居，若可苟者。然道无不在，故自有其正，不可须臾离也。"

《彖》曰：旅，小亨，柔得中乎[1]外而顺[2]乎刚，止而丽[3]乎明，是以小亨，旅贞吉也。旅之时[4]义大矣哉。

[注释]

1 乎：介词，相当于"于"。

2　顺：顺应、顺从。

3　丽：依附，附着

4　时：时势或时局。

[译文]

《彖传》说，旅卦，稍有亨通，阴柔得处中正并且顺从刚强，静止依附于光明，所以稍有亨通，在行旅中守住正道是吉祥的。旅卦的时机意义是非常宏大的。

[解读]

《彖传》是以卦体、卦德解释卦辞。《周易本义》："以六五得中于外，而顺乎上下之二阳，艮止而离丽于明，故其占可以小亨。""柔"是针对这一卦中最重要的六五爻而言，六五爻是柔爻得中位，顺应上下两个刚爻，又在外卦、上卦，上卦离为火，火为明，下卦为艮，艮为止，能停留在光明中，自然是亨通的。

"旅之时义大矣哉"，从一个方面来看，大到事业、人生都像一场旅行，都需要守正；王弼还指出了更深一层的含义："旅者大散，物皆失其所居之时也。咸失其居，物愿所附，岂非知者有为之时？"旅象征流离失所，有的时候，有大才智的人反而应该去收纳人心，安抚民心。

《象》曰：山上有火，旅。君子以明慎[1]用刑[2]而不留[3]狱[4]。

[注释]

1 明慎：明察审慎。

2 刑：处罚。

3 留：滞留，拖延，搁置。

4 狱：监狱；打官司。

[译文]

《象传》说，山上燃烧着火，这就是旅卦之象。君子要光明地、谨慎地执行刑罚，不拖延诉讼。

[解读]

下卦为艮卦，艮为山，上卦为离卦，离为火，山的上面燃烧着火，这就是旅卦的景象。君子看到这个卦象，就要提醒自己要光明、谨慎地去执行刑罚而不拖延诉讼。

为什么山上有火是旅呢？孔颖达疏："火在山上，逐草而行，势不久留，故为旅象。"这是其一。另外，旅也是古代一种祭礼。《周礼·天官·掌次》记载："王大旅上帝。"郑玄注："大旅上帝，祭天于圜丘，国有故而祭，亦曰旅。"在山上设一个火坛，生火来祭祀。《论语·八佾》记载："季氏旅于泰山。"在泰山上用火坛来祭天，一般来说，祭天地、山川，都是用"旅"这种仪式。

君子看到这个卦象，就要生起敬畏之心，对刑罚、诉讼这样的事情要严明公正，不能拖延。《周易本义》："慎刑如山，不留如火。"施用刑罚要像山岳一样沉稳肃穆，判决要像火烧一样迅猛。

初六，旅琐琐 [1]，斯 [2] 其所 [3] 取灾 [4]。
《象》曰：旅琐琐，志穷 [5] 灾也。

[注释]

1 琐琐：心里猥琐、卑贱的感觉。

2 斯：那么，就。

3 所：置于动词前，构成名词性结构。

4 取灾：得祸。

5 穷：阻塞不通。志穷：不得意。

[译文]

初六，行旅之初，举动猥琐、卑贱，就会自己招来灾祸。

《象传》说，行旅之初，举动猥琐、卑贱，说明意志薄弱，招来了灾祸。

[解读]

行旅之初，如果你的举动非常猥琐、卑贱的话，就是自招灾祸。"志穷灾也",说明自己意志薄弱了,这样当然会招来灾祸。《周易本义》:"当旅之时,以阴柔居下位,故其象占如此。"初六爻是刚刚开始,又是阴爻,表明行动还比较柔弱,所以这个时候立志向就很重要。有句话叫"人穷志不穷"。如果志穷,人不穷也得穷了,就预示着灾祸开始了。古代那些旅居在外的人,如果保持崇高的气节,就会被人尊重,比如屈原被放逐在外,"虽九死其未悔",他还要再"上下求索",他志向没有穷、气节没有穷,所以被后世赞扬。

六二,旅即¹次²,怀³其资⁴,得童仆⁵,贞。

《象》曰:得童仆,贞,终无尤⁶也。

[注释]

1 即:走近,走到。

2 次:外出居住的地方、处所。

3 怀:怀藏;王弼注"来也",招致、招徕。

4 资:钱币。

5 童仆:男奴隶。

6 尤:过错,过失。

[译文]

六二,居住在旅馆里,怀藏着自己的钱财,得到忠贞的童仆,要守持正道。

《象传》说，得到忠贞的童仆，终究没有麻烦。

[解读]

下卦的艮卦，上面是一根阳爻，下面是两根阴爻，好比一间旅馆；童仆是初六爻；钱财指九三爻。九三爻现在来支持六二爻，而下面的童仆又在伺候上面的六二爻，所以六二爻大吉。"贞"后当脱"吉"字。王弼注："得位居中，体柔奉上，以此寄旅，必获次舍。怀来资货，得童仆之所正也。旅不可以处盛，故其美尽於童仆之正也。过斯以往，则见害矣。童仆之正，义足而已。"六二爻在旅行的时候能够柔中居正，也就好比行旅安居在一个旅馆里面了。它上面是九三爻，是一根阳爻，阳爻就好比在资助它，支持它，也就好比它得到资产了。它下面乘的是初六爻，是一根阴爻，就好比童仆，所以它守着正道这样就吉。《周易本义》："即次则安，怀资则裕，得其童仆之贞信，则无欺而有赖，旅之最吉者也。二有柔顺中正之德，故其象占如此。"人行旅在外，居住在旅馆里了，而且还得到钱财，这是商旅得志之象；又能得到仆人，这个仆人行为很正派，行旅之时能有忠诚可靠的童仆相伴，那是再好不过的事。

《象传》说"得童仆，贞，终无尤也"，六二爻终究是没有麻烦的，因为他按照行旅之道来做事，而且又守中位，不偏不倚。为什么说六二爻"柔顺中正"呢？因为六二爻居中位，而且是阴爻居阴位，又中又正，又积累了善德。内不失去自己的志向，外不失去别人的帮助，这就叫作中正之德。守住中道，积累善德，不仅仅是增进自身修养的必需，也是一个人更好地融入社会、获得成功的必需条件。

九三，旅焚[1]其次，丧[2]其童仆，贞，厉。

《象》曰：旅焚其次，亦以[3]伤[4]矣；以[5]旅与[6]下[7]，其义[8]丧也。

[注释]

1 焚：烧。

2 丧：失去。

3 以：连词，则、那么，表示条件关系。

4 伤：受损失。

5 以：介词，凭借、按照。

6 与：交往，交好，指二人共处。

7 下：指童仆。

8 义：宜。

[译文]

九三，投宿的旅店失火，丧失了自己的童仆，太刚正，有危险。

《象传》说，投宿的旅店失火，也因为失火遭受到损伤；旅途中以不良态度对待仆人，此人的道义丧失了。

[解读]

九三是阳爻处于刚位，下卦最上一位，这个时候寄宿的旅馆被火烧了，又丧失了它的仆人。王弼注："居下体之上，与二相得，以寄旅之身而为施下之道，与萌侵权，主之所疑也，故次焚仆丧，而身危也。"九三爻是阳爻，很刚强，处于下卦的最高一爻，又很躁动，主动施惠于下（六二爻），超出了职权的范围，进而引起上位者的猜忌。这不符合行旅之道，所以用烧掉旅馆比喻会有灾祸。一个人旅行在外，是寄人篱下，这时要柔弱、虚静；如果躁动、亢奋，肯定会招来灾祸。

《象传》解说"以旅与下，其义丧也"，《周易本义》："过刚不中，居下之上……以旅之时，而与下之道如此，义当丧也。"九三爻是阳爻居阳位，又是下卦的最上一根爻，太亢奋、太躁动了，在羁旅的情形下还去结交下位者，形成功高震主的局面，自取其祸。也可以理解为以行旅的态度对待仆人，所以失去了仆人。林栗《周易经传集解》："今九三以阳居刚……是身为强暴而童仆尪羸，又有毁折之象焉，是以知其童仆之丧矣。"行旅的人时时、处处地去指使下面的六二爻这个仆人，太过分了，所以从道义上说他肯定会丧失这个仆人的帮助。

九四，旅于处 [1]，得其资斧 [2]，我心不快 [3]。

《象》曰：旅于处，未得位也。得其资斧，心未快也。

[注释]

1 处：止，指住处。

2 资斧：利斧，借作旅费、盘缠。

3 不快：不乐意。

[译文]

九四，行旅中暂时得到了憩息之处，获得了资财器物，但是我的心中不快乐。

《象传》说，行旅中暂时得到了栖息之处，因为九四居位不正。即使得到了资财器物，心中依然不快乐。

[解读]

"处"指暂时的处所，它不是前面那个"次"，"次"是一个旅馆。行旅时得到了暂时的居处。《象传》说"未得位也"，九四，居位不正，是阳爻居在阴位上，没有得到安居，只是得到一个暂时的栖息之处。"得其资斧，心未快也。"九四爻进入上卦，是离卦，光明，所以会得到一些资助。既然得到了暂时的居处，而且又得到了钱财，为什么心中依然不快乐呢？《周易本义》："以阳居阴，处上之下，用柔能下，故其象占如此。然非其正位，又上无刚阳之与，下唯阴柔之应，故其心有所不快也。"关键之处就是此时是阳爻处在阴位上，没有找到自己的位置，又是居住在下卦艮山之上，必定是行旅在外，主爻六五爻阴柔，相应的初爻也是阴爻，所以心中依然不畅快。

"得其资斧"，也可以理解为获得了锋利的斧头可以用来披荆斩棘。孔颖达疏："九四处上体之下，不同九三之自尊，然不得其位，犹寄旅之人，求其次舍，不获平坦之所，而得用斧之地。言用斧除荆棘，然后乃处。"

六五，射雉[1]，一矢[2]亡[3]，终[4]以誉[5]命[6]。
《象》曰：终以誉命，上逮[7]也。

[注释]

1 雉：野鸡。

2 矢：箭。

3 亡：失去。

4 终：末了。

5 誉：称扬，赞美。

6 命：教令，指帝王按等级官职赐给臣下的东西。

7 逮：赶上、达到。

[译文]

六五，射死了一只野鸡，费去了一支箭，最终获得了赞誉和爵命。

《象传》说，最终获得了赞誉和爵命，是因为被居高位的尊者知晓了。

[解读]

行旅在外，他用弓箭一射就射死了一只野鸡，虽然一支箭亡失了，但是终究获得了美誉，获得了爵命。这是行旅中一种最佳的情况了。《周易本义》："雉，文明之物，离之象也。六五柔顺文明，又得中道，为离之主，故得此爻者，为射雉之象。虽不无亡矢之费，而所丧不多，终有誉命也。"上卦是离卦，代表文明，野鸡很漂亮，在这里比喻文明。为什么又说丢失了箭呢？王弼注："射雉以一矢，而复亡之，明虽有雉，终不可得矣。寄旅而进，虽处于文明之中，居于贵位，此位终不可有也。以其能知祸福之萌，不安其处以乘其下，而上承於上，故终以誉而见命也。"六五柔爻居中，有柔中、文明之德，而且明白祸福相依的道理，所以不会在羁旅的情形下去强求，最终以美誉获得尊上的赏识。

上九，鸟焚其巢，旅人先笑后号咷[1]，丧牛于易[2]，凶。

《象》曰：以旅在上，其义焚也。丧牛于易，终莫之闻[3]也。

[注释]

1　号咷：即号啕，大哭。

2　易：通"場"，田畔。

3　莫之闻：莫闻之。

[译文]

上九，鸟的巢穴被烧毁了，行旅的人先是欢笑，后来却号啕痛哭，在田畔丧失了一头牛，这是凶险的。

《象传》说，作为旅客在异乡身居高位，表现得高高在上，从道义上讲是要被烧毁殆尽的。农夫在田畔丧失了一头牛，最后没有人能知道。

[解读]

上九，鸟巢就被烧毁了。行旅的人先是觉得获得了高位而欢笑，后来遭到了灾祸而痛哭号啕。王弼注："居高危而以为宅，巢之谓也。客旅得上位，故先笑也。以旅而处于上极，众之所嫉也。以不亲之身而当被害之地，必凶之道也。"上九爻已经到最高位了，这时树上的鸟巢被烧毁了，比喻自己客居的房子被损坏了，已经是穷途末路了。上九爻是阳爻居最高的位置，因为得了高位所以笑，忘记了自己客居他乡，然采用阳刚的做法，表现得高高在上，所以后来就遭到了倾家荡产的灾祸。《周易本义》："上九过刚，处旅之上，离之极，骄而不顺，凶之道也。故其象占如此。"

　　"丧牛于易，终莫之闻也"，就好比在田畔丢失了一头牛，而且这个时候你的任何消息亲人们都不会知道了，因为你是客居他乡。这也从反面告诉我们，即使身居高位也不能忘记自己的家园故土，否则稍有不慎就会丧失一切。"莫之闻"，还有不同的解释，王念孙《经传释词》说："闻读为问，相恤问也。"指没人来慰问。

巽卦第五十七

巽上巽下

[解读]

巽卦是一个纯卦，上面是巽卦，下面还是巽卦。巽代表风，风会从外面吹进来，所以它有进入的意思；风一吹，树木就顺从地动，所以巽卦还代表树木；树木在动，是怎么动呢？顺着动，所以巽卦还有顺从的意思，也有谦恭、谦让的意思。

巽卦讲的是顺从、顺应，包括怎么顺应世界、人际关系。顺应既是讲下面要顺应上面的旨意，也是讲上面要顺应下面的意志。各种关系都顺应了，人和人之间、人和社会之间、人和自然之间、人自己的身心也就和谐了，所以巽卦的意义是非常重大的。

巽，小亨，利[1]有攸[2]往，利见[3]大人。

[注释]

1 利：有利于，对……有利。

2 攸：置于动词前，表示联系作用，相当于"所"。

3 见：读 xiàn，"现"的古字，显现。

[译文]

巽卦，有小的亨通，有利于有所行动，有利于出现大人。

[解读]

"小亨"，也见于旅卦。孔颖达疏："巽之为义，以卑顺为体，以容入为用……上下皆巽，不为违逆，君唱臣和，教令乃行，故於重巽之卦，以明申命之理。……然全用卑巽，则所通非大，故曰小亨。""小"也有小心、谦虚、柔顺的意思，指巽卦最下面的阴爻。阴爻本来就是弱小的，强调它做事情要小心，要谦虚。"利见大人"，"大人"指两根阳爻，尤其是九五爻。孔颖达疏："但能用巽者，皆无往不利，然大人用巽，其道愈隆，故曰利见大人，明上下皆须用巽也。"但九五的顺德不是一味顺从，而是自己也要保持刚健的中正之道，这样才会亨通，如象辞所说。

《彖》曰：重巽以申[1]命[2]，刚巽乎中正而志行，柔皆顺乎刚，是以小亨，利有攸往，利见大人。

[注释]

1 申：施展。

2 命：教令。

[译文]

《彖传》说，像两个巽卦重叠那样发布政令。阳刚之君子有中正的美德所以他的意志被执行，阴柔者都顺从阳刚者，所以稍有亨通，有利于有所行动，有利于面见大人物。

[解读]

"重巽以申命"，孔颖达疏："上巽能接於下，下巽能奉於上，上下皆巽，命乃得行。"《周易本义》："释卦义也。巽顺而入，必究乎下，命令之象。"上下卦都是巽卦，巽为顺，巽顺就是臣民顺从于上，君主政令则能顺畅下达，所以宜于君主"申命"，即发布命令、政令。

具体表现在卦象上，就是"刚巽乎中正而志行，柔皆顺乎刚"。前者是对在上的九五爻而言的。王弼注："以刚而能用巽，处乎中正，物所与也。"九五爻以阳爻居阳位，又居中，象征具有阳刚之德的尊者、君子，有中正的美德，被人顺从，他的志向也就得以实行了。后者是对初六爻和六四爻而言，柔爻就是阴爻，是居下面的，也就是下级，能够顺应阳刚者、上级，没有违抗，使阳刚之爻能够发布政令。

"小亨，利有攸往，利见大人"，《周易本义》："阴为主，故其占为小亨；以阴从阳，故又利有所往。然必知所从，乃得其正，故又曰利见大人也。"

整体是从两个方面来说的：一是君主本身中正，符合天道；二是下面的老百姓也非常听话、顺应，这种环境是最有利于发布政令的。

《象》曰：随[1]风，巽。君子以申命行[2]事[3]。

[注释]

1 随：跟着。

2 行：推行，行动，实行。

3 事：职守、政事。

[译文]

《象传》说，风连着风，就是巽卦之象。君子效法此发布命令，实行政事。

[解读]

"随风"，上下卦都为巽卦，巽为风，风连着风，这就是巽卦之象。君子看到这样的卦象，就要按照巽卦之道来发布命令，实行政事。风连着风，就是"雷厉风行"，像风吹到万事万物，它是无所不至的，万物也无所不顺，所以我们实行命令时，也要像风行天下那样无所不至，使听者无所不顺。这个卦的卦象下面是巽卦，上面也是巽卦，下面表示顺从，是下以顺从上，那么上以顺治下，就是下以顺承接者上，上

以顺治理着下，两者相辅相成，下能顺从，上可以顺着下面
的意思来发布命令，这就是巽卦的意思。

初六，进退，利武人之贞。

《象》曰：进退，志疑也。利武人之贞，志[1]
治[2]也。

[注释]

1 志：心志，意向。

2 治：管理。

[译文]

初六，前进后退迟疑不定，有利于勇武之人坚守中正
之道。

《象传》说，进退犹豫，是因为意志不坚定，有利于勇
武之人坚守中正之道，因为他们的意志能被自己把控。

[解读]

"进退"就是进进退退，表示犹豫不决。"利武人之贞"，
应该像勇武的人那样果断。孔颖达疏："初六，处令之初，
法未宣，著体于柔巽，不能自决，心怀进退，未能从令者也。
成命齐邪，莫善威武，既未能从令，则宜用武人之正，以整
齐之。"初六爻是阴爻，是刚开始，所以谦卑顺从得太过了，

没有主见，有点迟疑不定。对于这种情况，需要像勇武之人那样，要勇武、果断、坚定，改变迟疑、恐惧和懦弱的特性，使意志变坚定，这样才有利。王弼注："若以武人之贞处之，则有以济其所不及，而得所宜矣。"

《象传》解释说，进进退退是因为"志疑也"，意志不坚定，懦弱，恐惧。至于为什么不坚定，孔颖达说"欲从之，则未明其令；欲不从，则惧罪及己，志意怀疑，所以进退也"。"志治"，也可以理解为意志得到修整了，意志变得坚定了；也可以理解为志向在于"治"，如孔颖达所说"武非行令所宜，而言利武人者，志在使人从治"。

九二，巽在床¹下，用史²巫³纷若⁴，吉，无咎。
《象》曰：纷若之吉，得中也。

[注释]

1 床：坐卧的器具。
2 史：史官，担任祭祀、星历、卜筮、记事等职。
3 巫：降神的人。
4 纷若：纷乱的样子，表示很多。

[译文]

九二，顺从地趴在床底下，效法祝史和巫觋那样谦卑，吉祥，没有灾祸。

《象传》说，效法祝史和巫觋那样谦卑，（就会吉祥）因为九二爻守中。

[解读]

史、巫在古代，都是祭拜或者说是沟通神灵的官职。担任这些官职的人是人与鬼、神沟通的一个中介，地位是非常高的，起到沟通天人的作用。他们在对待天帝、神灵时是非常虔诚谦卑的。细分的话，女的叫"巫"，男的叫"觋"。"巽在床下"表示过于谦卑。孔颖达疏："卑甚失正，则入于过咎。人有威势，易为行恭；神道无形，多生怠慢。若能用居中之德，行至卑之道，用之于神祇，不行之于威势，则能致之于盛多之吉，而无咎过。"九二爻为阳爻，屈居在阴位上，很是卑顺。这种情况下，可能会做得太过。不过，他能够守中不偏，像巫官和史官那样侍奉着神明，竭尽诚意，这样就能吉利。同时，九二爻跟上卦的九五爻是相应的，能顺从上面的九五爻，协助九五爻去发布政令，使政令畅通，还能使下情上达，这样有利于政治清明，所以能有大吉祥。

九三，频¹巽²，吝³。
《象》曰：频巽之吝，志穷⁴也。

[注释]

1 频：通"颦"，皱眉。

2 巽：伏而不出。

3 吝：困难。

4 穷：阻塞不通。

[译文]

九三，勉强地顺从就会有遗憾。

《象传》说，勉强地顺从的遗憾，是因为谦逊的品质已丧失。

[解读]

顺从应该从心里非常乐意，而不应该是勉强的。"频巽"，好像是受了多大的委屈似的皱着眉头，不是心甘情愿去顺从，这样是有遗憾的。《周易本义》："过刚不中，居下之上，非能巽者，勉为屡失，吝之道也。"《象传》说"志穷也"。九三爻是阳爻处在阳位，位正，但是不在中位，下面没有阴爻，下面乘的是九二阳爻，上面反而被六四阴爻所驾驭，所以他没有表现出谦虚和顺从的品德，不是心甘情愿地来服从，只是勉强地屈从，当然就会有遗憾了。

六四，悔亡[1]，田[2]获三品[3]。

《象》曰：田获三品，有功也。

[注释]

1 亡：通"无"，没有。

2 田：打猎。

3 品：种类。

[译文]

六四，悔恨消除了，田中打猎获得三类物品。

《象传》说，田中打猎获得三类物品，寓意会有成就。

[解读]

之所以说"悔亡"，王弼注："乘刚，悔也，然得位承五，卑得所奉。虽以柔乘刚，而依尊履正，以斯行命，必能获强暴，远不仁者也。"六四爻是阴爻，承在九三阳爻之上，所以有遗憾。但是它是阴爻居阴位，位正，在九五爻之下，谦虚和顺地顺应着九五爻，这种谦虚顺从不是一种柔弱、懦弱的表现，而是一种美德。有这种美德的人，上下都能帮助他、支持他，所以能取得大的功助。这根爻辞里没有讲到"巽"，但实际上蕴含"巽"的意思。

"三品"，王弼注："一曰干豆，二曰宾客，三曰充君之庖。"古代贵族打猎时获得的物品可以分为三类：第一类叫作干豆，是用来祭祀的，把猎物晒成干肉拿来祭祀；第二类叫作宾客，是供给宾客、献给宾客吃的；第三类叫作充庖，是献给君主，供君主食用的。这里是说，打猎的时候能获得这些非常好的东西，有大的收获。《象传》说，"田获三品"表示"有功"，有大的功德、功劳、功勋。

九五，贞吉，悔亡，无不利。无初有终，先庚[1]三日，后庚三日，吉。

《象》曰：九五之吉，位正中也。

[注释]

1 庚：干支；通"更"，变更、更换。

[译文]

九五，只有守持正道才能获得吉祥，悔恨才能消除，没有不吉利。起初可能不太顺利，但最终有好结果。如果在庚日前三天发布命令并在庚日后三天实施命令的话，会获得吉祥。

《象传》说，九五爻之所以吉祥，是因为它居位端正且守持中道。

[解读]

"贞吉，悔亡，无不利"，孔颖达疏："九五以阳居阳，违於谦巽，是悔也。然执乎中正，以宣其令，物莫之违，是由贞正获吉，故得悔亡而无不利。"九五爻说的是被顺从的情况。九五之尊，是阳爻居阳位，刚健有为，于巽不符，但他位居中，守持正道，宣达教令能够顺利实施，所以说被人顺从了，有守持正道才能获得吉祥，悔恨才能消亡，没有什么不利的。"无初有终"，孔颖达疏："若卒用刚直，化不以渐，物皆不说，故曰无初也。终於中正，物服其化，故曰有终也。"起初的时候不利，因为九五过刚，发布命令时措施过猛，在下者不悦，但是由于守持的是正道，最终能够实行，畅通无阻。如果在庚日前三天发布命令，庚日后三天实行命令的话，那么上下政令畅通。先庚三日即丁日，后庚三日即癸日，从丁日到癸日即七日。而且，"庚"有"变更"的意思。《周易本义》："庚，更也，事之变也。"因为庚已经是第七位了，已经过了中间的数了，所以要求变更。联想到蛊卦的卦辞"先甲三日，后甲三日"，它以甲作为出发点，作为计数的依据。甲表示事物的开端、开始。革卦卦辞说"已日乃孚"，已是天干里面的第六位，刚好居于中间，戊已都居中间。"先甲三日，后甲三日"与"先庚三日，后庚三日"，正如复卦所说的"七日来复"，有一种周而复始的周期性含义。

　　《象传》解释说"九五之吉"是因为"位正中"。九五爻不仅中而且正，居位端正而且守持中道，代表了一个有德的君主，这个时候上下都顺从，发布的政令肯定能够畅通无阻，国家会出现蒸蒸日上的发展态势，大吉大利。

　　上九，巽在床下，丧[1]其资斧[2]，贞，凶。
　　《象》曰：巽在床下，上穷[3]也。丧其资斧，正[4]乎凶也。

[注释]

1 丧：丢失。

2 资斧：利斧，借作旅费、盘缠。

3 穷：事物到头了。

4 正：恰巧、刚好。

[译文]

上九，顺从地匍匐在床下，丧失了锋利的斧子，正固不动是凶险的。

《象传》说，顺从地匍匐在床下，上升到了极点。丧失了锋利的斧子，因刚正失去了所以凶险。

[解读]

"巽在床下"，在九二爻里已经说了一次，表示过于谦卑。王弼注："巽之极，极巽过甚，故曰'巽在床下'也。斧所以断者也，过巽失正，丧所以断。"过于谦卑，就像丢失锋利的斧子，意味着丧失了刚强的本性，失去了决断的刚毅，所以是凶险的。

《象传》解释说，"上穷也"。上九爻是最上一爻，一个阳刚之人居在最高的阴位上，表示屈尊到了极点，已经丧失了刚强的本性。《周易本义》："正乎凶，言必凶。"失去了自己的本性，结果自然是凶险的。任何时候不能失去刚正之德。

兑卦第五十八

兑上兑下

[解读]

兑卦也是一个纯卦,上下都是兑卦。兑卦是前面巽卦颠倒之后的卦,也就是巽卦的覆卦。

兑卦在自然界中代表沼泽,沼泽里有水,可以滋润万物,这样万物就喜悦了,所以兑卦有喜悦的意思。《说卦传》中说:"说万物者莫说乎泽。"意思是能使万事万物喜悦的没有能比得过兑卦的。兑卦的卦象是下面两根阳爻,上面一根阴爻。阴爻可以看作羊角,所以兑卦也表示羊,羊是温驯、讨人喜欢的动物。我们再来看"兑"字,"兑"字好像是一个人张开了嘴,中间是口,张嘴说话或者笑。所以"兑"字加言字旁是"说",加竖心旁是"悦",兑卦讲的就是快乐之道。

兑,亨[1],利贞[2]。

[注释]

1 亨:亨通。

2 贞：正。

[译文]

兑卦，亨通，有利于守持正道。

[解读]

兑卦象征着喜悦，心里喜悦了自然就亨通了，有利于守持正道。孔颖达疏："惠施民说，所以为亨。以说说物，恐陷谄邪，其利在于贞正。"既说物情欢欣喜悦可致亨通，又强调欢欣喜悦应该守持正道。

《彖》曰：兑，说[1]也，刚中而柔外，说以[2]利贞，是以顺乎天而应[3]乎人。说以先民，民忘其劳[4]；说以犯[5]难，民忘其死。说之大，民劝[6]矣哉。

[注释]

1 说：通"悦"。

2 以：连词，则、那么，表示条件关系。

3 应：应和。

4 劳：辛苦，辛勤。

5 犯：冒着。

6 劝：勉励。

［译文］

《彖传》说，兑卦就是喜悦。阳刚居中，柔和处外，心情喜悦并利于守持正道。所以兑是既合乎天道，又顺乎人道。如果君子能从内心发出喜悦，并且身先士卒，百姓就会任劳任怨。如果君子能诚心诚意地去奔赴艰难，百姓也必然会舍生忘死。喜悦的意义多么宏大！百姓可以以之自我勉励。

［解读］

《彖传》说，兑卦讲的就是喜悦。孔颖达疏："此就二、五以刚居中，上六、六三以柔处外，释'兑亨利贞'之义也。外虽柔说，而内德刚正，则不畏邪谄。内虽刚正，而外迹柔说，则不忧侵暴。只为刚中而柔外，中外相济，故得说亨而利贞也。"第二爻和第五爻都是居中的刚爻，上下卦最高处都是柔爻，即上六爻和六三爻。心中阳刚，守持正道，待人接物又柔弱、谦逊，这样就会受到大家的喜爱。

当然最重要的是"顺乎天而应乎人"，既合乎天道，又顺乎人道。具体表现是"说以先民，民忘其劳"。如果君子能从内心发出喜悦，并且身先士卒，先于老百姓不辞辛劳，那么老百姓就会任劳任怨，忘记辛劳。"说以犯难，民忘其死"，如果君子能诚心实意地去奔赴艰难、排除艰难，那么老百姓也必然会舍生忘死。它可以使老百姓不断地自我勉励。这就是身体力行践行"仁"所带来的感召的力量。

《象》曰：丽泽¹，兑。君子以朋友讲习²。

[注释]

1 丽泽：两泽相连。丽：结伴，成对。

2 习：重复地做。

[译文]

《象传》说，泽连着泽，就是兑卦之象。君子用喜悦的心态和朋友一起研习学业。

[解读]

上下卦都是兑卦，兑为泽。泽连着泽，互相滋益，欢欣喜悦，这就是兑卦之象。君子看到这样的卦象，就要按照兑卦之道来"以朋友讲习"，用喜悦的心态和朋友一起讲解道理，研习学业，互相增益。孔颖达疏："同门曰朋，同志曰友，朋友聚居，讲习道义，相说之盛，莫过于此也。"不仅是自己要悦，而且是使别人也悦。在讲习当中若能这样，就可以获得一种真正的悦。

《论语·学而》第一章讲："学而时习之，不亦说乎？有朋自远方来，不亦乐乎？人不知而不愠，不亦君子乎？"这三句话实际上是对兑卦的引申。"学而时习之，不亦说乎"，学了之后立即去实践的喜悦，是偏于自己的乐，或者叫自我觉悟；"有朋自远方来，不亦乐乎"，有同志、同门从远方来和自己一起切磋学问，这种快乐是更高一层的快乐；第三个层面："人不知而不愠，不亦君子乎"，君子有三达德——知、仁、勇，仁者是不忧的，知者是不惑的，勇者是不惧的，所以君子的这种快乐是更高境界的快乐。

初九，和[1]兑，吉。
《象》曰：和兑之吉，行未疑[2]也。

[注释]

1 和：适中、恰到好处、刚柔并济。

2 疑：猜忌。

[译文]

初九，平和地、喜悦地对待别人，吉祥。

《象传》说，平和地、喜悦地对待别人能获得吉祥，是因为初九行为端正，不会被怀疑。

[解读]

孔颖达疏："初九居兑之初，应不在一，无所私说，说之和也，说物以和，何往不吉。"初九，是以阳爻居在下位，有一种心甘情愿居于下位的平和的心态，能以喜悦的心情去对待别人。而且初九爻没有正应的第四爻，它没有私心，平等待物，所以无往不利。《象传》解释说，"和兑之吉"是因为"行未疑"。因为初九是阳爻处阳位，位正，说明他的行为端正，所以人们就不会怀疑他，再有平和的心态，那一定就是吉祥的。兑卦初九爻给出了这么一条人际交往的原则：与人交往时喜悦要发乎内心、出乎真情，这样才能感染人、感化人。

九二，孚[1]兑，吉，悔[2]亡。
《象》曰：孚兑之吉，信[3]志也。

[注释]

1 孚：表示诚信、恒心、坚定不移的志向。
2 悔：过失。
3 信：听从，不怀疑。

[译文]

九二，诚信地、喜悦地对待别人，吉祥，悔恨就会消除。

《象传》说，诚信地、喜悦地对待别人就会吉祥，因为九二意志很有诚信。

[解读]

孔颖达疏："九二说不失中，有信者也。说而有信，则吉从之……然履失其位，有信而吉，乃得亡悔。"《周易本义》："刚中为孚，居阴为悔。"九二是阳爻，居在中位，"中"

为乎，为诚信，他又喜悦，又诚信，所以就能吉祥。但以阳爻居阴位，所以有悔。但是由于坚持心中的信念，诚信、喜悦地对待别人，所以悔恨会消除。

六三，来[1]兑，凶。
《象》曰：来兑之凶，位不当也。

[注释]

1 来：通"徕"，招致。

[译文]

六三，前来讨人喜欢，有凶险。

《象传》说，前来讨人喜欢，有凶险，因为六三的居位不正当。

[解读]

"来兑"就是前来谋求喜悦，那就有凶险。孔颖达疏："以不正来说，佞邪之道。"《周易本义》："阴柔不中正，为兑之主，上无所应，而反来就二阳以求说，凶之道也。"六三爻是阴爻处在阳位上，又不中又不正，位置是不当的，与上六爻也不是正应，只好去向下面的两个阳爻去寻求呼应，意味着用不正当的手段求得别人的喜悦。因为不是发自内心的，而是用献媚的手法求得别人的喜悦，属于一种邪行，所以就是凶险的。

九四，商[1]兑未宁[2]，介[3]疾有喜[4]。
《象》曰：九四之喜，有庆[5]也。

[注释]

1 商：谈判。

2 宁：安定

3 介：在两者中间，王弼注"隔也"；耿直。

4 有喜：有好结果。

5 庆：福泽。

[译文]

九四，商量喜悦之事，但是心中还没有安宁，只有革除邪疾才能有喜庆。

《象传》说，九四的喜庆是值得庆贺的。

[解读]

九四爻辞有两种解释。

孔颖达疏："商，商量裁制之谓也。夫佞邪之人，国之疾也。三为佞说，将近至尊。故四以刚德，裁而隔之，使三不得进，匡内制外，未遑宁处，故曰商兑未宁。居近至尊，防邪隔疾，宜其有喜。"这是延续六三爻来说的。六三爻邪佞，想亲近九五爻。九四爻是阳爻，有刚健之德，他要把六三爻隔绝在外，使六三不能靠近九五。九四因此而无暇宁处。这是以"疾"比喻六三爻不正。如此一来，"四能匡内制外，介疾除邪，此之为喜，乃为至尊所善，天下蒙赖，故言有庆也"。

《周易本义》："四上承九五之中正，而下比六三之柔邪，故不能决，而商度所说，未能有定。然质本阳刚，故能介然守正，而疾恶柔邪也。如此则有喜矣。"九四爻与六三爻相近，受到六三爻那种小人献媚做法的影响，不能决断，所以心中没有安宁下来。但是九四爻毕竟是阳爻，决然把六三爻那种阴险的献媚做法革除掉，所以还是有好的结果。要坚守正道，革除邪媚，才能有喜庆。

九五，孚[1]于[2]剥[3]，有厉[4]。

《象》曰：孚于剥，位正当也。

[注释]

1 孚：诚信、虔诚。

2 于：引进行为的对象。

3 剥：割削。

4 厉：祸患、危险。

[译文]

九五，诚信被剥减了，有危险。

《象传》说，诚信被剥减了，九五爻居于中正妥当位置（更要防止自己失位）。

[解读]

诚信被别人削弱了、剥除了，这个时候是有危险的。《周易本义》："剥，谓阴能剥阳者也。九五，阳刚中正，然当说之时，而居尊位，密近上六。上六阴柔，为说之主，处说之极，能妄说以剥阳者也。故其占但戒以信于上六，则有危也。"九五爻虽然是阳刚居中正，但他上面却是上六爻，上六爻是根阴爻，上六爻要引诱他，就好比说九五自己虔诚的心被别人剥夺了，把这种发自内心的喜悦给了这种"小人"，想跟"小人"一起喜悦，这就有危险了。

《象传》说"孚于剥，位正当也"。孔颖达疏："以正当之位，宜在君子，而信小人，故以当位责之也。"九五爻是阳爻居在阳位，又居中位，又中又正，但容易被"小人"所迷惑，也是"小人"最想来剥夺的时候，所以一定要防范，要警惕，要坚守中正之道。

上六，引[1]兑。

《象》曰：上六引兑，未光[2]也。

[注释]

1 引：带领、招惹。

2 光：光明。

[译文]

上六，引诱别人愉悦。

《象传》说，上六爻引诱别人愉悦，因为内心不够光明。

[解读]

"引兑"，就是引诱他人一起喜悦。至于引诱动作的发出者和承受者是谁，有不同理解。

王弼注："以夫阴质，最处说后，静退者也。故必见引，然后乃说也。"这是说上六爻很柔顺，不会主动去追求，而需要别人引导。《象传》说"未光也"，孔颖达疏："虽免躁求之凶，亦有后时之失。"上六爻太过消极，所以不能够显露内心的信念。

《周易本义》："上六成说之主，以阴居说之极，引下二阳相与为说，而不能必其从也。故九五当戒，而此爻不言其吉凶。"上六爻是全卦的最终之爻，这时候整个喜悦已经到头了，由于是根阴爻，所以他要引诱下面的五爻、四爻跟他一起喜悦。这一爻没有说是吉还是凶，那就是说要看九五爻被他引诱之后有没有守住自己的操守，如果其没有守住自己的操守，那么就是凶的。如果坚守住了自己的道德准则，那么他就是吉的。《象传》说，上六爻这种引诱他人一起喜悦的行为，是内心不够光明正大。俞琰《周易集说》卷二十四："上六以位言，以六居上，得说之正，是兑之正位也，乃俯从所引为说而不已，未足多也，又何光焉。"

涣卦第五十九

☴ 巽上坎下

涣卦在兑卦之后。《序卦传》说："说而后散之，故受之以涣。涣者，离也。"兑卦是喜悦，人生喜悦了，精神自然就舒散轻松了；但如果过度喜悦，人心就容易涣散，所以涣卦实际上是讲人心涣散的时候怎么凝聚人心。

涣卦的卦象是上面是风，下面是水，表示水被风刮了以后涣散开的波纹。《说文解字》讲："涣，流散也。""涣"就是涣散、发散、舒散、散漫的意思。

涣，亨。王假[1]有庙，利涉[2]大川[3]，利贞。

[注释]

1 假：到；通"格"，来临，引申为"感格"。

2 涉：徒步渡水。

3 川：河流。

[译文]

涣卦，亨通，君王用美德来感召神明，才能保住宗庙社稷，有利于渡过大江大河，有利于守持正道。

[解读]

卦辞"王假有庙"已见于萃卦，当时周文王每年都要到岐山去举行祭天的仪式。通过这么一种仪式召集其他的诸侯国都来祭天，这就使人心不至于涣散了，人心就凝聚了。

"利涉大川"已出现多次，人心凝聚了，就能渡过一切困难险阻。朱熹认为，这是一个比喻，是从卦象来说的："以巽木坎水，舟楫之象，故利涉大川。"

孔颖达疏："盖涣之为义，小人遭难，离散奔迸而逃避也。大德之人，能于此时建功立德，散难释险，故谓之为涣；能释险难，所以为亨。……王能涣难而亨，可以至于建立宗庙……德洽神人，可济大难，故曰'利涉大川'。……大难既散，宜以正道而柔集之，故曰利贞。"可见，涣所谓的"涣散"，并非立义于"散乱"，而是兼从对立的角度揭示"散"与"聚"互为依存的关系。

《彖》曰：涣，亨。刚来而不穷[1]，柔得位乎外而上同[2]。王假有庙，王乃在中也。利涉大川，乘木有功也。

[注释]

1 穷：阻塞不通。

2 上同：即同上。

[译文]

《彖传》说，涣卦，亨通。阳刚居住在阴柔中，不会穷困。六四爻居外卦的位置，与九五爻阴阳相合同德。君王用美德来感召神明才能保住宗庙社稷，因为他居正位。有利于渡过大江大河，借助风的便利是有效果的。

[解读]

"刚来而不穷，柔得位乎外而上同"，朱熹认为这是用卦变解释卦辞。《周易本义》："其变则本自渐卦，九来居二而得中，六往居三得九之位，而上同于四，故其占可亨。"阳刚就是指九二爻，渐卦的第三爻阳爻变成了第二爻，取得了中位；而渐卦的第二爻阴爻上升到第三爻，这样第三爻与第四爻都是阴爻，所以亨通。这个解释对于后半句不太适合。

王弼注："二以刚来居内，而不穷于险。四以柔得位乎外，而与上同。内刚而无险困之难，外顺而无违逆之乖，是以亨。"九二爻是下卦坎卦中间一爻，是刚爻处在阴柔当中，本来是艰难、危险的，但由于心中有刚强的信念和信仰，所以不会穷困。六四爻居在外卦，与上面的九五爻同心同德，阴阳相合，所以虽然在形体上有所不同，一个柔一个刚，一个阴一个阳，但是形散而神不散，精神是相通的，所以就亨通。

《彖传》解释说"王假有庙"是因为"王乃在中"。君王指九五爻，不仅居中位，而且也是正位，可以用中正之德来凝聚人心。"乘木有功"，上卦为巽，巽属木，下卦为坎，坎为水，木在水上，有如乘舟而行。巽又为风，船有风助，乘风破浪，加上大家都在同一条船上，同心同德，同舟共济，一定能克服艰难险阻，渡过大江大河，成功到达彼岸。

《象》曰：风行水上，涣。先王以[1]享[2]于帝，立庙。

[注释]

1 以：用来。

2 享：祭祀、供奉。

[译文]

《象传》说，风吹在水面上，就是涣卦之象。君王要通过祭祀天帝，建立宗庙来凝聚人心。

[解读]

"风行水上"，上卦为巽卦，巽为风，下卦为坎卦，坎为水，风吹在水上，水面被风一吹就涣散开来，就有了波纹，这就是涣卦之象。君王看到这样的卦象，就要按照涣卦之道来"享于帝，立庙"。《周易本义》："皆所以合其散。"就是要通过祭祀上帝、祭祀天地来聚合人心，而且要建立宗庙来凝聚人心，因为宗庙是一个凝聚人心的场所。看上去好像是通过建立有形的宗庙来聚合人心，实际上是在说用自己的作为来吸引、凝聚人心。

初六，用¹ 拯² 马壮³，吉。
《象》曰：初六之吉，顺⁴ 也。

[注释]

1 用：介词，表示行为方式。

2 拯：援救，救助。

3 壮：坚实。

4 顺：顺从。

[译文]

初六，借助健壮的良马，来拯救涣散，吉祥。

《象传》说，初六的吉祥，因为顺承九二阳爻。

[解读]

借助着这匹健壮的良马，靠它的拯救才能获得吉祥。《周易本义》："居卦之初，涣之始也。始涣而拯之，为力既易，又有壮马，其吉可知。初六非有济涣之才，但能顺乎九二，故其象占如此。"初六是涣散的开始，是一个阴爻，表示他的力量还不足，比较柔弱，所以要借助健壮的良马来拯济，那健壮的良马就是指上面的九二爻，靠九二的帮助才能避免涣散，获得吉祥。所以《象传》说"初六之吉"是因为"顺也"，是因为顺承上面这匹良马。初六是阴爻，九二是阳爻，阴爻顺承阳爻，一般为吉祥。

九二，涣奔[1]其机[2]，悔亡。

《象》曰：涣奔其机，得愿[3]也。

[注释]

1 奔：赶赴、投向。

2 机：通"几"，几案、条桌，是用来坐的。

3 愿：心愿、愿望。

[译文]

九二，涣散之时及时奔向可以依靠的地方，悔恨就消失了。

《象传》说，涣散之时及时抽身，（悔恨就消失了，）达成了自己的心愿。

[解读]

"机"，马王堆帛书版《周易》中写作"阶"，就是阶梯的阶。这两者都是指可以依靠的地方。王弼注："机，承物者也，谓初也。二俱无应，与初相得，而初得散道，离散而奔，得其所安，故悔亡也。"九二爻看初六爻，好像一张条桌。九二爻上没有正应，所以转而与初六相比，初六是涣散，九二就与他一起奔腾起来。《象传》解释说，这是"得愿也"，九二达成了一种心愿，即和初六相聚合的心愿。这种聚合是阴阳的聚合。《伊川易传》卷四："在涣离之时而处险中，其有悔可知。若能奔就所安，则得悔亡也。机者，俯凭以为安者也。俯，就下也。奔，急往也……涣散之时，以合为安。二居险中，急就于初求安也。赖之如机，而亡其悔，乃得所愿也。"离散之时以合聚为宜。

六三，涣其躬[1]，无悔。

《象》曰：涣其躬，志在外也。

[注释]

1 躬：自身，自己。

[译文]

涣散掉自身（的不良习气），就没有悔恨。

《象传》说，涣散自身（的不良习气），因为志向是在外面的。

[解读]

"涣其躬，无悔"，《周易本义》："阴柔而不中正，有私于己之象也。然居得阳位，志在济时，能散其私以得无悔，故其占如此。"六三爻是阴爻居阳位，又不是正位，象征有不好的习气，阴柔自私。把身上那些不良的习气去除，这样才没有悔恨。《象传》解释说，"涣其躬"是因为"志在外也"。涣散自己身上那些不良的东西、不好的习气，是因为它有志于向外发展。六三爻是下卦坎卦的最高一爻了，坎卦表示危险，它要走出危险，往外发展，进入外卦巽卦里。所以它的志向是要向外发展，把自身不良的东西都涣散掉，然后跟上面的人去聚合，只有这样才能摆脱这个危险。

六四，涣其群[1]，元吉。涣有丘[2]，匪[3]夷[4]所思。
《象》曰：涣其群，元吉，光大[5]也。

[注释]

1 群：同党、同类。

2 丘：通"巨"，大。

3 匪：非。

4 夷：平常。

5 光大：广大。

[译文]

六四,解散朋党,大吉祥。解救小团体凝聚成大团体。(这种做法)不是平常人的思虑所能达到的。

《象传》说,解散朋党,大吉祥,因为品德光明正大。

[解读]

爻辞有不同的理解。

孔颖达疏:"六四出在坎上,已逾于险,得位体巽,与五合志,内掌机密,外宣化命者也。能为群物散其险害,故曰'涣其群'也。……能散群险,则有大功,故曰元吉。然处上体之下,不可自专,而得位承尊,忧责复重,虽获元吉,犹宜于散难之中,有丘墟未平之虑,为其所思……""能散群险而获元吉,是其道光大也。"六四爻脱离了下卦坎卦,已经进入上卦巽卦,巽德柔顺,六四与九五也是阴阳相应,所以六四可以为众人排除困难。如此,发扬了利他的愿望,当然是吉祥的。不过,六四仍处于上卦的最下,仍然需要仰赖于九五爻,所以要居安思危,有陂陀的考虑。

《周易本义》:"居阴得正,上承九五,当济涣之任者也。下无应与,为能散其朋党之象。占者如是,则大善而吉。又言能散其小群以成大群,使所散者聚而若丘,则非常人思虑之所及也。""群"在这里是指小团体,就是要涣散那些小团体,不要结党营私,这样才能获得大吉祥。但解散了小团体,是要凝聚成一个大团体。这种做法不是平常人所能想象的。

六四不是为了一个小团体的利益，而是要凝聚成一个大的团体，所以散中有聚。这说明六四的这种品德是光明正大的。宋代文学家苏洵说，这个"涣其群"的"群"就是"圣人所欲涣以混一天下者也"，而人心涣散的时候，是"各相朋党"，大家都去结党营私，"不能混一"，所以只有六四"能涣小人之私群，成天下之公道"（《朱子语类》卷七十三），这样就大吉大利了。这种理解更好些。

九五，涣汗¹其²大号³，涣王居⁴，无咎。
《象》曰：王居无咎，正位也。

[注释]

1 汗：动词，出汗。

2 其：而。

3 号：号令。

4 居：存积、储存。

[译文]

九五，像挥发身上的汗水一样发布重大的命令，把君王的积蓄及时散发给人民，没有灾祸。

《象传》说，把君王的积蓄及时散发给人民是没有灾祸的，因为九五居中正的尊位。

[解读]

《周易本义》："阳刚中正，以居尊位。当涣之时，能散其号令，与其居积，则可以济涣而无咎矣，故其象占如此。九五巽体，有号令之象。汗，谓如汗之出而不反也。涣王居，如陆贽所谓'散小储而成大储'之意。"九五居尊位，又中又正，是一位王者、领袖，他像发散身上的汗水一样来发布那个盛大的号令，令出必行。九五的品德高尚，又把积聚的财物散掉，恩泽能普施天下，能凝聚人心，自然可以渡过难关。

"涣汗其大号"，还可以有两种理解。一是表示勤劳，为了大众的利益不辞辛苦，所以大汗淋漓。二是孔颖达疏："人遇险厄，惊怖而劳，则汗从体出，故以汗喻险厄也；九五处尊履正，在号令之中，能行号令，以散险厄者也。"

上九，涣其血[1]，去[2]逖出[3]，无咎。

《象》曰：涣其血，远[4]害[5]也。

[注释]

1 血：通"恤"，忧虑。

2 去：消除。

3 逖出：解除忧患和恐惧。逖：用作"惕"，警惕。出：脱离。

4 远：读为去声，表示远离。

5 害：损伤。

[译文]

上九，发散掉忧愁，祛除了内心恐惧，没有灾祸。

《象传》说，发散掉忧愁，因为远离灾害了。

[解读]

"涣其血"意思是解除这个忧虑，离开这个忧患。血去逖出，又见《小畜》六四。"逖"，马王堆帛书《易经》中写为"惕"。上九，这个时候是涣散到极点了，到了最高位了，所以四方又开始聚合了，这叫作物极必反，也就会摆脱在天下涣散时期的那种忧愁，那种恐惧。《象传》说，"涣其血"是因为"远害也"。

《周易本义》："上九以阳居涣极，能出乎涣，故其象占如此。血，谓伤害。逖，当作'惕'，与《小畜》六四同。言涣其血则去，涣其惕则出也。"在天下涣散的时候，百姓的生命财产得不到保障，天灾人祸层出不穷，百姓生活在水深火热之中，人心思变。这时候位居最高的上九刚健有为，担当起了凝聚天下人心、拯救百姓于水火的重任。这个时候四方聚合，天下就归于一统，就不是以前的那种涣散的局面了。因为远离了灾害，百姓也就安居乐业了。

节卦第六十

兑下坎上

[解读]

"节"的繁体字是"節"，竹字头，取竹节是表示制约、节制、节省等意思。《说文解字》中说："节，竹约也。"节卦在涣卦之后，涣卦是涣散、分离了，事物不可能永远分离，要把它节制住，所以节卦恰好是涣卦的颠倒。"节"字的甲骨文像人跪坐的形状，跪坐是古代的一种礼节，所以节后来和礼联系在一起，也就是儒家说的五常仁、义、礼、智、信的礼。《论语·学而》："知和而和，不以礼节之，亦不可行也。"知道了和，但不能按照礼去节制它，也是行不通的。《礼记·曲礼上》说："礼不逾节。"礼是不能逾越规矩的，说明一切都要从礼仪出发，而礼仪是从节制当中来的，所以节卦实际上讲的是节制之道。

节卦的卦象是水泽节，上面是水，下面是沼泽，"为卦下兑上坎，泽上有水，其容有限，故为节"（《周易本义》）。

节，亨，苦[1]节不可贞。

[注释]

1 苦：竭力，尽力，很。

[译文]

节卦，亨通，过分节制是不可以守正持固的。

[解读]

《周易本义》："节固自有亨道矣。又其体阴阳各半而二五皆阳，故其占得亨。然至于太甚，则苦矣，故又戒以不可守以为贞也。"节制了就能亨通，但是过分节制也是不可以守持的。这里说的"节制"实际上是一种适中的调节，若过中了，超过了节制的限度，过分节制了，过犹不及，就成了"苦节"，让人受苦了、吃苦了，像这样的节制是不可以的。

《彖》曰：节，亨，刚柔分而刚得中。苦节不可贞[1]，其道穷[2]也。说[3]以[4]行险，当位以节，中正以通。天地节而四时成，节以制度，不伤财，不害民。

[注释]

1 贞：正。

2 穷：阻塞不通。

3 说：通"悦"。

4 以：连词，则、那么，表示条件关系。

［译文］

《彖传》说，节卦，亨通。刚健柔顺均分且阳爻居中位。过分节制是不可以守正持固的，因为前进的道路已至困穷。喜悦地去节制，在适当的位置节制，遵循中正之道就能亨通。天和地有节度，四季的循环才能形成，按一定的规矩制定典章制度，则不会浪费钱财，伤害百姓。

［解读］

"刚柔分"，如朱熹所注，阳爻和阴爻各占一半。"刚得中"，这是从卦变来说的，节卦由泰卦变来，泰卦九三爻上升到五位，与柔爻聚居在一起，六五爻下降到三位，与刚爻聚居在一起，分离的结果是，刚健、阳刚的九二爻与九五爻都是处于中位，获得中道，这就表示节制的时候都能遵守中道。同时，刚柔相分，也表示礼节是从男女生活中制定出来的，是符合人伦大道的，是合适的。孔颖达疏："坎刚居上，兑柔处下，是刚柔分也。刚柔分，男女别，节之大义也。二、五以刚居中，为制之主，所以得节，节不违中，所以得亨。"

过分节制，令人受苦了，这是不可以的，所以"其道穷也"。应该是"说以行险"，下卦兑卦为"悦"，上卦坎卦为"险"，即号召大家心中喜悦地也就是心甘情愿地去节制，就是九五爻所说的"甘节"，这才有利于调动大家的主动性、积极性，去克服暂时的困难。

"当位以节，中正以通"，居于适当的位置而能节制，行为能够遵循中正之道，这样去做事情、干事业就能够畅通无阻。"天地节而四时成，节以制度，不伤财，不害民"，天地是有节度的，春夏秋冬四季的循环以此形成，君王按照天地的这种节度规矩去制定典章制度，用这些制度来对人的行为进行调节，这样就不会浪费钱财，伤害老百姓了。这里是从天道讲到人道，天道守节度然后四时成，人道守节度，就会保民聚财。

《象》曰：泽上有水，节。君子以制[1]数度[2]，议[3]德行。

[注释]

1 制：订定、规划。

2 数度：法度、制度。

3 议：评论。

[译文]

《象传》说，沼泽上有水，就是节卦之象。君子要以节制之道制定法度，评议道德行为。

[解读]

《象传》说"泽上有水"，下卦为兑卦，兑为泽，上卦为坎卦，坎为水，沼泽上有水，也就是说，这个水是流到沼泽里面了，泽对水有节制的作用，这就是节卦之象。君子看到这样的卦象，就要按照节卦之道来"制数度，议德行"。"数"是一种礼数，"度"是一种法度，"制数度"就是要制定法度、准则。"议德行"就是评议道德行为。制定法规、制度与制定道德准则，两者是相辅相成的，前面偏向于法，后面偏向于德。孔颖达疏："数度，谓尊卑礼命之多少。德行，谓人才堪任之优劣。君子象节以制其礼数等差，皆使有度，议人之德行任用，皆使得宜。"无论是法还是德，都要有一种准则，都是用来规范、节制人们的行为的，只有这样，社会的生活才有序，人们才能过上一种安居乐业的生活。

初九，不出户¹庭²，无咎。
《象》曰：不出户庭，知通³塞⁴也。

[注释]

1 户：单扇门。

2 庭：园宅。

3 通：畅达。

4 塞：阻碍。

[译文]

初九，不跨出庭院小门，没有灾祸。

《象传》说，不跨出庭院小门，因为知道畅通和堵塞的道理。

[解读]

初九，这个时位是节制的开始，所以要慎重，要慎守在家里。"不出户庭"可以引申为不要超过界限。王弼注："为节之初，将整离散而立制度者也，故明于通塞，虑于险为，不出户庭，慎密不失，然后事济而无咎也。"《周易本义》："阳刚得正，居节之初，未可以行，能节而止者也。故其象占如此。""户庭"就好比界限，又可以比喻成言语，言语要谨慎，不要随便地说、不分场合地说。《系辞上传》引用孔子的话："君不密则失臣，臣不密则失身，几事不密则害成，是以君子慎密而不出也。""密"就是节制，也就是说国君如果不节制就会失去大臣，大臣如果不节制就会失去身家性命，如果不能保守机密大事就会遭遇灾祸，所以君子要谨言慎行。

九二，不出门[1]庭，凶。
《象》曰：不出门庭，凶，失时极[2]也。

[注释]

1 门：《一切经音义》"在于宅区域曰门"。
2 极：屋之正中至高处，借指"中"。

[译文]

九二，不走出庭院大门，会有凶险。

《象传》说，不走出庭院大门，会有凶险，因为失去了节制适中的时机。

[解读]

不跨出庭院的大门，会有凶险。王弼注："初已造之，至二宜宜其制矣，而故匿之，失时之极，则遂废矣。故不出门庭，则凶也。"《周易本义》："九二当可行之时，而失刚不正，上无应与，知节而不知通，故其象占如此。"初九的时候，前面有九二的阻挡，道路是不畅通的，所以不能迈出庭院。九二这个时候，道路已经畅通了，九二的前面是六三，六三挡不住它，阴爻挡不住阳爻，所以九二是可以行动的，这个时候再这么节制，那是自己限制自己，就叫自限其门，自断其路，这样就会有凶险。《象传》解释说，"不出门庭，凶"，是因为"失时极也"，是说失去了这个节制适中的时机。九二爻是中爻，但是阳爻居阴位，丧失了刚健之德，上与九五又不是正应，所以失去了中正，失去了时机，没有走出门庭。说明过分拘泥、节制，就不符合时势了，是自限其门、自断其路，会有凶险。《伊川易传》卷四："失时，失其所宜也。"

六三，不节若¹，则嗟²若³，无咎⁴。

《象》曰：不节之嗟，又谁咎也。

[注释]

1　若：句尾助词，没有实际意义。

2　嗟：感慨，叹息。

3　若：相当于"然"，某某样子。

4　咎：责备，追究罪过。

[译文]

六三，没有把握节制尺度，而叹息后悔，但没有抱怨。

《象传》说，没有把握节制尺度，而叹息后悔，又怪罪谁呢？

[解读]

这个爻辞有两种理解。

王弼注："以阴处阳，以柔乘刚，违节之道，以至哀嗟。自己所致，无所怨咎，故曰无咎也。"《周易本义》："阴柔而不中正，以当节时，非能节者，故其象占如此。此'无咎'与诸爻异，言无所归咎也。""不节若"就是说不能节制，以至于感叹后悔。六三，处于下卦兑卦的最高位，下面乘着的是两根阳爻，好像是一个柔弱的人踩在两个刚健人的头上，是不节制、为所欲为的意象。如果继续下去肯定会有灾祸。

　　张载《横渠易说》卷二："处非其位，失节也；然能居不自安，则人将容之，故'无咎'。"吴澄《易纂言》卷二："六三不中正，虽或有不节之事，然居泽之上，有所限止，而兑口有能嗟之象,三节而能嗟与泰侈而不自知其非者异矣。"就是说，六三虽然不能节制，但是如果这个时候自己感叹、叹息、后悔，觉得自己做得不对，那么就能免除灾祸。六三爻有一层意思没有明说，当是题中应有之义，那就是感叹、后悔之后的补救行为。"亡羊补牢，为时未晚"，趁损失还没有大到无法弥补的地步，要行动起来，努力补救，这样才可能挽回损失。

六四，安[1]节，亨。
《象》曰：安节之亨，承[2]上道也。

[注释]

1 安：平静，恬适。
2 承：蒙受、接受。

[译文]

　　六四，安然自得地节制，亨通。
　　《象传》说，安然地实行节制，因为顺应九五尊道。

[解读]

六四，安然自得地奉行这个节制，这样就会亨通。《周易本义》：“柔顺得正，上承九五，自然有节者也。”六四爻已经进入上卦，是阴爻居阴位，位置得当，六四的节制是出自内心的而不是被逼迫的，这里它很安然地实行节制，安然地上承着九五爻，它的节制完全是顺应九五之尊。所以《象传》解释说“承上道也”。《伊川易传》卷四：“上承九五刚中正之道以为节，足以亨矣。”

九五，甘节[1]，吉，往有尚[2]。
《象》曰：甘节之吉，居位中[3]也。

[注释]

1 甘节：以节制为乐事。甘：乐意、情愿、自愿。

2 尚：支持，帮助。

3 中：中正，指正确。

[译文]

九五，心甘情愿地节制，吉利，前行有嘉奖。

《象传》说，心甘情愿地节制之所以吉利，因为居守中正之位。

［解读］

"甘节"和卦辞中的"苦节"形成鲜明对比，这里是自觉自愿地、快乐地节制。王弼注："当位居中，为节之主不失其中，不伤财，不害民之谓也。为节之不苦，非甘而何？术斯以往，往有尚也。"九五爻居最尊位，既守中，又得正，因此这个时候的节制当然是一种最甘美适中的节制。俞琰《周易集说》卷二十四："节贵乎中，中则无过，无不及。"《论语》中说："礼之用，和为贵。"如果人人都觉得依据礼节来做很甘美，很乐意，那么这个礼就产生作用了，就能达到和美的境界了。因此，九五爻所说的是实行节制、礼节所达到的最高境界。心甘情愿地实行节制，就会吉利、吉祥，继续前进的话，一定会受到尊重、崇尚。

上六，苦节，贞[1]凶，悔亡。

《象》曰：苦节，贞凶，其道穷[2]也。

［注释］

1　贞：做副词，肯定。

2　穷：事物到头了。

［译文］

上六，过分的节制会带来痛苦，坚持下去有凶险，及时觉悟悔恨才会消亡。

《象传》说，过分的节制会带来痛苦，坚持下去还会有凶险，因为上六节制道路走到了尽头。

[解读]

"苦节"已见于卦辞。过分的节制给自己带来了巨大的痛苦，这是一种痛苦不堪的节制，说明节制的制度和礼仪已经超过了人心所能承受的限度。王弼注："过节之中，以致亢极，苦节者也。以斯施人，物所不堪，正之凶也。以斯修身，行在无妄，故得悔亡。"《周易本义》："居节之极，故为苦节。既处过极，故虽得正，而不免于凶。然礼奢宁俭，故虽有悔，而终得亡之也。"上六，处于节卦的最高一位，表明节制已经走到头了。用来待人处事，则会刻薄压榨，让人苦不堪言，进而引起反抗。放弃这种节制，悔恨就会消亡。如果用这种坚贞的态度来修身，则是有利的。"贞凶"，这里也可以理解为守正防凶，有节制地守持正道，就不会有悔恨。

中孚卦第六十一

兑下巽上

[**解读**]

"中孚"的意思是心中要诚信。《序卦传》说："节而信之，故受之以中孚。"有了节制就要保持一颗诚信之心，所以节卦之后就是中孚卦。《说文解字》说："卵孚也。从爪从子。一曰信也。"徐锴注："鸟之孚卵，皆如其期，不失信也。鸟褎恒以爪反复其卵也。"如鸟抱卵之象。朱熹《朱子语类》卷二十七说："孚字从爪从子，如鸟抱子之象，今之乳字，一边从孚，盖中所抱者，实有物也，中间实盛物，所以人自信之。"中间抓着一个实实在在的东西，是可信的，"孚"就是诚信的意思。"中"指心中。中孚卦的卦象特别有意思，上下各有两根阳爻，中间是两根阴爻，上下都是实的，中间是空的。表示心中的谦虚、包容、诚信，以及信仰。

中孚，豚[1]鱼吉，利涉[2]大川，利贞。

[注释]

1 豚：小猪。

2 涉：徒步渡水。

[译文]

中孚卦，心中诚信可以感化猪和鱼，是吉祥的，有利于渡过大江大河，有利于守持正道。

[解读]

孔颖达疏："鱼者，虫之幽隐。豚者，兽之微贱。人主内有诚信，则虽微隐之物，信皆及矣。莫不得所而获吉，故曰'豚鱼吉'也。……既有诚信，光被万物，万物得宜，以斯涉难，何往不通？故曰'利涉大川'。信而不正，凶邪之道，故利在贞也。"心的诚信能使小猪、小鱼儿这些弱小、微小的事物都受到感动，表示感动感化的面很广，所以有利于渡过大江大河的险难，有利于守持正道。汉代大学者刘向曾说，如果君主能用他的诚信来感化百姓，天下一定会受到感化。比如尧和舜，"荒外从风，凤麟翔舞，下及微物，咸得其所"（《新序·杂事》），像荒野上吹来了风，它是无所不至的，也像凤鸟在翩翩起舞，各种微小的事物都会受到感化。就像中孚卦的卦象——风泽中孚，沼泽上刮着风。这个风无所不至，什么地方都能吹到，意思是说诚信能把万事万物都感化。

《彖》曰：中孚，柔在内而¹刚得中，说²而巽³，孚乃化⁴邦⁵也。豚鱼吉，信及⁶豚鱼也。利涉大川，乘木舟虚也。中孚以利贞，乃应⁷乎天也。

[注释]

1 而：连词，表示并列。

2 说：通"悦"。

3 巽：卑顺、谦恭。

4 化：教化。

5 邦：封国。

6 及：到达。

7 应：顺应。

[译文]

《彖传》说，中孚卦，柔爻居内，刚爻得居中正位，喜悦而和顺，诚信之德可以教化国家。心中诚信可以感化猪和鱼，之所以吉祥，是因为诚信都遍及了猪和鱼。可利于渡过大江大河，乘大船行水上，畅通无阻。心中诚信有利于守持正道，是因为顺应了天道。

[解读]

这是以卦体、卦德、卦象解释卦名和卦辞。

《周易本义》："为卦二阴在内，四阳在外，而二、五之阳，皆得其中。以一卦言之为中虚，以二体言之为中实，皆孚信之象也。又，下说以应上，上巽以顺下，亦为孚义。豚鱼，无知之物。又，木在泽上，外实内虚，皆舟楫之象。至信可感豚鱼，涉险难，而不可以失其贞。"

整个卦象，最中间的两根爻即三爻、四爻是阴爻，是柔爻，而刚健之爻即二爻和五爻，又居于上下卦的中间，表明诚信是从内心发出来的，既柔顺又刚健自信。"说而巽"，下卦兑卦为喜悦，上卦巽卦为谦逊、柔顺，就是上下都喜悦，都和顺，这样的诚信之德，自然可以教化天下百姓。使小猪、小鱼儿都受到感化了。"信及豚鱼也"，何楷注："俗谓江豚，泽将有风则浮出水面。有南风则口向南，有北风则口向北。舟人称为风信。"又注："信及豚鱼者，犹言信如豚鱼，非谓信暨及乎豚鱼也。物有至信于天，况乎人乎？"说明豚鱼守信，人更应该节制过偏、信守中道。"乘木舟虚"，上卦巽为木，下卦兑为泽，其意象是乘着木舟，这个舟当是空的，舟行在水上，是那样的畅通无阻。

"中孚以利贞，乃应乎天也"，心中诚信，又能守持正道，这就应合了天道诚信不虚的美德，达到天人相应。天德对万事万物都是一样的，都是诚信的，它没有偏私，也没有虚假，所以这个卦象既符合天道又符合人道。

曾国藩曾对中孚卦做过一番非常好的解释，他说："人必中虚，不着一物，而后能真实无妄。"意思是人必须内心空虚，不执着于一点私心杂念，才能真实、诚信。什么是"实"

呢？"实"就是"不欺之谓也"，也就是不欺骗人。曾国藩说："人之所以欺人，所以自欺者，以心中别著私物也。"人们之所以去欺骗别人、欺骗自己，就是因为心中太执着，有私心杂念；而"不欺"，就是真实，没有私心杂念，这就是"天下之至诚"，也就是"天下之至虚"，真实就是空虚。什么是"虚"呢？曾国藩又说："灵明无着，物来顺应，未来不迎，当下不杂，既过不恋。"这就是至虚、至诚。这几句非常有名，意思是心中要非常明亮、虚空，没有牵挂，事情没有来的时候不要主动去寻求它，事情来的时候就顺应它，当下要一心一意、心无杂念，事情过去的时候就不要再去想它，这就是空虚、真诚。

《象》曰：泽上有风，中孚。君子以议¹狱²缓死。

[注释]

1 议：评论。

2 狱：监狱；打官司。

[译文]

《象传》说，风吹在沼泽上，为中孚之卦象，君子审慎断狱，从缓执行死刑。

[解读]

孔颖达疏："风行泽上，无所不周，其犹信之被物，无所不至……中信之世，必非故犯过失为辜，情在可恕，故君子以议其过失之狱，缓舍当死之刑也。"下卦为兑卦，兑为泽，上卦为巽卦，巽为风，沼泽上、大泽上吹拂着和风，风吹在沼泽上，无所不至，这就好比我们的诚信也要遍及外物，也要无所不至，这就是中孚卦之象。另外，这个风是春风，它能够使万事万物得到复苏。君子看到这样的卦象，就要按照中孚卦之道来"议狱缓死"，君子心中要诚信，在审案判决前要充分地讨论复查以防冤屈；对判处死刑的人也要从缓执行，尽可能地给予减刑并使之从善。在断案的时候也要像风吹泽岸那样，要秉公执法，不能徇私情，要讲诚信，同时又要像和风吹拂那样，要宽缓，要有恻隐之心，这两者是相辅相成的。

初九，虞[1]吉，有它[2]不燕[3]。
《象》曰：初九虞吉，志[4]未变也。

[注释]

1 虞：同"娱"，安乐。

2 它：意外，别的缘故。

3 燕：《集韵》"与宴通。安也，息也"。

4 志：意向、抱负。

[译文]

初九，安守住诚信，如果别有他求就会不得安宁。

《象传》说，初九，安守住诚信，因为初九心志没有改变。

[解读]

《周易本义》："当中孚之初，上应六四，能度其可信而信之，则吉。复有他焉，则失其所以度之之正，而不得其所安矣。"初九，要全心全意地，没有一点私心地，平稳地、平安地守住这个诚信，那就是吉祥了，如果有一点点的私心杂念，有一点点的其他需求，那就不诚信了。这个初九是诚信的开始，它呼应的是四爻，阴阳互应，所以是吉祥的。

《象传》说，"初九虞吉"是因为"志未变也"。初九阳爻居阳位，位正，意志非常刚强，守信守得很稳，这种信守诺言的心志不会改变。俞琰《周易集说》卷二十四："象辞云'利贞'，谓中孚之道当固守以正也。今以九居初，正也，正则其志专一而与四相应，盖未变也。家人之初九亦言志未变，皆示人以慎始之道也。"

九二，鸣鹤在阴[1]，其子和[2]之。我有好爵[3]，吾与尔靡[4]之。

《象》曰：其子和之，中心愿[5]也。

[注释]

1 阴：山的北面。也通"荫"，树荫。

2 和（hè）：和谐地跟着唱。

3 爵：古代酒器，即酒杯，代指酒。

4 靡：共享，同享。

5 愿：愿望。

[译文]

九二，仙鹤在山的北面鸣叫，它的同类跟它声声应和。我有甜美的好酒，想和你一起分享。

《象传》说，它的同类跟它声声应和，因为发自心中的真诚意愿。

[解读]

王弼注："处内而居重阴之下，而履不失中，不徇于外，任其真者也。立诚笃至，虽在暗昧，物亦应焉，故曰'鸣鹤在阴，其子和之'也。不私权利，唯德是与，诚之至也，故曰'我有好爵'，与物散之。"《周易本义》："九二，中孚之实，而九五亦以中孚之实应之，故有鹤鸣子和、我爵尔靡之象。鹤在阴，谓九居二。好爵，谓得中。靡与縻同。言懿德人之所好，故好爵虽我之所独有，而彼亦系恋之也。"九二爻刚好是处在两个阴爻的下面，所以用"在阴"来比喻。九二爻居中位，与之呼应的九五爻也是阳爻，是同类。"其子和之"的"子"，就是指它的同类九五爻。它的同类跟它声声应和。九二有甜美的美酒，想和九五一起来共享。比喻自己以诚待人，则人亦以诚相应。九二，仙鹤一唱一和，这个景象非常美，一唱一和靠的是诚信之德，九二与九五都居中位。《象传》解释说，"其子和之"是因为"中心愿也"。因为这是发自心中的真诚意愿。只要心中真正的真诚，即使很远，也仍然能够相互呼应，程颐认为这里说的是一种"至诚感通之理"。俞琰《周易集说》卷二十四说："真诚相孚，此中心所愿也。"

六三，得敌，或鼓¹或罢²，或泣³或歌。

《象》曰：或鼓或罢，位不当也。

[注释]

1 鼓：击鼓追击。

2 罢：同"疲"；停战，收兵。

3 泣：小声哭。

[译文]

六三，面对强大的敌人，有时击鼓进攻，有时疲惫后退；有时失败哭泣，有时放声高歌。

《象传》说，或击鼓进攻，或疲惫后退，因为六三爻居位不正。

[解读]

《周易本义》："敌，谓上九，信之穷者。六三，阴柔不中正，以居说极，而与之为应，故不能自主。而其象如此。"一会儿哭泣，一会儿又唱歌，说明六三的心理状态不太稳定，缺乏沉着应对的能力，在这一卦里，比喻缺乏诚信。《象传》说"位不当"。六三是阴爻居阳位，居于下卦的最高位，不正也不中。俞琰《周易集说》卷二十四："六三居不当位，心无所主，故或鼓或罢而不定。"这意味着六三意志不坚定，诚信不足，所以导致这种犹豫不决、不稳定的心理状态，进而导致言语、行动的无常。

六四，月几望¹，马匹²亡³，无咎。
《象》曰：马匹亡，绝⁴类⁵上也。

[注释]

1 几望：帛书《周易》作"既望"。既望，指阴历十六至二十三日。

2 匹：配合。

3 亡：跑掉，失去。

4 绝：割断，杜绝。

5 类：相似，此处指应和。

[译文]

六四,月亮接近圆满的时候,良马失去了原配,没有灾祸。

《象传》说,良马失去了原配,因为六四断绝匹配,专心上承九五。

[解读]

此爻的"匹"有不同理解。一是王弼注:"'马匹亡'者,弃群类也。若夫居盛德之位,而与物校其竞争,则失其所盛矣,故曰绝类而上,履正承尊,不与三争,乃得无咎也。""类谓三,俱阴爻,故曰类也。"孔颖达、俞琰等赞同此说,认为"匹"说的是六三爻,六三爻与六四爻都是阴爻,是同类。"绝类"即断绝了它的同类。

二是"匹"指初爻与四爻阴阳相配。断绝了它的匹配初九爻。《周易本义》:"六四,居阴得正,位近于君,为月几望之象。马匹,谓初与己为匹,四乃绝之,而上以信于五,故为马匹亡之象。"六四这匹良马断绝了与自己的配偶初九爻相应,而去顺从上面的九五爻。六四爻是柔爻居阴位,正而不中,所以它应该上承着九五这根阳爻,这样才能得中。它不能太满足,要虚心,要专心致志地侍奉九五爻,不可以分心去响应初九,只有与初九相隔绝,它才能无咎。《象传》说"绝类上也",是六四上承着九五爻。《伊川易传》卷四:"绝其类而上从五也。类,谓应也。"总之,六四是臣位,九五是君位,六四对九五很顺从,很讲诚信,尽管有同伴在呼唤它，它也丝毫不为其所动，并毫不犹豫与其断绝关系，这就是六四的诚信之道。

九五，有孚挛如[1]，无咎。

《象》曰：有孚挛如，位正当也。

[注释]

1 挛如：捆得紧紧的样子。挛：互相牵系。

[译文]

九五，用诚信来维系着天下人，没有灾祸。

《象传》说，用诚信来维系着天下人，因为九五爻居位是中正妥当的。

[解读]

九五，用诚信来维系着天下人的心。《周易本义》："九五，刚健中正，中孚之实，而居尊位，为孚之主者也。下应九二，与之同德，故其象占如此。"九五阳爻居阳位，又在上卦的中位，位尊贵，说明九五位尊权重，而且品德很高尚，有中正之德，这样的人自然有至诚至信之心，用这样的心去维系天下人的心，就会得到天下人心的归顺。

上九，翰音¹登于天，贞，凶。

《象》曰：翰音登于天，何²可³长⁴也。

[注释]

1 翰音：鸡。翰：做名词，指长而坚硬的羽毛；做动词，指高飞。

2 何：哪里，表示反问。

3 可：能够。

4 长：长久。

[译文]

上九，飞鸟的鸣叫声响彻天际，坚持如此，有凶险。

《象传》说，飞鸟的鸣叫声响彻天际，怎么可能长久呢？

[解读]

"翰音"有两种解释，卦辞也有两种理解。

王弼注："翰，高飞也。飞音者，音飞而实不从之谓也。居卦之上，处信之终，信终则衰，忠笃内丧，华美外扬，故曰'翰音登于天'也。翰音登天，正亦灭矣。"鸟的叫声可上达于天，而鸟仍旧在地面，比喻居非其位而名不副实。

《周易本义》："居信之极，而不知变，虽得其贞，亦凶道也。故其象占如此。鸡曰翰音，乃巽之象。居巽之极，为登于天。鸡非登天之物，而欲登天，信非所信，而不知变，亦犹是也。"《礼记·曲礼》上也说"鸡曰翰音",《周易集解》上面说 "鸡称翰音"。鸡是不能飞到天上去的,现在却想着飞到天上,说明心中的理念不真实,所以是凶象。

上九居中孚之极,表示诚信已到达最高位了,就是说坚持诚信已经到极点了,物极必反,不可能再继续保持下去了。这时候的诚信实际上已经开始衰退了,但为了掩饰自己,于是就像飞鸟飞到天上去高歌、鸣叫,去宣扬自己的诚信。越是口口声声地说自己有诚信的人,就越有可能没有诚信,越应该对其提高警惕。

小过卦第六十二

震上艮下

[解读]

小过就是有小小的过越。北宋理学家程颐说："小者，过其常也。"意思是小过卦是超过了正常。小过卦是前面中孚卦的对卦，也叫错卦，两卦的阴爻和阳爻恰好相反。六十四卦分三十二组，每一组前、后两卦中后一卦是前一卦的反卦，也叫覆卦、综卦。而中孚卦颠倒之后还是中孚卦，这时候就要变。它的六根爻全部变成阴阳相对的爻，也就是阳爻变阴爻，阴爻变阳爻，就构成了小过卦。

小过卦的卦象，中间两根阳爻，上下各有两根阴爻。阴爻超过了阳爻，一般是阳为大阴为小，这就说明小的超过大的，所以它是小过。一说到小过卦，会联想到大过卦，中间四根阳爻，上下各一根阴爻，阳刚过盛，阳刚为大，所以叫大过。大过卦是第二十八卦，是上经的倒数第三卦；小过卦是第六十二卦，是下经的倒数第三卦。相比较而言，大过卦讲的是大的过越，小过卦讲的是小的过越。小过卦好比是一只鸟，中间两根阳爻是鸟的身体，上下各两根阴爻是鸟的翅膀，所以小过卦的卦爻辞大多是用飞鸟作比喻的。

《序卦传》说:"有其信者必行之,故受之以小过。"也就是说,坚守诚信的人,一定要果断地去实行、施行,可能会稍有过度,所以中孚卦之后就是小过卦。小过卦阐明事物有时必须"小有过越"的道理。全卦的宗旨,一是此理必须用在处置"柔小之事",二是"过越"的本质体现为谦恭卑柔。

项安世《周易玩辞》卷十六:"大过则逾越常理甚矣,故必至于陷,小过则或可以济事,故有济而无陷也。大过训动,小过训行,明过皆经越之义,非过失之过矣。"

小过,亨,利贞。可[1]小事,不可大事。飞鸟遗[2]之音,不宜上,宜下,大吉。

[注释]

1 可:适宜。

2 遗:读 yí,见《周易正义》,残存;读 wèi,见《周易大传今注》,给予。

[译文]

小过卦,亨通,有利于守持正道。可以做寻常的小事,但不可以涉足天下大事。飞鸟留下哀鸣,不适宜往上飞,适合于往下飞,会大大吉祥。

[解读]

"小事"就是普普通通的日常小事，"大事"是指经天纬地的军国大事。孔颖达疏："小有过差，惟可矫以小事，不可正以大事……'飞鸟遗其音声，哀以求处'。过上则愈无所适，过下则不失其安，以譬君子处过差之时，为过厚之行，顺而立之则吉，逆而忤鳞则凶……遗，失也。鸟之失声，必是穷迫，未得安处。《论语》曰：'鸟之将死，其鸣也哀。'故知遗音即哀声也。"小过卦的时候，不是建功立业的好时机，当务之急是韬光养晦、保存实力。整个小过卦都主张要谦虚，要柔弱，要居下，要居小。这一点为老子所发挥。《道德经》第五十二章说："见小曰明，守柔曰强。"能够抓住细小的东西，能够守住柔弱的东西，那是一种智慧、聪明。《道德经》第三十二章说："道常无名，朴，虽小，天下莫能臣。"这个道虽然很小，但是天下人没有能够支配它的。《道德经》第六十三章又说："是以圣人终不为大，故能成其大。"守住小的目的，是为了实现大的成就。老子还主张要往下，要处下，《道德经》第六十六章说："江海所以能为百谷王者，以其善下之也，故能为百谷王。"可以说这是对小过卦思想的最好诠释。

《彖》曰：小过[1]，小者过而亨也。过以[2]利贞，与时行[3]也。柔得中，是以[4]小事吉也。刚失位而不中，是以不可大事也。有飞鸟之象焉。飞鸟遗[5]之音，不宜^{6}上，宜下，大吉，上逆而下顺也。

[注释]

1 过：超出，胜出。

2 以：连词，则、那么，表示条件关系。

3 行：行动，实行。

4 是以：以是，因此。

5 遗：读 yí，见《周易正义》，残存；读 wèi，见《周易大传今注》，给予。

6 宜：合适，适宜。

[译文]

《象传》说：小过卦，寻常的小事有点过度，反能亨通。有点过度，反能亨通，是因为与时偕行。阴柔得处中位，所以做寻常小事吉祥。阳刚迷失了位置且居位不中正，所以不可以干大事。小过卦就像一只飞鸟，飞鸟飞过留下哀鸣，不宜往上飞，而是适合于往下飞。之所以大大吉祥，是因为上走违背大道，下走才顺承了大道。

[解读]

这是以卦象解释卦名卦辞。《周易本义》："可小事，不可大事。小，谓阴也。为卦四阴在外，二阳在内，阴多于阳，小者过也。既过于阳，可以亨矣。然必利于守贞，则又不可以不戒也。卦之二五，皆以柔而得中，故可小事。三四皆以刚失位而不中，故不可大事。卦体内实外虚，如鸟之飞，其声下而不上，故能致飞鸟遗音之应，则宜下而大吉，亦不可大事之类也。""小"，字面上看，指寻常的小事方面，做得有点过度了；从卦象上看，指阴爻，阴爻多于阳爻。柔爻得中位，阴柔居中，即六二与六五爻同时居上下卦的中位，柔爻为小，所以有利于去做那些柔小之事。程颐《伊川易传》卷四："又阴居尊位，阳失位而不中，小者过其常也。盖为小者过。""与时行"，这是一种戒语，是说必须与时偕行，是适合于一定时机的行为，而不是随意妄为的。孔颖达疏："此释利贞之德，由为过行而得利贞。然矫枉过正，应时所宜，不可常也。"还是要崇尚刚健中正之德，但作为刚健之爻的九三与九四爻，这两根阳爻都不在中位上，所以不可以干大事。整个小过卦就像一只飞鸟，中间的两根阳爻是鸟的身子，上下四根阴爻好比鸟的翅膀。飞鸟飞过留下了悲哀的鸣叫声，这时候它不能再往上飞了，适合于往下飞，这样才能大吉大利，因为往上走它是违背了大道的，往下走是符合大道的，往下做小事情才是安顺的，吉利的，往上走就会遇到阻碍。孔颖达疏："此就六五乘九四之刚，六二承九三之阳，释所以'不宜上，宜下，大吉'之义也。上则乘刚而逆，下则承阳而顺。""上逆"的这个"上"可以看作第五爻，第五爻是一根阴爻，它下面是一根阳爻，阴爻踩在阳爻的上面，这是不符合正道的。"下顺也"，这个"下"是指第二爻，第二爻在初六阴爻上，又在九三阳爻的下面，阴爻承阳爻，这是符合常道的。"上逆"，就是说一个人要行大志、做大事，在小过的时位绝对不行，时机还不成熟，前方肯定会有重重艰难险阻，想做也做不成。聪明的选择是依据"下顺"，不妨先做些小事情，这样才顺时顺势，一帆风顺。《周易大传今注》："《小过》之卦象是鹄飞过山上，予人以音，向上飞则人不闻，逆乎人之要求，向下飞则人闻之，顺乎人之要求。"

《象》曰：山上有雷，小过。君子以[1]行[2]过乎[3]恭[4]，丧过乎哀，用[5]过乎俭。

[注释]

1 以：用来。

2 行：行动，举动。

3 乎：介词，相当于"于"。

4 恭：尊敬，谦和。

5 用：花费，行事。

[译文]

《象传》说，雷声在山的上面，就是小过卦之象。君子的行动超过一般的恭敬，丧事超过一般的悲衰，平常的花费要比一般的更节俭。

[解读]

"山上有雷"，下卦为艮，艮为山，上卦为震，震为雷。《周易本义》："山上有雷，其声小过。三者之过，皆小者之过。可过于小，而不可过于大，可以小过，而不可甚过。象所谓可小事而宜下者也。"雷本来应该是在天上，现在却在山的上面，这就说明雷响的声音非常大，已经超过了平常，超过了常规，这就是小过卦之象。君子看到这样的卦象，就要按照小过卦之道来"行过乎恭，丧过乎哀，用过乎俭"。一是日常的行动，二是办丧事，三是日常的消费，都比平时要超过一些，具体就是要更加恭敬、悲哀、节俭一些。对这种谦恭柔顺的做法，朱熹在《朱子语类》卷四中解释说："小过是过于慈惠之类，大过则是刚严果毅底气象"，这三件事情，"皆是过于小，后退一步，自贬底意思"。孔子说："人非圣贤，孰能无过。"小事是可以过的，但是这个过是要往下过，不可以往上过，就像上面说的，恭敬的时候超过了一般的恭敬，悲哀的时候超过了一般的悲哀，节俭的时候超过了一般的节俭，都是往下过，这都是后退的；如果反过来，进一步的，比如说你太怠慢了，太兴奋了，或者说太奢侈了，这些都是往上过，造成的后果就会是凶险的。《周易大传今注》："君子观此卦象及卦名，从而谨言慎行，力求无过，其所过者，只是行过于恭，则失之谄媚，居丧过于哀，则失之毁身，用财过于俭，则失之吝啬，亦皆是小错误。然而不为有罪，不致触刑。"

初六，飞鸟以¹凶。

《象》曰：飞鸟以凶，不可²如何³也。

[注释]

1　以：在于、处于。

2　可：能够。

3　如何：怎么样，无可奈何。

[译文]

初六，飞鸟一直往上飞，会有凶险。

《象传》说，飞鸟一直往上飞，会有凶险，知道不可以又能如何呢？

[解读]

"飞鸟以凶"这句话乍看上去没头没脑的，飞鸟为什么就凶险了呢？"不可如何也"就是说飞鸟不知道该怎么办好了，无可奈何，听起来似乎还是有些莫名其妙。王弼注："小过，上逆下顺，而应在上卦，进而之逆，无所错足，飞鸟之凶也。"《周易本义》："初六阴柔，上应九四，又居过时，上而不下者也。"小过卦的卦辞说"不宜上，宜下"，就是说，这个时位是不利于振翼高翔的，要明智地选择低飞，最好不要往高处去。而初六爻刚刚起步，又是阴爻，力量各方面的准备还很不充分，最要命的是这只鸟还犯着糊涂，不知道怎么办了，不知道自己的实力，不晓得自己的品性，更没有自己明确的主意，只是一味依着鸟的天性，把近阔高远的天空当作自己永恒的向往和追逐目标。就这么晕头转向、漫无目的地向高处乱飞，不遇到凶险才怪。再从爻位上分析，初六爻阴爻居阳位，不中又不正，而且上面还有六二爻的阻挠，一切条件都对它不利，所以它要想不凶险就只能乖乖待在下面。但是初六与九四是正应，它受到九四的呼应，所以它就不知所措了。初六爻这个位置，需要甘居人下，不能头脑发昏，做出糊涂事来。否则不但不能振翼而起，其结果必然是铩羽而归。

六二，过¹其祖²，遇³其妣⁴，不及⁵其君，遇其臣，无咎。

《象》曰：不及其君，臣不可过也。

[注释]

1 过：超越。

2 祖：祖父；开始、开创者。

3 遇：相逢，契合。

4 妣：已故的母亲，也可以指祖母和祖母辈以上的女性祖先。

5 不及：赶不上，有缺点。

[译文]

六二，超过了祖父，遇到了祖母；没有超过君主，遇见大臣，没有灾祸。

《象传》说，没有超过君主，因为臣子不可以超过君主。

[解读]

此爻辞有不同理解。

王弼注："过而得之谓之遇，在小过而当位，过而得之之谓也。祖，始也，谓初也。妣者，居内履中而正者也。过初而履二位，故曰'过其祖'而'遇其妣'。过而不至于僭，尽于臣位而已，故曰'不及其君，遇其臣，无咎'。"这是以"初"和"妣"作为比喻，六二爻越过了初六，现在是又中又正，柔顺得中。虽然处于"过"的情形下，它还是居于臣位，所以并未太过，没有灾祸。

《周易本义》："六二柔顺中正，进则过三四而遇六五，是过阳而反遇阴也。如此，则不及六五而自得其分，是'不及君'而适'遇其臣'也。皆过而不过，守正得中之意，'无咎'之道也。"六二，以祖父祖母、君主大臣作比喻，祖父是九四爻，祖母是六五爻，君主是六五爻，大臣是九三、九四爻。六二爻又中又正，柔顺适中，所以这时做事情是最合适的。它如果超过九三、九四爻，遇到的是六五爻，就是说六二爻是阴爻，越过阳爻，遇到的还是同类阴爻，即便遇到六五爻，六二爻还是安分守在自己柔中得正的位置上。《象传》解释说，六五爻同时又是君主，不能超过君主，而要和大臣相互遇合。就是说六二爻并没有越出自己的本分，柔顺得中。

九三，弗¹过防²之，从³或戕⁴之，凶。
《象》曰：从或戕之，凶如何也。

[注释]

1 弗：不。

2 防：戒备。

3 从：跟随，依顺；也通"纵"，放纵、听任。

4 戕：伤害。

[译文]

九三，不愿意过分防备，随从别人就会受到迫害，就会有凶险。

《象传》说，随从别人就会受到迫害，这是何等的凶险。

[解读]

此爻辞难以理解。"弗过防之，从或戕之"，指九三恃强防备不足则将会受人伤害，至于伤害来自哪里，说法不一。

孔颖达疏："小过之世，大者不能立德，故令小者得过，九三居下体之上，以阳当位，不能先过为防，至令小者或过。上六小人最居高显，而复应而从焉。其从之也，则有残害之凶至矣，故曰弗过防之。'从或戕之，凶'者，《春秋传》曰：'在内曰弑，在外曰戕。'然则戕者皆杀害之谓也。言'或'者，不必之辞也。谓为此行者，有幸而免也。"九三爻追随的是上六爻。上六爻居于最高位，却是根阴爻，是个阴险的小人形象。九三爻是阳刚之爻处于下卦的最高位，在追随上六这个小人的过程中，自恃自身的阳刚和强盛，往往会对上六疏于防范，甚至连一丝防范之心都没有，这样一来，上六爻稍微用些手段，猝不及防的九三就会横遭戕害。《象传》说"凶如何也"，凶险的程度还非常严重，虽然所处的时位是小过卦，也无法避免这种巨大的凶险。近人尚秉和《周易尚氏学》则认为九三如应上六，"则四或害之也"。

《周易本义》："小过之时，事每当过，然后得中。九三以刚居正，众阴所欲害者也。而自恃其刚，不肯过为之备，故其象占如此。若占者能过防之，则可以免矣。"处于"小过"的形式下，九三爻以刚正自居，引起阴爻对它的伤害。九三爻又不对它们加以防范，所以凶险严峻。

九四，无咎，弗过，遇[1]之，往[2]厉[3]必戒[4]，勿用[5]永[6]贞[7]。

《象》曰：弗过，遇之，位不当也。往厉必戒，终[8]不可[9]长[10]也。

[注释]

1 遇：相逢，契合。

2 往：到……去，前行。

3 厉：祸患、危险。

4 戒：警惕。

5 勿用：不利于。

6 永：恒久、久远。

7 贞：坚定不移。

8 终：终究，到底。

9 可：能够。

10 长：长久。

[译文]

九四，没有灾祸，不过分刚强就能遇到相合之人。前进会有危险，必须戒备，不可以一成不变。

《象传》说，不过分刚强就能遇到相合之人，因为位置不正当。前行会有危险，必须戒备，终究不能长久保持。

[解读]

《周易本义》："当过之时，以刚处柔，过乎恭矣，无咎之道也。弗过遇之，言弗过于刚而适合其宜也。往则过矣，故有厉而当戒；阳性坚刚，故又戒以勿用永贞。言当随时之宜，不可固守也。"九四爻是刚爻，阳爻处阴位，说明它不过分的刚强，处柔居下，所以能遇到初六阴柔之爻，能和初六相呼应，得到阴柔之爻的支持。如果它过于刚正，就会有危险。应当随时调整。

孔颖达疏："居小过之世，小人有过差之行，须大德之人，防使无过。今九四虽体阳爻而不居其位，不防之责，责不在己，故得无咎。……既能无为自守，则无咎，有往则危厉，故曰往厉。不交于物，物亦不与，无援之助，故危则必自戒慎而已，无所告救，故曰必戒。以斯而处于群小之中，未足委任，不可用之以长行其正也。"九四是阳爻，居阴位，是不居其位。既然不居其位，自然不会碰到在这个位子上的过错。处在这种时位上，九四爻仅能自保，如果它有所行动，施展自己的才华，张扬自己刚强的个性，就会招来祸端。

也可以反过来理解。九四爻是阳爻，处在阴位上，位置不正当，这实际上是说明九四失去了自己正确的品性，没有守着正道，它应该去与初六相应，但总想着去越过六五爻，与上六爻相应。在小过之时，"上逆下顺"，往上走肯定会遇到障碍，所以说是"往厉必戒，终不可长也"。九四如果继续前往，就会有危险，它现在的位置就不能够保持很久了。这个时候它必须静守，一定要谦虚、柔顺，去和初六那个阴柔之人互相呼应，互相配合，而不要一味地往前走。

六五，密云不雨，自¹我西郊，公弋²取彼³在穴。
《象》曰：密云不雨，已⁴上也。

[注释]

1 自：介词，从。

2 弋：射鸟。

3 彼：指代野兽。

4 已：同"以"。

[译文]

六五，乌云密布，从西郊而来却没有下雨，王公用弓箭射杀藏在洞里的野兽。

《象传》说，乌云密布而没下雨，因为浓云往上飘走了。

[解读]

"密云不雨，自我西郊"，与小畜卦的卦辞相同。《周易本义》："以阴居尊，又当阴过之时，不能有为，而弋取六二以为助，故有此象。"六五爻居于最尊位，阴气非常强盛，与其相应的六二爻也属阴，西边也是属阴的，所以就像乌云从西郊那里升起来，天空已乌云密布，但就是不下雨，因为阴阳还没有调和。孔颖达疏："小过者，小者过于大也。六得五位，是小过于大，阴之盛也。阴盛于上，而艮止之，九三阳止于下，是阴阳不交，虽复至盛，密云至于西郊，而不能为雨也。"

"公弋取彼在穴",这是一个譬喻。《周易本义》:"在穴,阴物也。两阴相得,其不能济大事可知。"洞里的动物在这里比喻一种隐藏的祸患、弊端。王公这时用弓箭射杀了藏在洞里的野兽,是说六五只能做点有益的小事。俞琰《周易集说》卷十说:"弋,小器仅射近,非远到之物,取彼在穴,此亦可小事不可大事之谓。"王公在这个时候是可以去做那些小事,但不可以做大事。孔颖达疏:"公者臣之极,五极阴盛,故称公也。小过之时,为过犹小,而难未大作,犹在隐伏。以小过之才,治小过之失,能获小过在隐伏者,有如公之弋猎,取得在穴隐伏之兽也。……雨者,以喻德之惠化也。除过差之道,在于文德,怀之,使其自服,弋而取之,是尚威武,尚威武即'密云不雨'之义也。"王公在这个时位上崇尚武力,而不能广施恩惠,所以是不适合的,这与"密云不雨"的含义是一样的。《象传》解释说:"密云不雨,已上也。"处于小过卦的时候,六五居尊位,应该更加谦卑守柔,宜下不宜上,所以往上走是不吉利的。

上六,弗遇过之,飞鸟离[1]之,凶,是谓灾眚[2]。
《象》曰:弗遇过之,已亢[3]也。

[注释]

1 离:通"罹",指飞鸟遭射杀。

2 眚：本指眼病，此处指过错、灾难。

3 亢：太过，过了头。

[译文]

上六，不愿意遇合别人反而要超过他，飞鸟遭到射杀，有凶险，这就叫作灾殃祸患。

《象传》说，不愿意遇合别人反而要超过他，因为上六爻达到了亢盛的状态。

[解读]

上六这个时候不愿意去和别人相遇、相合，反而想超过他。王弼注："小人之过遂至于上，极过而不知限，至于亢也。过至于亢，将何所遇？"元吴澄《易纂言》说："上六弗与九三遇也。"上六与九三本应该是正应，但是上六爻是小过的最上一爻了，阴爻处在最高的位置，表示它已经越过了所有的人，不再去与下面的九三相应和。好比是"飞鸟离之"，飞鸟落入了罗网。孔颖达疏："以小人之身，过而弗遇，必遭罗网，其犹飞鸟，飞而无托，必离矰缴。"程颐认为这是在说上六违理过常太远："如飞鸟之迅速，所以凶也，离过之远也。"离指远离。《周易本义》也说："六以阴居动体之上，处阴过之极，过之已高而甚远者也。"

既济卦第六十三

坎上离下

[解读]

在小过卦之后，是全经的倒数第二卦，《序卦传》说："有过物者必济，故受之以既济。"做事情有了过错，或做得过分了之后，就一定要来改正它，这样才能取得成功，所以小过卦之后接着就是象征事物成功的既济卦。"既"是已经，"济"是渡河，"既济"是已经渡过河的意思，表示已经成功了，这个阶段已经完成了。既济卦讲怎么成功，以及成功之后怎么守住成功。

既济卦的卦象是，上面是水，下面是火，水在火的上面，表示水把火浇灭了，成功完成了灭火这件事。《杂卦传》说："既济，定也。""定"有已经完成的意思。既济卦是六十四卦中唯一的六爻皆当位的卦，三根阳爻刚好居三个阳位上，三根阴爻居三个阴位上，六爻皆当位有应，构成完整和谐的卦形，表明矛盾全部得以解决，事物发展到了穷尽，一切都定下来了。六十四卦从乾坤二卦开始，到既济卦结束，表明一个周期的结束，而它后面的未济卦表示没有真正的结束，下一个周期又开始了，周而复始。

既济¹，亨小，利贞，初吉，终乱²。

[注释]

1 济：渡水；成功、成就。

2 乱：变故。

[译文]

既济卦，能使小事情亨通，有利于守持正道。开始的时候吉祥，最终会有祸乱。

[解读]

"亨小，利贞"有不同断句。《周易本义》以为"亨小"应该是"小亨"，"利贞"应该是"小利贞"。毛奇龄以为当读作"既济亨，小利贞"。理解也不同。

孔颖达疏："既万事皆济，若小者不通，则有所未济，故曰'既济，亨小'也。小者尚亨，何况于大？则大小刚柔，各当其位，皆得其所。当此之时，非正不利，故曰利贞也。""既济"之时，不但大者亨通，小者也亨通；卦中六爻皆得位，所以宜于守正。

《周易本义》："为卦水火相交，各得其用，六爻之位，各得其正，故为既济。亨小，当为小亨，大抵此卦及六爻占辞，皆有警戒之意，时当然也。"俞琰《周易集说》卷十：
"六二之柔爻为卦主，是以仅能小亨，时虽既济，唯能以正
道固守则利，故戒之曰利贞。"虽为既济，但只能是小亨，
只能利于守正，是在告诫。

"初吉，终乱"，就是一种警示。孔颖达疏："但人皆不
能居安思危，慎终如始，故戒以今日。既济之初，虽皆获吉，
若不进德修业至于终极，则危乱及之。"告诫人们成功之后
要谨慎守成，否则就会走向反面。要居安思危，才能避免"初
吉终乱"的结局。孔子说"人无远虑，必有近忧"要时刻保
持忧患意识，避免骄傲，做到"吾日三省吾身"，才不会有
大的灾祸发生，避免以失败的大乱而告终。

《彖》曰：既济亨，小者亨也。利贞，刚柔正而位当
也。初吉，柔得中也。终[1]止[2]则[3]乱，其道穷[4]也。

[注释]

1 终：末了。

2 止：停止。

3 则：副词，就。

4 穷：事物到头了。

[译文]

《彖传》说，既济，亨通，小事情能亨通。有利于守正道。

因为刚爻和柔爻居正当位。初始的时候吉祥，因为柔小的时候能持守中道。如果终止了守持正道，就会出现混乱的局面，成功的道路就会走到尽头了。

[解读]

"小者亨"是在解释卦辞，详见卦辞的解释。以下以卦象解释卦辞。"刚柔正而位当"，既济卦的刚爻和柔爻全是正的、当位，这是六十四卦中唯一全部阳爻居阳位、阴爻居阴位的卦，每个爻都处在正位上，所以有利于守持正道。"初吉，柔得中"，指六二爻是阴爻居阴位，是正的；而且处在下卦的中间，是中位，所以又中又正。也就是开始的时候、柔小的时候能守持中道，所以是吉祥的。

"终止则乱，其道穷也"，孔颖达疏："若能进修不止，则既济无终。既济终乱，由止故乱。终止而乱，则既济之道穷矣。"要取得最终的成功，自始至终都应该守持正道，如果中途终止了守持正道，就会出现混乱的局面，就不能取得最后的成功。

《象》曰：水在火上，既济。君子以 [1] 思 [2] 患而 [3] 豫 [4] 防之。

[注释]

1　以：用来。

2 思：考虑。

3 而：连词，表示并列。

4 豫：通"预"，事先。

[译文]

《象传》说，水在火的上面，为既济卦之象。君子要时刻思虑祸患并且预先防备。

[解读]

"水在火上"，下卦为离卦，离为火，上卦为坎卦，坎为水，水在火的上面。水在火的上面，能够浇灭火，同时也可以说是火在烧水，火能够将水烧开，能够把米饭煮熟，这都表示事情能够成功，这就是既济卦之象。孔颖达疏："水在火上，炊爨之象，饮食以之而成，性命以之而济……但既济之道，初吉终乱，故君子思其后患，而豫防之。"君子在这个时候要时刻考虑灾祸即将发生，并且要预先防备。要始终防微杜渐，防患于未然，要有一种深刻的忧患意识。

初九，曳[1]其轮，濡[2]其尾，无咎。

《象》曰：曳其轮，义[3]无咎也。

[注释]

1 曳：境遇艰难窘迫。

2 濡：浸湿。

3 义：义，宜也。

[译文]

初九，拖曳着车轮缓缓而行，小狐狸过河的时候沾湿了翘起的尾巴，没有灾祸。

《象传》说，拖曳者车轮缓缓而行，从道义上来说是不会有灾祸的。

[解读]

"曳其轮"，在成功后的初期，要拖曳着车轮不让它跑得太快。"濡其尾"，就像小狐狸过河的时候，让它沾湿尾巴，不要让它游得太快。王弼注："最处既济之初，始济者也。始济未涉于燥，故轮曳而尾濡也。虽未造易，心无顾恋，志弃难者也。其为义也，无所咎也。"《周易本义》："轮在下，尾在后，初之象也。曳轮则车不前，濡尾则狐不济。既济之初，谨戒如是，无咎之道。"初九处于既济卦之始，上应六四，但不急于求应，有谨慎守成之象，因此取"曳其轮，濡其尾"来比喻。《象》说"义无咎"，初九的做法是适宜的，是符合于谨慎守成的道理的，要防止急躁，要谦虚稳重。初九爻是一个阳刚之爻，但处于最下位，是事情的开始，要居于下，谦虚稳重不急躁才可以，在成功之初，不要过于亢进。

六二，妇丧 ¹ 其茀 ²，勿逐 ³，七日得。

《象》曰：七日得，以中道也。

[注释]

1 丧：失去。

2 茀：车蔽、车幔，设在车之前后以遮蔽。

3 逐：追寻。

[译文]

六二，妇人丢失了车幔，不要追寻，七天之后就会失而复得。

《象传》说，七天之后会失而复得，因为六二爻得居中正之道。

[解读]

"茀"是车的一种帘子。古代妇人不能抛头露面，没有这个车幔，是不敢乘车的。这是当时的一种礼节、礼仪。这位妇人丢失了这个车茀，当然就不能出行了。不过也不必急于去寻找。等到七天它就会失而复得。《周易本义》："二以文明中正之德，上应九五刚阳中正之君，宜得行其志。而九五居既济之时，不能下贤以行其道，故二有妇丧其茀之象。……然中正之道，不可终废，时过则行矣。故又有勿逐而自得之戒。"六二爻与九五爻是正应，在既济的形式下，九五爻并不能去呼应六二爻，所以有此比喻。但六二爻是阴爻居于阴位上，并且居于下卦的中位，又中又正，表明它能守住正道、中道、妇道，会失而复得。具体原因，王弼注："夫以中道执乎贞正，而见侵者，众之所助也。处既济之时，不容邪道者也。时既明峻，众又助之，窃之者逃窜而莫之归矣。量斯势也，不过七日，不须已逐，而自得也。"守持中正之道，自然会收到众人的佑助。实际上，七天就是一个周期，这里是讲成功、得失都具有周期性，在自己有所失的时候不要急躁，要反思，要守正不可乱动，到了一定的周期自然会成功。

九三，高宗¹伐²鬼方³，三年克⁴之，小人勿用。《象》曰：三年克之，惫⁵也。

[注释]

1 高宗：殷国君武丁，曾与周联手攻打北方强敌鬼方。

2 伐：征讨。

3 鬼方：殷周时北方的国名，属于猃狁部落之一。

4 克：战胜，攻下。

5 惫：疲乏，困顿。

[译文]

　　九三，商代的高宗讨伐鬼方部落，持续了三年才攻克它，小人不可以任用。

《象传》说，持续了三年才攻克它，因为到了疲惫的程度。

[解读]

殷高宗武丁是一位中兴之祖，在他之前商朝已经出现衰败了，于是商朝周边的诸侯纷纷反叛，武丁继承王位以后，励精图治，扭转了商朝衰败的局势，所以叫"武丁中兴"。他曾经去讨伐鬼方这个小小的诸侯国，但是打了三年之久才取得胜利。孔颖达疏："高宗伐鬼方，以中兴殷道，事同此爻，故取譬焉。高宗德实文明，而势甚衰惫，不能即胜，三年乃克。"《周易本义》："既济之时，以刚居刚，高宗伐鬼方之象也。三年克之，言其久而后克，戒占者不可轻动之意。"就是说做事情不要太急躁，要像高宗讨伐鬼方那样沉稳冷静，有打持久仗的心理准备，如果急于求成去冒进，将是非常危险的。"小人勿用"，孔颖达疏："君子处之，故能兴也，小人居之，遂丧邦也。"小人在这种局面下是不成功的。九三爻持久努力，已经到了疲惫的程度，但是它坚持住了，所以最终取得了成功。九三爻是处在下卦的最上一爻，下卦是离卦，离卦为火，它本身就急躁，而且又是阳爻处在阳位上，容易躁动冒进，所以一定要警惕，不要太急切。

六四，繻[1]有[2]衣袽[3]，终日戒[4]。
《象》曰：终日戒，有所疑[5]也。

[注释]

1 繻：精致细密的丝织品。王引之《经义述闻》：当作襦，寒衣。

2 有：《经传释词》"犹'或'也"。

3 袽：烂衣服或破旧棉絮。

4 戒：警惕。

5 疑：恐惧。

[译文]

六四，华美的衣服将要变成破旧的了，应当整天戒备。《象传》说，整天戒备，因为有所恐惧。

[解读]

六四，通过衣服由华丽到破旧的变化，说明成功之后往往会有失败。成功与失败是相辅相成的，因此要时刻守正防范。《周易本义》："既济之时，以柔居柔，能预备而戒惧者也，故其象如此。"《象传》说"有所疑也"，是说要有那种警惕、恐惧的心理，居安思危，守正防范。六四爻是外卦的开始，外卦为坎卦，所以也是危险的开始，说明成功有向危险转化的可能。六四柔顺守正，守持正道，就是为了防范成功之后向"终乱"的转化。

此爻辞另有解释。王弼注："繻宜曰濡，衣袽，所以塞舟漏也。履得其正，而近不与三、五相得。夫有隙之弃舟，而得济者，有衣袽也。邻于不亲，而得全者，终日戒也。"程颐也持这种解释。此说认为在既济的情形下，六四与九三、九五都不能呼应，好像一条漏水的破船，而备有破衣可堵塞漏洞，所以可以成功渡水。

九五，东邻[1]杀牛，不如西邻[2]之禴[3]祭，实[4]受其福。

《象》曰：东邻杀牛，不如西邻之时也。实受其福，吉大来也。

[注释]

1 东邻：指殷商，在东部。

2 西邻：指西周。

3 禴：春祭，古代四时之祭中最薄者。

4 实：确切。

[译文]

九五，东边邻国杀牛祭祀，比不上西边微薄的祭祀，更能实实在在地受到神灵的福泽。

《象传》说，东边邻国杀牛祭祀，比不上西边简单的应时祭祀。西边更能实实在在地受到神灵的福泽，吉庆不断地到来。

[解读]

孔颖达疏："九五履正居中，动不为妄，修德者也。苟能修德，虽薄可飨。假有东邻不能修德，虽复杀牛至盛，不为鬼神歆飨；不如我西邻禴祭虽薄，能修其德，故神明降福。"最关键的不在于仪式是否隆重，而是要看祭祀者心中是否虔诚。东边为阳，西边为阴。九五爻居于尊位，已经达到了最好的时位，所以不必用外在的、盛大的祭祀。这时不能再逞强，而要像西边那样谦卑，心中要虔诚，才能实实在在享受到神明的降福。

为什么东边杀牛祭祀，还不如西边微薄的祭祀呢？《象传》说"不如西邻之时也"。东邻杀牛不合时宜，西邻薄祭非常合时宜。《周易》非常强调时机的意义，做任何事都必须符合时机。《周易本义》："东阳西阴，言九五居尊，而时已过，不如六二之在下，而始得时也。又当文王与纣之事，故其象占如此。"朱熹以六二得时、九五失时来解释，又指出暗讽殷商祭祀奢侈，耗费民脂民膏，不如周人简单的祭祀，多为人民造福来得实际。

上六，濡[1]其首，厉。

《象》曰：濡其首，厉，何[2]可[3]久[4]也。

[注释]

1 濡：浸湿。

2 何：哪里，表示反问。

3 可：能够。

4 久：长久。

[译文]

上六，小狐狸渡河沾湿了自己的头，有危险。

《象传》说，小狐狸渡河沾湿了自己的头是有危险的，怎么可以长久呢？

[解读]

上六是既济卦的最上一爻，说明成功已经到头了，不能保持太久了，马上就要向失败、向"终乱"方向转化，这里用狐狸渡河把头都弄湿了来表达将要有危险了。王弼注："处既济之极，既济道穷，则之于未济，之于未济，则首先犯焉。过惟不已，则遇于难，故濡其首也。将没不久，危莫先焉。"《周易本义》："既济之极，险体之上，而以阴柔处之，为狐涉水而濡其首之象。"这个时候如果不注意防范，沉湎于胜利、成功当中而不可自拔，是很危险的。

初九爻是"濡其尾，无咎"，小狐狸的尾巴沾在水里，这是好事；而上六爻中头也被沾湿了，这是不好的事，这就是卦辞所说的"初吉，终乱"。

未济卦第六十四

离上坎下

[解读]

未济卦是《易经》的最后一卦。"未济"是未定、未完成的意思。《序卦传》说:"物不可穷也,故受之以未济终焉。"事物的发展是不可能穷尽的,乾坤不能息,所以既济之后有未济。未济卦借"未能济渡"喻"事未成",说明"事未成"之时,若能审慎进取,促使其成,则"未济"之中必有"可济"之理。

未济卦的卦象刚好是既济卦的颠倒,既济卦是水火既济,未济卦是火水未济。既济卦是六十四卦中唯一的六根爻都当位的卦,未济卦是六十四卦中唯一的六根爻皆不当位的卦,这意味着一切事物都有待重新开始。未济卦的卦象是火在上、水在下,也就是水还没把火浇灭,象征着事物还没成功,所以未济卦告诉我们在事物还没成功时如何取得成功。

既济卦是已经渡过了河,而未济卦是还没有渡过河。既济卦表示事物发展的一个周期的结束,最后的未济卦表示下一个周期重新开始，前一个周期的终点恰好是下一个周期的始点，万事万物都遵循周而复始、变动不居的大规律。未济卦和既济卦是相对的，失败和成功是相对的，缺陷和完美也是相对的，只要是相对的事物，都可以转化。

未济，亨，小狐汔[1]济[2]，濡[3]其尾，无攸[4]利。

[注释]

1 汔：几乎、将近。

2 济：渡水。

3 濡：浸湿。

4 攸：副词，所。

[译文]

未济卦，亨通。小狐狸渡河快要成功的时候，尾巴不慎浸湿，没有什么好处。

[解读]

卦辞说，未济卦是亨通的。但是，小狐狸渡河的时候，快走上河岸了，但尾巴还拖在水里，说明还没有成功。但如果小狐狸继续努力，尾巴就可以从水里出来了，也就是能成功渡河。孔颖达疏："未济之时，小才居位，不能建功立德，拔难济险。若能执柔用中，委任贤哲，则未济有可济之理，所以得通。"不过，王弼、孔颖达认为"汔"是指水干，"必须水汔，方可涉川"。

《象》曰：未济亨，柔得中也。小狐汔济，未出中也。濡其尾，无攸利，不续[1]终[2]也。虽不当位，刚柔应[3]也。

[注释]

1 续：连接，接下去。

2 终：完成。

3 应：应和。

[译文]

《象传》说：未济，亨通，柔顺守中道。小狐狸渡河快要成功的时候，还没有从水中游出来。尾巴不慎浸湿，没有什么好处，因为不能持续到最后。六爻虽然都不当位，但阴阳爻互相呼应。

[解读]

《象传》解释说未济卦之所以会亨通，是因为柔顺守中道，这里指六五爻阴爻居上卦的中位。孔颖达疏："此就六五以柔居中，下应九二，释'未济'所以得'亨'，柔而得中，不违刚也。与二相应，纳刚自辅，故于未济之世，终得亨通也。"六五爻柔顺守中，又与九二相呼应，得到刚健居中的九二爻辅助，所以会亨通。但是，又说"小狐汔济"，是比喻还不能完全亨通。王弼注："小狐不能涉大川，须汔然后乃能济。处未济之时，必刚健拔难，然后乃能济，汔乃能济，未能出险之中。"这里是指九二爻，下卦为坎，坎为险，九二爻在下卦坎卦之中，表示还不能彻底摆脱危险。"濡其尾，无攸利"，是因为"不续终"。孔颖达疏："濡尾力竭，不能相续而终，至于登岸，所以无攸利也。"狐狸翘起尾巴渡河，一直在努力奋斗，到最后实在是不行了，就把尾巴放下来了。由于不能自始至终地持续努力，结果是功亏一篑。最后又反过来解释"未济亨"的含义。孔颖达疏："重释未济之义，凡言未者，今日虽未济，复有可济之理。以其不当其位，故即时未济；刚柔皆应，是得相拯，是有可济之理。故称'未济'，不言'不济'也。"未济卦六根爻都不当位，但它们之间却都是互相呼应、阴阳相应的，刚柔相应，所以亨。未济中也有通顺的。

《象》曰：火在水上，未济。君子以慎[1]辨[2]物居[3]方[4]。

[注释]

1 慎：郑重，恭敬。

2 辨：分别。

3 居：处于，位于。

4 方：位置、地位。

[译文]

《象传》说，火在水上，水火不相交，这就是未济卦。君子要谨慎地分辨事物，找到合适的位置。

[解读]

"火在水上"，上卦为离卦，离为火，下卦为坎卦，坎为水，火性炎上而居上，水性润下却居下，水火不相交，那么火就烧不了水，不能煮食物了，比喻没有成功，这就是未济卦之象。君子看到这样的卦象，就要按照未济卦之道谨慎地分辨事物，使之找到合适的位置。《周易本义》："水火异物，各居其所，故君子观象而审辨之。"要慎重地分别事物，看出哪些是当位，哪些是不当位，要让它们各居其所，使各自都处在自己最合适的位置上，在卦象上显示，就是使阳爻居阳位，阴爻居阴位，这样万事就能够成功，从未济达到既济。

初六，濡其尾，吝[1]。

《象》曰：濡其尾，亦不知极[2]也。

[注释]

1 吝：小遗憾，小灾祸。

2 极：屋之正中至高处。《周易集解》："极，中也。"

[译文]

初六，小狐狸在渡河的时候沾湿了尾巴，有遗憾。

《象传》说，小狐狸在渡河的时候沾湿了尾巴，因为不知道终点（在什么地方）。

[解读]

未济卦初六爻与既济卦一样，也出现了"濡其尾"的意象，断语却是"吝"，不及既济卦的"无咎"好。因为两卦的意境不同。陈梦雷《周易浅述》说："既济濡尾无咎，此则吝者，既济阳刚得正、离明之体。当既济之时，知缓急而不轻进，故无咎。此则才柔不正、坎险之下，又当未济之时，冒险躁进，则至于濡尾而不能济矣，故吝。然《象》言无攸利而此但言吝，则以卦之初，失尚未远也。"既济卦是已经成功，要以"濡其尾"降低行进速度来表示不要冒进，但终归处于既济，总体趋势是好的。而未济卦尚未成功，尤其需要谨慎努力。具体理解不同。

陈梦雷延续了朱熹的观点。《周易本义》："以阴居下，当未济之初，未能自进，故其象占如此。"是说初六以柔爻处于坎险之下，是艰险中迈开的第一步，在"未济"的情形下，却急于上应九四而不能谨慎持中，所以会有遗憾。

王弼大体上也持有这样的看法，他认为"不知极"是"不知纪极"，即贪得无厌。程颐认为是"不知之极"。

实际上"极"也可以是终了、尽头的意思。是说由于不知道成功的终点在什么地方，就把尾巴放下来了，表示不想再前进了，懈怠了，半途而废，前功尽弃，没有拼搏的精神，令人遗憾。《易经来注图解》："不量其才力而进，以至濡其尾，亦不知其终之不济者也。"

九二，曳¹其轮，贞，吉。
《象》曰：九二贞吉，中以行²正也。

[注释]

1 曳：境遇艰难窘迫。

2 行：行动，作为。

[译文]

九二，拖住车轮缓慢前行，坚守正道，吉祥。

《象传》说，九二爻之所以坚守正道是吉祥的，因为九二得居下卦正中位，推行正道。

[解读]

"曳其轮"已见于既济卦第一爻，无咎。未济的九二爻再次出现，贞吉。为什么呢？陈梦雷《周易浅述》："既济初两象，此分初、二两爻。初欲进不能而吝，才柔故也。二可进而不轻进而吉，才刚与既济初九同故也。"濡尾、曳轮，同时出现在既济卦初九爻，在未济卦中分为两爻，因为所处时势情形不同，爻的性质也不同，这里的九二爻是阳爻，与六五爻是正应，有济渡的可能。孔颖达疏："九二居未济之时，处险难之内，体刚中之质，以应于五。五体阴柔，委任于二，令其济难者也。经纶屯塞，任重忧深，故曰曳其轮。"下卦为坎卦，有艰险，九二处于坎险当中所以要像拖住车轮一样，要谨慎、小心。

《象传》说"中以行正也"，但九二爻是阳爻居阴位，位不正。《周易本义》："以九二应六五，而居柔得中，为能自止而不进，得为下之正也。九居二，本非正，以中故得正也。"陈梦雷《周易浅述》："而得为下之宜，正也。"这里说的正是指行为端正。按正道行事，能走出艰险，取得成功。

六三，未济，征[1]凶，利涉[2]大川[3]。
《象》曰：未济，征凶，位不当也。

[注释]

1 征：远行。

2 涉：徒步渡水。

3 川：河流。

[译文]

六三，事物还没有成功，激进有凶险，有利于渡过大江大河。

《象传》说，事物还没有成功，激进有凶险，因为六三所处之位不妥当。

[解读]

六三，事物还没有成功，如果急着去进取，那一定会凶险的，但有利于渡过大江大河。孔颖达疏："六三以阴柔之质，失位居险，不能自济者也。身既不能自济，而欲自进求济，必丧其身。……二能拯难，而己比之，若能弃己委二，则没溺可免。"《周易本义》："阴柔不中正，居未济之时，以征则凶，然以柔乘刚，将出乎坎，有利涉之象。"六三爻是阴爻居阳位，位不当，又处于坎险之中，会有危险，加上自己是一根柔爻，力量比较弱，所以不能冒进。但是六三下比九二，以阴乘阳，处于下卦的最上一爻，即将要走出坎险，渡过大江大河。这是未济与既济的转化。不过《周易本义》认为"利涉大川"也可能是"不利涉大川"，少了一个字。陈梦雷认为应该补上这个字。

九四，贞吉，悔亡，震[1]用伐鬼方，三年有赏于大国[2]。

《象》曰：贞吉，悔亡，志³行⁴也。

[注释]

1 震：动，指出动大军。

2 大国：这里指殷。

3 志：心志，意向。

4 行：做，实施。

[译文]

九四，守持正道吉祥，悔恨消亡。以雷霆万钧之势讨伐鬼方，三年后取得胜利，被封赏为大国的诸侯。

《象传》说，守持正道则吉祥，悔恨消亡，因为志向在施展。

[解读]

九四，守持着正道可以获得吉祥，而悔恨就会消亡了。但需要像殷高宗那样以雷霆之势去征讨鬼方，要经过三年时间的战斗，最后会被封赏为大国的诸侯。《周易本义》："以九居四，不正而有悔也。能勉而贞，则悔亡矣。然以不贞之资，欲勉而贞，非极其阳刚用力之久不能也。故为伐鬼方，三年而受赏之象。"九四位不正，所以有悔，但是本身是阳爻，能够持守正道，所以会吉祥。不过，九四毕竟是阴位，需要特地去发挥阳刚的性质。而且，从九四这一爻开始进入离卦，离为雷电，说明要以雷霆之势、雷霆之力气去奋进，才能取得成功。同时又要准备打持久战，经过三年之久，才能取得成功。《象传》说"志行也"，说明九四爻寻求成功的志向正在努力地实施中，因为已经摆脱了危险，出现了光明的景象。上卦为离，离为光明，九四已经进入离卦。九四只要坚定自己的志向，持之以恒地努力奋斗，事业一定会取得成功。

六五，贞吉，无悔，君子之光 ^{1}，有孚 ^{2}，吉。

《象》曰：君子之光，其晖 ^{3} 吉也。

[注释]

1 光：光荣，荣耀。

2 孚：诚信。

3 晖：阳光，泛指光辉。

[译文]

六五，守持正道则吉祥，没有悔恨。这就是君子的光辉，心中有诚信，吉祥。

《象传》说，君子的光辉，这样美德的光辉是吉祥的。

[解读]

六五，"贞吉"不是指位正。《周易本义》："以六居五，亦非正也。然文明之主，居中应刚，虚心以求下之助，故得贞而吉，且无悔。又有光辉之盛，信实而不妄，吉而又吉也。"上卦是离卦，离卦代表文明，六五爻是上卦的中间一爻，处于中位，表示君子心地很光明。它虚心与九二爻相呼应，所以能够守住正道。而且六五爻心中有诚信，能够把自己这种光明正大的品德发扬光大，有如中天的太阳普照大地。当然就能吉祥，没有悔恨了。

上九，有孚于饮酒，无咎。濡其首，有孚失是[1]。
《象》曰：饮酒濡首，亦不知节[2]也。

[注释]

1 是：指示代词。
2 节：节制。

[译文]

上九，在与别人喝酒时坚守诚信，没有灾祸。如果像狐狸沾湿头部那样沉湎于其中，即使有一定的诚信也会失去正道。

《象传》说，喝酒沾湿头部，因为不知道节制。

[解读]

"有孚于饮酒，无咎"，这是一个譬喻，有两种理解。王弼注："未济之极，则反于既济。既济之道，所任者当也。所任者当，则可信之无疑，而己逸焉。"《周易本义》："以刚明居未济之极，时将可以有为，而自信自养以俟命，无咎之道也。"上九爻是未济卦最上一爻，将要向既济卦转化。如此，可以信任他人，将能够成就一番作为，故而内心愉悦，饮酒自娱自乐。俞琰《周易集说》卷十："六五饮之以酒，是天下无事而君臣宴乐何咎之有。"这是说六五爻取得了成功之后，怀至诚之心来饮酒庆贺。喝酒既是庆贺的方式，又是一种感情的交流，取得胜利的喜悦之情跃然纸上。这个时候坚守住诚信，诚信地对待别人，与别人喝酒，是不至于造成危害的。

"濡其首"，如《象传》解释的那样，如果像狐狸那样头沾在水里，没有抬起来，就表明太沉湎在酒肉的享乐当中，没有节制。

"有孚失是"，有两种不同理解。王弼注："以其能信于物，故得逸豫而不忧于事之废。苟不忧于事之废，而耽于乐之甚，则至于失节矣。由于有孚，失于是矣。"如果过于沉湎享乐，那是失去节制的表现。而如果心中有诚，则不会这么做，不至于没有节制。而《周易集解》引虞翻说"是，正也"，即正道。《周易本义》："若纵而不反，如狐之涉水而濡其首，则过于自信，而失其义矣。"成功者如果得意忘形，没有节制，那就有损正道，就会有乐极生悲的事发生，成功也就会向失败的方向转化。

第四部分 《易传》通解

"十翼"里面，有三种是随文解释的，分别是《彖传》《象传》和《文言传》，有四种是独立成篇的，分别是《系辞传》《说卦传》《序卦传》《杂卦传》。下面先总结一下《彖传》《象传》《文言传》的大致内容，然后分篇注解其余四传。

《彖传》、《象传》、《文言传》串讲

《彖传》：对卦辞的解说

《彖传》，又称《彖辞传》，是解释卦辞卦名的，不解释爻辞。"彖"就是"断"，是判断的意思，就是判定、解释卦的意义。六十四卦有六十四条卦辞，就有六十四条彖传。六十四卦分为上、下两篇，所以《彖传》也随之分为上、下两篇。

《彖传》对卦辞、卦名进行解释，主要有两种方式。

第一种方式是从卦出发解释卦义。有时用上下两个卦的功能属性来解释。比如贲卦，《彖传》解释"文明以止，人文也"，贲卦是山火贲，上面是艮卦，下面是离卦，离卦为火，

为文明，艮卦为止，停止。再比如屯卦，《象传》解释："动乎险中，大亨贞。"屯卦是水雷屯，上面是坎卦，下面是震卦，震卦功能是动，坎卦功能是险，所以说"动乎险中"。有时用上下卦象征的事物来解释。比如泰卦，《象传》解释："天地交而万物通也。"因为泰卦是地天泰，上面是坤卦是大地，下面是乾卦是天，地气要下降，天气要上升，于是两种沟通了、交合了，所以就通畅。有时候是直接从整个卦的形象上来解释。比如噬嗑卦，《象传》解释："颐中有物曰噬嗑。"这个卦上下是阳爻，好像一张嘴，第四根阳爻好像口中咬了一个东西。再比如鼎卦，《象传》解释："鼎，象也，以木巽火，烹饪也。"鼎卦象就像三足两耳的"鼎"的形状，鼎的作用是烹饪，而鼎卦下面的巽卦象木材，上面的离卦是火，就像木材在烧火，煮东西。这是《象传》解释卦义的第一种方式，从卦的含义、功能、形象出发解释卦名、卦辞。

第二种方式是从爻出发解释卦义。有时用爻的特性来解释卦名卦辞，有时用爻的位置来解释卦名卦辞。如临卦《象传》："临，刚浸而长，说而顺，刚中而应。大亨以正，天之道也。"其中"刚浸而长"，是说临卦第二爻是刚爻，刚的属性渐渐地成长，"浸"是渐渐的意思。"刚中而应"是说这根阳爻处在下卦中间的位置，又和上卦第五爻相呼应、应和，因为第五爻是阴爻，阴阳相合。又按照正道、天道而行，所以是吉的，用来解释卦辞的"元、亨、利、贞"。

《象传》特别重视用爻位来解释卦义，采用"中""正"

"当位""应"等术语。一个卦有六个爻位，"中"就是指一个卦的第二位和第五位。因为第二爻刚好处在下卦的中间，第五爻刚好处在上卦的中间，所以叫中位。无论中位是一根阳爻还是一根阴爻，往往都是好的。如果中位是阳爻就是"刚中"，如果中位是阴爻就是"柔中"。《易传》把阴爻叫柔爻，把阳爻叫刚爻。"正"是位置刚好摆正了：阳爻处在阳位上，阴爻处在阴位上，也叫"当位"。反之，如果阳爻处在阴位上，阴爻处在阳位上，就是"不正""不当位"。在一个卦六个位置中，从下往上数第一、三、五奇数位置为阳位，二、四、六偶数位置为阴位。"应"是呼应，就是在上下卦对应的位置如果是一根阳爻和一根阴爻，就是阴阳相应，应和。具体来说，就是第一和第四，第二和第五，第三和第六，如果一个是阴一个是阳就是应和。如果相对应的位置都是阳爻或者都是阴爻，那就是不应，不和。一般来说相应和往往就是好的，不相应和往往都是不好。

如讼卦《彖传》："中吉，刚来而得中也……利见大人，尚中正也。"讼卦的第二位和第五位都是刚爻，所以是吉的。而第五爻又是阳爻，是阳爻处在阳位上，所以又是"正"的。合起来叫"中正"。

再如临卦《彖传》："刚中而应。"刚中就是第二爻是刚爻处在中位，又和上卦的第五根阴爻遥相呼应、应和，所以是吉的。

《彖传》在解释卦义时，除了重视"位"以外，还特别重视"时"。所谓"时"，指时机，即一卦所处的环境、背景和特定条件。《彖传》多次赞叹"时大矣哉"。相比较而言"时"比"位"更重要。

《象传》：大象与小象的区分

《象传》，也叫《象辞传》，随着六十四卦上下经也分为上、下两篇。《象传》是对卦和爻的解释。《象传》既解释卦又解释爻，对卦的解释也叫《大象传》，对爻的解释也叫《小象传》。

《大象传》通过卦象来解释卦名卦义，但不解释卦辞。每卦一条，共64条。用的是取象法，也就是从这个卦所象征的事物来解释这个卦名的意义。

《大象传》的每一条都是两句，前一句是分析卦象解释卦名，都是从上下两个八卦所象征的事物进行解释的，后一句都是说"君子以……"，表示君子按照这个卦象要怎么做。六十四条《大象传》基本是这种格式，但有七条是说"先王以……"，还有两句是说"后以……"。如以下内容。

《象传·观》："风行地上，观。先王以省方观民设教。"观卦的上卦为风，下卦为地，大地上刮着和煦的风，其特征是无所不至。"先王以省方观民设教"，先王看到这样的卦象就要观察四方的民情进行教化。这种教化的力量是很大的，当然这种教化要像地上吹的和风一样无所不至，使人民接受时感觉非常舒适。

《象传·泰》："天地交，泰。后以财成天地之道，辅相天地之宜，以左右民。"因为泰卦上面是地，下面是天，地气下降，天气上升，两者交合、沟通，所以就通泰。"后"是君主的意思，这句话的意思是君主要效法泰卦的天地沟通之道来制定天地、社会、人际交流沟通的法则，来辅佐天地沟通之道，统领老百姓。

《大象传》的格式中，先分析上下两个八卦所象征的事物之间的关系，再提出要求从这个卦象中受到启发，在道德品质、行为规范上要按照这个卦来做。也就是说前句是讲天道，后句是讲人道。人道从天道而来，天道与人道有同一性。这六十四条《大象传》正是作为一个君子的六十四种行为规则和道德修养。

《小象传》则是对爻辞的解释，每爻一条，一共 386 条。在解释方法上，《大象传》主要采用取象法，而《小象传》主要采用爻位法和取义法。如《小象传》对乾卦六爻的解释，从下爻到上爻依次为："阳在下也""德施普也""反复道也""进无咎也""大人造也""盈不可久也"，对用九的解释为："天德不可为首也。"其中对初九爻解释为"阳在下也"，是从爻位上解说，初九爻居最下位，故谓"潜龙勿用"；其他则从义理入手进行解释。

《小象传》对其他卦爻辞的解释，比较重视爻位的当与不当，中与不中，还有爻位之间的比应关系，常常用中、正、应、乘、承等术语进行解释。

《文言传》：乾卦和坤卦的蕴含

《文言传》只解释乾卦和坤卦的卦爻辞。"文"是文饰的意思，就是文辞上修饰；"文言"就是文饰乾坤两卦之言，也就是用语言来修饰、解释、发挥乾坤二卦。

为什么只有乾、坤二卦有《文言传》呢？因为乾坤两卦分别是纯阳卦和纯阴卦，在《周易》中的地位特别重要，是《周易》的两扇大门。清代张英《易经衷论》说："乾坤有《文言》，而他卦则间见于《系辞传》上下。盖圣人举乾坤两卦示人以读《易》之法应如何扩充体会耳。所谓拟之而后言、议之而后动、拟议以成其变化者，此也。明乎此，则三百八十六爻皆有无穷之蕴，不独乾坤两卦及圣人已发挥诸爻也。"他认为《文言传》是圣人为后人读《易》做了个示范，是让大家体会扩充，让大家模拟模仿，并照此来说话、行动。

《文言传》对乾卦作了四遍解释。第一遍解释乾卦卦辞"元、亨、利、贞"，将之解释为四德，就是仁、礼、义、事。和孟子说的四德"仁、礼、义、智"基本相同。这种解释完全是一种创新性发展、创造性转化。尤其是把"元"解释为"仁"，"元者，善之长也"。"君子体仁足以长人"，"元"是众善之首，就是"仁"，"仁"是第一位的德，这就把孔子的"仁"提升为最高本体，仁是人生道德的本原，也是人性的本原，为宋明理学开创了先河。宋明理学最大的贡献就是把儒家伦理本体化，把仁义伦理提升为"天理"。然后是对六条爻辞进行解释，其中解释第五爻辞"飞龙在天，利见大人"时说"同声相应，同气相求"，道出了中国人的一种典型的思维方式——取象比类的思维方式。"飞龙"、"天"、最大的"利"、最大的"大人"，这些都是同类的东西，放在一起，就叫"同声相应，同气相求"。"水流湿，火就燥。云从龙，风从虎"，水流向湿的地方，火是燥的，"云"和"龙"，"风"和"虎"都是同类，放在一起比较。

《文言传》对乾卦的第二遍解释比较简练，往往用一个词或词组进行解释。比如初九爻"潜龙勿用，下也"，第一爻处在最下面，所以不要乱动。第二爻"见龙在田，时舍也"，这时有了转机，因此可以停留在这个时机。第三爻"终日乾乾，行事也"，就是要去做事了。第四爻"或跃在渊，自试也"，自己要试一试。第五爻"飞龙在天，上治也"，这是最佳之爻，"治"就是平安，天下大治。第六爻"亢龙有悔，穷之灾也"，"穷"就是到头了，因此就有灾祸了。用九爻"群龙无首，吉"，解释为"天下治也"。

第三遍解释中，有一个词很重要，就是"与时偕行"，是对九三爻"君子终日乾乾，夕惕若"的解释，意思就是要与时俱进。

第四遍解释中，最精彩的是对九五爻"飞龙在天，利见大人"的解释："夫大人者，与天地合其德，与日月合其明，与四时合其序，与鬼神合其吉凶。"提出只有达到四个"合"才能称为"大人"；第一个"与天地合其德"，是从伦理学角度来说，是要天人合一（德），人不能违背天命；第二个"与日月合其明", 是从认知学角度来说, 是要像日月那样光明, 符合日月运行的规律; 第三个"与四时合其序", 是从行为学角度来说, 做事一定要符合春夏秋冬四时的次序规律; 第四个"与鬼神合其吉凶", 是从神学角度来说, 达到前面三个"合"之后就可以拥有超常的智慧, 能像鬼神一样预知未来、把握吉凶, 这样才能成为一个"大人"。

再看《文言传》对坤卦的解释。只有一遍, 对卦辞解释开头两句:"坤至柔而动也刚, 至静而德方。"因为坤卦六根爻都是阴爻, 所以是柔弱到极点, 但是动起来却最为刚强; 安静到极点, 但品德却是极为方正的。这就是物极必反。内心越稳重越安静的人, 表现出来的外在行为就越方正。后面就是千古名言:"积善之家, 必有余庆; 积不善之家, 必有余殃。""必"就是一定, 就是因果报应, 这种因果观念就是从《易经》开始建立的。这两句是说坤卦讲的就是顺应的过程, 任何事物都是从小到大、从少到多, 善行和福报是慢慢积累的, 恶行和恶报也是慢慢积累的。

然后是对六条爻辞进行解释, 其中把六五爻爻辞的"黄裳元吉"解释为君子美好的品德,"黄中通理", 就是黄色居于中位, 君子要行中道;"通理"就是通达文理。

从中可以看出,《文言传》通过对乾、坤二卦的卦爻辞进行逐字、逐句的解释, 发挥了卦爻辞的大义。将卦爻辞经文的意思大大提升了, 提升到人生哲学、政治哲学的高度, 成为为人处世的行动教科书。

《系辞上传》

[解读]

"系辞",含义有两层。本义是指卦爻辞,又指孔子所作十翼之一。孔颖达疏:"谓之系辞者……论字取系属之义。圣人系属此辞于爻卦之下……则上下二篇《经》辞是也。……夫子本作《十翼》,申说上下二篇《经》文,《系辞》条贯义理,别自为卷,总曰《系辞》。"不过朱熹认为,孔子所作应该确切地叫作《系辞传》,传就是解说经义的文字。《周易本义》:"系辞,本谓文王、周公所作之辞,系于卦爻之下者,即今经文。此篇乃孔子所述《系辞》之'传'也,以其通论一经之大体凡例,故无经可附,而自分上下云。"

《系辞传》是《周易》里面哲理性最强的。孔颖达之前,《系辞上传》和《系辞下传》各有分十一章、十二章、十三章的,孔颖达确定为各十二章。朱熹《周易本义》沿用各分为十二章,章下面还会分"节",就是断句。本书使用朱熹的分章,并参考他的段落划分。

第一章

[解读]

《周易本义》："此章以造化之实，明作经之理。又言乾、坤之理，分见于天、地，而人兼体之也。"即通过阐述天地生长万物的自然规律，说明卦爻的来源。乾坤等卦的运动变化代表自然界的规律，人用卦爻辞可以体察这种变化。

天尊[1]地卑[2]，乾坤定矣。卑高以[3]陈[4]，贵贱[5]位[6]矣。动静有常[7]，刚柔断[8]矣。方[9]以[10]类[11]聚，物以群分，吉凶生矣。在天成象，在地成形，变化见[12]矣。

[注释]

1 尊：尊贵、高贵。

2 卑：低下。

3 以：连词，则、那么，表示条件关系。

4 陈：显示、呈现。

5 贱：地位卑下。

6 位：处、在。

7 常：永恒之物，规律。

8 断：做出裁决、划分。

9 方：位置，地位；办法，常规。

10 以：介词，凭借、按照。

11 类：种类。

12 见：同"现"，显现、出现。

[译文]

天尊贵，地卑贱，乾坤的地位得以确定。低和高得以呈现，贵贱的地位得以确定。动静运行有其常轨，并可用刚柔判断其性质。观念以门类相聚合，动植物以群体相区分，也因此产生了吉凶。天是无形的象，地是有形的形，事物的变化得以显现。

[解读]

"天尊地卑"体现了儒家的观念，天是尊贵的，地是卑下的，乾坤的位置就确定了。儒家从天高地低这个自然现象推导出崇阳抑阴的观念。实际上低不一定是卑，高也不一定是尊。在老子那里是越低的东西越接近于道。比如说水，水往低处流，"上善若水"，"水善利万物而不争"，所以是最了不起的。道家是崇阴抑阳的。《系辞传》里相当多的是儒家思想，但是不能排除它也含有道家思想。《易传》是先秦诸子百家思想的汇总，是先秦哲学的高峰。

"天尊地卑，乾坤定矣"，是互文之法。孔颖达疏："天以刚阳而尊，地以柔阴而卑，则乾坤之体安定矣。乾健与天阳同，坤顺与地阴同，故得乾坤定矣。若天不刚阳，地不柔阴，是乾坤之体不得定也。此经明天地之德也。"

"卑高以陈，贵贱位矣"，一般理解为是说通过卑低、尊高组合的呈现，事物显贵和微贱就各居其位了。卑高、贵贱，也是互文，但是已经由天地过渡到讲万物了。《周易本义》："卑高者，天地万物上下之位。贵贱者，易中卦爻上下之位也。"这里是说贵贱并不是对事物的品性的评判，只是在爻位上的表现不同。然后"动静有常，刚柔断矣"，天的动和地的静有一定的规律，阳刚阴柔的性质就判然分明。反映在卦爻上，就是说天地运行的规律可以通过卦爻的阴阳反映出来，《周易本义》说"刚柔者，易中卦爻阴阳之称也"。

"方以类聚，物以群分，吉凶生矣"，"方"属抽象的范畴，指事物的规律、属性、趋势，如孔颖达所说"方，谓法术情性趣舍"。"物"指具体的事物。这句话是讲事物根据自己的特性及好恶，同类相聚，异类相分。吉凶正是不同门类事物聚合的必然结果，孔颖达疏"若顺其所同，则吉也；若乖其所趣，则凶也"。类聚和群分是一种类分法，和西方的分析方法不一样。分析的方法可以说是从大到小，从整体到局部，是一种解剖的方法。类比推理、类比思维就是"象"思维，就是"易"的思维，它把复杂的问题简单化，分成几大类，从小到大、从局部到整体，是一种整体思维。

"在天成象，在地成形"，有两种理解。韩康伯注："象况日月星辰，形况山川草木也。悬象运转以成昏明，山泽通气而云行雨施，故变化见矣。"朱熹也持这种观点，这是把事物分为天体和地上事物两大类，并不贴切。苏轼《东坡易传》卷六："天地一物也，阴阳一气也。或为象，或为形。所在之不同，故在云者明其一也。象者，形之精华，发于上者也；形者，象之体质，留于下者也。"天是象，是看不见的无形的象；地是形，是看得见的、有形的形。这就是老子说的"大象无形"，道就是大象，是无形的。中医讲的气，也是无形的。处在地面的山川、动植物等成为形体，事物变化的道理就从这些形、象中显现出来。

是故[1]刚柔相摩[2]，八卦相荡[3]，鼓[4]之以[5]雷霆，润[6]之以风雨，日月运行，一寒一暑，乾道成男，坤道成女。

[注释]

1 是故：因此，所以。

2 摩：碰撞，摩擦。

3 荡：冲撞，触碰。

4 鼓：激发，振作。

5 以：用。

6 润：滋润，使得到好处。

[译文]

所以说刚柔相互推摩，八卦相互激荡，雷霆激发万物，风雨滋润万物，日月运行，寒暑交替。乾道成男，坤道成女。

[解读]

进而从阴阳、天地中得出了八卦。《周易本义》："此言易卦之变化也。六十四卦之初，刚柔两画而已。两相摩而为四，四相摩而为八，八相荡而为六十四。""相摩"就是相互作用。雷霆和风雨实际上是四个卦，但这四个卦蕴含着自然界的一些现象，雷就是震卦，霆实际上就是电，也可以看作离卦。风是巽卦，雨是坎卦。雷霆风雨用来鼓动进而滋润万物，造成万物的动感，是一种变化运动。它们的作用分别是"鼓之""润之"，一刚一柔、一阳一阴。"日月运行，一寒一暑"，也是一阴一阳。孔颖达疏："八卦既相推荡，各有功之所用也。又鼓动之以震雷离电，滋润之以巽风坎雨，或离日坎月，运动而行，一节为寒，一节为暑。……雷电风雨，亦出山泽也。"震巽坎离连同前面说的乾坤，实际也隐含艮（山）与兑（泽），就是八卦的功能。这里谈到，日月可以看成是坎离二卦，日就是离，月就是坎。把坎离看成是日月，在道教的书里特别多，比如被奉为"万古丹经王"的《周易参同契》就讲到坎离。它又有一类词，比如说乌兔，乌是太阳，兔是月亮；还讲到铅和汞，铅是坎，汞是水银，是离，铅汞是从外丹的角度讲的。另外还有元精、元神，是从内丹的角度来谈，元精就是坎，元神就是离，都是日和月，这种说法在汉及以后的道书中比比皆是。寒暑也可以是坎离，坎卦为寒，这没有异议，因为是北方，水在北方，为寒，暑为离，也没有问题，暑就是热的。

"乾道成男，坤道成女"，这是做一个总结，这些雷霆、风雨、日月、寒暑是天上物象的阴阳变化，都属于乾卦和坤卦，乾道可以成男，坤道可以成女，这是地面形体的阴阳变化，男和女也都归结为乾坤，而乾坤就是阴阳。孔颖达疏："道谓自然而生，故乾得自然而为男，坤得自然而成女。必云成者有故，以乾因阴而得成男，坤因阳而得成女，故云成也。"乾道可以化生一切阳性事物，坤道可以化生一切阴性事物。反过来，一切阳性事物从属于乾道，一切阴性事物从属于坤道。《系辞传》实际上是讲阴阳哲学。

乾知¹大²始³，坤作⁴成⁵物。乾以⁶易⁷知，坤以简能⁸。易则易知，简则易从⁹。易知则¹⁰有亲¹¹，易从则有功¹²。有亲则可¹³久，有功则可大。可久则贤人之德，可大则贤人之业。易简而天下之理得¹⁴矣，天下之理得，而成位¹⁵乎¹⁶其中矣。

[注释]

1 知：为，作。

2 大：在强度、深度、力量等方面超过一般。

3 始：根本，本源。

4 作：发生，产生，兴起。

5 成：完成，成就。

6 以：介词，凭借、按照。

7 易：简单的，容易的。

8 能：才干，功用。

9 从：顺从，依从。

10 则：副词，表示肯定，相当于"就"。

11 亲：爱。

12 功：事业，功绩。

13 可：能够。

14 得：获取。

15 位：所处的地方、等级等。

16 乎：介词，相当于"于"。

[译文]

乾主管创始，坤主管成物。乾凭借凭卦之理，容易了解万物，凭坤卦之理，简单有效能。简易则易于了解、遵从。容易了解，就非常亲近；容易遵从，就可以建立功业。容易亲近了，就能够持久；有了功德，就可以扩大。可以长久、可以扩大都是贤人的德业。《周易》简单明了，天下的道理就展现出来，知道了天下的道理，就能遵从天地规律而居处适中的地位。

[解读]

"乾知大始，坤作成物"，这是互文，"作"和"知"都是主管的意思。乾主管创始，坤主管成物，乾的功能是创始，《彖传》讲得很清楚："大哉乾元，万物资始，乃统天。"坤主管成物，坤成就万物，实际上强调的是乾坤的和合。《周易本义》："知，犹主也。乾主始物，而坤作成之，承上文男女而言乾坤之理。盖凡物之属乎阴阳者，莫不如此。大抵阳先阴后，阳施阴受。阳之轻清未形，而阴之重浊有迹也。"这里实际已经说到有与无的转化关系。《东坡易传》卷七："上而为阳其渐必虚，下而为阴其渐必实。至虚极于无，至实极于有，无为大始。有为成物。夫大始岂复有作哉！"这句话指出了事物的生成是从至虚无形的状态到至实有形的变化。

"乾以易知，坤以简能"，这是对前一句就功能上加以解释。《周易本义》："乾健而动，即其所知，便能始物而无所难，故为以易而知大始。坤顺而静，凡其所能，皆从乎阳而不自作，故为以简而能成物。"这两句承接上文，说明了乾的创始纯发于自然，一点也不难；坤的成物顺从乾阳就行了，不需要费力繁劳。

"易则易知，简则易从"，因为容易和简单，所以就便于了解、便于遵从了。这就过渡到对人事的说明了。《周易本义》："人之所为，如乾之易，则其心明白而人易知，如坤之简，则其事要约而人易从。易知则与之同心者多，故有亲。易从则与之协力者众，故有功。"容易了解了，就非常亲近，别人自然乐于追随，也就容易有一番成就。"有亲则可久，有功则可大"，是说容易亲近了，有人亲近处世就能长久，可建功绩，立身就能宏大，就能够持久，有了功德，有了作用，就可以扩大。"可久则贤人之德，可大则贤人之业"，"可久""可大"那是贤人的德业。从"德"和"业"来看，"德"基本上是一种主观的、内在的品德、道德，是从主体上来说的；而"业"基本上是从客体上说的。德是内在的，业是外在的。《周易本义》："德，谓得于己者。业，谓成于事者。"

　　"易简而天下之理得矣，天下之理得，而成位乎其中矣"，因为《周易》的原理非常简单明了，所以天下的道理就展现出来了，也就容易掌握。掌握了就能遵从天地规律而居处适中的地位。"成位乎其中"，这个"其"代表了六十四卦，孔颖达疏"则能通天下之理，故能成立卦象于天地之中"，就是说天下的道理都在六十四卦的"时"和"位"当中。"位"不纯粹是一个空间概念，它还包括时间的因素。更进一步来说，这里说出了人在三才中的定位。《周易本义》："成位，谓成人之位。其中，谓天地之中。至此则体道之极功，圣人之能事，可以与天地参矣。"能确立人在天地之中的地位。

　　这章强调了"易"的三个基本内涵：乾坤定位是宇宙间"不易"的法则，阴阳"变易"是事物发展的普遍规律，乾坤之道"简易"易知易从。

第二章

[解读]

《周易本义》："此章言圣人作《易》，君子学《易》之事。"主要内容是讲取象。从上一章的总说"乾坤"大意转到了对《周易》的直接论达，先是追溯了《周易》的创作过程，以及所包含象征的意义，接着就说明君子应该观象玩辞，观变玩占，不仅能明吉和凶的道理，更可以趋吉避凶。

圣人设[1]卦观象，系[2]辞[3]焉而明[4]吉凶，刚柔相推[5]而生变化。是故吉凶者，失得之象也。悔吝者，忧虞[6]之象也。变化者，进退之象也。刚柔者，昼夜之象也。六爻之动，三极[7]之道也。是故君子所居而安[8]者，易之序[9]也。所乐而玩[10]者，爻之辞也。是故君子居则观其象而玩其辞，动则观其变而玩其占，是以[11]自天佑之，吉无不利。

[注释]

1 设：创立，建立。

2 系：连缀；联属。

3 辞：言辞、文辞。

4 明：昭示；通晓。

5 推：顺着迁移。

6 虞：忧虑。

7 极：本义是屋之正中至高处，引申为最高准则、标准。

8 安：平静，恬适。

9 序：次第。

10 玩：研习。

11 是以：所以，因此。

[译文]

圣人创设六十四卦以观察万物之象，撰作卦爻文辞以表明吉凶。刚柔相互推移而产生无穷变化。吉凶即是事物得失之象。悔吝即是忧虑、忧愁之象。变化即是权衡进退之象。刚柔即是昼夜之象。六爻的变动包含了天、地、人三极的道理。因此君子居处能获得安稳，符合《周易》的位序。所喜爱而钻研的是卦爻经文的文辞。因此君子平时居处时观察《周易》的卦象，研习它的文辞，行动时观察《周易》的变化，玩味它的占卜，因此可得上天福佑，吉祥而无所不利。

[解读]

"圣人设卦观象，系辞焉而明吉凶"，有两种理解方向。孔颖达疏："谓圣人设画其卦之时，莫不瞻观物象，法其物象，然后设之卦象，则有吉有凶。"是说圣人模拟自然界的物象而设立卦象，依据卦象而定吉凶。司马光《温公易说》卷五："圣人……统众于寡，故设卦以观万物之象。"认为圣人设卦是为了观万物之象，进而穷究万物之理。总而言之，圣人创设六十四卦是为了观察宇宙万事万物的物象，同时六十四卦又是按照万事万物的物象而设置的，六十四卦每个爻下面都撰写了文辞，这是为了表明吉和凶的征兆。刚爻和柔爻相互推移以产生无穷的变化。"吉"和"凶"是事物或失或得的象征。"悔"和"吝"是忧虑、忧愁的象征。前一个"吉凶"是说卦爻象中象征着吉凶变化之理，而且表示如何趋吉避凶。后面的吉凶，朱熹认为是卦爻辞。《周易本义》："吉凶、悔吝者，《易》之辞也。得失、忧虞者，事之变也。得则吉，失则凶。忧虞虽未至凶，然已足以致悔而取羞矣。盖吉凶相对，而悔吝居其中间。悔自凶而趋吉，吝自吉而向凶也。故圣人观卦爻之中，或有此象，则系之以此辞也。"卦爻象通过卦爻辞得到解释，卦爻辞中也就包含了悔吝变化之理，人们通过卦爻辞可以知道悔吝之象。吉凶、悔吝有程度上的变化，与得失、忧虞相对应。

变化进退之象、刚柔昼夜之象，也是互相联系的。《周易本义》："柔变而趋于刚者，退极而进也。刚化而趋于柔者，进极而退也。既变而刚，则昼而阳矣。既化而柔，则夜而阴矣。"吴澄《易纂言》卷七："刚柔二画之变化者，天地阴阳有进退之象，刚变而化柔，象阳退而阴进，柔变而化刚，象阴退而阳进也，已变而化之刚柔者，天地阴阳有昼夜之象也。"卦爻的变化即是刚柔的变化，刚爻和柔爻又是自然界昼夜相续的象征，进而也是阴阳的象征，卦爻的变化更进而是处事权衡进退的象征。如此一来，六爻的变动包含有天、地、人三极的道理。所以君子进出的时候能获得安稳，正是符合了《周易》的位序；所喜欢、喜爱而玩赏探究的，是卦爻经文的文辞。所以君子平时居处的时候就钻研《周易》的卦象，研习爻辞，行动的时候就取法卦爻的变化，而玩味它的占卜，做到这一点，上天就能够降下福佑，使其吉祥而无所不利。

第三章

[解读]

《周易本义》："此章释卦爻辞之通例。"全章主要论述卦爻辞的象征意义。

象者，言[1]乎象者也；爻者，言乎变者也；吉凶者，言乎其失得也；悔吝者，言乎其小疵[2]也；无咎者，善[3]补过者也。是故列[4]贵贱者存乎位，齐[5]小大者存乎卦，辩[6]吉凶者存乎辞，忧悔吝者存乎介[7]，震[8]无咎者存乎悔。是故卦有小大，辞有险易。辞也者，各指其所之[9]。

[注释]

1 言：陈述，叙述。

2 疵：毛病、缺点。

3 善：副词，善于，容易。

4 列：排比，排放。

5 齐：《周易本义》"犹定也"。

6 辩：通"辨"。

7 介：通"芥"，细小、细节，又有界限的意思。

8 震：惊惧。

9 之：去，往。

[译文]

象辞总说象征之义，爻辞解释六爻的变化，吉凶说明得失，悔吝告诫要注意的小毛病，无咎说明要善于弥补过错。因此排列贵贱就体现在爻位上，确定小大体现在卦体上，辨别吉凶存在于卦爻辞之中，忧患悔吝存在于细节之中，行动没有灾祸也要心存悔过。所以卦有小大之分，爻辞有险易之分。卦爻辞即是用来指示吉凶的方向的。

[解读]

象辞是总说全卦的象征意义，韩康伯注："象，总一卦之义也。"辨列贵贱就体现在一个卦的六个爻位上，而确定小大之分就体现在卦体上，辨别吉凶就存在于卦爻辞当中，而忧患悔吝就存在于细节当中。《周易本义》："位，谓六爻之位。小，谓阴。大，谓阳。介，谓辩别之端，盖善恶已动而未形之时也。于此忧之，则不至于悔吝矣。震，动也。知

悔则有以动其补过之心，而可以无咎矣。"也就是说悔和吝
这两者的界限非常小，所以要有忧患意识，这样就能趋吉避
凶。卦爻辞有凶险和平稳，就是说卦爻辞是有吉和凶的。

大、小，朱熹认为是指阳卦和阴卦。另外王肃说："齐
犹正也，阳卦大，阴卦小。卦列则小大分，故曰齐小大者，
存乎卦也。"也可以理解为事物的大小，所谓大事、小事，
孔颖达疏："以象者言乎象，象有小大，故齐辨物之小大者
存乎卦也。""齐"一方面是"确定"的意思，也包含平等的
意思，这是就卦的功能而言的。王申说："齐，均也。阳大
阴小。阳卦多阴则阳为之主，阴卦多阳则阴为之主，虽大小
不齐，而得失为主则均也。"卦虽有阴阳小大之分，但在判
定吉凶上是没有大小之别的。

文中一开始就说明象、爻的作用，接着举出三种常见的
占卜之辞——吉凶、悔吝、无咎。然后结合卦体的大小，爻
位的高低，说明其基本含义。最后指出卦爻辞的最基本的宗
旨就是要告诉人们怎样趋吉避凶。

第四章

[解读]

《周易本义》："此章言《易》道之大，圣人用之如此。"
第四章是非常精彩的一章，重点是讲《周易》的伟大作用，
以及学了《周易》、掌握《周易》的一种巨大的好处。

《易》与天地准[1]，故能弥纶[2]天地之道。仰以观于天文，俯以察于地理，是故知幽[3]明之故[4]。原[5]始反[6]终，故知死生之说[7]。精气为物，游魂为变，是故知鬼神之情状[8]。

[注释]

1 准：相当，均等。

2 弥纶：周遍，包罗。

3 幽：形容地方很僻静又光线暗。

4 故：事理。

5 原：推究，考察。

6 反：类推。

7 说：推理。

8 情状：情形、状况。

[译文]

《易》以天地为准则，所以能包罗天地万物的规律。圣人仰观天文，俯察地理，所以能知晓幽明变化的原理，能推源万事之始，又能复归万事之终，因此知晓了生死的规律。精气凝聚为有形之物，灵魂游走造成了变化，因此可以知道鬼神的状况。

[解读]

"易与天地准",《经典释文》引京房说:"准,等也。"孔颖达疏:"圣人作《易》与天地相准,谓准拟天地,则乾健以法天,坤顺以法地之类是也。"《周易》所展示的道理,是以天地为准则的,是对天地的模拟,所以它能包罗天地万物的规律,能涵盖天地万物的规律。因为《周易》是按照天地万物的规律来创作的,所以《周易》展示的道理、规律是与天地万物相等同的,与天地万物的规律是一致的,是对天地万物规律的一种模拟。《周易本义》:"易书卦爻,具有天地之道,与之齐准。弥,如弥缝之弥,有终竟联合之意。纶,有选择条理之意。"

下面是说圣人依据易道去探究物理。《周易本义》:"此穷理之事。以者,圣人以《易》之书也。"韩康伯注:"幽明者,有形无形之象。死生者,终始之数也。"创作《周易》的圣人仰观了天文,俯察了地理。天文,指天象;地理,指地形。也就是看到了天上的日月星辰的运行,地下水土草木的荣枯,因此,他就知道了阴阳、幽明的变化,即有形和无形的变化。"原始反终",就是推源万事万物的开始,又能够复归于它们的终结,所以就知道了人和万物死生的规律。死生的规律就是万事万物初始和终结的规律的一种展示、一种体现。

"精气为物,游魂为变",《周易本义》:"阴精阳气,聚而成物,神之伸也。魂游魄降,散而为变,鬼之归也。"精气凝聚而成为有形之物,神气灵魂游走了之后就造成了变化,生就变为死，成就变为败，通过这种变化可以知道鬼神的状况，鬼神的情况也不过是阴阳变化，一往一来，一屈一伸。有形和无形，精和气，都展示了阴阳变化的规律。

与天地相似，故[1]不违。知周[2]乎万物而道济[3]天下，故不过[4]。旁[5]行而不流[6]，乐天知命，故不忧。安土敦[7]乎仁，故能爱[8]。范围[9]天地之化[10]而不过，曲[11]成万物而不遗，通[12]乎昼夜之道而知，故神[13]无方[14]而易无体。

[注释]

1 故：所以。

2 周：环绕，遍及。

3 济：贯通。

4 过：过错，错误。

5 旁：《说文解字》"溥也"，普遍。

6 流：往来不定，没有根据。

7 敦：重视，崇尚。

8 爱：给人好处，恩惠。

9 范围：概括，囊括。

10 化：教化。

11 曲：周遍，详尽。

12 通：通晓，懂得。

13 神：玄妙。

14 方：区域，位置。

[译文]

《易》与天地相似，因此不违背天地的规律。《易》使人能遍知万物而能够治理天下，处事不会有偏差。可以触类旁通而不滥用，乐其天然，知其命数，无所忧愁。安处在自己的环境当中，忠厚地去推广仁义，泛爱天下。涵盖包容天地的变化而没有差错，普遍地成就万物而没有遗漏，会通昼夜的变化而无所不知。这种变化是神妙而没有固定空间方位的，《易》也因此不能拘泥于形体。

[解读]

《周易本义》："此圣人尽性之事也。"孔颖达疏："天地能知鬼神，任其变化。圣人亦穷神尽性，能知鬼神，是与天地相似，所为所作，故不违于天地，能与天地合也。"圣人之德与天地相似，故不违背天地之道。

《周易》之道是与天地相似的，是对天地的模拟，明白了《周易》的义理，就明白了天地的道理，所以人的行为也就不违背天地自然的规律。《周易》符合天地阴阳变化的规律，我们人不违背天地的规律，也就是不违背《周易》之道。《周易》这本书所展示的道理，就是人能遍知万物，看了这本书就能全面地了解万事万物的变化，并且能够"道济天下"，能够去资助天下，去治理天下。孔颖达疏："圣人无物不知，是知周于万物，天下皆养，是道济天下也。"

"旁行而不流"，孔颖达疏："言圣人之德，应变旁行，无不被及，而不有流移淫过，若不应变化非理而动，则为流淫也。"《周易本义》："旁行者，行权之知也；不流者，守正之仁也。"推行易道的人，可以触类旁通、广泛推行，而又不会滥用，不会有流弊。能够"乐天知命"，乐其天然，知其命数，而快乐无忧。因为顺应了自然规律，知道命运变化，当然能乐而不忧，无所忧愁。

"安土敦乎仁，故能爱"，孔颖达疏："万物之性皆欲安静于土，敦厚于仁。圣人能行此安土，敦仁之化，故能爱养万物也。"安处在自己的环境当中，忠厚地去推广仁义，所以能泛爱天下。这是说明随遇而安，宽厚爱人，而没有私心，这就是运用天地之理，因为天地就是仁爱，就是万物，所以我们按照这个来做，当然也就能够泛爱天下之仁。

韩康伯注："曲成者，乘变以应物不系一方者也，则物宜得矣。"《易》道的广大，可以涵盖包容天地的变化而没有差错，可以普遍地去成就万物而没有遗漏，可以会通昼夜的变化而无所不知。所以《周易》之道是"神无方而《易》无体"，韩康伯注："方体者，皆系于形器者也。神则阴阳不测，易则唯变所适，不可以一方一体明。"《周易》反映的是道的变化，这种变化是神妙的，没有固定的方位、空间，没有固定的形体，不能拘泥于形体。《周易》讲的是象，而不是讲形，

《周易》是象思维，而不是形思维，因为宇宙万事万物的变化 是神妙莫测的，《周易》展示的卦爻也是神妙莫测的。

第五章

[解读]

《周易本义》："此章言道之体用，不外乎阴阳。而其所以然者，则未尝倚于阴阳也。"它讲了《易》道的内涵，也是中华文化的基本内核。

一阴一阳之谓[1]道。继[2]之者善也，成之者性也。仁者见之谓之仁，知者[3]见之谓之知，百姓日用而不知，故君子之道鲜[4]矣。显诸[5]仁，藏诸用，鼓[6]万物而不与圣人同忧，盛德大业至矣哉。富有之谓大业，日新之谓盛德，生生之谓易，成象之谓乾，效法之谓坤，极[7]数知来之谓占，通[8]变之谓事，阴阳不测[9]之谓神。

[注释]

1 之谓："之"是宾语前置的助词；谓，叫作。

2 继：延续，承袭。

3 知者："知"为"智"的古字，"知者"即"智者"。

4 鲜：少。

5 诸：之于。

6 鼓：激发，振作。

7 极：穷尽，竭尽。

8 通：通晓，懂得。

9 测：量度，料想。

[译文]

一阴一阳就是《易》之道。能够传承阴阳之道就是美善，能够成就阴阳之道就是本性。仁者看到了阴阳之道，就能体会出仁的含义；智者看到了阴阳之道，就体会出智的含义。百姓日常运用的也是阴阳之道，却不自知，因此君子之道的含义也就很少有人懂得。阴阳之道能够显现为仁德，但是却潜藏在日常生活当中不易被察觉。能够鼓动万物，但是却不同于圣人的忧患之心。美好的品德和宏大的功业也就达到极致了。富有就是宏大的事业；创新就是美好的德性。万物生生不息，这就是易。首先化成的卦象就成为天的象征，叫作乾；接着效法天道的卦象就是坤，穷尽大衍之术，预知未来就叫作占。通晓万物的变化，就叫作事。阴阳的变化是不可预测的，这就叫作神。

[解读]

"一阴一阳之谓道"，孔颖达疏："阴之与阳，虽有两气，恒用虚无……道虽无于阴阳，然亦不离于阴阳，阴阳虽由道成，即阴阳亦非道。"《周易本义》："阴阳迭运者，气也；其理则所谓道。"一阴一阳就是阴阳之间的变化、关系，这就是《周易》之道，这就把《易》道的内涵揭示出来了。阴阳不是矛盾，更强调了相互之间消长、和谐、转化的一面，对立、对待的事物或者一个事物对立、对待两个方面之间不是偏于"斗"，而是偏于"和"，强调一个"和"字，阴阳的思维是《周易》之道，是中国人的一种思维方式，由《周易》的两个基本符号构成的这么一种关系。

"继之者善也，成之者性也"，孔颖达疏："道是生物开通，善是顺理养物，故继道之功者，唯善行也。若能成就此道者，是人之本性。"《周易本义》："道具于阴而行乎阳。继，言其发也；善，谓化育之功，阳之事也。成，言其具也。性，谓物之所受，言物生则有性，而各具是道也，阴之事也。""善"是指道的善良美好。能发挥阴阳变化之道以成就万物的是善。"性"指道的本质属性，也就是阴阳之道，本来就应该是万事万物天地自然包括人的一种本质属性，所以，成就阴阳之道，实际上就是成就了人的自我本性，也是天地的自我本性。王夫之《周易外传》说："人物有性，天地非有性。阴阳之相继也，其未相济也，不可谓之善。故成之而后性存焉，继之而后善著焉……故成之者人也，继之者天人之际也。天则道而已矣。道大而善小，善大而性小。道生善，善生性。"道具有既对立又统一的阴阳两个方面，阴阳在运动变化的过程中所产生的东西具有善的性质，它所成就的东西就是人或物的天性。

不过，当仁者看到了阴阳之道，就能体会出仁的含义；

智慧者看到了阴阳之道，就体会出智的含义。实际上，阴阳之道是老百姓日常运用的，每一天都在用的，但是却不知道，所以这种阴阳之道、这种君子之道的含义也就很少有人懂得了。这种阴阳之道能够显现为仁德，但是潜藏在日常生活当中不易被察觉。孔颖达疏："道之为体，显见仁功，衣被万物，是'显诸仁'也。……潜藏功用，不使物知，是'藏诸用'也。"道的造化功能蕴含在各种具体功能之中，与事物混为一体。所以说，阴阳之道能够鼓动、推动、化育万事万物，却与圣人那种忧患之心有所不同。孔颖达疏："言道之功用，能鼓动万物，使之化育，故云鼓万物，圣人化物不能全无以为体，犹有经营之忧，道则虚无为用，无事无为，不与圣人同用有经营之忧也。"阴阳之道是无思无为的，是自然而然、本然地去鼓动、鼓舞万物的生成，而圣人是有思有为的，与老百姓同样去忧患这个吉凶，所以"道"不与"圣人"同忧虑。《周易》之道、阴阳之道是自然之道，而圣人之道、君子之道是努力地效法宇宙之道，就是"盛德大业"，圣人这种美德、这种大德、美好的品德和宏大的功业也就达到极致了。

盛德大业，一方面是指圣人奉行天地之道的德性，如孔颖达疏："圣人为功用之母，体同于道，万物由之而通，众事以之而理，是圣人极盛之德，广大之业，至极矣哉！于行谓之德，于事谓之业。"但圣人所效仿的则是天地之道。这就是"富有之谓大业，日新之谓盛德"。按照阴阳之道就能广泛地获得万物，就能够富有，这就是宏大的事业、宏大的功业，而每一天都在创新，不断地创新就叫作美好的德性。主要是讲天地之道成就事物的德性和功能。

"生生之谓易"这个命题与"一阴一阳之谓道"是相辅相成的，"一阴一阳之谓道"的"道"就是指《易》道，而这里的"生生之谓易"的"易"同样也是指《易》之道。什么是"生生"呢？孔颖达疏："生生，不绝之辞。阴阳变转，后生次于前生，是万物恒生，谓之易也。""生生"就是"生而又生"，生生不息，阴阳之间的交互关系、互相转化而使得宇宙万物生生不绝，生而又生，这就叫作"易"，这就是《周易》之道，所以《周易》之道就是生而又生，不断地创新。这在中国哲学史上是一个非常重要的命题。"成象之谓乾，效法之谓坤"，首先化成的卦象就成为天的象征，叫作乾，乾卦象征天；接着化出一个卦象，要效法天道的，就叫作坤，坤为大地，大地是效法天道的。合起来，与"在天成象，在地成形"前后呼应，实际蕴含着卦画是模拟天象而成。高亨《周易大传今注》卷五认为《周易》中天象、地法并言，此指天成其象，地呈其法，均可知。

"极数知来之谓占"，孔颖达疏："穷极蓍策之数，预知来事占问吉凶，故云谓之占也。""数"指后文的大衍之数。穷尽大衍之数，穷尽数理，预知未来就叫作占，这个术在这里可以看成古人的衍化之术、测试之术。"通变之谓事"，有不同的理解。孔颖达疏："物之穷极，欲使开通，须知其变化，乃得通也。凡天下之事，穷则须变，万事乃生。"指万事万物的状态就是穷通达变（详见后文）。《周易本义》："极数知来所以通事之变。"则是认为通过穷极蓍数之变，方能知事物变动之理。《周易集解》卷十三引虞翻说："事谓变通趋时以尽利天下之民，谓之事业也。"则应理解为，能够通晓万物的变化，能通晓阴阳乾坤变化的规律，当然就能干出一番大事业。

"阴阳不测之谓神"，这也是一个很重要的命题，提出阴阳的变化是神奇的，是神妙的，也是不可预测的，这就叫作神。阴阳的变化是符合大规律的，可是各种微妙的、神奇的变化却是测不准的。韩康伯注："神也者，变化之极，妙万物而为言，不可以形诘者也。"张载《横渠易说》卷三："一，故神。两在，故不测。"这让我们想到当代的量子力学中有一条很重要的定律，那就是"测不准定律"，从哲学的角度来看，这个测不准就是由于宇宙间万事万物都处在阴阳对立的变动当中。虽然测不准但仍然要测，所以测与不测、准与不准，看似一对矛盾，其实它们两者有着密切的关系，大规律是可以测的，具体细微的变化是不可测的，但是如果真正把握了阴阳变化的规律，它又是可以测的，所以可测不可测本身就是相对而言的。这一章提出了很多命题，实际上关键的一点就是，《周易》之道就体现在阴阳之间、阴阳的交互关系、阴阳的微妙变化、阴阳的相互转化当中，掌握了这种变化就能成就大事业，成就大功德。

第六章

[解读]

这一章，《周易本义》并没有加以说明，高亨《周易大传今注》则与下一章连在一起，说"此四句言易经之道可配天地四时日月"。

夫易广矣大矣，以[1]言[2]乎远则不御[3]，以言乎迩[4]则静而正，以言乎天地之间则备[5]矣。夫乾，其静也专，其动也直，是以大生焉。夫坤，其静也翕[6]，其动也辟[7]，是以广生焉。广大配[8]天地，变通配四时，阴阳之义配日月，易简之善配至德。

[注释]

1　以：用来。

2　言：陈述，叙述。

3　御：抵挡、阻止。

4　迩：近。

5　备：全部、完全。

6　翕：闭，收敛。

7　辟：开。

8　配：匹敌，相当。

[译文]

《易》的道理十分广大，用它来比拟遥远的事物，是没有止境的；用它来比拟近处的事物，是宁静而可以验证的；从天地之间来说，它是无所不备的。乾卦静的时候是团在一起的，动的时候是挺直的，因此能够大生万物。坤卦宁静的时候是闭着的，动的时候是张开的，因此能广生万物。"易道"宽广、博大，可与天地相匹配，阴阳变化流通的规律可以与四季的变化规律相匹配，阴阳的意义可以与日月的往来相匹配，乾坤阴阳是最易知的，其至善之理可与天地的至高美德相匹配。

[解读]

孔颖达疏："此赞明易理之大，易之变化极于四远是广矣，穷于上天是大矣。御，止也，言乎《易》之变化，穷极幽深之远，则不有御止也，谓无所止息也。"《周易》的道理十分广大，从远处来说，它是没有止境的；而从近处来说，把它比拟成近处的事物，那是宁静而端正的，"正"，可理解为端正、正确，又可理解为验证，"正"可通"证"。把它比拟于天地之间，从天地之间的事物来说，它是十分的完备，是无所不备，万理具在的。而以《易经》论天地之间之事物，则无所不包（高亨《周易大传今注》）。

"其静也专"，《周易集解》卷十三引宋衷说："乾静不用事，则清静专一，含养万物矣。动而用事，则直道而行，出万物矣。一专一直，动静有时，而物无夭瘁，是以大生也。"在宁静时是专一的，变动时是刚直的。"专"也通"抟"。乾卦静的时候是团在一起的，它动的时候是直的，挺直不曲的，所以能生出刚大的气魄，能够大生万物。韩康伯注："翕，敛也。止则翕敛；其气动，则辟开以生物也。"坤卦宁静的时候是闭着的，是合在一起的，闭藏微伏，动的时候是张开的，所以能生出宽柔的气质，能够广生万物。

"广大配天地"，是说"易道"宽广、博大，可与天地相匹配。"变通配四时"，阴阳的变化流通配合了四季的变化规律。"阴阳之义配日月"，阴阳的意义又可以配合太阳、月亮的情景，可与日月往来相匹配；"易简之善配至德"，乾坤阴阳是最易知的，最简单的，它的至善的道理可以与天地创造万物的至高的美德、至高的道德相匹配。孔颖达疏："初章论乾坤易简，可久可大，配至极微妙之德也。然《易》初章易为贤人之德，简为贤人之业，今总云'至德'者，对则德业别，散则业由德而来，俱为德也。"这需要与第一章联系起来理解。总的来看，乾、坤二卦取的是天、地、人三才之象，就是把天地人万事万物最终抽象成了两个卦符。

第七章

[解读]

这一章，《周易本义》并没有加以说明，高亨《周易大传今注》连同上章，说"此章亦虚夸《易经》之功用"。这里引用了孔子的话来说明易理与修身的关系。

子曰：《易》其[1]至[2]矣乎！夫《易》，圣人所以崇[3]德而广[4]业也。知崇礼卑，崇效天，卑法地，天地设位而《易》行[5]乎其中矣。成性存存[6]，道义之门。

[注释]

1 其：表示揣测。

2 至：达到极点。

3 崇：高尚。

4 广：扩大。

5 行：流行，流传。

6 存：存在。

[译文]

孔子说，《易》是至善至美的，已经达到极点了！《易》道就是圣人用来提高自己的道德，扩大自己的事业的。智慧贵在崇高，礼节贵在谦卑，崇高效法了天，谦卑效法了地，天和地定下了上下尊卑的位置，而《易》的道理就在天地之间。成就天地的本性，不断地保存，这就是通往道义的大门了。

[解读]

"子曰"，孔子说。《周易本义》："十翼皆夫子所作，不应自著'子曰'字，疑皆后人所加也。"认为这应该是后人添加的。《易传》里多次提到"子曰"，《系辞传》当中引用了 25 条，《文言传》提到了 6 条，一共是 31 条。很多人认为这个"子"不是指孔子，但从材料思想上看，还是非常符合孔子思想的。从 20 世纪 70 年代出土的马王堆汉墓帛书和 90 年代出土的战国楚简《周易》版本来看，有很多篇章直接点明是"孔子"。所以这些"子曰"基本上可看成孔子的言论，或者是他的弟子后学记录的孔子的言论，这些言论可以跟《论语》的文句配合起来看。

孔子说易道是至善至美的，已经达到极点了，易道就是圣人用来提高自己的道德，而扩大自己的事业的。

"知崇礼卑"，韩康伯注："知以崇为贵，礼以卑为用。"《周易本义》："穷理则知崇如天而德崇，循理则礼卑如地而业广。……成性，本成之性也。存存，谓存而又存，不已之意也。"智慧贵在崇高，礼节贵在谦卑，崇高效法了天，谦卑效法了地，这样天和地就定下了上下尊卑的位置，《周易》的道理就在天地之间变化通行。这里的"知崇礼卑"，反映了要重视智慧与礼节教育的思想，最后这一句"成性存存，道义之门"是讲后天的修养。"存存"，存而又存，就是不断涵养孕育、不断保存下去。"成性"就是要成就美好的德性，要成就天地的本性，并且使它永远保存下来，这样就找到了通向道义的大门了。

第八章

[解读]

《周易本义》："此章言卦、爻之用。" 这一章重点讲圣人是怎样比拟、象征客观的事物而作《周易》的，又讲了学习《周易》的人应当怎样比拟卦爻辞、卦爻象来说话和行动的。可分两部分，一开始交代卦象、爻象、卦爻辞的来源和作用，然后列举了七条爻辞加以说明。

圣人有以见天下之赜[1]，而拟[2]诸其形容[3]，象其物宜，是故谓之象。圣人有以见天下之动，而观其会通[4]，以行其典[5]礼，系[6]辞焉以断[7]其吉凶，是故谓之爻。言天下之至赜，而不可恶[8]也；言天下之至动，而不可乱也。拟之而后言，议[9]之而后动，拟议以成其变化。

[注释]

1 赜：深奥。

2 拟：模仿。

3 形容：形体容貌。

4 会通：融会变通。

5 典：标准，法则。

6 系：连缀。

7 断：判断，裁决。

8 恶（wù）：讨厌，憎恨。

9 议：判断或评价。

[译文]

圣人看到了天下的复杂和幽深，就模仿它的形态画出卦、爻象，用它来象征事物的合义，这就叫"象"。圣人发现了天下万物运动变化的规律，就观察其中的汇合交通，按照它来制定并推行各种典章礼仪，用系辞判断事物变动的吉和凶，所以就称作"文"。《易》言说天下至为复杂幽深的道理，因此不可以轻视它、鄙视它。《易》也说出了天下至为复杂的运动变化，因此不可以错乱违背。而都应该先比拟卦象，然后才能发言说话。先审议事物的运动变化，而后才能行动。

[解读]

"赜"，幽深难见的意思，在句中指事物深奥的道理。孔颖达疏："赜谓幽深难见，圣人有此神妙以能见天下深赜之至理也。"圣人看到了隐藏在天下众多事物中深奥的道理，所以模仿它的形状，来画出卦、爻象，用它来象征事物合适的含义、事物的意义，这就叫"象"。吴澄《易纂言》："拟，比类也。"圣人发现了天下万事万物的运动变化，就观察其中的汇合变通。《周易本义》："会谓理之所聚，而不可遗处；通谓理之可行，而无所碍处。"

"行其典礼"，孔颖达疏："当此会通之时，以施行其典法礼义也。"通过观察事物会通变化而推行合宜的典章制度。"典"也可以理解为"规则","礼"即"理"。《朱子语类》："且如事理间，若不于会处理会，却只见得一偏，便如何行得通，须是于会处都理会，其间却自有个通处，这礼字又说得阔，凡事物之常理皆是。"指事物运行变化中不变的常理。

　　圣人在卦爻的下面写下了文辞，来判断事物变动的吉和凶，所以就称作"爻"。《周易》说出天下至为复杂幽深的道理，所以学《易》者不可以轻视它、鄙视它。吴澄《易纂言》："六十四卦之象，所以章显天下至幽之义，而名言宜称人所易知，则自不至于厌恶其赜矣。"《周易》又说出了天下至为复杂的运动变化，所以学《易》者不可以盲目，不可以错乱违背。作《易》者和学《易》者，都应该先比拟这个卦象，然后才能发言说话。先要审察事物的运动变化，而后才能行动。也就是说你的言语和你的行动都必须在比拟卦象和审视卦爻辞之后才能去做，这样做，你的言语就简略有条理，你的行动也就符合事宜。

　　"鸣鹤在阴[1]，其子和[2]之；我有好爵[3]，吾与尔靡[4]之。"子曰："君子居其室，出其言善，则千里之外应[5]之，况其迩[6]者乎？居其室，出其言不善，则千里之外违之，况其迩者乎？言出乎身，加[7]乎民；行发[8]乎迩，见乎远：言行，君子之枢机[9]。枢机之发，荣辱之主也；言行，君子之所以动天地也，可不慎乎？"

[注释]

1 阴：山的北面。也通"荫"，树荫。

2 和（hè）：和谐地跟着唱。

3 爵：古代酒器，即酒杯，代指酒。

4 靡：共享，同享。

5 应：应和。

6 迩：近。

7 加：置或施。

8 发：显现，表现。

9 枢机：枢，门上的转轴；机，弓弩上的发射机关。比喻事物的关键。

[译文]

仙鹤在山的阴面鸣唱，它的同类与它声声应和，我有好酒想与你分享。孔子解释说：君子平常居住在家中，他的美好言论，远在千里之外的人也会去回应他，何况是近处的人呢？他平常居住在家中，如果发出不善的言论，那么远在千里之外的人也将背离他，何况近处的人呢？所以言论是出于自身的，并施加于百姓；行为是发在近处的，但远方的人也看得见；言行就好比是君子的枢纽，这个枢纽一旦发动，即是荣辱的关键。言论和行为是君子用来鼓动天地的关键，难道可以不慎重吗？

[解读]

下面接着指出了七条爻辞，然后做出比拟和评议，给我们做了一个示范。第一条爻辞取自中孚卦的九二爻——母鹤在山阴鸣唱，它的孩子就在远处应和它，我有一壶美酒愿与你共饮同乐。孔子比拟这个卦象解释说：君子平常居住在家中，他能发出美好的言论，远在千里之外的人也将去响应他，何况是近处的人呢？他平常居住在家中，如果发出不善的言论，远在千里之外的人也将背离他，不会跟他应和，何况近处的人呢？所以言论是出于自身的，最终要施加给老百姓；行为是发生在近处的，但是远方的人也能看得见。孔颖达疏："户枢之转或明或暗，弩牙之发或中或否，犹言行之动从身而发，以及于物或是或非也。言行虽初在于身，其善恶积而不已，所感动天地，岂可不慎乎？"言论和行为就好比君子开门和关门的枢纽，这个门户的枢纽一旦发动，就好比荣和辱的关键。言论和行为也是君子用来鼓动天地万物的关键，所以难道可以不慎重吗？

"同人，先号啕[1]而后笑。"子曰："君子之道，或出[2]或处[3]，或默或语。二人同心，其利断金[4]；同心之言，其臭[5]如兰。"

[注释]

1 号啕：即号陶，大哭。

2 出：出仕。

3 处：居家不仕，隐居。

4 金：金属的通称。

5 臭：气味。

[译文]

"和同别人，先是号啕大哭，后是大笑。"孔子解释说：君子为人处世之道，有时可以外出行事，有时则要安居静处，有时要沉默寡言，有时要阐发议论。两人如果心意相通，同心同德，就好比利刃，可以把金属切断；心志相同的言论，气味也像兰草一样芬芳。

[解读]

同人卦的九五爻的爻辞，孔子解释君子为人处世之道。孔颖达疏："证拟议而动，则同类相应。以同人初未和同，故先号咷；后得同类，故后笑也。……同类相应，本在于心，不必共同一事。或此物而出，或彼物而处；或此物而默，或彼物而语，出处默语，其时虽异，其感应之事，其意则同，或处应于出，或默应于语。"九五爻的爻辞，之所以先哭，是因为不同心，而后笑是因为同心了。孔子引申说，君子无论是出来做事，还是留在家中，无论是沉默不言，还是阐发议论，都要遵循一个原则：同心。只要二人能同心协力，就可以变成一股很强劲的力量，就好比利刃，可以把金属切断；心意相同的人所说的话，就像兰花一样清香，使人乐于听闻。孔颖达疏："二人若同其心，其纤利能断截于金。金是坚刚之物，能断而截之，盛言利之甚也。此谓二人心行同也。"

"初六，藉¹用白茅²，无咎。"子曰："苟³错⁴诸⁵地而可矣，藉之用⁶茅，何咎之有？慎之至也。夫茅之为物薄，而用可重也。慎斯⁷术⁸也以往⁹，其无所失矣。"

[注释]

1 藉：草垫子。

2 茅：茅草。

3 苟：随便。《康熙字典》"又诚也"。

4 错：通"厝"，安排。

5 诸：之于。

6 用：功用，作用。

7 斯：指示代词，这。

8 术：方法，策略。

9 往：去，到……去。

[译文]

"大过卦初六爻，用洁白的茅草做铺垫，没有灾祸。"孔子解释说：直接放在地上也是可以的，用茅草做铺垫然后放在上面，这样做怎么还会有灾祸呢？这是至为谨慎的行为。茅草作为一种物品是微薄的，但是可以发挥重大的作用。谨守恭敬谨慎的方法，才能够前进做事，没有过失。

[解读]

第三条爻辞是大过卦的初六爻。孔颖达疏："凡荐献之物且置于地，其理可矣，言今乃谨慎荐藉此物，而用素白之茅，可置于地，藉之用茅，何咎之有者，何愆咎之有，是谨慎之至也。"假如直接放在地上也是可以的，为什么用茅草做铺垫然后放在上面呢？这就说明要使祭品干净，那样的话哪里还有什么灾害呢？这是至为谨慎的一种行为。茅草作为一种物品是微薄的，但是可以发挥重大的作用，这说明要恭敬谨慎守住这种方法，才能够前往做事，没有过失。

"劳[1]谦，君子。有终，吉。"子曰："劳而不伐[2]，有功而不德[3]，厚之至也。语以其功下[4]人者也。德言盛，礼言恭[5]。谦也者，致[6]恭以存其位[7]者也。"

[注释]

1 劳：功绩。

2 伐：夸耀。

3 德：通"得"，自矜。

4 下：居人之下，谦让。

5 恭：谦慎有礼。

6 致：传达、表示。

7 位：职位，官爵。

[译文]

"有功劳而谦虚的君子，有好的结果，是吉利的。"孔子解释说：有功劳但不自夸，有功劳了也不自以为是自己的功德，这是敦厚之至的表现。有功勋而谦虚的人，甘居人之下。道德要隆盛，礼节要恭敬。所以谦虚就是要以极其恭敬的态度来保住自己的地位。

[解读]

第四条爻辞是谦卦的九三爻。有功绩而谦虚，君子就能始终吉祥。有功劳而不自夸，有功德而不自居，这是敦厚之至的表现。这是说明有功勋而谦虚的人，甘居人之下。"德言盛，礼言恭"，孔颖达疏："德以盛为本，礼以恭为主，德贵盛新，礼尚恭敬。"另外，"言"也可以理解为语气助词。王引之："言者，语辞。"是说"以其功下人者"的表现是德盛、礼恭。杨万里《诚斋易传》卷十七："人之谦与矜，系其德之厚与薄，德厚者，无盈色，德薄者，无卑词，如钟磬焉，愈厚者声愈缓，薄者反是，故有劳有功而不伐不德，惟至厚者能之，其德愈盛，则其礼愈恭也。"最后是引申，说谦虚就是通过致力于恭谨保住自己的地位。

"亢¹龙有悔。"子曰："贵²而无位³，高⁴而无民，贤人在下位而无辅⁵，是以动⁶而有悔也。"

[注释]

1 亢：太过，过了头。

2 贵：显贵。

3 位：职位，官爵。

4 高：等级在上。

5 辅：佐助。

6 动：行动。

[译文]

"龙太过亢盛，因此要悔过。"孔子解释说：太尊贵了就会没有地位，太崇高就管不到百姓，贤明的人在下位也就不会来辅助他了，所以过分地轻举妄动必将有所悔恨。

[解读]

第五条爻辞是乾卦的上九爻，已经出现在《文言传》中了。孔颖达疏："上既以谦德保位，此明无谦则有悔。故引乾之上九亢龙有悔，证骄亢不谦也。"是说没有谦逊之心而导致的妄自高大。

"不出户[1]庭[2]，无咎。"子曰："乱之所生也，则言语以为阶[3]。君不密则失臣，臣不密则失身，几[4]事不密则害成，是以君子慎密而不出也。"

[注释]

1 户：单扇门。

2 庭：园宅。

3 阶：缘由，途径。

4 几：细小，细微。

[译文]

"不跨出门庭，就没有灾祸。"孔子解释说："危乱的产生往往是由于言语不慎。君主不守机密，臣子就会受到损失。臣子不守机密，自身就会受到损失。开始不守机密就不会成功，所以君子要慎守机密，不要随意开口。"

[解读]

第六条爻辞是节卦的初九爻，要节制，要慎重，只要不跨出门户，就必无灾害。孔颖达疏："几谓几微之事，当密慎，预防祸害，若其不密而汾泄，祸害交起，是害成也。"来知德《周易集注》卷十三："几者，事之始；成者，事之终。""凡天下之事，有关于成败而不可告人者，一或不密，则害成。"危乱的产生往往是由于语言不守机密、言语不慎而引起的。

所以君主不守机密就会使臣子受到损失，如果臣子不守机密，会使自身受到损失，开始如果不守机密就不会成功，所以君子要慎守机密，不要泄露机密，一定要谨慎，不要随意地开口，否则就会祸从口出。

子曰："作《易》者其知盗乎? 《易》曰:'负[1]且[2]乘[3]，致[4]寇至。'负也者，小人之事也;乘也者，君子之器也。小人而乘君子之器，盗[5]思[6]夺之矣;上慢[7]下暴，盗思伐之矣。慢藏诲[8]盗，冶[9]容诲淫。《易》曰'负且乘，致寇至'，盗之招也。"

[注释]

1 负:用背载物。

2 且:连词，表示递进。

3 乘:乘坐;读 shèng，车辆。

4 致:招来，招引。

5 盗:反抗统治者的人。

6 思:考虑，想。

7 慢:轻视，对人无礼。

8 诲:教导，明示。

9 冶:过分装饰打扮。

[译文]

孔子说:"作《易》的人大概知道盗寇的道理。《易》说:'背负贵重的东西坐在车上,会招来强盗。'背负重的东西是小人的事情,大车是君子的工具。小人乘坐在君子的车上,盗寇就想要夺过来;在上位的国君玩忽职守,下面的百姓就会不堪忍受,盗贼就会乘机攻伐,取而代之。如果轻慢于收藏财物,就会招来盗贼;女子过分地打扮,就会招来别人的淫秽之心。所以《易》说'背负贵重的东西,坐在大车上,必将招来强盗抢夺',这是自己把盗贼招来的。

[解读]

第七条爻辞取自解卦的六三爻。孔子引用了这个爻辞,解释说,作《易》的人大概知道盗寇的道理吧。《易》说,背负贵重的东西坐在车上,会招来强盗。背负重的东西是小人的事情,大车是君子的工具。小人乘坐在君子的车上,盗寇就想要夺过来。"器"不仅指器物,更指礼制,来知德《易经来注图解》卷五:"而乘则君子之名器。""上慢下暴"是说在上位的国君如果怠慢职守,不能选贤任能,下面的百姓就会不堪忍受,那当然就会发生暴动,所以盗贼就会乘机攻伐,取而代之。导致小人乘时得势而至于高位。"慢藏诲盗,冶容诲淫",孔颖达疏:"若慢藏财物,守掌不谨,则教诲于盗者,使来取此物;女子妖冶其容,身不精悫,是教诲淫者,使来淫己也。"自己保管时物不慎,无异于教人来偷窃,女子打扮得过分艳丽，就会招来别人的淫秽之心。所以《易》说，背负贵重的东西，坐在大车上，必将招来强盗抢夺，这不是盗贼的过错，而是自己的过错，是自己把盗贼招来的。上面这七条爻辞，告诉我们要按照这些卦爻辞去行动，要慎言慎行。

第九章

[解读]

《周易本义》："此章言天地大衍之数，揲蓍求卦之法，然亦略矣。"这一章告诉我们，卦象是从数中演算而来的。它告诉我们一种占筮起卦的古老方法。

天一，地二，天三，地四，天五，地六，天七，地八，天九，地十。天数五，地数五，五位相得[1]而各有合[2]。天数二十有五，地数三十，凡天地之数五十有五。此所以成变化而行鬼神也。大[3]衍[4]之数五十，其用四十有九，分而为二以象两，挂一以象三，揲[5]之以四以象四时，归[6]奇[7]于扐[8]以象闰，五岁再[9]闰，故再扐而后挂。乾之策二百一十有六，坤之策百四十有四，凡三百六十，当期[10]之日。二篇之策，万有一千五百二十，当万物之数也。是故四营[11]而成易，十有八变而成卦。八卦而小成。引而伸之，触类而长之，天下之能事毕矣。显道神德行，是故可与[12]酬酢[13]，可与佑神矣。子曰："知变化之道者，其知神之所为乎！"

[注释]

1 相得：互相投合。

2 合：组合，配合。

3 大：广大。

4 衍：演绎；演算。

5 揲：取。

6 归：归总。

7 奇：零数。

8 扐（lè）：手指之间。

9 再：重复。

10 期：一年。

11 营：演算。

12 与：《经传释词》"与，犹'以'也"。

13 酬酢：用酒来回敬，也指应对。

[译文]

天一，地二，天三，地四，天五，地六，天七，地八，天九，地十。天数有五个，地数有五个，五个天数和五个地数相互发生关系，各自组合，天数加在一起是二十五，地数加在一起是三十，天数和地数加在一起就是五十五。天地之数的组合变化，阐明了万物的变化，能像鬼神一样推演未来。

广为演绎的占筮之数是用五十根蓍草来表示。取其中四十九根。用四十九根蓍草演算一根爻，第一步是一分为二，以象两仪；第二步是从任意一堆里抽出一根来，挂在无名指和小指之间，代表三。第三步是把第一步中分开的其中一堆蓍草，四根四根地分出来。"四"就代表春、夏、秋、冬四时。第四步是把两堆四根四根分出来的蓍草归到一起，合在一起。把两堆剩下的少数或等于四的蓍草合到一起，这就代表闰月。五年有两次闰，所以再来一次。乾卦的策数加起来是二百一十六，坤卦的策数加在一起就是一百四十四。这两个数加起来就是三百六十，正好是一年的天数。《易》上、下两篇的策数是一万一千五百二十，代表了万物之数。所以通过四步而成一个爻，经过十八变而成一个卦。八卦是小成之卦，从八卦加以引申与扩展，按类别进行推广与演绎，发挥八卦的象征意义，到六十四卦，天下所有的事情就都可以讲全了。《易》完备地彰显出天下的道理，使品德行为发挥神妙的作用，因此就可以用来应对万事万物，神灵就会来保佑你。孔子说：宇宙阴阳变化的规律是非常神妙的，是不可测的。

[解读]

本章的顺序，各个版本并不一致。"天一，地二……天九，地十"，《周易本义》："此简本在第十章之首，程子曰宜在此，今从之。此言天地之数，阳奇阴偶，即所谓《河图》者也。"这几句是说天地之数的。一、三、五、七、九是天数，二、四、

六、八、十是地数。"天数五，地数五……行鬼神也"，《周易本义》："此简本在'大衍'之后，今按宜在此。天数五者，一、三、五、七、九皆奇也，地数五者，二、四、六、八、十皆偶也。相得，谓一与二，三与四，五与六，七与八，九与十，各以奇偶为类而自相得。有合，谓一与六，二与七，三与八，四与九，五与十，皆两相合。……变化，谓一变生水，而六化成之；二化生火，而七变成之；三变生木，而八化成之；四化生金，而九变成之；五变生土，而十化成之。鬼神，谓凡奇偶生成之屈伸往来者。"天数就是奇数、阳数，地数就是偶数、阴数。天数有五个，地数有五个，这五个数代表了五个位。这个位看上去好像是个空间概念，实际上它又隐含了时间的要素。"五位相得而各有合"，五个天数和五个地数相互发生关系，各自配合、组合。也就是"天一生水，地六成之"，"地二生火，天七成之"，一直到"天五生土，地十成之"，一开始是"地五成之"，就是说一开始的数是五五，就这么"合"。这就是一张河图，所以河图就是五行生成数，五行的生数和成数。"天数二十有五"就是一、三、五、七、九加在一起，二、四、六、八、十加在一起就是"地数三十"，"凡"就是总共，就是天数和地数加在一起，就是"天地之数"五十五。这里就说了天地数，天地之数成就万物的变化，能够说明万事万物变化的量化的规律。

"大衍之数五十"，介绍的是《周易》用五十根蓍草占筮成卦的方法。总的意思是说，广为演绎的占筮之数是用五十根蓍草表示。这个很奇怪，大衍之数就应该是前面的天地之数"五十有五"。在这一点上，自古有两派观点，一派认为，"五十"是搞错了，应该是五十五，肯定后面漏掉了一个五；一派认为就是五十。后面"其用四十有九"，在认为是五十五的一派看来，从五十五到四十九，差六，这个"六"就是抽出了一个卦，这个卦就应该是乾卦；在认为就是五十的一派看来，就差一，抽出的这个"一"就是太极。究竟谁对？不知道，都有道理。这是一个"体数"，就说五十或者五十五是一个"体数"，它是不用的，抽出的这个一或者六，是不用的，放在那里。"其用四十有九"，这五十根蓍草，我们用的就是四十九根，所以我们抽出一根来放着，代表太极，太极不可用的，但是"无用"谓之大用，我们用的四十九就是一（太极）的体现。《周易本义》："大衍之数五十，盖以《河图》中宫天五乘地十而得之，至用以筮，则又止用四十有九。盖皆出于理势之自然，而非人之知力所能损益也。两，谓天地也。挂，悬其一于左手小指之间也。三，三才也。揲，间而数之也。奇，所揲四数之余也。扐，勒于左手中三指之两间也。"用四十九根蓍草演算一根爻，要经过四步、四个过程，也就是"分二、挂一、揲四、归奇"，这四个过程叫"四营"。我们一步一步来看。第一步是"分二"，就是任意地把它一分为二。"分而为二以象两"，"两"就是两仪，就是阴阳、天地。所以它说的每一个数，都代表了一个象，主要不是用于定量，而是用于定性。第二步是"挂一"，"挂一以象三"，就是从任意一堆里，抽出一根来，挂在左手无名指和小指之间，代表三，"三"就是三才，挂的这个"一"就代表人。第三步是"揲四"，用手成束地分数蓍草，"揲之以四以象四时"，就是把第一步分开的其中一堆蓍草，四根四根地分出来，分到最后剩下来的蓍草，必须等于或小于四根，另一堆也同样也是四根四根地分出来，最后剩下的也是等于或小于四根。这个"四"就代表春、夏、秋、冬四时。第四步是"归奇"，"归奇于扐以象闰"，"奇"就是余数，把两堆四根四根分出来的蓍草归到一起，合在一起。把两堆剩下少于或等于四根的蓍草合到一起，这代表闰月。"五岁再闰"，五年有两次闰。"故再扐而后挂"，所以再来一次。四步完成以后，还不能起一根爻，还要以同样的步骤再算两遍。第二遍当然不是用四十九根蓍草，而是用第一遍最后剩下的多的那一堆蓍草，就是四根四根合起来的那一堆蓍草，同样要演算四步，第一步"分二"，把这一堆蓍草又任意地一分为二，第二步"挂一"，第三步"揲四"，第四步"归奇"。第二遍之后再来第三遍，就是把第二遍归奇多的那一堆蓍草再按以上的四步过程演算一遍。这样一共演算了三遍，每一遍都要经过"四营"四步，三遍共十二步，就得出一个爻。

经过这三遍演算也就是三个"四营"之后，最后剩下的多的这堆蓍草，肯定只有四种结果：36、32、28、24，不可能有第五种结果。把这四个数分别除以四，就得出了9、8、7、6这四个数。按照这个数就可以确定一根爻。九就是阳爻，七也是阳爻，八是阴爻，六也是阴爻。九这个阳爻，它叫老阳，或者叫太阳，它是要变的；而六这个阴爻，叫太阴，太阴也是要变的。那八就是少阴，七就是少阳，少阴和少阳是不变的。《周易》取变数，以九和六这两个数来代表阳爻和阴爻。一共要这么演算十八遍，才能得出一个卦。每三变得出一根爻，所以起一个卦要经过十八变，这就是下面所说的"十有八变而成卦"。

"乾之策二百一十有六，坤之策百四十有四，凡三百六十，当期之日"，"策"就是策数，就是揲蓍之后所余下的蓍草数，就是36、24、28、32四个数，其中36是阳爻的策数，24是阴爻的策数。也就是说九的策数就是三十六，六的策数就是二十四。一个乾卦是六根阳爻，所有爻的策数加起来不就是36×6=216吗？坤卦是六根阴爻，所有爻的策数加在一起就是24×4=144。这两个数加起来，刚好是360，这刚好是一年的天数，"当期之日"。大衍之数代表了三才，代表了闰月，代表了四时，代表了一年的天数，还代表了万物之数。"二篇之策万有一千五百二十，当万物之数也"，"二篇"就是指六十四卦的上、下二篇，六十四卦的策数加在一起就是11520，这就是万物之数。六十四卦一共是384爻，肯定是192根阳爻、192根阴爻，总策数就是192×36+192×24=11520。这就是说万物就把天下所有的事物全部包括了，六十四卦把这些全部包括了。所以八卦还不能尽含万物的情理，还是"小成"。只有继续朝着六十四卦推广演绎，触逢相应的事情，并发挥其象征意义，天下所有的事情才可以讲全。所以八卦叫小成卦，六十四卦叫大成卦。

"显道神德行，是故可与酬酢，可与佑神矣"，《易》完备地彰显出天下的道理，使品德行为发挥神妙作用，这是说掌握了六十四卦、象数，可以应对万事万物。"可与佑神"，焦循《易通释》卷十一认为是说"以筮助神之不测"，"易道也，筮以显之"，即占筮可以协助显明阴阳屈伸往来的变化情状。所以"子曰：知变化之道者，其知神之所为乎"，知道"变化之道"大概也就知道了这是神灵的所作所为。这句话意思是说宇宙阴阳变化的规律是非常神妙的，是不可测的，"阴阳不测之谓神"。"神"有两个意思，一个是神妙，一个是神灵。《周易》是以不测为测，是讲宇宙万事万物变化的大规律，它要去预测这个神妙变化的规律。

第十章

[解读]

《周易本义》："此章承上章之意，言《易》之用，有此四者。"这一章进一步阐释"易道"。《周易》蕴含着一种圣人常用的道理，表现在四个方面，那就是辞、变、象、占。

《易》有圣人之道四焉：以[1]言[2]者尚[3]其辞，以动者尚其变，以制器者尚其象，以卜筮者尚其占。是以[4]君子将有为也，将有行也，问焉[5]而以言，其受命也如响[6]，无有远近幽深，遂[7]知来物，非天下之至精，其孰[8]能与[9]于此？参伍以变，错[10]综其数。通其变，遂成天地之文；极[11]其数，遂定天下之象。非天下之至变，其孰能与于此？《易》，无思[12]也，无为也，寂[13]然[14]不动，感而遂通[15]天下之故[16]。非天下之至神，其孰能与于此？夫《易》，圣人之所以极深而研几也。惟深也，故能通天下之志；惟几[17]也，故能成天下之务[18]；惟神也，故不疾[19]而速，不行而至。子曰"《易》有圣人之道四焉"者，此之谓[20]也。

[注释]

1 以：用来。

2 言：学说，主张。

3 尚：崇尚，尊崇。

4 是以：所以，因此。

5 焉：代词，相当于"之"。

6 如响：像回声一样敏捷。

7 遂：副词，则、就。

8 孰：疑问代词，什么、怎么。

9 与：参加。

10 错：相互交错。

11 极：穷尽，竭尽。

12 思：思想，思绪，心情。

13 寂：安静。

14 然：助词，表示某某状态。

15 通：明白、熟悉。

16 故：事；事情。《左传·昭公二十五年》："昭伯问家故，尽对。"

17 几：细小，细微。

18 务：事业、事情。

19 疾：快速。

20 之谓："之"是宾语前置的助词；谓，叫作。

[译文]

《易》蕴含圣人常用的道理，表现在四个方面：用来指导言论要崇尚它的文辞；用来指导行动要崇尚它的变化；用来制作器物要崇尚它的卦爻象；用来预测决疑要崇尚它的占筮。因此君子将要有所作为，将要采取行动的时候，《易》就通过卦爻辞给我们作了具体的回答。《易》能够像响应着回声那样，来回答提问。不论是近远还是幽暗深奥，都能够推知将来的吉凶情况。如果不是天下至为精深的道理，那么它怎样能达到这样的程度呢？三番五次地去探究它的变化，错综复杂地去推演它的数理。通晓了这种术和象的变化，才能成就天地的文采；穷尽了数的变化，才能定出卦象。如果不是通晓天下极为复杂的变化，那么谁能够达到这样的地步呢？《易》是无思虑，自然无为的，寂静不动。只有当与它相感应的时候，才能通晓天下。如果不是通晓了天下最为神妙的事物，那么谁又能达到这个地步呢？《易》是圣人用来穷尽深奥的道理，研究微妙变化的。只有穷极了深奥的道理才能通晓天下的思想和行为，只有研究了极其微小的远动变化，才能成就天下的事务。只有通晓事物的神妙变化，才能不需要急速，不需要行动就能达到目的。孔子说：《易》蕴含着圣人常用的四个方面的道理，说的就是这个意思。

[解读]

辞，李光地《御纂周易折中》引程颐说："言所以述理，以言者尚其辞，谓以言求理者，则存意于辞也。"用来指导言论、讲论道理就要崇尚《易》的文辞，主要是指卦爻辞。孔颖达疏："谓圣人发言而施政教者，贵尚其爻卦之辞，发其言辞，出言而施政教也。"则归结为利用卦爻辞施政教化。

变，孔颖达疏："谓圣人有所兴动营为，故法其阴阳变化，变有吉凶，圣人之动，取吉不取凶也。"用来指导行动就要崇尚《易》的变化。

象，制造器物，要重视它的卦爻象。《系辞下传》第二章有详细说明。

占，俞琰《周易集说》卷三十："用之于卜筮以明龟策之吉凶者，主乎占。"用来预测决疑就要重视《易》的吉凶判断。

"问焉而以言，其受命也如响"，《周易本义》："此尚辞、尚占之事，言人以蓍问《易》，求其卦爻之辞，而以之发言处事，则易受人之命而有以告之。如向之应声，以决其未来之吉凶也。……命，则将筮而告蓍之语。""命"就是卜卦发问。君子将要有所作为，将要采取行动的时候，会用蓍求卦问其吉凶。《周易》能够像响应着回声那样，来回答人们的提问。不论是远近还是幽暗深奥，它都能够推知未来的吉凶和情况。

"参伍以变，错综其数。"这两句的解释非常多，简单来说就是三番五次地去探究它的变化，错综复杂地去推演它的数理。《周易本义》："参者，三数之也；伍者，五数之也。既参以变，又伍以变，一先一后，更相考核，以审其多寡之实也。"当然这里的"三"和"五"，也可理解为实指。"三"指三才，就是天、地、人，"五"可以指五行，"参伍以变"可以理解为利用三才五行的变化。"参"还可以理解为互相参合，参考参杂，"五"就是指天数五和地数五。天数有五个，即一、三、五、七、九；地数有五个，即二、四、六、八、十。参合这天地奇偶之数的变化。"错综其数"也可以理解为进行大衍之数的复杂错综的演算。总而言之，《周易》是有数的变化和象的变化，所以只有通晓了数和象的变化才能成就天地的文采。孔颖达疏："通其变者，由交错总聚通极，其阴阳相变也……以其相变，故能遂成就天地之文，若青赤相杂，故称文也。"而穷尽了数的这种变化，才能定出卦象，用卦象进而来定出天下万物的形象。李光地《御纂周易折中》：

"卦爻以藏往，故曰遂成天地之文，遂定天下之象。成文谓八卦也，雷风水火山泽之象具，而天地之文成矣。定象谓六爻也，内外上下贵贱之位立，而天下之象定矣。"如果不是通晓天下极为复杂的变化，那么谁能够达到这样的地步呢？上面使用了两个反问句来说明《周易》这部书是通晓了天地绝对精密的东西和绝对变化的事例，所以说《周易》是无情感的，无思虑的，它是自然无为的，它不是苦思冥想的，是出自本性，出自自然本能而得到的。它寂静不动，只有当它与天下万物相感应的时候，才能通晓天下。如果不是通晓了天下最为神妙的事物，那么谁又能达到这个地步呢？这里用的是第三个反问句，说明《周易》的这种变化是通晓了天下最神妙的变化规律。所以《易经》是圣人用来"极深而研几"的东西。"极深"就是穷尽深奥的道理，"研几"就是研究极其微妙的变化。这个"几"有两个意思。第一个意思就是微妙，几微；第二个意思就是时机。所以《周易》是穷尽了深奥的道理，并且是研究了极其微妙的运动变化的时机。所以学习《周易》就能够把握那种微妙的时机。下面就进行解释，只有穷极了深奥的道理，才能通晓天下的思想和行为；只有研究了极其微小的运动变化，或者说只有把握了极其微妙的时机，才能判定天底下的具体事物，才能成就天下的事物；只有通晓了事物的神妙变化，才能不需要急速就成功，不需要去行动就能达到目的。吴澄《易纂言》卷七："唯其妙不可测，故不待疾之而自速，不待行之而自至，谓自然而然，非人所能为也。"
最后孔子总结说《周易》蕴含了圣人的四个方面的道理，说
的就是这个意思。

第十一章

[解读]

《周易本义》："此章专言卜筮。"这章主要讲《周易》的
用处。

子曰："夫《易》何为[1]者也？夫《易》开[2]物成
务[3]，冒[4]天下之道，如斯而已者也。"是故圣人以[5]通[6]天下之志[7]，以定天下之业，以断[8]天下之疑。

[注释]

1 为：作，做。

2 开：设置，设立。

3 务：事业、事情。

4 冒：韩康伯注"覆也"，统括，总领。

5 以：用来。

6 通：聚合，明白、熟悉。

7 志：意向、抱负。

8 断：判断，裁决。

[译文]

孔子说:《易》有什么用呢?《易》开启智慧,成就事业,涵盖天地万物的规律,如此而已。因此圣人用《易》来通晓天下的心志,确定天下的事业,决断天下的疑惑。

[解读]

《周易》有什么用呢?一开始就用了一个问句。孔子说《周易》是用来"开物成务,冒天下之道"。对此有不同的理解,有的认为是延续上一章指用八卦推演万物之数及从卦象推知器物制作的方法。李鼎祚《周易集解》卷十四:"开物,谓庖牺引伸八卦,重以为六十四,触长爻策,至于万一千五百二十,以当万物之数,故曰开物。圣人观象而制网罟,耒耜之属,以成天下之务,故曰成务也。"朱熹说这个"物"是指人物,"务"是指事务、事业,"冒天下之大道"就是涵盖天地万物的规律,可以理解为创造筮法,揭开事物的道理,而成就大的事业。如《周易本义》:"开物成务,谓使人卜筮以知吉凶,而成事业。冒天下之道,谓卦爻既设,而天下之道皆在其中。"《朱子语类》:"圣人立龟与之卜,作《易》与之筮,使人趋吉避害,以成天下之事,故曰'开物成务'。物是人物;务是事务。"开启智慧成就事业,圣人使用《周易》来通晓天下的心智,确定天下的事业,决断天下的疑惑。

是故蓍之德圆[1]而神，卦之德方[2]以[3]知，六爻之义易以贡[4]。圣人以此洗心，退藏[5]于密，吉凶与[6]民同患。神以知来，知以藏往，其孰能与于此哉？古之聪明睿知[7]，神武而不杀者夫！是以明于天之道，而察[8]于民之故[9]，是兴神物，以前民用，圣人以此斋戒，以神明其德夫。

[注释]

1 圆：圆通，灵活。

2 方：正直。

3 以：连词。

4 贡：韩康伯注"贡，告也"，传达。

5 藏：保存。

6 与：参加。

7 睿知：即睿智。

8 察：细致深刻地观察。

9 故：事理。

[译文]

所以蓍草的性质是圆通而神奇的，卦的性质是方正而明智的，六爻的意义就在于通过变化而告诉人们吉凶。圣人用卦爻辞来洗心，退藏在隐秘处之后，就能够预知自然运行的规律和吉凶祸福。蓍草的神奇作用是能够预知未来之事，而卦的智慧蕴藏了过去的道理。谁能做到这样呢？只有古代那些聪明、睿智、神武而且不用利罚、讨伐的人才能够达到这个地步。所以能够明白天地的道理，能够察知百姓的事情，才能兴起神妙的蓍占之物，用来指导百姓的日常生活。所以圣人是用《易》来斋戒，是为了神妙地显明其道德。

[解读]

前三句讲卦爻的性质。韩康伯注："圆者运而不穷，方者止而有分。……唯变所适，无数不周，故曰圆。卦列爻分，各有其体，故曰方也。"《周易本义》："圆神，谓变化无方。方知，谓事有定理。易以贡，谓变易以告人。"蓍策是用来帮助人决疑的，它的性质是运转变化神妙莫测，而卦的性质是明智有方的。也可以结合具体形态来理解，蓍草是圆形的，它可以不断地滚动，不断地变化，最后画出来的是方体，方形的东西是正直的、刚健的。六爻的意义就在于通过变化告诉人们吉凶。

圣人是用卦爻辞来洗心。"洗心"这个词特别重要。孔颖达疏："圣人以此《易》之卜筮洗荡万物之心，万物有疑则卜之，是荡其疑心。"什么叫"洗心"呢？就是洗去、涤除人们的思虑和杂念以净化自己的心灵。"退藏于密"就是退藏到隐秘的地方。吉凶之势与老百姓是共同忧患的，也就是说圣人在涤除了私虑，洗净了心灵，而且退藏在隐秘之处之后，就无思无为任其自然。"退藏于密"是一个比喻，韩康伯注："言其道深微，万物日用而不能知其原，故曰退藏于密，犹藏诸用也。"吴澄《易纂言》卷七："退，谓退处。藏，谓潜藏。密，静也。圣人以此蓍卦，六爻俾民，自择吉凶。则其心脱然无累，而得以退处，潜藏于无为也。"犹如之前的"日用而不知"。所以它能够知道吉凶之势，也能够与老百姓共同忧患，因为在洗心退藏之后，在无思无为之后，就能够预知自然运行的规律和吉凶祸福。所以，蓍草的神奇作用是能够预知未来之事，而卦的智慧蕴藏了过去的哲理，这里的"知来""藏往"不是分开来说的，而是指蓍草和卦象都可以预知未来，蕴藏过去的事物。那么谁能达到这样的地步呢？只有古代的那些聪明、睿智、神武而且不用刑罚、讨伐的人才能够达到这个地步。孔颖达疏："《易》道深远，以吉凶祸福威服万物；故古之聪明睿知神武之君，谓伏羲等，用此《易》道能威服天下，而不用刑杀而畏服之也。"《周易本义》："神武不杀，得其理而不假其物之谓。"

　　所以能够明白天地的道理，能够察知百姓的事情，才能兴起神妙的蓍占之物，用以引导老百姓，用来指导老百姓的日常生活。所以圣人是用《周易》来斋戒的。斋戒，此处与洗心相同。韩康伯注："洗心曰斋，防患曰戒。"《周易本义》："湛然纯一之谓斋，肃然警惕之谓戒。"这个斋戒不是指在祭祀之前要洁身，要隔离，而是指洗心和防患。就是说心灵要剔除杂念，要有警戒之心，这正是为了神妙地显明其道德，只有这样才能显示它的神妙作用。

是故阖[1]户谓[2]之坤，辟户谓之乾，一阖一辟[3]谓之变，往来不穷[4]谓之通。见[5]乃[6]谓之象，形[7]乃谓之器，制而用之谓之法，利用[8]出入民咸[9]用之谓之神。

[注释]

1 阖：关闭。

2 谓：叫作，称作。

3 辟：打开，开启。

4 穷：穷尽，完结。

5 见：通"现"。

6 乃：就是。

7 形：通"型"。

8 利用：利于发挥效用。

9 咸：都，全部。

[译文]

《易》用乾和坤来揭示道理，关门就是"坤"，开门就是"乾"，一开一合就叫作"变"，事物来来往往变化无穷就叫作"通"。表现出来的就叫作"象"，有了具体的形象就叫作"器"，制造器物而供人使用就叫作"法"，有利于进出而反复使用，百姓都在使用，这就叫作"神奇"。

[解读]

孔颖达疏:"《易》从乾坤而来,故更明乾坤也。凡物先藏而后出,故先言坤而后言乾。阖户,谓闭藏万物,若室之闭阖其户。辟户,谓吐生万物也;若室之开辟其户。"《周易》就用乾和坤来揭示这样的道理。所以"阖户谓之坤,辟户谓之乾"。就是说关门就是"坤",开门就是"乾"。一开一合就叫作"变",事物阴阳一来一往互相转化没有穷尽就叫作通。变化的情状所显现出来的叫作象,俞琰《周易集说》卷三十一说:"见谓阴阳之发见,阴阳初发见乃谓之象。"变化有了具体的形象就叫作"器"。制造器物而供人使用就叫作"法",也就是效法。孔颖达疏:"言圣人裁制其物而施用之垂为模范。"有利于进进出出、反复使用,老百姓都在使用它,却不知道它的道理,知其然而不知其所以然,这就叫作"神奇"。

是[1]故《易》有太极,是生两仪,两仪生四象,四象生八卦,八卦定吉凶,吉凶生大业。是故法[2]象莫[3]大[4]乎天地,变通莫大乎四时,县[5]象著[6]明莫大乎日月,崇高莫大乎富贵。备[7]物致[8]用,立[9]成器以为天下利,莫大乎圣人。探赜[10]索[11]隐,钩[12]深致远,以定天下之吉凶,成天下之亹亹[13]者,莫大乎蓍龟。

[注释]

1 是：此，这。

2 法：常规（规律）；常理。

3 莫：没有什么。

4 大：超过。

5 县：通"悬"，公布。

6 著：显现。

7 备：准备；预备。

8 致：传达，表达。

9 立：树立、建立。

10 赜：深奥。

11 索：寻求。

12 钩：研究，探寻。

13 亹（wěi）亹：勤勉的样子。

[译文]

《易》有太极，生出了阴阳两仪，两仪又生出四象，四象又生出了八卦，八卦可以判定吉凶，判定了吉凶就能够创生伟大的事业。在万事万物当中，要效仿自然万物，没有比天和地更大的。变通变化没有比四时更显著的。在万事万物中高悬显明没有超过太阳、月亮的，论崇高没有比富贵更具有这个性质的。备置实物让人使用，设立器具而便利天下，也没有比圣人更伟大的。探明幽暗的事，探求隐藏的事，求索深奥的道理，钩取远幽的事物，定出天下事物的吉和凶，促成天下人奋勉、不懈地成就功业，没有比得过蓍占和龟卜的。

[解读]

接下来是讲八卦怎样形成的。俞琰："仪也者，一阴一阳对立之状也。《尔雅》云：'仪，匹也。'谓其阴阳相并也。"孔颖达疏："太极谓天地未分之前，元气混而为一，即是太初太一也。又谓混元既分，即有天地，故曰'太极生两仪'，即《老子》云'一生二'也。"《周易》具有太极。太极是指混沌未分的一团元气，而太极又生出了两仪，两仪就是阴阳、天地。两仪又生出了四象，四象就是太阳、太阴、少阳、少阴。四象又生出了八卦，八卦可以判定吉凶，判定了吉凶就能够创生伟大的事业。这个八卦形成的过程实际上是一个一分为二的过程，不断地二分。后来邵雍按照这个说法列了一张图，就叫作伏羲八卦次序图，从下往上先有太极，然后生两仪，然后四象，然后八卦，这么衍生出来。当然六十四卦在八卦的基础上还要再生三次。

法象，是事物现象的总称。来知德《易经来注图解》卷十三："天成象，地效法之，故曰法象。万物之生，有显有微，皆法象也。而莫大乎天地。"在万事万物当中，要效仿自然万物，没有比天和地更大的。变通变化也没有比一年四季更明显的。在万事万物中高悬显明没有比太阳、月亮更高更明的。而富贵是最能让人产生崇高感的。孔颖达疏："王者居九五，富贵之位，力能齐一天下之动，而道济万物是崇高之极，故云莫大乎富贵。"而备置实物让人使用，设立器具而便利天下，也没有比圣人更伟大的。孔颖达疏："备天下之物，招致天下所用，建立成就天下之器，以为天下之利，唯圣人能然。"

"探赜索隐，钩深致远"指探寻和索求事物深奥隐晦的道理。孔颖达疏："探，谓窥探求取，赜，谓幽深难见。卜筮则能窥探幽昧之理，故云探赜也。索，谓求索；隐谓隐藏。卜筮能求索隐藏之处，故云索隐也。"通过卜筮来探求隐藏的事理，求索深奥的道理，预测事物发展的轨迹，定出天下事物的吉和凶，促成天下人的奋勉、不懈的功业、事业，也没有比蓍占和龟卜的作用更大的。上面是对圣人怎样作八卦，怎样效仿天地、四时、日月，做了一个介绍，同时，又告诉人们蓍草和龟占的目的实际上是探求万事万物的道理，在复杂当中提出简单的、接近本质的原因，在幽暗当中揭示出它那种明显的道理。

是故天生神物，圣人则¹之。天地变化，圣人效²之。天垂³象，见⁴吉凶，圣人象⁵之。河出图，洛出书，圣人则之。《易》有四象，所以示⁶也。系⁷辞焉，所以告也。定之以吉凶，所以断⁸也。

[注释]

1 则：效法。

2 效：模仿。

3 垂：示现。

4 见：显现。

5 象：取象，类比。

6 示：显现。

7 系：连缀。

8 断：判断，裁决。

[译文]

天生出了神奇的蓍草和灵龟，所以圣人效仿它。天地出现了四季的变化，所以圣人效仿它。天垂示了日月星辰之象，显示出吉凶的征兆，所以圣人模拟它。黄河当中出现了龙图，洛水中出现了龟书，所以圣人也效仿它。《易》确立了四象，是用来显示变化的征兆。在卦的下面写下文辞，用来告诉人们它的意义，帮助人们决断疑惑，从而趋吉避凶。

[解读]

"神物"指蓍龟，天生出了神奇的蓍草和灵龟，所以圣人去效仿它创立了占卜；天地出现了四季的变化，所以圣人效仿它制定了阴阳往来的变化；天垂示了日月星辰之象，显示吉凶的征兆，所以圣人模拟它，比如造出测天仪器，或者模拟天界规律创立典章制度。孔颖达疏："若璇玑玉衡，以齐七政，是圣人象之也。"黄河当中出现了龙图，洛水中出现了龟书，所以圣人也效仿它。有一种说法是圣人效仿它而作了八卦，这就是著名的河图和洛书。又有一种说法是伏羲氏看到了河图而作了八卦，大禹看到了洛书而作了洪范九畴，当然这种说法后人是有争议的，这只是一个传说。《周易》有四象，《周易本义》："四象谓阴、阳、老、少。"这个四象就是太阳、少阳、太阴、少阴，当然也可指东南西北，或者春夏秋冬，就是一分为四，是用来显示变化的征兆。在卦的下面写下文辞，是用来告诉人们它的意义，所以文辞当中确定的吉凶和占卜，是帮助人们判断、决断疑惑，从而趋吉避凶的。

第十二章

[解读]

此章言《易经》能充分反映人的思想、言论与活动，又能反映天地万物之变化。里面提出了很多对中国哲学史和中国文化史具有重大影响的命题，比如说"书不尽言，言不尽意""形而上者谓之道，形而下者谓之器"，这样的命题不仅在哲学史上，而且在文学修辞理论上都有着重大的影响。

《易》曰："自[1]天祐之，吉无不利。"子曰："祐者，助也。天之所[2]助者，顺[3]也；人之所助者，信也。

履⁴信思乎顺，又以尚⁵贤也，是以'自天祐之，吉无不利'也。"

[注释]

1 自：介词，来自。

2 所：动词前缀，构成名词性结构。

3 顺：顺从，顺应。

4 履：实行。

5 尚：崇尚，尊崇。

[译文]

《易》说，有老天保祐，大吉大利。孔子说，祐是帮助的意思，天所帮助的人是那些顺从天道的人，而人所帮助的人是那些诚信的人。能够去履行诚信，并且常常考虑怎么顺应天道，又能够崇尚贤人，老天也因此会保祐你，大吉大利。

[解读]

开头便引用了《周易·大有》卦上九爻爻辞"是以自天祐之，吉无不利"，从上天降下的保祐是吉祥的，"吉无不利"。孔子说，佑是帮助的意思，天所帮助的人是那些顺从天道的人、顺应正道的人，而人所帮助的人是那些诚信的人。你如果能够去履行诚信，并且常常考虑怎么顺应天道，又能够崇尚贤人，这样老天就会保祐你，是吉祥而无所不利的。俞琰《周易集说》卷三十一："顺则不悖于理，是以天祐之。信则不欺于人，是以人助之。"朱熹认为这句话是错简。《周易本义》："然在此无所属，或恐是错简，宜在第八章之末。"这是有一定道理的，因为这里引用的爻辞，从文意上、从文气上看都不是很协调。这个意思是说，为什么上天能保祐你？这里表达了两方面的原因，一个原因是能顺应天道，一个是能诚信，这是两个核心条件。从自我出发，内心的诚实守信，是内在的，外在的是能顺应天道、顺应正道，只有这样老天才会保祐你。

子曰："书不尽[1]言[2]，言不尽意[3]。"然则[4]圣人之意其不可见乎？子曰："圣人立[5]象以[6]尽意，设卦以尽情[7]伪[8]，系辞焉以尽其言，变而通[9]之[10]以尽利，鼓[11]之舞[12]之以尽神。"

[注释]

1 尽：全部呈现。

2 言：表达。

3 意：文字、言行等所表达的内容。

4 然则：既然如此。

5 立：确定，建立。

6 以：连词，表示目的关系。

7 情：情况，情态。

8 伪：人为，矫饰。

9 通：会通。

10 之：在句中起调节音节作用，无实义。

11 鼓：鼓动。

12 舞：鼓舞，振奋。

[译文]

孔子说："文字不能完全表达语言，语言不能完全表达思想。"圣人的思想难道真的不能表现出来了吗？孔子说："圣人确立了一种形象的东西表达思想，设计卦来尽情地反映万物的真假虚实，在卦象下面加上文字说明，尽情表达它的意思，用卦爻的变化会通全面展示其利益，鼓动起舞以穷尽其神妙。"

[解读]

下面借用孔子的话"书不尽言，言不尽意"，"书"就是文字，文字是不能完全表达语言的，语言也不能完全表达思想。来知德《易经来注图解》卷十三："书本所以载言，然书有限，不足以尽无穷之言。言本所以尽意，然言有限，不足以尽无穷之意。"语言文字不能完全表达人的思想，圣人就确定了一种形象的东西来表达思想，设计卦象来尽情地反映万事万物的真真假假、虚虚实实，也就是万事万物的本来面貌。卦是象的一种，所谓系辞是在卦象的下面加上文字的说明，来尽情地表达它的意思，用六十四卦、三百八十四爻的变化会通来施行给万事万物，从而使得老百姓能够鼓动天下并且发挥出《周易》的神奇的道理，从而达到了"阴阳不测之谓神"的境界，领会到客观规律的神奇作用。以上这段话是说文字、语言、形象、卦爻，还有文辞之间的关系，充分表达了古人的象，对象思维的重视，所以《周易》从某种意义上说就是一种取象，因为文字语言都不能尽情表达圣人思想，只有用形象、用画象才能表现出古圣先贤的思想。王弼等对此进行了发挥，提出"得意忘象""得象求意"的命题。

乾坤，其《易》之蕴 [1] 邪 [2]？乾坤成列，而《易》立 [3] 乎其中矣；乾坤毁，则无以见《易》；《易》不可见，则乾坤或几 [4] 乎 [5] 息 [6] 矣。是故形而上者谓之道，形而下者谓之器，化 [7] 而裁 [8] 之谓之变，推 [9] 而行 [10] 之谓之通，举 [11] 而错 [12] 之天下之民谓之事业。

[注释]

1 蕴：积聚，蓄藏。

2 邪：通"耶"，疑问词。

3 立：存在。

4 几：接近。

5 乎：介词，相当于"于"。

6 息：停止。

7 化：自然而然地更替。

8 裁：决定，判断。

9 推：根据已知寻究其他。

10 行：施展，施行。

11 举：拿，取。

12 错：通"措"。

[译文]

乾坤是《易》的精髓，蕴藏着极其深奥的道理。乾、坤两卦一旦排列开来，《易》所有的思想就确立在其中了；乾卦和坤卦如果湮灭了，就不可能体现易了，而易不能呈现，乾坤这种生长化育的道理也差不多就停止了。超越形体的就叫作道，有形体的就叫作器物。阴阳乾坤的转化、制约就叫变化，把阴阳的转化、制约推开来，并且用它作为行动的指南，就叫作通。将阴阳变通的道理，放在天下百姓当中让他们来使用，就叫作事业。

[解读]

下面重点讲乾坤，因为乾坤是《周易》里最重要的两个卦，所以"乾坤，其《易》之蕴邪"？乾坤蕴藏着极其深奥的道理，乾坤两卦一旦排列开来，《周易》的所有思想就确立其中，乾卦和坤卦如果不存在了，就不可能出现易之道了，反过来，易之道不能呈现，乾坤这种生长化育的道理也差不多就停止了。孔颖达疏："此明《易》之所立，本乎乾坤；若乾坤不存，则《易》道无由兴起。故乾坤是《易》道之所蕴积之根源也，是与《易》为川府奥藏。"也有从八卦、六十四卦成立的角度解释的。《周易本义》："《易》之所有，阴阳而已。凡阳皆乾，凡阴皆坤，画卦定位，则二者成列，而《易》之体立矣。乾坤毁，谓卦画不立；乾坤息，谓变化不行。"总之是反复强调了乾、坤两个卦象对于《周易》的重要作用。

"形而上"就是形体以上，超越形体的，也就是没有形体，是无形的东西，比如说精神、道理这样的东西，就叫作道，而"形而下"是形体以下的，有形体的，看得见、摸得着的，这样的东西就叫作器物。这里也是针对乾坤阴阳而言的，阴阳乾坤不是形而下的东西，而是形而上的东西，因为它是一种客观的规律，是无形的，它不是有形的物质，而是无形的规律性的道。《周易本义》："卦爻阴阳，皆形而下者，其理则道也。因其自然之化而裁制之，变之义也。'变通'二字，上章以天言，此章以人言。"阴阳乾坤的转化、制约就叫变化，阴阳是相对的，同时也是互相制约的，但是可以转化的，在转化了之后，就是变了。把这种阴阳的转化、制约、对待、统一，推广开来，并且用它作为行动指南，来处理事情，就叫作通。将阴阳变通的道理，放在天下老百姓当中让他们来使用，就叫作事业。事业是圣人的事业，也是百姓的事业。如孔颖达疏："此乃自然以变化错置于民也，圣人亦当法此错置变化于万民，使成其事业也。"

是故夫象，圣人有以见天下之赜[1]，而拟[2]诸其形容[3]，象其物宜，是故谓之象；圣人有以见天下之动，而观其会通[4]，以行其典[5]礼，系[6]辞焉以断[7]其吉凶，是故谓之爻。极[8]天下之赜者存乎卦，鼓天下之动者存乎辞，化而裁之存乎变，推而行之存乎通，神而明之存乎其人，默[9]而成之，不言而信[10]，存乎德行。

[注释]

1 赜：深奥。

2 拟：模仿。

3 形容：形体容貌。

4 会通：融会变通。

5 典：标准，法则。

6 系：连缀。

7 断：判断，裁决。

8 极：深探，穷究。

9 默：暗暗，私下。

10 信：信从，相信。

[译文]

所谓的象，就是圣人发现了天下万物的复杂幽深的道理，而把它比拟成一种具体的形象和容貌，用来象征特定事物的含义。圣人发现了天下万物的运动变化，观察它的会合交通，把它实行于典法礼仪，并且在卦爻下面撰写文字来判断事物变化的吉和凶，就称为爻。穷尽天下复杂艰深的道理在于"卦"；鼓舞天下人的行动在于"辞"；能够促使万物的生长化育，并且能够互相制约，就在于"变"；把它推行到万事万物当中，并且让人们去实行，就在于"通"。使《易》乾坤发生变化，发生神奇的效用，让它显明出来，就完全在于运用《易》的人。默默地去实践，不需要言语就能取信于人，在于美好的德行。

[解读]

前两句在第八章已经出现了。《周易本义》："重出，以起下文。"

穷极天下复杂艰深的道理在于"卦"，而鼓舞天下人奋进振作的在于"辞"。孔颖达疏："鼓，谓发扬天下之动，动有得失，存乎爻卦之辞，谓观辞以知得失也。"能够促使万物的生长化育，并且能够互相制约，就在于"变"；把它推行到万事万物当中，并且让人们去实行它就在于"通"。使《周易》乾坤发生变化，发生神奇的效用，让它显明出来就完全在于运用《周易》的人。默默地去修行它，并且有所成就，不需要言语就能取信于人，完全在于美好的德行和品格。韩康伯注："德行，贤人之德行也。顺足于内，故默而成之也。体与理会，故不言而信也。"这里是用这几句话来说明"书不尽言，言不尽意"，不能完全用语言文字，只要默默地去做，按照卦象所表示的幽深的含义，做的时候能融会贯通，做的人又有着美好的品德和修养，《周易》的神妙作用就能显示出来。

系辞传下

第一章

[解读]

《周易本义》："此章言卦爻吉凶，造化功业。"这一章概述了卦爻的变动和吉凶及其简易的道理，起到了承上启下的作用，尤其是这里面提出一个"贞"字，强调了"贞"的重要性。

八卦成列，象在其中矣。因[1]而重[2]之，爻在其中矣。刚柔相推[3]，变在其中矣。系辞焉而命[4]之，动在其中矣。吉凶悔吝者，生乎动者也。刚柔者，立[5]本[6]者也。变通者，趣[7]时者也。吉凶者，贞[8]胜者也。天地之道，贞观者也。日月之道，贞明者也。天下之动，贞夫一者也。

[注释]

1 因：承袭。

2 重：另，再。

3 推：顺着迁移。

4 命：指令，下命令。

5 立：确定，建立。

6 本：事物的根基。

7 趣：赶上，趋向。

8 贞：假借为"正"、为"定"。

[译文]

八卦排成序列，万物的象征就在当中。根据八个卦重叠成六十四卦，那么三百八十四爻也就在其中。刚爻和柔爻相互推移、变化的道理就在其中。在卦爻下面系上文辞来告知吉凶，该如何行动也就在其中了。"吉"、"凶"，"悔"、"吝"，产生于变动。刚爻和柔爻是卦象确立的根本。变通是去追求合适的时机。吉和凶，用来说明守正道才能取得胜利。天地之道要居正位才能得以观察。日月之道，只有按照正道运行才能焕发出光明。天下事物运动变化的规律最终是要正于一。

[解读]

这一章概述了卦爻的变动和吉凶及其简易的道理，起到了承上启下的作用，尤其是这里面提出一个"贞"字，强调了"贞"的重要性。八卦排成序列，万物的象就在当中了。根据八个卦重叠成六十四卦，那么三百八十四爻也就在其中了。孔颖达疏："言八卦各成列位，万物之象在其八卦之中也。"《周易本义》："因而重之，谓各因一卦，而以八卦次第加之为六十四也。爻，六爻也，既重而后卦有六爻也。"刚爻和柔爻相互推移，变化的道理也就在其中了。孔颖达疏："刚柔即阴阳也，论其气，即谓之阴阳，语其体，即谓之刚柔也。"在卦爻下面系上文辞来告知吉凶，那么占卜者该如何行动也就在其中了。"吉""凶""悔""吝"，产生于变动。四者是《周易》的判断语，是完全根据六爻的刚柔变动来决定的。所以刚爻和柔爻也就是一阴一阳，是卦象确立的根本。变通是去追求合适的时机，追随时机的变化，就是一切变化都要根据当时的环境条件而变化。孔颖达疏："其刚柔之气，所以改变会通趋向于时也。"这一点非常重要。《周易》重视空间但更重视时间，是时空合一，最终是按照这个"时"来决定吉凶悔吝的。

下面接着讲四个贞。"吉凶者，贞胜者也"，吉和凶是用来说明守正道才能取得胜利。"贞"就是正，要居正位、居正道。来知德《易经来注图解》卷十四："胜者，胜负之胜，言惟正则胜，不论吉凶也。"胜，也可以理解为克制。《周易本义》："贞，正也，常也。物以其所正为常者也。天下之事，非吉则凶，非凶则吉，常相胜而不已也。"

"天地之道，贞观者也"，天地之道要居正位、要守正才能得以观察，才能被人们所崇敬所瞻仰。张载《横渠易说》卷三："正观不为天地所迁，贞，正也，本也。……天地之道至广至大，贞乃能观也……盖言天地之道不眩惑者始能观之。"也可以理解为天地之道的显示。《周易本义》："观，示也。"来知德《易经来注图解》卷十四："观者，垂象以示人也。"

"日月之道,贞明者也",日月之道是按正道运行才焕发出光明的。孔颖达疏:"言日月照临之道,以贞正得一而为明也。"李鼎祚《周易集解》卷十五引陆绩说:"言日月正,以明照为道也。"

"天下之动,贞夫一者也",天下事物的运动变化规律是要"贞夫一者也"。"贞夫一"就是说最终要正于一。《周易本义》:"天下之动,其变无穷,然顺理则吉,逆理则凶,则其所正而常者,亦一理而已矣。"要守正位,要归于一。"一"在《周易》里就是太极,就是最本质的东西,这个东西一定要正,要守正。所以这四个贞最终贞于一,正于一。

夫乾,确[1]然[2]示人易矣;夫坤,隤[3]然示人简矣。爻也者,效[4]此者也。象也者,像此者也。爻象动乎内,吉凶见[5]乎外,功业见乎变,圣人之情[6]见乎辞。天地之大德曰生,圣人之大宝曰位。何以[7]守位曰仁,何以聚人曰财。理[8]财正[9]辞,禁民为非曰义。

[注释]

1 确:坚固,刚强。

2 然:助词,表示某某状态。

3 隤:柔顺的样子。

4 效:模仿,仿效。

5 见：读 xiàn，"现"的古字，显现。

6 情：志向。

7 何以：用什么。

8 理：整治。

9 正：治理，端正。

[译文]

乾卦坚强刚健，但它是以平易示人。坤卦乖顺，所以它以简约示人。爻就是仿效于此。象就是取法、模拟于此。爻和象变动于卦内，吉和凶就表现在卦外，事业的兴衰表现在变动当中，圣人的思想就体现在卦爻辞当中。天地最伟大的功德就是生。圣人最大的珍宝即是时位。怎样来守卫时位，这就叫作仁。如何能够汇聚人心，这就是财富。怎么管理财富，端正言辞，禁止百姓做坏事，这就叫作义。

[解读]

下面就说乾坤和卦爻。乾卦是坚强刚健的，但是它是以平易来告诉人的。"示人易"就是以平易来显示于人。坤卦是柔顺的，所以它是以简约来显示于人的。这两句就呼应着《系辞传上》的第一章"乾以易知，坤以简能。易则易知，简则易从"。孔颖达疏："此明天之得一之道则质确。然示人以和易。由其得一无为，物由以生，是示人易也。……地之得一，以其得一，故坤隤然而柔，自然无为，以成万物，是示人简矣。"乾为易，坤为简，总的来说乾坤是非常简易的。一个主刚健一个主柔顺。爻也分为刚爻和柔爻，就是仿效了乾坤的变动。《周易本义》："此谓上文乾坤所示之理，爻之奇偶，卦之消息，所以效而象之。""象也者"，是说八卦之象。"像此者也"，"像"是个动词，模拟、效法的意思，就是说卦象也是取法、模拟于乾和坤的变动而产生的。所以爻和象发动于卦本身，吉和凶就通过卦表现出来，事业的兴衰，表现在变动当中，圣人的思想就体现在卦爻辞当中。

"天地之大德曰生"是一个伟大的命题。天地最伟大的功德就是"生"，生生不息，化生万物。韩康伯注："施生而不为，故能常生，故曰大德也。""生生之谓易"这个"生"是《周易》的根本，体现了天地最伟大的功德。"圣人之大宝曰位。"圣人最大的珍宝是位置。这个"位"实际上是指时位，它既包括他所居的地位，包括权位、权力，同时也包括了时机是时空的合一，这是圣人最重要的东西，所以叫珍宝。"何以守位曰仁"，怎么样来守卫这样一个时位，这就叫作仁。这个仁和孔子《论语》所下的定义不完全一样，孔子说，仁者爱人，仁主要是爱人。这里主要是偏向于怎样守住这个时位。这实际上也是就人和人之间的关系而言的。孔颖达疏："言圣人何以保守其位，必信仁爱。"守住自己的时位，符合了时位，实际上就是符合了天地的大德。每一个人的时位都正了，就充分体现了这种仁爱。

"何以聚人曰财"，如何能够汇聚人心，聚集人才，就叫作财富。《大学》里有一句名言："仁者以财发身，不仁者以身发财。"就是说有仁德的人是用财富来充实自己的生命，而没有仁德的人却是用生命来聚敛财富。这里的"聚人"既包括别人又包括自己，也是强调财为人所用，财富不是目的而是手段。财，也可以理解为"材"。吴澄《易纂言》卷八："聚，谓养之而使蕃盛众多。财者，天地所生之物。以养天地所生之人，故聚人以财也。"

"理财正辞，禁民为非，曰义"，怎么管理、治理这个财富，端正这个言辞，或者说颁布各项法令制度，禁止老百姓做坏事的就叫作义。因为禁止老百姓做坏事了，也就是使老百姓不争不盗，而符合于《周易》之礼仪，所以这就叫作义。义者，宜也，就是合适、正当、公平的意思。一个人他应当去做的事，应当做和不应当做他都清楚了，这就叫作义。这一章对于仁、义等儒家的重要概念进行了解释。这种解释跟《论语》的解释稍有不同，应该看成对《论语》的一种发挥和补充，这也体现了先秦儒家的思想。

第二章

[解读]

《周易本义》："此章言圣人制器尚象之事。"这一章是非常有名的，叫制器十三卦，就是说古代的帝王、古代的圣人按照十三个卦象来发明、创造各种器物。古代的帝王这里列出了五位，就是伏羲氏、神农氏、黄帝、尧和舜。

古者包牺氏之王¹天下也，仰则观象于天，俯则观法²于地，观鸟兽之文³与地之宜⁴，近取诸⁵身，远取诸物，于是始作八卦，以通⁶神明之德，以类⁷万物之情。作结绳而为网罟⁸，以⁹佃¹⁰以渔，盖¹¹取诸离。

[注释]

1 王：统治、领有一国或一地。

2 法：准则。

3 文：花纹，纹理。

4 宜：合适，适宜。

5 诸："之于"合音。

6 通：传达。

7 类：分类。

8 罟：鱼网。

9 以：用来。

10 佃：通"畋"（tián），打猎。

11 盖：推论原因。

[译文]

上古伏羲氏治理天下的时候，仰观天象，俯察地理，现察鸟兽的花纹和地上适于生长的草木，近的自我内观，远的取象于物，然后开始创作了八卦，用来呈现神明的德行，用来归类天下的万物。他还结绳为打鱼的网，携着这个网打鱼，大概取自离卦。

[解读]

一开头讲伏羲氏是怎样创作八卦的。"包牺氏"就是伏羲氏，伏羲氏治理天下的时候是仰观天象，俯察地理，中通人事，汇聚了天地人、万事万物的形状，然后才创作了八卦。用来贯通神奇光明的德行，用来归类天下万物的情态。俞琰《周易集说》卷三十二："包牺即伏羲也。……观象于天，观法于地，俯仰之间，天文地理之宜，如日月星宿鸟兽草木昆虫之类，无所不观，又自一身至于万物，若近若远，无所不取，于是始为之画，而八卦作焉。"传说上古之时，大约六千多年以前，伏羲氏因风而生，草生月、雨降日、河汛时，龙马负图，"伏羲氏坐于方坛之上，听八风之气，乃画八卦"（《太平御览》卷九）。后面讲"作结绳而为网罟，以佃以渔，盖取诸离"，这是圣人所说的观象发明，就是发明创造。伏羲氏不仅作八卦，他还"结绳而为网罟"，这是取自八卦中的离卦纲目相连而物能附着的象征，他携着这个网打鱼。

包牺氏没[1]，神农氏作[2]，斫[3]木为耜[4]，揉[5]木为耒[6]，耒耨[7]之利以教天下，盖取诸益。日中为市[8]，致[9]天下之民，聚天下之货，交易而退，各得其所，盖取诸噬嗑。

[注释]

1 没：通"殁"，死。

2 作：兴起。

3 斫：砍，削。

4 耜（sì）：古代农具名。

5 揉：使木弯曲。

6 耒（lěi）：木把，代指农具；翻土。

7 耨：除草。

8 市：市场。

9 致：招徕，招引。

[译文]

伏羲氏去世后，神农氏出现。神农氏削揉木头做成耒耜，教天下百姓用耒耜来耕田犁地，大概取自益卦。又规定中午为集市的时间，招徕天下的百姓，聚集天下的货物，让他们进行交易，交易成功后各自回家，各人都得到自己想要的东西，大概取自噬嗑卦。

[解读]

接下来就是神农氏，神农氏削揉木头做成耒耜，教天下百姓用耒耜来耕田犁地，大概是受到益卦的启发。益卦下震上巽，巽为木，震为动，木体能入土下而动。孔颖达疏："二体皆木，上入下动，天下之益，莫大于此。"这是说神农氏发明了农业。神农氏又规定中午为集市的时间，招来天下的百姓，聚集天下的货物，让他们进行交易，交易成功然后各自回家，各人都得到自己想要的东西，这大概是受到噬嗑卦的启发吧。噬嗑卦，下震上离，震为动，离为日，如日中众人在集市中攒动，有日中为市之象。"嗑"本身也有"合"的含义。俞琰《周易集说》卷三十二："噬嗑下震动，上离明，离明在上，日中之象，震动于下，为致民聚货交易于市之象。日中者，大明当天而万物相见之时也，市者，万民聚货以相交易之地也……其所以致而聚之者，盖取噬而嗑之之义。嗑，合也，聚而交易，合之象也。借噬为市。犹履言礼音相似也。"噬嗑卦上光明而下兴动，表示上下交往相合而各得其所。

　　神农氏没，黄帝、尧、舜氏作，通[1]其变，使民不倦[2]，神而化之，使民宜[3]之。《易》，穷[4]则变，变则通[5]，通则久，是以"自天祐之，吉无不利"。黄帝、尧、舜垂衣裳而天下治[6]，盖取诸乾、坤。刳[7]木为舟，剡[8]木为楫，舟楫之利以济[9]不通，致[10]远以利天下，盖取诸涣。服[11]牛乘[12]马，引[13]重[14]至[15]远以利天下，盖取诸随。重门击柝[16]以待[17]暴客[18]，盖取诸豫。断木为杵，掘地为臼，臼杵之利，万民以济[19]，盖取诸小过。弦[20]木为弧[21]，剡木为矢，弧矢之利，以威[22]天下，盖取诸睽。

[注释]

1 通：明白、了解。

2 倦：懈怠。

3 宜：合适，适宜。

4 穷：事物到头了。

5 通：流畅，顺利。

6 治：安定太平。

7 刳（kū）：挖空。

8 剡（yǎn）：削。

9 济：渡河。

10 致：到达。

11 服：乘，用。

12 乘：骑。

13 引：承受。

14 重：辎重。军中载运粮食、器物的车子。

15 至：到达。

16 柝：巡夜打更用的梆子。

17 待：抵御。

18 客：从事某种活动的人。

19 济：好处。

20 弦：安上弓弦。

21 弧：木弓。

22 威：震慑。

［译文］

神农氏去世后，就是黄帝、尧、舜，他们改变了前代的器物，在进取和实践中产生神奇的变化，从而适合百姓使用。易道发展到尽头了，必然要发生变化。有了变化就能够通达，通达就能够长久地发展下去。所以有老天保佑，大吉大利。黄帝、尧、舜他们制作衣服而垂示天下，使得天下大治，这大概取自乾、坤两卦。他们挖空树木成为船，削制木材做成船桨，船只和桨楫的好处，就是可以用来济渡难以通过的大江大河，能够直达远方而便利天下，这大概取自涣卦。他们架着牛，乘着马，拖着重物，直达远方而便利天下，这大概取自随卦。他们又设制了多重门户，半夜敲着更棒来防止暴徒和强盗，这大概取自豫卦。他们又砍断木头做成捣杵，挖掘地面做成捣臼，杵和臼的好处是能够使百姓舂米为食，生活便利。这大概取自小过卦。他们用弯曲的木条在两端系上这种弦绳，做成弓，然后削尖树枝作为箭，弓和箭的好处是可以用来威慑天下。这大概取自睽卦。

［解读］

神农氏之后，就是黄帝、尧、舜的时代。他们改变了前代的器物，使人民感到合用。孔颖达疏："言所以通其变者，欲使神理微妙而变化之，使民各得其宜。"

"穷则变，变则通，通则久。""穷"不是贫穷，而是指走到头了，到极点了，必然要发生变化。有了变化就能够通达，通达了就能够长久，能够可持续发展了。所以就能够顺应天道，也就吉祥而无所不利。重复引用大有卦上九爻，所指稍有差异。孔颖达疏："上系引此文者，认明人事之信顺；此乃明《易》道之变通；俱得天之佑。故各引其文也。"李鼎祚《周易集解》卷十五引汉陆绩言："庖牺作网罟教民取禽兽，以充民食，民众兽少，其道穷。则神农教播殖以变之，此穷变之大要也。穷则变，变则通，与天终始，故可久。民得其用，故无所不利也。"

　　黄帝、尧、舜他们制作衣服而垂示天下使得天下大治，这大概就是吸取了乾、坤两卦的卦象。孔颖达疏："以前衣皮，其制短小，今衣丝麻布帛所作衣裳，其制长大，故云垂衣也。……衣裳辨贵贱，乾坤则上下殊体，故云取诸乾坤也。"这是将之理解为礼乐制度，黄帝、尧、舜用衣裳垂示百姓，从此有了上下尊卑贵贱的等级，进入了文明社会。后多用来称颂帝王无为而治。《论衡·自然》："垂衣裳者，垂拱无为也。"

　　挖空树木成为船只，削尖木头做成船桨，能够直达远方而便利天下，这大概是受到了涣卦的启发。"木行水上"释卦象。涣卦，上巽下坎，巽为木，坎为水。木浮在水上有行舟之象，正好与涣卦"风行水上"或"木行水上"的卦象相符。

　　架着牛、骑着马，拖着重物，直达远方，而便利天下，这大概是受到了随卦的启发。随，下震上兑，震为雷为动，兑为泽为悦，有骑于马上欢欣悦乐的象征。吴澄则从卦变加以详细解释，《易纂言》卷八："服者，以轭加其项，而使之引重载；乘者，以衡加其背，而使之致远道。随下震自坤而变，坤为牛，一奇画在后者，象所引之重物也；上兑自乾而变，乾为马，一耦在前者，象前路开通无碍，而可以致远也。"

设置了多重门户，半夜敲着更梆来防止暴徒和强盗，这大概是取自豫卦。豫，下坤上震，坤为地，震为雷，象征敲击梆子巡行于地上。孔颖达疏："豫者取其豫有防备……以卦名而为义者。"豫卦卦名本身即有豫备之意。

砍断木头做成捣杵，挖掘地面做成捣臼，杵和臼的好处是能够使老百姓用来舂米为食，生活便利，这大概是受到小过卦"上动下止"的启发。小过，下艮上震，震为动，艮为止。持杵捣米震动有声，止于石臼。吴澄《易纂言》卷八："杵以舂，臼以容，用之捣去粟壳而得米，其利便万民，亦犹渡水之得济也。小过横而观之，中二奇画象木杵，内外四偶画象地臼。"从卦象上看则更加形象。

用弯曲的木条在两端系上弦，做成弓。又削尖树枝作为箭，弓和箭的好处是可以用来威伏天下，使天下镇伏。孔颖达疏："睽谓乖离，弧矢所以服此乖离之人，故取诸睽也。"这大概是受到睽卦"事物乖睽而用威制服"的启发。

上古穴居而野处[1]，后世圣人易[2]之以宫室，上栋[3]下宇[4]，以待[5]风雨，盖取诸大壮。古之葬者，厚衣[6]之以薪[7]，葬之中野[8]，不封[9]不树[10]，丧期无数，后世圣人易之以棺椁，盖取诸大过。上古结绳而治[11]，后世圣人易之以书契[12]，百官以治，万民以察[13]，盖取诸夬。

[注释]

1 处：居住，生活。

2 易：变换。

3 栋：屋的正梁。

4 宇：屋檐。

5 待：对付，抵御。

6 衣：覆盖。

7 薪：木柴。

8 中野：荒野。

9 封：聚土为坟。

10 树：植树。

11 治：治理，管理。

12 书契：指文字。

13 察：辨别，区分。

[译文]

上古的人居住在洞穴里面，又散居于野外。后代的圣人就制造了房屋，上有栋梁，下有屋宇，用于防备风雨。这大概取自大壮卦。古人丧葬的办法是用厚厚的柴草装着死者的尸体埋在荒野之间，不堆坟墓，也不种树，没有限定的丧葬时间。后代的圣人发明棺椁，这大概取自大过卦。上古的人通过结绳来记录事情。后代的圣人发明契刻文字，百官用它来治理政务，百姓用它来观察事物。这大概取自夬卦。

[解读]

上古的人居住在洞穴里面，又散居在野外，后代的圣人就制造了房屋，这样就改变了过去的居住方式。上有栋梁，下有房宇，用于防备风雨，这大概是受大壮卦"上动下健而大为壮固"之象的启发。大壮，下乾上震，《说卦传》"震为雷，乾为圆"，有雷雨动于上、宫室壮于下之意。司马光《温公易说》卷三："风雨，动物也；风雨动于上，栋宇健于下，大壮之象也。"

古人丧葬的办法是用厚厚的柴草裹着死者的尸体埋在荒野之间，不堆坟墓也不种树，没有限定的丧葬时间。孔颖达疏："不积土为坟，是不封也；不种树以标其处，是不树也。"后代的圣人发明了棺、椁，内层为棺，外层为椁。这样就改变了过去的丧葬习俗，这大概是受到了大过卦的启发。大过，下巽上兑，兑为泽，巽为木，泽引申为穴坑，木引申为棺椁。俞琰《周易集说》卷三十二引刘向说："不封谓不堆土以为填也……不树谓不植松柏以识其处也。丧期无数，谓哀尽则止，未有三年之制也。后世圣人以送死为大事，既为棺以周其身，又为椁以周其棺，遂过于厚，盖取诸大过。"大为过厚。

上古的人是结绳而治,通过结绳来记录事情。后代的圣人发明了契刻文字,就改变了过去的结绳方式,百官就可以用它来治理政务,老百姓也可以用它来观察事物,这大概是从夬卦断事明决的象征意义中得到的启发。夬,下乾上兑,《说卦传》"乾为金",引申则为刀,有以刀刻木之象。高亨:"古代当有'兑为小木,为竹'之说。"孔颖达疏:"夬者,决也。造立书契,所以决断万事,故取诸夬也。"文字的兴起正为了便于治理。

以上说明古圣先贤的发明创造多是借助了卦象。应该看出这是一种思维方法,一种取象思维,古人的发明创造是取象思维的结果,卦象实际上也是取象思维的结果。我们从卦象当中会受到启发,而不必要拘泥地一一去对应。卦象来源于万事万物,当然可以反推到万事万物,所以对人的发明创造会有启发作用。

孔颖达说,《易经》的卦象其实分为两类,一类叫作"实象",一类叫作"假象"。"实象"就是天地人间所有的物象,是真实存在的,而"假象"就是天地人间没有的,或者是现在没有的。《易经》的六十四卦卦象,其中一部分的确摹写真正的物象,但大多数卦象是没有物象可以比附的,只是借卦象说抽象之理,要"假象以显理"。意思是假借这些象来将深奥难明的道理表达出来。例如地中有山的谦卦,虽然没有这个象,但通过这个不存在的虚象,显出高大的高山降到地下，以象征谦逊。当我们将卦象由具体的物件变成抽象的原理，可能对那件事物的性质规律的描写，较原来的事物更完整、更合理，这就是所谓"象其物宜"。

第三章

[解读]

第三章可以说是对第二章的一个总结，说《易经》之卦爻象及卦爻辞可以体现人事的吉凶悔吝。

是故《易》者，象也。象也者，像也。彖者，材¹也。爻也者，效²天下之动者也。是故吉凶生而悔吝著³也。

[注释]

1 材：韩康伯注"材，才德也"。

2 效：模仿，仿效。

3 著：明显。

[译文]

《易》是讲象的，象就是推类取象。彖是才德。爻是效仿天下万物的运动变化。所以从卦和爻里面可以产生吉凶和悔吝。

[解读]

孔颖达疏："但前章皆取象以制器，以是之故，易卦者，写万物之形象，故云'易者象也'。'象也者，像也'者，谓卦为万物象者，法像万物，犹若乾卦之象，法像于天也。"前一个"象"是名词的象，后一个"像"是动词的象，就是取象。《周易》就是讲象的，不是讲形的。中国人重象轻形，不管哪一家都讲象。比如道家，老子说他的道就是象，老子说："大象无形。""道"是象不是形。象与形是相对的，它有两个重要意思，一个是物象，一个是意象，当然《周易》里还有介于此两者之间的，就是卦象，这是就外延而论。从内涵而言，物象基本上是有形的，而意象基本上是无形的。中国传统文化更强调的是无形的意象，而不是看重有形的物象。物象，后来就用"形"来代替。有形的是象，理解起来没问题；而无形的不一定是象，应该加一个限制，应该是"无形而可感"的，虽然没有形状但可以通过感官感知的就是"象"。这个无形就是超形态的，超形态就是形而上，有形的就是形而下，"形而上者谓之道，形而下者谓之器"，所以《周易》讲的是道，而不是器；讲的是象，而不是形。动词的"象"有两种方向，一种是从物象推出意象，另一种是从意象里面反推物象，最典型的代表就是八卦。八卦作为一种象，是从物象里提炼出来的，它当然可以反推到万事万物，这个来来回回的过程就是"取象"的过程。取象征就是模拟外物。《周易》就是用卦象来模拟、类推万物。象，是总说一卦的本质、才德。材，指才德。爻是效仿天下万物的运动变化。所以从卦和爻里面可以产生吉凶和悔吝，也就是说人们通过占筮得到卦象就可以认识事物的发展变化的结果并且采取应对行动。

第四章

[解读]

这一章告诉我们怎样区分阴卦和阳卦。

阳卦多阴，阴卦多阳，其故[1]何也？阳卦奇，阴卦偶。其德行何也？阳一君而二民，君子之道也。阴二君而一民，小人之道也。

[注释]

1 故：原因。

[译文]

阳卦阴爻居多，阴卦阳爻居多，那是为什么呢？阳卦是奇数，阴卦是偶数。他们代表什么了品德？阳卦是一个君主两个百姓，符合君子之道。阴卦是两个君主一个百姓，符合小人之道。

[解读]

"阳卦多阴，阴卦多阳"，韩康伯注："夫少者多之所宗，一者众之所归。阳卦二阴，故奇为之君；阴卦二阳，故偶为之主。"在阳卦当中阴爻居多，阳爻居少，在阴卦当中阳爻居多，阴爻居少。阳卦是奇数，是一根阳爻，阴卦是偶数，是一根阴爻，阳爻是一根长线（奇数），阴爻是两根短线（偶数）。阳卦是一个君主两个百姓，符合君子之道。阴卦是两个君主一个百姓，这样符合小人之道。

这一章是对八卦进行区分，哪四个是阳，哪四个是阴。八卦的特征是除了乾、坤两个卦是纯阴纯阳以外，其他六个卦都是有阴有阳，而且都是一比二。《周易本义》："震、坎、艮为阳卦，皆一阳二阴；巽、离、兑为阴卦，皆一阴二阳。"在区分的时候是少的重要，一个卦中就看一比二当中一是阳爻还是阴爻，如果是一根阳爻就是阳卦，如果是一根阴爻就是阴卦，越少越重要，物以稀为贵。阴卦是偶数，阳卦是奇数。后来就引申到一个国家，君少民多，这样君主就可以主事了。而反过来，阴卦中代表两个君主一个百姓，这样国家就不稳定了。阳爻代表君主，阴爻代表百姓，这反映了一种治国君臣的布局之道。

第五章

[解读]

《周易》的最大作用是易理的生活化、世俗化。这里列举了《周易》的十一条爻辞，然后通过孔子的解释来说明《周易》怎么在日常生活当中运用。

《易》曰：憧憧[1]往来，朋[2]从[3]尔[4]思[5]。"子曰：天下何[6]思何虑？天下同归而殊[7]涂[8]，一致[9]而百虑。天下何思何虑？日往则月来，月往则日来，日月相推而明生焉。寒往则暑来，暑往则寒来，寒暑相推而岁[10]成焉。往者屈也，来者信[11]也。屈信相感而利生焉。尺蠖之屈，以求信也。龙蛇之蛰[12]，以存身也。精义入神，以致用也。利用安身，以崇[13]德也。过[14]此以往，未之或知也。穷[15]神知化，德之盛也。

[注释]

1 憧憧：心意不定的样子。

2 朋：同类。

3 从：跟随。

4 尔：你。

5 思：想法、意念。

6 何：怎么，如何。

7 殊：差异，不同。

8 涂：同"途"。

9 致：到达。

10 岁：年。

11 信：通"伸"。

12 蛰：冬眠，藏起来不吃不动。

13 崇：重视。

14 过：超出。

15 穷：穷尽，完结。

[译文]

《易》咸卦九四爻说："心意不定，频频往来，你的朋友终究会顺从你的思念，与你相感应。"孔子说："天下之事何必要思念呢？天下万事万物，都是殊途同归的；天下的思虑有千万种，但有共同的目标。天下的事情何必去思念忧虑呢？太阳西往，月亮就会东来，月亮西往，太阳就会东来，日月交相推移，就产生光明。寒冷归去，暑热到来，暑热归去，寒冷到来，寒暑交相推移就形成年岁。往就是回缩，来就是伸展。弯屈和伸展交相感应，就产生了利益。尺蠖弯曲身体，求得伸展。龙蛇蛰伏，为了保全自己。精研事物的义理，达到神妙的境地，是为了使用它。合理地利用它，是为了保全自己，以推崇德性。超过这些，再往更深的境地探寻，我还不知道它该怎么用。穷极事物神妙的道理，那就是才德最高的境界。"

[解读]

第一条爻辞是咸卦九四爻。孔子解释，天下之事何必要思念呢？天下万物，都是殊途同归，沿着不同的道路，最终都会集中到一点上。孔颖达疏："言天下万事，终则同归于一，但初时殊异其涂路也。'一致而百虑'者，所致虽一，虑必有百。言虑虽百种，必归于一致也；涂虽殊异，亦同归于至真也。"天下的事情千千万万，有千百种思虑，但最终会合并为统一的目标，统一的理念。

天下的事情何必去思念，何必去忧虑呢？《周易本义》："言理本无二，而殊涂百虑，莫非自然，何以思虑为哉？"本性出于自然而然，所以太阳西往，月亮就会东来，月亮西往，太阳就会东来，太阳和月亮交相推移，这样就产生光明。寒冷的季节过去了，那就有暑热的季节来到，而暑热的季节过去了，寒冷的季节就会来到了，寒暑交相推移就形成年岁。"往"就是回缩、弯曲，"来"就是伸展。弯屈和伸展是交相感应，这样就产生了利益。这是讲自然感应之规律。孔颖达疏："此覆明上'日往则月来'，'寒往则暑来'，自然相感而生利之事也。往是去藏，故为屈也，来是施用，故为信也。一屈一信，递相感动，而利生，则上云明生岁成是利生也。"

以下，以尺蠖屈曲其体以求伸张比喻屈伸相待，以龙蛇蛰伏比喻动静转化，进而引申到做学问。《周易本义》说："因言屈伸往来之理，而又推以言学亦有自然之机也。精研其义至于入神，屈之至也，然乃所以为出而致用之本。"尺蠖这种虫，为了求得伸展必须要弯曲自己的身体，巨龙和长蛇冬眠潜伏是为了保全自己，所以学习《周易》的人要精研事物的义理，达到神妙的境地，这样是为了在日常生活当中使用。孔颖达疏："此言人事之用，言圣人用粹粹微妙之义，入于神化寂然不动，乃能致其所用。"这是随心所欲的神妙境界。达到这个境界，用它来处理事物是无所不利的，用来修养自己就会使自己心安理得。《周易本义》："然乃所以为出而致用之本，利其施用，无适不安，信之极也。然乃所以为入而崇德之资，内外交相养，互相发也。"除上面讲的，还不知道它该怎么用，意思就是上面所说的屈伸往来进退的道理已经是最高明的了，掌握这个道理就足够了。"穷神知化"就是穷极事物神妙的道理，能够顺应自然，那就是才德最高的境界。

《易》曰：困于石，据¹于蒺藜²，入于其宫³，不见其妻，凶。子曰：非所⁴困而困焉，名必辱。非所据而据焉，身必危。既辱且危，死期将至，妻其可得见耶？

[注释]

1 据：拮据，比喻受到牵制。

2 蒺藜：一年生草本植物，茎横生在地面上，开小黄花，有刺。

3 宫：对房屋、居室的通称。

4 所：动词前缀，构成名词性结构。

[译文]

《易》困卦六三爻说："困穷于巨石之下，又躺在带刺的蒺藜之上，即使退入自家的居室，也见不到自己的妻子，这是很凶险的。"孔子说："困穷在不妥当的地方，他的名声必然会受到侮辱，而居住在不适宜的地方，身体必会遭到危险。既受到侮辱又遭到危险，灭亡的日子也就要来临了，哪里还见得到自己的妻子呢？"

[解读]

第二条爻辞取自《周易》困卦的六三爻。孔子解释道，困穷在不妥当的地方，他的名声必然会受到侮辱，而居住在不适宜的地方，身体必然会遭到危险，既受到侮辱又遭到危险，灭亡的日子也就即将来临了，哪里还见得到自己的配偶呢？这是说要知道自己所处的位置，不要做不得其所的事。太甲说："自作孽，不可活。"俞琰《周易集说》卷三十三："紫阳朱子曰：石是挨动不得，底物事自是不须去动他，若只管去用力，徒自困耳。又曰：且以人事言之，有着力不得处，若只管着力去做，少间去做不成，他人便道自家无能，便是辱了名。"

《易》曰：公[1]用[2]射隼[3]于高墉[4]之上，获[5]之，无不利。子曰：隼者，禽也。弓矢者，器也。射之者，人也。君子藏器于身，待时而动，何不利之有？动而不括^6，是以出而有获，语成器而动者也。

[注释]

1 公：先秦时期诸侯的通称。

2 用：介词，表示行为方式。

3 隼：老鹰。

4 墉：城墙。

5 获：得到。

6 括：约束。

[译文]

《易》解卦上六爻说："王公射箭，射中了停留在高墙上的那只隼，射中了，无所不利。"孔子说："隼是禽鸟，弓箭是武器，发箭射击的是人，所以君子身上要藏有武器，等待时机而行动，这样还有什么不利的呢？有所行动而不停顿，外出射击的时候一定会有收获，这就说明先要准备武器，然后才能行动。"

[解读]

第三条爻辞是《周易》解卦的上六爻。孔子解释说，恶鹰是一种禽鸟，弓箭是武器，发箭射击的是人，所以君子身上要藏有武器，等待时机而行动，这样还有什么不利的呢？有所行动而没有阻碍，一旦外出射击的时候一定会有收获。

孔颖达疏："以前章先须安身可以崇德，故此第二节论明先藏器于身，待时而动，而有利也。……射隼之人，既持弓矢待隼，可射之动而射之，则不括结而有碍也。犹若君子藏善道于身，待可动之时而兴动，亦不滞碍而括结也。"字面上是说先要准备着武器，然后才能行动。比喻君子学成后怀才德于身，行事才能大展身手而成功。

子曰：小人不耻¹不仁，不畏²不义，不见利不劝³，不威⁴不惩⁵，小惩而大诫⁶，此小人之福也。《易》曰：屦⁷校⁸灭趾，无咎。此之谓也。

[**注释**]

1 耻：羞愧。

2 畏：畏惧。

3 劝：勤勉，努力。

4 威：刑罚。

5 惩：警戒，鉴戒；处罚。

6 诫：警告，警惕。

7 屦：用麻、葛制成的鞋，这里是动词，意思是穿上、戴上。

8 校：一种木制刑具。

[译文]

孔子说："小人不知羞耻,不讲仁义,做了不义的事情也不觉得可怕,不见利益就不努力去做,不受到威胁就不能有所警戒。所以给小人以小小的惩罚,就会获得重大的告诫,这对小人来说是幸运的事情。《易》噬嗑卦初九爻的爻辞说:脚上戴着刑具伤到了脚趾,但不至于有危害。说的就是这个道理。"

[解读]

孔子又接着说,小人不知羞耻,小人行不仁义之事却不以为羞耻,做了不义的事情也不觉得害怕,不见利益就不努力去做,不受到威胁就不能有所警戒。所以给这种小人以小小的惩罚,让他不犯大的错误,这对小人来说反而是幸运的事情。第四条爻辞是用了《周易》噬嗑卦的初九爻,脚上戴着刑具伤到脚趾,但不至于有危害。说的就是这个道理。这是对上面小惩大诫的说明。俞琰《周易集说》卷三十三:"小人不以不仁为耻,故见利而后劝,不见利不劝也。不以不义为畏,故威而后惩,不威不惩也。"

善不积不足以成名,恶不积不足以灭身。小人以小善为无益[1]而弗[2]为也,以小恶为无伤而弗去也。故恶积而不可掩[3],罪大而不可解。《易》曰:何[4]校灭耳,凶。

[注释]

1 益：帮助，好处。

2 弗：不。

3 掩：遮蔽，遮盖。

4 何：通"荷"，扛着，戴着。

[译文]

善行如果不积累的话，就不足以成就美名；恶行如果不积累的话，也不足以灭亡自己的身体。小人把小善看成无所获益的事情，不愿意去做，把小恶看成无伤大体的事情，而不愿意除掉，因此他的恶行就越积越多而无法掩盖，这样罪行发展极大，而难以解救。《易》噬嗑卦上九爻爻辞说："肩扛着刑具，遭受耳朵受伤的惩罚，那就有凶险。"

[解读]

善行如果不积累的话，就不足以成就美名；恶行如果不积累的话，也不足以灭亡自己的身体。小人把小善当作无益的而不去做，把小恶当作无害的而不除掉，以至恶积累到不可掩盖的程度，罪行发展到不可解救的程度。俞琰《周易集说》卷三十三："一小善不足以成君子之名，君子之所以成名者，善之积也。一小恶不足以灭小人之身，小人之所以灭身者，恶之积也。"董仲舒说："积善在身，犹长日加益而人不知也。"《诸葛亮集》载说："勿以恶小而为之，勿以善小而不为。"佛家说："众善奉行，诸恶莫作。"王阳明说："知善知恶是良知，为善去恶是格物。"儒释道三家都提倡止恶扬善的思想。《周易》在噬嗑卦上九爻就说了，肩扛着刑具，遭受耳朵受伤的惩罚，那就有凶险。

子曰：危者，安[1]其位者也。亡者，保其存者也。乱者，有其治[2]者也。是故君子安而不忘危，存而不忘亡，治而不忘乱，是以身安而国家可保也。《易》曰：其亡其亡，系[3]于苞桑[4]。

[注释]

1 安：安逸，稳定。

2 治：治理，管理。

3 系：拴绳子，维系。

4 苞桑：根深蒂固的桑树。

[译文]

孔子说："凡是危险都是因为安居其位，凡是灭亡都是自以为要保住自己的存在，凡是祸乱都是曾经自以为万事整治了。所以君子安居而不忘倾危，生存而不忘灭亡，太平时不忘祸乱，这样就可以身体平安，国家得以永保。"《易》否卦九五爻爻辞说：常要告诫自己将要灭亡了、将要灭亡了，这样反而能坚固得像被系在丛生的桑树上一样。

[解读]

安危、存亡是相互转化的。孔颖达疏:"言所以今有倾危者,由往前安乐于其位,自以为安,不有畏慎,故致今日危也。所以今日灭亡者,由往前保有其存,恒以为存,不有忧惧,故今致灭亡也。所以今有祸乱者,由往前自恃有其治理也,谓恒以为治,不有忧虑,故今致祸乱也。"所谓的危险都是因为安逸、安居其位。凡是灭亡都是曾经自以为长保生存,都是自以为能保住自己的存在,今日败乱乃昔日自恃万事整治、自以为天下太平所招致的后果。所以君子"安而不忘危,存而不忘亡",安居而不忘倾危,生存而不忘灭亡,太平时不要忘了祸乱,这样就可以身体平安,并且使得国家得以永保。所以《周易》否卦的九五爻说了,心中常要告诫自己将要灭亡了、将要灭亡了!这样反而就像系在牢固的桑树上一样安然无恙。程颐《伊川易传》:"桑之为物,其根深固,苞谓丛生者,其固尤甚。"

子曰:德薄而位尊,知小而谋大,力小而任[1]重,鲜[2]不及[3]矣。《易》曰:鼎折足,覆公𫗧[4],其形渥[5],凶。言不胜[6]其任也。

[注释]

1 任:负担,担当;职责,职务。

2 鲜:少。

3 及：连累，关联。

4 铼：鼎中的食物。

5 形渥：汤汁狼藉遍地。渥：浓厚、浓郁。《康熙字典》"厚渍也。"

6 胜：能承担，能承受。

[译文]

孔子说：才德浅薄而地位尊贵，智慧低下但图谋宏大，力量微小但担负的责任很重，这样很少有不涉及灾祸的。《易》鼎卦九四爻爻辞说：鼎器难以承受重负，而把脚给折断了，王公的美食被倒出来了，鼎身也被玷污，凶险。说明不能胜任会遭遇灾难。

[解读]

如果一个人德行浅薄却地位尊崇，智慧低下却图谋大事，力量弱小却担负重任，这样的情况，很少有不招致灾祸的。这些都是不胜其任的表现。就像《周易》鼎卦九四爻说的，鼎器难以承受重负，而把脚给折断了，王公的美食也全部被倒出来了。孔颖达疏："言不能安其身，知小谋大而遇祸。"没有相应的德行，没有必需的智慧，没有必要的能力，做事一味贪得，只能得到失败的下场。

子曰：知几[1]其神乎？君子上交不谄[2]，下交不渎[3]，其知几乎？几者，动之微，吉之先见[4]者也。君子见几而作[5]，不俟[6]终日。《易》曰：介[7]于石，不终日，贞吉。介如石焉，宁[8]用终日，断[9]可识矣。君子知微知彰[10]，知柔知刚，万夫之望[11]。

[注释]

1 几：细微的迹象，事情的苗头或预兆。

2 谄：谄媚，迎合。

3 渎：轻慢，不敬。

4 见：读 xiàn，"现"的古字，显现。

5 作：兴起，进行。

6 俟：等待。

7 介：坚固。

8 宁：岂，难道。

9 断：肯定。

10 彰：明显。

11 望：景仰。

[译文]

孔子说：预知微妙的时机，那就达到了神妙的境界。君子与上交往而不谄媚，与下交往也不亵渎，可以说知道微妙时机的道理吧？微妙的时机是事物变动微小的征兆，吉凶的变化也就在这里面隐约地显现出来。所以君子要见机而作，迅速地去行动，不要再等待一天。《易》豫卦六二爻爻辞说：耿介得像石头一样，不要等待一天，要守持正道，一定会吉利。既然有耿介得像石头那样的品德，还要等待一天吗？当时就能判断了。所以君子一见到微小的征兆就要知道显著的结果，知道柔就能够预测刚，这才是千万人所景仰的杰出人物。

[解读]

孔颖达疏："前章云精义入神，故此章明知几入神之事，故引豫之六二以证之。"孔颖达认为此节是用来证明上一章"精义入神"的。孔颖达又说："神道微妙，寂然不测。人若能豫知事之几微，则能与其神道合会也。"君子能够从事物的微妙征兆参透其规律。

"上交不谄，下交不渎"，可以理解为处事交往。与上交往不谄媚，与下交往不轻慢，这才是懂得事理。也可以理解为认识世界的方式。孔颖达疏："上谓道也，下谓器也。若圣人知几穷理，冥于道，绝于器，故能上交不谄，下交不渎。"认识事物应有正确的方法，既不刻意钻研形而上的层次，也不执着于形而下的层次。

接下来解释"几"的含义，认为几是事物变动的微小征兆，吉凶的结局也就在这里隐约地先有所显现。孔颖达疏："几，微也。是已动之微动，谓心动事动，初动之时，其理未著，唯纤微而已，若其已著之后，则心事显曜，不得为几，若未动之前，又寂然顿无，兼亦不得称几也，几是离无入有，在有无之际，故云动之微也。"要预知极微的事情、预知微妙的事理。所以君子要见机而作，君子一定要把握这个微妙的时机，要发现极微的、微妙的事理，然后迅速地去行动，不要等待一天，意思是不要等待到明天再去行动，一旦抓住时机要立即行动。

所以，如豫卦六二爻所说"介于石，不终日，贞吉"。既然有耿介得像石头那样的品德，还要等待一天吗？还要等过了一天才知事理吗？当时就能判断了，就能明白了。所以君子一定要知晓这个微妙的变化，微小的征兆，一见到微小的征兆就要知道显著的结果，知道柔就能够预测刚，也就是知道了柔弱的开始，马上就能预知阳刚的作用，这是千万人所景仰的杰出人物。

子曰：颜氏之子[1]，其[2] 殆[3] 庶几[4] 乎？有不善，未尝[5] 不知，知之，未尝复[6] 行也。《易》曰：不远复，无祇[7]悔，元吉。

[注释]

1 颜氏之子：指颜回，字子渊，孔子的学生。

2 其：副词，表推测、估计。

3 殆：大概。

4 庶几：接近，差不多。

5 未尝：不曾。

6 复：再。

7 祗：大。

[译文]

孔子说：像颜渊这样的贤人，大概就是接近于见微知著的人，一有不善的苗头，他没有不自知的，一旦知道了，就没有再次发生的。《易》复卦初九爻爻辞说：不要走得很远就复归，这就没有大悔过之事，就会得到大吉。

[解读]

孔子说，颜回的修养大概差不多了吧？有错误很快就能察觉，察觉之后就不再犯了。李鼎祚《周易集解》卷十四引虞翻："几者，神妙也。颜子知微，故殆庶几。孔子曰：回也其庶几乎。"《论语》说："有颜回者，好学，不迁怒，不贰过。"正如《周易》复卦初九爻说，不要走得很远就复归，这样就没有大悔过之事，就会得到大吉。

天地氤氲[1]，万物化醇[2]。男女构[3]精，万物化生。《易》曰：三人行则损一人，一人行则得其友。言致[4]一也。

[注释]

1 氤氲：烟气弥漫的样子。

2　醇：纯粹。

3　构：联结，交合。

4　致：取得，得到。

[译文]

天、地二气缠绵沟通了，万事万物就化育成形了，而男人和女人阴阳交合了，万事万物也就化育生生不穷了。《易》损卦六三爻爻辞说："三人同行，就会损失一人；一人行，就会得到朋友。"说明要专心致一。

[解读]

《周易本义》："纲缊，交密之状；醇，谓厚而凝也，言气化者也。"天、地二气缠绵的交合、沟通了，就使得万事万物化育成形了。来知德《易经来注图解》卷十四："男女，乃万物之男女，雌雄牝牡，不独人之男女也。"阴阳交合了，万事万物也就化育生生不穷了。这是说阴阳的感应、转化、交合、沟通才能产生万事万物，才能有一个大的变化，带来一种大的效果。

所以《周易》损卦的六三爻就说，三人同行，就会损失一人；一人行，就会得到朋友。这正是说明阴阳相求必须要专心致一，一人行的"一"，这里表示专一、守一，守一了就会得到朋友。这个"一"代表一心一意，一个目标、一种信念、一种理想。当然也可以理解为这个"一"就是指一阴或者一阳，一阴就会得到你的朋友一阳；如果是一阳，那就得到你的朋友一阴，这样阴阳就会和合，合二为一。

子曰：君子安其身而后动，易[1]其心而后语，定其交[2]而后求。君子修[3]此三者，故全[4]也。危以动，则民不与[5]也。惧以语，则民不应也。无交而求，则民不与也。莫[6]之与，则伤之者至矣。《易》曰：莫益[7]之，或击[8]之，立心勿[9]恒[10]，凶。

[注释]

1 易：平易，和气。

2 交：交情，交往。

3 修：涵养、锻炼。

4 全：完备，完美。

5 与：参加。

6 莫：无，没有。

7 益：帮助。

8 击：攻击。

9 勿：不。

10 恒：长久，坚持不变。

[译文]

孔子说：君子先要安定自己的身体，然后才去行动；要先平和自己的心态，然后才发表议论；要先确定自己的交往，然后才去求助于人。所以君子要修养这三种德性，这样就很完备了。如果危险就急于行动，百姓就不会赞同；如果内心尚疑惧，就发表言论，百姓就不会回应你；如果无所交往，你就想求助于人，老百姓也不会给予你想要的东西。没有人给你这个帮助，当然伤害你的人也跟着就来了。《易》益卦上九爻说：没有人能够辅助他，有人还会攻击他，没有恒心，没有安心，那是凶险的。

[解读]

孔颖达疏："此明致一之道。致一者，在身之谓。若己之为得，则万事得，若己之为失，则万事失也。欲行于天下先在其身之一，故先须安静其身而后动，和易其心而后语，先以心选定其交而后求。若其不然，则伤之者至矣。"君子要先安定自己的身体，然后才去行动；要先平和自己的心态，然后才发表议论；确定了可交的人，然后才去求助于他。

"安其身而后动"，字面上看是先要安定自己的身体然后才去行动，其实"安身"首先要"安心"，《大学》："知止而后有定，定而后能静，静而后能安，安而后能虑，虑而后能得。"讲修学的步骤是止、定、静、安、虑、得。从本质上看，这六步都跟心有关，心首先要知止——明确目标所在，静——心不妄动，安——心灵安宁，虑——考虑周详，得——取得成果，这个"安"处在中间的枢纽位置，"安"前面的

"知止""定""静"都是为"安"而做的准备，"安"是关键，只有心安了，考虑问题才能周详，做事情才能成功。再看《大学》提出的"八条目"：格物、致知、诚意、正心、修身、齐家、治国、平天下。其中"正心"也就是"安心"，同样是关键，正心才能修身，修身就是修己，修己的目的是齐家、治国、平天下。

"易其心而后语"，对"易"字有两种理解，一种是平易、平和，"易其心"就是平和自己的心态。只有心理平和，说出来的话才不会伤人，不会偏颇。第二种理解"易"就是交易，人与人之间相处要交心，推心置腹，要心怀坦荡，以心换心，这样说出来的话别人才敢相信你、信任你。这两种理解都各有道理。

"定其交而后求"，"定"字很重要，不是简单地确定，而是要稳定、坚定，就是确立了稳定的、坚定的感情，但不是虚伪的感情，而是要做到命运与共。

总之，这三种修为是人际交往的三大原则。所以君子要修养这三种德行，即要安其身、要易其心、要定其交等内容，这样就很完美了。如果自身有危险而冒着风险急于行动，老百姓就不会赞同，不会帮助你；如果怀着恐惧心理去呼吁一些事情，老百姓就不去回应你；如果无所交往，没有交情，你就想求助于人，老百姓也不会给予你。没有人给你这个帮助，当然伤害你的人也就跟着来了。

所以《周易》益卦上九爻就说了，没有人能够辅助他，有人还会攻击他，没有恒心，没有安心，那是凶险的。也就是上面所说的，危险的时候你就行动了，恐惧的时候你就说话了，没有交往你就有求于人了，这样当然就有凶险。

第六章

[解读]

《周易本义》："此章多阙文疑字，不可尽通。后皆放此。"放此，即仿此。这一章重点在说卦爻的特点、意义和作用。

子曰：乾坤，其《易》之门邪？乾，阳物也。坤，阴物也。阴阳合德而刚柔有体[1]，以体天地之撰[2]，以通[3]神明之德。其称名也杂而不越[4]，于[5]稽[6]其类，其衰世之意邪？夫《易》，彰[7]往[8]而察[9]来，而微显阐幽，开而当[10]名辨物，正[11]言断[12]辞，则备矣。其称名也小，其取类也大。其旨[13]远，其辞文[14]，其言曲[15]而中[16]，其事肆[17]而隐。因贰以济[18]民行，以明[19]失得之报。

[注释]

1 体：名词，王申子《大易缉说》卷十"体者，质也"，就是本质、性质；动词，高亨引郑注"体犹分也"，表现、体现。

2 撰：数；事。

3 通：传达。

4 越：过度。

5 于：语气助词。

6 稽：考查，考核。

7 彰：明显。

8 往：过去的时间。

9 察：辨别，区分。

10 当：相称，相配。

11 正：端正。

12 断：判断，裁决。

13 旨：意思。

14 文：文华辞采。

15 曲：周遍，详尽。

16 中：符合。

17 肆：扩展，扩充。

18 济：帮助，救济。

19 明：明确，阐明。

[译文]

孔子说：乾坤是《易》的门户。乾是阳性事物，坤是阴性事物，乾坤的德行相互配合，它的刚柔就呈现出来了。用乾坤可以体现天地的运动变化，也可以去通晓神妙的变化规律。卦爻指称的名物虽然很繁杂，但是没有超越阴阳的道理，没有超越天地变化的规律。考察《易》当中的各类事物，可以看出处在衰世当中的思想。《易》可以彰知往事而察知未来，能够显现出细微之事，而阐发幽深的道理，《易》开列出六十四卦，使各卦各爻的名称和义理恰当，从而能辨别出它们代表和象征的事物。语言周正，措辞决断，无不具备。卦爻辞称述的物名很小，所比喻的事类却十分广大；旨意很深远，文辞很文雅；它的语言曲折但切中事理；典故宽泛，但哲理深刻。运用阴、阳两方面的道理，可以指导百姓的行为，能够在犹豫不决的时候给予指点。

[解读]

孔子说："乾坤是《周易》的门户。"只要解开乾坤的秘密，搞清楚乾坤的意义，就可以把周易的奥秘解开了。"德"，德行，即性质。阴阳德性相配合而阳刚阴柔都表现在具体事物上。孔颖达疏："若阴阳不合，则刚柔之体无从而生，以阴阳相合乃生万物。或刚或柔，各有其体，阳多为刚，阴多为柔也。"一切阳性事物都属于乾卦，一切阴性事物都属于坤卦。乾、坤两个卦代表了互相配合的阴、阳两种德行，刚柔两种爻就是构成乾坤两卦的最基本形体符号。乾、坤两卦有两大作用，第一大作用，"以体天地之撰"，用来体现天地的变化行为，体察天地的变化情况。"撰"，《周易本义》解释"犹事也"。董真卿《周易会通》卷十三引徐氏说："阴阳造化之迹也，有形可拟，故曰'体'。'体天地之撰'，言圣人作《易》，皆以体法造化之事，而效其至著者也。"第二大作用："以通神明之德"。用来通晓神妙的事物变化规律，用来贯通神奇光明的德性。"体天地之撰"是上承"刚柔有体"而言，两个"体"字相应；"通神明之德"上承"阴阳合德"而言，两个"德"字相应。

六十四卦的三百八十四爻指称的名物虽然很繁杂，但是没有超越阴阳的道理，没有超越天地变化的规律。"称名"，指卦爻辞所指称的事物名词。考察《周易》所说的各类事物、各种故事，大概流露出作者处在衰危之世的忧患意识。《周易正义》："考校《易》辞事类，多有悔之忧虞，故云变乱之世所陈情意也。"

《易》既能够预知未来之事，又蕴藏了过去的哲理。把以往发生的事彰显出来，也就是找到以前所发生事情的规律，就可以预测预知未来事情发展的趋势和结果，所以说学《易》不是通过占卜来预知未来而是找到规律自然就能预知未来，这就是孔子说的"不占而已"，荀子说的"善为易者不占"。因为"显微阐幽"，能显现出细微之事而阐发幽深的道理。这就是《系辞传》多次强调的"知几"，感知微妙的征兆，把握稍纵即逝的时机。《易经》是用卦爻象符号和卦爻辞文字来隐喻这种微妙的时机、幽深的道理。"当名辨物"，《周易》开列出六十四卦，各卦各爻的名称恰当，名称和义理相当、相匹配，从而能辨别出它们象征的事物。

语言周正，措辞决断，吉就是吉，凶就是凶，直言不讳，所以天下万事万物的道理无不具备。所以卦爻辞称述的物名虽然很小，但它所比喻的事类却十分的广大；比如它说马、牛、龙、虎，从这些名词本身看，只是代表一个动物，指称的事很小，但实际上它是一种隐喻，比喻一大类事物。它的旨意很深远，它的文辞很文雅，有文采；它的语言虽然曲折但是能切中事理；它所叙述的事情虽然很宽泛但蕴含的哲理却很深刻。

所以运用《周易》阴、阳两方面的道理，可以指导百姓的行为，可以让人们明确吉凶得失这样的应验。也就是说它能够在老百姓犹豫不决的时候给以指导。"贰"可以指疑虑，也可以指阴、阳两方面的道理。《易》就是用来指导人们"明失得之报"，明确吉凶得失的因果报应。这一思想对后来佛教的中国化起到了重要作用。

第七章

[解读]

《周易本义》："此章三陈九卦，以明处忧患之道。"第七章列举了九个卦，分三次进行论述，这就是著名的"三陈九卦"，通过这九个卦论述了一种道德修养，处忧患之中而不失操守，防患于未然。因为这九个卦都是讲道德修养的，所以又可以称为"修德九卦"，也叫"忧患九卦"。也就是说，按照这九个卦来修养道德，如果是身处困境，就可以坚定信念，走出困境；如果是身处顺境，就可以提高警惕，防患于未然，最终成就大业。

　　易之兴[1]也，其于中古乎？作易者，其有忧患乎？是故履，德之基[2]也。谦，德之柄[3]也。复，德之本也。恒，德之固[4]也。损，德之修[5]也。益，德之裕[6]也。困，德之辨[7]也。井，德之地[8]也。巽，德之制[9]也。

[注释]

1　兴：兴起，产生。

2　基：事物的根基。

3　柄：可握持的东西；通"秉"。

4　固：结实、坚硬。

5　修：使完美。

6　裕：丰富，扩大。

7　辨：分别。

8　地：处境，环境。

9　制：订定、规划、处理，引申为裁断。

[译文]

　　《周易》的兴起大概是在中古时期吧？作《易》的人大概心中有忧患吧？履卦是道德修养的基础。谦卦是道德的主干。复卦是道德的根本。恒卦是巩固道德的前提。损卦是修养道德的途径。益卦是使道德充满的方法。困卦是检验道德的标准。井卦是道德修养的处所。巽卦是展示道德的规范。

[解读]

《周易》兴起时，大概是在中古时期，中古指殷商的末年、西周开始的时候，也就是商周之际，据说《周易》是周文王作的，周文王就处于这个时候。现代学术界大多数学者认为《周易》经文（卦爻辞）成书于西周前期。《周易》卦爻辞具有深深的忧患意识，那么怎么能身处忧患而不失操守呢？首先是要修德。

履卦是道德修养的基础。"履"的本意是鞋子，引申为走路、行动、践行；之外还有一个意思就是"礼"，也就是礼仪，指行为准则。首先就是要遵守道德规范、行为准则。孔颖达疏："故为德之时，先须履践其礼，敬事于上，故履为德之初基也。"

谦卦是道德的主体。"柄"是器物上的把手、把柄。孔颖达疏："为德之时，以谦为用，若行德不用谦，则德不施用，是谦为德之柄，犹斧刃以柯柄为用也。"《周易本义》："谦者，自卑而尊人，又为礼者之所当执持而不可失者也。……柄，所以持。"要谦虚卑下，把自己放在最低的位置，然后做好自我管理、自我约束。只有真正做到了谦虚、自我约束，不傲慢自大，不争功好胜，才算是握住了"德"的把柄。

复卦是道德的根本。韩康伯注："复者，各反其所始，故为德之本也。"《周易本义》："复者，必不外而善端存。"

复，有反复、回复、回归的意思。要时时处处按照天道来做事，要做好事、做善事，而且要反复去做、重复去做，只有反复，才能"积善"。复，还引申为反省、反思。要反求诸己，要"吾日三省吾身"，从自己身上找原因，不抱怨外部条件，找到缺点之后立即"悔过"，改正。这才是修养品德的根本。

恒卦使道德坚固，是巩固道德的前提。孔颖达疏："为德之时，恒能执守，始终不变，则德之坚固，故为德之固。"有恒心，才能使品德更加稳固。每一天、每一时坚持去修德，持之以恒，不间断，才能使品德稳固、长久。

损卦是修养道德的途径。韩康伯注："刻损以修身，故先难也，身修而无患，故后易也。"《周易本义》："惩忿窒欲以修身，迁善改过以长善。"这是引用了损卦象传，君子要按照损卦来抑制愤怒、控制私欲，把愤怒、私欲这些东西一点一点减少，这就是在完善自己的德行。损还有一种理解，就是损害、损伤，遭受苦难，经历挫折、失败，身处逆境，其实正是修养道德的好时机，就像孟子所说这正是"天将降大任于斯人"，是一种磨练，是一种修德。

益卦是道德充满的方法。益卦象征"增益"，人能施益于外，则可充裕己德。孔颖达疏："裕，宽大也，能以利益于物，则德更宽大也。"益卦象传说"君子以见善则迁"，君子看到善言善行的人就虚心向他学习。"见善则迁""见贤思齐"就是一种增益，增加自己的善德善行。只有多做有益于他人的事，才能使品德更高尚、德行更加丰富。

困卦是分辨道德的标准，也是检验道德的标准。"困"是穷困、困难的意思。困卦含有"处困守正"之义，告诉人们怎样在困境中奋起，摆脱困境。李鼎祚《周易集解》卷十六引郑玄注："辨，别也。遭困之时，君子困穷，小人穷则滥，德于是别也。"孔颖达疏："若遭穷困之时，守操不移，德乃可分辨也。"人处在困境中总会本能地要采取行动来摆脱困境，这正是检验这个人是不是坚守道德的好时机。有的人采取的就是符合道德的行动，有的人就守不住道德了，就会做出伤天害理、违背道德的行动。所以说困境中最能看出一个人的道德品质。

井卦是道德修养的处所。孔颖达疏："改邑不改井，井是所居之常处，能守处不移，是德之地也。言德亦不移动也。"井水是村民的生命之泉，一个人的道德也是如此，是一个人的立身之本，是不可以离开自己的身体的。井，四面都是围起来的，含有约束、规范的意思。一个人修养品德也是如此，要划定一个行为准则，不能超过这个准则。

巽卦是展示道德的规范。巽卦有顺从、顺应的意思。人能顺应天道，则可展示道德、立其规范。顺应道德来做人做事，就是修养品德的规范。制，可以理解为规范、制度。孔颖达疏："巽，申明号令，以示法制，故能兴德为制度也。"制，也可以理解为裁断。《周易本义》："巽顺于理，以制事变也。"顺应事物之理，从而遇事能够做出判断。

这是第一遍说明这九个卦在伦理道德方面的意义。

履和[1]而至[2]，谦尊而光[3]，复小而辨于物，恒杂[4]而不厌[5]，损先难而后易，益长裕[6]而不设，困穷[7]而通[8]，井居其所而迁[9]，巽称[10]而隐[11]。

[注释]

1　和：相安，谐调。

2　至：到达。

3　光：光明，荣耀。

4　杂：繁多。

5　厌：嫌弃，憎恶

6　裕：扩大。

7　穷：阻塞不通。

8　通：亨通，顺利。

9　迁：改变，变动。

10　称：衡量。

11　隐：藏匿，隐蔽。

[译文]

履卦教人和顺，这样就能达到最高的境界。谦卦教人尊敬，光大其德行。复卦是教人在微小的征兆时辨别万物。恒卦教人在繁杂的时候能守住品德不厌倦。损卦教人开始艰难、后来容易的道理。益卦是教人使别人道德充裕，也是使自己道德充裕，既不夸张，也不造作。困卦教人在困穷的时候遵循正道，这样才能达到亨通。井卦教人安逸时，能迁养众人。巽卦教人不自我显露。

[解读]

下面是第二遍，进一步解释。

履卦是教人和顺，和合，和而不争。"至"，就是到达，到达道德的目的地或者说最高境界。孔颖达疏："言履卦与物和谐，而守其能至。故可履践也。"李鼎祚《周易集解》卷十六引虞翻说："谦与履通，谦坤柔和，故履和而至礼之用，和为贵者也。"做事必须谨慎小心，而且要恰到好处、要合适，合适就是合礼。和顺不违礼，这样才能顺利走到终点，做事才能达到目的。

谦卦是教人要谦虚，要有尊敬恭敬之心，这样才能光大其德行。孔颖达疏："以能谦卑，故其德益尊而光明也。""尊"就是尊敬、恭敬。谦是对自己，尊是对别人，自谦和敬人是相对的、统一的。"光"就是光明正大，也指光大其德行。谦卦教人谦虚，谦以接物，恭敬别人，也必然受到别人尊敬，谦虚又心中光明正大，这样自己的品德也会越能光大。

复卦是教人在微小的征兆时就能辨别善恶，辨别万物，及早回复正道。孔颖达疏："言复卦于初细微之小时，即能辨于物之吉凶，不远速复也。"小，指微小的征兆。"物"指事物，这里特指善恶。复卦教人察知善恶、辨析事物的细小征兆，一旦发现不好、不善的征兆，就马上改正，及时回复到善道、正道中来。

恒卦是教人在纷杂的时候，在浮躁、繁杂的时候能守住品德而不倦怠。孔颖达疏："言恒卦，虽与物杂碎并居，而常执守其操，不被物之不正也。"杂，正邪相杂，既指在正邪相杂的外部环境，也指繁杂、浮躁的内心世界。不厌，就是不厌倦，能永久守住品德。恒，就是永恒，守德有恒，永远坚守品德。另有一种理解。王引之《经义述闻》："杂，当读为匝。匝，周也，一终之谓也。恒之为道，终始相巡，而无已时，故曰'匝而不厌'。"恒代表天道循环不息。

损卦是教人开始艰难、后来获益的道理。韩康伯注："刻损以修身，故先难也。身修而无患，故后易也。"损减恶念与私欲，开始很艰难，贵在持之以恒，后来就容易了。

益卦是教人施益于人，使别人道德充裕，也是使自己道德充裕，而不是虚设，也不夸张、造作。韩康伯注："有所兴为，以益于物，故曰'长裕'、因物兴务，不虚设也。"不设，不虚设，不空谈，不造作。把利益送给别人，既能使别人道德充裕，也能使自己道德充裕，这是踏踏实实做到的，而不是虚设，不是空谈。

困卦是教人在困穷的时候、走投无路的时候守正道，而求亨通，遵循正道而善于变通，这样才能达到亨通。孔颖达疏："言困卦于困穷之时，而能守节，使道通行而不屈也。"在走投无路的时候怎样才能求得亨通？首先必须是守正道，然后要知变化，才能得亨通。这就是"穷则变，变则通，通则久"。

井卦是教人处在安逸的时候，而能迁养众人，把自己的恩惠普施于别人。孔颖达疏："言井卦居得其所，恒住不移而能迁其润泽，施惠于外也。"居其所，就是居住在安适的处所。迁，指迁施其泽、利惠于人，也就是把自己的恩惠普施于别人。井卦教人效"井养"之功，像井水那样供人饮用，给别人以恩惠。

巽卦是教人衡量事物的轻重而不自我显露、自我夸耀。称，有两种解释，一种是宣扬，也就是《象辞传》所说的"申命"，发布命令。韩康伯注："称扬命令而百姓不知其由也。"另一种是衡量事物的轻重。隐，就是隐藏，不显露，不夸耀。巽卦教人因顺申命，顺势发布命令，不露威，不强制，而是因势利导。

履以[1]和[2]行，谦以制礼，复以自知，恒以一德，损以远[3]害，益以兴利，困以寡[4]怨，井以辨义，巽以行权。

[注释]

1 以：用来。

2 和：敦睦、调适。

3 远：离开，避开。

4 寡：减少。

[译文]

履卦按和顺的道理来小心地行走。谦卦用来节制自己符合礼节。复卦用来自知自觉。恒卦用来专心致志。损卦用来远离灾祸。益卦用来增加福利。困卦用来不怨天尤人。井卦用来辨别道义。巽卦用来行使权利。

[解读]

第三遍又将这九个卦的功用论述一遍。

履卦按照和合、和顺的道理来小心行走。"以和行"有两个意思，一是按照中和之道而行，一是遵循礼仪而行，两者并不矛盾，履卦强调在践行的过程中必须谨慎、小心、和顺。

谦卦可以用来节制自己、控制自己符合礼节。制，控制、节制。"制礼"不是制定礼仪，也不是控制礼节，而是控制自己去服从礼节。孔颖达疏："性能谦顺，可以裁制于礼。"谦虚待物，呼应上文"谦，德之柄也""谦尊而光"。因为谦虚，所以能够心甘情愿地控制自己而尊敬天道、遵从礼节。

复卦可以用来自我觉醒，自知自觉。《周易集解》引虞翻曰："有不善未尝不知，故曰'自知'也。"复卦的作用是要人们首先自我觉知得失不善，然后回复到正道上。"自知"是回复正道的前提，也是很难的。所以这里强调要自知善恶，明辨是非。

恒卦可以用来始终不移，专心一致，保持长久。"一"是动词，守一，抱一，纯一。孔颖达疏："恒能终始不移，是纯一其德也。"恒卦的作用，在于守正不移、恒一其德。

损卦是用来自损邪念、恶念、私欲，而远离灾祸。韩康伯注："止于修身，故可以远害而已。"损卦的作用，在于自我减少不善的东西，包括邪念、贪心、私欲等，以修身避害。

益卦可以用来增加自己的善念、善德，而增加百姓的福利。孔颖达疏："既能益物，物亦益己，故'兴利'也。"益卦的作用，在于益人益己、人己两全，广兴其利。

困卦是用来处困守洁，不怨天尤人。"寡怨"就是减少怨恨。孔颖达疏："遇困守节不移，不怨天不尤人，是无怨于物，故'寡怨'也。"困卦的作用，在于鼓励人们虽然处在困穷艰难的境地但仍然能无怨无悔地坚守道德。

井卦是用来广育万物，而辨别道义。井卦的作用，在于无私奉献、养育民众、辨明道义。韩康伯注："施而无私，义之方也。"陆九渊曰："君子之义，在于济物；于井之养人，可以明君子之义。"（《陆九渊集·语录上》）所谓"义"，就是要无私奉献，就像一口井，总是把水无私地奉献给别人。

巽卦是用来因势利导，行使权利。韩康伯注："巽顺而后可以行权也。"孔颖达疏："若不顺时制变，不可以行权也。"巽卦的作用，在于因势利导地教化人民，行使权利而不张扬、不强行。

第八章

[解读]

第八章阐述了《周易》义理的变动特征，与现实人生息息相关，《周易》之道就是处世致用的变化之道，把握《易》道规律，有忧患意识，就能够趋吉避凶，化险为夷。

《易》之为书也不可¹远²，为道也屡迁³。变动不居⁴，周⁵流六虚，上下无常，刚柔相易⁶，不可为典⁷要⁸，唯变所适。其出入以⁹度¹⁰，外内使知惧，又明于忧患与故¹¹，无有师保¹²，如临¹³父母。初率¹⁴其辞而揆¹⁵其方¹⁶，既有典常。苟¹⁷非其人，道不虚¹⁸行。

[注释]

1 可：能够。

2 远：离去。

3 迁：变动。

4 居：止息，停留。

5 周：环绕，循环。

6 易：交换。

7 典：标准，法则。

8 要：纲领。

9 以：介词，凭借、按照。

10 度：准则，法度。

11 故：事理。

12 师保：《周官》"立太师，太傅，太保，兹惟三公。少师，少傅，少保，曰三孤。"

13 临：面对。

14 率：遵从，服从。

15 揆：揣测，估量。

16 方：办法、方式、方向。

17 苟：假如，如果。

18 虚：空际。

[译文]

《易》这本书，不可以将其看成与自己的生活远而认为其与己无关，它所体现的道理是不断地变迁的。这种运动变化是不停止的，是一种在各卦中的周期运动变化，每个卦周期的上下往来也是没有定论的，阴阳刚柔都互相变化，不可以执着于典藏纲要，只有变化才是它所适用的方向。告诉了我们出入的行为要符合法度，无论是处内还是处外都要谨慎恐惧。又能明晓未来的忧患，明晓过去的缘故。虽然没有师长的监护教育，但也如同有父母在身旁一样，随时受到保护。处事之初遵守《周易》卦爻辞的意思来确定行动的方向，这样在无常的变化中把握恒常的规律和法则。所以说如果不是合适的人，那么易道就难以广泛地推行。

[解读]

《周易》作为一本书是不能远离、不能背离的，因为它讲的天道人道，就是我们的为人哲学、处世哲学，是融入我们的日常生活的，是"百姓日用而不知"的，所以不能远离，也就是说不能不读《周易》这本书。更不能背离，不能违背《易》之道。易之道是不断变化的，它告诉我们一切都在变化之中。"六虚"指六爻，也就是一个卦的六个位。这种运动变化是不停止的，在六爻之间周期性地运动变化。韩康伯注："六虚，六位也。"孔颖达疏："变动不居者，言阴阳六爻更互变动，不恒居一体也，若一阳生为复，二阳生为临之属是也。周流六虚者，言阴阳周遍流动在六位之虚。六位言虚者，位本无体，因爻始见，故称虚也。"宇宙时空本来是无形的、虚幻的，只是《周易》把它分成六个位，"六位时成"，比如把空间分为上下加四方，就是"六合"。易道－天道运动变化就在每个卦六根爻、六个时位中周期变化，反过来说，六爻时空反映了宇宙万物运动变化的大规律。这种变化是"上下无常，刚柔相易"，上下往来没有定准，阳刚阴柔互相变化。李光地《御纂周易折中》卷十五引蔡渊说："刚柔爻画往来如寄，故以虚言，或自上而降，或由下而升，上下无常也。柔来文刚分刚上，而文柔刚柔相易也。"

不可以把它当作僵化的典籍、纲要，只能去适应各种不同的变化。"唯变所适"就是"唯变是适"，"所"用作宾语提前的标志，相当于"是"，多与"唯"字配合使用。意思是只适应各种变化，也就是说只有随机应变才能适应各种不同变化。《易经》不是僵化的教条，万事万物也不是固定不变的，只能去适应这种千变万化的规律，根据不同时期、不同地点、不同条件来随机应变。韩康伯注："变动贵于适时，取舍存乎会也。"

《周易》的道理在于"出入"，它告诉我们出入行为要符合法度，告诉我们无论是处内还是处外都要谨慎恐惧。俞琰《周易集说》卷三十四："度，节度也，出入以度，谓君子之出处进退当有节度，盖不可不谨也。"变化是有规则的，不是无序的。"出"和"入"是有讲究的。有人认为出乾为外，入坤为内，出阳知生，入阴惧死，日行一度，故出入以度，内外知惧（虞翻）。有人认为内外是指一个卦的下卦与上卦，从内卦到外卦为出，从外卦到内卦为入，度内外之际，而观出入进退之理，使知戒惧（朱震）。也有人认为出是指上升，入是指下降；外就是上升，内就是下降（吴澄）。综合起来，可以看出《周易》卦爻的升降出入、内外变化，其实反映了人事的内外出入的行为活动，都要符合法度，要小心戒惧。

"忧患与故"是指忧患与行为之间的关系，"故"是缘故、事理。一个人始终有忧患意识，明白过去的缘故，就会避免行动发生危险，从而使人懂得敬畏与戒惧，就可以趋吉避凶。这样虽然没有师长的监护教育，但也如同有父母在身旁一样，随时受到保护。"师保"，原本指辅弼帝王和教导王室子弟的官，有师有保，统称"师保"，泛指老师。这里用老师和父母做比喻，说明学习《周易》的时候，先根据文辞而贯通卦象所揭示的道理，融会贯通就会产生指导行为的法则。懂得《周易》精深的道理和行动法则，常怀忧患意识，就好比得到了老师、父母的指引、护佑，可以避免凶险，万事大吉。

处世之初遵守《周易》卦爻辞的意思来衡量行动的方向，就会在无常的变化中把握恒常的规律和法则。初，指处事的开始。孔颖达疏："《易》虽千变万化，不可为典要；然循其辞，度其义，原寻其初，要结其终，皆唯变所适，是其常典也。"《易》说的是变化规律，万事万物是变化的，不是僵化的"典要"，但变化是有规律的，这个规律是不变的"典常"。

"其人"本义是指那样的人，指贤明之人，"虚行"一般理解为"虚空而行"，比如孔颖达疏："若苟非通圣之人，则不晓达《易》之道理，则《易》之道不虚空得行也。"吴澄《易纂言》说："《易》之道虽如此，若非作《易》之圣人示其道以教人，则《易》之道不能无人而自行也，盖言《易》道之行于世者，皆圣人之功。"其实这是一种省略的说法，意思应该是"苟非其人，则道虚行，然道不虚行"。如果不是贤明之人，那么《易》道就会虚空而行，但道是不能虚空而行的。"虚"在这里可以理解为广泛普遍推行。

第九章

[解读]

这一章讲了一个卦六个爻位的功能和意义。

《易》之为书也，原[1]始要[2]终以为质也。六爻相杂，唯[3]其时物也。其初难知，其上易知，本末也。初辞拟之，卒[4]成之终。若夫杂物撰[5]德，辩[6]是与非，则非其中爻不备。噫！亦要存亡吉凶，则居[7]可知矣。知者观其象辞，则思[8]过半矣。二与四，同功而异位，其善[9]不同。二多誉[10]，四多惧[11]，近也。柔之为道，不利远者，其要无咎，其用柔中也。三与五，同功而异位。三多凶，五多功，贵贱之等也。其柔危，其刚胜邪[12]。

[注释]

1 原：推究，考究。

2 要：做动词，求取；做名词，关键、大体。

3 唯：句首语气词，表示确定。

4 卒：完毕，终了。

5 撰：具。

6 辩：通"辨"。

7 居：住，引申表示安稳。

8 思：思考，琢磨。

9 善：吉祥，泛指利害得失。

10 誉：通"豫"，欢乐、高兴。

11 惧：警惕。

12 邪：通"耶"，表示推测。

[译文]

《易》这本书推演事物的初始，而探求事物的结果。一个卦是六个爻，相互错杂，那只是反映了特定的时宜物象。初爻的意义难以理解，上爻的意义容易理解，因为前者是本，是始，后者是末，是尾。初爻的爻辞是比拟事物产生的开始、原因，到了最上爻，事物发展完结了，这样卦义就最终显现出来了。错综各种事物之象，判断阴阳的性质，辨别是非吉凶，如果撇开中间四根爻，也就不全面了。是啊！只要明白了中间四爻的意思，也就大体上把握存亡吉凶的规律了，那么坐在家里也能知道事物的吉凶祸福。因此明智的人只要观察象辞，就能把每一卦的卦义多半领悟了。第二爻和第四爻，它们功能相同，而具体的位置不同，第二爻，多获美誉，而第四爻多含恐惧，因为它接近了第五爻的君位。所以阴柔的道理不利于远大的作为。它的要旨在于慎求无咎，它的功用在于柔和守中。第三爻和第五爻，它们功能相同，但各自居位不同，第三爻多有凶险，第五爻多有功业，这是上下贵贱等级的差别。阴爻不居其位则危险，阳爻居于其位（三或五位）则吉利。

[解读]

《周易》这本书是推演事物的初始，而探求事物的终极，以探明事物本质的。"质"，卦的本体，韩康伯注："质，体也，卦兼终始之义也。"就是万事万物的总本质，也是万事万物生成和存在的总根源、总依据。这个本质表现在一个卦的六根爻上。一个卦是六个爻，阴阳相互错杂，反映了特定的时宜、时机和阴阳的物象。《易传》注重"时位"，六根爻就是六个时位，在时与位中尤其注重"时"。六爻表明事物发展的六个阶段，强调时间，所以称为"时物"。

初爻的意义是难以理解的，上爻的意义是容易理解，因为前者是本，是本始，后者是末，是末尾。初爻的爻辞是比拟事物产生的开始、原因，到了最上爻，事物发展完结了，这样卦义就最终显现出来。宋代易学家杨万里认为初爻可以决定这个卦最后的结果。他在《诚斋易传》卷十八说："初爻为一卦之要也，原其始自可以约其终，知其初之难，自可以知其上之易。初者，本也。上者，末也。初辞拟议以定一卦上爻，成其终而已。"比如乾卦初九"潜龙勿用"就是"原始"，到上九"亢龙有悔"就是"要终"，从"潜龙"到"亢龙"就是一卦的始终。"终始""本末"这组概念已经提升为哲学概念了。《大学》说："物有本末，事有终始。知所先后，则近道矣。"每样事物都有根本和枝末，每件事情都有开始和终结，明白了事物的先后顺序，也就接近于"道"了。本始和开端决定了事物的归宿和结果。在一个卦六根爻中，初爻是起始、原因，可以决定一卦的终爻、结果。

至于错综各种事物之象，判断阴阳的性质，辨别是非吉凶，如果撇开中间四个爻，也就无法全面理解了。"若夫"是个语气词，用在句子开头。"杂物"是指错杂各种物象，六爻的变化反映了事物的错杂变化；撰德，指撰述阴阳德性，六爻爻辞反映了卦德及事物的德性。孔颖达疏："言杂聚天下之物，撰数众人之德。"只要明白了中间四爻的意思，也就大体把握了存亡吉凶的规律了。"中爻"究竟指什么呢？历来有多种解释。一种是指中间四根爻，李鼎祚《周易集解》卷十六引崔憬说："上既具论初、上二爻，次又以明其四爻也。"一种是指下卦和上卦中间的爻，也就是第二爻和第五爻。孔颖达疏："中爻统摄一卦之义多也。若非中爻，则各守一爻，不能尽统卦爻，以中爻居一无偏，故能统卦义也。"还有从互体来理解的。其实《易经》六根爻每一根爻都代表特定的时位，缺一不可。除了理解初、上两爻之外，还要辨明中间四爻的爻义，才能完备地领会全卦的意义。

"噫"是个感叹词。只要明白了中间四爻的意思，也就大体把握了存亡吉凶的规律了，那么即使是坐在家里，也能知道这个道理了。居，指平居无为，意思是好像坐在家里什么也不干。结合上文说明只要把握中四爻的吉凶规律，那么整个卦的意义就全部明白了。所以明智的人只要观察六十四卦的卦辞，就能把全卦的卦义多半领悟了。

第二爻和第四爻都是同居阴柔之位，因为二、四为阴位，它们功能相同，但是各自居位的位置不同，一个在下卦，一个在上卦，所以这两个爻所象征的利害得失也不相同。功，指阴阳功能。位，指爻位。第二爻，因为处在下面，但是居中，所以多获美誉，而第四爻处在上卦的最下位，所以多含有恐惧，因为它接近了第五爻的君位。所以阴柔的道理不利于远大的作为。第二爻和第四爻都处在阴柔之位，阴位应该顺承阳位，它自己不可有远大志向。它的要旨在于慎求无咎，它的功用在于柔和守中。分开来说，"不利远"是在解释"四多惧"，因为第四位太靠近君主了，所以大多恐惧。"用柔中"是在解释"二多誉"，第二位刚好处在下卦的中位，柔顺地坚守中道，所以"无咎"而且多获美誉。

第三爻和第五爻同具阳刚的功能而各处不同的位置。第三爻多有凶险，第五爻多有功勋，这是上下贵贱的等级差别。第三爻和第五爻都是居在阳刚之位，所以都有阳刚的功能，但又因为各自所处的位置不同，一个是在下卦，一个是在上卦，它们的贵贱等级是不同的，第三爻居下卦为贱，第五爻居上卦为贵。另外，第三爻处在下卦的最高位，到尽头了，所以大多有凶险，第五爻处在上卦的中间，是个尊贵的位置，所以大多有功勋。大略来说，如果阴爻处在三爻和五爻的阳位，就不能胜任，就有危险；如果刚爻处在三爻和五爻的阳位，那大多就能够胜任。

这一章重点是在讲六爻爻位的功能和意义。阳爻居阳位，阴爻居阴位，这一般来说叫当位，往往是吉的，但是当位又比不过中位，如果是居在二爻和五爻那大多有美誉，有功勋。如果又当位又中位，那大多就更加积极了，这给人们的启迪就是说每一个人都要自知自己的性质，而且要居在符合自己的位置，这样就能趋吉避凶。

第十章

[解读]

这一章讲三才之道。

《易》之为书也，广大悉[1]备，有天道焉，有人道焉，有地道焉，兼三才[2]而两[3]之，故六。六者非它也，三材之道也。道有变动，故曰爻。爻有等[4]，故曰物。物相杂，故曰文。文不当[5]，故吉凶生焉。

[注释]

1 悉：全部，详细。

2 才：通"材"，本性、资质。

3 两：重复。

4 等：品级、次第、种类。

5 当：相称，相配。

[译文]

《易》这部书，它的道理十分广大，无所不备，含有天的道理、人的道理、地的道理，兼和了天、地、人三才，并且是两卦相重，所以就出现了六画。六画没有别的意思，正是象征着天地人的道理。所以《易》的道理就在卦象的运动变化当中，也就是爻。爻有上下位次等级，也就是物象。而物象又是相互错杂，所以就叫作"文"。文有的适当，有的不适当，所以吉凶就产生了。

[解读]

《周易》这部书的道理十分广大，无所不备，含有天的道理、地的道理、人的道理。前面讲过"易与天地准，故能弥纶天地之道""夫易广矣大矣"，《周易》涵盖了宇宙万有。《四库全书总目提要》说："易道广大，无所不包，旁及天文、地理、乐律、兵法、韵学、算术，以逮方外之炉火，皆可援《易》以为说，而好异者又援以入《易》，故《易》说愈繁。""无所不包"是对"广大悉备"最通俗的解释，说明"易道"的外延已经无限大，所以它的内涵就趋于无限小，这个内涵就是中华文明的精神内核。

《周易》兼容了天、地、人三才，并且是两卦重叠，所以就出现了六爻组成一个卦。这六爻正象征天、地、人三才的道理。前面讲过："六爻之动，三极之道也。"三极之道就是三才之道。三才就是天、地、人。《道德经》也说："道生一，一生二，二生三，三生万物。""一"是气，"二"是阴阳，"三"是阴阳的交合，是"和"。老子开创的道家重视"三"的思维。邵雍更是明确指出了天、地、人三才的平等地位，他说："天道不以天高而大于地，地道不以地广而大于人，人道不以人微而小于天地，故三画皆无差殊。要其至也，混而为一，复于太极。"邵雍所说的"三画皆无差殊"中的"三画"，讲的就是八卦的上、中、下三爻。阴爻和阳爻上、中、下排列组合就是八卦。在八卦的上、中、下三个爻中，上爻为天位，下爻为地位，中爻为人位，体现了天地定位，人居其中的哲学思想。"三画皆无差殊"就说明了天、地、人三才的平等地位。而在六十四卦中，每个卦由六个爻上下排列组成，在六爻中上面两爻为天位，下面两爻为地位，中间两爻为人位，同样体现了天、地、人三才之间的关系。其实，六爻同时兼容了天、地、人三才的道理。三才之道是合一的，也是统一的。《周易》了不起的地方就在于推天地之道以明人之道，尽人之道以顺天地之道。

最后四句用了顶针的修辞方法，就是后一句的第一个词就是前一句的最后一个词，环环相扣，一气呵成。第一句的"道"是承接着上一句的"三才之道"，也就是说《周易》讲的三才之道体现在卦象的运动变化当中，而仿效模拟这种变化运动就形成了爻。李鼎祚《周易集解》卷十六引陆绩说："天道有昼夜日月之变，地道有刚柔燥湿之变，人道有行止动静吉凶善恶之变，圣人设爻，以效三者之变动，故谓之爻者也。"六根爻各有上下六个时位，等级是不同的，其实是象征了不同的事物。而事物又不是孤立的，总是相互错杂在一起，就形成了纵横交错的"文"，"文"通纹路的"纹"。《周易本义》："相杂，谓刚柔之位相间。"文理是由六根爻阴阳交错构成的，六爻在六个位置上有的适当，有的不适当，这样就产生吉凶了。如果阳爻居阳位、阴爻居阴位叫作当位，也叫"正"；如果阳爻居阴位、阴爻居阳位，叫作不当位，也叫"不正"。当位往往是吉的，不当位往往是凶的，这是爻位的一般通则。

第十一章

[解读]

这一章讲了《周易》创作的时间和背景。

《易》之兴[1]也，其[2]当[3]殷之末世、周之盛德邪？当文王与纣之事邪？是故其辞危[4]，危者使平，易者使倾[5]。其道甚大，百物不废，惧[6]以终始，其要[7]无咎，此之谓《易》之道也。

[注释]

1 兴：兴起，产生。

2 其：大概，或许。

3 当：处于。

4 危：不安。

5 倾：倒塌。

6 惧：戒惧，警惕。

7 要：纲领。

[译文]

《易》的兴起大概是在商朝末年，周文王德业正隆盛的时候，大概说的就是周文王与商纣王之间的事情吧？所以卦爻辞包含着警戒的意思，警戒使天下平安，而常怀享受安乐之心，那必然导致国家的倾覆灭亡。这样的道理是至为广大的，因此各种事物就会昌盛不废。只有自始至终都保持着警戒之心、忧患意识，才会没有灾祸，这就是《易》的道理。

[解读]

《周易》的兴起年代，前面第七章已经涉及了。虽然没有明确说就是周文王创作，但肯定了是商周之际所作。现在学术界基本公认的是《周易》经文（卦爻辞）最终成书于西周前期，当时正是"周之盛德"周朝德业隆盛之时。《周易》经文中记载了文王和纣王的很多故事，比如归妹卦中的"帝乙归妹"，商朝君主帝乙将女儿也就是纣王的妹妹嫁给姬昌的故事，还有明夷卦"箕子明夷"记载商纣王的叔叔箕子被商纣王迫害，假装发狂隐藏才智的故事。也有周文王去世以后的故事，比如晋卦"康侯用赐马蕃庶"，记载周文王的第九子、周武王的弟弟康叔协助周公平定了三监之乱，被封于卫国，成为卫国第一代国君，被赐予马匹、宝器的故事。

所以卦爻辞有危机意识。"危"字始见于战国，古字形像人在山崖上，本义是高、高处。引申指危险、不安全的。正因为处在商周之动荡、革命之时，所以《周易》卦爻辞充满了忧患意识、危机意识、警戒意识。"危者使平，易者使倾。"危，感到危险。易，觉得容易。有危机意识而保持警惕才能获得平安，而如果掉以轻心、常怀享受安乐之心，那必将导致国家的倾覆灭亡。

这个道理至为广大，按照这种道理来做，各种事物就会昌盛不衰。只要自始至终都保持着这种警惧之心、忧患意识，最终将是没有灾祸的，这就是《易》之道。"不废"就是不衰。"惧以终始"，就是说要自始至终都保持这种警惧之心、危机意识、忧患意识。"其要无咎"在第九章里也出现过："其要无咎，其用柔中"，它的要旨在于慎求无咎，它的功用在于柔和守中。就是说终和始可以看作阴阳矛盾运动的两极，中是中界线。所以要达到无咎必须舍弃两极而执中道，这样就体现了《周易》的道。

第十二章

[解读]

这是系辞传的最后一章，这一章与第一章遥遥相对，第一章一开始就讲到乾坤，这一章一开始也是讲乾坤，讲到乾坤的易简之谜，并且进一步说明卦位与爻位的关系，以及吉凶悔吝这些判断语所确定的依据，这样最后一章与第一章前后照应，一脉相承。

夫乾，天下之至健也，德行恒易以知险；夫坤，天下之至顺也，德行恒简以知阻。能说[1]诸[2]心，能研诸侯之虑[3]，定天下之吉凶，成天下之亹亹[4]者。

[注释]

1 说：通"悦"，喜悦、高兴。

2 诸："之于"的合音。

3 虑：思想。

4 亹亹：勤勉不倦的样子。

[译文]

乾卦是天下最为刚健的东西的象征，所以它的性质和行动是恒长平易的，而且能够知晓艰险；坤卦是天下最为柔顺的东西的象征，所以它的本性和行为是恒久简约的，而且能知晓阻碍。乾、坤二卦的道理能够使人心情愉悦，能够使人揣摩思虑，能够判定天下万物的吉凶，能促成天下万物勤勉奋发。

[解读]

乾是天下最为刚健的东西的象征，它的性质和行动是恒长平易的，而且能够知晓艰险。孔颖达疏："乾之德行恒易略，不有艰难，以此之故能知险之所兴，若不有易略则为险也，故行易以知险也。"《周易本义》："至健则所行无难故易……健者如自高临下而知其险……盖虽易而能知险，则不陷于险矣。"正因为乾阳最为刚健、平易，所以能知道前进途中的艰难，不致妄为。

坤卦是天下最为柔顺的东西的象征，所以它的本性和行为是恒久简约的，而且能够知晓阻碍。孔颖达疏："言坤之德行恒为简静，不有烦乱，以此之故知阻之所兴也，若不简则为阻难，故行简静以知阻也。"《周易本义》："至顺则所行不烦，故简。然其于事皆有以知其难，而不敢易以处之，是以其有忧患……顺者，如自下趋上而知其阴……既简而又知阻，则不困于阻矣。"正因为坤阴最为柔顺、简约，所以知道发展过程的阻碍，不致放逸。

掌握了乾坤二卦有四大作用：第一大作用是"说诸心"，能够使人心情愉悦；第二大作用是"研诸虑"，原文是"研诸侯之虑"，其中"侯之"两字是衍文（司马光《温公易说》卷六："王辅嗣《略例》，曰能研诸虑，则'侯之'衍字也。"），能够使人揣摩思虑；第三大作用是"定天下之吉凶"，能够判定天下事物的吉凶；第四大作用是"成天下之亹亹者"，能够促成天下人勤勉奋发。"亹亹"形容勤勉不倦，不断向前行进。这四个作用，前两个"能说诸心，能研诸虑"是针对自己内心而言，能让自己喜悦和思维缜密，后两个"定天下之吉凶，成天下之亹亹者"是针对外在事物而言，能判定吉凶和奋力向前。其中悦之于心，研之于虑，不仅是乾、坤二卦而且是整部《周易》给人的重大作用。前两大作用可以达到"内圣"，后两大作用可以达到"外王"。

是故变化云为[1]，吉事有祥，象事知[2]器，占事知来。天地设[3]位[4]，圣人成能[5]；人谋鬼谋，百姓与[6]能。

八卦以象告⁷，爻象以情⁸言⁹。刚柔杂居¹⁰而吉凶可见矣。变动以利言，吉凶以情迁¹¹，是故爱恶相攻而吉凶生，远近相取¹²而悔吝生，情伪¹³相感而利害生。

[注释]

1 云为：言语动作。

2 知：知晓，理解。

3 设：创立，建立。

4 位：所处的地方、等级等。

5 能：胜任。

6 与：跟随。

7 告：传达，告知。

8 情：道理、情理。

9 言：表达。

10 居：处于，位于。

11 迁：变更，变动。

12 取：选择。

13 伪：虚假。

[译文]

　　所以遵循《易》的变化规律而有所作为，那么吉祥的事情也就能呈现出来了。《易》是观察所比拟的物象，而明白器具的形成，观了象可以制造器具，占问眼前的事理就可推知未来的结果。天地设下了刚柔尊卑的位置，圣人依照这个位置，也就创立了《易》的六爻，成就了天地。人的谋虑可以沟通鬼神的谋虑，就连同普通百姓也能掌握《易》的功用。八卦是用卦象告诉人们易道，而爻辞、象辞通过事物的情状和实质来叙述易道。刚爻和柔爻交错排列在一起，吉凶的道理就可以显现出来了。各爻的变化运动实际上是告诉人们是利还是不利，而结局的吉凶也是依据事物的情状和实质决定的，也是随着比拟事物的情态来变化的，所以事物的相爱和相恶、喜爱和讨厌是互相推摩的，而从推摩当中就产生了吉和凶；远和近也是互为比应的，从比应的关系中产生悔和吝；而万事万物的真情和虚伪，虚和实，也是相互感应的，在感应当中产生了利和害。

[解读]

所以遵循《周易》的变化规律而有所作为，那么吉祥的事情也就能呈现出来了。"变"，改变，变正；"化"感化，转化。云为，有两种理解。韩康伯注："夫变化云为者，行其吉事则获嘉祥之应。"俞樾《群经平议》："云，亦'有'也，《尔雅·释诂》'云，有也'"，"变化云为，即'变化有为'"。"云为"即有为。孔颖达疏："或口之所云，或身之所为也。""云为"就是言论行为。转变感化言论行为，吉祥事情出现好的征兆。"吉"和"祥"都是好事，合称"吉祥"，"祥"引申指征兆，特指好的征兆。"吉事有祥"，好事情通常有好征兆。

这是指按照《周易》乾坤之道可以改变和转化人们的言论行为，会使人们做事顺利，吉祥如意。

《周易》是观察所比拟的物象，而明白器具的形成，观了象可以制造器具，占问眼前的事理就可推知未来的结果。"象事"的"象"是个动词，取象、象征、模拟。通过观察事物，然后模拟事物的形象就可以制造各种器具，同样按照事物的形象也可以推知器具的构造。第二章有"制器十三卦"，是说古代的帝王圣人按照十三个卦象发明创造相关的器物器具。其实卦象也是按照事物之象创造出来的。通过卦象可以推知万事万物的构造和运行规律。"占事"，就是占卜事理，占问事理可以预知未来。

天地设下了刚柔尊卑的位置，圣人依照这个位置，也就创立了《周易》的六爻，就成就了天地，成就了《周易》的伟大的功用。按照卦爻，人谋可以通鬼谋，人的谋虑可以沟通鬼神的谋虑，就连同普通百姓也能掌握《周易》的功用。"人谋"就是"谋及卿士"，"鬼谋"就是"谋及卜筮"，是指《周易》既可以用于贤能之人谋虑，又可以通过卜筮沟通鬼神的谋虑，百姓也跟着参与这种功能。《周易本义》说："天地设位，而圣人作《易》以成其功；于是人谋鬼谋，虽百姓之愚，皆得以与其能。"

八卦是通过卦象、卦的形体来告诉人们易道，而卦辞爻辞是通过事物的情状和实质来叙述易道。象，指卦象；爻指爻辞，象指卦辞。六根爻中刚爻和柔爻交错排列在一起，吉凶的道理就可以显现出来了，"杂居"是错杂排列。变动是根据利益来说的，吉凶是根据情况而变迁的。也就是说事物发展是"利"还是"不利"取决于各爻变动是得当还是不得当，事物结局是吉还是凶取决于事物情况变化是合适还是不合适。韩康伯注："吉凶无定，唯人所动。情顺乘理以之吉，情逆违道以陷凶。"

所以事物的相爱和相恶、喜爱和讨厌是互相推磨的，而从推磨当中就产生了吉和凶。远和近也是互相相应、互为比应的，从比应关系中产生悔和吝。而万事万物的真情和虚伪，或虚或实也是相互感应的，在感应当中产生了利和害。"情伪"就是真伪、真假。这是对卦爻辞中三对判断语——"吉凶""悔吝""利害"产生的原因进行分析。从中可以发现，三对判断语分别来源于爱恶、远近、真伪三种相反、矛盾的情况。我们对一个事物有喜爱与厌恶的不同，两者相互争斗的结果，要么喜爱战胜厌恶，要么厌恶战胜喜爱，假如是对一个好的事物喜爱战胜厌恶就是吉的，否则就是凶。事物有远近距离的不同，我们进行选择，要么舍近求远，要么舍远求近，就会产生悔恨或遗憾的不同结果。对待事物有的以真情真意相感应，有的以虚情假意相感应，或者对事物的判断有的符合实情有的不符合实情，两者带来的结果是不同的，以真情感应或者符合实情就有利，以虚情感应或者不符合实情就有害。

凡《易》之情，近[1]而不相得[2]则凶，或害之，悔且咨。将叛者其辞惭³,中心疑者其辞枝⁴。吉人之辞寡⁵,躁⁶人之辞多,诬善之人其辞游⁷,失其守⁸者其辞屈⁹。

[注释]

1 近：靠近。

2 相得：相互契合，投合。

3 惭：羞愧。

4 枝：古同"歧"。

5 寡：少。

6 躁：性急，不冷静。

7 游：飘荡不定。

8 守：职守。

9 屈：勉强，短亏。

[译文]

凡是《易》所比喻、象征事物的情状，如果该应的时候不应，该比的时候不比，就产生凶险或遭受伤害，也就难免有悔恨或遗憾了。将要叛逆的人，他的言辞必然惭愧不安；内心疑惑的人，他的言辞必然模棱两可；具有贤美德行的人，他的言辞必然是少而精辟；浮躁的人，他的言辞必然很多；诬陷善良的人，他的言辞必然犹豫不定；失其操守的人，他的言辞必然没有主见。

[**解读**]

总而言之，凡是《周易》所比喻、象征事物的情状，如果两两相应相比，但是互不相得，也就是该应的时候不应，该比的时候不比，就产生凶险或遭受伤害，也就难免悔恨遗憾。韩康伯注："'近'，况比爻也……近而不相得必有乘违之患。"孔颖达疏："近谓两爻相近而不相得以各无外应，则致凶咎，若各有应，虽近不相得，不必皆凶也。"就一个卦六根爻来说，如果相比邻的两爻上面是阳爻下面是阴爻就是相得，为顺，往往是吉的，但如果反过来，上面是阴爻下面是阳爻，就是不相得，为逆，往往就是凶的。如果上、下卦相对应的两根爻是一阴一阳也是相得，是应和的，往往就是吉的；如果两根都是阳爻或者都是阴爻，就是不相得，不应和了，那么往往就是凶的。这就是"同性相斥，异性相吸"。对一件事情来说也是如此，该应的时候不应，该顺的时候不顺，都是不吉祥的。

《周易》所比喻的事物的情态，有以下几种。比如说，将要叛逆的人，他的言辞必然是惭愧不安的。董真卿《周易会通》卷十三引徐氏说："叛，背叛也。背叛正理，其中有歉，则发于言辞，自然惭愧也。"内心疑惑的人，他的言辞必然是模棱两可、支支吾吾。焦循《周易补疏》："枝，歧也。"孔颖达疏："枝者，枝谓树枝也。中心于事疑惑，则其心不定，其辞分散若闲枝也。"要注意前后之间顺推可以，反推不一定，将要叛逆的人说话必然是惭愧不安，但不能说一个人说话惭愧不安就一定要做出叛逆之事，有的人意识到自己犯了错误想要改正的时候说话也会惭愧不安。同样内心疑惑的人说话会模棱两可，而一个性格犹豫不决的人说话也会模棱两可。

而具有善德的人，有贤美德行的人，他的言辞必然是少而精辟的。浮躁的人，他的言辞，必然是很多的。吴澄《易纂言》卷八说："吉人静重深厚，故其辞谨而简。躁人轻动浅薄，故其辞易而繁。"德行贤美的人没有那么多心思，所以很镇定，不会说那么多话。心里浮躁，心神不定，流露在外面就会说很多话，这既是一种自然流露，又是一种掩饰。

诬陷善良的人，他的言辞必然是游移不定的；丧失职守或者失去操守的人，他的言辞必然底气不足，没有主见、随声附和别人。"游"就是游移不定，吞吞吐吐。孔颖达疏："游谓浮游，诬罔善人其辞虚慢。"吴澄《易纂言》卷八："诬毁善人，自知非实，故其辞浮游不定。""屈"，亏屈，底气不足，也可理解为迂曲。孔颖达疏："居不值时，失其所守之志，故其辞屈挠不能申也。"

这六种人，可以从他们言辞的不同特征上判断出他们的心理状态，这就是有诸内必行诸外，所以看到《周易》这本书就可以通过表象观察、推测实质。

说卦传

[解读]

《说卦传》可以分作两部分，第一、第二章是前一部分，主要讲的是通论，和《系辞传》差不多；第三章到第十一章是后一部分，讲八卦的取象，先是分门别类地讲八卦的象征意义，最后是综合地讲八卦的象征意义。

第一章

[解读]

第一章讲《易经》创作的观念背景，介绍了一组概念：性命、道德、义理。

昔者圣人之作[1]《易》也，幽[2]赞[3]于神明而生蓍[4]，参天两地而倚数，观变于阴阳而立[5]卦，发挥于刚柔而生爻，和顺[6]于道德而理于义，穷[7]理尽[8]性以至于命。

[注释]

1 作：创作，制造。

2 幽：深刻而长远。

3 赞：辅佐，帮助。

4 蓍：蓍草，指代占卜。

5 立：设置，设立。

6 和顺：和谐顺从。

7 穷：穷尽，完结。

8 尽：追问。

[译文]

从前圣人创作《周易》，暗中受到神明的帮助，所以创立了用蓍草占筮的方法，将天奇地偶、相互交错的道理借助数理展现出来，观察天地阴阳变化的规律而设立卦象，推荡刚柔交互而产生卦爻，（处事）和谐顺成天地的道德并应变合宜，穷究万事万物的道理与本性以至于通晓命运。

[解读]

圣人指伏羲和周文王。"生蓍"，不仅指生出蓍草，而且指创立用蓍草揲筮的演算方法。孔颖达疏："圣人所以深明神明之道，便能生用蓍之意，以神道与用蓍相协之故也。"吴澄《易纂言》卷十："幽谓神明之理，微而不显也。赞，犹助也。生蓍，生出揲蓍之法也。此言圣人肇创蓍法，代为神明告人以吉凶，所以赞助其幽，而使其灵之显也。"

"参天两地而倚数"，对这一句的解释莫衷一是，众说纷纭。一说，"参"，即三，代指奇数，"参天"指采取天数；"两"，即二，代表偶数，"两地"指采取地数。如韩康伯注："参，奇也；两，偶也；七、九阳数；六、八阴数。"孔颖达疏："明用蓍得数而布以为卦。故以'七、八、九、六'当之。'七、九'为奇，天数也；'六、八'为偶，地数也。故取奇于天，取偶于地。而立'七、八、九、六'之数也。何以'参两'为目'奇偶'者？盖古之'奇偶'亦以'三两'言之，且以'两'是偶数之始，'三'是奇数之初故也。不以'一'目'奇'者，张氏云：'以"三"中含"两"，有一以包两之义，明天有包地之德，阳有包阴之道。'故天举其多，地举其少也。""两"是偶数之始，"三"是奇数之初。因为"三"中包含"两"和"一"，好比天包含大地，所以天数要多，地数要少。"倚数"就是创立阴阳数字象征，孔颖达疏："倚，立也。""倚数"就是"立数"，创立代表少阳、少阴、太阳、太阴的"七、八、九、六"之数。此论可追溯至三国吴虞翻。

一说"参天两地"指的是天地生数。《周易正义》卷九："先儒马融、王肃等解此，皆依《系辞》云'天数五，地数五，五位相得而各有合'，以为五位相合，以阴从阳。天得三合，谓一、三与五也；地得两合，谓二与四也。"《周易尚氏学》认为"一、三、五"为"参天"，"二、四"为"两地"，都是"生数"；以此为本，加一为"六"，加二为"七"，加三为"八"，加四为"九"，而"六、七、八、九"的"蓍数"由是而成，谓之"成数"；这个原理称作"倚数"，"倚数"就是"依数"，依靠五个生数的意思。

《周易正义》引郑玄："天之数备于十，乃三之以天，两之以地，而倚托大衍之数五十也。"也就是说天之数终于十，十乘以天数三，加上十乘以地数二，合起来是五十，刚好是大衍之数，所以"倚数"就是依托大衍之数五十。

实际上，"参"和"两"既是数词，又有动词的意思，"参"是数字"三"，又有参合的意思；"两"就数字"二"，又有两倍的意思。"倚数"就是确立易数。邵雍《观物外篇》认为："参天者三三而九，两地者倍三而六，此九六之数，并非天地之正数，为模拟天地之正数而生。"《周易本义》："数皆倚此而起，故揲蓍三变之末，其余三奇则三三而九，三耦则三二而六，两二一三则为七，两三一二则为八。""参天"就是三乘以三得九，"两地"就是二乘以三得六，一个八卦就是阴爻和阳爻的三次组合，一个八卦就是上下排列的三根爻。三乘以天数三得九，九就是阳爻的数字；三乘以地数二得六，六就是阴爻的数字。

在"生蓍""倚数"之后就开始"立卦"了。"观变于阴阳而立卦"，孔颖达疏："言作《易》圣人本观察变化之道，象于天地阴阳而立乾、坤等卦。""此言六十四卦，非小成之八卦也。"也就是说体察天地阴阳变化规律，用蓍草演卦，先得出爻数，然后开始确立六十四卦的卦象。元吴澄《易纂言》卷十则说："变谓揲蓍之变，阴阳谓老少二阴，老少二阳也，立卦谓立成卦画也。"这把观变理解成观蓍数之阴阳老少变化。

"发挥于刚柔而生爻",发挥刚柔两画而产生爻变,进而创作了爻辞。孔颖达疏:"既观象立卦,又就卦发动挥散于刚柔两画而生变动之爻。"这是在前一句卦象确立之后,作《易》的圣人又推展阳爻和阴爻的变迁,所以卦偏于静态,爻偏于动态。

以上讲圣人怎样作卦和爻。对四句话的不同理解在后代形成两派,一派是义理派,一派是象数派。义理派从义理、道理、哲理上解释《易经》。这主要是儒家,孔子说:"不占而已矣。"荀子说:"善为易者不占。"然后按照这个道理建立一个哲学体系,比如北宋周敦颐《太极图说》、程颐《程氏易传》按照易理建立了宋明理学,认为《周易》就是讲天理。象数派则崇尚象数,通过卦爻象和卦爻数、河图洛书数来解释《易经》,注重从象数推断人事吉凶,往往和天文、历法、丹道、医学等相结合。一般认为两派是对立的,互不相容。这种看法不符合易学的本义。象数和义理的关系是体和用的关系。程颐说"体用一源,显微无间",义理是体,象数是用;我认为,象数是体,义理是用。易学如果离开了卦爻象和卦爻数,就不是什么易学了,就是空谈了。象数派里面又可细分出象学派和数学派。象学派主张先象后数,先有卦爻象,后有卦爻数。比如唐代孔颖达在解释这四句话时就说"数从象生,故可用数求象",先有事物之象和模拟事物的卦象,然后才有蓍数。北宋时期周敦颐是象学派的代表。而数学派则主张以"数"为主要依据,主张先数后象,先有卦爻数，后有卦爻象。"三天两地"就是"数"，然后依据这个数确立了卦象。"三天两地而倚数"，天圆，圆周率等于 3.14，取约数就是三；地方，数就是二。"三天两地"就是"数"，然后就"倚"出其他的数，然后从这个数里面"观变于阴阳而立卦"。《周易本义》也说："天圆地方，圆者一而围三，三各一奇，故参天而为三。方者一而围四，四合二偶，故两地而为二。"数学派的代表人物就是北宋的邵雍，还有南宋的蔡元定、蔡沈父子。从数创造卦象，然后从这个卦象去看事情的发展。数学派跟古希腊的毕达哥拉斯学派有相似之处，值得深入研究。

"和顺于道德而理于义，穷理尽性以至于命"，这两句是在赞叹《周易》的"蓍""数""卦""爻"可以成就两大功用。孔颖达疏："圣人用之，上以和协顺成圣人之道德，下以治理断割人伦之正义。又能穷极万物深妙之理，究尽生灵所禀之性……所赋之命莫不穷其短长，定其吉凶。"简单地说，"道"是天道，"德"是道的体现。"道德"和后面讲的"性命"是有关系的，宋代易学家项安世说：道即命，德即性。邵雍说："和顺于道德，是默契本原处。""道德"是事物的本原。

再看"义"和"理"。"义者，宜也。""义"就是适宜、合适的意思。"理于义"的"理"是个动词，治理。"理于义"就是用合适的方法治理天下。也可解释为"仁义"之"义"，孟子注重"仁义"，主张"仁内义外""仁宅义路"，就是说

"仁"是人心内在的东西，"义"则是人心之外的东西。汉儒董仲舒将"仁义"作为传统道德的最高原则。按照这个意思"理于义"就是按照仁义的道德规范治理国家。"理于义"的"理"是个动词，而"穷理尽性"的"理"则是个名词，表示事物的条理、原理。"穷理"，就是穷尽事物的原理。因为物物皆有理，所以要一一推穷。后来"义理"作为一个词，表示符合于一定的伦理道德的行事准则。"义理之学"指探求儒家经义的学问，又特指宋以来的理学。性命之学更是儒家的核心学问，《中庸》说"天命之谓性，率性之谓道"。

第二章

[解读]

这一章主要讲性命这一组概念，提出了三才之道。

昔者圣人之作《易》也，将[1]以顺性命之理。是以立天之道，曰阴与阳；立地之道，曰柔与刚；立人之道，曰仁与义。兼[2]三才而两[3]之，故《易》六画而成卦。分阴分阳，迭[4]用柔刚，故《易》六位而成章[5]。

[注释]

1 将：副词，就要。

2 兼：同时具有。

3 两：重复。

4 迭：交替。

5 章：条理、次序。

[译文]

从前圣人创作《周易》，是用它来显现万物天性和命运的变化规律的。因此，将天的规律称作"阴"和"阳"，将地的规律称作"柔"和"刚"，将人的规律称作"仁"和"义"。圣人统合天、地、人三才，并将每两个卦相重，所以《周易》画六爻才成为一个卦。六爻分阴位阳位，交错重叠运用柔爻和刚爻，所以《周易》的卦体具备六位才蔚然成章。

[解读]

从前圣人创作《易经》的时候，是用它来顺应万物性质和自然命运的变化规律。这里讲的圣人，按古代的说法是指三个圣人，伏羲氏、周文王和周公。"顺性命之理"就是顺应性命的道理。在儒家看来，"命"指天命，"性"指人性、物性。命，就是天命，不仅是天地自然的规律法则，而且是上天的意志，还指上天意志主宰下的众生命运。性，就是万事万物的本性、属性、性质。《易传》除了在这里提到"性""命"，还在乾卦《彖传》中也提到"性命"："乾道变化，各正性命，保合太和，乃利贞。"《中庸》则在开篇就提出："天命之谓性，率性之谓道，修道之谓教。"

宋代理学家对《易传》"性""命"的解释和对《中庸》"性""命"解释是一脉相承的。比如程颐说："天所赋为命，物所受为性。"（《伊川易传》卷一）就是说：天将生命赋予生灵万物，这是"命"；生灵万物接受以后形成不同的生命表现，就是"性"。"在天为命，在义为理，在人为性，主于身为心，其实一也。"（《河南程氏遗书》）邵雍说："所以谓之理者，物之理也。所以谓之性者，天之性也。所以谓之命者，处理性者也。所以能处理性者，非道而何？""天使我有之谓命，命之在我之谓性，性之在物之谓理。"（《皇极经世·观物内篇》）朱熹说："直是穷得物理，尽得人性，到得那天命。"所以宋代理学的开山祖师周敦颐干脆说："《易》者性命之原。"（《通书》）

儒家强调"尽性知命""知性知天"，孔子说"不知命无以为君子也"，孟子说"尽其心者，知其性也。知其性，则知天矣"。"尽性"就是要充分发挥自己的本性良能，在后天的不断磨砺中恢复人天然的善良本性。"知命"就是要知天命，既要知晓上天的意志，又要知晓上天所赋予的使命。这是儒家对"性命"的基本解释。但道家道教解释又有不同的。道教强调"尽性了命""性命双修"，比如全真教的祖师王重阳开创了北宗以修性为主，先性后命；北宋著名高道张伯端创立了南宗以修命为主，先命后性。王重阳说："性者是元神，命者是元气。"丘处机说："性者，天也，常潜于顶。命者，地也，常潜于脐。顶者，性根也。脐者，命蒂也。"（《大丹直指》）李道纯说："夫性者，先天至神一灵之谓也。命者，先天至精一气之谓也。"（《中和集》）王道渊说："性即神也，命即气也。"李攀龙说："性，火也。命，水也。性命，水火之本源也。……性命即神气，神气即性命。"（《入药镜》注）而佛教则强调"明心见性""法身慧命"，佛家的"性"和"命"与儒家、道家有不同的意义。这里不再细说。

接下来讲确立天的道理有"阴"和"阳"，确立地的道理有"柔"和"刚"，确立人的道理有"仁"与"义"。《易经》每一个卦都体现了天、地、人三才之道，其中阴阳构成天道，刚柔构成地道，仁义构成人道。"一阴一阳之谓道"，阴阳不仅表现为阴、阳二气，表现为相对应、对待、对立的不同事物，而且表现为同一个事物本身具有的两种不同性质。孔颖达疏："其天地生成万物之理，须在阴阳必备。是以造化辟设之时，其立天之道，有二种之气，曰成物之阴与施生之阳也。其立地之道，有二种之形，曰顺承之柔与特载之刚也。"吴澄《易纂言》卷十："立者，两相对之。谓天地人之道，无独而有对，故天之气有阴与阳，地之质有柔与刚，人之德有仁与义，皆两者相对而立道，则主宰其气质而为是德者也。"《易经》分为三个层面，天道的阴阳包括日月、暑寒、昼夜、明暗、晴雨、开合、升降、伸屈等；地道的阴阳包括刚柔、山水、高低、涨落等，人道的阴阳包括仁义、健顺、进退、善恶、正邪、贵贱、尊卑、男女、君臣、君子小人等。

作《易经》的圣人统合了天、地、人三才，并且每两个卦相重，二三得六，这样《易经》的卦体，就必须是六画，才成为一个别卦（六十四卦），每个别卦是六根爻。又分出阴和阳，交互更叠地运用柔爻和刚爻，所以易卦是六个位，而构成一个卦的章理。"成章"一般解释为"成为文章"。孔颖达疏："既备三才之道，而皆两之，作《易》本顺此道理，须六画成卦，故作《易》者，因而重之，使六画而成卦也。……故作《易》者分布六位而成爻卦之文章也。"吴澄《易纂言》卷十："六位之中或用柔画居之，或用刚画居之，错杂而成文章也。"一首乐曲完了叫一章，也表示乐曲的一个章节，引申为一篇完整的诗文或诗文的一个完整段落。因为乐章是有规律的，所以"章"引申为条理、秩序。这里是指一个六爻组成的完整的卦，同时又指每一个卦的义理、道理。

最后提出了三立，立天之道、立地之道、立人之道。儒家有非常有名的"三立三不朽"的说法，是《左传》上记载的，君子有三立：立德、立功、立言，这三立又叫作三不朽。而这里说的这三个立，同样能构成三不朽，但气派更大。如果从一个八卦来说，八卦是三根爻，最上一根爻就是天之道，最下一根爻就是地之道，中间一根爻就是人之道。如果就一个六爻卦来说，上面两根爻就是天之道，下面两根爻是地之道，中间两根爻是人之道。

第三章

[解读]

以下总论八卦卦象。第三章讲八卦取象，指出八卦所取的大象，即根本之象，偏重于物象。

天地定[1]位，山泽通气，雷风相薄[2]，水火不相射[3]。八卦相错[4]，数[5]往者顺，知来者逆[6]，是故《易》逆数也。

[注释]

1 定：确立。

2 薄：《释文》"入也"，侵入；《广雅·释诂》"击也"；姚配中"迫也"，迫近、接近。

3 射：照射，放射。

4 错：交错。

5 数（shǔ）：孔颖达疏："数，说也。"一件一件地说。

6 逆：迎接，这里指预测、揣度。

[译文]

乾坤依高低定位，山泽互通气息，雷风相互迫近，水火不相射害，八卦两两交错。度量过往的事物顺行，欲知未来的事物逆行，因此《周易》是逆数而行以推测未来的。

[解读]

天和地确定高低、上下的位置，天高地低。山与泽共同承受自然界的阴晴变化，所以能通气。董楷《周易传义附录》卷十二：“泽气之升于山，为云为雨，是山通泽之气；山之泉脉流于泽，为泉为水，是泽通山之气、是两个之气相通。山泽一高一下，而水脉相为灌输也。”雷与风相对又相互接近。李鼎祚《周易集解》卷十七：“谓震巽同声相应故相薄。”雷风是交相呼应的。也可理解为雷风互相搏击。吴澄《易纂言》：“雷从地而起，风自天而行，互相冲激也。”“水火不相射”，董楷《周易传义附录》卷十二：“不相射乃下文不相悖之意，不相悖乃不相害也，水火本相害之物……乃此经其不相害，而明其相应也。”马王堆帛书本《周易》作“水火相射”，可以认为“不”是衍文，是说坎离相照射、映射，因为离为日，坎为月，日月相照射，水火相映射。总之，八卦互相交错，四组卦两两相对，相冲中有相通，互相关联、互相影响、互相感应。

从文字上看，“天地定位，山泽通气，雷风相薄，水火相射”只是阐述了八卦的对立性，并没有言明八卦的方位。北宋的邵雍将它引申为先天八卦方位，认为“天地定位”就是乾坤依高低定位，天为乾，在上，在南方；地为坤，在下，在北方。“山泽通气”就是艮、兑相对，艮在西北，兑在东南。“雷风相薄”就是震和巽相对，震在东北，巽在西南。“水火相射”，是说坎、离相对，离东坎西。这样就构成了先天八卦方位图。先天八卦方位图被朱熹《周易本义》收录。结合先天八卦次序图，就明白了，在这张方位图中乾一、兑二、离三、震四这四个卦排在偏东的方位，巽五、坎六、艮七、坤八这四个卦排在偏西的方位，前四卦和后四卦是两两相对排列的。

录《周易本义》伏羲四图于下

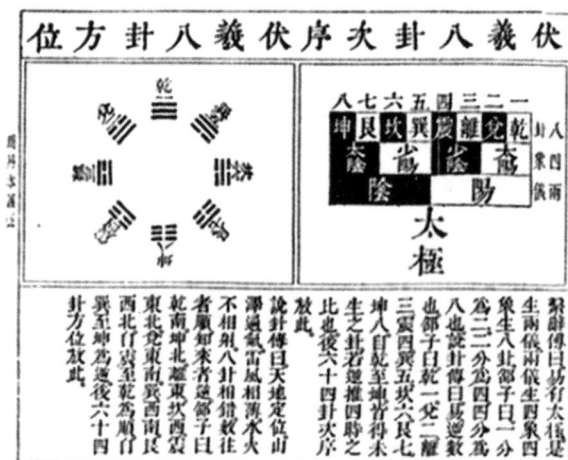

上图就是朱熹《周易本义》卷首所载伏羲八卦次序图（亦称小横图、先天八卦次序图）、伏羲八卦方位图（亦称小圆图、乾南坤北图，先天八卦方位图）、伏羲六十四卦次序图（亦称大横图、先天六十四卦次序图）、伏羲六十四卦方位图（亦称先天六十四卦方位图、大圆图），被称为"伏羲四图"。朱熹解释："伏羲四图其说皆出于邵氏。盖邵氏得之李之才挺之、挺之得之穆修伯长、伯长得之华山希夷先生陈抟图南者。所谓先天之学也。"陈抟流传下来的先天太极图，又称天地自然之图，以阴阳环抱为形式，"有太极含阴阳，阴阳含八卦之妙"，借以阐述八卦方位说，先天太极图又是在讲生命的秘密和怎样修炼内丹、还丹成仙的。

看后一部分说计算过去可以顺推，预知未来可以逆推，因此《易》是用来逆推顺推的。"逆数"有两种意思，一是作动词，一是作名词。邵雍《观物外篇》认为："数往者顺，若顺天而行，是左旋也，皆已生之卦也，故云数往也。知来者逆，若逆天而行，是右行也，皆未生之卦也，故曰知来也。夫易之数，由逆而成矣。此一节直解图意，若逆知四时之谓也。"朱熹解释："从震至乾为顺，从巽至坤为逆。"从震四至乾一为顺，表阳气上升过程，仿天道左行，故为顺行，犹从今日追数往日，为已生之卦；从巽五至坤八为逆，表阴气渐长过程，仿地道右行，即逆天而行，犹从今日逆计来日，为未生之卦。清何梦瑶《皇极经世易知》认为自乾一至震四为顺，不应倒数。邵雍以左行为顺，右行为逆，说明一年四季的变化为阴阳消长过程。从一到四是"顺"，代表的是从过去到现在，是已经发生的；从五到八是"逆"，代表的是从现在到未来，尚未发生，就是预测了。在方位图上沿从一到八卦序数的次第，画一条线，就可以看出这条线是"S"形的曲线，反映的是事物发展的螺旋式周期。这种伏羲先天八卦的排列方位是北宋才有的，总体上它讲的是阴阳变化的规律，讲的是天道规律。

邵雍把陈抟所传"心法"推演弘扬，创立起一套庞大完整的数学体系，用以概括宇宙间的一切，他说："先天之学，心法也。故图皆自中起，万化万事生于心也。"此心生意，有意必有动，有动即有象，有象即有数。心意只能领会，用语言无法描述，只能是象和数描述。所以他建立先天象数系统。创立了《伏羲四图》，即先天四图。邵雍还认为"逆数"包括卦序的"逆数"和爻序的"逆数"。

第四章

[解读]

第四章偏重于意象，阐述八卦的功能。

雷以动之，风以散之，雨以润之，日以烜[1]之，艮以止之，兑以说[2]之，乾以君[3]之，坤以藏之。

[注释]

1 烜：通"晅"，曝晒、晒干。

2 说：通"悦"。

3 君：主宰。

[译文]

震雷用来鼓动万物；巽风用来发散万物；坎为雨水，用来滋润万物，离为太阳，用来温养万物；艮山用来留止万物；

兑泽用来欣悦万物；乾天用来统领万物；坤地用来藏养万物。

[解读]

震雷是用来振奋、鼓动万物的；巽风是用来散布、发散、流通万物的。吴澄《易纂言》卷十引蔡氏说："动则物发萌，散则万殊，具二者，生物也。"坎为雨水，是用来滋润万物的；离为太阳，是用来温养万物的。烜：本意是指火旺的样子，引申义是晒干、光明、盛大、显著。《周易本义》："'烜'与'晅'同。"俞琰《周易集说》卷三十六："湿则日晅之，所以长万物也。"吴澄《易纂言》卷十引蔡氏说："润则物滋，晅则物舒，二者长物也。"艮为山，是用来抑止万物的；兑为泽，是用来欣悦万物的；乾为天，是用来君临万物，统领、主宰万物的；坤为地，是用来储藏万物的。这里将八卦分成四对，用对举的方式来解释他们各自不同的功用。

第五章

[解读]

这一章讲后天八卦的时空模型。《周易本义》："邵子曰：'此卦位乃文王所定，所谓后天之学也。'……此章所推卦位之说，多未详者。"

帝出乎[1]震，齐乎巽，相见[2]乎离，致[3]役[4]乎坤，说[5]言乎兑，战乎乾，劳[6]乎坎，成[7]言乎艮。万物出乎震，震，东方也。齐乎巽，巽，东南也，齐也者，言万物之絜[8]齐也。离也者，明也，万物皆相见，南方之卦也。圣人南面而听[9]天下，向[10]明而治，盖取诸此也。坤也者，地也，万物皆致养焉，故曰致役乎坤。兑，正秋也，万物之所说也，故曰说言乎兑。战乎乾，乾，西北之卦也，言阴阳相薄[11]也。坎者，水也，正北方之卦也，劳卦也，万物之所归[12]也，故曰劳乎坎。艮，东北之卦也，万物之所成终而所成始也，故曰成言乎艮。

[**注释**]

1 乎：介词，相当于"于"。

2 见：显现，呈现。

3 致：施行，献纳；取得，得到。

4 役：劳作。《广雅·释诂》"役，助也。"

5 说：通"悦"。

6 劳：劳倦。

7 成：完成，实现。

8 絜：通"洁"，洁静。

9 听：处理。

10 向：归向，仰慕。

11 薄：《经典释文》"入也"，侵入；《广雅·释诂》"击也"，借为"搏"；姚配中"迫也"，迫近、接近。

12 归：归趋，归藏。

[译文]

元气自震位始出，在巽位整齐，在离位互相呈现，在坤位劳作、长养，在兑位喜悦，至乾位逼近、融合，在坎位衰竭，在艮位完成。万物生成从震位开始，震指东方。在巽位时，万物长而齐，巽指东南，齐指万物整齐的样子。离是明亮的样子，万物茂盛得以全显，离是南方之卦。圣人坐南向北治理天下政务，向着光明来治理天下，就是取离卦的光明之意。坤卦象大地，万物都会得到滋养，所以说在坤位时需要劳作来长养万物。兑象正秋时节，是万物成熟丰收的季节，所以说在兑位喜悦。在乾位逼近、融合，乾是西北方之卦，战指阴阳相互迫近、融合。坎卦象水，是正北方之卦，是象征劳心劳力的卦，是万物衰竭归藏的时位，所以说在坎位衰竭。艮是东北方之卦，是象征万物发展的一个周期的完结与下一个周期的开始，所以说在艮位完成。

[解读]

这一章所说的八卦时空模型是中国传统思维方式的模型，被后人称为后天八卦模型。在这一章，有六卦直接给定了方位，即"震，东方也"，"巽，东南也"，"离也者……南方之卦也"，"乾，西北之卦也"，"坎者，水也，正北方之卦也"，"艮，东北之卦也"，余下的坤、兑两卦，照顺序排也可以排定，坤在离卦后面，坤就应该在西南，坤之后是兑，兑就在正西方。邵雍在《观物外篇》中说"起震终艮一节，明文王八卦也"，认为这是文王八卦，是地道，是相对伏羲八卦而言的，于是形成"后天八卦"或"文王八卦"的说法。

"帝出乎震"，"帝"可以指天帝、上帝，可以指北极星、北斗星，可以代表主宰大自然生机的元气，代表创生力。"万物出乎震，震，东方也"，是说万物生成从东方开始，从木开始。李鼎祚《周易集解》卷十七引崔憬说："帝者，天之王气也，至春风则震，王而万物出生。"俞琰《周易集说》卷三十七："八卦始于震，历巽离坤兑乾坎而终于艮，此气化动行之序也，帝即天也，以其主宰万物，故谓之帝，自震而出。"震卦于方位象征东方，日月东升；于时令象征春分，万物自此发生。

"齐乎巽"，"齐"在象形字里，表示麦穗整齐的样子，所以到巽的时候（春末夏初），万物长而齐。"絜齐"就是整齐。孔颖达疏："以巽是东南之卦，斗柄指东南之时，万物皆洁齐也。"形容万物萌生之后和畅生长的清新整齐状态。《礼记·经解》引孔子说："洁静精微，易之教也。"意思是说学了《易经》，可以让人从善去邪，内心干干净净，洁静安宁，还让人精深微妙，能发现细微的苗头，捕捉到稍纵即逝的时机。《礼记正义》孔颖达疏："易之于人，正则获吉，邪则获凶，不为淫道，是洁静。"

"相见乎离"，李鼎祚《周易集解》卷十七引崔憬说："夏至则离王，而万物皆相见也。"离卦就表示万物状态各自展现出来。在夏季，万物壮大，生长至极盛，又逢阳气至盛，各显其形。"万物皆相见，南方之卦也。圣人南面而听天下，向明而治，盖取诸此也。"孔颖达疏："以离为象日之卦，故为明也，日出而万物皆相见也，又位在南方，故圣人法南面而听天下情，明而治也。"帝王坐北向南处理朝政，心向清明之治，也是取象于离卦的。

"致役乎坤"，万物要苗壮成长，就要养，就要劳作。孔颖达疏："以坤是象地之卦，地能生养万物，是有其劳役，故云'致役乎坤'。郑云：'坤不言方者，所言地之养物不专一也。'"从一年四季时间上看，离卦是盛夏，到坤卦就是夏末秋初了。夏末秋初，万物皆从大地那里取得了充足的养分，接近成熟。

"说言乎兑"，兑是正秋，到这时，万物都成熟而丰收了，所以喜悦。"言"，说话；一说为语气助词。正秋，秋分。孔颖达疏："以兑是象泽之卦，说万物者，莫说乎泽。又位是西方之卦，斗柄指西，是正秋八月也，立秋而万物皆说成也。"

"战乎乾"，"战"有两层意思，一是战斗，即阴阳交争。李鼎祚《周易集解》卷十七引崔憬说："立冬则乾王，而阴阳相称。"从时令来看，秋末冬初，暑尽寒来，阴气与阳气相争，万物也转入衰败。孔颖达疏："阴阳相战则在乎乾。……以乾是西北方之卦，西北是阴地，乾是纯阳，而居之是阴阳相薄之象也。"一是采战，指阴阳交配结合。这里"阴阳相薄"，应该是指采战，指阴阳相互逼近、融和。

"劳乎坎"，表示万物极度的疲劳衰竭，进入冬藏阶段。"坎者，水也，正北方之卦也，劳卦也，万物之所归也，故曰劳乎坎"，表示万物极度的疲劳衰竭，进入冬藏阶段。孔颖达疏："以坎是象水之卦，水行不舍昼夜，所以为劳卦。又是正北方之卦，斗柄指北，于时为冬，冬时万物闭藏，纳受为劳，是坎为劳卦也。"坎为水，川流不息，所以为劳卦。坎卦方位在正北，于时为正冬，此时此地，万物劳倦而皆归藏休息，以待来春。

"成言乎艮"，"成"含有前功已成，后功复萌之义。表示到艮卦，万物发展的一个周期完结了，下一个周期开始了，艮既表示旧的终结，也表示新的开始。"艮，东北之卦也，万物之所成终而所成始也，故曰成言乎艮"，孔颖达疏："以艮是东北方之卦也。东北在寅丑之间，丑为前岁之末，寅为后岁之初，则是万物之所成终而所成始也。"俞琰《周易集说》卷三十七："艮居东北丑寅之间，于时为冬春之交，一岁之气于此乎终，又将于此乎始，始而终，终而始，终始循环而生生不息，此万物所以成终成始于艮也。艮，止也。不言止而言成，盖止则生，意绝矣，成终而夏成始，则生意周流，故曰'成言乎艮'。"艮卦方位在东北，于时为冬末春初，冬末是万物成其终之时，春初是万物成其始之时。万物终始相因，生生不已。

这种方位说是《易传》的代表性方位，与时序相配，用来说明万物产生和发展的时空合一的规律。以四正卦配上四时，四正卦是正东方震卦、正南方离卦、正西方兑卦、正北方坎卦，四时就是春、夏、秋、冬。所以东方震就代表春分，离卦就代表夏至，兑卦就代表秋分，坎卦就代表冬至。再以"四隅卦"分别配以"四立"，就是艮为立春，巽为立夏，坤为立秋，乾为立冬。这就是宇宙模型，宇宙就是时空，"上下四方曰宇，往古来今曰宙"。再配以五行，因为从文献考察来看，"五方"观念是"五行"的源头之一，五方早期就有了五行的规定性，所以依据八卦的方位是可以配以五行的。而且《说卦传》在阐述八卦的取象时，已经说了"乾为金""巽为木""坎为水""离为火"，而其他四卦也隐含了五行属性，如"坤为地""艮为山"，地和山都属土，"兑为毁折，为刚卤"，隐含具有金的属性，"震为决躁，为蕃鲜"，隐含具有木的属性。乾兑为金，坤艮为土，震巽为木，坎为水，离为火。还配上数字，这些数字依据洛书数安排，就是乾六、坤二、震三、巽四、坎一、离九、艮八、兑七。

这也可以看成二体三用模型，二体是阴阳，三用就是五行。阴阳和五行，应该说是起源于一个系统，五行来源于符号，阴阳来源于卦爻。阴阳五行是一个系统，水火是一对阴阳，金木是一对阴阳，加上中间的土，就是三，所以中间这个土很重要，它不占四时而统领四时，不占四方而统领四方。

第六章

[解读]

《周易本义》："此去乾、坤而专言六子，以见神之所为，然其位序亦用上章之说，未详其义。"这一章讲六个卦的取象与功能。

神也者，妙¹万物而为言者也。动万物者莫疾²乎雷，挠³万物者莫疾乎风，燥万物者莫熯⁴乎火，说万物者莫说乎泽，润万物者莫润乎水，终万物始万物者莫盛⁵乎艮。故水火相逮⁶，雷风不相悖⁷，山泽通气，然后能变化，既⁸成万物也。

[注释]

1 妙：神奇、奇巧，这里用作动词。

2 疾：快速，急速。

3 挠：弯曲、曲折。

4 熯：烘干、烘烤。

5 盛：兴盛、茂盛；显赫。

6 逮：赶上、达到。

7 悖：违背，排斥。

8 既：不久，随即。

[译文]

神是使万物神妙的一种功能。没有比雷能更快地鼓动万物的了，没有比风能更快地挠乱万物的了，没有比火更能干燥万物的了，没有比沼泽更能使万物欣悦的了，没有比水更能滋润万物的了，没有比山更能承载万物之终始的了。所以水火相互济及，雷风不相违逆，山泽流通气息，然后自然才能变动远化，既而形成万物。

[解读]

"神也者，妙万物而为言者也"，告诉我们"易"就是神，这个命题非常重要。《系辞传》中有二十六次提到"神"，大体上可以分为两大类。一类是名词。有时和其他词连用，如"鬼神""神明"，《系辞传上》第四章："精气为物，游魂为变，是故知鬼神之情状。"第九章："凡天地之数五十有五，此所以成变化而行鬼神也。"《系辞传下》第二章："以通神明之德。"有时候是单用，比如《系辞传上》第四章"神无方而易无体"，第五章"阴阳不测之谓神"，第九章"可与佑神矣。子曰：知变化之道者，知神之所为乎"。另一类是形容词，表示特别高超或出奇，有神妙、神奇的意思。《系辞传上》第十章："《易》，无思也，无为也。寂然不动，感而遂通天下之故，非天下之至神，其孰能与于此。""妙"字实际上是一个使动词，就是"使万物神妙"，使万物产生"妙"的功能。从这里可以看出"神"不是一种物质，而是一种功能，是"妙万物"的功能，"而为言者也"是对"妙万物"这种功能的一个指称。《系辞上传》第五章说"阴阳不测之谓神"，这个"神"可以是形容词性的神，也可以把"阴阳不测"看成名词，那这个"神"也可以是名词性的神，就是能够"妙万物"者，这就是"阴阳不测"，所以这个"妙"带有"阴阳不测"的意思。这就是现代复杂性科学所说的测不准理论，就是"阴阳不测"。"而为言者"，即所谓的意思，也就是"勉强说来"的意思。

韩康伯注："于此言'神'者，明八卦运动、变化、推移莫有使之然者。神，则无物妙万物而为言也，则雷疾风行、火炎水润，莫不自然相与为变化，故万物既成也。"认为"神"是使八卦运动、变化、推移，能使大自然化育的那个东西。朱震《汉上易传》引东汉经学家郑玄注："神"指"乾坤"，两者"共成万物，物不可得而分，故合谓之神"。李光地《御纂周易折中》引明初经学家梁寅说，"神"即第五章所云"帝"："帝者，神之体，神者帝之用。故主宰万物者，'帝'也；所以妙万物者，帝之'神'也。"神是使万物产生神妙作用的那个主宰，既是指乾、坤二卦，又是指主宰万物运化的天地规律，天地的神奇力量。这从后面六句中可以倒推出来。孔颖达疏："此一节别明八卦生成之用。八卦运动，万物变化，应时不失，无所不成，莫有使之然者，而求其真宰，无有远近，了无晦迹，不知所以然而然，况之曰神也。然则神也者，非物妙万物而为言者，神既范围天地，故此之下不复别言乾坤，直举六子以明神之功用。"

"动万物者莫疾乎雷"，震就是雷，就是雷神，能够鼓动万物化育的没有比雷更厉害的。这里就说明了为什么"帝出乎震"，震就是雷，就是雷神，以神为首，伏羲氏就是雷神。吴澄《易纂言》卷十："动者，发萌启蛰，雷之出也。"李鼎祚《周易集解》卷十七引崔憬说："谓春分之时，雷动则草木滋生，蛰虫发起，所动万物莫急于此也。"

"挠万物者莫疾乎风"，挠指风吹拂万物或者使万物舒发，或者使万物摧折。能够挠动万物的没有比风更快的了。《说卦传》第四章说："风以散之"。

"燥万物者莫熯乎火"，燥热万物的没有比火（离卦）更厉害的。《说卦传》第四章说："日以烜之。"俞琰《周易集说》卷三十七："舒而尚柔，火以燥之。"

"说万物者莫说乎泽"，能够使万物喜悦的没有比沼泽（兑卦）更厉害的。《说卦传》第四章说："兑以说之。"项安世《周易玩辞》卷十五："润气上浮，而充溢于外，故说而可爱。"

"润万物者莫润乎水"，能够使滋润万物生长的没有比水（坎卦）更厉害的。《说卦传》第四章说"雨以润之"。明来知德《易经来注图解》卷十五："润，地土中之水皆是也；水者，天之水，天降雨露之属皆是也。"

"终万物始万物者莫盛乎艮"，最终成就万物，又重新萌生万物的没有比艮更煊赫的。"艮"就是一个周期的结束，也是下一个周期的开始。王引之："'盛'当读为成就之成。'莫盛于艮'言无如艮之成就者。上文曰：'成言乎艮'。又曰：'艮'，东北之卦也，万物之所成终，而所始也，故曰：成言乎艮。此文曰'终万物始万物者莫盛乎艮'。其义一也。"高亨《周易大传今注》卷六则认为"当是以艮代山，言山之物性，明矣。盖山之为物，高大坚实，山上之动物可以始终栖居，山上之植物可以始终繁殖"。

这都是讲的八卦的意象，结合前面的"神"字，讲的就是八卦的神妙的功能作用：震雷具有"动万物"的功能，巽风具有"挠万物"的功能，风和雷都属于木，属性都是"动"，离火的功能就是燥万物，兑的功能就是"润万物"，坎水的功能就是"润万物"。

后一部分与《说卦传》第三章是一致的，讲了六子卦的相互关系。

"故水火相逮"，水火属性不同但相互济助，即坎卦和离卦。这里是讲水火相济的道理。孔颖达疏："上章言水火不相入，此言水火相逮者，既不相入又不相及，则无成物之功，明性虽不相入而气相逮及也。"认为水火性异不相入，而气却相及。俞琰《周易集说》卷三十七说："若能变能化，毕成万物，则又在乎两相为用，不然则独阳不生，独阴不成，有何变化，遂人以六子两两相对。而曰：故水火相逮。"又说："横渠张子曰：一故神、两故化。盖谓此。"

"雷风不相悖"，雷风异动而不相违逆、不排斥。孔颖达疏："上言'雷风相薄'，此言'不相悖'者，二象俱动，动若相薄而相悖逆则相伤害，亦无成物之功，明虽相薄而不相逆也。"震卦和巽卦相互激荡。

"山泽通气"，山泽异处而流通气息。与第三章文字相同，说的是艮卦和兑卦。

这里只讲了六个卦，没有讲乾、坤两卦。因为开头一句中，"神"特指天地之"神"主宰下的神奇作用，这里举了六种自然事物，也就是三对事物之间的关系。八卦所代表的所有自然事物都具有相对性，相对待，在对待中有相通，相互之间发生作用，然后自然界才能变动运化而形成万物。

第七章

[解读]

《周易本义》："此言八卦之性情。"

乾，健也 [1]；坤，顺也；震，动也；巽，入 [2] 也；坎，陷 [3] 也；离，丽 [4] 也；艮，止也；兑，说也。

[注释]

1 也：句末语气词，表示判断和肯定。

2 入：契合，合乎。

3 陷：坠入、陷入。

4 丽：依附。

[译文]

乾卦，刚健；坤卦，柔顺；震卦，奋动万物；巽卦，无所不入；坎卦，险陷；离卦，火附于物；艮卦，静止；兑卦，悦泽。

[解读]

这一章说八卦的功能取象，所取的意象用最简练的语言做出概括。

"乾，健也"，孔颖达疏："乾象天，天体运转不息，故为健也。"是最刚健的东西。《周易集解》卷十七引虞翻说："清刚自胜，动行不休，故健也。"

"坤，顺也"，坤象地，地顺承于天，是最柔顺的。李鼎祚《周易集解》卷十七："纯柔承天时行故顺。"

震象雷，雷奋动万物就是动；巽象风，风行无所不入就是入，孔颖达疏："巽象风，风行无所不入，故为入也。"

坎象水，水处险陷就是陷。孔颖达疏："坎象水，水处险陷，故为陷也。"离象火，火必附着在物上就是丽。孔颖达疏："离象火，火必著于物，故为丽也。"张载《正蒙》："阳陷于阴为水，附于阴为火。""一陷溺而不得出为坎，一附丽而不能去为离。"一阳陷于二阴为坎，一阴依附于二阳为离。

艮象山，孔颖达疏："山体静止，故为止也。"山岿然不动，以艮表示静止。兑象泽，泽润万物就是悦。

八卦象征了万事万物的八大功能，中国人的思维方式是功能思维，重视功能，虽然也重视实体，但一旦功能和实体发生矛盾的时候，就会以功能为主，实体为辅。

功能之象也就是意象，事物的形体之象叫物象。所谓意象，就是寓"意"之"象"，就是经过主观意识加工的客观现象，也是用来寄托主观情思的客观物象。在艺术上指经过创作者的情感活动而创造出来的一种艺术形象。

第八章

[解读]

《周易本义》："远取诸物如此。"第八章讲了八卦所取的动物之象。

乾为马，坤为牛，震为龙，巽为鸡，坎为豕[1]，离为雉[2]，艮为狗，兑为羊。

[注释]

1 豕：猪。

2 雉：野鸡。

[译文]

乾卦为马，坤卦为牛，震卦为龙，巽卦为鸡，坎卦为猪，离卦为野鸡，艮卦为狗，兑卦为羊。

[解读]

这八种动物，在当时是与人类关系最密切的。

为什么"乾为马，坤为牛"？因为马比牛走得要快，所以相比较而言，马就有迅速的意思，符合乾卦"健"的意思。乾不一定为马，坤不一定为牛。王弼有一个命题就是"乾坤何必为马牛"，就是乾、坤不一定就是指马、牛，所以都是相对的。如果是泛泛而言，那乾就是马，坤就是牛。单独就"乾"卦而言，在第十一章说"乾为天……为良马，为老马，为瘠马，为驳马"。那么"小马""肥马""坏马"就肯定不是"乾"。也就是说乾可以为马，坤也可以为马；乾可以为牛，坤也可以为牛。如果是牛的话，乾就是"良牛""老牛""瘠牛""驳牛"，都是相对而言的，指的绝对不是两个确切的东西，比如乾卦的六根爻就是六条龙。龙也可以说是马，《周礼·夏官·庾人》云："马八尺以上为龙，七尺以上为騋，六尺以上为马。"

"震为龙"，因为龙是主"动"的，震的属性是"动"，所以"震为龙"。"巽为鸡"，这是从卦的形象上来看，像鸡的形状，下面是两道，像两条腿。另外巽主号令，鸡能知时，应时而鸣，鸣声如风入人耳，恰合"入"的意象。"坎为豕"，豕就是猪，坎卦上、下两根爻是阴爻，好比猪的肥大的身体，从功能来看，坎，陷也，猪成天陷在饮食中懒得动。"离为雉"，雉就是野鸡，野鸡有一个特点，就是漂亮，比家鸡漂亮，"离，丽也"，所以"离为雉"。"艮为狗"，这个狗是指家狗，狗的作用就是看门，就是守，守就是止，"艮，止也"，所以"艮为狗"。"兑为羊"，因为羊在所有的动物里面，是最温顺的，"兑"主喜悦，所有从"羊"的字都非常的美好、喜悦。

第九章

[解读]

《周易本义》："近取诸身如此。"这一章讲的是八卦的人体之象。

乾为首[1]，坤为腹，震为足，巽为股[2]，坎为耳，离为目，艮为手，兑为口。

[注释]

1 首：头。

2 股：大腿。

[译文]

乾卦为头，坤卦为腹，震卦为足，巽卦为大腿，坎卦为耳，离卦为目，艮卦为手，兑卦为口。

[解读]

"乾为首，坤为腹"，因为"首"是人体中最高的，首尊高强健。腹是宽厚，顺容食物，合坤包藏含容的意象。孔颖达疏："乾尊而在上，故为首也。……坤能包藏含容，故为腹也。"

"震为足，巽为股"，孔颖达疏："足能动用，故为足也。……股随于足，则巽顺之谓，故为股也。"因为"足"是让人体动的，走动要靠足。股随于足，有巽顺的意思。这个也是从卦的形象上来说的，"股"就是大腿，两条大腿，像"巽"卦的样子，因为从"巽"卦的"体"和"用"来看，少的、断开的阴爻为用，正好像两条大腿。

"坎为耳"，孔颖达疏："坎北方之卦，主听，故为耳也。"这和坎为肾有一定的关系，肾开窍于耳，肾之窍也为坎。中医中人中的位置就是泰卦，人中之上都是两个窍，两个眼睛，两个耳朵，两个鼻孔，人中之下都是一个窍，一个口，一个前阴，一个后阴。也可以从"坎"卦的形象上来看，坎的上下都是断开的阴爻，而人体的上下，耳朵是两个，肾也是两个。

"离为目"，孔颖达疏："南方之卦，主视，故为目也。"这主要是从形象来看，因为人体的感官里，眼睛是最明亮的，"离"就是明亮，就是美丽。眼睛看东西必须以光明为前提，无光则难为视。

"艮为手"，孔颖达疏："艮既为止，手亦能止持其物，故为手也。"从形象上看，两只手在上，而且很灵活、有力，艮卦的"用"也是在上面的阳爻。

"兑为口"，孔颖达疏："兑，西方之卦，主言语，故为口也。"这个可以从人的体质特征、人格特征来看，兑卦之人的特征就是"口"，能言会道。但也可以有口舌之争的意思，因为兑有两层意思，可以是喜悦，可以是毁折。总主言语，口能以言辞悦人，所以有合兑的意象。俞琰《周易集说》卷三十七："兑之阴画上虚，故有口之象。艮之为手，未详其义。……愚谓荀氏九家易又以艮为鼻，麻衣易亦以艮为鼻。其说云艮为鼻，兑为口者，山泽通气也。巽为手，震为足者，雷风相薄也。陈安卿举此以问朱子，朱子对曰：鼻者，面之山，晋管辂已如此说。"

到后来，人们又将八卦和人体内脏相配，构成八卦脏腑之象，就是乾为大肠，兑为肺，震为肝，巽为胆，离为心，坎为肾，艮为胃。这个在唐以后就有了，初唐的杨上善就第一次用十二爻来解释十二经络，王冰用过，而到明清时期的医家用的就更多了，到后来的唐宗海有一本书《医易通说》，对中医的五脏六腑规律做了补充和修正。

第十章

[解读]

这一章讲如何通过乾、坤二卦得出六子卦。

乾天也，故称乎[1]父；坤地也，故称乎母；震一索[2]而得男，故谓[3]之长男；巽一索而得女，故谓之长女；

坎再索而得男,故谓之中男;离再索而得女,故谓之中女;
艮三索而得男,故谓之少男;兑三索而得女,故谓之少女。

[注释]

1 乎:语气词,缓和语气或表示停顿。

2 索:求取。

3 谓:称呼,叫作。

[译文]

乾卦象天,所以称为父亲;坤卦象地,所以称为母亲。震卦为坤卦从乾卦那里索取了第一根阳爻,所以称为长男。巽卦为乾卦从坤卦那里索取了第一根阴爻,所以称为长女。坎卦为坤卦从乾卦那里索取了第二根阳爻,所以称为中男。离卦为乾卦从坤卦那里索取了第二根阴爻,所以称为中女。艮卦为坤卦从乾卦那里索取了第三根阳爻,所以称为少男。兑卦为乾卦从坤卦那里索取了第三根阴爻,所以称为少女。

[解读]

孔颖达疏:"王氏云:'索,求也。以乾坤为父母而求其子也。'得父气者为男,得母气者为女。坤初求得乾气为震,故曰长男。坤二求得乾气为坎,故曰中男。坤三求得乾气为艮,故曰少男。乾初求得坤气为巽,故曰长女。乾二求得坤气为离,故曰中女。乾三求得坤气为兑,故曰少女。"《周易本义》："索，求也，谓揲蓍以求爻也。男女，指卦中一阴一阳之爻而言。"乾坤生六子。乾卦是父亲，带着三个女儿，坤卦是母亲，带着三个儿子。因为三个"女儿"的"体"是乾，是阳爻，"用"是阴爻；而三个"儿子"的"体"是坤，是阴爻，"用"是阳爻。"用"决定卦的阴阳属性，决定是女是男，就要看"体"的阴阳属性，火为阴，水为阳，是有道理的，这就是太极图里面的两只鱼眼。

北宋邵雍认为这个次序就是文王八卦次序，也就是后天八卦次序。朱熹《周易本义》卷首的《文王八卦次序》图就是这一章的次序。

文王八卦次序

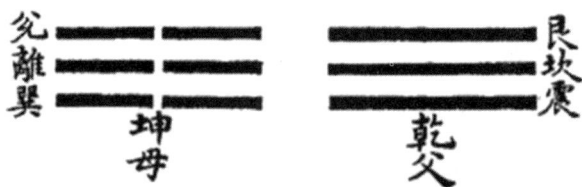

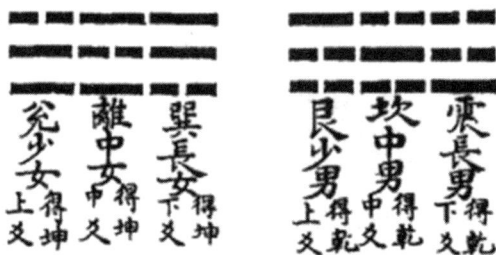

八卦中，父母就是阴阳，然后就是三阴三阳，六子卦，八卦就是两个阴阳的三次组合，六十四卦是阴阳的六次组合。"三"这个概念很重要，中医的模型就是"一元二体三用"。一元是气；二体是阴阳；三就是五行，五行的基础就是三。"三"是"道生一，一生二，二生三，三生万物"的"三"，"三"就是"和"，是中间状态，是氤氲状态，"天地氤氲，男女构精"的那个状态。"三"的思维，是一种中道思维、中和思维。

第十一章

[解读]

《周易本义》："此章广八卦之象，其间多不可晓者，求之于经，亦不尽合也。"这一章讲的是综合的八卦取象。

乾为天，为圜[1]，为君，为父，为玉，为金，为寒，为冰，为大赤，为良马，为老马，为瘠[2]马，为驳[3]马，为木果。

[注释]

1 圜：同"圆"，代指天体。

2 瘠：身体瘦弱。

3 驳：传说中能食虎豹的猛兽。

[译文]

乾卦为天，为圆，为君主，为父亲，为玉石，为金属，为寒，为冰，为大赤色，为良马，为老马，为瘦马，为勇猛之马，为树上的果实。

[解读]

"乾为天，为圜"，孔颖达疏："乾既为天，天动运转，故为圜也。"因为天圆，所以为圜。乾动不懈，阳性刚健，天也健行不懈地运转，所以乾为天。天动圆圜周转不息，无始无终。"为君，为父"，因为乾为天，天是最高的，在国家，君是最高的统帅，在家庭，父是最高的统帅，孔颖达疏"为君为父，取其尊道而为万物之始也"。

"为玉，为金"，"金"是指金属，这是因为玉和金都是刚劲的，有刚、健的性质。"为寒，为冰"，这是因为乾是西北之卦，时间上是深秋，接近冬天，所以为寒，为冰。"为大赤"，这个和秋天有一定的关系，因为夏天是"赤"，秋天的时候"赤"过去了，所以大赤，要是再过头，就至极而反了，就是黑了。孔颖达疏："为玉为金，取其刚之清明也。为寒为冰，取其西北寒冰之地也。为大赤，取其盛阳之色也。"俞琰《周易集说》卷三十八："纯阳极刚而明甚，故为大赤。汉上朱氏曰：赤，阳色也。阳始于子，坎中之阳，故坎为赤极，于已纯阳也，故乾为大赤。"

"为良马，为老马，为瘠马，为驳马"，又取四种马为乾象。孔颖达疏："为良马，取其行健之善也。为老马，取其行健之久也。为瘠马，取其行健之甚。瘠马，骨多也。为驳马，言此马有牙如倨，能食虎豹。《尔雅》云：'倨牙，食虎豹。'此之谓也。王廙云：'驳马能食虎豹，取其至健也。'"驳马是一种健猛的马，牙齿像锯一样，能吃虎豹。都合"健"的意象。俞琰《周易集说》卷三十八："乾健，故为良马，老阳故为老马，纯刚故为瘠马，瘠言其骨之峻，非羸弱之谓也。崔憬曰：骨属阳，肉属阴，干纯阳骨多，故为瘠。"

"为木果"，木果就是树上的果子，因为果子是圆的，也可以说是和秋天有一定的关系。木以果为始，树木果实心中包含阳健的"仁"，春来复生，繁衍不止，正合万物以乾为始的意象。依此类推，那么这个人，男人，老人，圆头的人，长的白的人，那就是"乾"。孔颖达疏："为木果，取其果实著木，有似星之著天也。"

坤为地，为母，为布[1]，为釜[2]，为吝啬，为均[3]，为子[4]母牛，为大舆[5]，为文，为众[6]，为柄[7]，其于[8]地也为黑。

[注释]

1 布：布币。

2 釜：古代炊器，敛口，圆底，或有二耳。

3 均：平均、均等。

4 子：幼小的，小的。

5 舆：车厢，代指车。

6 众：《后汉书·仲长统传》："寡者，为人上者也。众者，为人下者也。"

7 柄：根本。

8 于：介词，引出动作、行为的时间、处所、对象、范围和原因。

[译文]

坤卦为地，为母亲，为布帛钱币，为大锅，为吝啬，为平均，为小母牛，为大车，为纹饰，为众多，为柄，对于土地而言为黑色土地。

[解读]

"坤为地，为母，为布"，孔颖达疏："坤既为地，地受任生育，故谓之为母也。为布，取其地广载也。" 古代讲的"布"是钱币，也可以理解为今天讲的布，这是因为"坤"是地，它最广大，而钱币流通就广大，所以坤为布。俞琰《周易集说》卷三十八："古者以泉货为布，盖取广布流行之义。乾之所至，坤亦至焉，故为布。或曰：地南北为经，东西为纬，故为布。"

"为釜"，孔颖达疏："为釜，取其化生成熟也。"釜是煮膳给士兵吃的。大地有收藏的功能，所以大锅就是坤卦。俞琰《周易集说》卷三十八："釜所以化生物为熟物。乾生之，坤则化之，以其能熟万物，故为釜。平庵项氏曰：六十四升为釜，坤包六十四卦，如釜之包六十四升也。……惟坤为能具六十四卦之体。"

"为吝啬"，孔颖达疏："为吝啬，取其地生物不转移也。"俞琰《周易集说》卷三十八："阴性至静，受而不施，故为吝啬。"老子讲到"啬"，"啬"是一种非常重要的养生方法。除了"吝"和"啬"，古代有一个字表示"啬"，那就是"爱"这个字，"爱"的义项之一是吝啬的意思。《孟子·梁惠王上》讲"宜乎百姓之谓我爱也"，老百姓说我吝啬那是说的对的。女子就是坤卦，但是爱太过了那就是吝啬，所以任何事情都有乾、坤两面。

"为均"，孔颖达疏："为均，取其地道平均也。"坤为大地，大地承载万物，是平等的，没有高低贵贱之分，所以"坤为均"。俞琰《周易集说》卷三十八："均者，土之均也。坤之气，动而辟，至而广，无有远近高深，悉皆含育而成就之，故为均。陶人制物之形者，谓之均。亦此义也。崔憬曰：地生万物，不择善恶，故谓之均。"

"为子母牛"，孔颖达疏："为子母牛，取其多蕃育而顺之也。"因为这个牛是阴性的，就是小的母牛。既然它是小的母牛，那它的言外之意就是乾卦是一只老的公牛。俞琰《周易集说》卷三十八："性顺而多孕育，故为子母牛。平庵项氏曰：自万物言之，坤皆为母。就牛言之，又为子母牛者，为少，为牝，为孕育，为随顺，兼数义也。乾马老瘠，故坤牛牸犊，明少且肥皆相反也。"

"为大舆"，孔颖达疏："为大舆，取其能载万物也。"大车具有能承载的属性，跟前面说的大锅是一个道理，它能载人，能载很多人！这都属于坤卦，所以坤卦之人具有包容之心。俞琰《周易集说》卷三十八："方而能载者，舆也。地之形方，载华岳而不重，故为大舆。坤阴本小，以其载阳，所以大也。"

"为文，为众"，孔颖达疏："为文，取其万物之色杂也。为众，取其地载物非一也。"文是纹路和花纹，不是指一个东西，而是说纵横交错。俞琰《周易集说》卷三十八："奇为质，偶为文，奇则一，偶则众。坤三画皆偶，故为文为众。横渠张子曰：坤为文，众色也；为众，容载广也。"在卦的形象上，乾三连，坤六断，所以说坤最多，为文，为众，乾就最少，就是孤家寡人，就是君主。

"为柄"，孔颖达疏："为柄，取其生物之本也。"《孟子·滕文公上》："且天之生物也，使之一本。"

"其于地也为黑"，是说就大地而言，坤就是黑地，也就是说都可以为地，那白地就是乾卦了。孔颖达疏："其于地也为黑，取其极阴之色也。"俞琰《周易集说》卷三十八："乾极阳，故为大赤。坤极阴，故为黑。黑者，地之肥美而能生殖者也。平庵项氏曰：……若论其极，则乾正为赤，坤正为黑，故先天图乾南而坤北也。"

八卦可以指同一个东西的八个方面、八个阶段、八种属性等，对同一个东西也是可以区分八卦的。

震为雷，为龙，为玄黄[1]，为旉[2]，为大涂[3]，为长子，为决[4]躁[5]，为苍筤[6]竹，为萑[7]苇，其于马也为善鸣，为馵[8]足，为作[9]足，为的[10]颡[11]，其于稼也为反生，其究为健，为蕃[12]鲜。

[注释]

1 玄黄：玄为天色，黄为地色，代指天地混沌之气，泛指颜色。

2 旉（fū）：敷的古字，铺展、铺开。

3 涂：通"途"，道路。

4 决：疏通水道，使水流出去。

5 躁：迅疾、迅速，速度快，也是动的意思。

6 苍筤（cāng láng）：幼竹。

7 萑（huán）：芦类植物。初生名"葭"，幼小时叫"蒹"，长成后称"萑"。

8 馵（zhù）：《说文解字》"马后左足白也"。

9 作：发生，产生，兴起。

10 的：鲜明。《广雅》"白也。"

11 颡（sǎng）：额头。

12 蕃：茂盛。

[译文]

震卦为雷，为龙，为黑黄色，为花朵，为大路，为长子，为躁动，为苍筤竹，为萑苇，对于马而言为善叫的马，为左足白色的马，为两足举起的马，为白额马，对于庄稼而言为反复生长的庄稼，归根结底为健动，为春天草木繁育而鲜明之象。

[解读]

"震为雷，为龙，为玄黄"，玄黄就是黑黄，在坤卦里，有"龙战于野，其血玄黄"，《文言》中说："夫玄黄者，天地之杂也，天玄而地黄。"这个玄黄是阴阳采战以后的结果，是乾坤卦交合之后的结果。从卦象上看，是乾坤卦的第一次交合，一阳出于二阴之下，表示阳气始生；从季节上来说，震卦表示立春，这时阳气开始上升而扩散，阴气开始收敛而下潜，阳气与阴气开始相交。乾为天，为阳，为玄；坤为地，为阴，为黄。阳阴之气相交，所以黑黄之色相染，相染后的颜色即为玄黄，所以震为玄黄。孔颖达疏："为玄黄，取其相杂而成苍色也。"俞琰《周易集说》卷三十八："然则龙之青者也，何以见之？龙为马，马之牡者也。坤则为马之牝，震则为马之善鸣。乾为龙，此乃龙之大者也。震之于龙，是为青龙，又何疑焉？……黄者，天地之杂也。乾色本赤，坤色本黑，震乃乾刚坤柔之始交而赤黑相杂，故为玄黄。"

"为旉"，孔颖达疏："取其春时气至，草木皆吐，旉布而生也。"这是就一个过程而言，开始的阶段是震卦，"帝出乎震"。自然之象中，震为雷。春雷震动以后，草木开始抽枝发芽，焕发出勃勃生机，远远望去，绿色铺满了大地，所以"为旉"。

"为大涂"，孔颖达疏："取其万物之所生也。"大涂就是大路。俞琰《周易集说》卷三十八："震东方之卦，于时为春，万物皆自此而出，故为大涂。大谓得乾阳之第一画也。"

"为长子"，这个在第十章已经说过了。

"为决躁"，孔颖达疏："取其刚动也。"决和躁合起来，表示像流水一样速度很快。堵塞的河道一旦疏通，河水就会快速下泄。在自然之象中，震为雷，雷声的传播就像河水下泄一样，速度很快，所以"为决躁"。对一个人来说，如果是震卦性格，就是急躁、浮躁、躁进、躁狂。

"为苍筤竹"，孔颖达疏："竹初生之时色苍筤，取其春生之美也。"古代指青竹，也指幼竹。初生的竹子，也就是春天的竹子，这时候的竹子颜色是青色的。这种竹子有个最大的特征，就是一见到风就摇摆不定。俞琰《周易集说》卷三十八："苍筤，青色也。青为震之本色。"

"萑苇"就是芦苇一类的东西，也是动的。分开来说是两种芦类植物：蒹长成后为萑，葭长成后为苇。《诗经·豳风·七月》："七月流火，八月萑苇。"朱熹集传："萑苇，即蒹葭也。"到了农历七月的时候，天气就要转凉，在天刚刚开始黑的时候，就可以看见火星（太阳系的一颗大行星）从西方落下去。这个讲的是一种自然现象。而到了八月份的时候，就要把芦苇收割好，提前为过冬做好准备。这个讲的是人类的社会生活。俞琰《周易集说》卷三十八："竹与萑苇皆根固而丛生，上虚而下盘，固阳在下之象也。"

以下是取四种马的意象。孔颖达疏："其于马也为善鸣，取其象雷声之远闻也。为馵足，马后足白为馵，取其动而见也。为作足，取其动而行健也。为的颡，白额为的颡，亦取动而见也。"这个马是善叫的马，马在嘶鸣的时候，它的声音非常洪亮。馵，指马的左边的脚上有白色，指一种善跑的马。作足就是两个脚举起来，用在这里表示马扬蹄奔跑，速度极快。"的颡"是白的额头，指白色额头的马，这种马的额头上有一块白色的毛发。详参俞琰《周易集说》卷三十八。这些马都是善于奔跑，善于鸣叫的。

"其于稼也为反生"，孔颖达疏："取其始生戴甲而出也。"俞琰《周易集说》卷三十八："反生者，百昌产于土而归于土，又自土中戴甲而出，麻豆之属是也。震之阳实在下，动而上行，故于稼为反生。翁庶善曰：夫稼之始也，根于土。土之气上升焉，则为谷已。而谷之坠，则又反而生于土焉。生生不穷之妙也。"在庄稼就是农作物的反复生长，因为震为动，为春天，它具有这个属性。还有一种说法，反生就是这种植物的果实不是长地面上，而是长在土里面，看起来好像是倒着生长的，所以叫"反生"。一般农作物的果实通常都是长在地面上的。譬如瓜果，一般都是长在地面上的，可是红薯是长在土里面的，所以红薯又称为"地瓜"。马铃薯也是长在土里面的，所以马铃薯又称为"土豆"，这就是"反生"。

"其究为健，为蕃鲜"，孔颖达疏："究，极也。极于震动，则为健也。为蕃鲜，鲜，明也。取其春时草木蕃育而鲜明。"就是归根结底，震卦也就是健动的功能，因为它刚刚开始。震卦表示春天，阳气开始由衰弱转向强盛，阳气不断上升。经过整个冬天的休养之后，春天的时候草木生长力非常旺盛。蕃可以理解为多，鲜就是新鲜，取春天草木繁育茂盛而鲜明之象。从时间上看，震卦表示春天，这时的草木生命力最旺盛，所以生长得非常茂盛，颜色鲜亮而有光彩。俞琰《周易集说》卷三十八："究，终竟也。阳长而不已，则其究为乾之健。蕃谓草也，与坤《文言传》草木蕃之蕃同。鲜乃鱼也，即《书》益稷鲜食之鲜。震三爻俱变，则为巽，故为蕃鲜。震居东，得木之正气，巽居东南，得木之余气，是故震之为花也，变巽则为草，震之为龙也，变巽则为鱼。"

巽为木，为风，为长女，为绳直[1]，为工，为白[2]，为长，为高，为进退[3]，为不果[4]，为臭[5]，其于人也为寡[6]发，为广颡，为多白眼，为近利市[7]三倍，其究为躁卦。

[注释]

1 绳直：准绳。

2 白：显赫。

3 进退：犹豫。

4 果：果敢，果断。

5 臭：气味。

6 寡：少，缺少。

7 市：交易。

[译文]

巽卦为木，为风，为长女，为准绳，为工匠，为白色，为长，为高，为进退不定，为不果断，为气味，对于人而言为头发稀少，为额头宽广，为眼白较多，为得近期利益较多，归根结底为躁动之卦。

[解读]

"巽为木"，孔颖达疏："巽为木，木可以轶曲直，即巽顺之谓也。"俞琰《周易集说》卷三十八："巽内柔而外刚，本静而末动，故为木。他卦言木，如乾为木之果，坎为木之坚多心，艮为木之坚多节，离为木之科上槁，震、兑、坤虽不言木，震乃木之勇，兑乃木之毁折，坤乃木之众多者也。"巽卦取象木，在于木性柔，可以弯曲，象征柔顺。巽在五行属于木。

"为风"，孔颖达疏："取其阳在上摇木也。"俞琰《周易集说》卷三十八："顺而无所不入，故为风。风能扬沙走石，其中与末皆刚也。虽针窍线缝亦入，其本柔也。阳激阴为雷，阴激阳为风，故雷与风皆有声。"巽卦取象风，在经文中已有解释。

"为长女"，前文第十章已经解释了。

"为绳直，为工"，孔颖达疏："为绳直，取其号令齐物，如绳之直木也。为工，亦正取绳直之类。"绳直就是指木匠用墨斗拉绳弹线，和"木曰曲直"联系上，就是能把曲的东西弄直。工就是一种匠人，是从职业来说的。俞琰《周易集说》卷三十八："木有曲直，绳者，纠木之曲而取直，工则引绳之直以制木者也。横渠张子曰：为绳直，顺以达也；为工，巧且顺也。"

"为白，为长，为高"，孔颖达疏："为白，取其风吹去尘，故絜白也。为长，取其风行之远也。为高，取其风性高远，又木生而上也。"取风吹掉尘土故而洁白之象，取风行之远故为长，木向上向高处生长故为高。俞琰《周易集说》卷三十八："巽者，震之反。震为草木之初，生故其色青。巽为草木之枯死，故其色白。白所以受采者，其性巽顺也。"

"为进退，为不果"，孔颖达疏："为进退，取其风之性前却，其物进退之义也。为不果，取其风性前却，不能果敢决断，亦皆进退之义也。"指巽卦之人性格特征犹豫不决，不果断。

"为臭"，孔颖达疏："为臭，王肃作'为香臭'也。取其风所发也，又取下风之远闻。"取气味虽无形但无孔不入之象，巽卦之人，嗅觉灵敏。俞琰《周易集说》卷三十八："臭以风而传，阴气在下，盘郁而不散，故为臭。"巽卦下面第一爻为阴爻。

"其于人也为寡发，为广颡，为多白眼"，这是讲的巽卦之人的外在、内在的身体特征，内在和外在是统一、一致的。孔颖达疏："风落树之华叶，则在树者稀疏，如人之少发，亦类於此，故为寡发也。……额阔为广颡，发寡少之义，故为广颡也。为多白眼，取躁人之眼，其色多白也。"俞琰《周易集说》卷三十八："发者，血之余。血，阴物也。阳多阴少，巽二阳而一阴，故为寡发。阳广阴狭，巽二阳在上，如人之额阔，故为广颡。躁人之眼多白，目睛不正也。离以柔居中，目之正，故为明。巽以柔居下，目之不正，故为多白眼。"

"为近利市三倍"，就是巽卦之人会得近利而且得的多，远利就不一定了。孔颖达疏："取其躁人之情，多近于利也。市三倍，取其木生蕃盛，于市则三倍之宜利也。"

"其究为躁卦"，巽为木，是春天，也属躁。孔颖达疏："取其风之近极于躁急也。"俞琰《周易集说》卷三十八："其终变而为震，故曰其究为躁卦。震为决躁也。震、巽皆言其究，所以例其余也。王荆公曰：言巽为躁卦，则知艮为静卦矣。或曰：震得阳气之先者也，巽得阴气之先者也，故其卦皆有究极之义。……汉上朱氏曰：巽三变成震，震三变成巽，举此则知乾三变成坤，坤三变成乾，离三变成坎，艮三变成兑。"

坎为水，为沟渎[1]，为隐伏[2]，为矫輮[3]，为弓轮。其于人也为加忧，为心病，为耳痛，为血卦，为赤。其

于马也为美脊，为亟⁴心，为下首，为薄⁵蹄⁶，为曳⁷。其于舆也为多眚⁸，为通，为月，为盗。其于木也为坚多心⁹。

[注释]

1 沟渎：沟洫，田间水道。

2 隐伏：潜伏，隐藏。

3 矫輮：矫正，整饬。矫，使曲的变直；輮通"煣"，使直木弯曲或伸直。

4 亟：急速，赶快。

5 薄：急迫。

6 蹄：奔走。

7 曳：境遇艰难窘迫。

8 眚：灾祸。

9 心：物体的中央或内部。

[译文]

坎卦为水，为小水沟，为隐藏潜伏，为变化曲直，为弓与轮。对于人而言为多忧，为心中的病，为耳朵疼痛，为血卦，为赤色。对于马而言为健美的脊背，为忧心忡忡，为垂着头，为行走则迫地，为拖泥带水。对于车辆而言为多灾，为通达，为月亮，为盗贼。对于树木而言为坚硬多刺。

[解读]

"坎为水，为沟渎"，因为沟渎就是灌水的。"为隐伏"，因为水是往低处流的，所以水是潜伏的，水是善利万物而不争，虽然不争，但是莫之能胜。孔颖达疏："坎为水，取其北方之行也。为沟渎，取其水行，无所不通也。为隐伏，取其水藏地中也。"俞琰《周易集说》卷三十八："水内明，坎之阳在内，故为水。坎以一阳居二阴之中，犹水之在地中也。汉上朱氏曰：坎生于坤，本乎地也，故润下。离生于乾，本乎天也，故炎上。坎以阳画为水，二阴夹之，是为沟渎。……平庵项氏曰：坎，劳卦也，沟渎、隐伏、矫𫐓、弓轮、为通为盗，皆事之劳者也。"

"为矫𫐓，为弓轮"，孔颖达疏："为矫𫐓，取其使曲者直为矫，使直者曲为𫐓。水流曲直，故为矫𫐓也。为弓轮，弓者，激矢。取如水激射也。轮者，运行如水行也。"弯曲变为直的为矫，直的变弯为𫐓，水没有具体的形状，所以可以变化矫𫐓，水几于道。它可以直流，可以环流，可以成湾。俞琰《周易集说》卷三十八："弓与轮皆矫𫐓之所成。凡矫𫐓之物，内不刚则易折，外不柔则又不可以矫𫐓。坎内刚而外柔，一阳郁于二阴，故为矫𫐓为弓轮。宋衷曰：水流有曲直，故为矫𫐓。"

对人来说，孔颖达疏："其于人也为加忧，取其忧险难也。为心病，忧其险难。故心病也。为耳痛，坎为劳卦也，又北方主听，听劳则耳痛也。为血卦，取其人之有血，尤地有水也。为赤，亦取血之色。"俞琰《周易集说》卷三十八："一阳陷于二阴之中，故为加忧。心耳以虚为体，坎中实，故为心病，为耳痛。坎为水，血在人身则水之属也。赤，其色也，故为血，为赤。乾为大赤，坎得乾之中爻，故止于为赤。横渠张子曰：坎为血卦，周流而劳血之象也。汉上朱氏曰：黄帝书，肾主血，心藏血，肾坎水也，心离火也，离中阴而藏血，坎离交也。""加忧"就是多忧，加倍的忧愁。有两个原因，一是水为低下、隐伏，好比一个人不开朗、抑郁、忧愁；二是"为心病"，心肾不交，肾水太浅了，肾水不够，引起忧愁。肾为水，肾开窍于耳，"为耳痛"。坎为水，血也为水，血是红色的，所以为赤。

对于马来说，孔颖达疏："其于马也为美脊，取其阳在中也。为亟心，亟，急也。取其中坚内动也。为下首，取其水流向下也。为薄蹄，取其水流迫地而行也。为曳，取其水磨地而行也。"这个马是忧心的，是着急走却走不快的。俞琰《周易集说》卷三十八："乾为马，坎得乾之中爻而刚在中，故为马之美脊。为马之亟心，亟，急也，内刚劲，故其心急。下首者，柔在上也。薄蹄者，柔在下也。为曳，羡文。白云郭氏曰：易曰见舆曳，又曰曳其轮，故舆为曳，而马无曳也。"认为"为曳"是衍文，应该是下一句中的文字。

"为多眚，为通"，孔颖达疏："为多眚，取其表里有阴，力弱不能重载，常忧灾眚也。为通，取其行有孔穴也。""为多眚"就是指多灾，水是容易造成灾害的。但是水什么东西都挡不住，所以"为通"。俞琰《周易集说》卷三十八："其于舆也为多眚，如郭白云所云，当作其于舆也为曳。中实而重为曳。'多眚'疑当在'心病'之下。目有病为眚，心与目皆属离。坎与离相反，故在坎为病为眚。""水由地中行万折必东，故为通。或曰通以舆言，舆可以济险，故为通。愚则曰：均是舆也，得时则为通，失时则为曳。"俞琰认为"多眚"应该是前两句中的文字，车可以济水，可通行。

"为月"，孔颖达疏："为月，取其月是水之精也。"坎卦为月亮，那么离卦就为太阳。另外这个"月"和后来道家的炼养有很大关系。

"为盗"，孔颖达疏"取水行潜窃如盗贼也"，俞琰《周易集说》卷三十八："行险以侥幸，刚而善隐伏，盗也。坎以刚阳匿于阴中，故为盗。平庵项氏曰：盗之潜行有水之象，月阴于夜亦盗之象也。"另可理解为于潜隐中施险设陷。就是坎卦之人有盗窃之心，这是一种说法。

"其于木也为坚多心"，可以表示树木，是一种非常坚硬的树木。坎卦的卦象，中间是一根阳爻，表示坚硬。多心，即多尖刺，触之则险的意思，这就是坎卦。王夫之《周易稗疏》卷四："木瘿，其纹盘曲而中结为心。多心者，多瘿也。"

离为火，为日，为电，为中女，为甲胄，为戈兵[1]。其于人也为大腹。为乾[2]卦，为鳖，为蟹，为蠃[3]，为蚌，为龟。其于木也为科[4]上槁[5]。

[注释]

1 兵：武器。

2 乾（gān）：干燥。

3 嬴（luó）：蚌类。《尔雅·释鱼》"嬴，小者蜬"，注："嬴，大者如斗，出日南涨海中，可以为酒杯。"

4 科：枝条。

5 槀（gǎo）：干枯。

[译文]

离卦为火，为太阳，为电，为中女，为铠甲，为武器，对于人而言为大肚子。为干燥之卦，为鳖，为蟹，为嬴，为蚌，为龟，对于树木而言为中空上枯。

[解读]

"离为火，为日，为电"，孔颖达疏："离为火，取南方之行也。为日，取其日是火精也。为电，取其有明似火之类也。"取火的表阳里阴之象，观察火的形状就可知道。另外火燃烧必须附着在燃料上，所以含有附着的意象。火是明亮的，久明为日，暂明为雷电。另一种理解，日附着于天而悬挂，电附着于雷而发生，故都有离卦的附着之意。俞琰《周易集说》卷三十八："离，丽也。火丽乎木，日丽乎天，电丽乎云，皆有所丽而明者也。"

离卦是为中女，因为第二根爻是阴爻。

"为甲胄，为戈兵"，孔颖达疏："为甲胄，取其刚在外也。为戈兵，取其刚在于外，以刚自捍也。"俞琰《周易集说》卷三十八："外刚故为甲胄。甲，铠也。胄，兜鍪也。所以内卫也。刚在外而火气上锐，故为戈兵，所以外御也。"从卦的形象上看，两边是阳爻，把中间的阴爻包起来，像甲胄。"为戈兵"也就是穿着铠甲的士兵，外面是坚硬的，就像这个卦的卦象。

"其于人也为大腹"，孔颖达疏："取其怀阴气也。"俞琰《周易集说》卷三十八："外大而中虚，故为大腹。平庵项氏曰：坎离者，乾坤之精气也。乾为首，故坎为下首，坤为腹，故离为大腹。离非能大于坤也。大腹、下首皆疾证也。"为大肚子，中间阴爻，为虚胖。

"为乾卦"，孔颖达疏"取其日所烜也。"俞琰《周易集说》卷三十八："火性燥，故为乾卦。"乾属于干，因为离属于火，火比较干燥，离卦人的性格非常热情、开朗，积极向上，脾气火暴，急躁……

"为鳖，为蟹，为蠃，为蚌，为龟"，很简单，外面有一个铠甲，外面硬里面软，就像卦象，它都是从这个形象来的。鳖，又称为甲鱼、水鱼、团鱼、老鳖、王八。蠃：俗字作螺，有螺蛳、田螺、海螺等。蚌，河蚌，生活在江、河、湖、沼里的贝类。

"其于木也为科上槁"，孔颖达疏："科，空也。阴在内为空，木既空中者，上必枯槁也。"俞琰《周易集说》卷三十八："离中虚而外干燥，故为木之科上槁。盖与坎之坚多心相反。宋衷曰：阴在内则空中，木中空则上枯槁也。""科上槁"也指一种外面枯槁、里面坚硬的植物。

艮为山，为径¹路，为小石，为门阙²，为果蓏³，为阍寺⁴，为指，为狗，为鼠，为黔⁵喙⁶之属，其于木也为坚多节。

[注释]

1 径：小路。

2 阙：古代宫殿、祠庙或陵墓前的高台，通常左右各一，台上起楼观。

3 蓏（luǒ）：草本植物的果实。

4 阍寺：阍，指阍人，负责管理内廷的门禁。寺，指寺人，掌管内寺及女宫的戒令。

5 黔（qián）：黑色。

6 喙（huì）：鸟兽的尖长形的嘴。

[译文]

艮卦为山，为小路，为小石头，为外门，为小果子，为守门人，为手指，为狗，为鼠，为喙是黑色的鸟类，对于树木而言为坚硬多节。

[解读]

"艮为山，为径路，为小石"，孔颖达疏："艮为山，取阴在下为止，阳在于上为高，故艮象山也。为径路，取其山虽高有涧道也。为小石，取其艮为山，又为阳卦之小者，故为小石也。"俞琰《周易集说》卷三十八："阳动之极而止于二阴之上故为山。""震之阳始出则为大涂，艮之阳小而上穷，故为径路。横渠张子曰：艮为径路，通或寡也。""阳大阴小，艮之阳画为山，故阴画为小石。白云郭氏曰：山与小石，如坎水沟渎之义。"艮卦跟小有关系。

"为门阙"，孔颖达疏："取其有径路，又崇高也。"门和阙都是外面的门，是塔楼状建筑，置于道路两旁作为城市、宫殿、坛庙、关隘、官署、陵墓等入口的标志。高亨说："门阙高崇，似两山对峙，故艮为门阙。"艮为山，特征高，好比"门阙"高大；同时，"艮为万物之终始"，而门是出入的关键，入则为终，出则为始，门阙好比万物终始出入的枢机，这就又与艮的时间意义有关了。依"艮为门阙"，艮又可引申取象为泛指庙观等高大建筑物。所以艮卦之人也有一种宗教情结。

"为果蓏"，就是果实，是瓜类植物的果实，它不是果子，圆的果子是乾卦，果子里面小粒子果实就是果蓏。孔颖达疏："木实为果，草实为蓏，取其出于山谷之中也。"俞琰《周易集说》卷三十八："木之植生而其实有核者，曰果，桃李之属是也。草之蔓生而其实无核者，曰蓏，匏瓠之属是也。……

平庵项氏曰：果蓏，气之止于外者也。乾纯阳，但为木果。艮一阳二阴，故为木之果，又为草之蓏。震为萼，草木之始也。艮为果蓏，草木之终也。果蓏能终而又能始，故于艮之象为切。"

"为阍寺"，孔颖达疏："取其禁止人也。"皇宫守门人称为"司阍""阍者""阍人"。"阍寺"的"寺"指寺人，古代宫中的近侍小臣，多以阉人充任，也就是宦官、太监。

"为指"，指就是手指，孔颖达疏："取其执止物之象。"手指的指与脚趾的趾通用。俞琰《周易集说》卷三十八："一说以为足指。括苍龚氏曰：指于四支之末而能止者也。平庵项氏曰：为指，义与坚多节同。"这就是联想性思维，相关的东西联系在一起，"同声相应，同气相求"，"方以类聚，物以群分"，比类取象，把同类的东西放在一起。

"为狗，为鼠"，狗是看门的，与门有关，与止有关。"为鼠"取它"小"的意思，它在跑的动物里面算是比较小的。俞琰《周易集说》卷三十八："白云郭氏曰：阳卦之中，独艮不言马，其刚在上，所用益小，故于兽畜之类无行健之功，徒有噬啮之象。狗鼠黔喙之属皆是也。"

"为黔喙之属"，黔就是黑色，喙就是嘴，黑嘴就是乌鸦嘴。老鼠嘴也是尖尖的，乌鸦嘴也是尖尖的，黑色的嘴，这些都是从艮卦的卦象来取象的。艮卦最外面一根爻就表示特征，一就是特征，一就是用，二就是体，要看这个用，重用轻体。"黔喙之属"，黑嘴之类，借指牲畜野兽之类。唐代经学家陆德明释文："谓虎豹之属，贪冒之类。"贪冒也指贪图财利的人。

"其于木也为坚多节"，坚硬的，多节的，小的一节一节的树木。孔颖达疏："取其山之所生，其坚劲故多节也。"俞琰《周易集说》卷三十八："坎之刚在内，故为木之坚多心。艮之刚在外，故为木之坚多节。白云郭氏曰：坚多节，刚不中也，中则为心，不中则为节。心则利用，节则不利于用。二卦之辨也。"

艮卦的最大特点就是宁静，中国文化的特征之一就在于阴性文化，就在于静止。当然是偏于止，动静一体，动静是合一的。

兑为泽，为少女，为巫，为口舌，为毁折[1]，为附[2]决，其于地也为刚卤[3]，为妾，为羊。

[注释]

1 毁折：毁损，破坏。

2 附：依傍。

3 卤（lǔ）：盐碱地。

[译文]

兑卦为沼泽，为少女，为巫师，为口才，为毁坏折伤，为依附他人作决断，对于地而言为坚硬的盐碱地，为妾，为羊。

[解读]

兑为沼泽，为少女，前面都解释了。为什么兑为巫婆？孔颖达疏："为巫，取其口舌之官也。"因为兑为嘴，嘴巴太会说了，巫婆的嘴就太会说了。"为口舌"，口舌有两个意思，第一个意思是有口才，第二个意思是搬弄是非，又叫"两舌"，这是佛家说的。不要一句话两边说，搬弄是非。孔颖达疏："为口舌，取西方于五事为言，取口舌为言语之具也。"俞琰《周易集说》卷三十八："巫尚口舌，以言语说人者也。兑上折，口之象也。阳动于内，舌之象也。白云郭氏曰：古之巫与今之巫异，古之巫，诚人也，今之巫，妄人也，诚可用以通神，妄非圣人之所用也。"

"为毁折，为附决"，孔颖达疏："兑西方之卦，又兑主秋也。取秋物成熟，槁秆旱之属则毁折也，果蓏之属则附决也。"指瓜果在草木成熟后随之而脱落。俞琰《周易集说》卷三十八："春气发生于震，东方而万物敷荣，震主生，故以为萝。秋气肃杀于兑，西方而万物摇落，兑主杀，故以为毁折。横渠张子曰：物成则上柔者必折也。……附谓柔附刚也，兑，阴卦，阴柔多疑不能决也，附二阳以决，故为附决。""附决"就是依附别人才能够判定，才能够裁定，他不像乾卦之人自己就可以判断，他必须依附于别人才能判断。

"其于地也为刚卤"，孔颖达疏："取水泽所停，则咸卤也。"卤，本义为制盐时剩下的黑色汁液，味苦有毒，也称为"盐卤"。"刚卤"就是盐碱地。前面说了兑象沼泽地，下面最深处是实的，但是上面是软的，所以人一下就能陷进去。俞琰《周易集说》卷三十八："卤，咸也，东方谓之斥，西方谓之卤。刚卤乃产金产盐之地。……平庵项氏曰：毁折、附决与刚卤同，不能生物，兑为金为秋，皆决折之气也。卤者，水之死气也。"

"为妾"，妾就是小老婆，也和小有关。孔颖达疏："取少女从姊为娣也。""为羊"，因为羊是一种喜悦温顺的动物。

序卦传

孔颖达疏："《序卦》者，文王既繇六十四卦，分为上下二篇。其先后之次，其理不见，故孔子就上下二经，各序其相次之义，故谓之《序卦》焉。……今验六十四卦，二二相耦，非覆即变。覆者，表里视之，遂成两卦，屯、蒙、需、讼、师、比之类是也。变者，反覆唯成一卦，则变以对之，乾、坤、坎、离、大过、颐、中孚、小过之类是也。"这一篇传是对六十四卦次序的解释。六十四卦从乾卦开始到未济卦结束这样一种次序的秘密就是"二二相耦，非覆即变"。在六十四卦的次序中，两个两个组成一组，六十四卦就是三十二组，这三十二组的每一组的两个卦之间，是反覆的关系，如果不能反覆了，那就要变卦，只有这两种关系——"反"和"变"。"反"就是相反、反覆、颠倒，后面一卦是前面一卦颠倒之后的卦。"变"就是变化，阳爻变阴爻，阴爻变阳爻，构成相对的关系。比如屯卦和蒙卦，从符号上看，屯和蒙刚好是颠个个儿，这叫"反"，因此这样的两卦，就称为反卦，又称覆卦。六十四卦中有些卦是不能颠倒个儿的，因为颠倒过来还是它本身，比如乾卦倒过来还是乾卦，就要变，阳爻变为阴爻，阴爻变为阳爻，比如乾卦和坤卦，乾卦是六根阳爻，坤卦是六根阴爻，这样恰好相对，称为对卦。这样的卦有八个：乾、坤、坎、离、颐、大过、中孚、小过。所以它们只能构成相对的四组对卦。邵雍有一句诗"天根月窟闲往来，三十六宫总是春"，讲的就是对卦和反卦，反卦五十六个，也就是二十八对，二十八对反卦加上八个对卦就是三十六宫。还有一种说法，就是先天八卦之数全部加在一起等于三十六。

《序卦传》依据卦的名称义理，发现六十四卦排列的次序实际上反映了宇宙万事万物生成变化发展乃至于终止又复生的次序规律。

上篇

有天地，然后万物生焉。盈[1]天地之间者唯万物，故受[2]之以屯。屯者，盈也。屯者，物之始生也。物生必蒙，故受之以蒙。蒙者，蒙也，物之稚[3]也，物稚不可不养也，故受之以需。需者，饮食之道也。饮食必有讼，故受之以讼。讼必有众起[4]，故受之以师。师者，众也。众必有所比[5]，故受之以比。比者，比也。比必有所畜[6]，故受之以小畜。物畜然后有礼，故受之以履。（履者，礼也。）履而泰[7]，然后安，故受之以泰。泰者，通也。物不可以终[8]通，故受之以否[9]。物不可以终否，故受之以同人。与人同者，物必归焉，故受之以大有。有大者不可以盈，故受之以谦。有大而能谦必豫[10]，故受之以豫。豫必有随，故受之以随。以喜随人者必有事，故受之以蛊。蛊者，事也。有事而后可[11]大，故受之以临。临者，大也。物大然后可观，故受之以观。可观而后有所合，故受之以噬嗑。嗑者，合也。物不可以苟合而已，故受之以贲。贲者，饰[12]也。致[13]饰然后亨则尽[14]矣，故受之以剥。剥者，剥也。物不可以终尽，剥穷[15]上反[16]下，故受之以复。复则不妄[17]矣，故受之以无妄。有无妄然后可畜，故受之以大畜。物畜然后可养，故受之以颐。颐者，养也。不养则不可动[18]，故受之以大过。物不可以终过，故受之以坎。坎者，陷[19]也。陷必有所丽[20]，故受之以离。离者，丽也。

[注释]

1 盈：满，充满。

2 受：承受，承接。

3 稚：幼小。

4 起：行动，兴起。

5 比：并列，并排；辅助，佐助。

6 畜：同"蓄"，积聚、积累。

7 泰：亨通，顺利。

8 终：始终，总是。

9 否：困顿，不顺。

10 豫：欢喜，快乐。

11 可：能够。

12 饰：修饰，整饬。

13 致：极致。

14 尽：达到极限。

15 穷：事物到头了。

16 反：通"返"，回返。

17 妄：任意，随便。

18 动：行动。

19 陷：陷阱，坑穴。

20 丽：依附，附着。

[译文]

有了天地，然后万物就诞生了。充盈天地之间的唯有万物，所以接下来是屯卦。屯就是充满的意思。屯卦为万事万物初生时的艰难之象。万物初生时，肯定是蒙昧的，所以接下来是蒙卦。蒙卦为启蒙之象，万物稚嫩之象，事物幼小时不能不养育，所以接下来是需卦。需卦为供养饮食之象。初有饮食便会有诉讼争辩，所以接下来是讼卦。争论到一定程度，便会聚众闹事，所以接下来是师卦。师卦为众人之象。因为众人在一起肯定要有所亲近，所以接下来是比卦。比卦为比附之象。比附、亲近的结果是有了积蓄，所以接下来是小畜卦。物资充足便知礼仪，所以接下来是履卦。遵守礼仪就会泰定、安康，所以接下来是泰卦。泰卦为通达之象，但是事物不会总处于通达的状态，所以接下来是否卦。事物不可能永远闭塞，所以接下来是同人卦。人与人同心了，外物必然来归附，所以接下来是大有卦。大有收获的人不可以自满，所以接着是谦卦。胸怀宽广又能谦逊的人必然快乐，所以接着是豫卦。快乐的人必然会有人来追随，所以接下来是随卦。为了获得喜悦而去追随他人一定会出现过度的事，所以接下来是蛊卦。蛊卦为被事蛊惑之象。有蛊惑之事然后才能整治以成就大业，所以接下来是临卦。临卦为大之象。事业大了然后可以被观察到，所以接下来就是观卦。可被观见然后有他方来会合，所以接下来是噬嗑卦。噬嗑卦为会合之象。万物不可以苟合，所以接下来是贲卦。贲卦为文饰之象。文饰太过就会使亨通之道华而不实，走向尽头，所以接下来是剥卦。剥卦为剥落之象。事物不可能完全剥尽，剥落（阳气）到了极点，（阳气）就会返回下方重生，所以接下来是复卦。复返之后就不虚妄了，所以接下来是无妄卦。不虚妄后事物便会进一步蓄积，所以接下来是大畜卦。大有积蓄然后可以养育万物，所以接下来是颐卦。颐卦为颐养之象。不修身养性就无法行动，所以接下来是大过卦。事物不能永远处于过度中，所以接下来就是坎卦。坎卦为险陷之象。陷入了危险后必然会有所依附，所以接下来是离卦。离卦为光明之象。

[解读]

先有了天，有了地，然后万事万物就产生了，乾为天、坤为地，后面的卦都是指万事万物的生长。《易纬乾凿度》："乾坤者，阴阳之根本，万物之祖宗也。"讲的是一个规律，六十四卦从次序上来说主要有两种规律，古人给它做了总结，一个叫相因，一个叫相反。相因就是说后面一卦是前面这一卦的延续，就是前面的一卦还没有发展到极点，所以后面的一卦来延续它。相反就是前面的卦走到极点了，就要变到反面了。俞琰《周易集说》卷三十九："天地者，万物之父母，故有天地，然后万物生焉，人亦物也，言万物则人在其中矣。天地乃乾坤之形体，乾坤乃天地之性情，不言乾坤而言天地，以见乾坤为易之蕴。凡阳画皆乾，凡阴画皆坤，而三百八十四爻无非皆乾坤也，诸卦言受，而乾坤不言受，乾坤盖象卦之父母也。"

乾卦、坤卦之后为什么是屯卦？《序卦传》解释：充满天地之间的只有万事万物，所以接下来就是屯卦了。屯就是充满的意思。屯卦还表示万事万物的初生、开始时候的艰难情景。孔颖达疏："更言'屯者，物之始生'者，开说下'物，生必蒙'，直取始生之意，非重释屯之名也。故韩康伯直引刚柔始交，以释物之始生也。"《说文解字》："屯，难也。象草木之初生。屯然而难。从中贯一。一，地也。尾曲。"天地交合产生万物，产生万物的第一个阶段就是屯，困屯，是艰难的。从屯的字形来看，好比一根草，要从地面下生长出来，要冲破大地的时候，是很艰难的。"云雷屯"，从卦象上也可以看出来，"云雷屯，君子以经纶"，雷就是动，上面布满了乌云，云雷交加，就好比母亲生孩子的时候，云雷交加，生出孩子了。俞琰《周易集说》卷三十九："平庵项氏曰：屯不训盈也。当屯之时，刚柔始交，天地絪缊，雷雨动荡，见其气之充塞也，是以谓之盈尔。故谓之盈者，其气也。谓之物始生者，其时也。谓之难者，其事也。若屯之训聚纷纭盘错之义云尔。"

万物开始、初生的时候，肯定是蒙昧无知的，所以接下来就是蒙卦。蒙卦就表示蒙昧无知，既然是蒙昧无知，所以要启蒙、发蒙，要教育，蒙卦的卦象是山水蒙，教育就要像山下出泉，像山泉水一样，"随风潜入夜，润物细无声"。俞琰《周易集说》卷三十九："物之始生，精神蔽而未发，若蒙冒然，故屯之后继以蒙。《序卦》自乾坤以后皆言受，不过第其次序而已，不必深求其义。若深求其义，则凿矣。夫谓乾坤之后受以屯，为有说则可，谓屯之后受以蒙，为有说则不可。盖蒙乃屯之倒体，屯之后必继以蒙，不容不蒙也。一说谓，屯者气之始，蒙者识之始，此屯蒙所以继乾坤。"

事物刚生下来，幼小、稚气，太小太小了，不能不养育他、供养他，你要是不养他，他就死了，所以接下来就是需卦，"需"就是供养的意思。"需者，饮食之道也"，需就是给他供养饮食。俞琰《周易集说》卷三十九："蒙之后继以需，需乃饮食之道也。雨泽之润益万物，乃万物之所需。饮食之润益于人，乃人之所需也。人之所需，莫急于饮食也。平庵项氏曰：需不训饮食也，人之所需饮食为急，故以需为饮食之道也。需，乾下坎上，阳为谷实而水气上蒸，亦有酿酒防食之象也。"接下来，有供养，给他饮食，开始时饮食又不够，所以大家一定要去抢，抢的话，就有诉讼，先是口头上的诉讼，所以接下来就是讼卦。韩康伯注："夫有生则有资，有资则争兴也。"俞琰《周易集说》卷三十九："饮食者，人之所大欲也，所需不如所欲，则必争，故讼继需后。"

而讼到一定的时候，口头上争到一定程度，就开始聚众闹事了，就叫师，师就是众的意思。师也可以叫军队，就开始动武了。

"众必有所比，故受之以比"，接下来就是比卦，比就是比附、亲附。韩康伯注："众起而不比，则争无由息；必相亲比，而后得宁也。"《象传》："比，辅也。"程颐《伊川易传》卷一训为"亲比"，来知德《易经来注图解》卷十五训为"亲附"。意指兵士众多，必然需要相互亲比辅助。俞琰《周易集说》卷三十九："众必有所比，无所比则何所依归，故师后继以比。比者，比也，相亲附之谓也。……平庵项氏曰：师比二卦相反，师取伍两卒旅师军之名，比取比闾族党州乡之名，师以众正为义，故取其大者众者而名之，比以相亲为主，故取其小者近者而名之。"

"比必有所畜"，畜就是积蓄，《释文》："畜本亦作蓄。"众人相互之间亲密互助，力量就会有所集聚。吴澄《易纂言》

卷十一："此言小畜，所以次比也。程子曰：'物相比辅则为聚畜。'"俞琰《周易集说》卷三十九："比则必有所畜，而非所畜之大，故比后继以小畜。……其实乾之三阳聚于下，故谓之畜也。"小畜下乾上巽，乾为天，巽为风。《象传》："风行天上，小畜。"高亨认为这是讲德教行于朝廷之上，未及于民间，所以名为小畜。

"物畜然后有礼"，吴澄《易纂言》卷十一："此言履所以次小畜也。程子曰：'物之聚则有大小之别，高下之等，美恶之分，是物畜然后有礼。礼，人之所履也。'"有了财富的积蓄，接下来就面临分配问题，就需要用礼仪去规范人们的行为。"仓廪实而知礼节"，荀子《富国篇》："礼者，贵贱有等，长幼有差，贫富轻重皆有称者也。"俞琰《周易集说》卷三十九："礼盖人之所履，非以礼训履也。平庵项氏曰：履不训礼也，人之所履未有外于礼者，外于礼则非所当履，故以履为有礼也。"

"履而泰然后安"，"泰"指安泰亨通，李光地《御纂周易折中》卷十八引姚信说："安上治民莫善于礼，有礼然后泰，泰然后安也。"也可理解为礼的约束不可过严方能安泰。俞琰《周易集说》卷三十九："礼之用和为贵，拘束之甚则不安，人之践履，和而舒泰然后安。泰者，通也，谓其通行而无碍也。"

"物不可以终通，故受之以否"，否就是堵塞，事物不能老是通达，任何事物都不能老是一个方面，肯定要走向反面，通达到一定时候，它又否塞，堵住了。程颐《伊川易传》卷一："通泰之极则必否，隔绝不相交通，否也。"事物发展到极点就会向其反面转化，不可能终久通泰。俞琰《周易集说》卷三十九："物无终通而不塞之理，故泰后继以否，否者塞也。"

事物不可能永远地闭塞，所以接着就是同人卦，象征和同于人。同有会同、和同的意思。韩康伯注："否则思通，人人同志，故可出门同人，不谋而合。"程颐《伊川易传》卷一："天地不交则否，上下相通则同人。"

与人和同，外物必然就纷纷来归附了，所以接着就象征着大有收获的大有卦。程颐《伊川易传》卷一："与人同者，物之所归，物之所归为大有之义。"俞琰《周易集说》卷三十九："善与人同则物必归焉，故继同人以大有。大有者，大者皆为吾所有也。"

大有卦实际上是教我们如何保住大有：要守顺谦下，要居中守正。所以大有收获的人，不应当骄傲自满，所以接着就是表示谦虚的谦卦。李鼎祚《周易集解》卷十七引崔憬说："富贵而自遗其咎，故有大者不可盈，当须谦退，天之道也。"俞琰《周易集说》卷三十九："所有既大，不可以有自满，故受之以谦。"谦虚谨慎才可防止富足的局面转化到反面，《象传》更指出"君子以哀多益寡，称物平施"，要谦卑自损不自满。"称"是衡量，衡量事物，然后公平地去施与，达到平衡，社会就和谐了。

有广大的胸怀，又能谦逊的人，必然能愉悦，所以接着就是象征着快乐的豫卦。李鼎祚《周易集解》卷十七引郑玄说："言同既大而有谦德，则于政事恬豫，雷出地奋豫，像行出而喜乐之意。"俞琰《周易集说》卷三十九："有大而不能谦，则满而必溢，疾之者众矣，又安能豫？有大而能谦，则满而不溢，人皆敬之而无有疾之者矣，则吾亦得以安和说乐，故谦后继以豫。"

快乐、愉悦的人必然会有人来追随，所以就是象征着追随的随卦。"随"，追随。韩康伯注："顺以动者，众之所随。"孔颖达疏："郑玄云：'喜乐而出，人则随从。'……王肃云：'欢豫，人必有随。'随者，皆以为人君喜乐欢豫，则以为人所随。案《豫卦·象》云……其意以圣人顺动能谦，为物所说，所以为豫。人既说豫，自然随之，则谦顺在君，说豫在人也。……人君取致豫之义，然后为物所随，所以非斥先儒也。"君主能与人共欢乐或者能够使百姓欢乐，百姓皆愿跟随他。俞琰《周易集说》卷三十九："安和说乐而无拒人之意，则人皆欣然愿随之。"从另一个角度来说，跟随的对象应是善。《国语》说："从善如登，从恶如崩。"意思是随从善事是很难的，就像登山，但随从恶事是很容易的，就像山崩裂一样。随从的前提是选择，孔子说："三人行，必有我师焉，择其善者而从之，其不善者而改之。"就是告诉我们要选择其他人的优点去学习。对于他们的缺点，如果自己也有的话，要注意改正；如果自己没有的话，就要加以防备。

以这种喜悦的心，追随于人，这样的人必然会有所用事，所以接下来就是蛊卦。蛊为蛊惑，蛊卦本来是表示迷惑之事、混乱之事，这里是象征拯救乱事、治理乱世。前面说"以喜随人"，就是能够使得君臣都安乐、喜悦的好事。"喜"指喜悦。"事"，有不同的理解。可以理解为一般意义上的做事。朱震《汉上易传》卷十："以喜悦随人，必有所事，臣事君、子事父、妇事夫、弟子事师，师非乐于所事者，其肯随乎？"来知德《易经来注图解》卷十五："以喜随人者，非无故也，必有其事，如臣之随君，必以官守言责为事。弟子之随师，必以传道解惑为事。"事情会转化到坏的一面，则有所谓蛊。《汉上易传》卷十："蛊者，事坏而后有事者也。"另一种理解直接解释为不好的事。俞琰《周易集说》卷三十九："以喜说之道随人必有事也，无事则何喜何随，故曰以喜随人者必有事。事久则弊，弊则坏，故随之后继之以蛊也。……平庵项氏曰：'蛊不训事，蛊者，坏也，物坏则万事生矣，事因坏而起故以蛊为事之元，如人之亡谓之事故也。'……万事之坏皆起于怠与随，所谓荒于嬉，毁于随者，此之谓也。"在喜悦、安乐的度的把握上出了问题，一味追寻、追随安乐，那就是坏事了，后辈的人不得不处理这种坏事，纠正这个坏事，所以"蛊"字还有一个意思，就是纠正、拯治，纠正前辈的坏事、蛊惑之事。

接下来，"有事而后可大"，能够拯治、纠正前人的蛊惑之事，就可以成就大的功业，所以接着就是临卦。韩康伯注："可大之业，由事而生。"李鼎祚《周易集解》卷十七引宋衷说："事立功成，可推而大也。"临就是以上临下，以大临小，这个卦象是地泽临，上面是地，下面是泽，表示大地包容沼泽，沼泽又比喻成老百姓，君主能够像大地那样包容百姓，这样才能治理国家，所以临又有治理、君临天下治理国家的意思。"临"的本意是俯视，表示居高临下，也可以引申为监视；从监视又可以引申为领导。俞琰《周易集说》卷三十九："临者大也，谓其所临者大，非训临为大也。平庵项氏曰：临不训大，临者以上临下，以大临小，凡称临者皆大者之事也，故以大释之。若丰者大也，则丰真训大矣。是以六十四卦之中有二大而不相妨焉。"

　　"物大然后可观"，事业大了然后就可以观，"物大"既是指事业大，又是指品德大，这样就可以观于人。"观"，可以理解为景仰。实业盛大，才能够受到人的景仰。吴澄《易纂言》卷十一："物之小者在下，视之而不见，必大而后可以观也。"来知德《易经来注图解》卷十五："德之大，则光辉之著，自足以起人之瞻仰；业之大，则勋绩之伟，自足以耀人之耳目。"按照《象传》的解释，"观"是"省方观民设教"，是下观，比喻君主施行教化于老百姓，观察四方，观察民情，观察时机，李鼎祚《周易集解》卷十七引崔憬说："言德业大者，可以观政于人也。""观"是古人的一种思维方式、行为方式，以至于是统治者的管理方式。

　　"可观而后有所合"，韩康伯注："可观则异方合会也。"程颐《伊川易传》卷二："既有所观，然后有来合之者。"事业盛大自然能够招徕百姓。噬嗑卦就表示合。噬嗑也表示一种刑罚，噬嗑卦是火雷噬嗑，上面是火，火表示雷电，表示君主明察事理，下面是雷，震雷，比喻刑罚的威严。采用观察、关照的方法来考察民情，教化百姓，然后，为使老百姓做到合情、合理、合法，必须用刑罚、制度、法律，使那些不合法的人来符合，强制他使他合法。"观"是一种教化，"噬嗑"是一种刑罚，恩威并用。

万事万物又不可以苟且地合，都来不得半点虚假、苟且，所以接下来就是贲卦。韩康伯注："物相合则须饰以修外也。"俞琰《周易集说》卷三十九："无故而合，必无故而离，是以君子不苟合也，君子之合也，必有交以饰之。"贲卦表示一种文饰，这是将噬嗑卦的合加以延伸，延伸为人与人的交往，人与人交往的时候是要有文饰的，这个文饰指行为规范，与人交往、交际的时候要有礼仪，要有行为规范。苏轼《东坡易传》卷九："君臣、父子、夫妇，朋友之际所谓合也，直情而行谓之苟，礼以饰情谓之贲。"吴澄《易纂言》卷十一："不执贽，则不可以成宾主之合，不受币则不可以成男女之合。""贲"是修饰、文饰。噬嗑卦是法治，贲卦是文治、礼治。

文饰是一种亨通之道，但是如果过分注重文饰，过于极端，就完全形式化，丧失它的实质，韩康伯注："极饰则实丧也。"李光地《御纂周易折中》卷十八引张�□说："贲饰则贵于文，文之太过则又灭其质，而有所不通，故致饰则亨有所尽。"华而不实，必然会产生一些弊病，所以这种亨通之道就会穷尽。所以接下来就是剥卦，"剥"就是剥落的意思，这个剥卦下面是五根阴爻，上面是一根阳爻，事物的变化是从下往上变的，也就是说最上面一根阳爻，就快要剥尽了，剥落了。

事物也不可能终究的、永远地剥尽，多穷上返下，所以剥卦，到了极点反而会阳气剥落，剥尽了之后当然要返归，又从下往上长，阳爻返上为下，就到了复卦。《周易集解》引崔憬："夫易穷则有变，物极则反于初。剥之为道，不可终尽，故受之于复也。"剥和复为一反一正，一乱一治，剥尽了就复生，这叫阴阳的剥复。俞琰《周易集说》卷三十九："剥穷则上反下，一阳自外而来复于内，故剥之后继以复。"复卦是下面一根阳爻，上面五根阴爻，那么事物从下往上发展，表明阳气要逐渐地上升。这也是事物的规律，也就是物极必反的规律。

复之后，阳气来复了，那就无妄，就是不虚假，不虚妄，不虚伪了，所以接下来就是无妄卦。焦循《易章句》："妄，虚也。致饰则虚而不实，故致于剥尽穷上。变通而复其道。故实而不妄。"周敦颐《通书》："不善之动，妄也；妄复，则无妄矣；无妄则诚矣，故无妄次复。"无妄卦是从前面的剥卦、复卦而来，剥卦是指文饰太过，而丧失了它的质朴，复卦表示质朴的本真又开始恢复，恢复之后就无妄，又复归于那种本质，那种质朴的本性。无妄卦的卦象是天雷，天雷无妄，天和雷都是阳卦，表示真实的，不虚假的，这也引申为做人要质朴、要真实、要忠信。

有了无妄，复归了正道，不虚假妄为，事物就会进一步继续聚集了。所以接下来就是大畜卦，大畜指积蓄的大，大有积蓄。前面已经讲了小畜，小畜是小有积蓄，发展到这里就是大有积蓄，这个积蓄不仅仅是指物质的积蓄，也是指人的德行、才能的积蓄和充实。项安世《周易玩辞》卷十六："大畜者，畜之终，天地之间。物莫不备，故养道足。"俞琰《周易集说》卷三十九："诚实无妄，然后可以蓄其德而至于大，故无妄之后继以大畜。"它是从无妄当中来的，也就是说，要想有大的积蓄，就要不虚妄不虚假不虚伪，如《彖传》所说："大畜，刚健笃实，辉光日新。其德刚上而尚贤，能止健，大正也。"

有了大的积蓄之后，就可以去养育万物，去涵养百姓。所以接下来就是颐卦，"颐"是什么意思呢？"颐"就是"养"的意思，涵养百姓，颐养百姓不仅仅要养口福，而且要养德行，而且道德自己要颐养，然后才能使别人颐养。来知德《易经来注图解》卷十五："物必畜然后可养，况我之德乎？德既畜于己，则可以优游涵泳而充养之，以至于化矣，是可养也，故受之以颐。颐者，养之义也。"俞琰《周易集说》卷三十九："圭叔吕氏曰：万物盛多而后养道备也，需之养养之小，颐之养养之大。"需卦的养为"饮食之道"，口腹之养，颐卦之养不仅养口腹，而且养德行。

反过来说，"不养则不可动"，如果你不涵养不颐养，你就失去了平衡，也不可能去干一番事业，所以这个时候，接着就是大过。"大过"，有不同的理解，孔颖达疏："郑玄云：'以养贤者宜过於厚。'王辅嗣注此卦云：'音相过之过。'韩氏云：'养过则厚。'与郑玄、辅嗣义同。唯王肃云：'过莫大于不养。'则以为过失之过。案此《序卦》以大过次颐也，明所过在养。子雍以为过在不养，违经反义。"孔颖达列举了两种理解，一是释"过"为过于、超越，二是释"过"为过失。郑玄、王弼、韩康伯、孔颖达都持第一种理解。李光地《御纂周易折中》卷十八引干宝说："无所养则具体不立，不可举动以应大事；惟养充而动，动必有大过人者矣。"来知德《易经来注图解》卷十五："大过者，以大过人之才，为大过人之事。"王肃持第二种理解，程颐《伊川易传》卷二也说："凡物养而后能成，成则能动，动则有过。"从卦象来看，阳为大，阴为小，四刚二柔，阳刚的德行超过了阴柔。这是从反面来说颐养的重要性，养自己的德行和才能的重要性。如果不涵养，事物就不能保持稳定，就会出现危险，大的危难。

事物不能总是超越常规，超过一般的做法，所以接下来就是坎卦，"坎"就是"陷"的意思，坎卦也表示危险，表示危机，这是指过正了之后，不加以调整，反而又会陷入另外一个极端。韩康伯注："过而不已，则陷没也。"俞琰《周易集说》卷三十九："物不可以终过，过则必至于陷，故大过之后继以坎，坎者。陷也。"

陷入了危险之后，必然就会附着于离卦。离卦表示光明，在艰险当中必然会有光明的来临，指物极必反。韩康伯注："物穷则变，极陷则反所丽也。""丽"不是美丽而是附着的意思，"陷必有所丽"有了危险必然有附着、附带着光明的离卦。李道平《周易集解纂疏》卷六十八："物穷则变，阴极变阳，阳极变阴也。盖坎一阳陷于二阴，离一阴丽于两阳，故坎陷已极则反变为离，而有所丽也。"穷究原因，是因为遭遇险陷要依靠旁人的帮助才能脱险，所以俞琰《周易集说》卷三十九说："陷于险中而无所附丽，则不能出矣，陷而有所附丽，故坎后继以离。"来知德《易经来注图解》卷十五："陷于险难之中，则必有所附丽，庶资其才力，而陷可免矣。"

上经三十卦从乾坤开始到坎离结束，乾坤是天地，坎离是日月，是水火。为什么上经是三十卦，下经是三十四卦？一般认为上经主要偏重于讲天道，而下经偏向于讲人道。天道，古人认为天是圆的，天圆地方，所以它的基数是三，地是方的，所以地的基数是四。上经是三十卦，下经是三十四卦，三十四卦偏向于四，是指地道。而大地上是人，所以下经主要是讲人道。

下篇

有天地然后有万物，有万物然后有男女，有男女然后有夫妇，有夫妇然后有父子，有父子然后有君臣，有君臣然后有上下，有上下然后礼义有所错[1]。夫妇之道不可以不久也，故受之以恒。恒者，久也。物不可以久居其所[2]，故受之以遁[3]。遁者，退[4]也。物不可以终[5]遁，故受之以大壮。物不可以终壮，故受之以晋[6]。晋者，进也。进必有所[7]伤[8]，故受之以明夷。夷者，伤也。伤于外者必反[9]于家，故受之以家人。家道穷必乖[10]，故受之以睽。睽者，乖也。乖必有难，故受之以蹇[11]。蹇者，难也。物不可以终难，故受之以解。解者，缓[12]也。缓必有所失，故受之以损[13]。损而不已[14]必益[15]，故受之以益。益而不已必决，故受之以夬。夬者，决也。决必有所遇[16]，故受之以姤。姤者，遇也。物相遇而后聚，故受之以萃。萃者，聚也。聚而上者谓之升，故受之以升。升而不已必困[17]，故受之以困。困乎上者必反下，故受之以井。井道不可不革，故受之以革[18]。革物者莫[19]若[20]鼎，故受之以鼎。主器[21]者莫若长子，故受之以震。震者，动也。物不可以终动，止之，故受之以艮。艮者，止也。物不可以终止，故受之以渐。渐者，进也。进必有所归，故受之以归妹。得其所归者必大，故受之以丰。丰者，大也。穷大者必失其居[22]，故受之以旅[23]。旅而无所容[24]，故受之以巽。巽者，入也。入而说[25]之，故受之以兑。兑者，说也。说而后散之，故受之以涣。涣者，离也。物不可以终离，故受之以节。节而信[26]之，故受之以中孚[27]。有其信者必行之，故受之以小过。有过物者必济[28]，故受之以既济。物不可穷[29]也，故受之以未济终焉。

[注释]

1 错：通"措"，施行，措置。

2 所：机构名称。

3 遁：隐匿。

4 退：离去。

5 终：始终，总是。

6 晋：进；上进。

7 所：动词前缀，构成名词性结构。

8 伤：妨害，妨碍。

9 反：同"返"，还归，回。

10 乖：违背，不一致。

11 蹇：艰阻，不顺利。

12 缓：恢复。

13 损：减少。

14 已：作罢，不进行。

15 益：增多，增加。

16 遇：投合，契合。

17 困：窘迫、困难。

18 革：改变，改良，改造。

19 莫：没有。

20 若：及，比得上。

21 主器：主管宗庙祭器。

22 居：住所，住宅。

23 旅：寄居外地或行旅在途。

24 容：容纳。

25 说：同"悦"。

26 信：信从，相信。

27 孚：相应，契合。

28 济：弥补，补益。

29 穷：事物到头了。

[译文]

有了天地然后才有万物，有了万物然后才有男女，有了男女然后才有夫妇，有了夫妇然后才有父子，有了父母和子女然后才有国家君臣，有君臣然后才有上下之别，有上下之别然后形成了错综的礼仪。夫妻之道不可以不长久，所以接下来是恒卦。恒卦为长久之象。事物不可以长久居于同一住所，所以接下来是遁卦。遁卦为退隐之象。事物不可以永远隐遁，所以接下来是大壮卦。人不可以结束使自己更兴旺发达的努力，所以接下来是晋卦。晋卦为前进之象。前进一定会受到伤害，所以接下来是明夷卦。明夷卦为受伤之象。在外面受到伤害一定会返回家中，所以接下来是家人卦。家道中落必然会离散，所以接下来是睽卦。睽卦为离散之象。分离必然会遇到艰难险阻，所以接下来是蹇卦。蹇卦为艰难之象。事物不可以永远处于艰难，所以接下来是解卦。解卦为缓解之象。缓解矛盾必然会产生损失，所以接下来是损卦。不断地减损到一定的程度，必然会转化为增益，所以接下来是益卦。不断地增益必然会需要决断，所以接下来是夬卦。夬卦为溃决之象。决断过后必会另有所遇，所以接下来是姤卦。姤卦为相遇之象。万物相遇后汇聚一起，所以接下来是萃卦。萃卦为汇聚之象。汇聚后向上便称为上升，所以接下来是升卦。不断地上升肯定就会穷困，所以接下来是困卦。困于上方必定会反向下方，所以接下来是井卦。井不可以不革新，所以接下来是革卦。变革事物没有能比得上鼎的，所以接下来是鼎卦。主持鼎器祭祀的必须是长子，所以接下来是震卦。震卦为运动之象。事物不可以永远都动，需要止住它，所以接下来是艮卦。艮卦为停止之象。事物不可以永远静止，所以接下来是渐卦。渐卦为渐进之象。渐进必然会回归，所以接下来是归妹卦。得到了归来的少女一定会丰大起来，所以接下来是丰卦。丰卦为盛大之象。盛大到极点必定会失去自己的住所，所以接下来是旅卦。旅居在外而无人收容，所以接下来是巽卦。巽卦为顺从、进入之象。进入住所便感到喜悦，所以接下来是兑卦。喜悦太过便会信念涣散，所以接着是涣卦。涣卦为分离之象。事物不可以永远分离，所以接下来是节卦。节制而获得信任，所以接下来是中孚卦。诚信的人一定会履行职责，所以接着是小过卦。稍稍超越常规做事必然会得到帮助，所以接着是既济卦。事物的发展不可能穷尽，所以以未济卦作为结束。

[解读]

"有天地然后有万物"一直到"礼义有所错"，韩康伯注："言咸卦之义也。凡《序卦》所明，非《易》之缊也，盖因卦之次，托以明义。咸柔上而刚下，感应以相与。夫妇之象，莫美乎斯。人伦之道，莫大乎夫妇。故夫子殷勤深述其义，以崇人伦之始，而不系之于离也。先儒以乾至离为上经，天道也，咸至未济为下经，人事也。夫易，六画成卦，三材必备，错综天人以效变化，岂有天道人事偏于上下哉？斯盖守文而不求义，失之远矣。"这是下篇的概述，以及对咸卦的解释。一般理解，把下经看成"人道"，把上经看成"天道"，就是说上经三十卦讲的是天道规律，也就是自然规律，而下经三十四卦，从咸卦开始，讲的是人之道，是人类社会或者人体生命的规律及人的过程。韩康伯对此加以批判，实际上，上经虽然偏于讲天道，但是不离人道，从天道开始讲人道，而下经是从人伦开始，也讲了天道，这样天道和人道是不分离的，只是有所侧重而已。所以下经一开始说，有了天地然后才有万物，有了万物然后才有男女，有了男女然后才有夫妇，有了夫妇然后才能生儿育女，然后才有父子，有了父母和子女，有了家然后才有国，然后才有君臣，然后才有上下尊卑，礼仪也就形成了。一开始是从人伦这里来说的。如李鼎祚《周易集解》卷十七引干宝说："此详言人道，三纲六纪有自来也。人有男女阴阳之性，则自然有夫妇配合之道，有夫妇配合之道，则自然有刚柔尊卑之义。阴阳化生，血体相传，则自然有父子之亲。以父立君，以予资臣，则必有君臣之位，有君臣之位，故有上下之序，有上下之序，则必礼以定其体，义以制其宜，明先王制作盖取之于情者也。上经始于乾坤，有生之本也，下经始于咸恒，人道之首也。"

下经的第一卦是咸卦，上为兑下为艮，兑卦表示少女，艮卦表示少男，指少男和少女的互相感应，咸卦是少男少女之卦，少男少女互相感应，然后结成婚配。以这个卦开头，表示人伦的开始。之所以不直接提到人伦，而是从天地万物这里开始讲起，说明人伦离不开天道。俞琰《周易集说》卷三十九："程子曰：天地，万物之本；夫妇，人伦之始。所以上经首乾坤，下经首咸，继以恒也。天地二物，故二卦分为天地之道，男女交合而成夫妇，故咸与恒皆二体，合为夫妇之义。"

有了少男少女的感应，结成了夫妻，夫妻之道不能不长久。所以接下来就是恒卦，恒卦上为震卦为长男，下为巽卦为长女，长男长女就是要结成恒久的夫妇。恒的意思就是长久。李鼎祚《周易集解》卷十七引郑玄说："言夫妇当有终身之义，夫妇之道谓咸恒也。"俞琰《周易集说》卷三十九："艮兑二少为咸，咸则交，震巽二长为恒，恒则久。夫夫妇妇将以偕老也，其道不可以不久，故咸后继以恒。恒者，久也。"咸为少男少女结合成婚配,恒为长男长女恒久成夫妇。

而万事万物不可能永恒不变,有进必有退,所以接下来就是归隐、后退的遁卦。韩康伯注:"夫妇之道,以恒为贵。而物之所居,不可以恒,宜与世升降,有时而遁也。"这就是从夫妻人伦这里又推广到万事万物。遁卦是下面两根阴爻,上面四根阳爻,表示阴气开始往上升,上面是天,下面是山,天比作朝廷,山比作贤人,天下有山就比喻朝廷下有贤臣,贤人不在朝廷之上,而在朝廷之下。这就表示要归隐、后退。

万事万物又不可能永远退避,后退之后一定要力图前进,必将重新振兴盛大,所以接下来是大壮卦。王引之:"壮者,止也。《传》曰:'遁者,退也。''物不可以终遁,故受之以大壮'者,物无终退之理,故止之使不退也。"大壮卦的卦象与遁卦正好相反,是下面四根阳爻,上面两根阴爻,表示阳气的上升,阳壮于阴。大壮卦在这里指终止后退转向前进。项安世《周易玩辞》卷十六:"壮与遁相反。遁于义为退,则大壮似于进矣。然而大壮不得为进,而《杂卦》又曰'大壮则止',何也?盖大壮之义,似进而未进,似止而非止,蓄材待事,养锐积力以止为进者也。"刚健有为,蓄积待发,能够刚强壮大。

而事物又不可能始终都是在一个状态、一个阶段下壮大,不可能永远保持一个形态,所以要向前演化、上升。所以接下来是晋卦,晋卦就是前进上升的意思。俞琰《周易集说》卷三十九:"大壮则止,物不可以终止而不进也,故大壮之后继以晋，晋者，进也。"王引之："物无终止之理，故进之也。"晋卦的卦象就好比太阳出现在地上，开始升起，上面离卦就表示太阳，太阳在地平线上冉冉升起。

在前进的道路中，一定会受到一些阻挠和伤害，所以接着是象征"光明殒伤"的明夷卦。项安世《周易玩辞》卷十六："晋之义不止于进，乃进而明也，明之极必至于无徒，故其进也必有所伤。"就太阳这一事物来说，上面是太阳，太阳升到中午，肯定要下降，最后逐渐落到地平线下去了。明夷这个卦象就是指太阳落在了地平线下，光明让给了黑暗。"明"是光明，"夷"就是损伤。李鼎祚《周易集解》卷十七引《九家易》说："日在坤下，其明伤也，言晋极当降复入于地，故曰明夷也。"

从咸、恒到明夷都是进退、升降。三组卦——咸和恒，遁和大壮，晋和明夷都表示一正一反，一进一退，一升一降。

"伤于外者，必反其家"，就人而言，在外面受到伤害，一定会返回到家里来，以求得家庭温暖的慰藉，所以接下来就是家人卦。俞琰《周易集说》卷三十九："东坡苏氏曰：人穷则反本，疾痛则必呼父母，此伤于外则反于家也。白云郭氏曰：行有不得者，皆反求诸己，治国治天下而不治者，必反于家，治自近始，实一道也。"返回家中，就是返归于根本，返归于正道、正理。家人卦《象传》告诉我们，要守正道，居正位，这样家人就和谐了。所以儒家强调，男女正则家道正，家道正则天下定。所以《象传》在解释这一卦时，特别强调了"女正位乎内，男正位乎外"，要男女正，家道正，天下定。

　　反过来说，如果家道蔽塞失节，必然会离散。如果家道穷困不守正位，那一定会离心离德，会家破人亡，所以接下来就是睽卦。韩康伯注："室家至亲，过在失节。"李鼎祚《周易集解》卷八引崔憬说："妇子嘻嘻，过在失节，失节则穷，穷则乖。"这种解释局限在家庭内部女德及教育子女。来知德《易经来注图解》卷十五认为，外面的遭遇会"祸及于家，则家道穷困矣，家道穷困则父子、兄弟岂不相怨，故受之以睽"。睽，兑下离上，兑为少女，离为中女，少女和中女共处一室，各怀心事，行为不一，离心离德，所以她们是排斥的，这样家道肯定是困穷的。"睽"就是离散、分离的意思，是家人卦的反面。睽卦表示对立面是排斥的，是分离的。

　　离散了之后，一定会有艰难，因为分离、离散必然会产生艰难险阻。接下来就是蹇卦，蹇卦就是艰难的意思。项安世《周易玩辞》卷十六："凡言屯者，皆以为难，而蹇又称难者，卦皆有坎也。然而屯动乎险中，则诚行乎患难者也。蹇之见险而止，则但为其所阻，难而不得前尔，非患难之难也。故居屯者，必以经纶济之，而遇蹇者，则待其解缓而后前，其难易固不侔矣。"蹇，下艮上坎，为艰险所阻止，一事无成。明来知德则认为家困生怨，《易经来注图解》卷十五："一家乖睽则内难作矣。"

而事物又不可能永远地艰难、始终地艰难，艰难总会慢慢缓解，接下来就是解卦。解的意思就是缓解、缓和。俞琰《周易集说》卷三十九："物无终难之理，急甚则必缓，故蹇后继之解。解者，缓也，缓者，宽也。"《周易会通》卷十四引朱熹："缓字是散意。"解卦就是解除艰难，解决矛盾，卦象是坎下震上，震为雷，坎为雨，雷雨大作之后，雨过天晴，就会云开雾散，矛盾就会缓解了。

缓解了矛盾之后，往往容易懈怠，懈怠就会招来损失。接下来就是损卦。俞琰《周易集说》卷三十九："宽缓则玩而不知惧，其有所失也必矣，失则损，故解后继以损。"来知德《易经来注图解》卷十五："缓则怠情偷安，废时失事。"损卦的卦象是山泽损，上面是山，下面是泽，表示山下面有泽水，水天天腐蚀山根，损坏山体，这座山就慢慢地减损了。

减损不停止，减损到头了，到一定的程度了，必然向反面转化，必然会转化为增益。接下来就是益卦。不断地增加就会溃决，所以接下来是象征崩溃的夬卦。韩康伯注："益而不已则盈，故必决也。""夬"就是溃决，分离。这三个卦意义相连，而损和益是一对反卦。"损"和"益"是互相制约的，在一定的条件之下是互相转化的，"损"和"益"是一个从量变到质变的过程，古人特别看重损和益这一对关系。俞琰《周易集说》卷三十九："损益、盛衰若循环然，损而不已，天道复还，故必益。益而不已，则所积满盈，故必决，此乃理之常也。损之后继以益，深谷为陵之意也。益之后继以夬，高岸为谷之意也。夬者，决也。决之义与《孟子》若决江河之'决'同，《家语》云：'孔子读《易》，至于损益，喟然而叹。子夏避席问曰：夫子何叹焉？孔子曰：夫自损者必有益之，自益者必有决之，吾是以叹也。'《家语》之言损益，即与《书·禹谟》'满招损，谦受益'一意，却与《序卦》之说不同，《序卦》盖言损益盛衰之理，《家语》则言自损自益之报。"《黄帝内经》里提到了七损八益，七种损的情况和八种增益的情况。孔子提到了益者三友，损者三友，益者三乐，损者三乐。老子也提到了用益和损来区别为学和为道，提出了"为学日益，为道日损"，以益和损来区别天道和人道。"天之道，损有余而补不足"，地之道、人之道则不然，是"损不足以奉有余"，所以损益这两种做法的意义非常重大。

从家人卦一直到这里，经过了分合损益，最后要分开了，解体了，这个家要破败了，解体了。解体决裂之后，必须会有所遇，有愈合。所以接下来就是姤卦，"姤"就是遇合，重新组合的意思，因为有分必有合，所以姤卦与夬卦恰好相反，最下边是阴爻，上面五根都是阳爻。象征阳盛阴，正胜邪，韩康伯注："以正决邪，必有喜遇也。"朱震《汉上易传》卷十："夬者，阳夬阴。姤者，阴出与阳遇。"从人事来说，阴爻表示女子，表示女子会与男子相遇而结合，组成一个新的统一体，说明阴和阳是不能分离的，一旦分离，又会有新的组合。俞琰《周易集说》卷三十九："决开也，遇合也，开则必合，决则必遇，故夬后继以姤。姤者，遇也。平庵项氏曰：阳之长也，人以为君子之当然，故曰复，如人之复常也；阴之长也，人以为小人之天幸，故曰遇，如人之遭遇也。"从复卦、姤卦可知阳为主。

姤卦讲的是"相遇"，相遇是相分之后的聚汇，分久必合，合久必分，所以接下来是萃卦，"萃"是汇聚。李鼎祚《周易集解》卷十七引崔憬："'天地相遇，品物咸章'，故言物相遇而后聚也。"俞琰《周易集说》卷三十九："平庵项氏曰：物相遇而聚者，彼此之情交相会也，故谓之萃，以众言之也。比而有所蓄者，系而止之也，故谓之畜，自我言之也。畜有止而聚之义，聚者不必止也。"

事物汇聚之后就要慢慢发展升腾，所以就进入升卦。俞琰《周易集说》卷三十九："物之积小而成高大者，聚而上也。聚而上者，谓之升。故萃后继以升。平庵项氏曰：升主腾上，而言徒上，不足以拟之，故曰聚而上者谓之升，如云之升、烟之升、魂气之升皆聚而上者也。若象之地中生木，爻之升阶，则但以上为升。"按照《象传》，木从地下生出并逐渐生长为升，则没有会聚的含义，所以有人理解为推举高位，如李鼎祚《周易集解》卷十七引崔憬说："用大牲而致孝享，故顺天命而升为王矣。"苏轼《东坡易传》卷九："聚而无主则乱，故必有相推而上之者。"

但如果只是继续上升而不停止，那么物极必反，肯定就是穷困，"困"就是走到头了，非常地困顿，所以接下来就是困卦。焦循："困，犹穷也。失道固困穷。"俞琰《周易集说》

卷三十九:"升者自下而上,不能不用力也。升而不已,则力竭而困惫,故升后继以困。升高不知回,竟作黏壁枯。观《蜗牛》可见。"困,下坎上兑,兑为泽,坎为水,水在泽下,意味水渗入泽底,泽中干涸无水而穷困。

困于上必定返归于下,来找一口井,以求休养安居,所以接下来就是井卦。俞琰《周易集说》卷三十九:"困穷于上,井养于下,故困后继以井。……物之在下者莫如井,井所以次困也。"来知德《易经来注图解》卷十五:"不能进而困于上,则必反于下,至下者莫若井也,井养而不穷,可以舒困矣。"井水能养人,而且汲之而不尽,说明由穷上反下则穷困而又转向通达。

井用久了是一定要维修淘洗的,井水一定是要不断更新的,所以接下来就是表示革新的革卦。韩康伯注:"井久则浊秽,宜革易其故。"俞琰《周易集说》卷三十九:"井之为物,居其所而不可革者也。其道则不可不革。盖井旧而有泥滓,存之则秽浊而不可食,渫而治之,去其旧而洁然一新,乃可以食。故井后继以革。洪容斋曰:大衍之用四十九,一行以之起历,而革卦之序在《周易》正当四十九,诸儒赞易皆不及此。"革,下离上兑,离为火,兑为泽为水,表示水已干涸而草木丛生起火,此乃泽的巨变。

用火改变事物属性的莫过于鼎。程颐《伊川易传》卷四:"鼎之为用,变腥而为熟,易坚而为柔,水火不可同处也,能使相合为用而不相害,是能革物也。"鼎是烹饪之器,能够变革事物的性质，化生为熟。鼎还是祭祀的礼器，也是古代传国的重器，所以引申为建立王朝、开创新局面。韩康伯注："革，去故鼎取新，既以去故，则宜制器立法以治新也，鼎所以和齐生物成新之器也，故取象焉。"变革事物莫过于建立新王朝，如《象传》所说居正位以承天受命。有一个成语叫"革故鼎新"，就是来源于革卦和鼎卦，"革故鼎新"就是吐故纳新。

主持鼎器祭祀的必须是长子，长子继承父王主祭天地宗庙，传承国家社稷，所以接下来就是表示长子的震卦。按照《说卦传》的说法，震卦是长子，震又表示奋兴运动。程颐《伊川易传》卷四："鼎者，器也，震为长男，传国家继位号者也，故为主器之主，而继鼎之后。"古代施行嫡长子继位的制度。俞琰《周易集说》卷三十九："震者，动也。动者出而用事之初也。或曰困井以坎水上下取义，革鼎以离火上下取义，此困井革鼎四卦所以相次也。深居冯氏曰：自乾坤四十有九卦而革去，故五十卦而鼎取新，震乃以长男而代父易之序也。"以上是以天地之数解释革、鼎、震卦排序的含义。

事物不可能永远都在动，动了之后必然要停止，所以接下来就是表示停止的艮卦。事物又不可能永远是静止的，还要渐渐地前进，所以接下来是渐卦。"渐"是前进的意思。程颐《伊川易传》卷四："动静相因，静则有动，动则有静，物无常动之理。……艮者止也，物不可以终止，故受之以渐。渐者，进也。止必有进，屈伸消息之理也。止之所生亦进也，所反亦进也。"

在渐进之后就到了归妹卦，因为渐进之后必然达到某一归宿，所以接着渐是象征"少女出嫁"的归妹卦。程颐《伊川易传》卷四："进必有所至，故渐有归义。"李光地《御纂周易折中》卷十八引阎彦升说："渐者，进也，进必有归。何也？渐之所谓进者，渐进而已，乌有不得所归者乎？""归妹"就是嫁女儿，就是出嫁少女。对于少女而言，出嫁是人生当然要实现的意义。

女儿出嫁就是回到自己应该回到的地方，事物获得依归就一定丰大了，所以接下来就是丰卦。程颐《伊川易传》卷四："物所归聚必成其大。"李光地《御纂周易折中》卷十八："得其所归，犹言得其所依归也。妇得贤夫而配之，臣得圣君而事之，皆得其所归之谓。故同人之物，必师焉者，人归己也。此之得其所归者，己归人也。两者皆足以致事业之大。"事物依归，同人卦已说到，但与归妹卦的角度不同，不管是人归己，还是己归人，都会取得丰大的效果。

丰大了，大到极点了，那一定就要失去它的住处，就要旅了，向外旅行、旅居，所以接着丰是象征"行旅"的旅卦。程颐《伊川易传》卷四："丰盛至于穷极，则必失其所安。"明来知德《易经来注图解》卷十五："穷大而骄奢无度，则必亡国败家而失其所居之位矣。"

旅就是旅居在外而没有人能够收容他，所以必须委顺于人才能获得居所，所以接着是象征"顺从"的巽卦。韩康伯注："旅而无所容，以巽则得出入也。"程颐《伊川易传》卷四："羁旅亲寡非巽顺，何所取容。苟能巽顺，虽旅困之中，何往而不入。""巽"就是入、顺从的意思。

进入了就能喜悦了，进入适宜的住所当然心中就喜悦了，所以接着就是兑卦。兑就是喜悦的意思。项安世《周易玩辞》卷十六："人之情相拒则怒，相入则说，故入而后说之也。忧则气结，说则气散，故说而后散之也。"《象传》也说以喜悦之道引导民众前进，民众可以忘其劳苦。也有的加以引申，如张栻《南轩易说》卷三："入于道，故有见而说，故巽而受之以兑。"李鼎祚《周易集解》卷十七引虞翻说："兑为讲习，故学而时习之，不亦说乎。"这是从获得知识的途径以及效果来说的。

人心喜悦了，它自然就舒散了，就轻松愉快了，就发散了，也能把这种喜悦的心情推广给别人，所以接着就是表示涣散的涣卦。"涣"就是涣散、离散、涣发的意思。这里的"散"，可以指人的心情舒散。程颐《伊川易传》卷四："人之气忧则结聚，说则舒散。"张栻《南轩易说》卷三："惟说于道，故推而及人；说而后散，故受之以涣。"泛指，则是离散、消散。韩康伯注："说而不可偏系，故宜散也。"焦循注："入则聚，聚而又散。"聚合之后是离散。《象传》也如此解释，下文也是这么说的。

"物不可终离"，事物又不可能永远是涣散的、分离的，所以要节制，所以接着是象征节制的节卦。韩康伯注："夫事有其节，则物之所同守而不散越也。"俞琰《周易集说》卷三十九："离散而无所制，则放肆而不可收拾，故涣后继以节。紫岩张氏曰：涣所谓离，盖民情未一之义。受之以节，则有礼制存乎其间，而将以合其情，非若睽之乖也。"

　　有了节制就能保持住一颗诚信之心，同时又要用诚信之心来守护、坚持它，所以接下来就是象征诚信和忠心的中孚卦。韩康伯注："孚，信也。既已有节，则宜信以守之。"俞琰《周易集说》卷三十九："节者，制之于外；孚者，信之于中。节得其道而能守之以信，则可以信乎人，故节后继以中孚。"

　　坚守诚信的人必然果断地去履行职责，所以接着就是稍稍超越常规的小过卦。小过，指履行诚信，不妨小有过越。吴澄《易纂言》卷十一："过者，行动而逾越之也。故大过云动，小过云行。凡行动未至其所，为未及，既至其所为至，既至而又动又行，则为逾越其所至之地而过也。"俞琰《周易集说》卷三十九："自信之笃，则行之必力，不免小有过而失中，故中孚之后继以小过。平庵项氏曰：自恃其信者，其行必果，而过于中。有其信，犹《书》所谓'有其善'之'有'，言其以此自负而居有之也。"

　　而稍稍超越常规常理地去做事，竟能获得成功，所以接着就是象征事物成功的既济卦。韩康伯注："行过乎恭，礼过乎俭，可以矫世厉俗，有所济也。"俞琰《周易集说》卷三十九："能过于物，必可以济，不然岂能济哉？""过"指过人之才，过人之事。或者说事物过分了之后，就一定要来纠正它。

所以，事物的发展是不可能穷尽的，成功之后又将带来新的没有成功的因素，所以接着就是象征事情还没有成功的未济卦。韩康伯注："有为而能济者，以己穷物者也，物穷则乖，功极则乱，其可济乎？故受之以未济也。"俞琰《周易集说》卷三十九："生生之谓易，盖变易而不穷也。既济则穷焉，物不可穷，故既济之后继以未济。易六十四卦循环不已，未济之后则又乾坤也。或曰，未济六爻虽不当位，而炎上润下，终归于正，犹乾坤也，故易以未济终焉。……伊川程子曰：未济则未穷也，未穷则有生生之义。"说明事物的发展永无终止，总是周而复始。至此，六十四卦有了一个周期的终结，而第一个周期的结束恰恰是第二个周期的开始，于是世界万物就这样周而复始、周而复始，这就是《周易》啊！人们也不可因成功而故步自封，应不断前进。

杂卦传

　　乾刚坤柔，比乐师忧[1]。临、观之义[2]，或与[3]或求。屯见而不失其居[4]，蒙杂而著[5]。震起[6]也，艮止也。损、益，盛衰之始也。大畜时[7]也，无妄灾也。萃聚而升不来[8]也。谦轻而豫怠[9]也。噬嗑食也，贲无色也。兑见[10]而巽伏[11]也。随无故[12]也。蛊则饬[13]也。剥烂也。复反[14]也。晋昼也，明夷诛[15]也。井通[16]而困相遇[17]也。咸速也，恒久也。涣离也，节止也。解缓[18]也，蹇难也。睽外也，家人内也。否、泰反其类[19]也。大壮则止，遁则退[20]也。大有众也，同人亲[21]也。革去故[22]也，鼎取新也。小过过[23]也，中孚信[24]也。丰多故也，亲寡[25]旅也。离上而坎下也。小畜寡也，履不处[26]也。需，不进[27]也。讼，不亲也。大过，颠[28]也。姤，遇[29]也，柔遇刚也。渐，女归[30]待男行[31]也。颐，养正也。既济，定也。归妹，女之终也。未济，男之穷[32]也。夬，决[33]也，刚决柔也，君子道长，小人道忧[34]也。

[注释]

1 忧：担忧；发愁。

2 义：意义，意思。

3 与：给予。

4 居：处所。

5 著：明显，突出。

6 起：奋起，振作。

7 时：时机。

8 来：返还。

9 怠：松懈、轻慢。

10 见：读 xiàn，"现"的古字，显现。

11 伏：隐藏。

12 故：事理、原因。

13 饬：修整，整治。

14 反：同"返"。

15 诛：惩罚，责罚。

16 通：畅达。

17 相遇：相抵。遇：抵挡，应对。

18 缓：恢复，恢复正常状态。

19 类：事例。

20 退：返归，隐藏。

21 亲：接近，相爱。

22 故：旧的事物。

23 过：超越。

24 信：坚持、守信。

25 寡：少。

26 处：居家不仕，隐居。

27 进：前行，超过，竭力。

28 颠：颠覆。

29 遇：投合，契合。

30 归：女子出嫁。

31 行：行动，作为。

32 穷：阻塞不通。

33 决：冲开；较量，分胜负。

34 忧：忧虑。

[译文]

　　乾卦刚健，坤卦是乖顺。比卦喜乐，师卦忧愁。临卦、观卦的含义，或是施与或是营求。屯卦显现生机又不失去自己的处所，蒙卦交错而显著。震卦奋兴，艮卦静止。损卦、益卦，盛衰转换的开始。大畜卦把握时机，无妄卦遏防灾祸。萃卦汇聚，而升卦上升不返。谦卦轻己，豫卦懈怠。噬嗑卦进食，贲卦无固定色彩。兑卦外现，而巽卦潜伏。随卦毫无成见。蛊卦修治整顿。剥卦烂熟剥落，复卦一阳返来。晋卦讲的是白昼，明夷卦讲的是光明受伤。井卦亨通而困卦前途被阻。咸卦迅速，恒卦长久。涣卦分离，节卦节制。解卦舒缓，蹇卦艰难。睽卦外乱，家人卦内和。否卦、泰卦是相反的事类。大壮卦知止，遁卦退避。大有卦众多，同人卦亲近。革卦除旧，鼎卦创新。小过卦超越，中孚卦诚信。丰卦多故旧，旅卦少亲朋。离卦炎上，坎卦趋下。小畜卦寡少，履卦位不当。需卦不冒进，讼卦难相来。大过卦颠覆，姤卦不期而遇，阴柔遇到阳刚。渐卦象女子出嫁等待男子备礼而来。颐卦颐养守正。既济安定。归妹卦象女子终得依归，未济卦象男子行至尽头。夬卦决断，阳刚乘阴柔，君子之道盛长，小人之道困忧。

[解读]

《杂卦传》打乱了六十四卦的正常次序，重新排列，然后进行解释，解释它的意思。它把六十四卦分成三十二对、三十二组，然后一对一对地列出来进行解释。一般地说，每一对的前卦跟后卦构成了两种关系，一种关系叫错，一种关系叫综，也就是错综复杂。错卦又叫旁通卦，是指阴阳的反对，就是刚好相反，比如说乾卦，它的错卦就是坤卦。另一种关系就是叫综，综就是反覆卦。也就是前后两个卦的构成是倒过来的关系。就是后面这个卦是前面这个卦的倒过来的卦，前面这个卦是后面这个卦倒过来的卦。从卦的形式上是构成了错和综的关系，卦义也都是反对的，刚好相对的意思。这就表明了事物发生发展的错综复杂的规律。但是，《杂卦传》中的最后八个卦，也就是从大过卦往下的八个卦，却不是这种关系，既不是相对的卦，也不是相反的卦，这也说明了这种卦序排列的错综复杂的关系。从总体上说，《杂卦传》

跟《序卦传》在排列上还是有一定规律的。比如说《杂卦传》前一部分开始于乾卦和坤卦，后一部分开始于咸卦和恒卦，前部分的三十卦、后部分的三十四卦，跟《序卦传》的排列都是吻合的。

乾刚坤柔，乾为天，天性刚健，坤为地，地性柔顺。俞琰《周易集说》卷四十："六十四卦不刚则柔，不柔则刚，无非皆刚柔也，独言乾刚坤柔者，他卦皆刚柔相杂，乾则六画纯刚，坤则六画纯柔也。平庵项氏曰：凡易之刚爻皆乾也，凡易之柔爻皆坤也……尽三百八十四爻不过刚柔二字而已。"

比卦喜乐，师卦忧愁。韩康伯注："亲比则乐，动众则忧。"比为亲密比辅，故乐。师为兵众兴动，故忧。俞琰《周易集说》卷四十引蔡氏说："比主居上得位，故乐，师主居下失位，故忧。"董真卿《周易会通》卷十四："在上而得众故乐，居下而任重故忧，中天下而立，定四海之民，比之乐也。鞠躬尽力，死而后已，成改利钝，非所逆睹，师之忧也。"

临卦、观卦两卦的意思是施与或营求。李鼎祚《周易集解》卷十七引荀爽说："临者，教思无穷，故为与。观者，观民设教，故为求也。"这主要是从政治伦理的角度来说，君主在上，教化下民，观察民众，求其实情。韩康伯注："以我临物，故曰与；物来观我，故曰求。"则是上下关系。俞琰《周易集说》卷四十："临、观各具二义。上以尊临卑，下以大临小，彼此相临，是或与或求也。在下者仰观乎上，在上者俯观乎下，彼此相观，是或与或求也。"

屯卦是物之初生呈现于地上，生机显现，不失自己的处所。蒙卦交错于明暗而童贞显著，由于见识浅、经验少而思绪杂乱但显示了天真、天性。韩康伯注："杂而未知所定也。求发其蒙，则终得所定。著，定也。"《东坡易传》卷九："蒙正未分，故曰杂；'童蒙求我'，求人以自明，故曰著。"李光地《御纂周易折中》卷十八引柴中行："在蒙昧之中，虽未有识别而善理昭著。"

震动能使物奋起，艮则为静止。

损、益两卦是盛衰转换的开始。韩康伯注："极损则益，极益则损。"损极而益，所以兴盛；益极而损，所以衰败。俞琰《周易集说》卷四十："损上以益下，此乃盛之始也。损下以益上，此乃衰之始也。损益盖未至于盛衰，而盛衰自此始也。"

大畜卦因时积蓄，无妄卦谨防灾祸。韩康伯注："因时而畜，故能大也。无妄之世，妄则灾也。"出自《象传》："君子藏器于身，待时而动也。""无妄之往何之矣？天命不佑，行矣哉？"指君子积蓄才德，待时而动；不可妄动，妄动必招灾。

萃卦汇聚，相处，而升卦上升不返。韩康伯注："来，还也。方在上升，故不还也。"俞琰《周易集说》卷四十："地气萃而在下，是以聚而不去。地气升而向上，是以散而不来。"

谦卦轻视自己而看重别人，而豫卦是过分喜悦一定懈怠。"豫"是和乐的意思，豫卦中，唯有"九四"是阳爻，其他的阴爻都服从他，因而得志，心中喜悦。下卦"坤"是顺，上卦"震"是动，是愉快地追随行动的形象；以人事比拟，人人都乐于追随行动，必然可以建立公侯的基业，有利于出师。但除了"六三"以外，其他爻都不太好，都在告诫我们，和乐容易沉溺、丧失斗志，要居安思危。不可自鸣得意，不可迟疑不决，不可在安乐中迷失。俞琰《周易集说》卷四十："谦抑而不自重其失也，轻逸豫而不自检其失也。"

噬嗑卦咬合好比口进食物，贲卦是美饰，装饰自己，不需色彩。火雷噬嗑，颐中有物，啮而合之。贲，文饰、修饰。山火贲，离为火为明；艮为山为止。文明而有节制。贲卦论述文与质的关系，以质为主，以文调节。俞琰《周易集说》卷四十："以色而为饰曰贲，唯其无色所以贲之。若元有色，则不可谓之贲也。节斋蔡氏曰：颐中有物故食，贲则其色不常故无色。"

兑卦喜悦外现，而巽卦顺从内伏。韩康伯注："兑贵显说，巽贵卑退。"俞琰《周易集说》卷四十："兑之一阴说而在外，故见。巽之一阴入而在下，故伏。三画卦与重卦皆然。"兑卦柔爻居上现于外，巽卦柔爻隐伏于内。

随卦毫无成见，蛊卦用心治乱。韩康伯注："随时之宜，不系于故也。随则有事，受之以蛊。饬，整治也。蛊所以整治其事也。"俞琰《周易集说》卷四十："故者，事之所因也。

动而说则随时而已，无所因也，故曰随无故也。蛊者，随之反。随无故，蛊则有故也。不饬则大坏，极弊而不可救，故曰蛊则饬也。饬者，修饬也。或曰：故谓故旧，与革去故之故同。随人则忘旧，蛊则饬而新也。""随"不是有意地跟随，而是自然而然地跟随。"随"指相互顺从，己有随物，物能随己，彼此促进，依时顺势，随时而动。

剥卦烂熟剥落，复卦重返，是要返回本原。剥卦为五阴欲剥落一阳。俞琰《周易集说》卷四十："烂谓一阳消亡于上，反谓一阳复生于下。剥极而为复，犹硕果不食，烂而坠地，则其核中之仁又从而发生也。"

晋卦如同白昼，太阳从地上升起。明夷卦如同黑夜，太阳落入地平线下，光明受损。

井卦滋养广通，而困卦，前途被阻。有两种理解。韩康伯注："井，物所通用而不吝也。困，安于所遇而不滥也。"俞琰《周易集说》卷四十："井之坎在上而其水上出，故曰井通。困之相遇乃抵塞而不通之意，困下坎而上兑，兑之下爻实，则川壅而成泽也。坎在兑下，而六三适与九四相遇，抵塞而不通，故曰困相遇也。既与之相遇，则避之而不可，违之而不得，无如之何也。平庵项氏曰：以通与遇为反对，则遇为相抵而不通之象矣。巽之上爻主塞坎水之上流，而井之坎乃出其上，盖塞而后通者也，故谓之通。兑之下爻主塞坎水之下源，而困之坎适在其下，正遇其塞，所以困也。自乾坤至此，凡三十卦正与上经之数相当。"遇，既有遭受的意思，也有抵御的意思。韩康伯注侧重于遭受，俞琰侧重从卦象来看，理解为抵挡。

咸卦感应迅速，恒卦恒心长久。韩康伯注："物之相应莫速乎感。"

涣卦表示离散、涣散，节卦则节制而约束。俞琰《周易集说》卷四十："涣散则离，节约则止，此理之常也。涣、节皆有坎水，风以散之则离，泽以潴之则止。"

解卦是松懈舒缓，蹇卦是坎坷艰难。俞琰《周易集说》卷四十："动而已出乎坎险之上，则时势宽缓矣，故曰解缓也。止而正在乎坎险之中，则时势急难矣，故曰蹇难也。"解卦下坎上震，动于险之外，表示险难得到了缓解；蹇下艮上坎，遇险而止，处境艰难。

睽卦是乖远违逆于外，家人是和睦于内。睽卦卦义为乖离，乖离则疏远而外；家人卦主讲家道，家道正则相亲，相亲则近而内。俞琰《周易集说》卷四十："睽，相疏者也，疏则外之。家人，相亲者也，亲则内之。……平庵项氏曰：内外皆以离言，火在外则气散，火在内则神凝，治身治国一也。"在医学上，火也是阳气。

否卦、泰卦是相反的事类。否卦为闭塞，泰卦为通达，其事类相反，卦辞也相反。李鼎祚《周易集解》："否反成泰，泰反成否，故反其类。终日乾乾，反覆之道。"

大壮卦强盛而知道禁止，遁卦困穷的时候知道后退、退避。大壮，阳长而至四；遁，阴柔渐强至二位。俞琰《周易集说》卷四十："大壮之时，阴既衰而阳既盛，则君子不可以不知止也。遁之时，阴浸长而阳浸消，则君子不可以不知退也。……止与退皆以乾言……"

大有卦表示众多，同人卦则与人亲近。俞琰《周易集说》卷四十："所有者大，故众善。与人同，故亲。平庵项氏曰：大有、同人皆以离之中爻为主，在上则人归乎我，是故谓之众，在下则我同乎人，是故谓之亲。" 大有、同人两卦一个是离上乾下，一个是乾上离下，都是以离卦中爻为主。因为离卦中爻的时位不同，意义也不同。大有卦的阴爻是六五爻，众阳爻为其统属。同人卦的阴爻是六二爻，它要去亲比阳爻。

革卦是除旧，鼎卦是取新。俞琰《周易集说》卷四十："革，改更也，所以去其旧弊。鼎用以烹，则取其新洁也。平庵项氏曰：'革以火镕金，故为去故，鼎以木钻火，故为取新。'"

小过为稍稍过越了"中"道，中孚为信守"中"道不过越。俞琰《周易集说》卷四十："伊川程子曰：'存于中之谓孚，见于事之谓信。'"

丰卦表示丰大则多事，旅卦亲朋寡少。韩康伯注："虚者惧危，满者戒盈。丰大者多忧故也。亲寡故寄旅也。"这是以"故"为事故。俞琰《周易集说》卷四十："丰之时富盛而相亲者众，故多故。旧旅之时贫穷而无上下之交，故相亲者寡。……平庵项氏曰'……以多故对寡亲，则故非事故之故矣，凡物之情丰盛则故旧合，羁旅则亲戚离……'"这是以"故"为故旧。

离卦火焰炎上，坎卦水势流下。

小畜卦是积蓄不多，履卦是位置不当。风天小畜，"密云不雨，自我西郊"，来自我方西郊的密云，集结很少而不下雨。俞琰《周易集说》卷四十："小畜之主六四也，不足以制在下之三阳。盖其阴力单弱，故曰小畜寡也。履之主六三也，虽悦而应乎乾，然其位不当而猖狂妄行，故曰履不处也。"

需卦审慎而不冒进，讼卦争讼而难相亲。韩康伯注："畏骇而止也。"需卦下乾上坎，因坎险在前，乾刚止步，故为不进。俞琰《周易集说》卷四十："需讼皆以乾而言，需之乾在坎下，有所待而行，故不进。"

大过卦颠覆常理。大过卦下巽上兑，巽为木，兑为泽。泽水淹没木舟，是木舟颠覆舟沉人亡。大过卦中间的四根阳爻好比栋梁，上、下是各一根阴爻好比栋梁弯下来了，是栋梁已经弯曲的形象，形容太过度了。俞琰《周易集说》卷四十："东坡苏氏曰：初、上者，本、末之地。以阳居之则正，以阴居之则颠，故曰颐养正也，大过颠也。节斋蔡氏曰：自此以下有乱简，案《杂卦》例，皆反对叶韵为序，今以其例改正。愚谓蔡氏先大过后颐，苏氏先颐后大过，此两句当从苏氏，其余从蔡氏。"苏轼、俞琰将"颐养正也"提到前面，与"大过颠也"构成一组。

姤卦不明而遇，阴柔遇到阳刚。姤卦象为一阴与五阳相遇。

渐卦如女子出嫁等待男子备礼而来。俞琰《周易集说》卷四十："归妹者，女子既归之后也，既得所归则女道终矣。……孟子曰：男子生而愿为之有室，女子生而愿为之有家，女子以嫁为归，有家则有所归矣。渐者将归之时，待男子之亲迎而后行也。平庵项氏曰：终与穷不同，终者事之成，女之义从一而终，不可以复进也。穷者时之灾，事穷势极，君子之不幸也。"俞琰根据蔡渊的观点将"归妹女之终也"提到前面，与"渐女归待男行也"构成一组。

颐卦颐养守正。马其昶《周易费氏学》："饮食男女，人之大欲存焉。故渐以重廉耻之防，颐以崇养正之义。"山雷颐，颐卦上面是艮卦，代表止；下面是震卦，代表动。上止下动，动静结合，上止是颐养别人，下动是颐养自己。而以正道养德，重于口体之养。

既济卦表示事情成功安定。俞琰《周易集说》卷四十："既济六爻皆当位，故定。未济三阳皆失位，是为男之穷。夫未济之三阴亦皆失位，不曰女之穷，而唯言男之穷，何也？曰：男阳也，女阴也，阳为君子，阴为小人，言阳而不及阴，又以见易为君子谋不为小人谋也。"俞琰将既济卦与未济卦合为一组。

归妹卦是女子终得依归。女子必终嫁于夫家，故以出嫁为终。李鼎祚《周易集解》："归妹，人之终始。女终于嫁，从一而终，故女子终也。"

未济是男子走到尽头。火水未济,每一根爻的位置都不对,好比走投无路,需要全面调整。

夬卦处事决断,是阳刚决除阴柔。说明君子之道盛长,小人之道困忧。夬卦,为五刚欲决掉一柔。阳刚为"君子",阴柔为"小人",因而君子之道长,小人之道忧。李鼎祚《周易集解》:"以乾决坤故刚决柔也。乾为君子,坤为小人,乾息故君子道长,坤体消灭故小人道忧。"俞琰把"遘遇也柔遇刚也"移下来与最后一句构成一组。俞琰《周易集说》卷四十:"遘即姤也,姤之时,一阴在下而与众刚相遇,故曰柔遇刚也。倒转而为夬,则一阴在上,为众刚所决,故曰刚决柔也。君子阳类也,小人阴类也,君子之与小人相为盛衰,犹阴阳之消长,君子长则小人忧,小人盖以遭遇为喜,以决去为忧也。……深居冯氏曰:始言乾刚坤柔矣,此遂以刚决柔终焉,复其始也,夬决则乾矣,以明六十四卦之本于乾也。"夬有果断、决断的意思。这时君子要果断清除小人,正气要果断压倒邪气,这就是夬卦。